Martin Greiffenhagen (Hrsg.)
Das evangelische Pfarrhaus

Das evangelische Pfarrhaus

Eine
Kultur- und Sozialgeschichte

herausgegeben von
Martin Greiffenhagen

Kreuz Verlag

CIP-Kurztitelaufnahme der Deutschen Bibliothek

Das *evangelische Pfarrhaus*: e. Kultur- u. Sozialgeschichte
hrsg. von Martin Greiffenhagen. –
1. Aufl. – Stuttgart: Kreuz-Verlag, 1984.
ISBN 3-7831-0751-2
NE: Greiffenhagen, Martin [Hrsg.]

© by Dieter Breitsohl AG
Literarische Agentur Zürich 1984
Alle deutschsprachigen Rechte:
Kreuz Verlag, Stuttgart 1984
1. Auflage 1984
Umschlaggestaltung: HF Ottmann
Gesamtherstellung: Wilhelm Röck, Weinsberg
ISBN 3 7831 0751 2

Inhalt

Martin Greiffenhagen
Einleitung — 7

Friedrich Wilhelm Kantzenbach
Das reformatorische Verständnis des Pfarramtes — 23

Barbara Beuys
Die Pfarrfrau: Kopie oder Original? — 47

Andreas Gestrich
Erziehung im Pfarrhaus — 63

J. Christine Janowski
Umstrittene Pfarrerin — 83

Wolfgang Steck
Im Glashaus: Die Pfarrfamilie als Sinnbild christlichen und bürgerlichen Lebens — 109

Fritz Martini
Pfarrer und Pfarrhaus — 127

Sigrid Bormann-Heischkeil
Die soziale Herkunft der Pfarrer und ihrer Ehefrauen — 149

Wolfgang Marhold
Die soziale Stellung des Pfarrers — 175

Ludwig Fertig
Pfarrer in spe: Der evangelische Theologe als Hauslehrer — 195

Karl-S. Kramer
Pfarrhaus und soziales Umfeld — 209

Christian Graf von Krockow
Gutshaus und Pfarrhaus — 223

Dietrich Rössler
Pfarrhaus und Medizin — 231

Christel Köhle-Hezinger
Pfarrvolk und Pfarrersleut — 247

Günther Franz
Pfarrer als Wissenschaftler — 277

Oskar Söhngen
Die Musik im evangelischen Pfarrhaus — 295

Klaus Podak
Pfarrhaus und Philosophie oder der Untergang des Absoluten — 311

Theodor Strohm
Pfarrhaus und Staat — 329

Heinz Eduard Tödt
Krieg und Frieden im Milieu des evangelischen Pfarrhauses — 357

Theodor Schober
Das Pfarrhaus als Sozialstation — 379

Dietrich Stollberg
Das Pfarrhaus als psychotherapeutische Ambulanz und als Psychopatient — 395

Hans Norbert Janowski
Bürge, Bote und Begleiter — 413

Mitarbeiterverzeichnis — 437

Martin Greiffenhagen

Einleitung

Wer die große Bedeutung des evangelischen Pfarrhauses für die Kultur- und Sozialgeschichte Deutschlands verstehen will, muß sich einen Gedankengang klarmachen, der zum Kernbestand der reformatorischen Theologie gehört und für die Praxis der protestantischen Kultur von Bedeutung wurde. Worum es geht, mag durch die beiden Begriffe *Verweltlichung* und *Vergeistlichung* bezeichnet werden. Die beiden Worte signalisieren eine gewisse Dialektik, und genau darum geht es: Luther hat einerseits die Welt alles heiligen Zaubers entkleidet, der sich in katholischer Religiosität und Kirchenpraxis angesammelt hatte: Die Zustände und Dinge dieser Welt sind weder aus sich heraus heilig oder geheimnisvoll, noch müssen sie mit Weihwasser geheiligt werden. Das gilt für Saat und Ernte, für Beruf und Stand, für Ehe und Staat. Das ist die eine Seite: *Verweltlichung*.

Die Kehrseite heißt *Vergeistlichung*, mit den Worten Luthers: »Möchte darum die ganze Welt voll Gottesdienstes sein. Nicht allein in der Kirche, sondern auch im Haus, in der Küche, im Keller, in der Werkstatt, auf dem Feld, bei Bürgern und Bauern.«

Mit dieser Vergeistlichung der menschlichen Existenz, die in jeder Tätigkeit eine theologische Dimension eröffnet, erfährt das Leben eine Intensität, die seither das Kennzeichen protestantischer Kultur gegenüber der katholischen ist. Der evangelische Christ muß seinen Glauben leben, in jeder Stunde und mit jeder Hantierung. Gott ist stets gegenwärtig mit seiner Frage: Vergeudest du deine Zeit nicht, nutzt du deine Gaben, gibt dein Leben Sinn im Blick auf das ewige Heil? Und der Inhalt des evangelischen Gebetes ist dementsprechend die Bitte um rechte Bewährung in dieser Welt, wie es Gesangbuchverse ausdrücken, die in besonderer Weise protestantische Kultur in Deutschland kennzeichnen:

> Gib, daß ich tu mit Fleiß, was mir zu tun gebührt,
> Wozu mich dein Geheiß in meinem Stande führet.
> Gib, daß ich's tue bald, wann ich es tuen soll,
> Und wenn ich's tu, so gib, daß es gerate wohl.

Man hat diese religiöse Beseelung der Welt mit einem guten Begriff als *Weltfrömmigkeit* bezeichnet (Helmuth Plessner). Dadurch, daß irdische Geschäfte als Felder für die Bewährung christlichen Glaubens gelten, erfahren sie eine ungeheure Intensivierung. Der evangelische Christ ist sozusagen immer im Gottesdienst, gerade weil es keinen abgetrennten Raum der Frömmigkeit mehr gibt. Worauf es ankommt, ist die Heiligung des gesamten Lebens.

Diese protestantische Dialektik von Heiligung und Entheiligung der Welt, ihrer Säkularisierung und der dadurch möglichen Weltfrömmigkeit hat das evangelische Pfarrhaus zuallererst betroffen. »Es ist um das geistliche Amt jetzt ein ander Ding geworden.« Dieser Satz Luthers zeigt zusammen mit der theologischen Revolution im Verständnis des Priesterberufes den Beginn des evangelischen Pfarrhauses an. Luthers Lehre vom allgemeinen Priestertum nimmt dem Pfarrer seine besondere Rolle in der Heilsvermittlung: Sakramente spenden und die Schrift auslegen kann nun jeder. Mit den Worten Luthers: »Wo ein Christ den Glauben hat, so mag er absolvieren, predigen und alle andere Dinge tun, die einem Prediger zustehen.« Aber das ist nur die eine Seite der Sache: die Front gegenüber der katholischen Auffassung des Priesters.

Die andere Front, gegen die Luther seine neue Lehre vom geistlichen Amt entwickelt, ist das Schwärmertum: jene mit dem Protestantismus bis heute gegebene Versuchung, jeden Gläubigen seine Heilserfahrung und -deutung unmittelbar aussprechen und ausleben zu lassen. Diese Tendenz gefährdet und zerstört am Ende jedes Gemeindeleben. Gegen sie verficht Luther den Amtscharakter des Pfarrberufes: »Es ist wahr, alle Christen sind Priester, aber nicht alle Pfarrer. Denn über das, daß er Christ und Priester ist, muß er auch ein Amt und ein befohlen Kirchspiel haben. Der Beruf und Befehl macht Pfarrer und Prediger.«

Das Predigtamt ist der Beruf zur öffentlichen Verkündigung. Dafür reicht die Berufung durch eine innere Stimme nicht aus, sondern die Einsetzung der Prediger geschieht durch die Gemeinde. Wenn schon kein durch besondere Weihe aus dem Kreis der Christen Herausgehobener, macht der Pfarrer doch aus Verkündigung und Sakramentsverwaltung einen besonderen Beruf. Seine Eignung dafür muß er in einer Prüfung der Gemeinde gegenüber nachweisen.

Diese Eignungsprüfung für das öffentliche Amt eines evangelischen Pfarrers schloß von Anbeginn eine Reihe unterschiedlicher Kriterien ein, die in den Jahrhunderten verschiedenes Gewicht hatten. In dem Maße, in dem die Wortauslegung und Verkündigung zum Mittelpunkt des evangelischen Kirchenverständnisses wurde, legte man auf das hierfür taugliche Rüstzeug von Anbeginn Wert. Vor allem anderen sollten die Pfarrer »Diener am Wort« sein können. Noch heute heißen in manchen Gegenden die Pastoren »Prediger«. Ein Prediger soll die Schrift im hebräischen und griechischen Urtext, dazu die Kirchensprache Latein lesen können. Im Laufe der Zeit übernahmen die Universitäten die Prüfung der *Gottesgelahrtheit*. Der Talar ist kein Priesterkleid, sondern das Zeichen akademischer Würde: Als Doktor oder Magister der Theologie ist der Pfarrer ein Schriftgelehrter, und darüber hinaus überhaupt ein Gebildeter.

Neben theologischer Bildung und dogmatischer Rechtgläubigkeit wurden auch andere Fähigkeiten und Eigenschaften des künftigen Pfarrers geprüft, zum Beispiel charakterliche Zuverlässigkeit, pädagogische Begabung, auch landsmannschaftliches und familiäres Herkommen. In den Kreis dieser Aspekte wurde *seine Ehefrau* oder Verlobte mit einbezogen: Würde sie dem Pfarrer eine gute Hilfe sein, dazu das *Muster einer christlichen Hausfrau und Mutter* abgeben, die Kinder zu frommen Christen erziehen, und überhaupt: dafür sorgen, daß das Pfarrhaus ein Vorbild christlichen Lebens ist? Sonst nämlich würde des Pfarrers Predigt unglaubhaft, durch die Praxis des Pfarrhauses widerlegt. Hier liegt der soziale Quell des Themas »Evangelisches Pfarrhaus«.

Der *katholische Priester* übt seinen Beruf allein aus. Das Pfarrhaus wird ihm von einer Haushälterin, früher auch wohl von einer »Pfarrmaid« geführt, mit der er in einem eheähnlichen Verhältnis lebte. Aber diese Frauen haben der Gemeinde gegenüber keine Rolle, sind gesellschaftlich ohne Bedeutung. Das katholische Pfarrhaus beherbergt das Amtszimmer und die Wohnung des Pfarrers, sonst nichts. Die Ehelosigkeit des katholischen Priesters schließt ihn von normaler gesellschaftlicher Existenz auf verschiedene Weise aus: Mit der Familie fehlt ihm auch die Sorge um sie und ihre Ernährung, die Erziehung und Ausbildung der Kinder. Er muß nur für seinen eigenen laufenden Unterhalt sorgen. So wie er aus dem Volke auftaucht, geht er in ihm wieder unter, spurenlos, ohne Nachkommen, ohne Erben, im Andenken bewahrt nur von seiner Gemeinde oder seinen Ordensbrüdern.

Der *evangelische Geistliche* ist dagegen durch seine Familie auch mit der Bürgergemeinde eng verbunden. Er ist nicht nur Pfarrer, sondern immer zugleich Bürger. Luther kannte die Tragweite der Entscheidung, ob ein Geistlicher Familie haben soll oder nicht, sehr genau. Seine Entscheidung zu eigener Ehe und Familie ist ihm nicht leichtgefallen, er hat sie nicht rasch gefällt. Viele Widerstände, auch Mißverständnisse und Unterstellungen waren zu überwinden, bevor er die Nonne Katharina von Bora heiratete und mit ihr eine Familie gründete, die seither als Urbild des evangelischen Pfarrhauses gilt.

Urbild und Vorbild: Stets war das evangelische Pfarrhaus beides zugleich. Einerseits spiegelte es die Normen bürgerlichen Lebens exemplarisch wider, andererseits wirkte es als Trendmacher im Sinne eines nachahmenswerten Vorbildes. Einmal trat die konservative, ein andermal die progressive Funktion stärker hervor. Mit dieser Doppelrolle von Urbild und Vorbild gibt das evangelische Pfarrhaus bis heute ein Muster für die gesamte protestantische Kultur ab, die stets beides gewesen ist: exemplarisches Muster bürgerlichen Lebens und Vorreiter neuer Entwicklungen.

Grundsätzlich war die *gesamte Familie* wie der Pfarrer selbst zu einem exemplarisch-christlichen Leben verpflichtet. Wenn es nicht gelang, litt die religiöse Autorität des Pfarrers, und dies gleich dreifach: im Blick auf seine eigene religiöse Identität, im Blick auf seine Glaubhaftigkeit in der Familie und gegenüber der Gemeinde. Durch den religiösen Auftrag des Geistlichen bekam somit seine familiale Rolle ein besonderes Gewicht, nach der Devise: Wer als Ehegatte und Vater in seinem eigenen Hause nicht für einen christlichen Lebenswandel sorgen kann, muß sich nicht wundern, wenn die Gemeinde seiner Predigt mißtraut. Die Folge war eine besonders strikte Einhaltung der geltenden Erziehungsnormen, unterstützt von einer strengen religiösen Ritualisierung durch Gebete, Bibellesungen und Andachten, dazu ein Glaubensleben, das von der ständigen Anwesenheit Gottes als Zuschauer und Richter ausging.

Das Pfarrhaus war ein Haus mit gläsernen Wänden. Die ganze Gemeinde hatte freien Zutritt zum Pfarrhaus: um Amtshandlungen anzumelden, seelsorgerlichen Rat zu holen, kirchliche Aktivitäten zu besprechen. Auf diese Weise lag das Leben der Pfarrfamilie der Gemeinde wie ein offenes Buch vor Augen, in dem man auch gern las: aus Neugier darüber, ob und wie sich die christlichen Gebote, die der Pfarrer predigte, in seinem eigenen Hause befolgen ließen.

Das evangelische Pfarrhaus bekam auf diese Weise eine exemplarische Rolle zugeteilt. Es sollte christliches und bürgerliches Leben beispielhaft darstellen. In ihm ist deshalb bis heute die Dialektik von Weltlichkeit und Weltfrömmigkeit erfahrbar, als Chance und Last, als Freiheit und Zwang. Nirgends zeigt sich protestantische Kultur in ihrer Zwiespältigkeit so deutlich wie in ihrer ersten und intensivsten Erscheinungsform, der Familie des Pfarrers.

So merkwürdig es klingt: Am leichtesten war der Zwiespalt zwischen säkularer und geistlicher Existenz für den Pfarrer selbst zu bewältigen. Viele Pfarrer haben ihn überhaupt nicht bemerkt. Er konnte am ehesten nach der Maxime leben, daß man zwar *in* dieser, aber nicht *von* dieser Welt sein solle, hier keine bleibende Statt habe und die Dinge dieser Welt zwar haben solle, aber so, »als hätte man sie nicht«. Der Pfarrer blieb Außenseiter, brachte es allerdings als solcher zu hohem Sozialprestige. Er sollte nicht sein wie andere, sollte nicht dem Geld nachjagen, nicht im Wirtshaus sitzen. Auch innerhalb der Familie blieb er der Außenseiter mit seiner Doppelrolle von Mensch und Priester. Der Pfarrer und Schriftsteller Johann Christoph Hampe hat den Rollentausch zwischen Pfarrer und Familienvater beschrieben:

»Am schwersten ist die Situation, wenn er ins Haus tritt nach dem Gottesdienst. Aber dann hat er den Talar abgetan, der heilige Mann ist wieder unsereiner. Er hat Hunger und Durst, vor allem Durst nach dem vielen Sprechen. Er möchte – auch das ist menschlich – hören, ob die Predigt gut war. Eine Woche lang hat er den Text meditiert und dann doch, von den Gesichtern der Gläubigen und vom Geist getrieben, die Sache ein wenig anders dargestellt. Das ist der schwierigste Augenblick in der Wochengeschichte des evangelischen Pfarrhauses. Ein natürliches Wort kann alles zerstören. Und auch den Pfarrer, der nun, wie der Schmetterling aus der Puppe, plötzlich wieder Familienvater sein soll, die Suppe würdigen, und am Jüngsten das Gesetz handhaben soll, das er sich doch auf der Kanzel versagte, auch ihn müssen wir verstehen. In diesem Augenblick erweist sich, daß nicht der Pfarrer, sondern seine Frau, wie in allen Häusern, auch die Seele dieses Hauses ist. Wir hätten unsere Erfahrungen mit dem evangelischen Pfarrhaus an ihr darzustellen, nicht an ihm. Denn er ist der Außenseiter. Er wird sich zurückziehen, wenn das Essen vorbei und die Spielrunde mit den Kindern abgeleistet ist. Er sucht seinen Tempel auf, den Schreibtisch mit dem Kreuz darauf... Da ist es an der Pfarrfrau, wiederum auf Zehen zu gehen in der Pfarrwohnung mit ihrem knarrenden Riemenparkett, und die Kinder eilen in ihr Vergnügen: Bis er wieder hervortritt aus der Klause, aus dem Tempel in das Haus, das am Abend wieder Haus sein darf und nicht Kirche sein muß. Beides zugleich sein zu müssen, fällt ihm schwer. Es ist die Quadratur des Zirkels.«

Was die *Pfarrfrau und Mutter* anging, so war ihre Rolle zwischen partnerschaftlicher Kollegialität und vertrauensvoller Abhängigkeit angesiedelt. Eine prekäre und von ihr viel Sensibilität verlangende Lage. Kein Zweifel: Ohne die Frau Pfarrer lief nichts. Dennoch blieb der Pfarrer der Herr, auch ihr Herr. Und spätestens nach seinem Tode wußte sie, daß ihr ganzes Leben über ihn gelaufen war. Aus dem Bericht einer Pfarrerswitwe: »Als mein Mann tot war, merkte ich, daß ich persönlich den Leuten kaum etwas gegolten habe. Sie hatten kein Interesse an mir, ihr eigentliches Interesse galt meinem Mann und dem Pfarrer. Jetzt erfahre ich, daß die meisten Freunde von früher Freunde meines Mannes waren. Ich habe nicht nur meinen Mann, ich habe meine Persönlichkeit verloren. Ich bin allein.«

Das Pfarrhaus als beispielhafte Verwirklichung christlichen Lebens: dieser Auftrag betraf vor allem die *Kinder*. Während die Ehefrau als Erwachsene in das Pfarrhaus kam, als Gefährtin des Mannes zugleich an seinem Beruf teilhatte (und das hieß auch an seinem Prestige), waren es einzig die Kinder, die von Anbeginn als Produkte einer Erziehung galten, deren Maßstäbe vom Pfarrer selber in seiner Predigt so hoch angesetzt wurden, daß ihnen kaum Genüge getan werden konnte. Auf diese Weise gerieten Pfarrerskinder, ob sie wollten oder nicht, auf den Präsentierteller. Um sein eigenes Leben mit seiner Verkündigung in Einklang zu bringen, blieb dem Pfarrer kaum ein anderes Feld als das der Kindererziehung. Hier konnte man die innere Stimmigkeit seiner Lehre, die Fruchtbarkeit seines Glaubens messen. Dieses sein berufliches Interesse wurde ungemein verstärkt durch den Umstand, daß das Familienleben für die Gemeinde weithin offen war. Frechheit der Kinder, Unkirchlichkeit des Familienlebens ließen sich nicht verbergen. In Autobiographien von Pfarrerskindern fehlt dieser Gesichtspunkt nie: Die Beziehung zu den Eltern läuft weithin über die Vorbildrolle, auf die man angesprochen wird.

Wie immer die Anteile an der Pfarrhauskultur und ihren Auswirkungen zwischen dem Pfarrer und seiner Familie, dem Vater und seinen Kindern verteilt sein mögen, nützlich und unverzichtbar ist in jedem Falle, sich der *Aktivitäten* zu erinnern, die in besonderer Weise in Pfarrhäusern gepflegt und den Kindern nahegelegt wurden. Wenn immer das protestantische Pfarrhaus auf die gesamte nationale Kultur Deutschlands einen Einfluß gehabt hat, darf man vermuten, daß sich solche Aktivitäts- und Interessenschwerpunkte in ihr wiederfinden lassen. Das gilt mit Sicherheit und schon auf den ersten Blick erkennbar für alle Bereiche jener »Innerlichkeit«, für die das evangelische Pfarrhaus sprichwörtlich geworden ist. Es gilt aber auch für äußere Aktivitäten, die, besonders in ihrer Verbindung mit preußischen Tugenden, für die politische Kultur von Bedeutung wurden. Und schließlich gilt es allgemein für eine Dynamik auf allen Feldern des Lebens, für die transzendente Sinnsuche als ursprüngliche Antriebskraft heute kaum noch erkennbar ist. Ich behandle diese Wirkungen unter den Gesichtspunkten der *paradigmatischen Gemeinde*, der *Wort- und Musikkultur, philosophischer und psychologischer Anstöße, pädagogischer und sozialer Aktivitäten* und schließlich unter dem Gesichtspunkt der *politischen Kultur*.

1. Die Pfarrfamilie galt über Jahrhunderte als *Gemeinde im kleinen*. Vorbild war Luthers Familie, und der sprichwörtliche Kinderreichtum protestantischer Pfarrfamilien sorgte dafür, daß sie jedenfalls im Blick auf ihre Zahl

durchaus als eine Art Kerngemeinde gelten konnte. Der Pfarrer nahm seine geistliche Funktion auf diese Weise doppelt wahr, als Gemeindepfarrer und als Hausvater. Mit Hausandachten, Gebeten und Frömmigkeitsübungen, über deren Einhaltung er wachte, lieferte seine Familie die Maßstäbe für das religiöse Leben der gesamten Kirchengemeinde. Wenn seine Kinder in der Kenntnis von Psalmen, Bibeltexten und Kirchenliedern nachließen, mußte er sich nicht wundern, wenn der Kenntnisstand in den Häusern der Bauern und Bürger sank. In der Kinderlehre, im Konfirmandenunterricht waren seine eigenen Kinder auf diese Weise die Stützen, auf die er immer vertrauen konnte.

Vorbildliche Gemeinde: Das galt nicht nur im Innenraum von Glaubenshaltung und Bibelfestigkeit, sondern auch im Blick auf christliche Praxis. Hilfsbereitschaft, Fürsorglichkeit, Solidarität und alle anderen christlichen Tugenden erwartete man in der Pfarrfamilie vorbildlich gelebt. Keine Flüche, keine »häßlichen Worte«, kein Sich-gehen-Lassen, pünktliche Beherrschung bürgerlicher Formen, Gehorchen »aufs Wort«... Die Pfarrfamilie repräsentierte christlich-bürgerliches Leben und setzte Maßstäbe dafür. In allen Darstellungen der Pfarrfamilie wird die Gastfreundschaft des Pfarrhauses als eine seiner hervorstechendsten Eigenschaften gerühmt: kein Wunder, wenn immer in dieser Tugend sich christliches Liebesgebot auf vielfältige Weise erfüllt.

Die *Belastungen*, die diese Vorbildrolle für die ganze Familie bedeutete, liegen auf der Hand. Konflikte durften nicht durchgearbeitet werden, sondern wurden meist unterdrückt. Im Pfarrhaus hatte Friede zu herrschen: als Abglanz himmlischen Friedens, gleichzeitig als Urbild bürgerlicher Friedfertigkeit. Konflikte durfte es weder in der Ehe noch mit den Kindern oder unter ihnen geben. Die Kinder hatten ihre Eltern zu lieben, wie es die Bibel vorschreibt, und das Familienleben mußte ein Vorbild christlicher Nächstenliebe sein, wenn es der sonntäglichen Friedenspredigt nicht widersprechen wollte: absolutes Harmoniegebot, wohin man sah.

Dabei waren die Voraussetzungen für solche Friedfertigkeit besonders ungünstig, wenn man auf die sozialpsychologische Situation des Pfarrhauses mit seinen vielen Dienstleistungen schaut. Die Eltern waren in ihrem Beruf eingespannt und hatten wenig Zeit für die Kinder, die zum Teil auch durch Gemeindeaktivitäten in Anspruch genommen waren. Zeiten ungestörten familiären Zusammenseins gab es kaum, weil der Pfarrer und seine Frau stets »im Dienst« waren. Manche Schilderungen von Pfarrhausidyllen werden von einem leisen oder auch deutlichen Zweifel darüber begleitet, ob der behauptete Gemütsreichtum wirklich echt ist, ob man der stets anzutreffenden Fröhlichkeit aller Familienmitglieder trauen darf. Wie hoch immer der Preis für die Vorbildrolle der Pfarrfamilie gewesen sein mag, fest steht, daß sie für die Familienkultur und darüber hinaus für das, was man protestantische Sittlichkeit nennen mag, eine große Bedeutung gehabt hat. Dies gilt um so mehr, wenn man die verschiedenen Formen von Amalgamierung ins Auge faßt, die diese protestantische Form von Solidarität, Disziplin und Selbstkontrolle mit ähnlichen Tugenden eingegangen ist, etwa preußischer Zucht und »Tapferkeit«. Protestantische Frömmigkeit stand ja nie allein, sondern war stets eingebunden in eine politische Kultur, die sie einerseits in sich aufnahm, andererseits von sich aus stützte und förderte. Darüber später noch mehr.

2. Die Pfarrfamilie galt bis vor kurzem auch als der Kern der *singenden und musizierenden Gemeinde*. Mit ihren Instrumenten und Stimmen halfen Ehefrau und Kinder im Gottesdienst, bei Konzerten, zu Weihnachten und all den Festtagen, die durch Kirchenmusik ihren Glanz bekommen. Wie weit die Kinder sich später vom Elternhaus geistig und geistlich entfernen mochten, über die Musik waren sie immer noch am dauerhaftesten mit den Quellen ihrer Kindheit verbunden.

Die *Musikkultur* Deutschlands ist durch das evangelische Pfarrhaus stark geprägt worden. Musik galt Luther als wichtigste Versinnlichung der Heilsbotschaft. Wenn er nicht Theologe geworden wäre, würde er am liebsten Musiker geworden sein. Für achtunddreißig deutsche und fünf lateinische Gesänge, die er gedichtet hat, schrieb er vierundzwanzig Melodien selbst. Der Kirchengesang galt ihm als hörbare Einheit der im Glauben verbundenen Gemeinde.

Wenn Luther die Frau Musica als Verkünderin und Ausdeuterin des Gotteswortes ausdrücklich anerkannte, so hat er damit der deutschen Musik eine theologische Perspektive eröffnet, die sie bis heute von anderen Musikkulturen unterscheidet. Johann Sebastian Bach nannte man den fünften Evangelisten, weil er wie kein anderer Komponist evangelische Wortkultur in Musik umzusetzen wußte. Diese theologische Dimension deutscher Musik umschließt auch katholische Komponisten wie Beethoven und Bruckner, deren Werke sich nicht mit einer immanenten Klangfülle genug sein lassen, sondern Transzendenz anstreben, über sich hinausweisen und Rätsel lösen wollen, die auf Erden nicht zu lösen sind. Das ist auch das große Thema jener Inkarnation deutschen Wesens, die Thomas Mann in der Gestalt Adrian Leverkühns schuf, der nicht zufällig gleichzeitig Tonsetzer und ein Theologe ist, der vom Teufel so viel weiß, wie Luther vom Teufel wußte.

In ihrer Wirkung kaum zu unterschätzende Anstöße hat das evangelische Pfarrhaus für deutsche *Dichtung, Literaturwissenschaft und Philosophie* geliefert. Immer wieder wird die lange Kette der Schriftsteller und Geisteswissenschaftler genannt, die aus evangelischen Pfarrhäusern stammten. Um nur die glänzendsten Namen zu nennen: Aus Pfarrershäusern stammen die Dichter Gryphius, Gottsched, Gellert, Claudius, Lessing, Wieland, die Brüder Schlegel, Jean Paul, Gotthelf, Hermann Hesse, Gottfried Benn; die Historiker Pufendorf, Droysen, Mommsen, Jacob Burckhardt, Lamprecht, Haller, Gerhard Ritter; die Philosophen Schelling, Schleiermacher, Nietzsche, Kuno Fischer und Dilthey.

Was Historiker, Literaturwissenschaftler und Philosophen verbindet, ist allgemein ein Sinn für Interpretation, Analyse und Sinndeutung. Reformation bedeutete wesentlich Hinwendung zum Bibeltext, den es in neuer Weise anzueignen und auszulegen galt. Richtiges Verstehen bildet die Voraussetzung richtigen Glaubens und eines Lebens, das den Willen Gottes kennt. Dieser theologische Impuls hat über eine große Predigtkultur hinaus auf die deutsche Wort- und Geisteskultur gewirkt. Im Pfarrhaus gehörte immer schon das gemeinsame Lesen nicht nur der Bibel, sondern auch schöngeistiger Texte zu den abendlichen Aktivitäten. Wenn Glaubenssicherheit dem Theologen nur durch die richtige Bibelauslegung zu gewinnen war, so hatten Pfarrerskinder diesen Gesichtspunkt säkularisiert, indem sie ihn zu einem allgemeinen Erkenntnisprinzip ausweiteten. Nicht nur das heilige Wort wartet auf Auslegung, sondern Sprache gilt seither überhaupt als Seele der Dinge, als »Haus des Seins« (Heidegger).

In seinem schönen Essay »Das Bild des Pfarrhauses in der deutschen Literatur von Jean Paul bis Gottfried Benn« verschweigt Robert Minder nicht die *Opfer*, die das evangelische Pfarrhaus, unterstützt durch das Lutherische Staatschristentum, gefordert hat. Aus dem Tübinger Stift stammen nicht nur große Theologen und Kirchenmänner, sondern eben auch Schriftsteller, die zum Pfarramt nicht zugelassen wurden oder an ihrer geistlichen Berufung verzweifelten. Auf sie wartete ein unsicheres Hauslehrerschicksal oder, wenn sich ihre Glaubenslosigkeit in persönliche Obstinatheit und politische Rebellion kehrte, auch bürgerliche Verfehmung und Gefängnis. Hermann Kurz, der große schwäbische Dichter, schrieb als Tübinger Stiftler auf seine Stubentür: »Hier lasset alle Hoffnung fahren.« Sein Roman »Der Sonnenwirt« schildert die Enge, Intoleranz und den Terror einer Frömmigkeit, die den Helden der Geschichte in die Illegalität, immer wieder ins Gefängnis und schließlich aufs Rad bringt.

Wer Kindheit und Jugend Hermann Hesses studiert, seine Briefe aus der Zeit liest, wird sich des Eindrucks nicht erwehren können, daß dieser begabte Pfarrerssohn sich nur mit knapper Not dem lebensbedrohenden Einfluß seines Vaterhauses, das er gleichwohl liebte, hat entziehen können: in eine Freiheit dichterischen Schaffens, das bis ins »Glasperlenspiel« hinein das Thema von Geist und Fleisch, Kirche und Welt in immer neuen Anläufen und Variationen behandelt.

Minder hat darauf hingewiesen, daß die protestantische Kultur Deutschlands keine große antikirchlich-rebellische Literatur hervorgebracht hat, die sich der dänischen oder schwedischen vergleichen ließe. Schrille Kritiker wie Jens Peter Jacobsen oder Ibsen fehlen bei uns.

Dafür hat der Pfarrerssohn Friedrich Nietzsche eine *philosophische Kritik* des Christentums vorgelegt, die radikaler nicht gedacht werden kann. Aber das Thema seines Lebens hat er sich eben doch von seinem Vater vorgeben lassen.

Und wenn man seinen Worten trauen darf, hat er gegen sein Herkommen und das Pfarrhaus nie etwas gehabt: »Es ist aber das beste Stück idealen Lebens, welches ich kennengelernt habe; von Kindesbeinen an bin ich ihm nachgegangen, in viele Winkel, und ich glaube, ich bin nie in meinem Herzen gegen dasselbe gewesen.« Seine Philosophie zeigt die Anstrengung und Überanstrengung seines Kampfes gegen den christlichen Gott und die Unmöglichkeit, christliche Theologie geschichtlich zu hintergehen in Richtung auf ein griechisches Verständnis der Welt in der Gleichgültigkeit von Werden und Vergehen.

3. Die *moderne Philosophie* trägt seit Descartes darin protestantische Züge, daß sie Transzendenz in der Welt selber aufsucht. Der Pfarrerssohn Walter Schulz hat in seinem Buch »Der Gott der neuzeitlichen Metaphysik« diesen protestantischen Strukturierungs- und Systematisierungszwang aufgewiesen: als Notwendigkeit, Sinn in eine Welt zu bringen, die von sich her nicht ohne weiteres einen Zusammenstand (systema) aufweist. Hier liegt die Motivation der großen philosophischen Systembauer des Idealismus. Angst vor Weltleere und Desorientierung führte einerseits zu Idealismus und Systembau, andererseits aber auch zu großer Skepsis und zum Nihilismus aus System. Die großen philosophischen Destruktionsleistungen des deutschen Positivismus, aber auch des Existenzialismus sind ohne Protestantismus nicht denkbar. Das gilt noch für Sartre, dessen Großvater Schweitzer hieß und reformierter Pfarrer war. Jean Paul Sartre und Albert Schweitzer sind nicht nur geistig verwandt.

Die Einflüsse protestantischer Wortkultur wirken bis in die Gegenwart fort, nicht nur in der Prosa-Literatur, sondern ebenso auch im Theater und im Film: Die Pfarrerssöhne Friedrich Dürrenmatt und Ingmar Bergmann behandeln in immer neuen Anläufen Fragen, die theologischer Natur sind und transzendente Antworten verlangen.

Gerade bei Schriftstellern, die erklärtermaßen Nihilisten sind, zeigt sich das väterliche Erbe besonders deutlich. Das gilt etwa für Gottfried Benn, einen unter dem Gesichtspunkt protestantischer Wortkultur besonders interessanten Schriftsteller. Er hat versucht, in der Kunst die Transzendenz zu entdecken, die er mit der christlichen Religion verloren hatte. Er schrieb: »Ich sehe die Kunst die Religion dem Range nach verdrängen. Innerhalb des allgemeinen europäischen Nihilismus, innerhalb des Nihilismus aller Werte, erblicke ich keine andere Transzendenz als die Transzendenz der schöpferischen Lust.«

Wie Nietzsche hat Benn nie etwas gegen seine Pfarrersherkunft gesagt, im Gegenteil. Über sein Elternhaus, in dem sein Vater und Großvater Pfarrer waren, schreibt er: »Dort wuchs ich auf, ein Dorf mit 700 Einwohnern in der norddeutschen Ebene, großes Pfarrhaus, großer Garten, drei Stunden östlich der Oder. Das ist auch heute noch meine Heimat, obgleich ich niemanden dort mehr kenne, Kindheitserde, unendlich geliebtes Land... Eine riesige Linde stand vorm Haus, steht noch heute da, eine kleine Birke wuchs auf dem Haustor, wächst noch heute dort, ein uralter Backofen lag abseits im Garten. Unendlich blühte der Flieder, die Akazien, der Faulbaum.«

Benn hat seine Abhängigkeit von Religion und Theologie deutlich gesehen: »Da meine Väter über hundert Jahre zurück evangelische Geistliche waren, durchdrang das Religiöse meine Jugend ganz ausschließlich. Mein Vater, jetzt emeritiert, war ein ungewöhnlicher Mann: orthodox, vielleicht nicht im Sinne der Kirche, aber als Persönlichkeit; heroisch in der Lehre, heroisch wie ein Prophet des Alten Testaments, von großer individueller Macht wie Pfarrer Sang aus dem Drama von Björnson, das man in meiner Jugend spielte: Über die Kraft. So gewiß ich mich früh von den Problemen des Dogmas, der Lehre der Glaubensgemeinschaft entfernte, da mich nur die Probleme der Gestaltung, des Wortes, des Dichterischen bewegten, so gewiß habe ich die Atmosphäre meines Vaterhauses bis heute nicht verloren: in dem *Fanatismus zur Transzendenz*, in der Unbeirrbarkeit, jeden Materialismus historischer oder psychologischer Art als unzulänglich für die Erfassung und Darstellung des Lebens abzulehnen.«

»Es gibt nur zwei Dinge: die Leere und das gezeichnete Ich.« Diese Zeilen Gottfried Benns weisen über ihre dichterisch-philosophische Intension hinaus in eine Richtung, für die protestantische Interpretationskultur von großem Einfluß gewesen ist: *die Psychoanalyse*. »Das gezeichnete Ich« war das Thema Augustins, das Thema Luthers, es ist das Thema des Verhältnisses von Mensch und Gott, einem Gott, der die Welt aus der Leere des Nichts geschaffen hat und einzig durch seinen Willen erhält. Augustin hatte zuerst diesen radikalen Rückzug in die Tiefe der eigenen Seele angetreten, um Gott zu begegnen. Luther war ihm auf diesem Wege gefolgt. Die Psychoanalyse erinnert in manchem an dieses radikale Experiment christlicher Selbsterfahrung. C. G. Jung war Pfarrerssohn, und nach ihm sind viele Pfarrerssöhne Psychoanalytiker geworden (häufig nachdem sie als Patienten die erste große Analyse hinter sich gebracht hatten). Die autobiographische Reduktion soll den Schlüssel zum Verständnis des Lebensweges und damit zu neuer Identität liefern. Die Psychoanalyse bietet dem Pfarrerskind beides in einem: die Aufarbeitung seiner religiösen und seiner familialen Probleme. Analyse bringt Sinn, Interpretation schafft Identität, Hermeneutik schließt Selbsterkenntnis und Weltverständnis auf.

Für die Psychoanalyse ist die Gestalt des Vaters konstitutiv. Der Pfarrerssohn C. G. Jung hat Vaterbild und Gottesbild in einer Theorie unterzubringen versucht, die zugleich seelsorgerliche Praxis sein wollte. Inzwischen ist man auch den umgekehrten Weg gegangen, indem man Luthers Kindheit unter psychoanalytischen Gesichtspunkten untersucht hat (Erikson). Die Beziehungen zwischen protestantischer Theologie und Psychoanalyse sind höchst intim, und was Psychologen über verdeckte und verschobene protestantische

Psychostrukturen herausgefunden haben, verdient hohes Interesse. Drei Beispiele:

Psychologen treffen bei Protestanten häufig auf ein unausgewogenes *Wechselspiel zwischen Hochmut und Verzagtheit*. Diese psychische Figur ist theologisch vorgebildet als die Ambivalenz von Erlösung und Verdammung. Der Wechsel von einer Hochgestimmtheit, die bis zu maßloser Selbstüberschätzung reichen, und einer Depression, die zum Selbstmord führen kann, läßt sich in der protestantischen Kultur auf vielen Feldern beobachten.

Eine weitere psychische Ambivalenz schildern Schriftsteller von Pfarrerssöhnen: lebenslanges *Heimweh* nach Nestwärme, ein ungewöhnlich starkes Anschmiegungsbedürfnis, eine Sehnsucht nach heiler Welt und Vaterhaus auf der einen Seite; dagegen ein außergewöhnlicher Drang nach möglichst radikaler Entfremdung, ein *Fernweh*, das nicht zu stillen ist auf der anderen Seite.

Eine dritte psychische Besonderheit ist das, was man »Arbeitszwang aus depressiver Motivation« (Gerhard Schmidtchen) genannt hat. Durch Arbeit versuchen Protestanten, das Heil ihrer Seele auch dort zu schaffen, wo transzendente Inhalte nicht mehr als solche auftreten. Auf diese Weise erfährt ihr Leben eine Intensität, häufig auch Überanstrengung, deren Quell in jugendlichen Identitätskämpfen längst vergessen ist. Jedenfalls liegt ihr Aktivitätsniveau höher als bei Katholiken. Auch hier darf man annehmen, daß das evangelische Pfarrhaus noch wieder einen höheren Prozentsatz liefert.

4. Von großer Tragweite sind die sozialen und pädagogischen Impulse, die von dem evangelischen Pfarrhaus ausgingen. Seit Luthers Zeiten gilt die Pfarrfamilie als Ort *sozialen Ausgleichs*, auch Auffangs. Die Pfarrfamilie hat diese Funktion durch die Jahrhunderte wahrgenommen, und noch heute wissen Penner und Bettler, daß das Pfarrhaus aus seinem geistlichen Auftrag heraus zur sozialen Hilfe verpflichtet ist. Besonders in den Wirren von Kriegs- und Nachkriegszeiten galt das Pfarrhaus als Asyl von Vertriebenen, als Zuflucht elternloser Kinder, als Versteck politisch Verfolgter.

Bis heute ist das Pfarrhaus ein *Zentrum sozialer Dienste*. Fürsorge als Verwirklichung des christlichen Liebesgebotes galt nicht nur dem Pfarrer, sondern in gleicher Weise seiner Familie als göttlicher Auftrag.

Ähnliches gilt auch für die *pädagogische Rolle* des Pfarrhauses. Luthers Schrift- und Kirchenverständnis schließt ein großes Volkserziehungsprogramm ein. Das Wort Gottes will gelesen, gedeutet, verstanden, gelehrt und auswendig gewußt sein. Der Katechismus Luthers ist ein pädagogisches Meisterstück mit seiner Eingangsfrage: »Was ist das?« Anstelle von Papst und Konzilien wurden die theologischen Fakultäten für die Auslegung der Schrift zuständig. Wer die Bibel verstehen will, muß die Kunst der Hermeneutik beherrschen, vor allem aber Sprachen können. In einem Brief »An die Ratsherren aller Städte deutschen Landes, daß sie christliche Schulen aufrichten und halten sollen«, schrieb Luther: »Und laßt uns das gesagt sein, daß wir das Evangelium nicht wohl werden erhalten ohn die Sprachen... ja, wo wirs versehen, daß wir (da Gott vor sei) die Sprachen fahren lassen, so werden wir nicht allein das Evangelium verlieren, sondern wird auch endlich dahin gerathen, daß wir weder Lateinisch noch Deutsch recht reden oder schreiben könnten.«

Von diesem Quell lernenden Umgangs mit der Schrift gingen intensive Anstöße in alle Richtungen der Bildung, des Unterrichts und der Pädagogik aus: »Wer immer strebend sich bemüht...«; oder die Entscheidung Lessings, das Streben nach der Wahrheit dieser selbst vorzuziehen; die Lehre vom guten Willen bei Kant: alles Resultate protestantischen Bildungsverständnisses.

Was haben evangelische Pfarrer nicht alles gelehrt: Landbau und Staatsbürgerkunde, medizinische Vorsorge und Kindererziehung, dazu das gesamte Bildungsgut der Nation. Das geschah vor allem in der sonntäglichen Predigt, der einzigen Bildungsveranstaltung auf dem Lande. »Der Mensch lebt nicht vom Brot allein«, das wurde zur Maxime auf allen Gebieten. Der Bücherschrank im Pfarrhaus versammelte das Bildungsgut der Zeit, allerdings meist ohne die fortschrittliche oder gar avantgardistische Literatur. An Gesellschaftsspielen wurden jene bevorzugt, die den Wissensschatz erweiterten. Dabei verstand man unter Bildung selten die Naturwissenschaften, sondern vornehmlich Dichtung: Das Zitatenquartett gehörte zu den beliebtesten Spielen. Im übrigen las man die deutschen Klassiker mit verteilten Rollen, oder der Hausvater las aus den großen Bildungsromanen vor.

Viele Pfarrer sind in Deutschland durch ein meist unfreiwilliges pädagogisches Praktikum gegangen, als *Hauslehrer* oder Hofmeister. Dieses Kapitel deutscher Kultur- und Sozialgeschichte ist nicht ohne Schattenseiten. Der unglückliche Lenz hat in seinem »Hofmeister« ein einzigartiges Denkmal jenes Hauslehrerschicksals geschaffen, das viele erlitten haben. Besonders diejenigen, die versuchten, sich ohne Wunsch nach einem Pfarramt oder Aussicht darauf durchzuschlagen, waren häufig schlecht dran. Durch die Hofmeisterstellen wurden sie auf die Landgüter des Adels verschlagen und konnten nur ausnahmsweise in den Städten leben. Solchermaßen isoliert, deklassiert, gesellschaftlich unsicher und mit schlechten Manieren zogen sie sich immer mehr in Geisterreiche, auf Gedichte und sich selbst zurück, lebten ihren unerfüllten Amouren mit adeligen Frauen, wurden schwermütig und nervenkrank. Die guten Stellen waren selten, die Plätze an den Universitäten und in den wenigen Zeitschriften hart umkämpft. Die Gunst der Fürsten oder des Dichterfürsten galt alles. Aus einem Bericht jener Zeit: »Sie laufen den ganzen Tag aus einem Hause in das andere, und verdienen mit ihren Lektionen kaum soviel als hinreicht, ein dürftiges Leben durchzuschleppen. Sie sind alle (man komme und sehe selbst) dürr, blaß und kränklich, und werden bis vierzig Jahre alt, ehe sich das Consistorium ihrer erbarmt und ihnen eine Pfarre giebt.«

5. Die Geschichte des deutschen Pfarrhauses ist auf weite Strecken hin die Geschichte der deutschen Intelligenz, und diese ist wiederum die Geschichte des deutschen Bürgertums, eine Geschichte politischer Ohnmacht und sozialer Frustration. Für die deutsche *Politikgeschichte* hat das evangelische Pfarrhaus seine beiden Rollen, die des Urbildes und des Vorbildes, gespielt. Es war das Urbild bürgerlicher Apathie und lieferte eine vorbildliche Rechtfertigungsideologie für diesen biedermeierlichen Rückzug aus der Politik. Konfliktfreiheit war die politische Losung, für die das christliche Friedensgebot die theologische Begründung lieferte.

Seine gesellschaftliche Stellung verband den Pfarrer mit dem Staatsbeamten, der auch keinem bürgerlichen Beruf nachging. Wie der Beamte bekam er ein Gehalt und war dem kommerziellen Leben weit entrückt. Die Orientierung des evangelischen Pfarrhauses am Beamtentum, auch an der Dienstauffassung der Armee hat die politische Verspätung des deutschen Bürgertums begünstigt und seinem Selbsthaß Nahrung gegeben.

Es gab noch einen Stand, mit dem das evangelische Pfarrhaus auf gutem Fuß stand, den *Adel*. Die Ethik der Fürsorge und des Dienstes verband das Pfarrhaus mit dem Gutshaus, beide waren Zentren sozialer Dienste. Was beide, Gutshaus und Pfarrhaus, weiterhin verband, war eine Auffassung von »Dienst«, die besonders in den preußischen Teilen Deutschlands zu einer eigenständigen Kultur führte. Der preußische Adel war nicht reich, vielfach nicht einmal wohlhabend. Sparsamkeit, Fleiß, Sinn für karge Lebensführung verbanden sich leicht mit einer Auffassung von Frömmigkeit und christlicher Lebensführung, für die Aufklärung und Pietismus die geistigen und institutionellen Formen fand.

Der deutsche Protestantismus hat sich, von wenigen Ausnahmen abgesehen, bei dem beginnenden Klassenkampf auf die Seite der feudalen Aristokratie und des obrigkeitlichen Staates gestellt. Hatte man sich früher zusammen mit dem adeligen Patron gegenüber den Armen nach den Geboten christlicher Barmherzigkeit verhalten, so war man jetzt wie der Adel dem Proletariat gegenüber ratlos. Das christliche Harmoniegebot ließ sich sozial nicht mehr verwirklichen. Um so mehr hielt man sich an die überlieferten Vorstellungen eines intakten Familienlebens, an die heile Welt der Bildungsgüter, an die Natur und alle jene Innerlichkeiten, für die das evangelische Pfarrhaus sprichwörtlich ist. Auf diese Weise verlor der Protestantismus die Arbeiterschaft, bevor er sie gefunden hatte. Und die christliche Gemeinde verengte sich weiter zu einer bürgerlichen Fluchtburg, die ihre Güter, die Bildungsgüter ebenso wie die nationalenGüter, als christliche verteidigte. Wer sie angriff oder in Frage stellte, galt als gottloser Friedensstörer, als Antichrist.

Die doppelte Autorität des Pfarrers und Hausvaters sorgte dafür, daß das evangelische Pfarrhaus von Anbeginn ein Haus männlichen Geistes war. Der traditionelle Patriachalismus in Deutschland wurde durch eine Theologie verstärkt, die keine Maria als Himmelskönigin kannte und dem Alten Testament einen ihm theologiegeschichtlich zustehenden Einfluß wieder einräumte. Biographien von Pfarrerskindern stimmen darin überein, daß der Vater und die Söhne den Ton angaben, bis in die Wahl der Gesellschaftsspiele am Abend hinein. Das evangelische Pfarrhaus hat mit dieser Betonung männlichen Geistes über die protestantische Kultur in Deutschland auch die politische stark beeinflußt. Was man dem deutschen Protestantismus, besonders in seiner preußischen Form, an Härte, Kompromißlosigkeit und Aggressivität nachsagt, das findet seinen Quell nicht zuletzt im protestantischen Pfarrhaus.

Stichwort dieser protestantisch-preußischen Kultur war das Wort *Gehorsam*. Gestalten wie Jochen Klepper und Gottfried Benn zeigen auf ganz unterschiedliche Weise die Wirksamkeit dieser protestantisch-preußischen Tradition. Klepper meinte, durch seinen Glauben zu einem leidenden Gehorsam verpflichtet zu sein. Benn versuchte, seinen Atheismus mit Hilfe einer »Tapferkeit« durchzustehen, deren Quellen sowohl im Protestantismus als auch in Preußen lagen. Zum Widerstand oder gar zur Revolution taugte solche Tapferkeit allerdings nicht. Von politischer Aktivität hielt man sich fern, und wenn Frustration drohte, flüchtete man in eine jener Innerlichkeiten, für die das evangelische Pfarrhaus ein reiches Reservoir bot. Diese Politikferne hat sich bitter gerächt, und die evangelischen Kirchen haben inzwischen daraus Konsequenzen gezogen. Heute ist das evangelische Pfarrhaus nicht mehr unpolitisch, eher im Gegenteil: Viele Pfarrhäuser wissen sich an der Spitze politischer Reformbestrebungen und bieten auch sehr kämpferischen Versöhnungs- und Friedensbewegungen in ihrem Hause Raum.

Es sieht so aus, als ob das evangelische Pfarrhaus heute in eine *neue Phase seiner Geschichte* einträte. Dabei mischt sich Funktionsverlust mit einem neuen Verständnis christlicher Praxis. Die Pfarrfrau hat heutzutage meist einen eigenen Beruf. Sie ist Lehrerin, Ärztin, Sozialarbeiterin. Damit entfällt aus rein zeitlichen Gründen ein weiter Bereich ihres früheren »Berufes«. Aber davon abgesehen wollen sich viele Pfarrfrauen nicht mehr durch den Beruf ihres Mannes definieren, sondern eine eigene Identität aufbauen. Dieser Wunsch schließt auch die geistliche Existenz ein. Gebet, Kirchgang, Bibellesung und häusliche Andachten verlieren auf diese Weise ihre Selbstverständlichkeit, werden zu religiösen Aktivitäten, welche die Ehefrau und die Kinder jeweils selber verantworten. Das nimmt dem Pfarrer als Vater und Ehemann viel historische Last, kostet ihn aber auch Autorität in der Familie und in der Gemeinde. Er steht nun stärker für sich, kann die Familie nicht mehr in seinen Beruf einspannen. Andererseits steht er der Gemeinde gegenüber nicht mehr mit seiner ganzen Familie »im Wort« und muß nicht fürchten, daß mangelnder Kirchgang seiner Kinder ihm als eigene Glaubensschwäche oder den Pfarreltern als Mangel an christlicher Erziehung angerechnet wird.

Immer schon befand sich der Protestantismus an der Spitze von gesellschaftlichen Entwicklungen und Veränderungen: sowohl als Trendmacher als auch in seismographisch feinen Reaktionen auf den Zeitgeist. Das zeigt sich heute wieder. Nicht nur Studentenpfarrhäuser, sondern auch Gemeindepfarrhäuser sind häufig der Ort, wo Fragen unserer Zeit in großer Offenheit und manchmal Radikalität erörtert werden. Diese kritische Befragung unserer Zustände macht auch vor den Errungenschaften der Reformation nicht halt. Wie steht es mit der Volkskirche, dem Pfarramt, der Militärseelsorge, der politischen Predigt, der Verbindung mit linksradikalen Gedanken und Gruppen? Da regt sich aufs neue reformatorischer Geist, in seiner Doppelung von Vergeistlichung der Welt und Verweltlichung der Heilsbotschaft. Das kritische Salz evangelischen Protestes nagt an alten Institutionen. Ein Beispiel:

Der »Pfarrfrauendienst in der Evangelischen Kirche in Deutschland« hat 1982 ein Papier zum Thema »Pfarrersehe – heute« verabschiedet, in dem sich folgende Sätze finden: »Wenn wir die Geschichte der Ehe betrachten, stellen wir fest, daß das Netz oft mißbraucht worden ist und immer noch mißbraucht wird. Es dient dann nicht dazu, lebenslang aufzufangen, sondern lebenslänglich gefangenzuhalten... Wir leiden darunter, daß wir überfordert sind mit Ansprüchen, nach denen unser Haus ein besonderer Ort sein soll, in dem es nur Harmonie geben darf. Wir leiden darunter, daß wir uns gezwungen fühlen, Harmonie vorzuspielen, wo wir Konflikte untereinander und Probleme mit den Kindern benennen und bewältigen wollen... Wir leiden darunter, daß wir oft nur als Inventar des Pfarrhauses behandelt werden, dann, wenn ein Pfarrer... in der Ordination versprechen muß, er und sein ganzes Haus werden ein gottgefälliges Leben führen...«

Protestantische Rebellion, es gibt sie heute wieder als Jugendprotest, als Autoritätskritik, als Zweifel an Tradition und Übereinkunft, als »Wertewandel«, als »Neue Politik«. Es gibt sie auch als Kritik an Religion, oder andersherum: als Öffnung gegenüber anderen religiösen Erfahrungen, zum Beispiel asiatischer Meditation. Häufig werden dabei Grenzen gestreift, die auch ein evangelisches Verständnis von Christentum kaum überschreiten kann. Jedenfalls wird über den Verlauf solcher Grenzen gestritten.

Das Gedicht »Pfarrhaus« von Reiner Kunze zeigt die dogmatisch manchmal schwer unterzubringende Offenheit reformatorischer Gesinnung und liefert vielleicht eine Perspektive für das zukünftige evangelische Pfarrhaus:

> Wer da bedrängt ist findet
> mauern, ein dach und
> muß nicht beten.

Friedrich Wilhelm Kantzenbach

Das reformatorische Verständnis des Pfarramtes

Solchen Glauben zu erlangen, hat Gott das Predigtamt eingesetzt, Evangelium und Sakrament gegeben, dadurch er als durch Mittel den Heiligen Geist gibt, welcher den Glauben, wo und wann er will, in denen, so das Evangelium hören, wirket, welches da lehret, daß wir durch Christus Verdienst, nicht durch unser Verdienst, einen gnädigen Gott haben, so wir solches glauben. *Augustana*

Es heißt: Wache, studiere! attende lectioni! Fürwahr, du kannst nicht zuviel in der Schrift lesen; und was du wohl liesest, kannst du nicht zu wohl verstehen; und was du wohl verstehest, kannst du nicht zu wohl lehren; und was du wohl lehrest, kannst du nicht so wohl leben. *Martin Luther*

I.

Wer heute die Straßen deutscher Städte in Richtung auf Kirchtürme durchwandert, stößt im Schatten der Kirchen auf alte und neue Pfarrhäuser. Wie ein Landratsamt, ein Bürgermeisteramt und manche Behörde sonst, weisen sich die in den Pfarrhäusern liegenden Büros als »Evangelisches Pfarramt«, »Protestantisches Pfarramt« (so in der Pfalz) oder als »Evang.-Luth. Pfarramt« aus. Kommt zu diesen einstige konfessionelle Wirren signalisierenden Bezeichnungen noch der besonders angebrachte Hinweis hinzu, zu welcher Zeit das Büro wochentags geöffnet sei, dann muß jeder mit dem heutigen Sprachgebrauch Vertraute mit dem Wort »Amt« die Vorstellung von Behörde und Verwaltung verbinden.

Manchmal findet sich zwar der zusätzliche Hinweis auf die Zeit, in der der Pfarrer oder Pastor »am sichersten« anzutreffen sei, oft eine bestürzend geringe Zahl von Stunden, in denen der Bann von Vorzimmer und technischem Zubehör aller Art vielleicht durchbrochen werden kann.

Die griechischen Äquivalente für das Wort »Amt«, das Luther mit Vorliebe für den Dienst des Pfarrers im Sinne eines evangelischen Predigers und Seelsorgers benutzt hat, sind neben diakonia auch leiturgia und oiconomia. Ein gewisses Schwanken zwischen Amt und Dienst ist in seiner Bibelübersetzung zu beobachten, doch ist das kein Hinweis auf die schon zu Luthers Zeit ausgeprägte Gewichtung des Wortes »Amt« durch solche Aspekte, die wir heute einseitig mit Behörden und Verwaltungseinrichtungen verbinden.

Luthers Begriff vom Amt umfaßt, wie die Brüder Grimm in ihrem Deutschen Wörterbuch nachgewiesen haben, auch das Moment »Zuständigkeitsbereich«, das heute das »Pfarramt« zur Anlaufstelle für eine beabsichtigte Besprechung mit dem Pfarrer darstellt. Aber Luther hörte bei Amt vor allem den Akzent mit, der dann auch in die Bezeichnung eines evangelischen Pfarrers als minister verbi divini eingegangen ist.

Man kann natürlich die Frage aufwerfen, ob zur Zeit Luthers Begriffe wie Diener und Dienst eindeutiger den Auftrag des Pfarrers zu kennzeichnen imstande waren als das Wort Amt. Bei Dienst mußte man zu jener Zeit assoziieren, daß es sich um gegen Lohn ausgeführte Arbeit in untergeordneten Verhältnissen, etwa als Knecht und Magd, handle. Aber Diener war nicht nur der Kammerdiener eines Fürsten, sondern auch dessen Beamte, und der patriarchalische Fürst des 16. Jahrhunderts, der oft noch tief von seiner Verpflichtung vor Gott durchdrungen war, konnte sich auch als Herrscher der Sache nach als Diener seines Staates verstehen.

Daß mit einer gewaltsamen Aufsprengung des vielerlei Verständnisschwierigkeiten ausgesetzten Amtsbegriffs oder gar durch den Ersatz von Amt durch Dienst keine besseren Verstehenshilfen für den Sinn des Berufes eines Pfarrers erschlossen werden könnten, ist leicht einsichtig zu machen. Im Zeitalter der

Dienstleistungsberufe wird auch der Pfarrer für einzelne Funktionen und Dienste in Anspruch genommen. Das pflegt heute in sehr willkürlicher Ausgrenzung von Tätigkeiten zu geschehen, die eher mit gesellschaftlicher Diakonie im weitesten Sinne etwas zu tun haben als mit der wesensmäßigen Mitte des Auftrages eines Pfarrers. Im 16. Jahrhundert war der Pastor ein »Kirchendiener« im komplexen Sinne; heute ist ein Kirchendiener jedenfalls nicht der Pastor, sondern ein Angestellter in einem kirchlichen Dienstleistungsensemble, wobei er Funktionen wahrnimmt, die in etwa auch Küstern oder Mesnern oblagen und zum Teil noch zukommen.

Luthers Bibelübersetzung zeigt am Beispiel der Übersetzung von Epheser 4,12 deutlich das Schwanken zwischen Dienst und Amt. Apostel, Propheten, Evangelisten, Hirten und Lehrer hat Gott nach dieser Aussage gegeben, damit, wie Luther 1522 übersetzt, »die Heiligen alle zusammen gefügt werden durch gemeinen (das heißt gemeinsamen) Dienst.« 1527 heißt es: »daß die Heiligen geschickt seien zum Werk des Amtes.« Bis zum Ende des 19. Jahrhunderts war der Amtsbegriff so wenig belastet, daß man es bei dieser Version beließ. Seit 1956 ist man zu Luthers ursprünglicher Übersetzung zurückgekehrt; es geht nunmehr wieder um die Zurüstung zum Werk des »Dienstes«.

Die sprachlichen Schwankungen haben sich auch als sachliche Schwierigkeiten erwiesen, Begriffe wie Amt und Dienst inhaltlich sachgemäß zu füllen und zu verstehen. Dieselbe Schwierigkeit ergibt sich, wenn man den Begriffen: Pfarrer, Pastor, Prediger und (im Niederdeutschen) Priester (Preester) als Bezeichnungen für den evangelischen Geistlichen nachgeht. Sprachgeschichtlich haben die genannten Begriffe bis zum heutigen Tage eine konfessionsuntypische Geschichte bzw. Nachgeschichte gehabt.

Werden in Norddeutschland die evangelischen Pfarrer ganz vorwiegend als Pastoren bezeichnet, so in Süddeutschland eher als Pfarrer. Aber diese Differenzierung bleibt pauschal und oberflächlich, weil in manchen Gegenden sprachliche Eigentümlichkeiten eine Rolle spielen, auch für norddeutsch-evangelisches Sprachempfinden unverständliche Vertauschungen in den Amtsbezeichnungen vorkommen, so zum Beispiel, wenn im Rhein-Mosel-Gebiet sowie im Saarland die evangelischen Geistlichen als Pfarrer, die katholischen aber als Pastoren (im Lippeschen lautet der gängige Plural »Pastöre«!) bezeichnet werden. Die um 1900 noch bei feierlichen Anlässen von sonst Plattdeutsch Sprechenden benutzte Anrede »Herr Prediger« ist wohl kaum noch anzutreffen.

Hingegen kennt der niederdeutsche Protestant noch immer den Preester im volksmundlichen Sprachgebrauch. Auch viele Grabsteine für evangelische Pfarrer in Franken im 18. Jahrhundert halten am Priesterbegriff (Jubelpriester, aus priesterlichem Geschlecht, von priesterlichem Stande usw.) fest.

Wie wir noch sehen werden, hat Luther sprachlich den Begriff Pfarramt nicht nur unbefangen aufgegriffen, sondern inhaltlich neu zu füllen versucht.

Der spätmittelalterliche Pfarrer verfügte häufig über einen geringen Bildungsstand, der ihn gerade instand setzte, die Messe zu lesen und kirchliche Riten zu vollziehen, auch die nötigen Verwaltungsaufgaben zu erfüllen. Der Aufgabe zu predigen war er oft nicht gewachsen. In dem Maße, als seit der Wende vom 15. zum 16. Jahrhundert immer mehr Prädikaturen errichtet und mit Männern besetzt wurden, die einen akademischen Grad vorweisen mußten, entfiel vielerorts die Anstrengung zu eigenständiger Predigtleistung. In Städten, die auf sich hielten und die es sich leisten konnten, übernahmen humanistisch gebildete Prädikanten die Aufgabe der Predigt (zum Beispiel Johannes Brenz als Prediger in Schwäbisch Hall; späterer Reformator in Württemberg). Gerade diese Prädikanten hatten durch das Medium des Wortes einen Zugang zum Volk, und sie entwuchsen ihrer elitären Rolle um so mehr, als Luthers Losungen sich für einige Jahre sehr eng mit Hoffnungen auf einen umfassenden sozialen und politischen Wandel verbanden.

Martin Luther nach einem Gemälde von Lukas Cranach aus dem Jahre 1526

II.

Luthers Konzeption vom reformatorischen Pfarramt bedingt eine Besinnung auf seine reformatorischen Grundanliegen. Gewiß hatte er eine Konzeption von Kirche, in der diese nicht mehr als ein bescheidenes Werkzeug sein sollte, denn die Verkündigung des Evangeliums vor dem baldigen Anbruch des Jüngsten Tages war nach Luthers Auffassung ganz Sache Gottes.

Von hier aus wird schnell einsichtig, daß Luther zunächst nur ganz von Glauben, Gebet und demütigem Warten auf Gott bestimmt sein konnte. Mit einer abgesicherten Religionsgemeinschaft, mit rechtlich und religiös konformen territorialen und regionalen Körperschaften, mit der Institution des Pfarramtes konnte er in den ersten Jahren seines reformatorischen Kampfes natürlich nicht rechnen. Zunächst mußte er auf das spontane Glaubenszeugnis der Laien setzen, wobei er aber von Anfang an in Zurückhaltung gegenüber einem öffentlichen Zeugnis ohne ordentliche Berufung dazu stand.

Es ist ja kein Zweifel, daß der Erfolg der von Luther keineswegs am Reißbrett geplanten Reformation wesentlich aus dem Spannungsverhältnis von Klerikern und Laien resultiert, weil an diesem Problem dem Volk die Krise der spätmittelalterlichen Gesellschaft bewußt geworden war. Längst vor Luther hatte sich gegenüber der institutionellen Kirche immer wieder das sich von Sozialgebilden unterscheidende Selbstverständnis einer christlichen Gemeinde artikuliert, die sich einzig vom Herrn und durch die von ihm aufgetragene Verkündigung legitimiert sah. Gewiß waren mit der Ausbreitung des Christentums und einer sich immer mehr differenzierenden Organisation der Kirche hauptamtliche Dienste notwendig geworden. In den ersten Jahrhunderten gingen die Inhaber von Ämtern und Funktionen in der Gemeinde häufig noch einem weltlichen Beruf nach. Das schließt nicht aus, daß aus dem 3. und 4. Jahrhundert schon zahlreiche hauptberufliche Bischöfe bekannt sind.

Viel einschneidender als die Loslösung der geistlichen Funktionen von weltlichen Berufen war jedoch die prinzipielle Trennung der Priester bzw. des Klerus von den Laien. Mit der zunehmenden Rezeption des alttestamentlichen Priestergedankens in der Amts- und Opfertheologie der alten Kirche wurde eine besondere Ordination oder Weihe des Priesters unterstützt, und die allmähliche Weiterbildung der Opfervorstellung im Zusammenhang der Eucharistie förderte nur diese Entwicklung. Die Reservierung besonderer Wesensmerkmale für die Kleriker setzt sich im Westen bis zum 3. Jahrhundert und im Osten bis zum 4. Jahrhundert durch. Der Priester verfügt im Kontext einer hierarchisch gestuften Amtsauffassung über eine qualitativ andere und größere Vollmacht als die Gemeindeglieder. Die Spendung der Sakramente ist dem Priester vorbehalten, der durch Weihe einen Charakter indelebilis (unverletzbar, auch durch Abfall von Glauben und Sitten unverlierbar) erhält.

Zu Ausgang des Mittelalters waren immer wieder Gravamina (Beschwerden) insbesondere gegen den städtischen Klerus vorgetragen worden. Es kam auch zu spontanen Erhebungen aus Empörung über das sittliche Versagen von Klerikern und aus Enttäuschung über das Versagen von Reformbemühungen mehrerer Konzile des 15. Jahrhunderts. Die Kirchenkritik fächert sich auf in die Kritik am Papsttum, an der Geistlichkeit, an der geistlichen Gerichtsbarkeit und an der Theologie. Der Antiklerikalismus wird vom niederen gegen den höheren Klerus unterstützt. Die Laien kritisierten die schlechte seelsorgerliche Betreuung und den anstößigen Lebenswandel der Geistlichen, wobei nicht immer die schlechten organisatorischen Rahmenbedingungen beachtet wurden, die die Position des niederen Klerus geradezu determinierten. Kaplan oder Vikar bezogen von den in ihrer Pfarrei fast nie auftauchenden Pfründebesitzern – das konnte ein Kloster, ein Bischof oder eine sonstige geistliche Institution sein – ein jämmerliches Entgelt, oft weniger als ein Maurergeselle.

Am Niederrhein wurden um 1500 fast die Hälfte aller Pfarreien von Vikaren verwaltet. Im Herzogtum Württemberg war das Verhältnis von Pfarrern zu Vikaren wie 1 : 5. Bischöfe und Kardinäle häuften Pfründen an, so daß eine Betreuung der Stellen, die ein riesiges Einkommen garantierten, nur durch oft wechselnde, häufig mehr schlecht als recht ausgebildete Geistliche erfolgte, so daß die »Bundschuher« angesichts der schlechten seelsorgerlichen Betreuung verlangten, daß jeder Geistliche nur eine Pfründe und das damit verbundene Amt selbst gewissenhaft versehen sollte. Hatte im Mittelalter der Kleriker den Laien belehrt, so kam es um 1500 zu einer Vertauschung der Rolle, als die Laien moralische Forderungen an die Geistlichen zu stellen begannen, deren Bildungslosigkeit und skandalöses Leben offen zutage lagen.

Weil gerade auch Bischöfe und Kardinäle sich unübersehbare Blößen gaben, weder predigten noch Beichte hörten, konnte sich ein neues Selbstverständnis des lateinunkundigen Laien, der im hohen Mittelalter mit dem »illitteratus« identifiziert worden war, anbahnen. Gegen Ketzer war der Vorwurf erhoben worden, sie seien als »illitterati« gar nicht kompetent für die Schriftauslegung. Nun kehrten die Laien den Spieß um und warfen Klerikern, die sich als »litterati« verstanden, vor, ihr Wissen nicht von Gott zu haben. Solche Argumentation hatte wesentliche Anstöße durch die Entwicklung der deutschen Mystik erfahren, die die Unterschiede zwischen Klerikern und Laien, zwischen litterati und illitterati abbauen half.

Unter Berufung auf die Heilige Schrift stellte der Laie seine Urteilsfähigkeit unter Beweis. Dabei war es selbstverständlich, daß dieses sich auf die Schrift stützende Urteil sich auch auf politisch-soziale Sachverhalte bezog, da man in der Heiligen Schrift auch das Zeugnis der Gerechtigkeit Gottes für arm und reich, für den Bauern und für den »gemeinen Mann« sah. Von hier aus polemisierte man gegen die Juristen als »Stiefväter des Rechtes« und konnte im Vorfeld des Bauernkriegs die Losung ausgeben, alle sollten Prädikanten werden und das Evangelium predigen.

An dieser Stelle bahnt sich der Unterschied zwischen Luther und der schwärmerischen Ablehnung eines besonderen Pfarramtes an. Denn Luther unterscheidet zwischen dem grundsätzlich geltenden Priestertum der Gläubigen, wie er es in der Schrift »An den christlichen Adel...« dargelegt hatte, und der Notwendigkeit, einzelne zur öffentlichen Amtsausübung zu bestimmen, was konkret bedeutet, sie durch ein Studium auszubilden und sie in ihr Amt einzusetzen. Fragt man nach einer »Lehre vom allgemeinen Priestertum« bei Luther, so wird man vergebens nach einer klar abgegrenzten Systematik und einer feststehenden Begrifflichkeit suchen. Luthers Äußerungen zu dieser Frage sind naturgemäß situationsgebunden. Keinesfalls impliziert die Feststellung eines »allgemeinen Priestertums« bei Luther die Bejahung eines »besonderen« Priestertums. In der Schrift »Von der Babylonischen Gefangenschaft der Kirche« zeigt Luther gegen das Papsttum und auch das Konzil mit der sachgemäßen Unterscheidung zwischen dem Wort Gottes und aller Menschenlehre Recht und Funktion des allgemeinen Priestertums der Gläubigen auf. Dabei fällt zunächst ins Auge, daß Luther den Laien gegenüber den Klerus aufwertet und ihm ein gesünderes Urteil über die Schriftauslegung zuerkennt, als es die angeblich privilegierten Schriftausleger unter Beweis stellen.

Das ist zunächst Luthers Überzeugung von in sich verständlichen und einleuchtenden Aussagen der Heiligen Schrift, die ihn jedoch nicht veranlaßt, auf theologische Ausbildung um des besseren Verständnisses der Heiligen Schrift willen zu verzichten. Man muß also zwischen dem Verkündigungsamt und einer besonderen theologischen Vorbereitung und Ausbildung zu *öffentlicher* Verkündigung durchaus unterscheiden.

Das Verkündigungsamt beruht gewiß nicht auf Personen mit besonderen Wesensmerkmalen. Es beruht auf der Botschaft, die von allen Christen vernommen werden kann, weil sie der ganzen Kirche gehört. Darum sind alle Christen potentiell in der Lage, das Amt auszuüben, denn sie sind alle im geistlichen Stand. Das führt Luther beispielsweise in der Schrift »De instituendis ministris ecclesiae« (1523) aus, wo er sieben Ämter aufzählt, die allen Christen gemeinsam seien. Und in einer Predigt von 1522[1] sagt er ausdrücklich, daß »wo ein Christ den Glauben hat, so mag er absolvieren, predigen und alle andere Ding tun, die einem Prediger zustehen«. Daraus ist zu schließen, daß Verkündigung, Sakramentsverwaltung, das Beichtehören, also uns typisch erscheinende »pfarramtliche« Funktionen, bei Luther ebenso selbstverständlich mit zum Inhalt des allgemeinen Priestertums wie zum Inhalt des besonderen Amtes gehören.

Die Notwendigkeit, über ein besonderes Amt als Dienst, den *einer* stellvertretend für die anderen in der *Öffentlichkeit* tut, nachzudenken, ergab sich bei Luther schon vor der Auseinandersetzung mit Karlstadts und Müntzers Glau-

---

[1] WA 10, 3, 395.

bens- und Gemeindeverständnis, gewann dadurch aber einen spürbaren Anstoß.

Man darf jedoch Luther unmöglich unterstellen, er habe im allgemeinen Priestertum der Gläubigen nur eine mehr oder weniger passive Qualifikation oder ein Recht gesehen, das je nach Umständen in Anspruch oder nicht in Anspruch genommen werden könne. Das allgemeine Priestertum der Gläubigen drängt zum Spontanzeugnis, beinhaltet Vollmacht und Auftrag zur Verkündigung am Nächsten. Zwischen dem allgemeinen Priestertum und dem besonderen Amt liegt nur insofern eine Polarität vor, als zum Amt immer eine besondere Berufung gehört. »Es ist wahr, alle Christen sind Priester, aber nicht alle Pfarrer. Denn über das, daß er Christ und Priester ist, muß er auch ein Amt und ein befohlen Kirchspiel haben. Der Beruf und Befehl macht Pfarrer und Prediger.«[2]

III.

Luthers Betonung eines besonderen Amtes wurde neu motiviert und akzentuiert durch die Wittenberger Unruhen 1521/22, durch seine Auseinandersetzung mit Andreas Karlstadt und dessen laienchristlichem Enthusiasmus. Luther distanzierte sich damit nicht grundsätzlich von der Laienbewegung, nur war er gezwungen, gegenüber einer in seinen Augen schiefen Schriftauslegung Kriterien für die rechte Schriftauslegung zu entwickeln; hier genau liegt der Punkt, weshalb Luther neben der Berufung zur öffentlichen Verkündigung auch den besonderen Ausweis der Fähigkeit zum Pfarramt verlangt.

Es gibt bei Luther durchaus Texte, in denen die öffentliche Verkündigung mit dem allgemeinen Priestertum der Gläubigen verbunden ist. Luther konnte unmöglich den gerechtfertigten Menschen auf die rein *private* Sphäre einengen. Der neue Mensch muß sich in Freimut artikulieren können, und es ist Recht und Pflicht eines Christen, das zu tun, was für den Lauf des Evangeliums notwendig ist. Der Verkündigungsauftrag des besonderen Amtes bleibt also in den umfassenderen Verkündigungsauftrag der ganzen Gemeinde eingebettet. Aber es ist nicht notwendig und wünschenswert, daß jeder in der öffentlichen Versammlung der Gemeinde das Wort ergreift, vielmehr würde solch eigenmächtiges Zeugnis oft nur stören und Verwirrung stiften. Unter Berufung auf 1. Korinther 14,40 verficht Luther unter einem keineswegs nur pragmatischen Ordnungsgesichtspunkt die göttliche Einsetzung des Amtes.

Es sind also mehr als Zweckmäßigkeitsüberlegungen – man würde dann urteilen: Es muß nun einmal Ordnung herrschen –, sondern es ist eine göttliche Einsetzung, auf die das öffentliche Amt der Predigt des Evangeliums und der Verwaltung der Sakramente im Auftrage Gottes und im Auftrage der

---

[2] WA 31, 1, 211 zum 82. Psalm aus dem Jahre 1530.

Gemeinde zurückgeht. *Beide* Komponenten müssen unverkürzt zusammengesehen werden. Auch der christliche Nächste hat so ein Recht darauf, daß das Amt im Einverständnis mit der ganzen Gemeinde geführt wird; das Amt muß sich also sowohl auf den Befehl Gottes als auch auf den Consensus communitatis gründen, weil der Pfarrer in der Gemeinde steht, nicht über ihr. Man sieht deutlich, daß Luther zwar gegen ein voreiliges Übertragen von Analogien aus dem modern-demokratischen Denken auf sein Verständnis von Gemeinde und Amt gefeit ist. Es fragt sich aber, ob die von ihm vorgetragene Auffassung, daß man nur durch das Eingreifen der *weltlichen Obrigkeit* erkennen könne, ob man sich auf Gottes Ordnung berufen könne, stichhaltig ist.

In den Invocavit-Predigten von 1522 argumentiert er nämlich: »Aber wo bleibt die Ordnung? Denn es ist in einem Frevel geschehen, ohne alle Ordnung, mit Ärgernis des Nächsten: Wenn man sollt gar mit Ernst zuvor darum gebeten haben und die Obersten dazu genommen haben, so wüßte man, daß es aus Gott geschehen wäre.«[3] Aus der hier neu auftauchenden These, man könne nur durch das Eingreifen der *weltlichen Obrigkeit* erkennen, daß die Reformation aus Gott sei, läßt sich allerdings kein abschließendes, schon gar kein negatives Urteil über den *Laien* und die *Laienbewegung* herauslesen. Es deutet sich aber die Verknüpfung zwischen Luthers Auffassung von der Notwendigkeit eines besonderen Amtes und der Autorität, die beruft, an.

Aus der »Zweipoligkeit« von Luthers Amtsverständnis folgt der unterschiedliche Nachdruck, den er einmal auf die Berufung der Amtsträger durch die Gemeinde bzw. ihre Repräsentanten (Vokation) und an anderer Stelle auf die gottesdienstliche Beauftragung mit Gebet und Handauflegung durch ordinierte Amtsträger (Ordination) legt. Auch hier war weitgehend der Zweifrontenkrieg gegen das römische Weiheverständnis einerseits und die schwärmerische Auffassung einer unmittelbaren Berufung durch den Heiligen Geist andererseits für die unterschiedlichen Akzentsetzungen verantwortlich. Insgesamt gilt aber, daß Luther Berufen und Ordinieren entweder als gleichbedeutend oder als zwei zusammengehörige Aspekte derselben Sache verstand und praktizierte. Die Berufung erfolgte häufig aufgrund der Empfehlung geeigneter Kandidaten durch Luther und seine Mitarbeiter. Auch dort, wo er die Berufung durch die Gemeinde als Verwirklichung des Priestertums aller Getauften und Glaubenden betonte, sah er im Wirken der Menschen letztlich das Wirken Gottes selbst, der die Gemeinde zu solchem Tun bevollmächtigt hat.

Luther ist sich der Gefahren voll bewußt, die mit dem Mißbrauch dieser den christlichen Gemeinden gegebenen Autorität verbunden sind, etwa einem zügellosen Kongregationalismus. Vor allem ist er empfindlich im Blick auf die Möglichkeit, daß sich selbsternannte Prediger in Gemeinden einschleichen.

---

[3] WA 10, 3, 9; Luther geht damit auf die etwas gewaltsame Veränderung des Gottesdienstablaufs in Wittenberg ein.

Gegen sie richtet er seinen Brief »Von den Schleichern und Winkelpredigern« (1532), in dem er die Gemeinden davor warnt, ihre Türen solchen Emporkömmlingen zu öffnen, die keine rechten Beglaubigungsschreiben und keinen ordentlichen Beruf haben. Besonders legt er auf den letzteren Wert und bemerkt: »... mit dem Beruf, wo man darauf dringt, kann man den Teufel wohl bange machen« und die Gemeinde »vor Schaden bewahren«[4].

Das Beispiel einer evangelischen Ordination wurde in der Wittenberger Stadtkirche am 14. Mai 1525 gegeben. Der in Deggendorf in Niederbayern 1492 geborene Georg Rörer, der nach Leipziger humanistischen Studien 1522 nach Wittenberg übergesiedelt war, wurde 1525 als Diakonus an die Wittenberger Stadtkirche berufen. Er war nicht zum Priester geweiht worden, was nach Lage der Dinge auch nicht nachgeholt werden konnte. Um in Abgrenzung vom allgemeinen Priestertum der Gläubigen und dessen geistlicher Vollmacht zu Predigt und Verwaltung der Sakramente das öffentlich ausgeübte geistliche Amt klar zu verdeutlichen, sollte der zum Pfarramt Berufene in einem gottesdienstlichen Introduktionsakt eingeführt werden.

Alle Christen seien wohl Priester, aber nicht alle sind Pfarrer. Öffentlich kann nur das Amt versehen, dem dieses übertragen ist. Das eben verlangt die Einsetzung des Predigtamtes durch Christus und Gottes Wille, daß in der Gemeinde alles nach seiner Ordnung zugehe.

Im selben Jahr 1525 erklärte Luther in einer Predigt zu Matthäus 7,15, daß ein Prediger von Gott gesandt sein muß[5]. Ein Prediger dürfe sich der Gemeinde nicht aufdrängen. Innere Berufung zum Amt sei nicht ausreichend. Weil ein äußeres Zeichen für die innere Berufung in der Regel aber nicht gegeben werden könne, muß die bestehende Ordnung eingehalten werden: Die Berufung durch die Gemeinde gilt als Zeichen dafür, daß man von Gott selbst berufen wurde.

Um dieser prinzipiellen These willen fordert Luther also eine evangelische Ordination, der Erwägungen und Prüfung zur Eignung des Amtsbewerbers vorangehen sollen. Schon 1523 hat Luther in einem Schreiben an den Senat und die Gemeinde in Prag[6] vorgeschlagen, die Prager sollten im Gebet zusammenkommen, einen oder mehrere Geeignete auswählen, sie bzw. ihn unter Gebet und Handauflegung bestätigen (confirmare) und der Gemeinde empfehlen (commendare). Luther erwartete von diesem Rat zur confirmatio und commendatio nicht, daß dieser Vorschlag sogleich überall befolgt werde. Die Ordination Rörers war der erste Fall, bei dem Luther mit Handauflegung und Gebet die Ordination vollzog. Dabei wollte Luther bewußt an die apostolische Weise anknüpfen. 1533 stellte er seine These bündig in dem Satz heraus:

---

[4] WA 30, 3, 519.
[5] WA 17,1, 360–364.
[6] WA 12, 193–194.

»Denn es soll und kann im Grunde die Weihe nichts anderes sein (soll es recht zugehen) denn ein Beruf oder Befehl des Pfarramts oder Predigtamts.«[7] Die Ordination Rörers geschah zum Dienst an der Wittenberger Gemeinde. Somit war diese Ordination zugleich ein Introduktionsakt, wie er der apostolisch-altkirchlichen Weise entsprach, weil die Amtsträger in der Regel in einer Gemeinde blieben. Rörer wurde, wie man sieht, dem reformatorischen Amtsverständnis entsprechend in sein Amt bei der an ihn gewiesenen Gemeinde eingeführt, die ihn zuvor gerufen hatte.

1535 trat insofern eine Verschiebung in der Ordinationspraxis ein, als der Kurfürst die Ordination von Amtsträgern in Wittenberg anordnete, weil die ohne Weihe in ihr Amt gekommenen evangelischen Pfarrer mancherlei Schwierigkeiten mit der Anerkennung durch die Gemeinden hatten. Der Wittenberger Stadtpfarrer Johann Bugenhagen fungierte häufig als Ordinator, als sein Stellvertreter auch Luther. Dabei sollte die Wittenberger Gemeinde die für die Ordination notwendige Gemeindepräsenz sichern. Zum ersten Male ordinierte Luther wohl am 20. Oktober 1535 einen nach Gotha berufenen Geistlichen vor der Wittenberger Gemeinde. Damit wurde die Introduktion von der Ordination deutlich unterschieden, woraus sich das Mißverständnis entwickeln konnte, als ob Luther jetzt seine Meinung über die Ordination in Angleichung an die frühere Priesterweihe prinzipiell verschoben hätte. Die *Wittenberger* Ordinationen hatten aber primär den Sinn, geeignete Bewerber zu prüfen, Wildwuchs unter den Bewerbern zum geistlichen Amt zu unterbinden und die Voraussetzungen für die Zulassung zum Amte mehr als bisher zu vereinheitlichen.

Das Ordinationsformular Luthers[8] faßt die Ordination als ein Gesamtgeschehen, an dem die Gemeinde fürbittend beteiligt ist. Ordinator und Assistenten ordinieren unter Handauflegung. Während einige Lutherforscher und Interpreten der Ordination nach Luthers Verständnis[9] urteilen, es handle sich bei der Ordination nach Luthers Meinung um »effektive Segnung und Mitteilung des Hl. Geistes«, vertreten andere Forscher die These[10], daß in der Ordination keine besondere Gabe verliehen werde. Letztere berufen sich auf Aussagen Luthers, daß ordinieren nicht konsekrieren, sondern Berufung ins Amt eines Pfarrers meine.

---

[7] WA 38, 228, 27. Zu Luthers Ordination Rörers vgl. Bernhard Klaus: Georg Rörer, ein bayerischer Mitarbeiter D. Martin Luthers, ZbKG 26 II 1957, S. 113–145, bes. S. 116 f. mit weiterer Literatur; W. Brunotte: Das geistliche Amt bei Luther, 1959, S. 182 ff. (mit weiterer Literatur). Wolfgang Stein: Das kirchliche Amt bei Luther, Wiesbaden 1974, S. 189–201.
[8] WA 38, 423 ff., 432 f.
[9] H. Lieberg, a.a.O., S. 196 f.; 214 ff.; 223 ff.; Joachim Heubach: Die Ordination zum Amt der Kirche, 1956, S. 188; vgl. auch die Argumentation bei Stein, a.a.O., S. 193 ff.
[10] Brunotte, a.a.O., S. 188 ff.

Nicht eindeutig scheint das Verständnis des Segens und Segnens zwischen den strittigen Interpretationen abgeklärt. Die Segnung unter Handauflegung ist ohne jeden Zweifel eine wirkliche Segenshandlung, womit nicht gesagt ist, daß Luther einen *besonderen* Amts- oder Ordinationssegen durch die Ordinationshandlung vermittelt glaubt. Dagegen spricht, daß Luther nicht auf die Bedeutung einzelner Vorgänge bei der Ordination eingeht, sondern diese als Einheit begreift. Die öffentliche Beauftragung mit der Ausübung des geistlichen Amtes vor der Gemeinde gibt dem Ordinationsgottesdienst die entscheidende Ausrichtung, wenn nach 1535 der Begriff Ordination auch enger gefaßt wird, nämlich als liturgisch geordnete Ordinationshandlung. Dies setzt die anderen für die Ordination als Voraussetzungen geltenden Momente nicht außer Kraft. Auch nach 1535 kann Luther die Begriffe »beruffen« und »weyhen« (ordinieren) als Synonyma verwenden[11].

Mit den seit 1535/36 durchgeführten Ordinationen war die seit 1530 entschiedene Tatsache akzeptiert, daß man mit den altgläubigen Bischöfen leider nicht mehr rechnen konnte, so daß eigene evangelische Ordnungen für die Heranbildung und Einführung evangelischer Pfarrer gefunden werden mußten. Prinzipiell konnte jeder evangelische Pfarrer gültig ordinieren, wenn auch ein besonderes Ordinationsamt, wie es die Wittenberger Theologen ausübten, nach menschlichem Recht möglich war. Auch andere Zentralen für die Ordination wurden vom sächsischen Kurfürsten 1535 vorgeschlagen, nämlich neben Wittenberg auch Tübingen, Straßburg und Magdeburg. Das Tübinger Stift wirkte vorbildlich für die Zurüstung der Pfarrer. Seit 1547 kennt Württemberg schon den Pfarrkonvent mit Disputation über ein dogmatisches Thema. Der Nachwuchs ging hier durch die umgewandelten Klosterschulen (Seminare) Bebenhausen, Herrenalb, Hirsau und Maulbronn. Zwingli verwandelte bereits das Zürcher Großmünsterstift in eine Art von Theologischer Fakultät und sorgte für die biblische Vertiefung der Pfarrer (»Prophezei«).

Eine Art Ordinationsamt ergab sich schon aus der Notwendigkeit der Prüfung der Bewerber, ohne daß die Rechte der Gemeinden (Wahl, Berufung) damit beschnitten werden sollten. 1539 stellte Luther das Amt ohne Abstufungen als für die Kirche notwendig heraus. Als fünftes Kennzeichen der Kirche wird in »Von den Conciliis und Kirchen« das Amt genannt[12].

Das besondere Bischofsamt hat Luther prinzipiell nicht verworfen. Das Pfarramt wird auch nicht im strikten, sondern nur im metaphorisch-analog-funktionalen Sinne des Neuen Testaments als »Bischofsamt« bezeichnet.

---

[11] Zur Begründung vgl. W. Brunotte, a.a.O., S. 189 ff.
[12] WA 50, 632, 35 ff.

*Die Reformatoren Martin Luther, Philipp Melanchthon, Caspar Creutziger, Justus Jonas,
Paulus Eber, Veit Dietrich, Johannes Bugenhagen und Johannes Forster*

IV.

Der Ordination ging eine Prüfung für die neu anzustellenden Prediger voraus. Sie ist älter als die Ordnung der Ordination im Jahre 1535, weil schon der »Unterricht der Visitatoren« von 1528 vorschreibt, daß kein Pfarrherr oder Prediger im Kurfürstentum Sachsen angestellt werden solle, der nicht »verhört« und examiniert worden sei, ob er auch im Leben und in der Lehre geschickt sei. Man muß nun allerdings zwischen den Befragungen der Geistlichen, die sich aus der hergebrachten Kirchlichkeit in die neu entstehenden Landeskirchen einfügen sollten, und denen, die den Pfarrersberuf erst neu ergriffen, unterscheiden.

Als Markgraf Georg von Brandenburg beispielsweise unter dem Vorzeichen der evangelischen Lehre die Kirchenhoheit 1528 auf der ganzen Linie durchsetzen wollte, fanden seine geistlichen Berater den alten Kultus in den Kirchen noch weitgehend in Geltung. Besonders die Bevölkerung war noch dem katholischen ererbten Denken zugetan. Außerdem kollidierte die Landesherrschaft meistens mit den Patronatsrechten zahlreicher anderer geistlicher und weltlicher Obrigkeiten. Als man gemeinsam mit Nürnberg eine Kirchenvisitation durchführte, trat bei der Befragung der Geistlichen die ganze Verwirrung offen hervor, obgleich man es vermied, die Pfarrer vor der Gemeinde bloßzustellen. Nürnberg hatte unter 80 Geistlichen nur acht, die man als sehr gut, 30, die man als gut bezeichnete, 22 versprachen Besserung und 22 versagten. Gute Noten wurden für geistige Befähigung insgesamt erteilt. In Ansbach hatten täglich fünf Pfarrer seit Mitte August 1528 vor den zwei mit dem Verhör beauftragten Geistlichen und zwei Ansbacher Ratsherren, wahrscheinlich auch noch vor einem weiteren weltlichen Rat, zu erscheinen. Von 327 Geistlichen liegt für 175 überhaupt keine Angabe vor; von 152 erfaßten Namen ist festzustellen, daß 97 gar nicht erschienen oder nicht antworten wollten. Bischöfe, aber auch weltliche Patrone hatten oftmals verboten, sich zu stellen. Aus den Bemerkungen der Visitatoren geht hervor, daß es zahlreiche Beiderhänder (Kompromißler) gab. Zugleich vermitteln die Berichte in den Ansbacher Religionsakten ein anschauliches Bild von den Schwierigkeiten der Pfarrer, die oft mit ihrer »Pfarrmaid« eheähnlichem Verhältnis lebten und heiraten wollten. Sie hatten aber oft Schwierigkeiten mit ihren Patronen und mit der nötigen wirtschaftlichen Sicherstellung. Die Gewissensnöte der »Pfarrmaiden«, die nach Übertritt der mit ihnen schon lange zusammenlebenden Pfarrer sich nun als deren legitime Frauen betrachten und einsegnen lassen sollten, thematisierte Ina Seidel im Kapitel über den ersten unter zwölf Pfarrern, die sie in ihrem Pfarrer-Roman »Lennacker« vorstellt. Diesem Johannes Jakobus Lennacker wird die Lebenszeit von 1500 bis 1562 zugeschrieben.

Es waren ja durchaus nicht nur studierte Leute, die ordiniert wurden. Unter den im ersten, bis April 1560 reichenden Wittenberger Ordiniertenbuch 1979 Verzeichneten (das Buch hat allerdings mehrere Lücken!) waren 579 Schulmeister oder Kantoren, 209 Küster, 33 Stadtschreiber (ein damals teilweise sehr einflußreicher Beruf), 31 Prediger, 22 Tuchmacher, 18 Setzer oder Drucker, je acht Schuster und Buchbinder. Für 44 Bürger fehlt die Angabe des Berufes. Je ein Barbier, Apotheker und Zuckermacher kommen vor.

Die Bewerber um die Ordination kamen nicht nur aus Sachsen oder Deutschland, sondern im genannten Zeitraum wurden unter vielen Ausländern etwa 40 Siebenbürger und 20 Ungarn ordiniert. Es verging kaum ein Jahr in Wittenberg, das nicht 100 Ordinationen im Schnitt zu bewältigen hatte. An die Ordinatoren wie an die Wittenberger Gemeinde stellte dies erhebliche Anforderungen.

Die der Ordination vorangehenden Prüfungen wurden von den zuständigen Superintendenten, aber auch von Mitgliedern der Universitäten Wittenberg und Jena abgenommen. Bis zum Jahre 1535 standen die Superintendenten mehr oder weniger alleinverantwortlich dafür ein, daß kein Ungelehrter oder Ungeschickter »zu Verführung des armen Volkes aufgenommen werde«.

Seit 1535 haben wir genauere Kenntnis über den Verlauf der Ordinandenexamen in Wittenberg, bei denen außer Melanchthon auch Luther, Bugenhagen, Justus Jonas und Caspar Cruziger geprüft haben dürften. Die Prüfung war nicht nur eine Rechtgläubigkeitsprüfung, sondern stellte den Stand des freilich oft schnell und nicht selten nur im Privatunterricht zusammengerafften theologischen Wissens fest. Aus den Protokollen von Prüfungen, die Melanchthon um 1550 abgehalten hat, ist zu ersehen, daß vor allem Schriftkenntnis und Dogmatik sowie Allgemeinbildung geprüft wurden, wobei das Prüfungsverfahren sehr unterschiedlich gehandhabt wurde. Ausgangspunkt waren wohl die »Loci« Melanchthons in ihrer letzten Gestalt seit 1543. Das Gespräch dauerte etwa eine Stunde und fragte den vorher bekannten Stoff oft wörtlich ab, so daß nur eine gewisse dialektische Gewandtheit und Schlagfertigkeit erforderlich waren, um zu bestehen. Die Tuchmacher und sonstigen Handwerker werden sich notdürftig genug die Lateinkenntnisse angeeignet haben, die andere Bewerber großenteils schon mitbrachten.

Langsam entwickelten sich als Ersatz für die alte geistliche Führungsschicht aus dem Adel die gelehrten studierten Pfarrer (sacerdotes litterati), neben denen weiterhin die Masse der sacerdotes simplices stand, die nur über ein Minimum von Bildung und von sozialem Status verfügten. Die bedeutenden Pfarrer unter Luthers engeren Mitarbeitern, Mitreformatoren und Freunden kann man darum in ihrem Lebensweg und mit ihrem Aktionsradius nicht zur Norm erklären, und auch Luthers Pfarrhaus, wenn man es so bezeichnen wollte, war eine Ausnahme unter der Regel. Die kinderreichen Pfarrhäuser verfügten oft nur über eine leidliche Stube, die Wirtschafts-, Kinder- und Besuchszimmer in einem vereinigen mußte. Auf dem Herd wurde gekocht, unter der Feuerstätte wärmten sich die jungen Hühner. Arbeit am Spinnrad und Predigtvorbereitung nach einer Postillensammlung gingen nebeneinander her. So schlicht alles zuging, so erzielte doch schon die erste Pfarrersgeneration wirksame Erfolge. Die mittelalterliche Predigt war oft durch Legenden verdorben. Der Stand der Volksschulbildung war traurig, und selbst die Lateinschulen steckten in »gruwelicker Dusternisse«. Am schlimmsten war der sittliche Verfall gewesen. Wenn viele Priester ihre Konkubinatsverhältnisse auch der ehelichen Verbindung gleichstellten – die Friesen setzten sogar durch, daß ihre Priester heirateten, damit Töchter und Frauen vor den Pfaffen geschützt seien! –, so kamen doch vielfach traurige Mißstände zutage. 1500 erreichten die »Schlafweiber« von Priestern und Chorherren in Regensburg, daß ihre Kinder Rechtens erbten. Der Bischof von Meißen klagte: »Unsere Pfarrer sind fast sämtlich Konkubinarien; wie jetzt nun einmal die Zeiten sind, lieben die Laien mehr verheiratete als im Konkubinat lebende Pfarrer.« Zahlreiche Klöster Österreichs, Kärntens und der Steiermark waren mit Kindern gesegnet.

Wenn man demgegenüber die sicherlich manchmal verklärten Biographien hervorragender evangelischer Pfarrer des 16. Jahrhunderts liest, zeigt sich der durch Luthers Beispiel geförderte Wandel der Verhältnisse durch Empfehlung der Pfarrersehe doch eindrucksvoll.

Eines der bedeutendsten Zeugnisse ist über den Straßburger Pfarrer Matthis Zell überliefert, der 1522 nach Empfang der Priesterweihe an der Lorenzkapelle (im Münster) zu Straßburg angestellt wurde. Mit einigen Kollegen wird er (1653!) in einer Sammlung von Lebensbildern deutscher Theologen mehr als Prediger denn als Mann der Wissenschaft bezeichnet, aber die Frömmigkeit Zells wird auch in anderen Quellen übereinstimmend gelobt. Katharina, die Frau Zells, ist ein ähnlicher Frauentyp, wie man ihm auch in der Schwester des Reformators von Konstanz, Margarete Blarer, begegnet. Sie eignete sich sogar Latein und Griechisch an, wie sich Katharina Zell mit theologischen Studien befaßte, 1534 ein eigenes Gesangbuch für Straßburg vorlegte; auch eine Auslegung des 51. Psalms hat sie geschrieben. Mit ihrer großzügigen Gastfreundschaft wurde Straßburg, Wittenberg in manchem vergleichbar, ein Zentrum des (oberdeutschen) Protestantismus. Frau Zell vermittelte zwischen Luthers und Butzers oberdeutsch geprägter Reformation.

Der Straßburger Pfarrer Zell, dessen Frau Katharina theologische Studien trieb und ein eigenes Gesangbuch für Straßburg im Jahre 1534 herausbrachte

Der Magdeburger Superintendent Nikolaus von Amsdorf, ein enger Vertrauter Luthers, wurde 1542 erster evangelischer Bischof von Naumburg-Zeitz

V.

Eine enge Freundschaft verband Luther mit dem seit 1502 in Wittenberg weilenden Nikolaus von Amsdorf, der nach herausragender Mitarbeit in Wittenberg 1524 als Superintendent nach Magdeburg ging. Jahrelang war Luther nun in der Hauptsache auf brieflichen Gedankenaustausch mit dem Freund angewiesen. Es gibt besonders zahlreiche Zeugnisse für das starke Zusammengehörigkeitsgefühl dieser beiden Männer. Dabei spielt Amsdorf für eine besondere Ausgestaltung des reformatorischen Pfarramts eine aufschlußreiche Rolle, denn in den letzten Lebensjahren Luthers versah Amsdorf das Naumburger Bischofsamt.

Am 20. Januar 1542 wurde nämlich auf Anordnung des sächsischen Kurfürsten Johann Friedrich der bisherige Magdeburger Superintendent Licentiat Nikolaus von Amsdorf als evangelischer Bischof von Naumburg-Zeitz im Naumburger Dom eingeführt[13]. Luther und andere prominente evangelische Theologen wirkten dabei mit. Die mitteldeutschen Bistümer Naumburg, Merseburg und Meißen unterschieden sich, obwohl eine rechtliche Klärung vor Kaiser und Reich niemals erfolgt war, zu Beginn des 16. Jahrhunderts kaum noch von den Landständen. Die bestehende Rechtsunsicherheit nutzte der Kurfürst, um anstelle des vom katholischen Domkapitel gewählten Julius Pflug, einem humanistisch beeinflußten, vermittlungswilligen Reformkatholiken, den bewährten, strengen Lutherfreund Nikolaus von Amsdorf als evangelischen Bischof einzusetzen. Einwände der Wittenberger Theologen ließ er nicht gelten. Mit Gewalt setzte er seine Absicht durch.

Die vom Kurfürsten verlangte Neuwahl Amsdorfs sollte von den Wittenberger Theologen theologisch gestützt werden. Diese haben anfänglich zu langsamem Vorgehen geraten. Eine gewaltsame Einsetzung eines Bischofs müsse üble politische Folgen nach sich ziehen. Diese zögernde Taktik sagte dem Kurfürsten nicht zu. Zum 6. November 1541 sollten die Theologen nach Torgau kommen. Offensichtlich hatten die bisherigen Wittenberger Gutachten, die alle Möglichkeiten eines Reformationsentwurfs für das Bistum durchspielten, ohne sich dabei einseitig auf die *Person* des Bischofs zu fixieren, den Kurfürsten nicht überzeugt.

In Torgau haben die Wittenberger zwischen dem 5. und 9. November den vom Kurfürsten vorgeschlagenen Weg, von sich aus einen evangelischen Bischof einzusetzen, innerlich zwar nicht bejahen können. Sie stellten sich aber auf den Boden der Tatsachen und schlugen, da man zu dieser Maßnahme

---

[13] Vgl. dazu Hans-Ulrich Delius: Das bischoflose Jahr. Das Bistum Naumburg-Zeitz im Jahr vor der Einsetzung Nikolaus von Amsdorfs durch Luther, in Herbergen der Christenheit, Jahrbuch für deutsche Kirchengeschichte 1973/74, S. 65–95; Peter Brunner: Nikolaus von Amsdorf als Bischof von Naumburg, Eine Untersuchung zur Gestalt des evangelischen Bischofsamtes in der Reformationszeit, Schriften des Vereins für Reformationsgeschichte Nr. 179, 1961.

ja ohnehin entschlossen sei, den »füglichsten« Weg zu ihrer Durchführung vor. Die grundsätzliche Möglichkeit des Vorgehens des Kurfürsten im Sinne einer Neuwahl wurde anerkannt. Der Kurfürst solle die Rekatholisierung der Stiftsuntertanen verhindern und die Wahl Pflugs anfechten. Das Kapitel habe durch hartnäckiges Bestehen auf einem päpstlich gesinnten Bischof sein Wahlrecht verloren. Die Untertanen könnten ohne Bischof und Regiment nicht sein. Der Kurfürst müsse für beides sorgen.

Die eigentliche Wahl bestehe aus der Zustimmung der Stände des Stifts zur Nominierung eines Kandidaten durch den Landesherrn. Der Gewählte solle in einem öffentlichen Gottesdienst »durch etliche Prädikanten« mit Handauflegung und Gebet in schlichter Form ordiniert werden. Nachdem der Kurfürst im Januar 1541 an den Fürsten Georg III. von Anhalt, Dompropst von Magdeburg, gedacht hatte, empfahl sich im weiteren Lauf der Verhandlungen Nikolaus von Amsdorf, der dem Kurfürsten wohl auch deshalb lieber war, weil er, anders als der sonst untadlige Fürst Georg, sich mit der geistlichen Superintendentenfunktion begnügen würde. Georg wurde später mit Zustimmung des Kurfürsten Bischof von Merseburg und regierte ohne Einschränkung seiner geistlichen Aufgaben auch ein kleines weltliches Territorium.

Amsdorf empfahl sich ferner durch Adel und Ehelosigkeit. Als er vom Rat zu Magdeburg freigegeben war, wurde die Ordination zum Bischof von Naumburg auf den 20. Januar 1542 angesetzt. Die Wahlverhandlungen begannen am 18. und wurden am 20. Januar früh beendet. An ihnen waren nur der Kurfürst und die evangelisch gesinnten Stiftsstände beteiligt. Die eigentliche Schwierigkeit der Wahlhandlung bestand darin, daß sie nicht nur ein kirchlicher Akt war (der von den Beteiligten bejaht wurde), sondern zugleich unter Eidbruch eine neue obrigkeitliche Person bestimmte, der anschließend gehuldigt werden mußte.

Nur wenn es gelang, scharf zwischen der geistlich-kirchlichen Funktion des Bischofs und seiner davon prinzipiell unabhängigen Funktion als weltliche Obrigkeit zu unterscheiden, konnte die Naumburger Bischofswahl in Luthers Sinne beispielhaft für die Klärung des Auftrags eines evangelischen Bischofsamtes werden. Die Wahl eines Bischofs erweist ihre Echtheit nur im Gehorsam gegenüber dem Evangelium. Deshalb müsse die christliche Gemeinde zu Naumburg zum Domkapitel sagen: »Lieben Herrn vom Capitel! Wählet, wie ihr wollet, und wählet abermal, wählet tausendmal, so kehren wir uns an eure Wahl noch Bischof nichts überall. Er soll nicht sein unser Bischof, können und wollen auch ihn weder sehen noch hören, euch selber auch für kein Capitel halten, bis ihr ein christlich Capitel werdet und uns einen christlichen Bischof gebet.«[14]

Am 20. Januar 1542, ungefähr um 9 Uhr morgens, fand die erste Ordination eines evangelischen Bischofs in Deutschland statt. Anwesend waren der

---

[14] WA 53, 242, 28.

Kurfürst und sein Bruder Johann Ernst als Patrone und Schutzfürsten des Bistums, Vertreter der Ritterschaft und der Ratskollegien von Zeitz und Naumburg. Mit der evangelischen Geistlichkeit der Umgebung hatte sich eine Gemeinde von etwa fünftausend Menschen eingefunden. Luther, Melanchthon, Georg Spalatin und der Superintendent von Weißenfels, Wolfgang Stein, waren anwesend. Luther hielt die Predigt, nachdem Nikolaus Medler die Wahl des neuen Bischofs angezeigt, diesen der Gemeinde vorgestellt und deren Zustimmung durch ein »Amen« eingeholt hatte.

Luthers Ansprache über Apostelgeschichte: 20,28 ist in den Grundzügen nach einem Bericht bekannt[15]. Sie wollte Zuspruch für den neuen Bischof und Stärkung für die Gemeinde sein. Luther ordinierte, umgeben von vier assistierenden Geistlichen. Nach dem Ordinationsvorhalt und dem »Ja« Amsdorfs legte ihm Luther zusammen mit den Assistenten am Altar die Hände auf, dabei Gebet und Segensvotum sprechend. Die Ordinationshandlung unterscheidet sich in diesem theologisch entscheidenden Teil nicht grundsätzlich von den in Wittenberg an Pfarrern vorgenommenen Ordinationen.

Das Bischofsamt Amsdorfs ist nach Luthers Überzeugung in seinem Wesen dem Amt des Pastors gleich[16]. Er gab über die Einsetzung Rechenschaft in einer Schrift »Exempel, einen christlichen Bischof zu weihen«[17]. Bei der Bischofsordination Amsdorfs exemplifizierte er sein evangelisches Ordinationsverständnis, wie er es seit 1520 entwickelt und durch Mitwirkung an Pfarrerordinationen oft praktiziert hatte. Mit dem Ausdruck »Weihe« grenzt er sich polemisch gegen die päpstliche Tradition der Bischofsweihe ab. Er habe »ohn allen cresem (Chrisam), auch ohne Butter, Schmalz, Speck, Teer, Schmer, Weihrauch, Kohlen, und was derselben großen Heiligkeit mehr ist«[18] einen Bischof »geweiht«.

Das Zusammenwirken von Gemeinde und Pfarrer bzw. Bischof ist nach 1542 für die Legitimität der Ordinationshandlung von entscheidender Bedeutung. Im Falle eines Bischofs reicht das Einswerden zwischen Kirche und Geistlichem besonders augenfällig über die Grenzen des Bischofssprengels hinaus, weshalb Amtsträger aus den Nachbarkirchen an der Naumburger Bischofsordination teilnahmen. Aber auch die sich seit 1535 entwickelnde Ordinationspraxis im Blick auf die Pfarrerschaft verdeutlichte ja, daß der Pfarrer nicht nur einer konkreten Gemeinde zugewiesen ist, sondern an dem der ganzen Kirche gegebenen Amt teilhat.

Obgleich ein armer Bischof, stand Amsdorf als Bischof der weltliche Fürstentitel zu, woran Luther nicht gerüttelt wissen wollte, so lästig Amsdorf das

---

[15] WA 49, S. XXVII–XXXIX; vgl. Brunner, S. 62.
[16] Zu dem Wittenberger Ordinationsformular vgl. WA 38, 427 ff., bes. 432 f.
[17] WA 53, 229, hier bes. 556 ff.
[18] WA 53, 231, 5.

Zeremoniell war. Für die Anhänger Pflugs übte Amsdorf die Oberhoheit im Stift widerrechtlich aus. Die Adelsopposition machte dem neuen Bischof alsbald schwer zu schaffen, so daß er schon am 16. März 1543 dem Kurfürsten sein Bischofsamt in aller Form zur Verfügung stellte. Die kurfürstliche Regierung tat nichts zur Ordnung der Kirchenangelegenheiten des Bistums. Amsdorf fühlte sich im Stich gelassen und reichte im März 1543 sein Entlassungsgesuch ein, mußte aber insgesamt fast fünf Jahre bis Ende 1546 ausharren, bis der Sieg des Kaisers über die Schmalkaldener seiner Tätigkeit ein Ende setzte. Er scheint sein Amt nach Möglichkeit wahrgenommen zu haben, vor allem durch die dem Bischof zukommenden Visitationen.

Luther hat mit dem Naumburger Experiment seine ökumenische Offenheit für eine bischöfliche Struktur der christlichen Kirche bezeugt, wußte er doch aus vielen bitteren Erfahrungen, wie weltlicher Mißbrauch der kirchlichen Eigenständigkeit abträglich sein konnte.

VI.

Luther hat für das Pfarramt nach reformatorischem Verständnis den geschichtlichen Ort dort gesehen, wo das Wort Gottes recht gepredigt und das dem Wort (Evangelium) gemäße Sakrament gereicht wird. Wo das der Fall ist, würde sich nach seiner Überzeugung Kirche als in ihr verborgene Gemeinschaft der Heiligen sammeln, wenn auch einzelne Pfarrer in Leben und Lehre versagten. Die Verheißung des Herrn an die Apostel wurde auf die bezogen, die den wortbezogenen Dienst in der Nachfolge der apostolischen Botschaft tun. Das Amt ist ein großes »beneficium« (Gnadengeschenk) für die Gemeinde; deren Diener dürfen daraus nicht ein »dominium« (Herrschaft) machen.

Wenn Melanchthon in der Apologie (Art. VII) sagt, daß im Glauben an Christi Verheißung abgeordnete Diener Repräsentanten Christi seien, dann bezieht sich dies zweifellos auch auf die ihre ganze Existenz in Anspruch nehmende Aufgabe, Christus selbst durch das Evangelium den Hörenden zu vergegenwärtigen. Obgleich hier manche Fragen der Interpretation offenbleiben müssen, sei doch die bezeichnende Einschränkung Melanchthons mitgeteilt: »Non repraesentant personas proprias.« Eine vorschnelle Identifikation des Zeugen mit dem Sendenden ist dadurch ausgeschlossen.

Dennoch bleibt die Frage, ob Luther und die Bekenntnisschriften das Pfarramt nicht vielleicht zu einseitig funktional zum Evangelium in Wort und Sakrament haben erscheinen lassen. Luther empfand offensichtlich die mit dem Neuen Testament selbst beginnenden Schwierigkeiten in den biblischen Aussagen über das Amt und ließ sich glücklicherweise nicht zu einem biblizistischen Verständnis von Amt und Ämtern drängen.

Das Aufsuchen eines Oberbegriffs »Amt« zeigt immer den Versuch an, sich Strukturen philosophischen oder soziologischen Denkens anzugleichen. Aber bleibt es nicht doch eigenartig, ja befremdlich, daß bei Luther wenig konkrete Äußerungen zur Frage »Amt und Ämter« zu finden sind? Ansatzstellen hätten sich doch im Hinblick auf Küster und Lehrer und diakonische Aufgaben aller Art leicht finden lassen. Wir finden jedoch kaum genügend reformatorisches Material vor, das nur in entsprechender Weise umgestaltet werden müßte, um für heutige Aufgaben der Konkretion von Diensten und Ämtern brauchbar zu sein. Gewiß hat Luther und haben die anderen Reformatoren neben ihm viel unkonventionelle geistliche Beratung und Fürsorge geübt, dabei immer wieder bestrebt, neue geeignete Männer zum Amt zu führen und ihnen zum theologischen Studium zu verhelfen. Viele Theologen sind an Plätze der »Diaspora« vermittelt worden, zum Beispiel in Schloß-Kaplaneien und Predigtstellen des österreichischen Adels. Von Siebenbürgen und dem südosteuropäischen Raum war andeutend die Rede; viel wäre über Bugenhagens Beziehungen zu Norddeutschland und zu nordischen Ländern zu sagen. Unter der berufenden Gemeinde versteht Luther übrigens nicht ausschließlich die Einzelgemeinde; es können auch mehrere Gemeinden bei der Berufung eines Pfarrers tätig werden. Eine Gemeinde, die nur mit mehreren Pfarrern auskommt, soll das Stadtgebiet in Arbeitsfelder gliedern.

Nicht jeder reformatorische Christ hatte die Möglichkeit, selbst wenn er sich auf eine Patronatsstellung stützen konnte, reformatorische Predigt, Sakramentsverwaltung und Katechismus zu sichern. An dieser Stelle bricht die Frage nach dem Verhältnis von Konfession und Territorium im kleinen Maßstab früh auf.

Luther hat österreichische Adlige wie sächsische und niederländische Hausväter zu häuslichem Bibelstudium, zum Katechismusunterricht und Postillenlesen des Familienoberhauptes ermuntert. Von eigenen Sakramentsgottesdiensten hat er dagegen abgeraten. 1532 schreibt er an Martin Lodinger, einen Bergherrn zu Gastein im Salzburger Lande, er solle bei Mangel der Möglichkeit, das Abendmahl unter beiderlei Gestalt zu empfangen, das Sakrament entbehren und sich mit der »Begierde« zum »ganzen« Sakrament bescheiden. Wolle er es leiblich empfangen und sperre sich seine Obrigkeit dagegen, so müsse er eben das Land räumen und in eine andere Stadt fliehen! Solcher fast illusionär klingende Rat darf nicht als eine naive Rechtfertigung der Anordnungen der Obrigkeit ausgelegt werden, sondern Luther bewegt unter anderem auch das Motiv, daß das Herrenmahl keine Privatandacht, sondern Gemeindesache sei. Muß man ihm fernbleiben, soll man gerade so gegen den Mißbrauch protestieren, aber keine Eigenfeiern veranstalten. So bestand Luther auf dem Anspruch auf katholische und allgemeinkirchliche Geltung der Reformation. Dieser Anspruch darf nicht durch sektiererische Gemeinschaftsbildung und eigene Abendmahlsfeiern zerstört werden. Solche Ratschläge Luthers führten dazu, daß Lutheraner in den Niederlanden ihre Kinder weiterhin von »papistischen« Priestern taufen ließen und ihre Andacht in den Gotteshäusern des römischen Ritus suchten. Das konnte zur Folge haben, daß radikaler Denkende oder leicht zu radikalisierende Massen sich den Täufern, dann vor allem den Calvinisten zuwandten. Luther hemmte mit seinem Standpunkt somit selbst die missionarische Weitergabe des Evangeliums für die nachfolgende Generation.

Es fragt sich nur, ob die unter anderem auf 1. Timotheus 5,17 und 1. Korinther 12,28 zurückgehende Presbyterialverfassung von Calvin mit der Unterscheidung mehrerer Ämter tatsächlich für mehr Beweglichkeit, ja Demokratie sorgte. Unter vier Ämtern ist hier der Pastor nur *ein* Funktionsträger. Die Synodal- und Presbyterialverfassung setzt voraus, daß jede Gemeinde von einem Senior-Rat regiert werde, wobei die weltlichen »Regierer«, ehrbare Männer aus der Gemeinde, dem Lehrer gleichgestellt werden sollten. De facto war der Pastor oft völlig abhängig von ihnen. Die Presbyterialverfassung mit ihren synodalen Strukturen beruft sich auf göttliches Recht, und ihr Kennzeichen ist jedenfalls die Beteiligung der Gemeindeglieder am Kirchenregiment in der einzelnen Gemeinde wie in den übergemeindlichen Verbänden. Die dafür gelieferten theologischen Begründungen müssen hier übergangen werden.

Hervorzuheben ist aber, daß in dem Augenblick, in dem die Gemeinde als Personengenossenschaft verstanden wird und der Sozietätsgedanke in das Kirchenverständnis einfließt, die Träger der Ämter zu Repräsentanten der Gemeinde werden, deren Rechte sie vertreten und wahrnehmen. Bei Calvin ist das im ursprünglichen Ansatz zwar nicht gewollt, weil er auf die Stiftung durch Christus und auf den Charakter der Ämter als Dienstfunktionen der Herrschaft Christi verwies.

Sobald die sichtbare Kirche von der unsichtbaren Kirche geschieden und zunehmend von einem anthropologisch geprägten genossenschaftlichen Kirchenbegriff her verstanden wurde, trat ein Wandel ein. Das war schon der Fall bei Johannes a Lasco (1499–1560), der neben Calvin wohl der bedeutendste Gestalter reformierter Gemeindeordnung war. Er setzte bei den einzelnen Gläubigen und ihrem Zusammenschluß zur Gemeinde an.

Der Synodalaufbau der französischen Calvinisten erinnert im übrigen in vieler Hinsicht deutlich an die verschiedenen Gerichtsinstanzen der bürgerlichen Rechtsprechung. Mit diesen Hinweisen soll der Beitrag Calvins zum reformatorischen Amtsverständnis keineswegs abgewertet werden, mag auch – wie schon der reformierte Theologe Campegius Vitringa 1696 vermutet hat – Calvins Berufung auf bestimmte Schriftstellen auf Voreingenommenheit durch eine vorgefaßte Theorie beruhen.

Wie sich ein calvinistischer Pastor in seinem Selbstverständnis heutigen Tages verstehen mag, hat Henri Hatzfeld in dem literarisch sehr anspruchsvollen Roman »Feuer und Wind« (1953, 2. Aufl. 1954) eindrucksvoll herausgearbeitet. Was von Luthers reformatorischem Beitrag zum Verständnis des Pfarramtes heute noch lebendig ist, werden die nachfolgenden Beiträge zu verdeutlichen haben. Für die vielen Pfarrer, aus welcher protestantischen Tradition sie auch kommen, wird es ein schwacher Trost sein, daß die Pfarrer in der frühen Reformationszeit eher als der wohlausgebildete Akademiker von heute die Chance hatten, mit einer Gemeinde zu *leben*. Sie waren als einstige Handwerker und als Söhne einfacher Leute noch fähig, mit ihren Gemeinden zu denken, und sie waren, frei von einem bürgerlichen Christentum, keine Intellektuellen, aber Leute, in denen sich Reinheit des Geistes mit Liebe zu den ihnen anbefohlenen Gemeinden paarte. Mit Vater Luther wußten sie aber auch: »Anfechtungen machen einen guten Prediger.« Wo sie vor leeren Bänken predigten, trösteten sie sich wie Johannes Brenz: »Dieser Brunnen empfiehlt sich dadurch, daß er Wasser gibt, es mögen viele oder wenige schöpfen. So muß auch ein Diener des göttlichen Wortes beschaffen sein.« Damit sollen die »sacerdotes simplices«, die mehrheitlich den Pfarrerstand in der ersten und zweiten Generation repräsentierten, nicht idealisiert werden. Paul Drews gibt viele betrübliche Beispiele zum besten, wie Alkohol, Unkenntnis der einfachsten Katechismuswahrheiten usw. eigentlich hätten Anlaß sein müssen, solche unfähigen Leute zu entlassen. Mancher, der aus dem alten Klerus kam, bestand bei den Visitationen besser. Kein Wunder, daß sich schon frühzeitig eine neue Hierarchie zwischen Stadt- und Landpfarrern abzeichnete. Aber das Bewußtsein, Anteil an einem ministerium verbi divini zu haben, stärkte das Anliegen Luthers, *allen* Pfarrern zu einer guten Ausbildung zu verhelfen.

Literatur

Jan Aarts: Die Lehre Martin Luthers über das Amt der Kirche. Eine genetisch-systematische Untersuchung seiner Schriften von 1512 bis 1525, Schriften der Luther-Agricola-Gesellschaft, Helsinki 1972

Wilhelm Baur: Das deutsche evangelische Pfarrhaus, Bremen 1878

Wilhelm Brunotte: Das geistliche Amt bei Luther, Berlin 1959

Georg Buchwald: Wittenberger Ordiniertenbuch, Leipzig 1894

Georg Buchwald: Wann hat Luther die erste Ordination vollzogen? Theol. Studien und Kritiken 1896, S. 151–157

Fritz Büsser: Huldrych Zwingli, Reformation als prophetischer Auftrag, Göttingen 1973 (Persönlichkeit und Geschichte, Bd. 74/75)

Johannes Calvin: Unterricht in der christlichen Religion, bearbeitet von Otto Weber, III. Bd., Neukirchen 1939

Hans-Ulrich Delius: Der Briefwechsel des Nikolaus von Amsdorf als Bischof von Naumburg-Zeitz (1542–1546), unveröffentlichte Habilitationsschrift, Leipzig 1968

Paul Drews: Der evangelische Geistliche in der deutschen Vergangenheit, Jena 1905

Paul Drews: Die Ordination, Prüfung und Lehrverpflichtung der Ordinanden in Wittenberg 1535, Deutsche Zeitschrift für Kirchenrecht, Jg. 1905, S. 66–90, S. 237 ff.

Werner Elert: Morphologie des Luthertums, I. Bd., München 1931, verb. Nachdruck 1958

Alexandre Ganoczy: Ecclesia Ministrans. Dienende Kirche und kirchlicher Dienst bei Calvin, Freiburg 1968

Gert Haendler: Amt und Gemeinde bei Luther im Kontext der Kirchengeschichte, Stuttgart 1979

Karl Bernhard Hundeshagen: Beiträge zur Kirchenverfassungsgeschichte und Kirchenpolitik I, 1864

Paul Jacobs (Hrsg.): Reformierte Bekenntnisschriften und Kirchenordnungen in deutscher Übersetzung, Neukirchen (1949)

Paul Jacobs: Theologie reformierter Bekenntnisschriften, Neukirchen 1959

Helmar Junghaus (Hrsg.): Leben und Werk Martin Luthers von 1526–1546, Bd. I, Göttingen 1983 (Bd. II: Literatur!)

Helmut Lieberg: Amt und Ordination bei Luther und Melanchthon, Göttingen 1962

Wilhelm Maurer: Pfarrerrecht und Bekenntnis, Berlin 1957

Wilhelm Maurer: Luther und das evangelische Bekenntnis, Kirche und Geschichte, 1. Bd., Göttingen 1970

Wilhelm Maurer: Historischer Kommentar zur Confessio Augustana, Bd. I, Gütersloh 1976

Eduard Meuß: Lebensbild des evangelischen Pfarrhauses in Deutschland. Ein Beitrag zur Kulturgeschichte und Pastoraltheologie, 1884²

Bernd Moeller: Pfarrer als Bürger, Göttinger Universitätsreden, 56, Göttingen 1972

Wilhelm Niesel: Die Theologie Calvins, München 1939, 2. Aufl. 1957

Richard Riess (Hg.): Haus in der Zeit. Das evangelische Pfarrhaus heute, München 1979

Heinz Schütte: Amt, Ordination und Sukzession im Verständnis evangelischer und katholischer Exegeten und Dogmatiker der Gegenwart sowie in Dokumenten ökumenischer Gespräche, Düsseldorf 1974, S. 155–160

Wolfgang Stein: Das kirchliche Amt bei Luther, Wiesbaden 1974; Monographie mit der früheren Literatur

Vilmos Vajta: Die Evangelisch-Lutherische Kirche. Vergangenheit und Gegenwart, Stuttgart 1977 (Literatur).

Barbara Beuys

Die Pfarrfrau: Kopie oder Original?

Mit Entschiedenheit erklärte 1981 die württembergische Landessynode: »Wer sich weigert, mit seinem Lebensgefährten die Ehe rechtmäßig einzugehen und sich kirchlich trauen zu lassen, ist nicht dazu geeignet, den Pfarrdienst in unserer Kirche auszuüben.« Ähnlich unnachgiebig hatte die Konferenz der Evangelischen Kirche in Deutschland im März des gleichen Jahres reagiert. Dabei ist längst kein Geheimnis mehr, daß viele Pfarrersehen – wie andere auch – zerrüttet sind; daß immer mehr Gottesmänner und -frauen mit der Scheidung ihrer Ehe nicht mehr auf den Tod warten; daß sie Lebensgemeinschaften bevorzugen, die weder vom Staat legalisiert noch von ihrer Kirche abgesegnet sind. Wieder scheint ein Bollwerk des christlichen Glaubens unterzugehen – das evangelische Pfarrhaus –, und keiner hat es so verkörpert, ist so sehr das Markenzeichen seiner Sonderstellung wie die Pfarrfrau. Der züchtig verschlungene Haarknoten gehört zu ihrem Bild wie der unermüdliche Dienst in Haus und Gemeinde, den sie fraglos im Namen zweier Herren verrichtete. Ihr Dasein gehörte zum Pfarrer wie der Stamm zur Blüte. Mit seinem Tod war auch sie ausgelöscht.

Eine Existenz, die Realität sein soll seit Luthers Tagen. Doch vieles daran – was die früheste Zeit betrifft – ist Legende, gewoben in späteren Zeiten. Legenden jedoch können Einfluß nehmen und die Wirklichkeit schmerzlich bestimmen. Überall werden die Toten benutzt, um die Lebenden in die Schranken zu weisen. Auch in diesem Fall ist es vor allem das 19. Jahrhundert, das Zeitgenossen und Nachfolger prägte, und zugleich das Bild von der weiter zurückliegenden Vergangenheit: Familie Luther unterm Weihnachtsbaum hing als bürgerliches Idyll an der Pfarrhauswand, während die Pfarrfrau gemäß dem Frauenideal ihres 19. Jahrhunderts lebte. Das allerdings unterschied sich sehr vom 16. Jahrhundert, der Zeit der Gründungsväter. Und so ist denn die Geschichte der Pfarrfrau keine Schneewittchenexistenz, sondern Abbild ihrer jeweiligen Zeitgenossenschaft. Es ist Teil einer Frauengeschichte, die auch für die Pfarrfrau nur schwer und bruchstückhaft zu rekonstruieren ist, weil über diese Frauenleben die Quellen schweigen oder nur die Männer sprechen. Doch die Mosaiksteinchen reichen, um ein genaueres Bild zusammenzusetzen. Vor allem wissen wir von jener ersten Pfarrfrau, die für so viele Nachfolgerinnen verbogen und verzerrt wurde, so viel, daß es kaum Zweifel über ihre wahre Persönlichkeit und ihr Leben geben kann. (Nicht nur den Pfarrfrauen wurde mit Hinweis auf Katharina Luther ein bestimmtes Frauenideal eingehämmert. Aus einer Biographie des Jahres 1938: »Der deutschen Frau und dem deutschen Mädchen ist dieses Büchlein gewidmet. Möchte Luthers Familienleben vorbildlich sein für das häusliche Leben unseres Volkes... Nur die sittlichen und wirtschaftlichen Tugenden des deutschen Mädchens und der deutschen Frau bürgen für den dauernden Aufstieg unseres Volkes im dritten neuen Reiche.«)

»Wenn ich noch mal freien sollte, wollt ich mir ein gehorsam Weib aus einem Stein hauen, denn ich bin verzweifelt an aller Weiber Gehorsam.« Der kokette Stoßseufzer des Martin Luther galt seinem »Herrn Käthe« und einer Beziehung, an der er gar keinen Anstoß nahm, in der er sich offensichtlich wohl fühlte: Ehe als partnerschaftliche Arbeitsgemeinschaft, in die man sich nicht aus Leidenschaft stürzte, zu der aber sehr wohl Liebe und Achtung für den anderen gehörten. Katharina Bora weigerte sich, die ihr zugedachten Männer zu ehelichen, da ihre Zuneigung dem Martin Luther gehörte. Und der schrieb: »Ich bin ja nicht verliebt und in Hitze, aber ich liebe meine Frau.«

Das war keine Sonntagsrede und auch keine Ausnahme für die Zeit, in der sie lebten. Die nachfolgenden Jahrhunderte, in denen die Stellung der Frau immer unselbständiger wurde, immer mehr auf Kinder und Küche beschränkt, haben die Rolle der Frau im Mittelalter verschüttet und vergessen lassen. Tatsächlich war damals die Berufstätigkeit, ein Indikator für weibliche Selbständigkeit, nichts Besonderes. Frauen arbeiteten in fast allen Handwerken, und eine Kaufmannsfrau, die ihren Mann im Geschäft vertrat, während er auf Handelsreise ging, war nichts Besonderes. Es war Käthe Luther, die mit ihrer

Die Pfarrfrau: Kopie oder Original?

Luthers Frau Katharina, geborene von Bora, nach einem Gemälde von Lucas Cranach

Pension im Schwarzen Kloster, ihrer Landwirtschaft das meiste Geld für den Haushalt verdiente und sich in ihre Arbeit nicht hineinreden ließ.

Luther hat das immer akzeptiert. Nicht nur in der Stille, sondern vor Freunden und Besuchern. Er hat in den ausführlichen Briefen, die er seiner »Hausfrau« schrieb, sich nicht nur nach den Kindern erkundigt, nicht nur um eine Sendung von Käthes selbstgebrautem Bier gebeten. Er hat sie an seinem Beruf teilnehmen lassen und sie zum Beispiel aus Marburg ausführlich über die theologischen Streitigkeiten mit Zwingli unterrichtet. Allerdings ist der Reformator nicht unschuldig daran, daß mit Berufung auf ihn ganz andere weibliche Tugenden gepriesen werden. Denn der gleiche Mann, der sagte, daß es einem Mann wohl anstände, auch einmal die Windeln zu waschen, hat in seinen Schriften ein Bild der Frau entworfen, das dem patriarchalischen Klischee voll entspricht. Und bei Tisch ließ er sich auch dazu hinreißen, die Frau in ihre häuslichen Schranken zu verweisen: »Die Frauen reden klug über die Hauswirtschaft... Aber sobald sie über öffentliche Dinge außerhalb des Haushalts reden, taugt es nichts, denn sie führen zwar das große Wort, aber es fehlt der Sachverstand... Es ist also offenkundig, daß die Frauen für häusliche Wirtschaft gemacht sind, die Männer dagegen für Politik, Kriegswesen und die Rechte.« Luthers Worte hatten Bestand. Die Wirklichkeit dieses Familienlebens, der reale Alltag der Katharina Bora geriet in Vergessenheit. Sie ist nicht die einzige Pfarrfrau aus der Zeit der Reformatoren, an die man denken sollte, wenn gejammert wird, daß die Pfarrfrauen zu selbständig werden und dem Pfarrer in seine ureigenen Sachen hineinreden: »Ich bin, seit ich zehn Jahre alt war, eine Kirchenmutter, eine Ziererin des Predigtstuhls und der Schulen gewesen, habe alle Gelehrten geliebt, viele besucht und mit ihnen mein Gespräch, nit von Tanz, Weltfreuden, Reichtum noch Faßnacht, sondern vom Reich Gottes... gehabt.« Das schrieb Katharina Zell, 1497 in die angesehene Straßburger Familie Schütz geboren und 1522 die Frau des Pfarrers am Straßburger Münster, Mattheus Zell, geworden. Als der Bischof ihn daraufhin in den Bann tat, erschien in der Stadt die Druckschrift »Entschuldigung Katharina Schützin für Matthes Zellen ihren Ehegemahl«, in der seine Frau die »erheuchelte Keuschheit« so mancher Gottesmänner anprangerte und die Priesterehe verteidigte.

Straßburg wurde in den zwanziger Jahren des 16. Jahrhunderts eine Insel der Toleranz in einer Welt, die Andersglaubende mit Feuer und Schwert verfolgte. Viele Flüchtlinge kamen und fanden im Zellschen Pfarrhaus Aufnahme. Organisation und Verpflegung waren keine leichte Sache für die Pfarrfrau. Einmal hat sie »achtzig in unser Haus gebracht, und vier Wochen lang nie minder dann fünfzig oder sechzig speiset, wozu viel frummer Herrn und Bürger steureten und halfen erhalten«. Einem Geistlichen, der die Straßburger Toleranz verurteilte und deshalb nach Ulm auswanderte, sagte die Pfarrfrau in einem offenen Brief: »Was ist doch das für ein Geist, der immer mehr Lust hat, die Leut zu plagen, tun sie doch euch noch andern kein Leid und bitten Gott täglich für euch, so glauben sie mit uns, daß Jesus der Christ und Sohn des lebendigen Gottes, wahrer Gott und Mensch...« Ihrem Mann hielt Katharina Zell bei der Beerdigung am Grab den Nachruf. Sie war nicht ohne nachzudenken in diese Ehe gestolpert und hat ihren Verstand nicht mit dem Hochzeitstag aufgegeben: »Wäre ich nit seines Sinnes gewesen, ich hätt' ihn nicht genommen.«

Als ihr Mann starb, hörte das Leben für Katharina Zell nicht auf. Ihren Brief zur Verteidigung der Sektierer hat sie als Pfarrerswitwe geschrieben. Als zwei Anhängerinnen des Caspar Schwenckfeld in Straßburg ein christliches Begräbnis verweigert wurde, hat sie morgens um sechs die Toten auf den Friedhof begleitet und die Grabrede gehalten. Das vergaß ihr die Straßburger Kirchenleitung nicht. Als Katharina Zell 1562 starb, erhielt der Pfarrer die Auflage, den Trauernden am Grab zu sagen, diese Frau habe zwar den Armen viele Wohltaten erwiesen, sei aber am Ende von der Kirche abgefallen...

Nach dem Aufbruch und den radikalen Träumen des Anfangs kamen die Kompromisse. Es entstand eine neue Kirche, die das wahre Evangelium nur durch Zucht und Ordnung glaubte bewahren zu können, wenngleich es mancherorts in den Pfarrhäusern bis zum Ende des Jahrhunderts noch ein wenig unordentlich zuging. Die Heirat des Pfarrers mit seiner langjährigen Haushälterin wurde oft zum konkretesten Beweis, auf welche theologische Seite er gehörte. Das Schimpfwort »Pfarrersköchin« für die ehrenwerte Pfarrfrau wird noch vom Ende des 16. Jahrhunderts gemeldet. Bei den Visitationen der direkten nachreformatorischen Epoche kommt – wenn sie überhaupt erwähnt wird – die Pfarrfrau meist schlecht weg. Sie wird als zänkisch und rechthaberisch geschildert; mische sich in Sachen, die nur den Pfarrer etwas angingen. An ihr liegt es, wenn die Ehe nicht harmonisch ist. Sie ist das »böse Weib«, das sich auch die böse Welt außerhalb des Pfarrhauses gern zur Zielscheibe macht und an dessen Wiege die christlich-jüdische Tradition Pate gestanden hat. Als höchste Tugend der Pfarrfrau werden genannt: Schweigen, Bescheidenheit, im Hause bleiben.

Das Ideal der christlichen Ehe, dem die Theologen anhingen, entwirft der Pfarrer Johann Jakob Grynäus 1574 in einer Hochzeitspredigt für einen Kollegen. Zuerst wird darin die Pfarrfrau an ihre Pflichten gemahnt: »Erstlich soll die Hausfrau ihrem Ehemann unterthan sein und gehorsam in allen billigen Sachen. Das ist ihre Tugend, unterthänig und gehorsam sein, nicht stolz und ungehorsam... Das heißt aber unterthänig sein, daß das Weib ihren Mann aller Ehren wert schätze, sein Wort und Werk im besten aufnimmt, gern thut, was recht ist, das er haben will, ihm vergibt und nicht veracht.« Beim Herrn Pfarrer geht es etwas kürzer: »Zum andern, was den Mann belangt, ist derselbig schuldig, daß er seine Ehefrau liebe und ernähre. Dann zu gleicher Weis wie niemand sich selbst hasset, also soll auch der Mann seine Frau lieben, welche sein Fleisch und Blut worden ist und gemein Lieb und Leid mit ihm erfährt... Als dann so wird zwischen den Eheleuten der Hausfrieden erhalten, und sie Gottes Segen erlangen.« So soll die christliche Ehe sein – ob im Pfarrhaus oder in den Bürgerstuben. Das Joch, unter dem die Pfarrfrau lebt, ist die Falle, die die Männerwelt für alle Frauen lange bereit hielt: Die Frau allein – welche Ehre – verkörpert die Tugend, wie der Mann sie definiert, und wehe, sie weicht ab von diesem Pfad.

Das Leben der Pfarrfrau bestand vor allem aus viel Arbeit. Durch die Pfarrhäuser pfiff noch viele Jahrzehnte der Wind. Noch war es nicht das Zentrum des Dorfes. Mühsam erwarb der Pfarrer sein Geld. Lange Zeit war er in der Landwirtschaft tätig, weil die Seelen allein die Familie nicht ernährten. Und als die Pfarrfamilie endlich zu den etablierten gehörte, wurde das leibliche Wohl nicht vernachlässigt. »In der Woche vor Weihnachten haben wir vier Säu gemetzget, darunter zwei gar hübsche... Den 23. Januar 1656 wiederum vier jährige Säu.« Das notierte der Superintendent Jeremias Gmelin, Glied eines berühmten schwäbischen Pfarrgeschlechts, in sein Tagebuch. Von seinen zwei Frauen, die insgesamt 23 Kinder zur Welt brachten, wissen wir nur aus seinem Mund. Die zweite, Rosina Barbara, geboren 1634 in Pforzheim, stammte aus einer Pfarrfamilie und war schon in erster Ehe mit einem Pfarrherrn verheiratet. Als junges Mädchen, so schrieb Gmelin nach ihrem Tod, wurde sie »in aller guten Zucht, fordrist bey christlich reiner Lehr und Religion wol aufferzogen, benebens von bestellten Privat-Praeceptoribus im Lesen, Schreiben, Beten und wolständigen Tugenden fleißigst unterrichtet«. Bevor der Ehemann auf ihre Qualitäten als Frau und Mutter eingeht, wird erst einmal die formale christliche Seite dieses Lebens gewürdigt: »In der einen Evangelischen Religion ist Sie wol gegründet gewesen, hat fleißig in der Bibel gelesen... Im Kirchgang und Gottesdienst war Sie gar eyfrig, also daß Sie, außer sonderbarer noth, nicht leichtlich eine Predigt noch Betstund versaumet. In ihrem Gebet war sie fleißig und andächig, hatte abends und morgens, wann Sie schlafen gegangen oder vom Bett aufgestanden, ihren Morgen- und Abend-Segen gemeiniglich selbst offentlich gelesen, zugleich andere schöne Gebet dabey geübt... In täglicher Buß hat Sie sich für ihren Gott demütig dargestellt, ihre angeborene Sünden, menschliche Schwachheiten und würckliche Uebertretungen hertzgründlich erkannt, schmertzlich beseuffzet...«

Das war jener Teil der Rosina Gmelin, mit dem sie als Pfarrfrau das Ideal der christlichen Frau, wo es noch über dem Durchschnitt gefordert war, nach außen leben mußte: Ich und mein Haus wollen dem Herrn dienen. Wer den Pfarrer heiratete, hatte teil an dieser Verpflichtung. Wenngleich – was heute nicht mehr vorstellbar ist – christliche Maßstäbe selbstverständlich für jede Familie galten. Die Pfarrfamilie wurde erst zu einer Insel, als die übrige Welt Abschied nahm von einer christlichen Lebensführung, die jahrhundertelang von niemandem in Zweifel gezogen worden war.

Sehr viel kürzer, aber ebenso eindeutig wird dann vom Superintendenten Gmelin der persönliche Teil seiner Frau beschrieben – allerdings nur auf andere bezogen: »Mich, ihren Ehemann, hat Sie von Hertzen geliebet, und gebührlich geehret, auch allezeit nach bester Müglichkeit meiner getreulich gepfleget... Die Kinderzucht hat Sie ihro, alß ein gottesförchtige getreue Mutter in allen Stuckhen höchst angelegen seyn lassen... In der gantzen Haußhaltung (ohnerachtet solche zimlich weittläuffig und oft schwer genug gewesen), ist Sie mit solcher Fürsichtigkeit und Sorgfalt, mit solchem Fleiß, Ruhm und Nutzen vorgestanden, daß ichs nicht wol besser wünschen mögen.« Das war ein Nachruf, wie man ihn auf viele Frauen schreiben konnte. Die Bürger erlebten ihren Pfarrer – außerhalb des Gotteshauses – nicht selten mit seiner Familie als einen der Ihren. Als Gmelins Kollege, der Superintendent Gebhard, mit seiner Frau 50 Jahre verheiratet war, wurde die Goldene Hochzeit mit einem Festessen im Wirtshaus gefeiert.

Den Pfarrfrauen erging es nicht anders als ihren weltlichen Schicksalsgenossinnen. Viele starben früh, von vielen Geburten geschwächt oder noch im Kindbett. Die Frau des Oberkonsistorialrats Johann Joachim Spalding, der als Theologe ein Wegbereiter der Aufklärung in Deutschland wurde, steht für viele. Sie starb 1762 nach der Geburt ihres jüngsten Kindes. Sie war knapp 28 Jahre alt und hatte in neun Jahren sechs Kinder geboren. Die Pfarrfrauen, die ihre Männer überlebten, wußten lange nicht, wie sie Nahrung und Wohnung finden sollten. Erst 1645 gründete der fromme Herzog Ernst von Sachsen-Gotha eine Witwenkasse, in die Pfarrer und Lehrer bei Lebzeiten einzahlten, damit ihre Frauen nach dem Tod der Männer versorgt waren.

Bis um diese Zeit war es nicht ehrenrührig, wenn der angehende Pastor – wie bei vielen weltlichen Berufen – der Tochter oder Witwe eines Amtsinhabers ein Heiratsversprechen gab, um den begehrten Posten zu erhalten. Kritische Bemerkungen zu diesem Verfahren muß in einem Brandenburgischen Visitationsentwurf von 1633 die Frau einstecken: »Wenn sich dann oft zuträgt, daß solche Personen zusammenkommen, da weder das Alter correspondirt, noch einige Affektion zu merken ist und die Weiber die Beförderung der Männer ihnen selbst zuschreiben oder sonst unbändig oder alt und kalt sind, kann da Anderes herauskommen, als daß der Pfarrer an eine Delila gelangt?« Die Gebhards und Gmelins saßen fest in ihren Pfarrhäusern, und niemand wagte es, über ihre Frauen zu lästern. Doch viele kleine Pfarrer hatten es schwer. Nicht nur, weil der große Religionskrieg des 17. Jahrhunderts drei Jahrzehnte lang weite Gebiete im Deutschen Reich verwüstete und vor den Pfarrhäusern nicht halt machte. Immer fester wurde der Zugriff der Obrigkeit auf die geistlichen Herren, die als verlängerter Arm des Staates auf der Kanzel zu stehen hatten. Gerade der im Entstehen begriffene moderne, aufgeklärte Staat verlangte unbedingten Gehorsam und sah in den Pfarrern zunehmend staatliche Beamte, die in der Kirche Gesetze und Verordnungen verkünden mußten. Über die so produzierte Untertanengesinnung machten die Zeitgenossen sich auf dem Umweg über die Pfarrfrau lustig, die angeblich nicht selten ihren Ehemann anflehte: »Schreib, lieber Herre, schreib, daß Ihr bei der Pfarre bleibt.« Dem starrköpfigen Paul Gerhardt stellt der Dichter Theodor Fontane eine wankelmütige und kleingläubige Frau gegenüber: »... und als der auch jetzt noch in seinem Glauben und Hoffen unerschüttert Bleibende jenes Vertrauenslied anstimmte, das von Strophe zu Strophe die Worte wiederholte: ›Alles Ding währt seine Zeit, Gottes Lieb' in Ewigkeit‹, da war das Herz der sonst frommen Frau bereits klein und ängstlich genug geworden, um sich mißgestimmt und bitter fast von seiner Glaubenskraft abzuwenden, die weit über die Kraft ihres eigenen schwachen Herzens hinausging.«

Am Ausgang des 17. Jahrhunderts versuchte der Pietismus, die erstarrte lutherische Orthodoxie mit neuem Leben zu füllen. Auch das Gefühl sollte im Glauben Heimat finden, und da ist es nur konsequent, wenn die Männer, die diese neue Richtung vertreten, den Frauen einen wichtigen Platz zuweisen. Doch auch diese Entwicklung verläuft nicht ohne Widersprüche. Philipp Jakob Spener, neben August Hermann Francke der Vater des Pietismus, hat eine Ausnahme von dieser löblichen Neuerung gemacht – und das war seine eigene Frau. Während zu seinen Erbauungsstunden Frauen und Männer zusammenkamen, wissen wir nicht, ob die Pfarrfrau Spener je daran teilgenommen hat. Wahrscheinlich nicht. Spener überließ der gebürtigen Straßburgerin alle familiären Angelegenheiten. Von einem partnerschaftlichen Umgang der Geschlechter, einer Seelengemeinschaft, wie sie die neue Religiosität förderte, konnte bei ihm keine Rede sein. Das einzige an ihm, was nicht pietistisch war, schreibt sein Biograph, war sein Verhältnis zu seiner Frau.

Spener selbst hat den Lüneburger Superintendenten Johann Wilhelm Petersen mit Eleonore von Merlau getraut, die ganz und gar keine Pfarrfrau war, die sich ins Haus und auf die Kindererziehung zurückdrängen ließ. Unter ihrem Einfluß wurde Petersen immer radikaler und am Ende aus dem Amt entlassen. Auf den Reisen, die beide zusammen machten, um Gleichgesinnte zu finden, hielt die Pfarrfrau Petersen ihre eigenen Konventikel ab. Der Leipziger Kornschreiber Voigt, ein Pietist, schrieb 1691 über einen Aufenthalt der Frau des Superintendenten Petersen: »Seine Hausehre ist diesen Sommer wieder allhier gewesen und hat viele Schwestern und Brüder in Christo mit ihren tröstlichen Predigten und Zuspruch erquicket, ehe es iemand gewahr worden, und da es ausbrach, ward sie nirgends funden.« Weder Francke noch Spener haben sich jemals von den Aktivitäten dieser Pfarrfrau distanziert.

In den Umkreis pietistischer Religiosität gehört eine andere Pfarrfrau, der vom Ehemann schon vor der Heirat gesagt wurde, daß sie in dieser Verbindung nicht schmückendes Beiwerk, sondern aktiver und eigenständiger Teil sein sollte. Gewiß, der Reichsgraf Nikolaus Ludwig von Zinzendorf paßt nicht so recht in die Ahnengalerie lutherischer Pfarrer. Aber auch sein unruhiges Leben ist Teil protestantischer Geschichte, und seine Frau Erdmuthe Dorothea hat es verdient, nicht vergessen zu werden. Zinzendorf hat der Zweiundzwanzigjährigen bei der Heirat 1722 sein Vermögen überschrieben und ihr die Verwaltung seiner Güter, die Ausgangspunkt und finanzielle Grundlage der Herrenhuter Gemeinde wurden, anvertraut. In einem Nachruf auf sie hat der befreundete Theologe August Gottlieb Spangenberg vortrefflich ausgedrückt, was Erdmuthe Dorothea auszeichnete – und Anspruch der Pfarrfrauen in der zweiten Hälfte des 20. Jahrhunderts geworden ist: »Sie war nicht dazu gemacht, eine Copie zu sein, sondern war ein Original.«

Als die Reichsgräfin 1756 starb, fühlten sich die Zeitgenossen als Mitwirkende einer neuen, aufgeklärten Epoche. Viele lutherische Pfarrhäuser wehrten dem Zeitgeist nicht. Sie halfen vielmehr, ihn zu verbreiten. Die Hamburger Wochenzeitschrift »Patrioten« erklärte schon in den zwanziger Jahren ihren Lesern, daß Mädchen die gleichen Ansprüche auf Bildung hätten wie ihre männlichen Altersgenossen. Daß sie nicht nur in »Religion und Hauswesen« unterrichtet werden sollten, sondern ebenso in Geschichte, der Erd- und Himmelsbeschreibung, der Beredsamkeit und Naturlehre. Zum Redaktionskolleg dieser populären Zeitschrift gehörten zwei Hamburger Geistliche. Während in der Provinz der Pfarrer seine zukünftige Frau meist im Pfarrhaus fand, kam in den größeren Städten frisches Blut aus Beamten- und Kaufmannsfamilien in die Pfarrhäuser. Die Hamburger Bürgersfrau Maria Misler, die 1754 heiratete, wurde die Mutter dreier Pfarrfrauen. Sie liebte die schöngeistige Literatur, die französische las sie im Original. Sie ritt gerne und hatte nichts gegen das Tanzen. Ihren Kindern wollte sie eine Freundin sein: »Alle, besonders auch die Töchter, hielt sie an zur Arbeit, zur Ordnung, zum gefälligen, äußerlichen Anstand und zum Lesen guter deutscher und französischer Bücher, die zur Bildung in der Religion, in Sitten, in der Klugheit des Lebens, in den Anfangsgründen einiger Wissenschaften und in dem wahren Geschmack des Schönen und Witzigen dienten.« Ihre Töchter brachten diese weltoffene Kultur mit ins Pfarrhausleben ein.

Die Frauen dieses Jahrhunderts und dieser bürgerlichen Schicht wurden nicht mehr gezwungen, gehorsam einem ungeliebten oder unbekannten Ehemann zu folgen. Constantia Misler erhielt 1793 diesen Brief des Hauptpastors Johann Carl Berckhan von der Katharinenkirche: »Meine werte und verehrte Freundin. So nenne ich Sie mit freudiger Zustimmung meines Herzens... Ich habe nämlich einen ernsthaften Antrag an Sie, meine Teuerste, und ich wende mich mit demselben, ohne Mittelsperson, gerade an Sie selbst; weil Sie, bei Ihrer deshalb zu fassenden Entschließung, allein von dem Rate Ihres Herzens abhängig sind.« Es war ein Heiratsantrag mit der Frage, »ob Sie mir nicht den ersten Platz in Ihrem Herzen einräumen können«. Zwei Monate später wurde Constantia Misler Frau Pastorin Berckhan.

Zu den populärsten Schriftstellern dieser lesehungrigen Zeit gehören die protestantischen Pfarrer. In ihren Romanen schildern sie jenes gebildete Frauenzimmer, das eine gute Erziehung hat und nicht nur über Kinder und Küche redet. Die Heldinnen dieser Romane aber sollen – bei aller Bildung – vor allem dem geschäftigen Gatten ein friedliches Heim schaffen, wo er von den Sorgen des Tages ausruhen kann. Die Familie als harmonische Insel. (Ein Ideal, von dem sich Familien überall – nicht nur im Pfarrhaus – in diesem Jahrhundert unter Schmerzen trennen.) Das schließt die Förderung von weiblichen Talenten nicht aus. Im 18. Jahrhundert machen sich Frauen wie nie zuvor in Literatur und Malerei einen Namen, sogar wenn sie mit einem Pfarrer verheiratet sind. Im friesischen Esens war das Pfarrhaus ein Mittelpunkt des kulturellen Lebens. Die Pfarrfrau Antoinette Röntgen, Tochter des Malers Johann Jakob Tischbein, hatte Engländer und Franzosen in Pension und trotzdem noch Zeit, 1796 das Altarbild der Werdumer Kirche zu malen. Das folgende 19. Jahrhundert hat solche Ansätze einer emanzipatorischen Entwicklung nicht fortgesetzt, sondern – erschrocken vor »aufrührerischen« Konsequenzen – das angestaubte patriarchalische Modell wieder zum Vorbild gemacht und lieber vermehrt den Apostel Paulus zitiert. Im trauten Heim allerdings wünschten sich die Männer – ob weltlich oder geistlichen Standes – weiterhin eine gebildete Frau. Ein Theologiekandidat namens Falkmann machte der im westfälischen Lemgo gegründeten »Schule für den wissenschaftlichen Unterricht der Töchter aus den höheren Ständen« den Vorschlag, weniger Handarbeiten und mehr Sprache und Literatur zu unterrichten. Doch dieser Fortschritt galt weniger der Fortentwicklung der Frau als dem zukünftigen Ehemann. Zumindest mußte ihn der Theologe so an den Mann bringen: »Ich hoffe nicht, daß man meinen Vorschlägen den Vorwurf machen wird, daß ich die Mädchen zu Gelehrten heranbilden wollte. Die Gelehrsamkeit besteht in vielem für das Leben unbrauchbarem Kram. Man überlasse denselben auf ewige Zeiten den Männern... Dazu glaubt Referent auch das Weib geschaffen, daß an ihm alle edlen, wahrhaft menschlichen Seiten des Gemüts ausgebildet werden und es damit zu einer in jeder Hinsicht edlen Gefährtin des Mannes werde...«

Zum Herbstanfang 1840 ritt Heinrich Alexander Seidel, Pastor im mecklenburgischen Perlin, nach Gut Pogreß. Dort erwartete ihn die Gutspächterin und wußte auch, was der Herr Pastor vorhatte. So forderte sie irgendwann ihre siebzehnjährige Tochter Johanne auf, dem Besucher im Garten einen Rosenstrauch zu zeigen, der immer noch blühte. Dort erfuhr die Siebzehnjährige, daß der Pastor sie zu seiner Frau machen wollte, und so wurde sie die Frau Pastorin. Heinrich Alexander war der Herr im Hause. Als er nach Schwerin versetzt wurde, empfahl er seiner Frau, die noch im Perliner Pfarrhaus war, im neuen Haushalt die Köchin des Vorgängers zu übernehmen. Als diese ihm schrieb, sie wolle sich ihre Mädchen lieber selber aussuchen, kam ein Brief zurück, der in sieben Punkten aufzählte, warum es ratsam sei, gerade diese

Köchin zu nehmen, und am Ende riet der Pfarrer seiner Frau: »Nun schreibe mir mit der nächsten Post und habe mir keine ungehörigen Bedenklichkeiten.« Johanne übernahm das Mädchen – und entließ es nach einem halben Jahr. Da fiel es dem Hausherrn nicht mehr auf. Aber er lebte weiter in dem Glauben, alle Entscheidungen zu treffen. Und die Pfarrfrau tat ihm den Gefallen, verfuhr nach der Devise, die so viele Frauenleben kennzeichnet: Die Klügere gibt nach.

Im Pfarrhaus sollten alle satt werden, und keineswegs nur von geistlicher Nahrung. Wo im verklärten Rückblick von »Glaubensarbeit« die Rede ist, ging es im Alltag für die Pfarrfrau nicht selten darum, mit dem Pfennig zu rechnen und erfinderisch zu sein. Der »rote Pfarrer« Christoph Blumhardt schrieb 1886 über seine Mutter: »Wir dürfen es gewiß dem freundlichen und starken Walten der Pfarrfrau zuschreiben, daß die Möttlinger Gemeinde wie das Pfarrhaus selbst mit größter Selbstverleugnung sich einrichtete, allerlei Gäste in ihr Haus aufzunehmen, welche dann den Tag über im Pfarrhaus aus- und eingingen. Nicht verschwiegen darf hier werden, welche stille Glaubensarbeit unter diesen Verhältnissen die liebe Heimgegangene hatte; denn das Pfarrhaus und die Gemeinde sahen sich stets in die größte Armut versetzt.« Die unermüdliche Arbeit minderte allerdings nicht das protestantische Sündenbewußtsein. Es ist die Mitgift, die jeder Pfarrer mit in die Ehe bringt. Eine Last, die auch die Möttlinger Pfarrfrau zu tragen hatte und doch – gemäß ihrem Glauben – freudig bejahte, bejahen mußte. Ihren Kindern schrieb sie: »Mein Herz ist unter allem tief gebeugt ob meiner vielen Versäumnisse in euer aller Erziehung. Ach, wie Berge stand's und steht's vor mir, und ich bin recht demütig und kann wohl auch danken für die Demütigung.« Lange genug war es den Frauen eingehämmert worden, die Schuld immer zuerst bei sich zu suchen und für Erziehungsfehler allein verantwortlich zu sein – der Vater hat ja keine Zeit. Im Pfarrhaus mußten solche Selbstanklagen zu Sünden werden, die noch niederdrückender waren als in der Durchschnittsfamilie.

Die Rollen, die Vater und Mutter im Pfarrhaus des vergangenen Jahrhunderts ihren Kindern gegenüber einnahmen, unterschieden sich wenig von den gängigen Vorstellungen. Die Erinnerung des Pfarrerssohns Gottfried Benn ist typisch. Der Vater war »streng, hager«, die Mutter »allem Lebendigen nah, die Gärten, die Felder säend und gießend«. Die Frau als Seele des Hauses – wobei die Pfarrfrau in Übertragung dieses Ideals ihre mütterlichen Gefühle der ganzen Gemeinde zukommen lassen sollte. Ernst von Dryander, Pastor an der Berliner Dreifaltigkeitskirche und kaiserlicher Hofprediger, schreibt in seinen Erinnerungen über seine Frau: »Bei allen diesen Unternehmungen war meine geliebte Frau mir dauernd die unermüdliche Helferin. Ihr klares, praktisches Urteil, ihre Menschenkenntnis, ihre gewinnende Anmut ließ alles ihr zufallen. Sie hörte es geduldig an, wenn ich an einer Vormittagspause im Garten mit ihr auf und abgehend, ihr alle Pläne entwickelte, und beriet sie mit mir.

Sie nahm, wenn die Klingel nicht stillstand, mir ungezählte Besuche ab. Sie wußte mit den schlichtesten Leuten ebenso geschickt zu verkehren, wie mit den vornehmsten. Sie war die Freundin der Diakonissen, wie der Armen, bei alledem die treueste Mutter ihrer Kinder und die Seele des Hauses, eine Pfarrfrau nach dem Herzen Gottes.« Das subjektive Lob des Hofpredigers ist ernst zu nehmen. Eine solche Allround-Aufgabe als Gehilfin im Schatten des Mannes mag das Leben mancher Pfarrfrau befriedigend ausgefüllt haben und noch ausfüllen. Doch allzu lange gab es aus solchen hochgesteckten Erwartungen für die Pfarrfrau kein Entrinnen.

Tun und lassen konnten die Frauen der Lehrer, der Angestellten, der Ärzte oder Arbeiter vor 1914 auch nicht, was sie wollten. Es gab Erwartungen, die mit dem Beruf, dem Stand ihres Mannes verknüpft waren und die sie zu erfüllen hatten. Doch sie hatten Ausweichmöglichkeiten, konnten ihr Leben variieren, durften eine Migräne bekommen, wenn sie keine Lust hatten. Für die Pfarrfrau war das schwierig, fast unmöglich. Sie lebte im Glashaus. Sie mußte Vorbild sein. Ihr Pensum war genau vorgeschrieben. Das erwartete nicht nur der Mann, sondern auch die Gemeinde, mit der sie ebenfalls verheiratet war. Und was noch wichtiger war: Zu Zeiten des Hofpredigers Dryander begannen die Frauen langsam, wieder in der Berufswelt Fuß zu fassen. Zwar galt dies erst einmal für die unverheiratete Frau und für typisch weibliche Berufe. Doch der Weg war vorgezeichnet, und der Erste Weltkrieg, als die Männer an die Front mußten, machte für verheiratete Frauen möglich, was bisher tabu war. Da viele Pfarrer sich begeistert zum Kriegsdienst meldeten, brachte er auch den Pfarrfrauen mehr Arbeit. Aber nur in den traditionellen, vorgezeichneten Bahnen. Einen eigenen Beruf oder gar eine Scheidung, die für andere Frauen wenigstens in den Bereich des Möglichen rückte, durfte es für die Pfarrfrau nicht geben. Ihr Bild, das sich im Rahmen einer christlichen Welt zusammen mit dem allgemeinen Frauenideal gewandelt hatte, erstarrte in den Konventionen des Kaiserreichs und der Moral der viktorianischen Epoche.

Martin Luther hatte nicht zuletzt deshalb die Priesterehe gefordert, weil Sexualität für ihn ein Trieb der Natur war, dem sich keiner entziehen kann. Er hatte keine Hemmungen, auszusprechen, was sich nach Gottes Willen zwischen Mann und Frau – also auch im Pfarrhaus – abspielte: »Da gibt er dem Mann ein Weib, die hat zwei Zitzen auf der Brust und ein Löchlein zwischen den Beinen. Und ein winziger Tropfen Samen des Mannes wird der Ursprung des menschlichen Leibes ... Also machts Gott in all seinen Werken sehr närrisch.« Von solchen Dingen redete man nicht im vorigen Jahrhundert, also waren sie auch in den meisten Pfarrhäusern tabu. Und sie blieben es noch lange, während außerhalb der Pfarrhäuser die Ehe- und Sexualmoral den Menschen immer fragwürdiger wurde und die Frauen versuchten, aus der ihnen vorgeschriebenen Rolle auszubrechen. Es waren die Pfarrfrauen, die nach Jahren der Verdrängung und selbstquälerischen Zweifel in den siebziger Jahren dieses Jahrhunderts die Krise der Pfarrfamilien sichtbar machten, als sie begannen, aus dem Pfarrhaus auszuziehen. Zuerst versuchten die kirchlichen Stellen das Phänomen durch Nichtbeachtung aus der Welt zu schaffen. Heute kann von Scheidung und Ehekrisen im Pfarrhaus wenigstens offen geredet werden, sollen kirchlich abgesegnete Gruppenseminare und psychotherapeutische Hilfe die Pfarrfamilie wieder stabilisieren.

Die alten Verhältnisse jedoch sind nicht wiederherzustellen, weil die Pfarrfrauen zusammen mit allen ihren Geschlechtsgenossinnen – trotz Rückschlägen und Zweifeln – sich den Idealen ihrer Mütter und Großmütter, die die Männer ihnen vorschrieben, nicht mehr anpassen werden. Selbstverwirklichung um jeden Preis muß das Ziel nicht sein, aber selbstlose Aufopferung, totale Unterordnung unter das Leben des Mannes und die Anforderungen einer Gemeinde können es auch nicht mehr sein. Das Amt schützt den Pfarrer nicht mehr davor, kritisiert zu werden – auch von seiner eigenen Frau. Was hat sie von einem Mann, der in seinem Amt so aufgeht, daß keine Zeit für die bleibt, die ihm am nächsten sind? Denn darüber klagen die Pfarrfrauen, so paradox es klingt: daß der gleiche Mann, der zu Fürsorglichkeit von Berufs wegen verpflichtet ist, seine Kinder, seine Frau vernachlässigt und am Abend ausgelaugt und erschöpft ins Bett sinkt. Keine Zeit für Zärtlichkeit.

Inzwischen gibt es Pfarrfrauen, die nicht mehr erzogen wurden im christlichen Geist. Sie haben es leichter, auf ihre Rechte zu pochen, Konflikte auszutragen. Wer in der Tradition der Pfarrfrau groß wurde, bei dem geht zuerst einmal das rote Licht an, wenn sich eigene Bedürfnisse, eigene Wünsche übermächtig melden. Sünde heißt das Abschreckungswort, mit dem sich der alte gesellschaftliche Tugendkatalog ins Gedächtnis bringt. Das Bündnis von Moral und Glaube hat das Leben aller Frauen geprägt, das der Pfarrfrau am intensivsten und längsten. Der Ruf nach Gleichberechtigung mußte die Pfarrhäuser besonders erschüttern, weil das Amt des Pfarrers die patriarchalische Funktion des Ehemannes noch verdoppelte und ihn auch kraft geistlicher Autorität zum Haupt der Familie machte.

Siehe, ich bin die Magd des Herrn! Das sollte nicht nur für Maria gelten. Wie die alte Kirche die Mutter Gottes zur Ehre der Altäre hochlobte, wurden die evangelischen Pfarrer nicht müde, die vielseitigen Dienste ihrer besseren Hälften zu preisen. Verzicht wird zur Tugend, wenn es die Frau trifft. »Wer stärkt des Bäffchens weißen Sturz / und bürstet den Talar? / Wer sagt dem Prediger: mach's kurz / und lobt ihn, wenn er's war? / Wer rennt zu Telefon und Tür / und klebt Briefmarken auf? / Wer hat für Leute ein Gespür, / hemmt oft des Unheils Lauf? ... / Die Pfarrfrau ist's, ihr gilt der Ruhm! / Sie kann noch viel mehr tun: / Sie hält die Wacht vor unsrer Tür / und läßt uns sicher ruhn. / Ob Seelsorge, ob Unterricht / ob sonst was treibt der Mann, / für sie bedeutet es Verzicht / Gottlob, daß sie das kann!« Kabarett ist das nicht, sondern

Pfarrfrauenalltag in den achtziger Jahren des 20. Jahrhunderts, gereimt von einem Landesbischof. Doch für alle gilt das nicht mehr. Viele Pfarrfrauen wollen sie selber sein und keine Rolle spielen. Sie verdrängen ihre Wünsche nicht mehr und sprechen sie aus: »Ich denke aber, daß ich auch als Pfarrfrau ein Recht auf meine eigene Persönlichkeit habe. Und wenn das so ist, dann ist es sogar meine Pflicht, mich entsprechend meinen eigenen Vorstellungen zu verhalten, beispielsweise berufstätig zu sein, meinen persönlichen Interessen nachzugehen, vor allem aber: nichts zu ›spielen‹, was nicht echt ist.«

Nichts hat die Traditionen so unwiderruflich aufgebrochen wie die Forderung der Frauen, ihren eigenen Arbeitsbereich außer Haus zu haben. Wer mit dem Pfarrer Hochzeit hält und trotzdem seinen eigenen Beruf weiter ausüben möchte – als Lehrerin, Ärztin, Sozialarbeiterin –, zwingt den Pfarrer und die Gemeinde, von alten Vorstellungen Abschied zu nehmen, lebt unter den gleichen Zwängen und Benachteiligungen wie jede andere berufstätige Ehefrau: »Ich war einfach in der schwächeren Position, ich war selbst nicht im tiefsten davon überzeugt, daß ich Anspruch auf beides habe – Kinder und Erfüllung im Beruf. Ich selbst erkannte die Priorität seiner Arbeit an und gab mich zufrieden mit seinem: ›Ich helfe dir auch, wenn meine Arbeit es erlaubt.‹ . . . So sorgte ich, so sorgten er und die Strukturen der Kirche dafür, daß er in der stärkeren Position blieb . . . Sein Leben, sein beruflicher Werdegang ist gerade und hat eine innere Logik. Mein beruflicher Werdegang ist nicht in sich logisch geblieben, sondern ist geprägt von der Logik seines Wechsels und dem Aufruf: ›Mach doch das Beste für dich aus der Situation.‹«

Wege aus diesem Dilemma und Hilfe könnten Entwicklungen bringen, die neu sind und deshalb unbelastet: die Pfarrerin und der »Pfarrmann«. Von einem Lehrer, der eine Pastorin heiratet, erwartet die Gemeinde nicht, daß er den Frauenkreis leitet oder den Weihnachtsbazar organisiert. Es liegt an dieser »Pfarrfrau«, die alten weiblichen Rollenerwartungen nicht in ihr geistliches Amt mitzunehmen und zugleich das Pfarramt von seinem traditionellen männlichen Verständnis zu befreien. Noch sind die Pfarrerinnen eine Minderheit. Doch der Anteil der Theologiestudentinnen liegt bei 40 Prozent. Sie haben eine realistische Chance, die patriarchalischen Strukturen des Pfarramtes zu verändern und damit ein Hindernis aus dem Weg zu räumen, das die angeheiratete Pfarrfrau allein nicht beseitigen kann. Die starke Stellung der Frau in den pietistischen Anfängen ist nicht zuletzt in einer Theologie begründet, die sich wieder auf das allgemeine Priestertum aller Gläubigen besann. Philipp Jakob Spener geißelte die Arroganz der Amtskirche und das »angesammelte Monopolium des geistlichen Standes«. Er forderte gleiche Rechte der Laien gegenüber der »Clerisey«, synodale Strukturen und eine »Ordnung des Votierens von unten«. Verbündete der Pfarrfrauen sind auch jene Theologinnen, die versuchen, in die männliche Theologie neue, weibliche Erfahrungen einzubringen, und sich bewußt als Teil der Frauenbewegung sehen.

Seit die Pfarrerin nicht mehr gezwungen ist, bei Heirat ihren Beruf aufzugeben, steigt die Zahl der Pfarrhäuser, in denen Mann und Frau dem gleichen, geistlichen Beruf nachgehen. Diese neue Pfarrfamilie hat zu einem Experiment ermutigt, das nicht nur die Theologenschwemme auffangen soll, sondern Mann und Frau die Chance gibt, dem beruflichen Leistungsdruck zu widerstehen und ohne Angst die traditionellen Rollen aufzugeben. Von Schongau bis Bremen teilen sich Pfarrerin und Pfarrer eine Pastorenstelle. Eine solche Pfarrfamilie muß nicht mehr zeitgenössische Verhaltensweisen spiegeln, in denen sich die Mehrheit eingerichtet hat. Mit diesem geistlichen Teilzeitexperiment kann die Pfarrerin, wenn der Pfarrer mitspielt, erproben, was christliches Leben – nicht nur im Pfarrhaus – bisher vermissen ließ und was auch den vielen Frauen etwas bietet, die nicht mehr im Glauben zu Hause sind: eine Alternative.

Literatur

B. BEUYS: Familienleben in Deutschland. Neue Bilder aus der deutschen Vergangenheit, Reinbek 1980
CHRISTIAN FERBER: Die Seidels. Geschichte einer bürgerlichen Familie, Stuttgart 1979
MARTIN GREIFFENHAGEN (HRSG.): Pfarrerskinder. Autobiographisches zu einem protestantischen Thema, Stuttgart 1982
S. KAHL: Die Zeit des Schweigens ist vorbei. Zur Lage der Frau in der Kirche, Gütersloh 1979
R. RIESS (HRSG.): Haus in der Zeit. Das evangelische Pfarrhaus heute, München 1979
A. SCHMIDT-BIESALSKI: Lust, Liebe und Verstand. Protestantische Frauen aus fünf Jahrhunderten, Gelnhausen 1981
C. WOLF (HRSG.): Macht und Ohnmacht der Frauen in der Kirche, Stuttgart 1983

ANDREAS GESTRICH

Erziehung im Pfarrhaus

Die sozialgeschichtlichen Grundlagen

Leben im Pfarrhaus ist eine öffentliche Angelegenheit. Der Gemeinde das Beispiel einer christlichen Ehe und Kinderzucht vorzuleben ist Teil des geistlichen Dienstauftrags: »Sein Haus muß er zu einer Wohnung des Friedens machen, und für die ganze Gemeinde zum Beispiel stiller frommer Ordnung, redlichen Fleißes, guter Kinderzucht, verständiger und billiger Führung der Hausherrschaft aufstellen...«[1] Derartige Formulierungen finden sich in allen Amtsinstruktionen für die Pfarrer und pastoraltheologischen Entwürfen bis in dieses Jahrhundert hinein. Auf der Familie des Pfarrers lastet der Zwang, den Beruf des Mannes bzw. Vaters teilen, ja sogar (»in Erwägung, daß der Geistliche durch ein anstößiges Leben seine Lehre unwirksam macht«) dessen Basis darstellen zu müssen[2]. Um »Anstößiges« zu vermeiden, müssen Pfarrerskinder so sein, wie jeder Familienvater seine eigenen gerne hätte: bescheiden und

---

[1] Synodus-Schreiben »An die Württembergische evangelische Geistlichkeit«, Stuttgart 6. 6. 1818, in: Reyscher, Bd. 9. S. 443
[2] Amtsinstruktion für die evangelische Lutherische Geistlichkeit in dem Königreiche Württemberg, Stuttgart 1827

gehorsam, wohlerzogen und erfolgreich in Schule und Beruf. Dem Familienleben insgesamt wird Konfliktfreiheit und Harmonie verordnet – nicht nur per Erlaß »von oben«, sondern auch durch den Erwartungsdruck der Gemeinde.

Liest man die Autobiographien (mehr oder weniger) berühmt gewordener Pfarrerskinder, so taucht in einigen diese pädagogisch problematische Konstellation der Einbeziehung der Familie in das Amt des Pfarrers als zentraler Konfliktpunkt der Jugendzeit auf, in anderen wird dieses Thema nur am Rande gestreift, häufig fehlt es völlig. Dieselben Milieufaktoren führen in verschiedenen Familien und zu verschiedenen Zeiten zu völlig unterschiedlichen lebensgeschichtlichen Konsequenzen. Die folgende Skizze kann und will deshalb nicht »das« Leben in »dem« evangelischen Pfarrhaus treffen. Sie kann lediglich durch die Darstellung einiger alltäglicher Lebens- und Erfahrungszusammenhänge bestimmte Grenzen markieren, innerhalb deren familiales Zusammenleben und (geschlechtsspezifische) Erziehung im durchschnittlichen protestantischen Pfarrhaus stattfand; gewisse Probleme aufzeigen, die sich für die Kinder aus ihrer Pfarrhaussozialisation ergeben konnten; die sozialgeschichtlichen Grundlagen einiger »Konstruktionsprinzipien« in den Lebensläufen von Pfarrerskindern darlegen[3].

Vorbilder: Partnerbeziehungen und Arbeitsteilung im Pfarrhaus vor 1800

In der traditionellen Gesellschaft teilte die Mehrzahl der evangelischen Pfarrersehen mit der Mehrzahl aller anderen Ehen eine gewisse Distanz in den Partnerbeziehungen. Denn auch der evangelische Pfarrer heiratete (mußte heiraten!) vielfach aus wirtschaftlichen Gründen. Die Pfarrfrau gehörte zum protestantischen Pfarrhaus wie die Bäuerin zum Hof; ersteres unterschied sich auch von letzterem in seinen ökonomischen Grundlagen nicht wesentlich. Besonders das Landpfarrhaus war ein »Pfarrhof«, der umgetrieben sein wollte. In den »Methoden des Freiens« wichen deshalb die Pfarrer nicht von den Bauern, Handwerkern oder Kaufleuten ab: Man warb schriftlich oder durch Vermittler um eine Braut (»er habe gehört, dem Pfarrer Hecker wüchsen drei tugendreiche Töchter heran... Die Auswahl überließe er dem zukünftigen Schwiegervater!«); heiratete, wenn der Patron es verlangte, die Witwe des Amtsvorgängers; hatte, auch wenn man während der Vikariatszeit um die Hand der Tochter des Pfarrherrn anhielt, zuvor nur flüchtigen, oberflächlichen Kontakt zu seiner Braut gehabt[4]. Nicht die »romantische Liebe« im modernen

---

[3] Im Zusammenhang mit diesen sozialgeschichtlichen Grundlagen wird im folgenden für die durch feudale politische Ordnung, patriarchalische Familienstrukturen und vorindustrielle Produktionsweisen gekennzeichnete Gesellschaft vor 1800 häufig abkürzend von »traditioneller Gesellschaft« die Rede sein

[4] Zitat aus Werdermann, S. 9 (vgl. hier wie auch für einige der folgenden Fußnoten das Literaturverzeichnis am Schluß dieses Beitrags)

Heiraths Antrag des Predigers
Proposition de Mariage du Ministre

Kupferstich von Chodowiecki

Der Küster
Le Marguilier

Kupferstich von Chodowiecki

Sinne war das Band, das in der traditionellen Gesellschaft Ehen stiftete und zusammenhielt, sondern »christliche Tugend«[5]. Sie im Familienalltag zu praktizieren hieß nicht nur das durch Distanz belastete Zusammenleben mit dem Ehepartner erträglich zu gestalten, sondern auch den Kindern die für ihr späteres Eheleben wichtigste Verhaltensweise durch das eigene Beispiel nahezubringen. »Christliche Tugend« – das bedeutete zunächst einmal Achtung vor der Person des anderen, Güte und Demut. Es bedeutete aber auch, daß sich die Partner genau an die biblisch vorgeschriebene (und gesellschaftlich übliche) Rollenverteilung zu halten hatten: Der Mann ist das Haupt der Familie, die Frau sei ihm untertan. Wie in allen Familien der traditionellen Gesellschaft lernten die Kinder zuallererst am Vorbild der Mutter, die Person und die Macht des Vaters zu respektieren bzw. zu »ehren«. Aber sie lernten dies hier auf eine besonders intensive Weise, da der Gehorsam gegenüber dem Hausvater ein wichtiger Teil der christlichen Lebensführung der Pfarrfrau war. Im Gegensatz zu anderen Frauen durfte diese es sich nicht erlauben, häuslichen Streit zu provozieren (und schon gar keine Handgreiflichkeiten, wie die

---

[5] Der Pfarrhaus-Historiker des 19. Jahrhunderts, Wilhelm Baur, sagte z. B. von der Ehe Martin Luthers, daß »in dem Verhältnis zwischen Luther und Käthe manchmal nur die christliche Tugend vorhanden« gewesen zu sein scheine (S. 86), daß »Liebe« im modernen Sinne auch in dieser für Protestanten so »vorbildlichen« Ehe gefehlt habe.

Handwerker- und Bauernfrauen!). Sie mußte ihre Rolle perfekt leben. Die Pfarrfrau, so schärft Spener seiner frischverheirateten Tochter ein, schuldet ihrem Mann besonderen Gehorsam, darf sich »niemals einiger Meisterschaft gegen ihn annehmen«, denn: »vieles was andern noch hingehen und nicht so übel genommen werden könnte, würde bei dir eben ... eine schwere Sünde sein, ... nachdem dein Herr eine solche Lehre treibet«[6].

Da das Pfarrhaus eine »Wohnung des Friedens« sein mußte, wurde die Struktur der häuslichen Gewaltverhältnisse hier für die Kinder nie so sichtbar wie in anderen Familien, wurde die Pfarrmutter ihren Kindern zum Inbegriff christlicher Demut, der Vater zum – auch für sie – nicht hinterfragbaren Herrn des Hauses. Das prägte zukünftiges Rollenverhalten der Söhne und Töchter, beinhaltete aber auch besonderes Konfliktpotential, falls den Kindern Zweifel an der Berechtigung solcher »Herrschaftsstrukturen« kommen sollten.

Die im Pfarrhaus besonders akzentuierte Rollenbindung innerhalb der traditionellen Familie wurde dort noch verstärkt durch eine besonders rigide Form der Arbeitsteilung. Die Frau war zuständig für Haus und Hof, der Mann allein für das geistliche Amt. Der Pfarrer sollte mit den Niederungen der alltäglichen materiellen Lebenssicherung nichts zu schaffen haben. In vielen Ländern wurde ihm explizit untersagt, sich »ungebührlicher Handthierungen, und schimpflicher Arbeiten, oder offentlichen Bauren – Geschäfften, ausserhalb höchstangelegener Noth« anzunehmen[7]. Tätigkeiten, die in der bäuerlichen Gesellschaft Privilegien des Mannes waren: Viehkauf, Aussaat usw. – alles das war Aufgabe und Betätigungsfeld der Pfarrfrau, der Kinder (vor allem der Töchter) und – falls die Einkünfte dazu ausreichten – eines Knechts oder einer Magd. Die Aufgabe des Pfarrers war, den Garten des Herrn zu bestellen, nicht seinen eigenen Kartoffelacker. Das wäre dem Ansehen des Amtes abträglich gewesen[8]. Beschäftigte sich der Pfarrer selbst mit der Natur oder der Landwirtschaft, dann auf »vergeistigter« oder ästhetischer Ebene: Er züchtete Rosen, erfand den Kunstdünger oder schrieb Abhandlungen über den Vorteil der Stallfütterung. Durch das Ansehen, das der Pfarrherr in der Öffentlichkeit genoß, war mit dieser Arbeitsteilung auch eine Wertung verbunden, war die geistige Tätigkeit des Geistlichen aus der Perspektive der Kinder das Wichtigere, Höhere, Bessere. Wer ein Mann werden wollte wie der Vater, der mußte sich auf die Seite des »Geistes« stellen.

Diese geschlechtsspezifische Arbeitsteilung wurde im Pfarrhaus von frühester Kindheit an eingeübt. Die Jungen wurden ab dem dritten, vierten Lebensjahr vom Vater unterrichtet, hatten mit der Welt der Hausarbeit immer

---

[6] Ph. J. Spener, An seine Tochter, verheirathet mit Lict. Birnbaum, Superintendent zu Colditz, in: Klaiber, S. 520
[7] Württ. Kirchenordnung von 1687, in: Reyscher, Bd. 8, S. 397
[8] Eine Schilderung solcher Aufgaben der Pfarrfrau findet sich bei Schmitthenner, S. 47

weniger zu tun; die Mädchen dagegen wurden weitgehend von der Mutter in ihrer Welt erzogen.

Als Gottfried Benn 1934 seine Herkunft aus »dem Erbmilieu des evangelischen Pfarrhauses« rassebiologisch aussortierte, charakterisierte er seine Eltern: »mein Vater durchaus der Felsbezwinger, transzendent und tierfremd, Züge des Urjägers... meine Mutter irdisch, allem Lebendigen nah, die Gärten, die Felder säend und gießend: Ackerbautyp, Pfahlbürgertyp, mit realem Sein voll Lächeln und Tränen.«[9] Was Benn in die genetische Typenlehre transportierte, war die historisch reale und von den Konsistorien verordnete Arbeitsteilung im Pfarrhaus, wie sie vor allem in ländlichen Gebieten bis weit in das 19. Jahrhundert hinein bestand. »Männliche Transzendenz« und »weibliche Erdverbundenheit« wurden so frühzeitig zu geschlechtsspezifischen Charakterdispositionen emporstilisiert, von denen zumindest erstere für das »Erbmilieu« des protestantischen Pfarrhauses besonders kennzeichnend werden sollte.

Elterliche Liebe und kindlicher Gehorsam

Im allgemeinen sah man in den Familien der traditionellen Gesellschaft die ersten vier bis fünf Kinder – weil willkommene zukünftige Arbeitskräfte – als einen Segen Gottes an; alle weiteren hielt man eher für Plagen, da es Mäuler waren, die gestopft sein wollten, auch wenn man selbst oft genug nicht ausreichend zu essen hatte. Eltern konnten in der traditionellen Gesellschaft ihren Kindern gegenüber außerordentlich gleichgültig sein (Ammenwesen, Infantizid).

Ganz anders waren – ungeachtet der materiellen Lage – die Verhältnisse im evangelischen Pfarrhaus. Hier war das Kleinkind immer mit einer besonderen, geradezu sakralen Aura umgeben: Das Kind war die Verkörperung der Unschuld, sein unbefangenes Vertrauen in die beschützende Fürsorge der Eltern war Aufforderung an den Christen, selbst solch kindliches Vertrauen in Gott zu setzen. Die Erziehung der Kinder war (auch schon vor der Erziehungseuphorie der Aufklärung) eine der vornehmsten und wichtigsten Aufgaben des Christen und damit des Pfarrers. Galt es doch, deren unschuldige Seelen zu bewahren und dem rechten Glauben zuzuführen. In wenigen anderen Familien bekamen die kleinen Kinder zu allen Zeiten so viel Aufmerksamkeit und Zuwendung gerade auch von den Vätern wie im Pfarrhaus.

Die liebenden Väter verwandelten sich aber bald in die strengen Erzieher, die besonders rigide sein konnten, wenn es sich um Fragen der Moral und des Glaubens handelte. An diesem Punkt muß man jedoch genau zwischen aufgeklärten (bzw. später: liberalen) und pietistischen Pfarrhäusern unter-

---

[9] Benn, Lebensweg eines Intellektualisten, in: Werke, Bd. 4, S. 25

scheiden. Setzten erstere auf die Einsicht, auf die Aufklärung des Kindes, exerzierten letztere teilweise die alttestamentarischen Erziehungsmaxime des »Züchtige deinen Sohn, weil Hoffnung da ist...« verbrämt im Gewand einer neutestamentlichen Errettungssymbolik. In einem Traktat des Theologen Skriver zum Beispiel heißt es über einen Vater, der beim Essen mit den Kindern immer eine Rute auf dem Tisch liegen hatte: »Ihr macht's wie unser lieber himmlischer Vater mit seinen Kindern, er bereitet zwar vor ihnen einen Tisch... und gibt ihnen öfters allerlei Gutes, geistlich und leiblich, zu genießen. Doch muß die Ruthe, das liebe Kreuz, auch nicht weit sein, damit wir nicht muthwillig werden, sondern in seiner heiligen Furcht und kindlichem Gehorsam einhergehen.«[10] Durch die Ineinssetzung von Rute und Kreuz macht der pietistische Vater sich selbst zu Gott, seine Strafaktion zum Opferdienst. Zusammengenommen mit der intensiven »Erforschung« des Seelenlebens der Heranwachsenden durch die Eltern und Erzieher (vgl. Herrnhut) und ihrem Insistieren auf der Notwendigkeit eines besonderen Bekehrungserlebnisses konnte diese Art pietistischer Erziehung zu außerordentlich heftigen Entwicklungskrisen führen (Schleiermacher, J. M. R. Lenz, Jung-Stilling).

Wie unterschiedlich dazu Erziehung in aufgeklärten Pfarrhäusern gehandhabt wurde, mag ein (willkürlich gewähltes) Beispiel vom Ende des 18. Jahrhunderts verdeutlichen: »Ein andermal hat derselbe Sohn seine Sackuhr und seine silbernen Schuhschnallen verfuggert. Es gelang die Gegenstände zurückzugewinnen. Von diesem Tag an erhielt der Sohn ein Taschengeld. Solche Erlebnisse machten die Eltern nicht irre. Sie ließen ihren Kindern alle Freiheit, die sich mit der Sitte vertrug.«[11]

Einsicht in bestimmte Bedürfnisse des Sohns und Vertrauen darauf, daß sich im Laufe seiner Entwicklung Vernunft und Moralität (deren Grundlagen man ja in der Erziehung selbst gelegt hatte) durchsetzen würden, bestimmten diese Art aufgeklärter Pädagogik. Auch was »Sitte« war, wurde in solchen Pfarrhäusern weitaus weniger konservativ betrachtet als in den alten orthodoxen oder in den pietistischen.

Zu diesem Wandel gehörte auch das allmähliche Aufweichen des in der traditionellen Gesellschaft grundlegenden Prinzips der Kind-Eltern-Beziehungen: des Gehorsams. Gehorsam war den Eltern jedes in ihrem Haushalt lebende ledige Kind unabhängig von dessen Alter schuldig. Es gab keinen Bereich (wie etwa die Berufs- oder Partnerwahl), der davon ausgenommen gewesen wäre. Diese Gehorsamspflicht traf auch und (da religiös verankert) vielleicht ganz besonders auf die Pfarrerskinder zu. Hier liegt einer der Gründe für das soziologisch und pädagogisch interessante, meist ganz in den Bereich

---

[10] Christian Skriver, Die Ruthe, in: Klaiber, S. 171f.
[11] Schmitthenner, S. 49

des Geistig-Geistlichen oder gar ins Genetische transponierten Phänomens der »Dynastiebildung« in Pfarrersfamilien. Denn wie ein Bauer oder Handwerker einen seiner Söhne als Nachfolger für den Hof oder Betrieb bestimmte, so waren es in den Pfarrhäusern die Väter, die einen oder mehrere ihrer Söhne dem geistlichen Stand »widmeten« (vgl. für viele die Biographien von J. M. R. Lenz oder Hermann Hesse).

Daß der Beruf *für* die Kinder gewählt wurde, war in der traditionellen Gesellschaft ein so normaler Vorgang, daß er als solcher auch bei den Pfarrerskindern in der Regel keinen Protest hervorrief, daß der Wunsch der Eltern allmählich auch zu dem Wunsch der Kinder wurde. Und dies trotz der Tatsache, daß bei der Berufszuweisung durch den Pfarrer-Vater häufig nicht nur der religiöse Wunsch ausschlaggebend war, daß aus seiner Familie wieder ein Diener Gottes hervorgehen sollte, sondern daß dieser dabei auch seine eigene Altersversorgung mit im Auge hatte. Dies ist unter den Umständen der damaligen Zeit, in der es vor allem für die Witwen keine Altersversorgung gab, durchaus verständlich. Es gibt daher aus manchen »Pfarrersdynastien« regelrechte »Übergabeverträge«, die sich nicht wesentlich von denjenigen einer Bauern- oder Handwerkerfamilie unterscheiden[12].

Anpassung und Protest

Regte sich Protest gegen die vorherbestimmte Berufslaufbahn, so war die »Befreiung« für Pfarrerskinder und zukünftige Theologen unendlich viel schwieriger als für Kinder aus anderen Elternhäusern. Denn die Berufsentscheidung des Vaters abzulehnen hieß zugleich, eine Berufung abzulehnen; der Widerstand gegen den Vater wurde zum Widerstand gegen Gott – gerade dieser war von den Jugendlichen bei den meisten dieser Konflikte jedoch gar nicht intendiert. Das führte zu Schuldkomplexen, machte Befreiungsversuche oft ganz und gar unmöglich oder ließ sie im Desaster enden. Besonders hoffnungslos hatte sich der Dichter J. M. R. Lenz in diesen Nexus verstrickt. Durch seine Abkehr vom Theologiestudium hatte er den streng pietistischen Vater tief verletzt. In seinen Schulddepressionen und Versöhnungsträumen flossen ihm Gott Vater und Vater-Gott immer wieder in eine geliebte und bekämpfte Person zusammen[13].

---

[12] Vgl. den Übergabevertrag der Familie Ammon, in dem es heißt: »Wurde gelegentlich der von mir dem Senior und Pfarrer Mag. Johann Christoph Ammon... freywillig bescheener Abtrettung meines... Seelsorgeramts an meinen nacheltisten Sohn... diese Convention getroffen... Zweydtens: mehr ermelder mein Sohn, als nunmehrig würcklicher Pfarrer, sich anheischig und verbindlich machet, mir seinem leiblichen Vater... die obere Stube, mit der daran befindlichen Stuben-Kammer... zu überlassen, über dieses aber annuatim 100 fl. Rhein. an baarem Geld, ferner 8 fl an 2 Klafftern Holz, 2 fl. an 100 Wellen, 16 fl. an 4 Maltern Korn... bedungener maßen ohnweigerlich zu bezahlen, und naturaliter abzureichen...« In: Ammon, S. 203 f.
[13] Zu diesem Phänomen bei Lenz vgl. v. a. Schoene, S. 101 ff.

Exemplarisch kann die lebensgeschichtliche Bedeutung des theologischen Konfliktes zwischen (pietistischem) Vater und zweifelndem Sohn am Briefwechsel Schleiermachers mit dem Elternhaus aufgezeigt werden. Auf die Darlegung seiner Zweifel (vor allem an der christlichen Gnadenlehre) hin gab der Vater dem jungen Schleiermacher die paulinische Antwort: »O, Du unverständiger Sohn, wer hat Dich bezaubert, daß Du der Wahrheit nicht gehorchest? welchem Christus Jesus vor die Augen gemalet war, und nun von Dir gekreuziget wird.« Der Sohn schrieb verzweifelt zurück: »Ist es nicht *ein* Gott, der Sie und mich erschaffen hat und erhält, und den wir beide verehren? Warum können wir nicht mehr an einem Altar niederknien und zu unserem gemeinschaftlichen Vater beten?«[14] Erst nachdem nach Jahren der Vater auf den Sohn zuging, kam es zu einer wirklichen Aussöhnung.

Die Ablösung vom Vater war für Pfarrerskinder, die Theologie studierten, besonders schwer. Von klein auf waren sie so von *seinem* Glauben, *seiner* Amtsauffassung, *seiner* theologischen Denkweise geprägt, daß ein Emanzipationsprozeß fast notwendigerweise krisenhaft verlaufen mußte.

Zu diesen inneren Glaubenskämpfen kamen für die Empfindsamen und Zweifelnden, die Dichter und Rebellen häufig genug noch Kämpfe gegen äußere, fast unüberwindbare (finanzielle) Zwänge. Wer als begabtes Kind armer Eltern (auch Pfarrerseltern) studieren wollte, der hatte fast nur die Möglichkeit, sich der Theologie zu widmen. Der einzige Weg zur Universität führte vielfach über kirchliche Stipendien – wie zum Beispiel die für die württembergischen Seminare oder das Tübinger Stift. Nach ihrem Studium mußten die Stipendiaten, wenn es Stellen gab, ins Pfarramt; dazu hatten sie sich bei der Annahme des Stipendiums verpflichtet. Hielten sie diese Bedingung nicht ein, mußten sie der Kirche das in sie »investierte« Kapital zurückerstatten. Den Bruch mit dem kirchlichen Amt konnten sie daher erst riskieren, wenn sie eine feste Stelle in einem anderen Bereich gefunden hatten – dies war in Zeiten starker Akademikerarbeitslosigkeit, wie sie im ausgehenden 18. und zu Beginn des 19. Jahrhunderts herrschte, außerordentlich schwierig. Bekannt sind die Nöte des Pfarrer-Dichters Eduard Mörike. »›Was zieht mir das Herz so? Was zieht mich hinaus?‹ – Das, daß ich in dieser Art von Lebensweise und dieser Beschäftigung meine eigentliche und wahre Portion von Kräften doch nicht ungehindert, ja fast gar nicht in Wirkung kann treten lassen. Als Geistlicher, als Vikar besonders, ich meine, als junger Prediger, steht unsereiner unter ganz besondern lähmenden Gesangbucheinflüssen. Du kannst Dir schon denken. Ich möchte oft im eigentlichen Sinne des Wortes hinaus, wo kein Loch ist«, schrieb Mörike 1839 an den Jugendfreund Kauffmann. Kurze Zeit später sandte er dem Kompromotionalen Mährlen, der ein solches »Loch« gefunden hatte, folgendes Glückwunschschreiben: »Daß Du,

---

[14] Zit. nach Kantzenbach, S. 26

Kanallie, nun geborgen bist, kann ich aber doch nicht recht leiden, weil ichs auch nicht bin; weil ich, wie ein miserabler Hund, hinter Deiner carrière brillante herwinsle... Dennoch schüttl' ich Dir die Hand zum Glückwunsch, wie meinem leiblichen Bruder, und warte indessen, bis auch mein Christkindli kommt. Angezettelt ist was...« – ein Vertrag bei Cotta, der sich selbstredend auch zerschlug[15].

Aus psychischen wie finanziellen Gründen wurde das geistliche Amt so für viele Pfarrerskinder zu einem unentrinnbaren Schicksal, das sie mehr oder weniger ergeben trugen und sich dadurch etwas angenehmer machten, daß sie ihre Nebenbeschäftigung – sei es das Dichten, sei es die Botanik, Geschichte, Philosophie usw. – zu ihrem Hauptberuf machten und das Amt »schleifen« ließen.

Wuchs ein Kind problemlos zum Erwachsenen heran – und das war auch im protestantischen Pfarrhaus die Regel! –, dann wuchs es in die eingangs geschilderten Verhaltensmuster hinein. Mit der Darlegung solcher Interaktionsformen sollte kein Ansatzpunkt zu einer »schwarzen Pädagogik« des Pfarrhauses gegeben werden. Gelingende oder mißlingende Individuation, menschliches Glück oder Leiden (an sich selbst) können nicht geradlinig auf die groben Muster der kulturellen Rahmenbedingungen von Erziehung (mehr kann hier nicht aufgezeigt werden; denn die religiöse Durchformung einer Biographie entzieht sich jeder Standardisierung) zurückgeführt werden. Und die moderne vergleichende Psychoanalyse ist der durchaus begründeten Meinung, daß das starre Rollensystem der traditionellen Gesellschaft für die Identitätsbildung des Kindes (im Sinne der Entwicklung einer festen Erwachsenenpersönlichkeit) förderlich sein kann. Denn um diesen Prozeß positiv zu beinflussen, müssen die Eltern »nicht nur verstehen, das Kind durch Verbieten und Gewähren zu lenken; sie müssen auch imstande sein, vor dem Kind eine tiefe, fast körperliche Überzeugung zu repräsentieren, daß das, was sie tun, einen Sinn hat. Unter diesem Aspekt kann eine traditionsgebundene Kinderaufzucht als ein Plus für die Vertrauensbildung gelten, selbst wenn Einzelzüge dieser Tradition irrational oder unnötig grausam erscheinen mögen.«[16]

Die »feste körperliche« Repräsentation der Sinnhaftigkeit des eigenen Tuns war im Pfarrhaus besonders ausgeprägt, die Figur des Vaters im Talar auf der Kanzel unerschütterliches Symbol der Bedeutung des christlichen Glaubens für das eigene Leben. (Die Zweifel und die Einsicht in die theologischen Zweifel des Vaters kamen erst in einem späteren Alter.) Aus diesem Grund »geschah« Erziehung zu einem großen Teil »naturwüchsig«, das heißt, es war – entgegen der alttestamentarischen Erziehungsmaximen – fortgesetzter Zwang zur Einpassung der Kinder in ihre Verhaltensrollen gar nicht notwendig. Das alltägliche Leben im Pfarrhaus erzog durch dauernde Anschauung vorgeführter christlicher Tugend und überzeugende Sinnvermittlung.

---

[15] Zit. nach Zeller, S. 97   [16] Erikson, S. 72

Wandel von Erziehung und Familienleben im 19. Jahrhundert

Die stark von Rollen- und Statusdenken geleitete Art und Weise der Erziehung und des Familienlebens im 18. Jahrhundert war andererseits die Voraussetzung für (literarische) Protestformen wie Empfindsamkeit und Sturm und Drang, die wesentlich von Pfarrerskindern mitgetragen wurden (M. Claudius, G. A. Bürger, J. M. R. Lenz) und deren Gesellschaftskritik auch und teilweise vor allem das Pfarrhaus traf. Will man Pfarrhaus-Idyllen wie Voß' »Luise« verstehen, dann muß man sie vor dem Hintergrund dieser Gesellschafts- und Familienstrukturen lesen. Die Wirklichkeit entsprach nicht der Idylle. Das bukolische Leben der Pfarrfamilie von Grünau darf nicht darüber hinwegtäuschen, daß weder die breite Bewegung der Aufklärung noch die Boheme-Dichter der Empfindsamkeit und des Sturm und Drang die allgemeinen Familienformen spürbar verändert hatten – und es teilweise auch gar nicht wollten. Viele angehende Pfarrer jedenfalls werden es (wie auch mancher etablierte Literat!) gehalten haben wie Rousseaus Emile, der froh war, daß er in Sophie keinen »Blaustrumpf und Schöngeist« fand, sondern eine junge Frau, die »wenn Dienstboten fehlen, auch deren Aufgabe wahrnehmen kann, mit einer ansprechenden, aber nicht glänzenden, soliden, aber nicht allzu gründlichen Bildung«[17].

Dies änderte sich allmählich seit der Zeit der Romantik. Das aus den »normalen Pfarrerskreisen« schon früh herausragende Beispiel war Schleiermacher mit seinen engen Verbindungen zu den Berliner Salons und den Romantiker-Frauen, seinem problematischen Verhältnis mit der unglücklich verheirateten Pfarrersfrau Eleonore Grunow (von der er sich als Person zutiefst verstanden fühlte) und schließlich seiner Ehe mit Henriette von Willich. Ihr Familienleben mit seinen Geselligkeiten, anregenden Gesprächen, Reisen usw. (die Krisen waren wohl noch nicht bekannt) wurde zum Inbegriff des kultivierten bildungsbürgerlichen Pfarrhauses des 19. Jahrhunderts[18].

Mit den politischen Enttäuschungen und Repressionen im Gefolge der Befreiungskriege zog sich das von der Romantik geprägte Bildungsbürgertum in der Biedermeierzeit immer mehr auf und in sich selbst zurück, kultivierte den inneren Raum der Seele wie des Hauses, verließ die Politik und widmete sich den kulturellen Werten, setzte der restaurierten Adelsherrschaft eine Welt des Geistes- und Seelenadels entgegen. Im Pfarrhaus, als dem Prototyp des bildungsbürgerlichen Hauses, war diese Tendenz besonders ausgeprägt. Und sie verstärkte sich, je mehr das Geschäftsbürgertum sich (trotz fehlgeschlagener Revolution von 1848) in der zweiten Hälfte des 19. Jahrhunderts zum zentralen Machtfaktor im Staat entwickelte. Immer entschiedener distanzierte man sich nun in der Welt des an politischer Bedeutung verlierenden

---

[17] Rousseau, S. 539   [18] Vgl. dazu Kantzenbach, S. 101 ff.

Die Familie von Friedrich Daniel Ernst Schleiermacher, ganz rechts seine Frau

Bildungsbürgertums von der Sphäre des »nur Materiellen« und setzte auf die höheren Werte der »geistigen Produktion«[19].

So veränderten sich im Laufe des 19. Jahrhunderts auch im durchschnittlichen protestantischen Pfarrhaus die Grundlagen, das Selbstverständnis und die »Klassenlage« der Familien. Die Beziehungen von Mann und Frau wurden enger, die Ehen intimer. Die Rollenfixierungen und strengen Formen der

---

[19] Zum Bildungsbürgertum und der »Sozialgeschichte seiner Ideen« vgl. ausführlich Vondung

Arbeitsteilung lockerten sich. Solche Veränderungen hatten (neben den Einflüssen des »Zeitgeistes«) auch einen Grund im Wandel wichtiger äußerer Gegebenheiten des Pfarrerdaseins: Die Gehälter der Pfarrer wurden im 19. Jahrhundert erhöht, die Zehnten abgelöst, die Pfarrgüter verpachtet. Die Landwirtschaft auch des Dorfgeistlichen beschränkte sich mehr und mehr auf den (freilich großen) Pfarrgarten. Die Pfarrfrau verlor ihre umfassenden land- und hauswirtschaftlichen Aufgaben – ein Prozeß, der sich durch die Einführung der Pfarrbesoldung in den Städten schon seit längerem abzuzeichnen begann. Von der Sphäre der Produktion entlastet, wurde die Frau des Pfarrers von der Hausfrau immer mehr zur eigentlichen »Pfarrfrau«: Sie stand dem Mann in seelsorgerlichen Fragen beratend zur Seite, übernahm in der Gemeindearbeit institutionalisierte Funktionen und wurde (seit der Aufklärungszeit geistig immer mehr gebildet) auch Gesprächspartnerin des Mannes. Rückte die Pfarrfrau so einerseits ihrem Mann näher, wurde andererseits auch ihre Verbindung zu den Kindern sehr viel enger; denn deren Erziehung lag nun allein in ihren Händen, da der Vater durch ständig wachsende Amtspflichten von diesen häuslichen Dingen abgehalten wurde. Die Mutter wurde zum Zentrum der Familie, Hauptbezugsperson für die Kinder wie für den Vater[20].

Für die Kindererziehung bedeutete die »neue Häuslichkeit« vermehrte Nestwärme und verstärkte Mutterbindungen. Ein äußerliches Zeichen für diese veränderten Bindungen scheint zu sein, daß die Pfarrmütter (und nicht nur sie) immer mehr zu den Briefpartnern ihrer (in Internaten und Pensionen) auswärtigen Söhne werden. Die Mutter hielt die Familie zusammen. Im 18. Jahrhundert waren es in aller Regel die Väter, die sicher nicht nur wegen mangelnder Schreibfähigkeiten der Mütter diese Familienpflichten erledigten.

Für die Kinder von Landpfarrern brachte der Wandel der Familienkultur und des Standesbewußtseins der Eltern eine noch stärkere Trennung vom »gemeinen Volk« in der Gemeinde. Albert Schweitzer hatte hierunter besonders gelitten. In seinen Jugenderinnerungen erzählt er sehr eindrücklich von seinen Verhaltenskonflikten unter dem konkurrierenden Einfluß von dörflicher »peer-group« einerseits und Eltern-Pfarrhaus andererseits. Er löste ihn fast schizoid, indem er ganz streng in zwei Welten lebte: Im Haus fügte er sich ganz und gar den Kleider- und Verhaltensregeln der bürgerlichen Eltern, außerhalb des Hauses konnte er auch durch schwere Strafen zu nichts bewegt werden, das ihn irgendwie in Kleidung oder Habitus von der Dorfjugend unterschieden hätte. »Ich war für sie der, der es besser hatte als sie, das Pfarrerssöhnle, das Herrenbüble. Ich litt darunter, denn ich wollte nichts anderes sein und es nicht besser haben als sie ... Die Dorfknaben wußten nicht, was ich ihretwegen ausstand. Sie nahmen alle meine Anstrengungen, in nichts anders zu sein

---

[20] Interessante Pfarr-Familiengeschichten des 19. Jahrhunderts finden sich in Mitgau: Gemeinsames Leben.

als sie, gelassen hin..., um mich dann, beim geringsten Zwist, mit dem furchtbaren Wort ›Herrenbüble‹ zu verwunden.«[21]

Schließlich bedeutete die Veränderung der gesellschaftlichen Position des Bildungsbürgertums einen hohen Erwartungsdruck der Eltern an die schulischen und wissenschaftlichen Leistungen ihrer Söhne. Wollte eine Familie das »Klassen-Ziel« erreichen, sollte auch noch die nächste Generation dem eigentlichen Adel der Nation angehören, dann mußten möglichst alle Söhne auf die Universität, waren »Ausrutscher«, das heißt Kinder, die »nur« ein Handwerk erlernten oder in einfache Verwaltungsberufe gingen, eine Schande für die Familie. Im Zuge dieser verschärften Leistungsanforderungen sowie im Zuge der Formalisierung von schulischer und universitärer Ausbildung verlagerte sich der Unterricht auch der Pfarrerskinder immer mehr aus dem Pfarrhaus in öffentliche Schulen.

Der Einfluß der Eltern auf die frühe Erziehung ihrer Kinder nahm so ab. Ab nahm allerdings auch für die Pfarrerskinder der Zwang, wieder Pfarrer zu werden. Die Gesellschaft bot durch den Ausbau des Schulwesens und der Universitäten für längere Zeit genügend Möglichkeiten zu akademischen Berufen außerhalb des Pfarramts. Auch waren die Eltern in aller Regel nicht mehr so auf die Berufsnachfolge fixiert, obgleich es auch darüber immer noch zu (mehr oder weniger scharfen) Vater-Sohn-Konflikten kam (Dilthey; Benn).

Auf der Ebene literarischer Darstellungen kam die Auseinandersetzung mit dem Pfarrer-Vater seit dem Ende des 19. Jahrhunderts in den Sog psychoanalytischer Deutungsmuster von Vater-Sohn-Konflikten. Ein besonders krasses Beispiel dafür lieferte Gottfried Benn mit seinem Gedicht »Pastorensohn«, in dem es heißt:

> »... Der Alte ist im Winter grün
> wie Mistel und im Sommer Hecken,
> lobsingt dem Herrn und preiset ihn
> und hat schon wieder Frucht am Stecken.
>
> ... Verfluchter alter Abraham,
> Zwölf schwere Plagen Isaake
> haun dir mit einer Nudelhacke
> den alten Zeugeschwengel lahm...«[22]

Gottfried Benns »infernalisches« Gedicht erschien 1922, zwei Jahre nach Arnolt Bronnens »Vatermord«. Das Thema lag in der Luft, war kein Pfarrhausspezifisches Thema (obwohl das gesteigerte Interesse von Pfarrerskindern an der Psychoanalyse ein Charakteristikum moderner Pfarrhaussozialisation dar-

---

[21] Schweitzer, S. 8f.
[22] Benn, Pastorensohn. Zit. nach Schöne, S. 195

stellt!); allen literarischen Bearbeitungen des Vater-Sohn-Konflikts gab in jener Zeit Freuds Theorie vom Ödipus-Komplex das Sujet. Allerdings: Der Pfarrerssohn Benn »bereicherte« dieses im allgemeinen recht wenig komplex dargestellte Thema durch einen ungeheuer blasphemisch säkularisierten Gebrauch biblischer Sprache. Hierin liegt seine eigentliche Auseinandersetzung mit dem Vater, hierin bleibt er der alten Tradition protestantischer Abrechnungsversuche von G. A. Bürger über Nietzsche bis zu jüngsten autobiographischen Darstellungen treu – bleibt er wirklich Pastorensohn. Die Sprache des Vaters ist die Sprache, ist das Wort Gottes, das Heiligste. Wer den Vater tödlich treffen will, entheiligt diese Sprache, macht ihn dadurch sprach-los. Anders scheint dem Pfarrerskind ein radikaler und endgültiger Bruch mit der Vergangenheit (vor allem mit einer pietistischen) kaum möglich zu sein. Denn die von früh auf gewohnte, memorierte, repetierte Sprache der Bibel war unveräußerlicher Bestandteil auch seiner Sprache geworden, hielt ihn in der Denkwelt des Elternhauses fest. Daß sie dies auch noch im Versuch des Protests und der Ablösung tut, gehört zur »List der Vernunft« protestantischer Wortkultur[23].

Das Pfarrhaus als »Geniefabrik«

»Ministri... sollen ihre Kinder fleissig zur Gottesforcht und Christlichen wohlanständigen Tugenden und Sitten aufferziehen; Ihre Weiber und Töchtern nicht lassen in den Vorsitz gehen. Noch auch ihre Kinder lassen verliegen, und da Sie der Knaben viel haben, die Sie bey den Studiis (entweder ihrer Ingeniorum halber, oder sonsten) nicht getrauen fortzubringen, sollen die Speciales Ihnen rathen, daß sie selbige zeitlich zu ehrlichen Handthierungen thun, und nicht im Müßiggang aufwachsen lassen.«[24]

Diese Instruktion für die evangelischen Pfarrer Württembergs aus dem 17. Jahrhundert zeigt, daß das Aufwachsen in einem Pfarrhaus zu jener Zeit keineswegs einem Geburtsanspruch auf eine »höhere Bestimmung« gleichkam. Hatten sich viele Pfarrer damals selbst erst aus dem Handwerk in diesen Stand emporgearbeitet, so war ihre reichliche Kinderschar jederzeit wieder vom Abstieg in die nicht-geistlichen Berufe bedroht, wenn ihre Väter nicht in der Lage waren, sie »fortzubringen«. Es ist in der zitierten Stelle nicht eindeutig, auf wen sich der Hinderungsgrund »Ingeniorum halber« bezieht – auf die Väter? auf die Söhne? Wahrscheinlich auf beide zugleich. Denn der Bildungsgrad der Landgeistlichen war im 17. und teilweise auch noch im 18. Jahrhundert oft erschreckend niedrig. Da weder die Zulassungsbedingungen zu den Universitäten noch die Verweildauer oder die Anforderungen der

---

[23] Vgl. zu dem ganzen Phänomenkomplex der Säkularisierung sakraler Sprache durch Pfarrerskinder das aufschlußreiche Buch von Schöne
[24] Württ. Kirchenordnung von 1687, in: Reyscher, Bd. 8, S. 398

Abschlußexamina geregelt waren, fanden die Kirchenvisitationen des 17. Jahrhunderts viele Pfarrer, die nicht ordentlich Lateinisch, geschweige denn Griechisch oder Hebräisch konnten, teilweise nicht einmal eine Bibel besaßen, auf jeden Fall aber »nichts oder wenig studiren, auf die Predigten nicht genügend meditiren« und allenfalls »eine Maulvoll aus einer Postill, oder anderem Buch nehmen, damit auff die Canzel tretten, und ein ohngeschickte Sermon halten...«[25] Bei solchen Vätern war es deshalb fraglich, ob ihr ingenium ausreiche, ihre Söhne so weit vorzubilden, daß sie eine Universität besuchen konnten. Denn bei der unter den Landgeistlichen vorherrschenden Armut war den Söhnen das Studieren nur über Stipendien möglich, für diese aber wurden an die Kinder hohe Leistungsanforderungen gestellt.

Die strengen Kirchenvisitationen seit dem Ende des Dreißigjährigen Krieges (die ja nicht nur den Gemeinden, sondern vor allem der Amtsführung und auch den Privatstudien der Pfarrer galten) hatten unter der evangelischen Pfarrerschaft einen gewissen »Zivilisationsschub« bewirkt. Dieser wurde im 18. Jahrhundert verstärkt durch eine ständische Bildungspolitik in mehreren deutschen Ländern, die aus merkantilistischem Interesse zum Zweck der Verbreiterung der produzierenden Stände allen denjenigen, »denen es an genugsamen Mitteln zur Führung ihrer Studien fehlet«, den Zugang zu den Universitäten versagte. Explizit ausgenommen waren in Württemberg nur die »armen Pfarrers-Kinder« und unter Umständen Bauern- und Handwerkerkinder »mit besonders fähigen Ingeniis«. Allen anderen war es verboten, sich um einen Freiplatz in »den Klöstern«, das heißt in den Seminaren und im Tübinger Stift, zu bewerben[26]. Der Stand der Gebildeten und besonders derjenige der Theologen sollte sich selbst reproduzieren.

Wohl seit jener Zeit bildete sich unter Pfarrern ein akademisches Standesbewußtsein heraus (das sich im Zuge der bildungsbürgerlichen Selbstüberschätzung des 19. Jahrhunderts noch wesentlich steigern sollte), das zur Folge hatte, daß sich die Pfarrer intensiver um den Unterricht ihrer Söhne kümmerten, um ihnen den Weg zur Universität und den Stipendien zu ebnen. C.Th. Griesinger karikierte dieses Standesbewußtsein gerade der Landpfarrer in seinen 1838 erschienenen »Silhouetten aus Schwaben«: »Am schwersten wird dem lieben Pfarrer die Kindererziehung. Ach! und er hat deren so in Menge! In jedem Fall ein halbes Dutzend! Die Söhne werden erst vom Vater unterrichtet, damit es nicht so viel kostet; dann sieht man ein, daß sie nichts lernen können zu Hause, wenigstens nicht so viel als in einer Schule, und man thut sie fort und läßt sich's was kosten und sucht sie nachher ins Stift zu bringen, und langt's nicht, so muß er doch studiren. Freilich, von einer ohnehin geringen Besol-

---

[25] Zum Bildungsstand der Pfarrer im 17. und 18. Jahrhundert vgl. v. a. Tholuck, S. 110 ff. Das Zitat ist aus Württ. Kirchenordnung von 1687, in: Reyscher, Bd. 8, S. 396
[26] Württ. Reskript vom 22. 9. 1736. Zit. nach Herrlitz, S. 56

dung dem Sohne noch ein Drittheil abtreten zu müssen, ist eine harte Zumuthung... Aber studieren muß der Sohn, weil der Vater auch studirt hat, und müßte man sich's am Munde abzwacken und das letzte Kapitälchen aufkünden. Höchstens, wenn gar zu viele Söhne da sind, darf dieser oder jener die edle Schreiberkunst erlernen, oder die Pharmacie studiren, oder dem Handelsstande sich widmen. Aber einen Sohn ein Handwerk lernen zu lassen, und wäre es auch das edelste und einträglichste, dazu ist der Herr Pfarrer zu stolz, hauptsächlich aber die Frau Pfarrerin.«[27]

Auf den Kindern lag bei all diesen Opfern der Eltern ein enormer Leistungsdruck, der noch dadurch erhöht wurde, daß man sich (in Württemberg zumindest) auf ein rigides Auswahlverfahren, das sogenannte Landexamen, vorzubereiten hatte, das einem die begehrte Freistelle in den Seminaren und im Tübinger Stift sichern sollte. Dies war eine notwendige Hilfe für die finanzschwachen Eltern, die so vielleicht einem nächsten Sohn noch das Studium finanzieren konnten. Denn ein solcher Freiplatz stand bis ins 19. Jahrhundert auch für die Pfarrerschaft immer nur einem Sohn pro Familie offen. (Dies ist einer der Gründe, weshalb man auch relativ viele Pfarrerskinder beim Militär findet: Die Kadettenanstalten waren die einzige andere kostenlose höhere Ausbildungsinstitution!) Die jährliche »Leistungsschau« der zukünftigen württembergischen Geistlichkeit war das Landexamen. Hier wurden nicht nur die Fähigkeiten der Kandidaten, sondern auch die »Ingenia« der vorbereitenden Väter geprüft. Familien, die die Besten im Landexamen »stellten«, stiegen automatisch im landesweiten Ansehen; wer durchfiel, weil er »ut mit Indikativ konstruierte«, dessen Familie war kaum mehr gesellschaftsfähig[28].

Der Katholik Friedrich v. Schulte, der zu Beginn dieses Jahrhunderts als erster auf die enorme Häufung von evangelischen Pfarrerskindern unter den Geistesgrößen der Allgemeinen Deutschen Biographie aufmerksam gemacht hatte, führte diesen Umstand vor allem auf die geringe Berufsbelastung der evangelischen Pfarrer zurück und die viele Zeit, die sie der Ausbildung ihrer Kinder widmen konnten. »Über zwei, höchstens drei Stunden täglich braucht der Pfarrgeistliche für sein Amt nicht, den Rest des Tages hat er für sich zur Weiterbildung und für die Familie.«[29] Hauptaufgabe des evangelischen Pfarrhauses scheint nach Schulte die Erziehung der zukünftigen Pfarrer gewesen zu sein.

Der Unterricht im Pfarrhaus begann für die Kinder bereits in sehr frühem Alter, meist mit drei oder vier Jahren, spätestens mit sechs Jahren fing man im 18. Jahrhundert an, Lateinisch zu lernen, zwei Jahre später Griechisch und

---

[27] Griesinger, S. 15
[28] Eine der schönsten Schilderungen des Landexamens bringt Hermann Kurz in seiner Erzählung »Die beiden Tubus«.
[29] v. Schulte, S. 276

spätestens mit zwölf Hebräisch, da man für das Landexamen auch in dieser Sprache die Anfangsgründe beherrschen mußte. Einen typischen Ausbildungsgang im Pfarrhaus des 18. Jahrhunderts schildert J. C. Huber in seinen Lebenserinnerungen: »In meinem vierten Lebensjahre wurden mir zu gleicher Zeit die Alphabete von der Teutschen, Lateinischen und Griechischen Sprache theils durch Grammatiken, theils durch Vorschriften meines Vaters gezeigt... Im sechsten Jahr meines Lebens konnte ich sie lesen, wie sie ein sechsjähriger Knabe lesen kann. Sogleich folgte die saure Arbeit des Auswendiglernens der Wörter und der Paradigmaten. Selbst in unserer Muttersprache mußte ich sehr oft decliniren und conjugiren, eine Uebung, welche in den Schulen so sehr versäumt wird... Mit dem siebenten Jahre wurde die Verteutschung Lateinischer und Griechischer Schriften angefangen, und die Regeln der natürlichen und zierlichen Zusammensetzung dieser beiden Sprachen in der Uebung des Uebersezens gezeigt. Ausser der Methode, die gelehrte Sprachen auf die nemliche Weise, wie die lebendigen, blos durch den Umgang zu lehren, gibt es keine leichtere und sicherere, als diejenige, die mein Vater angewandt hat. Immer wurde von dem Leichtern zum Schwerern hinaufgestiegen...«[30]

Der intensive, individuelle Unterricht im Pfarrhaus und die frühe »Einschulung« förderten nicht nur die Anlagen der Kinder optimal, sondern bewirkten auch die vielfach bewunderte Frühreife von Pfarrerskindern. Der tägliche Umgang nicht nur mit der Bibel, sondern auch mit den alten Sprachen, die faktische Bilingualität (und teilweise Multilingualität) der Pfarrerskinder, für die in den »Klöstern« Latein die Umgangssprache war, wurde zur Grundlage ihrer »hermeneutischen« Fähigkeiten als herausragende Philologen und Theologen, ihrer literarischen Bildung und ihres Stilempfindens als Dichter.

Zu dieser pfarrhäuslichen Erziehung kam vor allem in Württemberg dann die Wirkung der klösterlichen Zucht in den Seminaren und im Stift. Der Lehrplan war ganz auf die Geisteswissenschaften abgestellt; im Stift studierte man zuerst eineinhalb Jahre allgemeine Philosophie, sodann zweieinhalb Jahre Theologie. Das Leben in diesen geistig-elitären peer-groups hatte auf die Jugendlichen allerdings ganz unterschiedlichen Einfluß. Auf viele wirkte es außerordentlich anspornend – geheime Freundschaftsbünde und Dichterzirkel wurden gegründet, der junge Mörike gab am Krankenbett, umlagert von seinen Kompromotionalen, lustige Geschichten zum besten, auch konnte kritisches Gedankengut nun ohne Lektüre-Zensur der Eltern rezipiert werden...

Vielen tat sich hier eine neue Welt auf – andere (wie Hermann Hesse) zerbrachen an ihr. Sie hielten die Trennung vom Elternhaus, die klösterliche Ordnung und Enge, den oft unbarmherzigen Druck und Spott der Mitschüler nicht aus. Wie sehr die Seminare und das Stift (wie natürlich auch ähnliche

---

[30] Joh. Ludwig Huber, Etwas von meinem Lebenslauf und etwas von meiner Muse auf der Vestung, Stuttgart 1798. Zit. nach Hardach-Pinke/Hardach, S. 154

andere Institutionen wie Schulpforta oder die Herrnhuter Schulen) die geistige Entwicklung der Jugendlichen prägten, zeigt sich am deutlichsten an den »Geniepromotionen«. Die geistige und künstlerische Entwicklung von Stiftlern wie Hegel, Hölderlin und Schelling oder Mörike, Hartlaub und Waiblinger wäre ohne diese Jahre intensiver gegenseitiger geistiger Forderung und Förderung nicht denkbar. Aber auch auf die anderen, durchschnittlichen Kompromotionalen wirkte die Zugehörigkeit zu dieser Gruppe (negativ oder positiv) so prägend, »daß man«, wie es in der Vorrede des Württembergischen Magisterbuches (1790) zu Recht heißt, »den Mann sogleich nach allen seinen Umständen kennt, so bald man weiß, in welcher Promotion er ist«[31].

Lithographie aus dem 19. Jahrhundert: das Tübinger Stift von der Neckarseite aus

Dieser intensiven Prägung durch die Gruppe der Gleichaltrigen im Internat und auf der Universität steht der frühe »Verlust« des Elternhauses gegenüber. Für viele Pfarrerskinder wurde das elterliche Pfarrhaus ab dem vierzehnten Lebensjahr (oder früher) zu einem Haus der Schul- und Semesterferien. Die Eltern hatten an der Entwicklung ihrer Kinder danach nur noch einen geringen Anteil. Dies steht in krassem Widerspruch zu der starken Prägung durch die Eltern in den Jahren der Kindheit. Pubertäre Auseinandersetzungen, die besonders für die Ich-Entwicklung stark geprägter Kinder von großer Bedeutung sein

[31] Württembergisches Magisterbuch, 7. Aufl. Stuttgart 1790. Zit. nach Zeller, S. 82

können, entfielen damit in den meisten Pfarrfamilien. Diese Auseinandersetzungen zählten ohnehin nicht zu den Stärken des auf Harmonie bedachten Pfarrhauses, das – folgt man den neueren Autobiographien von Albert Schweitzer bis Hans-Martin Lohmann – nicht nur die Kultur des Wortes, der Sprache, sondern auch die Kunst des Schweigens, des Verschweigens (psychologisch gewendet: der Verdrängung) zu einer erstaunlichen Blüte entwickelt hat.

Dem starken Vater der Kindheit folgte der entfernte Vater der Jugend. Bei wachsender Kraft fehlte den Jugendlichen das Gegenüber, an dem sie diese neuen Kräfte hätten messen können. Es fehlten die kleinen Siege des Alltags über die alten Autoritäten, die die labile Identität des Pubertierenden zur Stabilisierung des eigenen Ich braucht. Die Lehrer in den Internaten konnten diese Funktion nicht hinreichend erfüllen.

Erziehung im Pfarrhaus konnte so auf eine ganz spezifische Art und Weise versagen, defizitär bleiben. Vielleicht erhellt auch das etwas den Zwang, der Pfarrerskinder ganz besonders anzuhaften scheint, immer wieder zu den Wurzeln ihrer Autobiographie, immer wieder ins Haus der Kindheit zurückkehren zu müssen, weil dort offensichtlich etwas unerledigt geblieben war.

Literatur

Ammon, Friedr. v.: Von alten Pfarrerfamilien württembergisch Franken. In: Blätter für Württ. Kirchengeschichte, Jg. 64 (1964), S. 202–204

Baur, Wilhelm: Das deutsche evangelische Pfarrhaus. Seine Gründung, seine Entfaltung und sein Bestand. Gesammelte Schriften, Bd. 4, 5. Aufl. Halle a. S./Bremen 1902

Benn, Gottfried: Gesammelte Werke, Bd. 4: Autobiographische und vermischte Schriften. Hrsg. von Dieter Wellershoff, Wiesbaden 1961

Erikson, Erik H.: Identität und Lebenszyklus. Drei Aufsätze, Frankfurt 1966

Greiffenhagen, Martin (Hrsg.): Pfarrerskinder. Autobiographisches zu einem protestantischen Thema, Stuttgart 1982

Griesinger, Carl Theodor: Silhouetten aus Schwaben, Heilbronn 1838 (Originalreprint: Tübingen 1979)

Hardach-Pinke, Irene / Hardach, Gerd (Hrsg.): Kinderalltag. Deutsche Kindheiten in Selbstzeugnissen 1700–1900, Reinbek 1978

Herrlitz, Hans-Georg: Studium als Standesprivileg. Die Entstehung des Maturitätsproblems im 18. Jahrhundert. Lehrplan- und gesellschaftsgeschichtliche Untersuchungen, Frankfurt a. M. 1973

Hohoff, Curt: Jakob Michael Reinhold Lenz in Selbstzeugnissen und Bilddokumenten (rowohlts monographien), Reinbek 1977

Kantzenbach, Friedrich Wilhelm: Friedrich Daniel Ernst Schleiermacher in Selbstzeugnissen und Bilddokumenten dargestellt von F. W. Kantzenbach (rowohlts monographien), Reinbek 1967

Klaiber (Hrsg.): Evangelische Volksbibliothek, Bd. 3, Enthaltend: Chr. Skriver, H. Müller, Ph. J. Spener, A. H. Francke, Stuttgart 1864

Kurz, Hermann: Die beiden Tubus, in: Sämtliche Werke in zwölf Bänden. Hrsg. von H. Fischer, Bd. 9, Leipzig o. J., S. 93–167

Lenz, J. M. R: Werke in einem Band. Auswahl von Helmut Richter, Weimar/Berlin 1972

Lohmann, Hans-Martin: Im Namen des Vaters, in: Greiffenhagen (Hrsg.), S. 142–157

Mitgau, Hermann: Gemeinsames Leben 1770 bis 1870 in braunschweigischen Familienpapieren, Wolfenbüttel/Hannover 1948

Reyscher, August Ludwig: Vollständige Sammlung der württembergischen Gesetze, 19 Bde, 1828–1851

Rousseau, Jean Jaques: Emile. Dt. Ausg. München 1979

Schmitthenner, A.: Das Tagebuch meines Urgroßvaters, Freiburg 1908

Schöne, Albrecht: Säkularisation als sprachbildende Kraft. Studien zur Dichtung deutscher Pfarrerssöhne (Palaestra, Bd. 226), Göttingen 1958

Schulte, Joh. Friedr. v.: Herkunft und Alter von deutschen Gelehrten aller Art, in: ders., Lebenserinnerungen, Bd. 3, Gießen 1909, S. 271–279

Schweitzer, Albert: Aus meiner Kindheit und Jugendzeit, Bern 1927

Tholuck, S.: Das kirchliche Leben des siebzehnten Jahrhunderts (= Vorgeschichte des Rationalismus, Teil 2,1), Berlin 1861

Vondung, Klaus (Hrsg.): Das wilhelminische Bildungsbürgertum. Zur Sozialgeschichte seiner Ideen, Göttingen 1976

Voss, Joh. Heinrich: Luise und Idyllen, Stuttgart 1807

Werdermann, Hermann: Der evangelische Pfarrer in Geschichte und Gegenwart. Im Rückblick auf 400 Jahre evangelisches Pfarrhaus, Leipzig 1925

Zeller, Bernhard (Hrsg.): Kerner, Uhland, Mörike. Schwäbische Dichtung im 19. Jahrhundert (Marbacher Kataloge, Nr. 34.), München 1980

J. Christine Janowski

Umstrittene Pfarrerin

Zu einer unvollendeten Reformation der Kirche

I.

Was waren das für schöne Zeiten!/In Ecclesia mulier taceat!/Jetzt, da eine jegliche Stimme hat,/Was will Ecclesia bedeuten«? – so spöttelte einst J. W. v. Goethe[1]. Und er richtete sich damit wohl mehr gegen eine Amtskirche, die jahrhundertelang die Frau auf die Rolle der schweigenden Hörerin fixiert hatte, als gegen die freikirchliche Brüdergemeinde der Herrnhuter, mit der er durch seine Freundin Susanna v. Klettenberg und durch eigene Teilnahme an einer Herrnhuter Synode vertraut war. In dieser von Jesus Christus als ihrem »Generalältesten« geleiteten, unhierarchisch verfaßten Gemeinde wurden die Frauen als gleichbegnadete »Schwestern« anerkannt *und* ihnen entsprechende Rechte eingeräumt: volles Mitspracherecht, Teilhabe an gemeindlichen Funktionen wie Seelsorge, Diakonie, Mission, Unterricht, Predigt und Leitung. Denn hier hatte man erkannt:

---

[1] Zahme Xenien aus dem Nachlaß, 7. Buch, Weimarer Ausgabe, Abt. I, Bd 5/I, S. 99

»Seitdem die Schwestern nicht mehr reden... ist uns ein Kleinod verlorengegangen... Es ist wunderlich, wenn der heilige Geist sagt: Eure Töchter sollen weissagen (Apg 2,17), daß wir sagen: sie sollen nicht weissagen... Wir haben viel Gnade an (weiblichen) Vorgesetzten und guten Lehrerinnen eingebüßt.«[2]

Wie Goethe den Zusammenhang zwischen dem Wandel im Rollenverständnis der Frau und im Kirchenverständnis erkannte, so wird ihm auch nicht ein entsprechender Wandel in der kirchlichen Sprache entgangen sein, der sich etwa in der Rede vom »Mutteramt« des Heiligen Geistes spiegelt[3].

Nach diesen und anderen freikirchlichen Vorspielen des 18. und 19. Jahrhunderts hat unter scheinbar völlig anderen Voraussetzungen ein ähnlicher, noch unabgeschlossener Wandel im 20. Jahrhundert die protestantischen Amtskirchen bis hinein in die Pfarramtsfrage erfaßt, um sich – zumal seit dem II. Vaticanum – auch in der römisch-katholischen Kirche anzukündigen. Dabei zog sich der Weg von der Theologin zur Pfarrerin über die Zwischenstationen der »Religionslehrerin«, »Gemeindehelferin«, »Pfarrgehilfin«, »Vikarin«, »Pfarramtsmitarbeiterin« usw. mit beschränkten, auf Frauen, Mädchen und Kinder bezogenen Funktionsbereichen und großen Rechts- und Versorgungsunsicherheiten ein halbes Jahrhundert hin. Es war von Anfang an dadurch belastet, daß die Theologin erst möglich geworden war durch den Zugang der Frauen zu den Universitäten, also durch die Frauenbewegung des 19. Jahrhunderts, die in Verkennung historischer Zusammenhänge weithin unter dem Verdacht bloß säkularen, sozialistischen – und das hieß damals atheistischen – Geistes stand. Und dieser Weg wäre ohne die Not des Pfarrermangels in und nach dem Zweiten Weltkrieg und ohne die notwendige Auseinandersetzung der Kirchen mit gewandelten geistigen wie sozial-ökonomischen Bedingungen, die sich nicht zuletzt in staatlichen Gleichberechtigungsparagraphen niederschlugen, wohl noch länger gewesen. Denn die Zulassung der Frau zum Pfarramt bedeutet einen Bruch mit jahrhundertealten Traditionen kirchlicher Praxis und theologischer Theoriebildung beziehungsweise Dogmatik und damit eine zusätzliche Belastung des ökumenischen Problems.

Trotzdem wurde dieser Traditionsbruch nach mühsamen Auseinandersetzungen seit der Mitte dieses Jahrhunderts in vielen protestantischen Kirchen der Welt gewagt. »Frau Pfarrer« oder »Frau Pastor« – dieser Titel kann sich seitdem nicht mehr nur auf die Pfarrfrau, deren Existenz einst selber ein Traditionsbruch und Zeichen der Häresie war, sondern auch auf die ordinierte Pfarrerin beziehen. Und seit 1978 sind nach nochmals mühsamen Auseinandersetzungen zum Beispiel in allen protestantischen Landeskirchen Deutschlands (außer Schaumburg-Lippe) auch die letzten Beschränkungen für die

---

[2] Jüngerhaus-Diarium 1757, Beil. I/4, zit. nach O. Uttendörfer, Zinzendorf und die Frauen. Kirchliche Frauenrechte vor 200 Jahren, Herrenhut 1919, S. 58
[3] Ebd. – Zur Metaphorik vgl. Jes 49,14f.; 66,13; Lk 15,8ff.

Pfarrerin gefallen: besonders der Ausschluß von der Gemeindeleitung bzw. vom vollen Gemeindepfarramt, die entsprechende Zuordnung primär zum außer- und übergemeindlichen Bereich (z. B. Anstalten, kirchliche Werke) und die an sich sowieso unprotestantische Zölibatsklausel. Die staatlichen Gleichberechtigungsparagraphen sind also – wenn auch nicht unter diesem Namen – in kirchlichen Pfarrergesetzen fortgeschrieben worden, die einst undenkbar erschienen und noch heute manchen (auch protestantischen) Kirchen der Welt häretisch erscheinen – zum Zeichen dafür, daß das sogenannte Frauenproblem die Grundlagen von Theologie und Kirche betrifft.

Zwar sind die Zeiten vorbei, in denen auch in Deutschland selbst namhafte lutherische Theologen bis hin zum Häresievorwurf und dem Argument von der Männlichkeit Jesu Christi[4] mit Vehemenz gegen das Pfarramt der Frau anschrieben und anläßlich der neuen Pfarrergesetze bayrische Pfarrer zum Katholizismus konvertierten. Aber die Zulassung der Frau zum Pfarramt wurde doch – wie vielfach beanstandet[5] – weithin ohne hinreichende theologische Begründung vollzogen. Und viele Indizien sprechen dafür, daß der Wandel in der sozial-ökonomischen Rolle der Frau, ihrem Verständnis und Selbstverständnis, wie er mit einiger Verspätung auch das Pfarramt erreicht hat, noch alles andere als theologisch und kirchlich voll verkraftet ist.

Relativ wenige verheiratete Pfarrerinnen sind bisher im Gemeindepfarramt tätig. In seiner traditionellen Gestalt führt es zur Dreifachbelastung durch Pfarrer-, Ehe- bzw. Mutter- und Pfarrfrauenrolle, ja im Falle der Verheiratung mit einem Pfarrer zur Vierfachbelastung. Denn die Pfarrerin muß gemäß der Gemeindeerwartungen auch noch Pfarrfrau sein. Das Pendant zur Pfarrfrau aber wäre der Pfarrmann, also mehr als der Hausmann, der selbst sprachlich noch die Ausnahme von der Regel ist – obwohl schon Luther mit der ihm eigenen Kühnheit und Sensibilität für elementare Lebensvollzüge auf ihn hinweisen konnte[6]. Noch immer kann es in ländlichen Gemeinden trotz der Not vakanter Stellen heißen: »Mitarbeit der Pfarrfrau erwünscht«, entsprechend: »A Pfarrerin wella mr ned«, »Des paßt ned in unsere Gemeinde«[7]. Noch immer sind in evangelikalen Kreisen die Einwände gegen die Pfarrerin nicht verstummt, die aufgrund biblizistischer Argumente »die Tragödie ohne Beispiel« sein soll[8]. Auch dort, wo die Pfarrerin gleich hingenommen oder – ganz besonders in kirchenfremd gewordenen Kreisen – sogar willkommen geheißen wird, bleibt sie oft belastet mit einer Fülle von Vorurteilen in bezug auf das traditionell männliche Amt, in dem man »seinen Mann stehen« muß, ebenso wie in bezug auf das

---

[4] P. Brunner, Das Hirtenamt und die Frau, LuR 9 (1959/60), S. 288 ff., bes. S. 322; W. Trillhaas, Der Dienst der Kirche am Menschen, 1958², S. 32

[5] Zuletzt von M. Hauke, Die Problematik um das Frauenpriestertum vor dem Hintergrund der Schöpfungs- und Erlösungsordnung, 1982, S. 25

[6] WA 10/II, S. 295 ff. – unter dem Titel »frawen man«.

[7] Waiblinger Kirchenzeitung v. 14. 1. 84

[8] So schon 1960; zit. bei E. Reichle, Frauenordination. Studie zur Geschichte des Theologinnen-Berufes in den ev. Kirchen Deutschlands (BRD), in: C. Pinl u. a., Frauen auf neuen Wegen. Studien und Problemberichte zur Situation der Frauen in Kirche und Gesellschaft, 1978, S. 103 ff., 141. – Einem Gespräch mit Vertretern des Ev. Oberkirchenrates in Stuttgart verdanke ich Informationen zum gegenwärtigen Stand und zur internen Diskussion um die weitere Entwicklung.

»schöne«, »schwache« Geschlecht und seine neuerlichen Emanzipationstendenzen. Diese Vorurteile muß sie aufgrund ihrer Sozialisation, theologischen Vorbildung und mangelnder weiblicher Identifikationsfiguren gelegentlich auch in sich selber, nach außen wohl immer durch erhöhten Einsatz bis hin zur falschen Anpassung an erwartete Verhaltensmuster überwinden.

Die äußerlich neu gewonnene Stellung der Frau in unserer Kirche wird zusätzlich gefährdet durch jene Spielarten des theologischen Feminismus, die mit der berechtigten Kritik an patriarchalen Denk-, Sprach- und Verhaltensmustern zugleich unkritisch Muttergottheiten, Naturreligionen, synkretistischer Beliebigkeit und mystischer Unbestimmtheit zu verfallen und so ihre Anschlußfähigkeit an eine Kirche des »Wortes vom Kreuz« (1Kor 1,18) zu verlieren drohen. Denn schon erheben sich Stimmen, die den theologischen Feminismus zum Anlaß nehmen, genau diejenigen traditionellen Denk-, Sprach- und Verhaltensmuster zu stabilisieren[9], die einst auch in unserer Kirche die Zustimmung zur Frauenordination verhinderten: insbesondere die Vorstellung von der schöpfungsmäßigen Unterordnung der Frau unter den Mann.

Darüber hinaus beginnt die Logik der Gleichberechtigung schon seit einigen Jahren auch in der Kirche ihre eigene Dynamik zu entfalten. Denn warum soll dem verheirateten Pfarrer nicht zustehen, was der verheirateten Pfarrerin von Anfang an zusteht, ja sogar nahelegt wird: zeitweilige Beurlaubung, Stellenreduktion bis hin zur halben Stelle (außerhalb des Gemeindepfarramts) aus familiären Gründen? Warum soll nicht die Möglichkeit gemeinsamer Gemeindeleitung auf einer Pfarramtsstelle bestehen? – Diese Möglichkeit würde nicht nur bekannte Probleme der Pfarrerehe und -familie lösen helfen, die sich durch doppelte Berufstätigkeit mit Folgen für die Gemeinden verschärft haben. Sie hätte auch verschiedene andere Vorteile: Freiraum für Verarbeitung von Erfahrung und für theologische Arbeit, ohne die auf Dauer Predigt, Seelsorge, Unterricht, Organisation und Projektplanung verkommen; weiterer Abbau der überkommenen monozentrischen Struktur von Amt und Gemeinde, die auf Kosten von deren Lebendigkeit geht; Aufhebung der Entfremdung zwischen privater und öffentlicher Existenz sowie ihrer Folgen bis hinein in die Sprache; Vorbildlichkeit für die gesellschaftlich notwendige Umverteilung des Gutes »Arbeit« und für ein neues Verständnis von Arbeit; Bewältigung der sich ankündigenden »Pfarrerschwemme«, die zugleich eine »Schwemme« von Pfarrerinnen und Pfarrerehepaaren sein wird.

Einige Kirchenleitungen haben zwar insbesondere im Falle von Pfarrerehepaaren Einzelexperimente mit doppelter Stellenreduktion bis hin zur zeitlich befristeten gemeinsamen Stellenverwaltung und Gemeindeleitung gemacht. Verschiedentlich wurden schon entsprechende (Erprobungs-)Gesetze erlassen.

---

[9] Vgl. P. Beyerhaus (Hg.), Frauen im theologischen Aufstand. Eine Orientierungshilfe zur »Feministischen Theologie«, 1983, bes. S. 10 u. 46 ff.

Und in ganz Deutschland werden – vor allem angesichts der kommenden »Pfarrerschwemme« – entsprechende Gesetze zumindest erwogen. Aber das Modell gemeinsamer Stellenverwaltung und Gemeindeleitung wirft doch eine Fülle neuer Probleme auf: für die Kirchenleitungen vor allem juristische, finanzielle und organisatorische Probleme; für die betroffenen Pfarrer und Pfarrerinnen zum Beispiel Probleme der Koordination von Funktionsbereichen und Zeiteinteilung, die doch im Pfarramt höchst flexibel sein muß; für die Gemeinden nicht nur Orientierungsprobleme in bezug auf Fragen der Zuständigkeit, sondern auch eine erneute Erschütterung des traditionellen Pfarrerbildes. Denn diesem entspricht der »halbe« Pfarrer ebensowenig wie etwa die schwangere Pfarrerin. Darüber hinaus steht zu befürchten, daß ein bloß für befristete Zeit beanspruchbares Modell auch das Problem des Pfarramts der Frau nur befristet lösen wird.

Angesichts der faktischen und absehbaren Konsequenzen der Zulassung der Frau zum Pfarramt wird verständlich, wenn nicht nur in evangelikalen Kreisen gelegentlich die Frage auftaucht, ob mit ihr nicht ein Fehler begangen worden sei. Gegenüber solchen antimodernistischen Tendenzen, denen nach wie vor die Nichtzulassung der Frau zum Pfarr- bzw. Priesteramt in anderen Kirchen entspricht, ist ebenso an die Vorgeschichte der Pfarrerin zu erinnern wie gegenüber modernistischen Tendenzen, denen das Pfarramt der Frau in falscher Weise selbstverständlich ist. Denn der Antimodernismus geht an Einsichten vorbei, die aus dieser Vorgeschichte zu gewinnen wären. Und jeder Modernismus, jede falsche Selbstverständlichkeit ist auf ihre Weise gefährlich. Sie verhindert nicht nur den Fortschritt im ökumenischen Gespräch (auch vor Ort!) und die Suche nach einer theologischen Theorie und christlichen Praxis der Gleichberechtigung. Sie verhindert auch das Verständnis all jener Phänomene, in denen sich in- und außerhalb der Kirche uralte, christlich weithin sanktionierte, ja zum Teil verschärfte Vorstellungen vom »Wesen« der Frau wirksamer erweisen als all ihre inzwischen festgeschriebenen Rechte. Schließlich verhindert sie das Verständnis des theologischen Feminismus, auf den Kirche und Theologie noch kaum angemessene Reaktionsweisen entwickelt haben und der ihnen in Zukunft wohl noch zu schaffen machen wird.

Die Vorgeschichte der Pfarrerin ist als Geschichte des Weges von der Theologin zur Pfarrerin für den Fall Württembergs mit gewisser Beispielhaftigkeit für andere (Landes-)Kirchen geschrieben und leicht zugänglich[10]. Diese Geschichte verweist in jeder Hinsicht auf eine umfassendere Vorgeschichte, die als solche noch ungeschrieben ist. Angesichts der Flut von Forschungen, die sich seit der Jahrhundertwende aufgrund des sogenannten Frauenproblems

---

[10] E. Reichle, Die Theologin in Württemberg. Geschichte – Bild – Wirklichkeit eines neuen Frauenberufes, 1975 (vgl. auch Anm. 8). Besonders für den Berliner Bereich: E. Senghaas-Knobloch, Die Theologin im Beruf. Zumutung, Selbstverständnis, Praxis, 1969. – Zur Ergänzung vgl. vor allem Teil V dieses Aufsatzes.

mit einer neuen Perspektive Einzel- und Bezugsproblemen dieser Vorgeschichte widmen, kann hier nur mit problematischen Vereinfachungen an sie erinnert werden. Dabei geht es um ein Zweifaches: Der Streit um die Pfarrerin soll mitsamt dem entsprechenden Häresieproblem verständlich werden; vor allem aber soll der Häresievorwurf entkräftet und insofern der Streit um die Pfarrerin verfremdet werden.

II.

Allen Versuchen, das kirchengeschichtliche Novum der protestantischen Pfarrerin einseitig von der neuzeitlichen Emanzipationsgeschichte her zu verstehen und mit entsprechenden Legitimitätsproblemen zu belasten, ist von der neutestamentlichen Überlieferung her zu widersprechen. Denn ihr zufolge beginnt die Vorgeschichte der Pfarrerin unmittelbar mit Jesus und dem Urchristentum selber. Zwar kannte weder Jesus noch das Urchristentum unser heutiges Pfarramt oder überhaupt kirchliche Ämter im späteren Sinne (Ordination, Hauptberuf); Ansätze dazu gibt es erst seit den Pastoralbriefen. Aber *nach den Evangelien* stehen am Anfang der Geschichte Jesu Frauen, die diese Geschichte prophetisch deuten (Lk 1,42 ff. 46 ff.; 2,36 ff.). In Übereinstimmung mit Jesu Botschaft vom Reiche Gottes ist diese Geschichte durch die Befreiung von Frauen aus ihrer gesellschaftlich und religiös minderen Stellung im zeitgenössischen (besonders palästinischen) Judentum mitbestimmt[11]. Zu dieser Befreiung gehört, daß Jesus zur Verwunderung seiner Jünger (Joh 4,27) mit Frauen theologische Gespräche führt (Joh 4,1 ff.; 11,20 ff.), ihren Glauben rühmt (Mt 15,28) und sie zum öffentlichen Bekenntnis in Wort (Joh 4,28 ff.) und Tat (Mk 14,3 ff. par.) veranlaßt. Am Ende dieser Geschichte stehen Frauen, die Jesus mit den Jüngern nachgefolgt sind. Im Unterschied zu diesen halten sie Jesus bis hin zu Kreuz und Grab die Treue (Mt 27,55 ff. par.). Und obwohl sie nach jüdischem Recht nicht voll zeugnisfähig waren, sind sie die ersten Zeugen des Auferstandenen (Mt 28,1 ff. par., anders Paulus: 1Kor 15,5) und insofern – wie noch Väter der Alten Kirche wußten – »apostolae apostolorum«, Apostelinnen der Apostel; insbesondere gilt dies für Maria Magdalena[12]. – *Nach der Apostelgeschichte* ist das kirchengründende Pfingstereignis die Erfüllung der alttestamentlichen Verheißung von der Ausgießung des Geistes Gottes über alles Fleisch und von der entsprechenden prophetischen Begabung von Männern wie Frauen (Apg 2,17 ff.; Joel 3,1 ff.). – *Nach Paulus* schließlich gilt von der Kirche als dem »Leibe Christi« (1Kor 12,12 ff.), also dem leibhaften Anbruch der neuen Schöpfung (2Kor 5,17 ff.):

---

[11] Hierzu und zum folgenden vgl.: G. Dautzenberg u. a. (Hg.), Die Frau im Urchristentum, 1983; E. S. Gerstenberger/W. Schrage, Frau und Mann, 1980; K. Thraede, Art. Frau, in: RAC, Bd 8, 1971, S. 197ff.

[12] Vgl. mit Belegen: Gerstenberger/Schrage, a.a.O., S. 134 u. 192, Anm. 52f.; M. Hengel, Maria Magdalena und die Frauen als Zeugen, in: FS O. Michel, hg. O. Betz u. a., 1963, S. 243ff.

»Ihr alle, die ihr auf Christus getauft seid, habt Christus angezogen. Da gibt es nicht mehr Juden und Griechen, Sklaven und Freie, Männlich und Weiblich. Denn ihr seid alle einer in Christus« (Gal 3,27 f.).

Diese Einheit ist zwar gewiß nicht im Sinne einer abstrakten Egalität zu verstehen. Der eine Heilige Geist vermittelt sich vielmehr in natürliche und kulturelle Unterschiede hinein, um in einer Fülle von unterschiedlichen Gaben (»Charismen«) konkret zu werden, denen eine Fülle von unterschiedlichen Aufgaben, Diensten, »Ämtern« entspricht (Röm 12,3 ff.; 1Kor 12,27ff.). Aber die Einheit dieser Dienste bzw. »Ämter« liegt im Priestertum aller Gläubigen, das heißt hier: im Auftrag aller Gläubigen, die »Wundertaten« und die »Barmherzigkeit Gottes« in Wort und Tat zu verkündigen (1Petr 2,9f.; vgl. Röm 12,1f.). So verschieden dieser Auftrag sich aufgrund der verschiedenen Gaben realisieren mag – nirgends im Neuen Testament wird von deren geschlechtsspezifischer Verteilung gesprochen; erst die Ämter im späteren Sinne werden seit den Pastoralbriefen geschlechtsspezifisch verteilt. Und während das Zeichen des Alten Bundes: die Beschneidung, nur Männer trugen, überdies in Israel und im (insbesondere palästinischen) Judentum Frauen fortschreitend nicht zuletzt aufgrund ihrer periodischen »Unreinheit« vom Kult ausgeschlossen wurden, ändert sich dies mit dem Christentum. Die Zeichen des Neuen Bundes: Taufe und Abendmahl, sind Männern und Frauen gemeinsam; die Frauen sind den Männern – zumindest passiv – kultisch gleichgestellt und gleichermaßen »Miterben der Gnade des Lebens« (1Petr 3,7; vgl. Gal 3,29). Das aber muß nach dem neutestamentlichen Grundsatz, daß aus dem Passiv ein entsprechendes Aktiv, aus der Gabe eine entsprechende Aufgabe, aus dem Charisma ein entsprechender Dienst (»Amt«), aus der neuen Schöpfung ein entsprechender neuer Wandel folgt, auch praktische Folgen für die Sozialgestalt der Gemeinde haben.

In der Tat kennt das Ur- und Frühchristentum solche Folgen. Frauen gehören von Anfang an zum Kern der Gemeinde (Apg 1,14), in der alle »Mitarbeiter Gottes« sind (1Kor 3,9ff.). Entsprechend ihrer Bedeutung werden sie verschiedentlich auch namentlich eingeführt: als Diakonin und Patronin (Röm 16,1f.), Prophetin (Apg 21,8f.; vgl. Apk 2,20), Vorsteherin einer Hausgemeinde (Kol 4,15; vgl. Röm 16,5), Jüngerin (Apg 9,36), Mitkämpferin für das Evangelium bzw. Missionarin (Phil 4,2ff.), lehrende Mitarbeiterin (Röm 16,3; Apg 18,26) und hervorragende Apostelin (Röm 16,7)[13]. Diese vielfältigen Dienste aber lassen sich nicht auf bloßen »Tisch«dienst (Lk 10,40; Joh 12,2), der auch von Männern ausgeübt wurde (Apg 6,2f.), oder auf Verkündigung allein gegenüber Frauen reduzieren, wie im Streit um die Pfarrerin immer wieder

---

[13] Der »Junias« der Übersetzungen ist inzwischen als spätere Vermännlichung von »Junia« erwiesen: B. Brooten, »Junia... hervorragend unter den Aposteln« (Röm 16,7), in: Frauenbefreiung, hg. E. Moltmann-Wendel, 1978², S. 148ff.

behauptet wurde. Auch frühchristliche Schriften, die im 4. Jahrhundert der Fixierung des neutestamentlichen Kanons auf seine heutige Gestalt zum Opfer fielen, also »apokryph« wurden, sprechen für die große Bedeutung von Frauen besonders (nicht nur!) in christlich-gnostischen Kreisen. Verschiedene dieser Schriften wurden unter dem Namen von Frauen überliefert, insbesondere dem Maria Magdalenas, die hier eine dem Apostel Petrus vergleichbare, ja mit ihm rivalisierende Rolle spielt[14]. Und selbst Paulus setzt eindeutig prophetische Verkündigung von Frauen im Gottesdienst voraus, *ohne* sie als solche zu kritisieren; sie soll zum Zeichen der höchst problematisch begründeten Unterordnung (s. u.) nur nicht ohne Kopfbedeckung geschehen (1Kor 11,2 ff.)!

Um so merkwürdiger ist es, wenn derselbe Paulus an anderer Stelle *den Frauen in der Gemeinde das Schweigen gebietet* und sich ihm einer seiner Schüler anschließt:

»Die Frauen sollen in den Gemeinden (= Gemeindeversammlungen, Gottesdiensten) schweigen... es ist ihnen nicht gestattet zu reden« (1Kor 14,34). »Die Frau lasse sich stillschweigend belehren..., zu lehren gestatte ich der Frau nicht, ... sie sei stille« (1Tim 2,11f.).

Von seinem Kontext her ist das doppelte Schweigegebot zwar deutlich eine Antwort auf bestimmte Gemeindeprobleme: Bedrohung durch libertinistische (»Alles ist erlaubt«, 1Kor 6,12; 10,23) und asketische (Eheverbot usw., 1Tim 4,1 ff.) Formen der Gnosis, die durch einen Dualismus von Schöpfung und Erlösung, Schöpfergott und Erlösergott, Leib (Sexualität) und Geist bestimmt sind. Aber warum zur Abwehr gnostischer Häresie nun gerade die *Frauen* schweigen sollen, ist entgegen vielfacher Behauptung auch dann nicht einsichtig, wenn die Gnosis mit so etwas wie individualistischer(!) Frauenemanzipation verbunden war. Denn die Gnosis war nicht nur eine Frauenbewegung; ihr Dualismus hatte für Frauen *und* Männer die Relativierung vorgegebener Sozialbeziehungen, insbesondere der Ehe, zur Folge, wie sie in anderer, nicht individualistischer(!) Weise auch Jesus und Paulus kennen. Wie das Schweigegebot mitsamt dem Ausschluß der Frau von öffentlichen Funktionen antike Parallelen hat, so wird es als situationsbedingtes »Gebot der Stunde« nur von einer zusätzlichen Voraussetzung her vorständlich: Nicht zuletzt um der Bestandserhaltung und »Erbauung« (1Kor 14,26) der Gemeinde willen, die in ihrem Bestand, deshalb auch in ihrem Auftrag sowieso vielfältig bedroht war, konnte eine Anpassung an säkulare (und judenchristliche) Rechts-, Sozial- und Moralformen als notwendig erscheinen.

Das Fatale ist, daß das Schweigegebot nicht pragmatisch durch die Situation, sondern *prinzipiell begründet* und damit weit über den Rang eines bloßen »Gebotes der Stunde« erhoben wird. Es wird zu einem *prinzipiellen*

---

[14] Vgl. bes. das Evangelium nach Maria (Magdalena), z. T. abgedruckt in: E. Hennecke/W. Schneemelcher, Neutestamentliche Apokryphen in dt. Übers., Bd I, 1959³, S. 251 ff., bes. 253. – Zu den neuen Funden von Nag Hammadi vgl. E. Pagels, Versuchung durch Erkenntnis. Die gnostischen Evangelien, aus d. Amerik. v. A. Schweikhart, 1981

Gebot, von dem her seine Wirkungsgeschichte bis hinein ins 20. Jahrhundert verständlich wird. Zu seiner Begründung werden angeführt:

der Brauch in allen Gemeinden; das Gebot der Unterordnung der Frau unter den Mann, das wiederum durch das (alttestamentliche) Gesetz begründet wird; das Gebot des Herrn, das heißt hier Jesu Christi (1Kor 14,33bff.); das Verbot der Herrschaft der Frau über den Mann bzw. noch einmal das Gebot der Unterordnung, das wiederum mit der Inferiorität der Frau gemäß Schöpfung und Sündenfall begründet wird: »Denn Adam wurde zuerst erschaffen, dann erst Eva. Und nicht Adam wurde verführt, sondern die Frau wurde verführt und kam zu Fall. Sie soll zum Heile gelangen durch Kindergebären, sofern sie in Glaube und in Liebe und in Heiligkeit besonnen verharrt« (1Tim 2,11ff.).

Es bedarf durchaus nicht der Anwendung historisch-kritischer Methodik, um Zweifel an dieser Begründung anzumelden. In ihrer Aufwendigkeit und Uneinheitlichkeit widerspricht sie durchaus der Begründungsstruktur aller neutestamentlichen Grundgebote: dem einfachen und einsichtigen Verhältnis von Gabe und Aufgabe. Im einzelnen widerspricht sie biblischen Grundaussagen. Da von daher die Wirkungsgeschichte des Schweigegebots wiederum an Verständlichkeit verliert und zu kritisieren ist, ist auf diese Widersprüche kurz einzugehen.

1. Die Berufung auf den *Brauch* in allen Gemeinden spielt noch heute in traditionalistischen Kirchen eine Rolle. Ihr widerspricht allein schon, daß Paulus das prophetische Reden von Frauen im Gottesdienst nur der Form nach kritisiert (s. o.), und zwar in demselben Brief. Das Schweigegebot ist deshalb als nachträgliche Einfügung (Interpolation) in der Geschichte handschriftlicher Überlieferung zu verstehen, die an dieser Stelle sowieso problematisch ist.

2. Die Berufung auf ein *Gebot Jesu Christi* spiegelt sich noch heute in der Berufung auf göttliches Recht für den Ausschluß der Frau vom Pfarr- bzw. Priesteramt. Ihr widerspricht, daß nirgends sonst – auch nicht in 1Tim 2! – von einem solchen Gebot gesprochen wird. Es würde auch kaum zu Jesu Umgang mit Frauen und zu seiner Kritik an der »Herzenshärte« der Männer passen, die sich ihm im einseitigen, patriarchalen Ehe- und Scheidungsrecht manifestiert (Mk 10,1ff. par.).

3. Die *Forderung der Unterordnung* war und ist ein Hauptargument im Streit um die Pfarrerin. Sie wirft ein ganzes Bündel von Problemen auf. Die Unterordnung der Frau unter den Mann wird zwar im Neuen Testament gemäß gemeinantikem, insbesondere jüdischem Patriarchalismus zumindest im geschriebenen Recht weithin *vorausgesetzt*. Und sie wird in den neutestamentlichen Briefen im Anschluß an Formen rabbinischer Auslegung der Schöpfungsgeschichten schöpfungstheologisch begründet und *sanktioniert* bis hin zur These von der bloß über den Mann (das »Haupt«) vermittelten Gottebenbildlichkeit der Frau (1Kor 11,3.7ff.; vgl. Eph 5,22ff.). Aber diese Auslegung wird von Christus her zugleich relativiert und überboten (1Kor 11,11f.). Wo die Unterordnung sonst ausdrücklich *gefordert* wird, ist sie – soweit ich sehe – entweder durch das spezifisch christliche Gebot *wechselseitiger* Unterordnung bzw. das Gebot der Liebe der Männer zu ihren Frauen »liebespatriarchalisch«[15] gemildert (Eph 5,21ff.; Kol 3,18f.) oder aber pragmatisch-missionarisch begründet (Tit 2,5; 1Petr 3,1f.). *Gefolgert* werden könnte sie aus dem Gebot der Unterordnung unter die weltliche Obrigkeit (Röm 13,1ff.), sofern diese die sozial-ökonomischen Verhältnisse bis hinein in das Ehe- und Familienrecht regelt. Aber diese Forderung wird biblisch durchaus auch eingeschränkt (Apg 5,29; Röm 13,6f.; 1Petr 2,17).

---

[15] Den Terminus kennt schon E. Troeltsch, vgl.: Die Soziallehren der christlichen Kirchen und Gruppen (1922), in: Gesammelte Schriften, Bd I, 1961, S. 300

4. Die *Begründungen des Unterordnungsgebotes* haben sich bis hinein ins 20. Jahrhundert als wirksam erwiesen. Die Begründung durch die Inferiorität der Frau im *Timotheus*brief entspricht zwar bestimmten rabbinischen Auslegungen der Schöpfungsgeschichten und der Sündenfallgeschichte[16]; sie widerspricht aber deren Geflecht und Pointe ebenso wie der paulinischen Rede vom Fall Adams (Röm 5,12ff.). Die Festschreibung der Inferiorität bis hinein in spezifische Heilsbedingungen (Kindergebären usw.) ist angesichts der neutestamentlichen, insbesondere paulinischen Heils- und Rechtfertigungslehre als Sünde wider den Heiligen Geist zu bezeichnen. – Die »*paulinische*« Begründung durch das alttestamentliche Gesetz ist in anderer Weise problematisch. Denn das Alte Testament setzt zwar die Unterordnung der Frau unter den Mann weithin voraus. Aber sie und damit die Herrschaft des Mannes über die Frau wird in ihm als solche nirgends ausdrücklich geboten. Nach Gen 3,14ff. gehört sie zu den immanenten Folgen bzw. Erscheinungen der Sünde, denen Gott die Menschen überläßt[17]. Sie sind in der Gemeinde als dem Leibe Christi gewiß nicht zu perpetuieren. Die unkritische Berufung auf das alttestamentliche Gesetz, die zum Beispiel auch zur Beibehaltung von Tieropfern führen müßte, widerspricht zudem dem Grundsatz der paulinischen Theologie: der Transformation und Relativierung des Gesetzes durch Christus als dessen Ziel, Erfüllung und Ende (Röm 10,4). Von dieser Relativierung aus liegt das libertinistische »alles ist erlaubt« derart nahe, daß Paulus es nicht einfach negiert, sondern aufnimmt und präzisiert: »aber nicht alles ist zuträglich (hilfreich, erbaut)« (1Kor 10,23). Was aber zuträglich ist, entscheidet sich nicht am Buchstaben irgendeines – sei es auch mosaischen – Gesetzes (2Kor 5,4ff.; Röm 7,6), sondern am Geist dessen, der für alle starb und alle in sich zusammenschloß: am Geist des Lebens, der Freiheit und der Liebe, die des Gesetzes Erfüllung ist (Gal 5,14). Es entscheidet sich deshalb nicht an der individuellen und sozialökonomischen Situation der Mitmenschen vorbei. Das Gesetz, das schon alttestamentlich eine differenzierte, sich im Zuge der Geschichte Israels wandelnde Größe ist, ist also mit seiner verbindlichen Bezogenheit auf Christus zugleich im einzelnen höchst variabel und anpassungsfähig – darin liegt seine Größe und Gefahr. Seine jeweilige Präzisierung bleibt der geistlichen Urteilskraft überlassen, an die Paulus im Kontext des Schweigegebotes denn auch ausdrücklich appelliert (1Kor 14,20). Das Gesetz schließt deshalb die realistische Anpassung auch an patriarchale (u. a. ökonomische!) Verhältnisse nicht aus, führt aber in jedem Falle ein neues Element in sie ein (s. o. 3). Seine Anpassung bleibt kritisch.

Die herausgestellten Ambivalenzen und Widersprüche sind festzuhalten. Aufgrund der Inkulturation des Heiligen Geistes ist die Bibel nun einmal kein homogenes Buch. Wir haben auch in dieser Hinsicht »den Schatz nur in irdenen Gefäßen« (2Kor 4,7). Die abendländische Theologiegeschichte ist weithin von dem Versuch bestimmt, solche Widersprüche abzuarbeiten. Und das kann auf sehr verschiedene Weise geschehen.

III.

Die Abarbeitung solcher Widersprüche geschah im Bereich der sich bildenden Großkirchen zugunsten genau derjenigen biblischen Elemente, die in den Pastoralbriefen bestimmend werden und am wenigsten genuin christlich zu

---

[16] Innerbiblisch (nach dem katholischen und jüdischen Kanon): Jes Sir 25,24. – Belege bei Gerstenberger/Schrage (s. Anm. 11), S. 106ff.; Thraede (s. ebd.), S. 224ff.
[17] Die Jerusalemer Bibel übersetzt deshalb in Gen 3,16c richtig: »er aber *wird* über dich herrschen« (statt des traditionellen »soll«)

nennen sind. Das heißt, sie geschah zugunsten des klerikalen, durch Handauflegung und Gebet (Ordination) vermittelten Amtes, das die Tendenz zur Hierarchisierung der Ämter und zur Reduktion des allgemeinen Priestertums in sich trägt; zugunsten säkularer, hierarchisch-patriarchaler Rechts-, Sozial- und Moralformen; schließlich zugunsten der einseitigen Unterordnung und Privatisierung der Frau. Denn in der *Alten Kirche* wurde von Kirchenvätern und Synoden die Frau von der Ordination, damit vom kirchlichen Amt immer wieder ausgeschlossen. Auch das Witwen- und Diakonissenamt mit seinen vielfältigen, zum Teil auch liturgisch-sakramentalen Funktionen wurde beschnitten, um schließlich – zunächst im Westen, dann auch im Osten – unterzugehen. Der bald entstehende Mönchsstand auch von Frauen war als solcher kein ordinierter, mit klerikalen Vollmachten verbundener Stand. Und *im Mittelalter* wurde der Ausschluß der Frau vom kirchlichen Amt fortgeschrieben: angefangen von Gratians »Concordia discordantium canonum« (Mitte des 12. Jahrhunderts), die bald als »Corpus iuris canonici«, also als kanonisch verstanden wurde, über Kanonisten, Dekretalisten, scholastische Theologen bis hin zum »Codex iuris canonici« (Kanon 968 §1) und zur »Erklärung der Kongregation für die Glaubenslehre zur Frage der Zulassung von Frauen zum Priesteramt« (1977) *im 20. Jahrhundert*. Das kirchliche Frauenamt, urchristlich und frühchristlich höchst lebendig, als Witwen- und Diakonissenamt auch noch der Alten Kirche bekannt, war zur Häresie geworden. Die Frau war – abgesehen vom Fall der Nottaufe – prinzipiell auf den Laienstand reduziert: Die »Mutter Kirche« und »Braut Christi« wurde prinzipiell von Männern regiert.

Die Gründe für den Ausschluß der Frau vom kirchlichen Amt waren von Anfang an mannigfaltig. Es gibt *historische Gründe:* Kampf gegen Gnosis, Marcionitismus und Montanismus, bei dem das Frauenamt zumindest insofern mit zur Debatte stand, als es in diesen Kreisen unbestritten und häufig war[18]; antihäretische Abgrenzung des biblischen Kanons in seiner heutigen Gestalt, zu der das doppelte Schweigegebot gehört; Abgrenzung von hellenistischen Religionen, in denen Göttinnen wie Priesterinnen nicht selten waren (vgl. schon Apg 19,23 ff.); Abwehr des Spotts gegenüber dem Christentum nicht nur als einer atheistischen Religion (ein gekreuzigter Mensch als Gott), sondern auch als einer Weiberreligion (der Auferstandene »erscheint« zuerst Frauen; großer Zulauf von Frauen)[19]; Angleichung des neuen Amts an das alttestamentliche Priesteramt, von dem die Frau unter anderem aufgrund ihrer kultischen Unreinheit ausgeschlossen war; Institutionalisierung der Kirche nach dem Ausbleiben der erwarteten Wiederkunft Christi im Rahmen einer

---

[18] Zu weiteren Bezügen vgl. Pagel (s. Anm. 14), bes. S. 94 ff.
[19] Z.B. Celsus (nach Origines, Contra Celsum, 2, 55): »Wer hat dies gesehen? Ein verrücktes Weib, wie ihr behauptet...« – Das Problem spiegelt sich schon in Lk 24,11 ff.

nach geschriebenem Recht, ökonomischer Struktur und offizieller Moral patriarchalen Welt; Erhebung des Christentums zur Staatsreligion des Römischen Reiches im Zuge der konstantinischen Wende. Es mag *anthropologische Gründe* geben wie die menschliche Grundorientierung durch Oppositionen: Mann/Frau, oben/unten, rechts/links, aktiv/passiv, ja/nein usw. Aber *notwendig* machen alle diese Gründe den Ausschluß der Frau vom kirchlichen Amt nicht – es sei denn, man wolle ein naives Geschichtsbild voraussetzen und die Relativierung solcher Oppositionen im gekreuzigten Christus (vgl. bes. Gal 3,28) auf das »Jenseits« oder eine abstrakte Innerlichkeit beschränken. Notwendig wurde der Ausschluß der Frau erst durch zusätzliche, *theologische Gründe:* durch ein bestimmtes Verständnis von der Kirche und ihren Ämtern sowie vom »Wesen« der Frau. – Obwohl diese Gründe im einzelnen sehr verschiedene Lehrgestalt annehmen konnten und noch immer annehmen, sind sie hier vereinfacht und in Orientierung vor allem an der römisch-katholischen Tradition darzustellen[20]. Denn sie haben sich bis hinein in die protestantische (!) Kirche des 20. Jahrhunderts im Streit um die Pfarrerin als wirksam erwiesen.

Gegenüber der irritierenden Vielfalt von verschiedenen vorstellungsmäßigen und sozialen Ausdrucksformen des christlichen Glaubens wird die Einheit, Wahrheit und Autorität der Kirche samt ihrer Tradition nicht allein durch den biblischen Kanon gesichert; dieser hatte aufgrund seiner verschiedenen Auslegungsmöglichkeiten früh schon zum »Bibelgezänk« geführt und nach »dem Steuerruder einer richtigen Interpretation« suchen lassen[21]. Sie wird zusätzlich gesichert durch die historisch verstandene apostolische Sukzession der Bischöfe (bzw. Päpste). Die mehr als bloß historische Bedeutung dieser Sukzession wird wiederum gesichert durch sakramentale Ordination (Weihe), die nach scholastischer Lehre der Person mit der spezifischen Geistmitteilung einen neuen, unauslöschlichen Charakterzug verleiht: die Fähigkeit, mit apostolischer Vollmacht in eigener Person die Person Jesu Christi als des Herrn und Haupts der Kirche zu repräsentieren (Stellvertretung). Durch bischöfliche, wiederum sakramental verstandene Ordination zu anderen, niederen Ämtern haben deren Inhaber teil an dieser Fähigkeit zur Christusrepräsentation: In den Klerus integriert, stehen sie den Laien gegenüber wie Christus selber. Im Falle des Priesters gehört zu dieser Fähigkeit die Vollmacht zur Weihung (Wandlung) der eucharistischen Elemente, zur Vergegenwärtigung

---

[20] Zum folgenden vgl.: Hauke (s. Anm. 5), bes. S. 399 ff.; H. van der Meer, Priestertum der Frau? Eine theologiegeschichtliche Untersuchung, 1969; I. Raming, Der Ausschluß der Frau vom priesterlichen Amt. Gottgewollte Tradition oder Diskriminierung? Eine rechtshistorisch-dogmatische Untersuchung der Grundlagen von Kanon 968 §1 des Codex Iuris Canonici, 1973; K. Thraede, Augustin-Texte aus dem Themenkreis »Frau«, »Gesellschaft« und »Gleichheit«, JbAC 22 (1979), S. 20ff. – Jeweils mit reichen Quellenbelegen

[21] Tertullian, Praescriptiones, S. 16 u. 9

des Opfers Jesu Christi in der Darbringung des Altarsakraments, zur Absolution und Exkommunikation. Voraussetzung sämtlicher Ordinationen, damit des Klerikerstandes, ist neben der Taufe und persönlicher Würdigkeit vor allem: *männliches Geschlecht*. Denn die zwölf Apostel, an denen man sich hier ausschließlich orientiert, waren *Männer*. Und – wie der wirkungsmächtige Thomas von Aquin (im Anschluß an Augustin) betont – Gott wurde in Jesus Christus nicht nur faktisch, sondern auch »convenientissimum«[22], das heißt in höchster Angemessenheit an sein Wesen als Herr und Haupt der Kirche Mensch in Gestalt eines *Mannes*. Diese Angemessenheit des Männlichen, die von hier aus notwendig auch für die Apostel und Kleriker gilt, setzt aber ein bestimmtes Verständnis der *Frau* voraus: Ihr »Wesen« entspricht nicht (voll) den herrscherlichen Vollmachten des Klerus, der Apostel und Jesu Christi; es entspricht also auch nicht (voll) dem Wesen *Gottes*.

Zwar haben durchaus nicht alle Kirchenväter die Frau ausdrücklich als Inbegriff der Gottfeindschaft und Bosheit, als »Steigbügel des Satans«, »Pforte der Hölle« oder des Satans verstanden[23], die als solche wohl kaum zur priesterlichen Vermittlung des »Himmelreiches« taugt – auch die Jungfrau Maria hat keine priesterlichen Vollmachten. Aber die Vorstellung von der größeren Nähe der Frau zur Sünde (sowohl als Verführte wie als Verführende), ihrer religiösen, sittlichen und geistigen Minderwertigkeit ist doch weithin bestimmend. Ihr entspricht das asketische Vollkommenheitsideal, ein stark sexualisiertes Verständnis der (Erb-)Sünde ebenso wie die im 11. Jahrhundert festgeschriebene Zölibatsklausel, das dunkle Kapitel der Hexenverfolgung und die These von der Nähe der Frau zu Aberglauben und Häresie[24]. Ihr entspricht ferner der Ausschluß der Frau vom kirchlichen Amt, sofern er bei Gratian, seinen Gewährsmännern, Auslegern und Nachfolgern in biblizistischem Anschluß gerade an 1 Tim 2 und Gen 3 begründet wird (s. o. II). Ihr entspricht schließlich, daß die prinzipielle Unterordnung der Frau, ihr »status subjectionis«, nicht nur als Folge der Sünde, sondern auch als *Schöpfungsordnung* behauptet und mit der schöpfungsmäßigen Inferiorität der Frau begründet wird: Die Frau hat als solche entweder überhaupt nicht (z. B. Gratian und Ambrosiaster) oder nur in minderem Grade (z. B. Augustin und Thomas) teil an der Gottebenbildlichkeit des Mannes (homo als vir) bzw. des Menschen, das heißt hier an der (höheren) Rationalität. Nach Thomas ist der Mann Grund, Haupt und Ziel der Frau, sie selber – im Anschluß an aristotelische Zeugungstheorie – nur ein »mißlungener Mann«, der eigentlich nur nötig ist als passives Instrument für die Erhaltung der Gattung im Prozeß der Fortpflanzung[25].

Unterordnung und Inferiorisierung der Frau bilden hier eine unauflösliche Einheit. Sie werden in höchst problematischem Anschluß an Bibelstellen (s. o. II), an aristotelische Naturrechtslehre und römisches Recht sowie unter Voraussetzung einer »natürlichen Theologie« als Schöpfungsordnung behauptet. Ähnlich wie schon in Formen des Rabbinismus und von da aus in der

---

[22] Sth III, q 31, a 4 – dazu K.E. Børresen, Die anthropologischen Grundlagen der Beziehung zwischen Mann und Frau in der klassischen Theologie, Conc D 12 (1976), S. 10ff.; Hauke (s. Anm. 5), S. 445 ff.
[23] Belege bei Thraede (s. Anm. 11), S. 256ff.
[24] Belege a.a.O., S. 262ff.
[25] Dazu mit einer Fülle von Belegen: J. Buri, »als Mann und Frau schuf er sie«. Die Differenz der Geschlechter aus moral- und praktisch-theologischer Sicht, 1977, S. 18ff.

Begründung des doppelten Schweigegebots wird der historische Status quo patriarchaler Unterordnung der Frau unter den Mann mit Folgen für die Entfaltungsmöglichkeiten der Frau – ähnlich wie im Falle der Sklaven – theologisch legitimiert und sanktioniert; er wird zumindest indirekt zum göttlichen Recht, das auch noch für den Stand der Gnade bestimmend bleibt. Wird zudem das Verhältnis von Gott, Mensch und Welt theologisch-metaphysisch im Sinne einer Hierarchie des Seins gedacht, dann kann die Frau nur noch die niedere Stufe des Seins bzw. »Frau Welt« oder im Falle asketischer Heiligkeit die *empfangende* Kirche repräsentieren; sie kann nicht zur Hierarchie des Klerus gehören und Christus repräsentieren – so gebildet und heilig sie auch sein mag, wie es gelegentlich in deutlicher Abgrenzung gegen den irritierenden Nonnenstand heißt. Anders als der männliche, auch ungebildete und »unheilige« Laie darf sie deshalb nicht einmal die Notkommunion mit Kranken vollziehen oder ministrantische Funktionen im Gottesdienst übernehmen, obwohl sie mit gewisser Inkonsequenz[26] von der Nottaufe nicht ausgeschlossen ist.

Die Ordination von Frauen zum Witwen- und Diakonissenstand in alter Zeit wird zwar noch gewußt, aber auf Benediktion bzw. Einsegnung ohne klerikale Vollmachten reduziert. Diese Reduktion richtet sich deutlich gegen naheliegende und zum Teil praktizierte Vollmachten von Äbtissinnen (vor allem in Kanonissenstiften). Sie ist vermutlich mitbedingt durch die Irritation, die von der kirchengründenden Mitarbeit von Frauen in der Mission samt der entsprechenden Erinnerung an Maria Magdalena als Missionsheilige[27], von der Bedeutung von Frauen bei Katharern und Waldensern, von der wissenschaftlichen Bildung in Frauenklöstern und vom neuen Orden der Beginen ausgelöst wurde. Gab man amtlicherseits in Ausnahmefällen die Erlaubnis wenigstens zum Predigen, das gegenüber der Sakramentsspendung von minderem Range war, und konnte zum Beispiel Hildegard v. Bingen mit ihrem Ruf zurück zur armen Kirche als »prophetissa teutonica« gelten, so bestätigte das ebenso wie die Heiligsprechung von Frauen als Ausnahme nur die Regel. Vom Priestertum blieb die Frau zudem ausnahmslos ausgeschlossen: »propter sexum«, also – mit einem heutigen Terminus – aus sexistischen Gründen. Und obwohl das II. Vaticanum einen tiefen Einschnitt bedeutet, seit ihm auch innerkatholisch immer häufiger das kanonische Recht in neuer Schriftorientierung kritischer Forschung unterworfen wird, gilt das noch bis heute.

Im Streit um die protestantische Pfarrerin wurde zwar kaum je ausdrücklich mit der Inferiorität der Frau argumentiert. Aber die protestantischen Theologinnen wurden – trotz genau derselben Universitätsausbildung wie ihre Kolle-

---

[26] Auf Inkonsequenzen hat vor allem van der Meer hingewiesen (s. Anm. 20), S. 16, 90 ff., 131 ff.
[27] Vgl. E. Moltmann-Wendel, Ein eigener Mensch werden. Frauen um Jesus, 1982³, S. 67 ff., bes. 81 ff.

gen – über Jahrzehnte hinweg fast ausnahmslos eingesegnet statt ordiniert, also vom Stand des »Geistlichen im Sinne des Gesetzes«, entsprechend von Sakramentsspendung, öffentlicher Gemeindepredigt, Amtshandlungen wie Beerdigung oder Konfirmation und von der Gemeindeleitung ausgeschlossen. Sie wurden auf die untergeordneten und minder bewerteten Funktionen von Diakonie, Seelsorge und Unterricht von Frauen und Mädchen fixiert, im übrigen aufgrund der Unvereinbarkeit von Beruf und Ehe bzw. Familie (für die Frau!) mit dem Zölibat belegt. Sie waren in ähnlicher Weise Nachfolgerinnen der Nonnen und Äbtissinnen wie die protestantischen Diakonissen des 19. Jahrhunderts, deren »Mutterhäuser« meist von Männern bzw. Vätern geleitet wurden – wenn auch gemeinsam mit ihren Ehefrauen, die auch als Anstaltsmütter ausdrücklich als untergeordnete Gehilfinnen verstanden wurden[28]. Vor allem wurden (und werden noch immer) gegen die ordinierte Pfarrerin *Argumente* aufgeboten, die nicht anders als »gut katholisch« zu nennen sind[29]: apostolische Sukzession, Männlichkeit der zwölf Apostel, ja Christi selber bis hin zur Vaterschaft bzw. Väterlichkeit Gottes; die entsprechende Unmöglichkeit weiblicher Christusrepräsentation, besonders vollmächtiger Sakramentsspendung und Absolution; ein hierarchischer Amtsbegriff, eine hierarchische »Ordnung des Seins« bzw. eine Schöpfungsordnung, der gemäß die Frau nach göttlichem Recht auf Unterordnung, Dienst und ein entsprechendes Wesen fixiert ist. Selbst das katholische Traditionsprinzip[30] und das kanonische Recht wurden bemüht, um in ihrem Sinne das »rite vocatus« (der Ordnung gemäß berufen) des Amtsträgers aus dem Augsburger Bekenntnis (Art. XIV) zu verstehen[31]. Ganz zu schweigen von so verräterischen Bemerkungen wie: »man denke vor allem an die Beichte der Männer!«[32] oder: »bei der Übermittlung der göttlichen Botschaft an den Menschen (soll) nur ihr Inhalt, nicht aber zugleich der Reiz des Weibes mitwirken«[33].

Die ausdrückliche Verknüpfung von prinzipieller Unterordnung und Inferiorisierung der Frau in weiten Teilen der katholischen Tradition, aber auch der antiken und neuzeitlichen Philosophie wie Psychologie scheint mir bei aller Unangemessenheit konsequenter zu sein als die protestantischerseits mit

---

[28] Vgl. A. Paulsen, Frauen im Aufbruch. Ein Beitrag zum Gespräch zwischen Frauendiakonie und Frauenbewegung, 1964, S. 19ff., 37, 40f., 71ff.
[29] Zum folgenden nur einige bekanntere Namen aus der deutschen Diskussion: P. Althaus, Grundriß der Ethik, 1953², S. 166; P. Brunner (s. Anm. 4); H. Dietzfelbinger, Vom Dienst der Frau in der Kirche, LuMo 2 (1963), S. 494ff.; W. Elert, Der christliche Glaube, 1960⁵, S. 416 u. 420; R. Prenter, Die Ordination der Frauen zu dem überlieferten Pfarramt der lutherischen Kirche, 1967
[30] Z. B. Trillhaas, a.a.O., (s. Anm. 4) S. 28ff.
[31] R. Prenter (s. Anm. 29), S. 12ff.
[32] Trillhaas, a.a.O., S. 30
[33] A. Schlatter, Die christliche Ethik, 1961⁴, S. 187. – Dieses Argument wurde verschiedentlich diskutiert! z. B. v. I. Bertinetti, Frauen im geistlichen Amt. Die theologische Problematik in evangelisch-lutherischer Sicht, 1965, S. 156f.

problematischem Tiefsinn immer wieder behauptete Einheit von prinzipieller Unterordnung und gleicher »Würde«, gleichem »Wert«, gleicher »Begnadung«[34]. Im übrigen ist zu fragen, *was der ganze Streit um die Pfarrerin noch mit der reformatorischen Wende zu tun hat.*

IV.

Die reformatorische Wiederentdeckung der Rechtfertigung des Menschen allein im Glauben mußte zur Revision des Verständnisses von Kirche und Amt wie – so möchte ich zeigen[35] – vom »Wesen« der Frau führen. Denn der von menschlichen Werken (auch von Askese!) streng unterschiedene Glaube lebt allein von jenem fleischgewordenen Wort Gottes, das die Bibel zwar *bezeugt,* aber nicht einfach *ist:* vom gekreuzigten Jesus Christus. Dieses Wort, in dem Gott sein bedingungslos gnädiges Ja zu den Menschen ein für allemal gesprochen hat, also der gekreuzigte Jesus Christus selber ist der einzige Hohepriester, der einzige Mittler, das einzige Haupt und der einzige geistliche Herr der Kirche, dessen Herrschaft im Dienst für den Menschen besteht. Dieses Wort kommt »wo und wann Gott es will«[36], das heißt durch den Heiligen Geist, in diesem Leben allein durch die Verkündigung des Evangeliums (in seiner Unterscheidung vom Gesetz), das *von ihm her* verstandene schriftliche Wort der Bibel und »sichtbare Wort« der Sakramente (Taufe und Abendmahl) zu seinem Ziel: zu der Freiheit des Glaubens, die zugleich Freiheit zur Liebe des Nächsten um seiner selbst willen ist. Von *jedem* Christen gilt deshalb in *gleicher* Weise:

> »Ein Christenmensch ist ein freier Herr über alle Dinge und niemand untertan (im Glauben). Ein Christenmensch ist ein dienstbarer Knecht aller Dinge und jedermann untertan (in der Liebe).«[37]

All dies muß Folgen für unser Problem haben.

Die Einheit, Wahrheit und Autorität der *Kirche des Wortes* wird nicht durch apostolische Sukzession, sakramentale Ordination und Hierarchisierung des Klerus garantiert. Sie wird überhaupt nicht garantiert, sondern ist der Kirche verheißen und geboten. Sofern die apostolische Sukzession überhaupt noch eine Rolle spielt, wird sie ebenso wie die Einheit, Wahrheit und Autorität der Kirche allein an das Evangelium[38] und die von ihm her verstandenen Sakramente, nicht aber an bestimmte Orte, Zeiten und Personen gebunden – »es

---

[34] Diese Kritik trifft trotz allem auch zu auf K. Barth (vgl. Kirchliche Dogmatik III/2, 1948, S. 372 ff.; III/4, 1951, S. 187 ff.) und Ch.v. Kirschbaum (Der Dienst der Frau in der Wortverkündigung, 1951, ThSt S. 31)

[35] Vgl. die Ansätze bei K. Thraede/G. Scharffenorth, »Freunde in Christus werden...«. Die Beziehung von Mann und Frau als Frage an Theologie und Kirche, 1979, S. 183 ff.

[36] CA, Art. V, BSLK, S. 58

[37] WA 7, S. 21

[38] WA 39/II, S. 176 f. – ähnlich zum Apostel- und Bischofsbegriff: WA 10/II, S. 301

predige und lehre..., wer da woll'«[39], und sei es selbst Judas oder Satan[40]. Mit dieser Bindung allein an das Wort und die Funktion (das Amt) seiner Verkündigung fällt die Bindung an männliches Geschlecht (und Zölibat) notwendig fort, zumal dem Denkstil der Reformatoren Spekulationen über die Angemessenheit der Männlichkeit Jesu Christi und der Apostel grundsätzlich widersprechen.

Gegenüber dem einen Mittler, Priester, Haupt und Herrn der Kirche, der durch die Niedrigkeit, Ohnmacht und Verletzlichkeit des Kreuzes gezeichnet bleibt, kann es keine mit göttlichem Recht in Klerus und Laien gespaltene Kirche, keine kirchliche Hierarchie und Monarchie geben. Die Kirche als der eine Leib Christi ist diakonische Gemeinschaft der Heiligen, das heißt hier der Gläubigen, die *alle geistlichen Standes*, (in der Taufe) »geborne Pfaffen«, »Priester«, ja »geweihte« Bischöfe, Päpste und Repräsentanten Christi sind[41]. Dabei beruht das allgemeine Priestertum nicht auf neuen, übernatürlichen *Eigenschaften* der Person, die wie die katholische Ordination bestimmtes Geschlecht voraussetzen, sondern allein auf dem Glauben, der ein neues *Verhältnis* ist *und* neue *Verhältnisse* schafft.

Diese Verhältnisse sind zwar geistlich: »alle getauften Frauen (sind) aller getauften Männer geistliche Schwestern... als solche, die einerlei Sakrament, Geist, Glaube, geistliche Gaben und Güter haben«; Männer und Frauen sind »im Geiste Freunde«[42]. Aber es sind deshalb keine bloß innerlichen Verhältnisse: »Die (bleibende) Ungleichheit der äußeren Bedingungen soll sich nämlich nicht stärker erweisen als die Gleichheit, die der Glaube innerlich schafft.«[43] – Es geht *auch in dieser Hinsicht* um den vielbesprochenen ganzen Menschen (totus homo).

Alle also haben mit Folgen für die Sozialgestalt der Kirche teil an den Merkmalen des allgemeinen Priestertums, zu denen die Absolutions- und Schlüsselgewalt (Vergebung) ebenso gehört wie die Vollmacht, die Pflicht *und das (göttliche!) Recht*[44], über die kirchliche Verkündigung und Ordnung zu urteilen, ja selber das Evangelium zu verkünden und die Sakramente zu spenden (ministerium verbi commune).

Wie sehr die Herausstellung des allgemeinen Priestertums nicht nur an die hierarchischen, sondern auch die »sexistischen« Grundlagen der Kirche rührte, geht daraus hervor, daß man dagegen auch mit dem biblischen Schweigegebot argumentierte. Luther antwortete darauf u. a.

---

[39] BSLK, S. 479; WA 38, S. 241
[40] WA 38, S. 240f.; vgl. WA 45, S. 377: »Es sei ein Weib oder Mann, Mensch oder Esel, den er (Gott) dazu gebraucht.«
[41] WA 6, S. 407f.; 11, S. 411f.; 38, S. 229f.; 12, S. 179ff.
[42] WA 10/II, S. 266
[43] WA 2, S. 530 (zu Gal 3,28a!)
[44] Zur Betonung des Rechtsbegriffs in bezug auf das allgemeine Priestertum vgl. bes.: WA 11, S. 411f.; 38, S. 230 (Bruderrecht Christi!) u. 253f.; 6, S. 418 und 464 (Gott und Recht!); 8, S. 424 (ius commune!); 12, S. 180; BSLK, S. 492

mit dem Hinweis auf entgegenstehende biblische Aussagen wie: Geistausgießung über alles Fleisch, prophetische Töchter des Philippus usw.[45] (s. o. II).

Die fundamentale Bedeutung des allgemeinen Priestertums, dessen Funktionen ebensowenig geschlechtsspezifisch verteilt werden wie das Geschlecht Christi eine Rolle spielt, bleibt auch dann erhalten, wenn Luther in steigendem Maße gegen die »Schwärmer« um der Ordnung und Erbauung der Gemeinde willen das (besondere) kirchliche Amt der Gemeindeleitung durch öffentliche Wortverkündigung und Sakramentsspendung betont, das der Gemeinde von Gott eingestiftet ist. Zwar wird das allgemeine Priestertum in dieser Hinsicht auf den Privatbereich und den Notfall zurückgeschnitten, und zwar im Sinne des *Rechtsverzichts*, der Selbstzurücknahme[46]. Aber es wird durch Flugschriften, Bibelübersetzungen, deutschsprachigen Gottesdienst, Katechismusunterricht und allgemeine Schulbildung auch für Mädchen doch weiterhin betont. Das kirchliche Amt bleibt von der Entscheidung für den »Laien«kelch bis hin zur Bezeichnung (ministerium, Dienst) und zum Ordinationsverständnis (Berufung bzw. Bestätigung durch die Gemeinde) unhierarchisch gedacht. Der Amtsträger – selbst der problematisierte Bischof – bleibt »Beischaf«[47]. Und zu seinen Voraussetzungen gehören über das allgemeine Priestertum und damit den Heiligen Geist hinaus nur besondere »natürliche Gaben« wie Eloquenz, gutes Gedächtnis usw., die zur Ausübung jener öffentlichen Funktionen geschickt(er) machen[48]. – Die Frau könnte also nur dann grundsätzlich vom kirchlichen Amt ausgeschlossen werden, wenn ihr solche Gaben und Funktionen aufgrund ihres Wesens abzusprechen wären. Das aber widerspräche dem reformatorischen *Ansatz*: 1. Die Integration der Frau ins allgemeine Priestertum ist an sich schon ihre Integration in öffentliche Funktionen[49]: Das »Priester«amt ist wesentlich öffentliches Amt. 2. Gibt es im Glauben keine Inferiorisierung und einseitige Unterordnung der Frau mehr, dann können diese auch nicht als »Schöpfungsordnung« festgeschrieben werden. Denn der Glaube ist und verleiht keine übernatürliche Eigenschaft; er ist und verleiht die Freiheit zu unverstellter Geschöpflichkeit und läßt in Christus allererst den Willen des Schöpfers erkennen. Im Unterschied zur *im Ansatz* entsexualisierten Sünde einerseits, zur Askese andererseits ist er an sich samt seiner Folgen das Selbstverständliche.

In der Tat richten sich Luther und Calvin ausdrücklich gegen die traditionelle Inferiosierung der Frau: gegen die Verneinung ihrer Gottebenbildlichkeit *und* gegen deren Minderung durch die

---

[45] WA 8, S. 424, vgl. 497 – zu dem anderen Element der Antwort s. u.; zur Anknüpfung an die Nottaufe durch Frauen vgl. WA 12, S. 180f.
[46] Z. B. WA 8, S. 424; vgl. 497 (bzw. Rechtsübertragung)
[47] WA TR, S. 643, Nr. 3829
[48] WA 8, S. 424 (»idoneus prae caeteris«!), vgl. 497
[49] So ausdrücklich in bezug auf die Frau WA 12, S. 180f.

Thesen vom mißlungenen Mann usw.[50]. Nach Luther ist solche Inferiorisierung wie die der Ehe heidnisch und gotteslästerlich, und er prophezeit: »Ich halte dafür, wenn die Frauen Bücher schreiben würden, so würden sie dergleichen auch von den Männern schreiben.«[51] Darüber hinaus streifen beide gelegentlich *ihrem Ansatz gemäß* den Gedanken schöpfungsmäßiger Gleichstellung und Gleichberechtigung. So kann Calvin zwischen »Natur« bzw. Wesen der Frau und ihrer ökonomischen (!), also pragmatischen Unterordnung unter den Mann unterscheiden[52]. Und Luther kann (wenn auch im Rahmen der traditionellen Urstandslehre) behaupten, »daß Eva an keinem Teile, d. h. weder an Leib noch Seele (bzw. Vernunft), weniger oder geringer gewesen ist als ihr Mann Adam«, vielmehr »ganz frei (liberrima!) und ... teilhaftig aller Gaben Gottes«; und er kann daraus schließen, daß sie ohne den Zwischenfall der Sünde dem Mann in jedem »Regimente« zur Seite gestanden hätte (socia esset!), anstatt mit bloß verbleibender Mutterehre an ihr Haus gebunden zu sein wie eine Schnecke. Ja, er kann die auch ihm bekannte Unzufriedenheit der Frauen mit ihrer Rolle verstehen: Sie »streben von Natur aus nach dem, was sie durch die Sünde verloren haben«[53].

Die prinzipielle Unterordnung der Frau unter den Mann und ihr entsprechender Ausschluß von der Öffentlichkeit und leitenden Ämtern ist von daher gerade *nicht* von der Schöpfungsordnung, sondern von der Sünde her zu verstehen, die man zwar nach Luther in diesem Leben nicht gänzlich »vom Halse« bekommt, gegen die aber doch zu »kämpfen« ist.

Die Reformatoren haben durchaus nicht in jeder Hinsicht schon alle Konsequenzen aus ihrem Ansatz gezogen; zumal in bezug auf das Problem der Frau blieben sie – blieb insbesondere Luther – in ähnlicher Weise ambivalent wie in bezug auf das Problem weltlicher Obrigkeit. Vermutlich hat sich in beiden Beziehungen die Tatsache als wirksam erwiesen, daß sich bald zum antipapistischen der antischwärmerische Streit gesellte, der zu einer höchst problematischen Relativierung der Frage nach der evangelischen Sozialgestalt der Kirche führte.

Die sogenannten Schwärmer, die das besondere kirchliche Amt in Frage stellten, ließen nicht nur Frauen predigen; ähnlich wie in späteren freikirchlichen Kreisen galt bei ihnen offenbar das Schweigegebot als dem Geist der Bibel widersprechend. Nur in diesem antischwärmerischen Zusammenhang konnte Luther seiner Antwort auf die unkritische Inanspruchnahme des Schweigegebots durch die Papisten untreu werden und es einmal als (universales) Gebot Jesu Christi einklagen[54]. – Schule hat das zunächst nicht gemacht.

---

[50] WA 42, S. 49, 138, 151 f. – J. Calvin, Auslegung der Genesis, übers. u. bearb. v. W. Goeters u. M. Simon, neu bearb. Ausg. 1956, S. 36. – Bei beiden schließt das nicht die traditionelle Rede von schöpfungsmäßiger Unterordnung, Schwäche und Verführbarkeit aus (vgl. Kontext).
[51] WA 10/II, S. 293
[52] Calvin (s. Anm. 50), S. 21
[53] Zusammenfassung von Stellen aus: WA 42, S. 138, 141, 148, 151
[54] Vgl. WA 30/III, S. 524 und 39/II, S. 18 – das privatisierte bzw. auf Frauen bezogene Predigtamt bleibt dabei erhalten. In anderer Weise unkritisch bleibt WA 50, S. 633 (u. a. Berufung auf Gen 3,16).

Abgesehen von zwei relativ späten Ausnahmen[55] haben die reformierten Bekenntnisschriften den traditionellen Ausschluß der Frau vom kirchlichen Amt – soweit ich sehe – ebensowenig wiederholt wie die lutherischen. Obwohl unter der Hand Melanchthons nicht zuletzt aus taktischen Gründen – man wollte keine Kirchenspaltung – die These vom allgemeinen Priestertum und vom entsakramentalisierten Ordinationsverständnis nicht ausdrücklich ins Augsburger Bekenntnis aufgenommen wurde, läßt sich aus diesem trotz der Kompromißformel »rite vocatus« (Art. XIV) weder ein hierarchisches Amtsverständnis noch der Ausschluß der Frau vom kirchlichen Amt ableiten. M. Flacius zum Beispiel reihte die Frage nach dem kirchlichen Amt der Frau unter die »Adiaphora« ein[56], über die nach menschlichem Ermessen mit vernünftigem Pragmatismus zu entscheiden ist. Luthers wie Calvins These schließlich, daß Frauen im Notfall (wenn kein Mann dafür da ist) das Amt öffentlicher Wortverkündigung und Sakramentsspendung wahrnehmen können, ist zwar trotz ihres Fortschritts gegenüber der Tradition eine noch unvollständige Konsequenz ihres Ansatzes. Aber auch im Zusammenhang dieser Notstandstheorie, die im 20. Jahrhundert Geschichte machte (s. u. V), wird mit dem Schweigegebot indirekt auch die Unterordnung nicht als (zeitlose) Schöpfungsordnung, sondern nur als Ordnung apostrophiert, die – wie andere Ordnungen auch – insofern historisiert, relativiert und pragmatisiert wird, als sie weithin von »Anstand«, »Ehrbarkeit«, »Sitte«, »äußerer gesellschaftlicher Ordnung«, »Schicklichkeit« und »Geschicklichkeit« her gedacht wird[57]. Ist sie Gesetz, dann im Sinne des bei Paulus (s. o. II) und den Reformatoren relativierten und auf die geschichtliche Realität abgestimmten Gesetzes, das anders als beim späten Melanchthon und der ihm folgenden Orthodoxie aus seiner Verbindung mit scholastischer Metaphysik und Naturrechtslehre *im Ansatz* gelöst ist.

»Haben wir Christus, dann werden wir leicht Gesetze schaffen, und alles richtig beurteilen. Ja, wir werden neue Dekaloge machen, wie das Paulus tat durch alle Briefe hindurch, auch Petrus und

---

[55] Die Confessio Helvetica posterior v. 1566 (Kap XX) und die Confession of faith von 1560 (Kap XXII) argumentieren mit dem Schweigegebot gegen die (Not-)Taufe durch Frauen; im letzteren Fall ist dies Teil des Anathemas über Rom (Bekenntnisschriften und Kirchenordnungen der nach Gottes Wort reformierten Kirche, hg. W. Niesel, o. J., S. 263 u. 111). Angesichts von Luthers umgekehrter Argumentation (z. B. WA 12, S. 180f.) dürfte das zu den theologiegeschichtlichen Witzen gehören.

[56] Vgl. P. Fleisch, Ein Wort aus der Reformationszeit zu den Befugnissen der Vikarinnen, ELKZ 9 (1955), S. 396f.

[57] WA 8, S. 424f. vgl. 497f.; 10/III, S. 107; 50, S. 633 (hier im antischwärmerischen Zusammenhang unter Berufung auch auf Natur und Naturrecht); J. Calvin, Auslegung des Römerbriefes und der beiden Korintherbriefe, übers. und bearb. u. a. v. O. Weber, 1960, S. 411 (bürgerliche bzw. äußere gesellschaftliche Ordnung), 446. Zur Vorstellung pragmatischer Unterordnung vgl. in anderm Zusammenhang WA 50, S. 216. Zur Notstandstheorie Luthers vgl. – allerdings unkritisch – H. Brunotte, Die Befugnisse der Vikarinnen, ELKZ 10 (1956), S. 411ff.

in erster Linie Christus im Evangelium. Und diese Dekaloge sind klarer als die des Mose.«[58] »Also haben die Apostel viel Dings um guter Zucht willen in der Kirche geordnet, das mit der Zeit geändert ist, und haben nicht Satzung also gemacht, daß sie sollten... ewig bleiben.«[59] »Die Ordnungen sollen zur Förderung des Glaubens und der Liebe dienen und nicht zum Nachteil des Glaubens. Wenn sie nun das nicht mehr tun, so sind sie schon tot und ab und gelten nichts mehr.«[60]

Wie sehr die Reformatoren trotzdem patriarchalen Denkmustern ihrer Zeit unkritisch verhaftet bleiben, geht nicht nur aus vielen Stellen hervor, in denen sie mehr oder weniger unthematisch traditionelle Vorurteile von der Frau fortschreiben. Es spiegelt sich auch in ihrer Einstellung zur Frauenbildung. Zwar werden Mädchen in die untere Schulbildung einbezogen, die nicht unwesentlich am allgemeinen Priestertum bzw. am Gottesdienst im Alltag der Welt orientiert ist. Aber die Mädchenschulen sind einseitig auf den neu geheiligten »Beruf« und »Stand« der Ehe- und Hausfrau bezogen. Anders als nach den Vorstellungen des Erasmus (später des Comenius) bleibt den Frauen der Zugang zur höheren Schulbildung, also auch zu den Universitäten und den öffentlichen Ämtern in Kirche und Staat ebenso verschlossen wie zu anderen Berufen. Da die klösterliche Alternative wegfiel, mußte die Neu- und Überbewertung der Ehe zur gänzlichen Fixierung der Frau auf Haus, Familie und Privatheit führen, sobald aus kaum annähernd erforschten Gründen die anfängliche, auch diakonische Lebendigkeit der protestantischen Gemeinden[61] zumal in den lutherischen Landeskirchen erlosch. Ebenso wie das unhierarchische Amtsverständnis und die These vom allgemeinen Priestertum, die schon der späte Melanchthon nicht mehr kennt, wanderte sie weithin aus in pietistische und freikirchliche Gemeinden.

Es ist deshalb mehr als ein Zufall, wenn im deutschen Protestantismus gerade ein A. H. Francke, dann ein F. D. E. Schleiermacher, der sich selbst als »Herrnhuter höherer Ordnung« bezeichnen konnte, für verbesserte Frauenbildung eintraten[62] – naheliegenderweise ohne institutionellen Erfolg. Denn die politische und wissenschaftliche Geschichte der sogenannten Neuzeit ist bis hinein in die Philosophie – abgesehen von Ausnahmen wie J. S. Mill, K. Marx, F. Engels und A. Bebel – nicht nur von der kirchlich-theologischen, sondern auch von der säkularen Fortschreibung des Schweigegebots samt seiner Begründungen mitbestimmt. Als zum Beispiel Frauen in der Französischen Revolution die Proklamation von Freiheit, Gleichheit und Brüderlich-

---

[58] WA 39/I, S. 47
[59] BSLK, S. 401, vgl. 129 (in bezug auf 1Kor 11 und 14!), S. 303f.
[60] WA 19, S. 113, vgl. 12, S. 214
[61] Speziell zur diakonischen, publizistischen und predigenden Tätigkeit von *Frauen* vgl. M. Heinsius, Das unüberwindliche Wort. Frauen der Reformationszeit, 1951; R. Stupperich, Die Frau in der Publizistik der Reformation, AKuG 37 (1955), S. 204ff.
[62] Genauere Hinweise bei G. Scharffenorth/E. Reichle, Art. Frau, VII (Neuzeit), TRE XI, Lfg 2/3 (1983), S. 443ff., 447f. u. 455f.

keit auch auf sich selbst angewandt wissen wollten, bekamen sie vom Konvent verboten, auch nur an politischen Versammlungen teilzunehmen – zum Zeichen dafür, daß die Bürger- und Menschenrechte unmittelbar nur Männerrechte waren. Dabei wurde im Zuge der industriellen Revolution die traditionelle Fixierung der Frau auf den Bereich des Privaten und auf mindere Bildung aufgrund des Strukturwandels von Öffentlichkeit *und* Privatheit immer aporetischer und zum Notstand. Man denke nur an die fortschreitende Ausdifferenzierung traditionell zu Haus und Familie gehörender Funktionsbereiche, an die Trennung von Arbeits- und Wohn- bzw. Lebenswelt, an die vor allem für unverheiratete Frauen katastrophale Zerstörung der Großfamilie. Auf diesen Notstand, der für andere Notstände sensibilisierte (Strafvollzug, Krankenhausversorgung, Prostitutionsgesetze, Proletarisierung des 4. Standes, Rassismus), reagierten im 19. Jahrhundert auf sehr verschiedene Weise die protestantische Diakonissenbewegung (primär individuelle Diakonie) und die Frauenbewegung (primär strukturelle Diakonie). Diese klagte unter anderem eine bessere bis gleiche Bildung für Frauen ein, um sie schließlich um die Jahrhundertwende auch in Deutschland durchzusetzen und so die protestantische Theologin zu ermöglichen.

V.

Der Streit um die protestantische Pfarrerin hat nach allem um so weniger mit der reformatorischen Wende zu tun, als er angesichts von Frauen geführt wurde, die inzwischen den zum Pfarramt notwendigen Bildungsstand erreicht hatten. Charakteristisch für die kirchlich-theologische Situation in der ersten Hälfte dieses Jahrhunderts ist es, daß er durchaus nicht gleich mit den ersten Generationen von Theologinnen ausbrach: Kirchenleitungen, Universitätstheologen *und* Theologinnen gingen zunächst wie selbstverständlich von der Unmöglichkeit des weiblichen Pfarrers aus. Sosehr auch die Theologinnen selber sich von der Frauenbewegung und ihren Rechtsforderungen distanzierten – die *Rechtsfrage* mußte sich stellen. Ihr Dienst war dienstrechtlich zu regeln. Und *praktische Aporien* machten die Erweiterung der Dienstrechte notwendig.

Die an sich fruchtbare Spezialisierung der Theologinnen erwies sich in ihrer Verbindung mit der Verweigerung geistlicher Vollmachten und Rechte als lähmend und gefährlich: Die Beschränkungen auf Frauen, Mädchen und Kinder stand quer zu den Sozialbeziehungen und zur Einheit der Gemeinde; der Ausschluß von der Beziehung auf Männer ließ sich zum Beispiel im Falle von Andachten und Bibelkreisen nicht durchhalten; der Ausschluß von der öffentlichen Gemeindepredigt stellte den Bezug der diakonischen, seelsorgerlichen und katechetischen Tätigkeiten zum Zentrum der Gemeinde ebenso in Frage wie ihre neu entdeckte integrative Kraft; weibliche Gefangene und Kranke wünschten immer wieder die Ergänzung des seelsorgerlichen Zuspruchs durch das vergewissernde Sakrament usw. Zwar ließen diese Aporien die Theologinnen zunächst nur für die Ausgestaltung eines besonderen, der Frau entsprechenden Amtes plädieren – ein Plädoyer, das dem monozentrischen Amtsverständnis des Luthertums widersprach und zugleich am traditionellen Verständnis der Frau orientiert blieb. Aber der Zweite Weltkrieg ließ auch in dieser Hinsicht zunächst manches zusammenbrechen: Da weit über 50 Prozent der deutschen Pfarrer zum Kriegsdienst eingezogen wurden, wurde der volle Einsatz der Theologinnen im Pfarramt notwendig und deshalb auch plötzlich möglich.

Die verschiedentliche Behauptung, die Praxis habe sich als Schrittmacher in der theologischen Entwicklung erwiesen[63], ist dennoch eine Karikatur. Denn die aporetische Situation der *Theologinnen* führte zu deren theologischer Dauerreflexion über das Verhältnis von Wort und Sakrament, von Amt bzw. Ämtern und Gemeinde, von Diakonie, Katechese und Seelsorge zu den geistlichen Vollmachten, von Mann und Frau – in neuer Perspektive auf Schrift und Tradition. Nur diese theologische Reflexion, gebündelt in einem Zeitschriftenorgan der bald zu einem Verband vereinigten deutschen Theologinnen[64], gab ihnen die Möglichkeit, bei den *Kirchenleitungen* überhaupt etwas in Bewegung zu bringen. Und diese ließen sich durchaus nicht einfach durch die Theologinnen und die Notsituation des Zweiten Weltkrieges unter Druck setzen. Wie fast völlig vergessen[65], beauftragte die Bekennende Kirche – fast alle Theologinnen gehörten ihr an – ihre erreichbaren wissenschaftlichen Theologen unter Einschluß einiger Theologinnen mit einer *kommissarischen Arbeit* zur Klärung der Vikarinnenfrage. Diese Arbeit erhob wiederum durchaus nicht den faktischen Pfarramtseinsatz der Theologinnen zur Norm. Sie wurde an drei Wochenenden der Jahre 1941/42 im Anschluß an Grundsatzreferate vor allem von E. Käsemann, O. Michel und E. Wolf sowie an Thesen des Theologinnenverbands (zum besonderen Amt der Frau!) in einer kontroversen Diskussion mit deutlichen Lernschritten geleistet und in einem fast 20seitigen Memorandum, zugespitzt zu einem Votum, zusammengefaßt. Der klägliche Erfolg war: Die *Hamburger Bekenntnissynode der Altpreußischen Union von 1942* beschloß mit Folgen für die weiteren kirchengesetzlichen Regelungen, die Theologinnen zum *lebenslänglichen Vikariat* zu ordinieren, dessen Funktionen der *Spezialisierung* vor dem Krieg entsprachen (wenn auch mit Zugeständnis der Sakramentsspendung in diesem speziellen Bereich); die Überschreitung dieser Funktionen auf den öffentlichen Gemeindegottesdienst hin wurde für den Notfall eingeräumt und so die nur äußerlich rezipierte *Notstandstheorie* Luthers und Calvins (s. o. IV) festgeschrieben.

Dieser Beschluß war zwar insofern – nicht nur für Deutschland – wirklich

---

[63] Z.B. Senghaas-Knobloch (s. Anm. 10), S. 30 u. 39ff.
[64] Die Zeitschrift erschien ab 1930 unter dem Titel »Mitteilungen des Verbandes der ev. Theologinnen«, ab 1941 unter dem Titel »Die Theologin« mit Unterbrechungen bis hinein in die 60er Jahre. Vgl. auch die Bücher von M. Heinsius, Chr. Bourbeck, A. Paulsen
[65] Die folgenden Ausführungen stützen sich auf ungedrucktes Material, in das mir Prof. E. Käsemann mit mancherlei Erläuterungen zu den Zeitumständen Einblick gab: »Vervielfältigung des ausgewählten Materials aus der Kommissionsarbeit der Bekennenden Kirche zur ›Vikarinnenfrage‹, ausgewählt v. H. Schulte« (100 Sn).

bahnbrechend[66], als die Nachkriegszeit weiterhin vom Pfarrermangel bestimmt blieb und darüber hinaus die theologische Inkonsistenz der Notstandstheorie irgendwann einmal zu Bewußtsein kommen mußte. Aber dies konnte eben auch in der Form geschehen, daß zum Beispiel ein W. Trillhaas noch 1958 bemerkte, der viel größere kirchliche Notstand sei gewesen, »daß in Gemeinden eine Frau reden mußte, während anwesende Männer... geschwiegen haben«[67]. Und vor allem war die Notstandstheorie in der kommissarischen Arbeit selber einhellig als unzureichend abgewiesen worden, um allerdings am Schluß des Memorandums noch eine Rolle zu spielen.

> Eben deshalb opponierte E. Wolf schon Anfang 1943 gegen jenen Beschluß als weder dem Memorandum noch vor allem der kommissarischen Arbeit entsprechend. Er hatte – wie H. Diem und J. Schniewind – an der dritten Sitzung nicht teilnehmen können und gehörte nicht zu den Verfassern des Memorandums, das nicht zuletzt aus Rücksichten auf die innerprotestantische Ökumene wesentlich vom »rechten Flügel« (P. Brunner, E. Schlink) mitbestimmt war und ambivalent blieb.

Das Memorandum hatte zwar im Rückgriff auf das Amtsverständnis der Bekenntnisschriften und die biblisch-reformatorische Vorstellung vom allgemeinen Priestertum ein am Dienstbegriff orientiertes, funktionales Amtsverständnis entwickelt, von dem aus der Ausschluß der Frau vom kirchlichen Amt nicht zu begründen und nur im Sinne des Rechtsverzichts zu verstehen sei. Und im Rückgriff auf die biblische Charismenlehre hatte es über die (lutherische) Reformation hinaus das Modell eines in sich gegliederten Amtes entwickelt, dessen Ämter alle im vollen Sinne geistlich seien und Raum ließen für das besondere Amt der »Prädikantin«. Aber obwohl der mißbrauchte Begriff der Schöpfungsordnung, der in bezug auf das Obrigkeitsproblem im Dritten Reich abgewirtschaftet hatte, als solcher im Memorandum nicht mehr auftaucht, blieb doch in ihm die Unterordnung der Frau unter dem Titel des Schöpferwillens oder des Gesetzes nicht nur zentral – sie wurde auch in prinzipiellen, nur im Notfall aufhebbaren Rechtsverzichten der Prädikantin festgeschrieben und unter anderem mit der »Männlichkeit Gottes« begründet. Die Männlichkeit Gottes aber hatte in der kommissarischen Arbeit direkt nur einmal, indirekt in der vorübergehenden Verweigerung der Abendmahlsspendung (Gegenwart Christi!) eine Rolle gespielt. Ihre Herausstellung hätte konsequenterweise nicht nur das Zugeständnis der Abendmahlsspendung im speziellen Bereich (z. B. an weiblichen Gefangenen), sondern aufgrund des deutlich erkannten Zusammenhangs von Wort und Sakrament auch das Zugeständnis jeglicher geistlicher Vollmacht verhindern müssen. Schließlich hatte man in der kommissarischen Arbeit mehrfach das Problem gestreift, daß die

---

[66] I. Bertinetti (s. Anm. 33), S. 174
[67] S. Anm. 4, S. 33
Weitere Literatur ist in Fülle in den Literaturverzeichnissen der angegebenen Titel zu finden.

paulinische Unterordnungsthese samt ihren Begründungen durch eine unangemessene (rabbinische) Auslegung von Gen 1–3 bedingt ist. Nicht zuletzt deshalb wohl hatte H. Diem, der den Begriff des Rechtsverzichts in die Diskussion einführte, weit vorausweisend für völlige Gleichstellung und Gleichberechtigung der Theologin plädiert und das Memorandum *nicht* unterschrieben.

Wenn über dreißig Jahre später fast in ganz Deutschland das Pfarrerdienstrecht ohne Abstriche auf die Theologin angewandt und so deren formale Gleichberechtigung festgeschrieben wurde, setzt das nach allem nicht nur die Wiederbesinnung auf das reformatorische *Amts-, Kirchen-* und *Sakraments-* verständnis, sondern darüber hinaus ein Mehrfaches voraus: den Abbau der Vorstellung von der prinzipiellen Unterordnung der *Frau* (auch das unhierarchisch gedachte Amt bleibt ja Amt der Gemeindeleitung!), die Abwendung von der Fixierung auf die Männlichkeit und »Herr«schaft *Gottes bzw. Jesu Christi* sowie auf ein unpaulinisches und unreformatorisches *Gesetzes-* und *Ordnungs*verständnis, den Abbau der Diastase von *Gnade* und *Recht*. Solange diese Voraussetzungen theologisch nicht *explizit* gemacht und mitsamt der (reformatorischer Freiheit) entsprechenden *Bibelauslegung* den Gemeinden vermittelt werden, muß das Pfarramt der Frau ein dunkler und wunder Punkt bleiben. Auf der anderen Seite kann die Frau auch unter Voraussetzung eines unreformatorischen Amtsverständnisses zur Amtsträgerin werden, *wenn* einmal die Unterordnungsvorstellung abgebaut ist.

Es hat demnach seinen Grund, wenn schon bald von Theologinnen geklagt wurde, die Frau sei – abgesehen von der bleibenden Differenz zwischen geschriebenem und lebendigem Recht – bloß in bestehende Strukturen von Amt und Gemeinde integriert. Und zwar unter Verlust reformerischer Impulse, die den Weg der protestantischen Theologin zur Pfarrerin kennzeichnen: Aufwertung des Diakonischen, allgemeines Priestertum, also lebendigere Gemeinde, Gliederung des Amts, also Spezialisierung und partnerschaftliche Gemeindeleitung. Es hat auch seinen Grund, wenn ein feministischer Bildersturm auf die fast ausschließlich männliche Metaphorik in der kirchlichen Sprache und Theologie eingesetzt hat. Ob und wann er unsere Kanzeln erreicht, bleibt abzuwarten. Nötig ist er nach allem gewiß. Die Reformation der Kirche ist auch in dieser Hinsicht noch unvollendet. Nur wäre es fatal, wenn sie verhindert würde durch eine *Fixierung* auf die »Weiblichkeit Gottes«, die – ebenso wie der Terminus »Feminismus« – nur mit umgekehrten Vorzeichen sexistisch ist.

Wolfgang Steck

Im Glashaus:
Die Pfarrfamilie als Sinnbild christlichen und bürgerlichen Lebens

Das Haus auf dem Berge

Das Pfarrhaus ist ein Haus mit gläsernen Wänden. »Es ist das öffentlichste Haus im ganzen Dorfe; es wird von keinem Hause so viel geredet, als vom Pfarrhause und dem, was auf der Pfarre sich zuträgt.«[1] Das Pfarrhaus ist »die Stadt, die auf einem Berge liegt«[2] – eine biblische Metapher, die in anspruchsvoller Weise die sinnbildliche Bedeutung des pastoralen Hauses unterstreicht und die zugleich auch eine direkte Beschreibung des pastoralen Lebens auf dem Dorfe gibt. Das Haus auf dem Berg ist der zur Anschauung gewordene Inbegriff frommen Familienlebens, ein Exempel praktischen Christentums. Und doch bleibt das Haus der heiligen Familie seltsam unwirklich, in eine Aura gehüllt, die es dem Himmel näherrückt als der Erde.

Das Pfarrhaus ist zugleich die Stadt im Dorf, ein exemplarischer Ausschnitt städtischer, bürgerlicher Lebenswelt auf dem Lande. Städtische Kultur kenn-

---

[1] C. Büchsel, Erinnerungen aus dem Leben eines Landgeistlichen (1861), 1907⁹, S. 112
[2] Christian Palmer, Evangelische Pastoraltheologie, 1860, S. 123

zeichnet den Lebenszuschnitt der Pfarrfamilie, ihre modische Kleidung wie ihre gepflegten Umgangsformen, ihre privaten Interessen und natürlich ihre Bildung, ihre Sprache. Auch wenn sich das Haus auf dem Berge nach seiner Außenseite ganz in die darunterliegenden Bauernhäuser einreiht und sich harmonisch ins Dorf einpaßt, das Interieur ist aus einer anderen, der bürgerlichen Welt. Bilder und Bücher, Kunst und Dichtung, Musik und Gespräch füllen das aparte Haus aus. Sie sind die Accessoires der zugleich religiösen wie bürgerlichen, der in zweifacher Weise exemplarischen Familie.

Der Pfarrer macht »wenigstens in der Mitte der Bauern eine von ihnen unterschiedene Figur«[3]. Und in seiner Andersartigkeit, seiner Fremdartigkeit ist auch die Faszination begründet, die das Pfarrhaus auf die anderen ausübt, auf die großen Dichter und Denker, die in der Blütezeit des ländlichen Pfarrhauses, am Ende des 18. und dann im 19. Jahrhundert, die Idylle der pastoralen Familie schreiben, und auf die anonymen Poeten des Alltags, die bis in die Gegenwart Gerüchte um das Pfarrhaus spinnen und in oft seltsam verfremdeten Erzählungen den aparten Lebensstil seiner Bewohner auf ihre Weise verdichten. Und wie Goldsmith im »Vicar of Wakefield«, Goethe in »Dichtung und Wahrheit«, Voß in der Idylle »Luise«, Lenz in seinem Gedicht »Der Landprediger«, wie schließlich die Pfarrer-Romane des 19. Jahrhunderts die Gestalt des Pfarrers nicht in seiner beruflichen, sondern in seiner privaten Lebenswelt portraitieren, so finden auch die alltäglichen Erzählungen vom Pfarrhaus ihren Stoff in den intimen Lebensbeziehungen der Pfarrfamilie, im Innenleben des gläsernen Hauses.

Seinen Bewohnern erscheint das Pfarrhaus denn auch als eine Bühne, ihr familiäres Leben als Theater. Als spielten sie ihr privates Leben anderen vor, als führten sie ihre Ehe für andere, erzögen ihre Kinder für andere, als inszenierten sie die intimen Szenen des Familienlebens für andere; kurz: als führten andere Regie im Glashaus, so stellt sich der Pfarrfamilie ihre eigene Welt dar, jene bürgerliche Lebenswelt, die sich das klassische bürgerliche Theater als Spiegel ihrer selbst schuf und die Puppenstube als Miniatur ihres Lebenskreises. Aus dem Glashaus dringt vor allem das nach draußen, was nur für seine Bewohner bestimmt war. Draußen verliert es dann seine ursprüngliche, seine lebendige Bedeutung. Sinnleer und gebrochen kommt es schließlich durch die gläsernen Wände zurück, ein Zerrbild pastoralen Familienlebens.

Die Erfahrung, daß in dem Haus auf dem Berge nichts im verborgenen geschieht, belastet seine Bewohner. Und sie gefährdet ihren Lebensstil. Denn die Transparenz seiner Außenwände widerspricht gerade der Idee des bürgerlichen Hauses. Das bürgerliche Haus lebt davon, daß seine Innenseite nicht eingesehen, nicht beobachtet und nicht veröffentlicht werden kann. Die vorbürgerliche Gesellschaft ist die transparente Welt, in der nichts unbemerkt

---

[3] Ebd.

Die Pfarrfamilie als Sinnbild christlichen und bürgerlichen Lebens

geschieht, weil sich alles in der Öffentlichkeit abspielt, vor den Augen der anderen und unter ihrer Kontrolle.

Das bürgerliche Haus bildet sich, im Kontrast dazu, als intime Gegenwelt. Das Pfarrhaus entstand, als die Fenster der Häuser mit Glas verschlossen wurden. Und es erlebte seine Blütezeit, als die Fenster mit Tüll verhängt oder durch Butzenscheiben ersetzt wurden, die alles herein, aber nichts hinaus lassen. Wie sich die bürgerliche Welt draußen eine eigene Konvention repräsentativer Selbstdarstellung erstellte, die Mode, die man trug, die Umgangsformen, die man pflegte, so entwickelte sie im Innern des Hauses eine gefühlsbetonte, intime Atmosphäre. Das bürgerliche Haus wurde zur Lebenswelt der kultivierten Persönlichkeit, zu einem Kunstwerk individueller und damit unkonventioneller Lebensgestaltung. Das Ideal der Häuslichkeit, Geborgenheit und Muße, machte alle Lebensbeziehungen im Hause einmalig und unverwechselbar. Die Ehe ging nicht mehr in der Familie auf. Die Kinder wurden nicht mehr als kleine Erwachsene betrachtet. Die Angestellten gehörten nicht mehr zur Familie, sondern zum Haus. Sie bekamen ihre eigenen Kammern, die Kinder ihre Kinderzimmer, die Eltern ihr Schlafzimmer. Jedes Zimmer wurde zu einem eigenen, unverwechselbaren Lebensraum, mit dem Ambiente einer eigenen Welt ausgestattet, die zugleich als Produkt und als Spiegelbild bürgerlicher Individualität begriffen wurde.

Nirgends wird seitdem die Häuslichkeit, die Umgrenzung der individuellen Lebenswelt so gehütet wie im Pfarrhaus. Keine Familie kultiviert ihren eigenen Lebensstil so hingebungsvoll wie die Pfarrfamilie. Keiner widmet sich mehr der individuellen Gestaltung der familiären Lebensbeziehungen als der Pfarrer, seine Frau und seine Kinder. Wenn irgendwo, dann findet die Idee der bürgerlichen Familie im Pfarrhaus ihre exemplarische Verwirklichung. Für die Pfarrfamilie ist das Pfarrhaus die Sinnwelt, aus der sich ihr das Leben erschließt; für die Kinder ist es der Maßstab, an dem sie ihre späteren Erfahrungen messen. Kein Pfarrerskind verläßt das Haus, ohne symbolisch immer wieder dorthin zurückzukehren. Das Pfarrhaus ist für seine Bewohner ein unverlierbarer Kosmos an Erfahrung und Erleben. Es ist mehr als ein Vorbild. Es ist Sinnbild unverwechselbarer Lebensidentität.

Das Bild, das die bürgerliche Literatur von der Pfarrfamilie entwirft, entspricht durchaus der Individualisierung ihres Lebensstils. Noch in der zur literarischen Idylle stilisierten pastoralen Familienkultur ist die Bedeutung aufgehoben, die das Bürgertum der in sich stimmigen Sinnwelt des pastoralen Hauses beimißt. Selbst der im alltäglichen Gerücht verbrauchte Stoff verdichtet sich zu Bildern, die das Aparte an den pastoralen Personen stilisieren und so mitunter originelle Karikaturen zeichnen. Auch die pastoralen Ratgeber des 19. und 20. Jahrhunderts, Handbücher des pastoralen Lebensstils und Leitfäden für die Selbstdarstellung der pastoralen Familie, sind um deren Originalität besorgt. Das bürgerliche Pfarrhaus soll apart bleiben. Der Landgeistliche darf nicht »verbauern«⁴. Aber mit der Verbürgerlichung der Gesellschaft verlor der einst aparte Lebensstil der Pfarrfamilie sein eigenwilliges Profil. Die bürgerliche Individualität fiel ihrer Trivialisierung zum Opfer. Nicht die Originalität, sondern die Konvention – selbst ein Produkt der bürgerlichen Lebenshaltung – wurde zum Maßstab, der sich nun gegen die Pfarrfamilie wendete. Das Innenleben des Pfarrhauses wurde meßbar. Und gemessen und bewertet wird es seitdem nach dem von ihm selbst gesetzten Maß, an den vom Pfarrer proklamierten bürgerlichen Tugenden. Sie wurden zu Grenzen der Individualität. Und an ihren Grenzen droht die bürgerliche Welt des Pfarrhauses zu scheitern.

Die Handbücher des pastoralen Familienlebens nehmen sich denn auch als pathetische Proklamationen eines wohl berechtigten, aber in der Trivialität mittelmäßiger Konvention erstarrten Anspruches aus, den die Pfarrfamilie an sich selbst zu stellen hat, weil ihn andere an sie stellen. Sie fordern vom Pfarrer und seiner Familie »Weisheit und Mut, das Pfarrhaus... zu der Stufe von Vorbildlichkeit zu erheben und in dem Maße von christlichem Wohlstand zu erhalten, daß es seiner Nachbarschaft bei der Kirche Ehre macht und Herd frommer Sitte für die Gemeinde werde«⁵. Und sie schärfen das Bewußtsein des Pfarrers dafür, »daß er auch mit seinem Privatleben eine öffentliche Person, nämlich aber diejenige Person ist, in deren ganzem Wesen und Erscheinen die Gemeinde eine Personification des Christenthums selber, ein lebendiges Symbol des christlich Wahren und Guten erblicken und verehren will«⁶.

Das Pfarrhaus ist immer Vorbild und Sinnbild christlicher Lebensführung gewesen und ist es bis in die Gegenwart geblieben. Seit der Reformation steht das Wohnhaus der Pfarrfamilie neben der Kirche. Und in dem Ensemble von Pfarrhaus und Kirche, von bewohntem und unbewohntem Haus, drückt sich der eigentümliche Charakter protestantischer Frömmigkeit aus. Die Kirche wurde im Zuge der Neuzeit immer mehr zu einem Haus, dessen Bedeutung sich mit seiner repräsentativen Außenseite verbindet. Daß die Kirche im Dorf bleiben soll, wünschen sich vor allem auch diejenigen, die sie nur selten und dann bezeichnenderweise zu familiären Feiern aufsuchen. Das Pfarrhaus, das belebte Haus, erhält seine Bedeutung dagegen von seinem Innenleben. Es ist der Pfarrer und seine Familie, über die protestantische Frömmigkeit, protestantische Lebenshaltung und Lebenskultur vermittelt wird. In der Begegnung mit dem Pfarrer und seiner Familie realisiert sich protestantische Kirchlichkeit⁷. Das Erbe der Reformation besteht in der Formulierung eines neuen Verständnisses christlichen Glaubens und zugleich in dessen anschaulicher

---

⁴ Palmer, a.a.O., S. 153
⁵ Nitzsch bei Baumgarten, Protestantische Seelsorge, 1931, S. 160
⁶ Palmer, a.a.O., S. 123
⁷ Dies belegen verschiedene Untersuchungen zur Mitgliedschaft in der Volkskirche, am deutlichsten die Studie »Wie stabil ist die Kirche?« (hrsg. von H. Hild), 1975², S. 275 ff.

Präsentation im evangelischen Pfarrhaus. In den weltlichen Institutionen, in Ehe und Familie, verwirklicht sich der reformatorische Glaube[8]. Und die Einheit von reformatorischem Glauben und protestantischer Lebensführung wird nirgends so greifbar wie im evangelischen Pfarrhaus.

Der Beruf des protestantischen Geistlichen ist deshalb ohne sein Haus nicht zu beschreiben und nicht zu begreifen. Und umgekehrt ist die Entwicklung der neuzeitlichen Ehe und Familie nicht ohne das Pfarrhaus zu denken. Wie jede Zeit ihre eigene Auffassung der intimen Lebensverhältnisse, aus denen die individuelle Frömmigkeit jedes einzelnen entsteht und in der sie sich lebensgeschichtlich formuliert, im gläsernen Haus der Pfarrfamilie wiedererkennt und wie sich jede Zeit ihres eigenen Verständnisses christlicher Lebensführung im Spiegel der pastoralen Familie vergewissert, so sind umgekehrt auch die Lebensformen des symbolischen Hauses zeitgebunden. Keine Pfarrfamilie lebt wie ihre Vorgänger, auch wenn sie dasselbe Haus bewohnt. Gerade darin dokumentiert sich der weltliche, der geschichtliche Charakter der häuslichen Institutionen.

Aus dem ganzen Haus, der Kommunität, die Luthers Wittenberger Kloster bevölkerte, wurde die bürgerliche Familie, der Zwei-Generationen-Haushalt der Neuzeit. Die historische Entwicklung der Familie bleibt freilich auch in der Gegenwart nicht stehen. Vielen Pfarrern sind die aus dem Bürgertum überkommenen Lebensformen fremd geworden. Sie experimentieren mit neuen Fassungen ihrer häuslichen Lebensverhältnisse. Und sie erproben sie nicht nur für sich selbst, sondern mit dem Anspruch einer für unsere Zeit notwendigen Verbindlichkeit. Das Glashaus verleiht den neuen Lebensformen öffentlichen, verbindlichen Charakter. Es erinnert seine Bewohner ständig daran, daß die Gestaltung ihrer Ehe und ihrer Familie zwar ihre individuelle Lebensaufgabe darstellt, daß in der Pfarrfamilie gleichwohl jene Institutionen bewahrt und weitergeführt werden, die historisch gleichzeitig mit dem Pfarrhaus entstanden, die neuzeitliche Ehe und Familie. Die ganz nach innen gekehrte und aus der Intimität entwickelte Paarbeziehung – das Ideal vieler pastoraler Paare der jüngeren Generation – stellt auch keineswegs einen radikalen Bruch mit den bürgerlichen Vorstellungen häuslichen Lebens dar. Sie entspricht vielmehr in vielen ihrer Züge dem gefühlvoll verklärten Familienleben der Romantik. Die bürgerliche Tradition entläßt ihre Kinder nicht. Sie holt sie hinter ihrem Rücken immer wieder ein.

Das Pfarrhaus ist ein bürgerliches Haus. Aber es ist mehr als dies. In einer eigentümlichen Gleichzeitigkeit des Ungleichzeitigen sind im Lebensstil der Pfarrfamilie die historisch aufeinander aufbauenden und einander ablösenden

---

[8] Für P. Drews verdichtet sich das reformatorische Verständnis des pastoralen Berufs im Bild des freien Bürgers, der seinem Beruf nachgeht wie andere Bürger, der wie sie eine Ehe eingeht, ein Haus führt und Kinder erzieht. »Die Reformation hat den geistlichen Stand zu einem bürgerlichen Stand gemacht« (Der evangelische Geistliche in der deutschen Vergangenheit, 1924², S. 7ff., 10).

Stadien ihrer Entwicklung nebeneinander und ineinander präsent. Kein Pfarrhaus gleicht dem anderen. Jede Pfarrfamilie erstellt ihre eigene unverwechselbare Lebenswelt. Sie entwickelt ihre eigenen, gerade sie kennzeichnenden Lebensformen, ihre individuelle Lebensatmosphäre und ihr charakteristisches Milieu. Sie entwirft die Innenwelt des Glashauses, indem sie in ihrer Weise auf die Geschichte der Pfarrfamilie zurückgreift.

Das ganze Haus

Das Pfarrhaus der Reformation war ein großes Haus. Zu Luthers Haushalt gehörten neben den Eltern und ihren sechs Kindern deren Hauslehrer, Luthers Famuli und Amanuenses, Wittenberger Diakone, die Muhme Lena und die fünf Waisen von Luthers Schwester, dazu eine wechselnde Zahl von Kostgängern und natürlich die vielfältigen und vielzähligen Besucher, die alle für einige Zeit Unterkunft im Wittenberger Kloster fanden. Die Tür des Pfarrhauses stand allen offen. Und sie alle bildeten das Haus, im damaligen Sprachgebrauch mit der ganzen häuslichen Lebensgemeinschaft synonym. Die Beziehungen, die die vielen Hausbewohner untereinander unterhielten, waren gewiß recht unterschiedlich. Aber keines der Mitglieder des ganzen Hauses lebte von der Familie im engeren Sinn getrennt. Es gab die neuzeitliche Familie noch gar nicht, sondern eben die große Gemeinschaft des Hauses, zu der jeder auf seine Weise gehörte. Das erste Pfarrhaus war freilich auch ein großes, offenes und turbulentes Haus. Als der Fürst von Anhalt einmal darin einkehren wollte, wurde er gewarnt: »Im Hause des Doktors wohnt eine wunderbar gemischte Schar aus jungen Leuten, Studenten, jungen Mädchen, Witwen, alten Frauen und Kindern bestehend, weshalb große Unruhe in dem Hause ist, deretwegen viele Luthern bedauern.«[9]

Das reformatorische Pfarrhaus war auch keineswegs nur Wohnhaus, Stätte gemütlicher Häuslichkeit, wie spätere bürgerliche Idyllen das urbildliche Leben der ersten Pfarrfamilie stilisierten: Luther im Kreise seiner Lieben, die Hände am Cembalo, den Begleiter an der Laute daneben; oder: Luther mit den Seinen vor dem Weihnachtsbaum, die Laute auf dem Schoß, auf dem Tisch die Geschenke, Ausdruck bürgerlicher Festkultur. Luthers Haus war ein Wirtschaftsbetrieb. Kaum hatte der Kurfürst Friedrich der Weise dem ersten pastoralen Ehepaar das leerstehende Augustiner-Eremiten-Kloster überlassen, da wurde ein Garten angelegt. Äcker und ein Fischteich wurden erworben, Schweineställe gebaut. Das Haus wurde unterkellert. Selbst die Braugerechtigkeit, die an dem Kloster haftete, machte sich die Familie zunutze. Für Luthers Vorlesungen wurde ein Kollegsaal eingerichtet, für die Studenten eine Kegelbahn, auf der der Reformator selbst die Partie zu eröffnen pflegte, mit wech-

---

[9] A. Hausrath, Luthers Leben, 1904, Bd. 2, S. 176

Die Pfarrfamilie als Sinnbild christlichen und bürgerlichen Lebens

Das Augustiner-Eremitenkloster, das Martin Luther seit seiner Heirat bewohnte

Martin Luther im Kreis seiner Familie – Gemälde aus dem 19. Jahrhundert

selndem Erfolg allerdings, wie berichtet wird. Für den verkrüppelten Famulus Sieberger wurde ein Vogelherd erstellt und eine Drechselbank konstruiert.

Die vielfältigen Arbeiten spielten sich nicht abseits des familiären Lebens ab. Sie waren selbst das familiäre Leben. Wenn Luther am Schreibtisch arbeitete, spielten seine Kinder am Boden. Die harmonische Verwebung von Arbeit und Leben, die untrennbare Einheit von Arbeitszeit und Lebenszeit machte das reformatorische Pfarrhaus zum Urbild des »ganzen Hauses«, das W. H. Riehl[10] im 19. Jahrhundert in anachronistischer Weise und in historisch verzerrter Verklärung dann zum Ideal der neuzeitlichen Familie erklärte.

Züge des ganzheitlichen Familienlebens sind dem pastoralen Haus bis in die Gegenwart erhalten geblieben. Keine Familie nimmt ihre Mitglieder so uneingeschränkt in Beschlag wie die Familie im Pfarrhaus. Innerhalb der Grenzen der pastoralen Welt, im Pfarrhaus, entwickelt sich die familiäre Lebenskultur, die die Lebensgeschichten aller an ihr Beteiligten ebenso prägt wie die sozialen Beziehungen, die Ehe und das Verhältnis der Generationen untereinander. Jedes Pfarrhaus hat sein eigenes familiäres Interieur, das liebevoll gepflegt, ja geradezu verehrt wird: die Familienbilder an den Wänden, auf der Kommode die Blockflöten der Kinder, Vaters Cembalo in der Ecke, Mutters Geige im Kasten und natürlich die Bücher, die jeder besitzt, der Schatz des Hauses. Jedes Pfarrhaus hat seine eigene Zeit, das Zeitmaß der Familie. Der Rhythmus des Tages ist rituell geordnet. Die gemeinsamen Mahlzeiten, die Tischgespräche, der Nachmittagskaffee, Vorleseabende und Streitgespräche bis in die Nacht machen den Ablauf des Tages zur Zeit der Familie. Auch die Jahreszeit folgt den Gesetzen des Familienlebens. Die Geburtstage der Familienmitglieder werden zelebriert, Taufen und Konfirmationen, Hochzeitstage und private Feste, in denen die Familie ihre eigene Geschichte festhält und fortschreibt. Die Pfarrfamilie hat ihre eigene Sprache, deren Bedeutung sich nur ihren Mitgliedern erschließt. Sie entwickelt einen Kosmos kultureller Orientierungen, der Eltern und Kinder auch dann noch zusammenschließt, wenn sie sich längst getrennt haben. Die Familien, die Pfarrerskinder gründen, die Berufe, die sie ergreifen, die privaten Interessen, die sie pflegen, die soziale Welt, die sie um sich aufbauen: ihre ganze Wirklichkeit ist ein Abbild des Hauses, aus dem sie kommen. Sie erkennen sich selbst in ihrem Vaterhaus wieder, das zugleich ihr Pfarrhaus war und ist. Und wie die anderen die Kinder und die Frau des Pfarrers aus dem Haus begreifen, in dem sie leben, so verstehen sie sich selbst aus ihrem Haus[11].

Als Vaterhaus wird das Pfarrhaus vor allem deshalb erlebt, weil der Beruf des Pfarrers ein häuslicher Beruf ist. Die neuzeitliche Gesellschaft unterscheidet

---

[10] W. H. Riehl, Die Familie, 1925[13], S. 158ff.
[11] Biographien von Pfarrerskindern belegen diesen Tatbestand in eindrucksvoller Weise (vgl. M. Greiffenhagen, Pfarrerskinder, 1982)

deutlich zwischen verschiedenen Sphären des alltäglichen Lebens. Die private und die öffentliche Welt stehen einander in scharfem Kontrast gegenüber. Und gerade der alltägliche Wechsel der Lebensräume verleiht dem Wohnhaus erst seinen unverwechselbaren, seinen häuslichen Charakter. Wenn man zur Arbeit geht, verläßt man das Haus und verschließt die Tür. Erst wenn die Arbeitszeit zu Ende ist, kehrt wieder Leben im Hause ein.

Im Pfarrhaus ist das anders. Hier gibt es die Trennung von Innenwelt und Außenwelt nicht. Sie ist vom Vater des Hauses außer Kraft gesetzt. Denn der Pfarrer kennt weder die strikte Trennung von Arbeitszeit und Freizeit noch die genaue Unterscheidung von Wohnhaus und Arbeitsstätte. Er wohnt nicht nur im Haus, sondern er arbeitet zu Hause. Er ist zu Hause, was er von Berufs wegen ist. Er redet mit seiner Frau und mit seinen Kindern in pädagogischer Absicht. Er tröstet sie wie ein Seelsorger. Und bei Tisch hält er Predigten. Sein Beruf füllt das ganze Haus. Und umgekehrt ist sein Arbeitszimmer kein ausgesonderter Arbeitsplatz, kein Büro, sondern ein Wohnraum, eine zweite, ja die gute Stube. Am Abend sitzt die Familie auf derselben aus dem Wohnzimmer ausrangierten Couch, auf der sonst Traupaare oder Seelsorge suchende Gemeindemitglieder Platz nehmen. Wie die beruflichen Situationen des Pfarrers von Privatheit und Intimität gekennzeichnet sind, so nimmt die Familie umgekehrt in ihren privaten Beziehungen an seiner beruflichen Welt teil. Und wie die Familie ihren Vater immer zugleich als Pfarrer erlebt, so nehmen die anderen den Pfarrer, ihren Pfarrer, als Vaterfigur wahr. Der Pfarrer ist in seiner Gemeinde zu Hause. Und in seinem Hause ist er im Beruf.

In der alle Lebensbeziehungen umfassenden, in sich geschlossenen Welt des reformatorischen Pfarrhauses entdeckte später das Bürgertum das Ideal des Hauses, das Vorbild universellen Familienlebens. In dem ebenso das ganze Leben umgreifenden Beruf des Pfarrers erkannte die bürgerliche Zeit das Ideal des familiären Berufs, die klassische Figur des Hausvaters wieder. Die »Hausväterliteratur« und die »Predigten über den christlichen Hausstand«[12] entfalteten die idealen Grundzüge familiären Lebens. Und gerade die von Luther aus der Antike übernommene Berufsethik des Hausvaters, in dessen Figur sich die Rolle des Richters, des Priesters und des Lehrers miteinander vereinen, verlieh der bürgerlichen Familie ihr charakteristisches Profil. Das Haus, die oeconomia christiana, bildete einen eigenen Mikrokosmos, in dessen Schöpfungsordnung sich die natürliche Ordnung der Gesellschaft widerspiegelt. Wie die Außenwelt der Familie, so ist auch ihre Innenwelt hierarchisch geordnet. Vom Hausvater aus gesehen besteht das Haus aus »Weib und Kind, Knecht und Magd, Vieh und Futter«[13]. Der Vater ist der Regent des ganzen Hauses, die

---

[12] J. Hoffmann, Die »Hausväterliteratur« und die »Predigten über den christlichen Hausstand«, 1959
[13] M. Luther, Der 127. Psalm ausgelegt an die Christen zu Riga (1524), WA 15, S. 364

Eltern regieren die Kinder, die Frau ist Mitregentin des Gesindes. Die von Gott gesetzte Hausordnung macht das Gegenüber von Eltern und Kindern, macht die Gemeinschaft der Eheleute und schließlich das ganze Haus zu religiösen Institutionen. Das christliche Haus ist die wahre Kirche. Die Eltern sind die Apostel, Bischöfe und Pfarrer der Kinder[14]. »Wie eine selige Ehe wäre das, wo solches Ehevolk beisammen wäre und stünden also ihrem Kindlein vor. Fürwahr ihr Haus wäre eine rechte Kirche, ein auserwähltes Kloster, ja ein Paradies. Denn Vater und Mutter werden Gott hier gleich, denn sie sind Regenten, Bischof, Papst, Doktor, Pfarrer, Prediger, Schulmeister, Richter und Herr, der Vater hat alle Namen und Amt Gottes über seine Kinder.«[15]

Eine rechte Kirche, ein auserwähltes Kloster, ja ein Paradies – das sollte jedes bürgerliche Haus dem Ideale nach sein. Ein solches Haus gab es aber wirklich, das Pfarrhaus, wenigstens in dem Bild, das sich die bürgerliche Gesellschaft vom Haus auf dem Berge machte. Hier wurde das ideale Haus jedermann vor Augen geführt, die religiöse Lebensgemeinschaft, in der der Vater Pfarrer ist. Die Pfarrfamilie wurde zum Inbegriff wahren bürgerlichen Familienlebens. In der in sich abgeschlossenen und stimmigen Lebenswelt des Hauses, in seiner »Verschlossenheit und Heiligkeit« ist »das sittliche Eigentum zusammengefaßt«[16]. Und das Eigentum der ideellen bürgerlichen Familie ist nichts anderes als sie selbst, der eigentümliche Lebensstil, die eigene Welt, die sich jede einzelne Familie schafft. Die Familie wurde in der Zeit des Bürgertums als individuelles Abbild der Gesellschaft begriffen. »Haus und Hof repräsentirten alle Elemente der Kultur.«[17] Die Familie ist eine in sich geschlossene »Totalität alles dessen, was sonst nur zerspalten vorhanden ist«, eine »vollständige Repräsentation der Idee der Menschheit«[18].

Das nach innen gekehrte Haus

»Willst du die Menschheit vollständig erblicken, so suche eine Familie«, sagt Friedrich Schlegel[19]. Und als Urbild der in der Familie symbolisierten Menschheit und Menschlichkeit entwirft die bürgerliche Gesellschaft ein symbolisches Familienbild: die pastorale Familie. Die Pfarrfamilie wird zum Bild stilisiert, als dessen Abbild sich jede andere bürgerliche Familie begreift. Und je mehr Konturen, je mehr Farbe und Ausdruck das Bild vom Pfarrhaus bekommt, um so idyllischer gestalten sich seine Züge. Keinem anderen gelingt die Idylle des bürgerlichen Pfarrhauses auf dem Lande und auch schon

---

[14] M. Luther, Vom ehelichen Leben (1522), WA 10/2, S. 301
[15] M. Luther, Predigten über das 2. Buch Mose, WA 16, S. 490
[16] F. D. E. Schleiermacher, Ethik (1812/13), hrsg. von H.-J. Birkner, 1981, S. 289
[17] Derselbe, Brouillon zur Ethik (1805), hrsg. von O. Braun, 1913, S. 120, Anm. 2
[18] A.a.O., S. 134
[19] F. Schlegel, Ideen, Athenäum 3 (1800), S. 32

deren bürgerliche Ironisierung treffender als Goethe: »Ein protestantischer Landgeistlicher ist vielleicht der schönste Gegenstand einer modernen Idylle...; er ist Vater, Hausherr, Landmann und so vollkommen ein Glied der Gemeinde. Auf diesem reinen, schönen, irdischen Grunde ruht sein höherer Beruf.« Natürlich gehört zur Idylle der bürgerlichen Pfarrfamilie »des Landgeistlichen Hausfrau«, die »von der tätigen, guten Art ist, die es sich und den Ihrigen an nichts fehlen läßt, aber auch dafür auf sich und die Ihrigen etwas einbildisch ist«. Und zur vollkommenen heiligen Familie gehören auch »zwei Töchter, Olivie, schön und mehr nach außen, Sophie, reizend und mehr nach innen gesinnt«, und endlich der »fleißige, dem Vater nacheifernde, etwas herbe Sohn, Moses«[20].

Pastor Rautenberg und die Seinen –
Gemälde von K.-J. Milde (19. Jahrhundert), Kunsthalle Hamburg

Vater, Mutter und drei Kinder: die bürgerliche Pfarrfamilie ist klein geworden. Aber sie bedauert es nicht. Denn erst in der Kontraktion des ganzen Hauses zur Kleinfamilie kommt die Familie nun zu sich selbst. Sie schließt das Haus nach außen ab und kehrt sich ganz nach innen. Jetzt erst entsteht auch die Innenwelt des pastoralen Hauses, das Objekt der bürgerlichen Neugierde. Die bürgerliche Familie trennt sich freilich nicht von den Lebensformen des ganzen Hauses. Sie bewahrt sie vielmehr, indem sie sie verinnerlicht, moralisiert und ästhetisiert und damit in einer neuen Gestalt erhält und

[20] J. W. Goethe, Dichtung und Wahrheit II, 10

pflegt. Sie intensiviert die wenigen, überschaubaren familiären Beziehungen. Sie füllt sie mit Gefühlen auf und macht so die alltägliche Wirklichkeit zur gemütvollen Idylle. Die Familie wird zum Ort edler Tugenden. Und in ihrer Aufnahme in den familiären Tugendkatalog werden die sozialen Grundformen des ganzen Hauses moralisch sublimiert. Das Haus wird zur Tugend der Häuslichkeit stilisiert, das Gemüt zur häuslichen Gemütlichkeit, die im Haus bewahrte Sitte zur Sittlichkeit der Familie. Und nirgends wird die Einkehr zu sich selbst so radikal vollzogen wie im Pfarrhaus, durch dessen gläserne Wände nun der Abglanz der zu sich selbst gekommenen Familienindividualität, durch die Familienleben, Familienliebe, Familienordnung und Familiengeist scheint.

Auch das Interieur des bürgerlichen Pfarrhauses wird der neuen Auffassung idyllischen Familienlebens entsprechend umgestaltet. Es wird gemütlich im Haus. Und um die häusliche Gemütlichkeit zu pflegen, zieht sich die Familie in die Ecke zurück. Die Couchecke, das klassische Arrangement spätbürgerlicher Möblierungskunst, wird zum Zentrum des Familienlebens[21]. Der Weg von der Tür zur Ecke wird mit einer Teppichbrücke »ausgelegt«. Und in der Ecke spielen sich dann in symbolischer Sublimierung die Lebensvorgänge ab, die in ihrer direkten und realen Fassung das Leben des ganzen Hauses ausmachten. Man spricht in der Couchecke miteinander, über den kurzbeinig gewordenen Tisch hinweg, freilich nicht in der drastischen, unmißverständlichen Sprache, die Luther bei Tisch benutzte, sondern verhalten und besinnlich, wie für sich. Man ißt in der Couchecke, freilich nicht große Brocken aus Töpfen, man knabbert aus kleinen Schalen. Man arbeitet in der Couchecke, aber nicht für den Lebensunterhalt, sondern zum Vergnügen, um die Zeit zu vertreiben. Die »ostentativ nutzlose Handarbeit«[22] wird geradezu zum Statussymbol der bürgerlichen Familie.

Auch der religiöse Charakter des Hauses wird in der Ecke bewahrt und gepflegt. Das symbolische Leben der Familie entfaltet sich in jener Ecke, die einst den Herrgottswinkel, das häusliche Heiligtum, bildete. Der heilige Bezirk wird nun zum Memorialbezirk, zu einem Ort andachtsvoller Selbstdarstellung und Selbstvergewisserung der Familienidentität. Er ist gerade darin heilig geblieben. An derselben Stelle, an der der Kruzifixus hing und Devotionalien aufgestellt waren, hängen nun Familien- und Ahnenbilder, stehen Gegenstände, deren geheimnisvolle Bedeutung sich gerade nur den Mitgliedern der Familie erschließt. Das Haus hat sich in die Ecke zurückgezogen. Aber es hat dabei die Funktionen des ganzen Hauses in sublimer Fassung bewahrt. Es ist Abbild des religiösen Hauses, des Pfarrhauses, geblieben.

[20] J. W. Goethe, Dichtung und Wahrheit II, 10
[21] Vgl. M. Warnke, Zur Situation der Couchecke, in: J. Habermas (Hrsg.), Stichworte zur »Geistigen Situation der Zeit«, 1979, Bd. 2, S. 673–687
[22] I. Hardach-Pinke/G. Hardach (Hrsg.), Kinderalltag, 1981, S. 34

Die Sublimierung der vielfältigen Funktionen des ganzen Hauses ist als die kulturelle Abschattung sozialer und vor allem ökonomischer Veränderungen zu sehen, die sich an der Wende zur Neuzeit vollzogen. Sie betreffen die Gesellschaft im ganzen und machen daher auch vor deren grundlegender Institution, der Familie, nicht halt. Zugleich ist die Verinnerlichung des Hauses aber auch das durch diese Veränderungen erstrebte und erreichte Ziel. Das ganze Haus, unter dessen Dach gewirtschaftet und verbraucht, gelehrt und gelernt, geliebt und getrauert, gebetet und gesungen wurde, löste sich mit der Ausdifferenzierung des gesellschaftlichen Lebens in die verschiedenen sozialen Teilwelten hinein auf. Gearbeitet wird nun im Betrieb, gelernt in der Schule, gebetet in der Kirche. Viele ihrer ursprünglichen Funktionen hat die moderne Familie an andere gesellschaftliche Institutionen abgetreten. Aber sie hat dadurch an Bedeutung gewonnen. Die Familie wurde nicht zu einer Teilwelt unter anderen. Sie blieb die Mitte der menschlichen Lebenswelt. Und sie wurde erst recht dazu, indem sich das Haus als symbolische Sinnwelt nach außen verschloß und gleichzeitig individuelles Abbild seiner Außenwelt wurde, deren Kontrastbild und Spiegelbild zugleich.

Die Wende vom ganzen Haus zur bürgerlichen Familie, die Lösung des Hauses von seinen wirtschaftlichen Grundlagen und die Kontraktion der großen Hausgemeinschaft zur bürgerlichen Kleinfamilie vollzog sich allmählich. Sie begann etwa in der Zeit der Aufklärung. Erst im Kaiserreich aber kam sie an ihr Ziel. In der kaiserlichen Familie fand das nun als soziale Klasse etablierte Bürgertum das ersehnte Idealbild bürgerlichen Familienlebens, das es im pastoralen Glashaus oft vergeblich suchte[23].

Das vorbildliche Haus

An der Entwicklung des Pfarrhauses in der Zeit der Aufklärung läßt sich der Wandel der Familie in der Neuzeit nicht nur besonders deutlich vor Augen führen. Vielmehr wurde das Pfarrhaus, wurden die pastorale Ehe, die Pfarrfamilie und die Pfarrerskinder in der Aufklärung zu jenem moralischen und pädagogischen Vorbild, das sie seitdem geblieben sind. Und das Pfarrhaus der Aufklärungszeit wurde nicht – wie das bürgerliche und das moderne Pfarrhaus – von anderen zum Vorbild erhoben, meist gegen den Willen seiner Bewohner. Vielmehr entsprach die Idee vorbildlicher Gestaltung der häuslichen und familiären Lebensgemeinschaft, die Vorbildlichkeit der pastoralen Lebensführung ganz dem Selbstverständnis des aufgeklärten Pfarrers und seiner Familie. Sie machten ihr Haus selbst zum Glashaus. Sie stilisierten sich selbst zum Vorbild. Während das bürgerliche Haus von seiner Ästhetik und Symbolik lebt, das bürgerliche Pfarrhaus also kein Vorbild, sondern ein Sinnbild anderer

---

[23] I. Weber-Kellermann, Die deutsche Familie, 1974, S. 117, vgl. S. 225

Häuser darstellt, machte sich das aufgeklärte Pfarrhaus zum Demonstrationsobjekt neuzeitlicher, vernünftiger wie natürlicher, moralischer wie religiöser Lebensführung.

Ist das bürgerliche Pfarrhaus die fromme Familie, die ihre abgeschlossene Welt in feiner kultureller Sublimierung der Wirklichkeit hingebungsvoll pflegt, so ist das Haus des aufgeklärten Landgeistlichen ein bäuerliches Anwesen, in dem der landwirtschaftliche Betrieb pädagogisch und moralisch sublimiert wird. Der bürgerliche Dorfpfarrer wohnt in einem Haus, das er nicht bewohnen kann. Er baut es deshalb um. Die Scheune wird zur Garage, der Stall zur Registratur, der Keller zum Heizungsraum, das Pfarrfeld zum Park oder zum Spielplatz, das Backhaus zur Laube, das Waschhaus wird abgebrochen. Der aufgeklärte Landgeistliche dagegen benutzt das Haus in seinen ursprünglichen Funktionen. Er nimmt jeden seiner Räume als das wahr, was er ist. Im Stall hält er eine Kuh und eine Ziege, im Garten pflanzt er sein Gemüse an, und im Keller lagert er seine Vorräte ein. Auf der Pfarrwiese veredelt er die Obstbäume und stellt Bienenstöcke auf. Aber er wirtschaftet nicht mehr. Er lebt nicht mehr von seinem Haus, er lebt für sein Haus. Denn sein Geld verdient der aufgeklärte Pfarrer mit seinem Beruf, mit der Religion. Er wird wie andere Beamte aus Steuern besoldet. Und von seinem Gehalt lebt die Familie. Die Pfarrfamilie braucht das ländliche Haus nicht mehr, aber sie gebraucht es. Denn – paradox genug – seit der Pfarrer die Landwirtschaft nicht mehr für seinen Lebensunterhalt benötigt, pflegt er sie um so intensiver. Er benutzt sie pädagogisch. Er macht aus dem Pfarrhaus einen landwirtschaftlichen Musterbetrieb. Von der Kanzel klärt er die Bauern über Viehzucht und Fruchtwechsel auf. Nach dem Gottesdienst führt er sie durch Stall und Garten. Und am Abend schreibt er volkstümliche Bücher, Leitfäden der Bienenzucht.

Auch seine Familie ist Bestandteil der aufgeklärten Welt des Pfarrers. Wie vernünftig, natürlich und human mit Kindern umzugehen ist, wie eine Ehe wahrhaft glücklich verläuft, wie das alltägliche Leben der Familie einzurichten ist, darüber verbreiten sich die aufgeklärten Geistlichen nicht nur in Predigten und erbaulichen Büchern, in populären wissenschaftlichen Abhandlungen und in vielgelesenen Familienzeitschriften. Sie führen vielmehr ihr eigenes Leben den anderen vor. Und sie erwarten von den anderen, daß sie so werden, wie sie selber sind, vernünftig, tugendhaft und damit glücklich. Die Pfarrfamilie der Aufklärungszeit ist nicht Sujet individueller Reproduktionen. Sie ist Subjekt eines pädagogischen Prozesses, der sie anderen anschaulich und verständlich macht. Die Pfarrfamilie erhebt bewußt den Anspruch der Vorbildlichkeit. Und sie fühlt sich daher auch ständig verpflichtet, ihrem eigenen Anspruch zu genügen, dem Bild zu entsprechen, das sie von sich selbst entwirft. Sie verzichtet daher auf die Attitüde bürgerlicher Ästhetisierung der familiären Lebenswelt und hält sich statt dessen an die Plausibilität ihrer unmittelbaren alltäglichen Wirklichkeit. Das aufgeklärte Pfarrhaus stellt den Anspruch auf, den einzulösen vom bürgerlichen Pfarrhaus gefordert wird. »Das Pfarrhaus ist das Siegel auf die Predigt, oder es ist die praktisch gewordene Verkündigung des Evangeliums.«[24]

Das symbolische Haus

Das Pfarrhaus der Reformation, der Inbegriff allumfassender Lebenseinheit, ist längst zur Geschichte geworden, das Pfarrhaus der Aufklärung, Vorbild der in sich gegliederten und damit in sich stimmigen Lebenswelt, ebenso. Selbst das bürgerliche Pfarrhaus, Sinnbild der verinnerlichten Außenwelt, verschwindet mehr und mehr in der Vergangenheit. Es wird zu einem geschichtlichen Erbe, das die Gegenwart bewahrt, indem sie es in neuen Formen familiärer Lebensgestaltung aufhebt. Die literarische Idylle schließlich, die die Gegensätze der historischen Erscheinungsweisen der pastoralen Familie in einem einzigen Bild erfassen möchte, in dem Bild der harmonischen, nach innen gekehrten und zugleich vorbildlichen Pfarrfamilie – sie war nie geschichtliche Wirklichkeit. Aber dieses Bild der Pfarrfamilie, in dem sich die Schichten ihrer Tradition überlagern, hat Geschichte gemacht, nicht in jener Bedeutung des Begriffs »Geschichte«, in der wir die realen Verhältnisse der Gegenwart aus deren wirklichen Ursachen zu erklären suchen, aber in jener anderen Fassung des Wortes »Geschichte«, in der wir uns selbst aus unserer Vergangenheit zu verstehen trachten, indem wir die Geschichte in Geschichten auflösen, in Bilder und Szenen, in lebendige Anschauung. Das Pfarrhaus ist ein solches geschichtliches Bild. Es macht die Geschichte, der sich unsere Gegenwart verdankt, aus der sie entstanden ist und aus der sie ständig neu entsteht, anschaulich. Und es macht damit die Gegenwart verständlich.

Das Pfarrhaus ist kein ideales Haus. Jede Pfarrfamilie, die dies für sich in Anspruch nehmen wollte, würde an ihren eigenen Ansprüchen scheitern. Das Pfarrhaus ist auch kein vorbildliches Haus. Jeder, der das Haus auf dem Berge so verstünde, würde gerade das Charakteristische am Pfarrhaus verkennen, seinen aparten Charakter, sein durch und durch individuelles Cachet. Er würde vor allem in dem vermeintlichen Vorbild das Bild seines eigenen Hauses nicht wiederentdecken können. Denn auch sein Haus lebt von seiner Einmaligkeit und Unverwechselbarkeit. Das Pfarrhaus liegt auf dem Berg. Und die Distanz zu den anderen Häusern belegt symbolisch die Unvergleichbarkeit der Häuser. So wie der Pfarrer kann keiner sein. Er kann dies nicht einmal wollen. Pfarrfrau zu sein ist für andere Frauen ohnehin nur schwer vorstellbar und sicherlich nicht erstrebenswert. Und die Kinder des Pfarrers werden gewiß nicht deshalb Müllers Vieh gleichgestellt, weil ihr Los ein Ideal abgäbe.

---

[24] Büchsel, a.a.O., S. 112

Das Pfarrhaus ist ein Glashaus. Aber es ist es nicht deshalb, weil sein Innenleben zum Maßstab vorbildlicher christlicher Lebensführung erhoben werden könnte. Das Pfarrhaus ist kein Vorbild; es ist ein Sinnbild. Es ist ein anschauliches Symbol christlichen und zugleich auch bürgerlichen Lebens. Daß es beides ist, ein christliches und ein bürgerliches Haus, und daß es beides in einem ist, hat seinen Grund in der geschichtlichen Entwicklung des Pfarrhauses. Darin liegen seine Chancen. Erst die bürgerliche Weltanschauung und die bürgerliche Lebenshaltung machten die Entstehung des neuzeitlichen Pfarrhauses möglich.

Die Verbindung von Christentum und Bürgertum setzt dem Pfarrhaus der Gegenwart aber auch seine historischen Grenzen. Lebendiges Sinnbild familiärer Lebensführung war das Pfarrhaus nicht nur in der Epoche des Bürgertums, sondern in jeder Phase seiner Entwicklung. Es war immer ein Spiegelbild seiner Zeit und allerdings auch ein Spiegel der in ihr bewahrten Vergangenheit und der in ihr schon angelegten Zukunft.

Jede Epoche nahm zu ihrer Gegenwart freilich eine gänzlich verschiedene Haltung ein. Die reformatorische Pfarrfamilie lebte an einer Epochenschwelle. Sie war der lebendige Beleg für eine neue Auffassung der Familie, der Ehe und der Kindheit. Das Pfarrhaus der Aufklärungszeit übernahm den reformatorischen Elan, die Dynamik und die Faszination der aus ihrer Zukunft begriffenen Gegenwart. Das bürgerliche Pfarrhaus dagegen begreift sich aus seiner Vergangenheit. Es nimmt das Erbe der Reformation und die Errungenschaften der Aufklärung auf und sucht sie im Bild des ganzen Hauses und in seiner moralischen und ästhetischen Idealisierung zu bewahren. Längst von ihrer eigenen Geschichte überholte Lebensformen werden für die bürgerliche Familie wieder plausibel. Das von der Vergangenheit entworfene Bild wird zum Ideal erhoben, dem die Gegenwart nie ganz entsprechen kann. Und die Kluft zwischen Ideal und Wirklichkeit wird dann auf die Beziehung zum Pfarrhaus übertragen. Gerade weil sich die ideale Fassung des bürgerlichen, tugendhaften Familienlebens in einem gewöhnlichen Haus nie vollkommen verwirklichen läßt, soll doch wenigstens das Pfarrhaus das Erbe bewahren, dessen historische Auflösung in der Gegenwart beobachtet und in der Attitüde bürgerlicher Dekadenzkritik beklagt wird. Damit verliert das Pfarrhaus freilich gerade seine Weltlichkeit, seine geschichtliche und dabei auch seine sinnbildliche Bedeutung. Das Haus auf dem Berge rückt immer weiter in die Wolken. Es wird unanschaulich, abständig und bedeutungsleer. Die Vorstellungen, die vom Innenleben des Glashauses entwickelt werden, verblassen zu Klischees. Sie werden gewöhnlich und mittelmäßig. Schließlich kann sich keiner mehr in ihnen wiedererkennen.

Das Pfarrhaus ist freilich mehr als ein Bild. Es ist mehr als das Bild, das sich andere davon machen, und mehr als das Bild, das die Pfarrfamilie von sich selbst entwirft. Die Bewohner des Pfarrhauses erleben dies ständig. Sie leben mit ihrer Geschichte. Aus ihr entwickeln sie ihre Gegenwart und entwerfen sie ihre Zukunft. Auch die anderen verstehen das Pfarrhaus als zur Gegenwart gewordene Vergangenheit. Und sie begreifen es als Sinnbild religiöser Wirklichkeit, als Symbol von Transzendenz. Die gläsernen Wände machen die Grenzen der alltäglichen Lebenswelt durchlässig. Sie sind Sinnbild der nach außen offenen Wirklichkeit. In seiner sinnbildlichen Bedeutung ist die dialektische Struktur des pastoralen Hauses begründet. Ein himmlisches Haus kann das Pfarrhaus nicht sein. Ein weltliches darf es nicht sein. Was soll das Pfarrhaus sein?

Das Pfarrhaus soll sein, was es aufgrund seiner Geschichte und deren individueller lebensgeschichtlicher Auslegung immer ist: ein apartes, unverwechselbares Haus. Die Pfarrfamilie ist eine religiöse und zugleich in den historischen Grenzen, die jeder Zeit gesetzt sind, auch eine bürgerliche Familie. Die Idee der bürgerlichen Familie gipfelt aber in der Idee der Individualität. Und sie scheitert an den Konventionen, die das Man, die Allgemeinheit, die die anderen ihr vorschreiben. Die Geschichte einer Familie läßt sich nicht vorschreiben. Sie läßt sich nur erzählen. Und in den Erzählungen vom Pfarrhaus wird das Glashaus lebendiger und treffender erfaßt als in den Vorschriften, die die Pfarrfamilie für sich aufstellt und die andere an sie richten.

Literatur

Zur Entwicklung der Familie

I. WEBER-KELLERMANN: Die deutsche Familie, Frankfurt/M. 1974
PH. ARIÈS: Geschichte der Kindheit, München 1975
D. SCHWAB: Artikel »Familie«, in: Geschichtliche Grundbegriffe (hrsg. von O. Brunner, W. Conze, R. Kosellek, Stuttgart 1975), Bd. 2, S. 253–301
H. ROSENBAUM: Seminar Familie und Gesellschaftsstruktur, Frankfurt/M. 1978
D. CLAESSENS/P. MILHOFFER: Familiensoziologie, Königstein 1980[5]
I. HARDACH-PINKE/G. HARDACH (HRSG.): Kinderalltag, Hamburg 1981
H. ROSENBAUM: Formen der Familie, Frankfurt/M. 1982
E. SCHORTER: Die Geburt der modernen Familie, Hamburg 1983

Zur Entwicklung des Pfarrhauses

CHR. PALMER: Evangelische Pastoraltheologie, Stuttgart 1860
W. BAUR: Das deutsche evangelische Pfarrhaus, Halle/Bremen 1902[5]
A. HAUSRATH: Luthers Leben, 2 Bde., Berlin 1904
C. BÜCHSEL: Erinnerungen aus dem Leben eines Landgeistlichen, Berlin 1907[9]
P. DREWS: Der evangelische Geistliche, Jena 1924[2]
H. WERDERMANN: Der evangelische Pfarrer in Geschichte und Gegenwart, Leipzig 1925
Konfliktfeld Pfarrhaus, Sonderheft der Zeitschrift »Wege zum Menschen«, 1978
R. RIESS (HRSG.): Haus in der Zeit. Das evangelische Pfarrhaus heute, München 1979
M. GREIFFENHAGEN (HRSG.): Pfarrerskinder, Stuttgart 1982

Fritz Martini

Pfarrer und Pfarrhaus

Eine nicht nur literarische Reihe
und Geschichte

Das Thema, für das im Folgenden ein wenig Aufmerksamkeit erbeten wird, sprengt, auch bei Reduktion seiner mannigfaltigen Aspekte, den ihm zugebilligten Raum. Es hat mit der Kirchen- und Frömmigkeitsgeschichte, mit der Kultur- und Sozialgeschichte, mit der Geistes- und Literaturgeschichte, mit vielen Autoren und differenzierten literarischen Strukturen zu tun. Es weist auch zur Gattungs- und Formengeschichte hinüber und wirft Fragen der Lesergeschichte auf. Es sollte zudem mit einer schier unübersehbaren Vielzahl einzelner Titel konfrontieren, die in der zweiten Hälfte des 18. Jahrhunderts einsetzen. Die Bibliographie »Beruf und Arbeit in deutscher Erzählung«, die in Lexikonform Franz Anselm Schmitt 1952 herausgegeben hat, zählt zwischen 1769 und 1951 auf etwa 20 Spalten je 20 verschiedene Buchtitel auf, die mit Pfarrern und Pfarrhausleben beschäftigt sind. Bei dieser Mannigfaltigkeit handelt es sich zumal nur um erzählende Prosa und autobiographische Schriften; Dramen und Gedichte sind wie die Auflagenzahlen nicht verzeichnet. Bemerkenswert ist, daß dieser literarische Produktionsstrom ein Gleichmaß bewahrt; die Zahl der Neuerscheinungen bleibt von Jahrfünft zu Jahrfünft, nach den Gliederungsprinzipien der Bibliographie, fast konstant, abgesehen von Kriegsjahren wie 1914 bis 1918 und 1941 bis 1945. Dies Gleichmaß läßt auf eine Konstanz der Marktlage und des Bedürfnisses der Leser schließen, wie denn auch die Namen der Verlage sich wiederholen, die offensichtlich mit speziellen Käuferschichten rechnen konnten. Es fehlt eine Fortführung seit 1951. Sie dürfte lesersoziologisch von Interesse sein.

Um vor zu großen Erwartungen zu warnen: Es verbietet sich, auf dies massierte Angebot einzugehen. Es verbietet sich aber auch, auf sehr begrenztem Raum die Pluralität der mit dem Thema verknüpften Aspekte nur zu berühren. Die geistes- und gesellschaftsgeschichtlich orientierte Literaturforschung hat ausführlich das Gewicht beschrieben, das für die Geschichte der deutschen Literatur und ihrer Sprachentwicklung zumindest seit dem 17. Jahrhundert Herkunft aus und Aufwuchs im evangelischen Pfarrhaus gewonnen haben, handle es sich um die gläubigen oder um die sich emanzipierenden, im Widerspruch scheiternden oder durch ihn produktiven Abkömmlinge. Diese Autoren- und Werkgeschichte ist zu differenziert, um hier zu wenigen Seiten zusammengerafft zu werden. Sie führt bis in die jüngste Gegenwart – Gottfried Benn ist dafür ein viel genanntes komplexes Beispiel.

Wir begrenzen uns lediglich auf die literarischen Bilder des Pfarrhauslebens und können uns nur auf Schwerpunkte, auf Phasen, auf einzelne historisch belangreiche Literaturdokumente beziehen – stets nur in Andeutungen, Skizzierungen und weit entfernt davon, im Zwang der Abbreviaturen mehr als eine Vorstellung von der Aufgabe zu vermitteln.

Es empfiehlt sich der Einsatz in medias res, mit der Chance des Rück- und des Vorausblicks. Kein Literaturwerk hat ein Bild des evangelischen Pfarrhauses so breit und nachhaltig dem Bewußtsein der deutschen Leser eingeprägt wie die drei Idyllen vom redlichen Pfarrer von Grünau und seiner Tochter »Luise« (1795): das Bild einer zärtlich übereinstimmenden Kleinfamilie im heiter Schönen einer friedvoll-fruchtbaren Ländlichkeit, in gesicherter Position zwischen dem Schloß der adligen Patronin und den dörflichen Knechten und Mägden, in sittsamer Moral und lebensfroher Weltlichkeit, die auch auf städtischen Luxus nicht asketisch zu verzichten braucht. Die soziale Sonderstellung, die Goethe in »Dichtung und Wahrheit« anläßlich des Romans »The Vicar of Wakefield« den englischen Lebensverhältnissen zusprach, eignet auch dem Pfarrer von Grünau: »Die Familie«, in ihrer Beschränktheit der Mittel, »steht auf einer der letzten Stufen des bürgerlichen Behagens und doch kommt sie mit dem höchsten in Berührung; ihr enger Kreis... greift durch den natürlichen und bürgerlichen Lauf der Dinge in die große Welt mit ein.« Das Pfarrhaus hilft zur schönen Mitte zwischen den Ständen, es ist Brücke zwischen Natur und Kunst und zu einer Häuslichkeit, die den Familienpatriarchen und die Seinen zu festem Kreis zusammenschließt. Johann Heinrich Voß schließt kein Detail in Hausrat, Kleidung, alltäglichem Umgang bis zu den

Ergötzlichkeiten der Schmäuse aus, denn alles erhält in der geistlichen und gesitteten Atmosphäre des Hauses und der Familie eine Dignität, die es zum Poetischen öffnet. Die »Luise« von J. H. Voß gehörte bis in das 20. Jahrhundert hinein zum Schulkanon der bürgerlichen Bildung. Sie war das Spiegelbild einer wohlhabenden und kultivierten Bürgerlichkeit, die aus den Wechselstürmen der Geschichte ausgespart blieb, fest eingefügt in die Natur und in Traditionen, deren Gepflogenheiten und anerkannte, menschlich-natürliche und geistlich-moralische Werte. Dies Dasein verspricht Dauer; im Schwiegersohn wird sich das glückliche Walten des alten Pfarrers fortsetzen – dieses Vaters als das Ebenbild des mit Güte sorgenden göttlichen Weltvaters, dem sich immer

Titelseite der Erstausgabe von 1795   Johann Heinrich Voß (1731–1826)

wieder Demut, Rührung und Dank zuwenden. Nicht zuletzt trägt diese Stabilität aller Beziehungen zwischen Glauben, Natur, Familie und Gesichertheit der sozialen Existenz zu der Ausstrahlung des Idyllischen bei. Dazu kommt: Der Pfarrer von Grünau ist aus den theologischen Kampfzonen entlassen; er läßt sich nicht auf eine ausschließende Konfession oder auf die Autorität von Dogmen einschwören. Er ist ein Prediger der Güte und des Friedens, er ist, trotz seines Alters und seiner geistigen Bescheidenheit, der zeitgerechte philanthropische Theologe der modernen Aufklärung. Denn in dieser Idylle muß sich Aufklärung nicht mehr durchsetzen, sie hat gesiegt.

Es ist kein Widerspruch, daß Voß dies irenische Kleinleben in Metrum und Sprache Homers, des klassischen Heldenepos vorträgt. Gewiß gibt er, auf das Ineinanderwirken mehrerer Tönungen bedacht und so Idyllenmonotonie vermeidend, dem Lebensbild eine humoristische Beimischung, etwas Spielhaftes, das zum Idyllenstil gehört. Aber der homerische Sprach- und Versgrund trägt wesentlich zu dem bei, was wir als Geschichtslosigkeit, als Stabilität und Dauer dieses Idyllenbildes andeuteten. Homers dichterische Zeitlosigkeit wird mit heiteren und ernsten Pointen in das Grünauer Kleinleben hineingeleitet, man möchte fast sagen, hineinverführt. Bürgerlichkeit, Aufklärung, Klassizismus durchdringen sich harmonisch in der »Luise« – dies gibt ihr bei aller geistigen Einschränkung, bei aller biederen und ruhesüchtigen Enge eine Teilhabe an den progressiven Tendenzen der Zeitgeschichte und damit einen historischen Gehalt. Voß' Genre-Pedanterie hat ihr die Suggestion erfahrener Realität eingelegt. Mag er sich auch an die besonderen wirtschaftlichen und sozialen Pfarrhausverhältnisse im deutschen Norden angelehnt haben, die den Pfarrer als Pfarrherrn erscheinen ließen – als dargestellte pragmatische Wirklichkeit, als ein historisches Dokument darf man die »Luise« keineswegs lesen. Sie war biographisches Zeugnis eines Mannes, der in seiner Jugend viel Hunger erlitten hatte und als Schulleiter in Otterndorf und Eutin nur dürftig leben konnte – sie war ein bürgerliches Wunschbild, eine bürgerliche Utopie des einfach-natürlichen und glücklichen Lebens, ein Kunstprodukt, aus dem die Sehnsucht, nicht die erfahrene Wirklichkeit sprach.

Wir mußten bei diesem Kleinepos verweilen; von ihm aus gesehen erhält die Pfarrhausdarstellung in den voraufgehenden Jahrzehnten wie in der ihm folgenden frühen Restaurationszeit des 19. Jahrhunderts die schärfer profilierenden Akzente. Sie lassen schwerlich die Vorstellung von Idyllen zu, wenn man sich in der erzählenden Literatur vor Voß umsieht. Zwar verband sich schon früher diese Vorstellung mit dem ländlichen Pfarrhaushalt – sehr unterschiedlich zu dem, was man ihm in der Stadt zusprach, in der Nähe der Kirchenobrigkeiten und der höfischen Gesellschaft.

Das Schema der Gegensätzlichkeiten von Stadt und Land wurde lange seinerseits als ein Kunstschema tradiert. Die Stadt korrumpiert die Geistlichen durch Ehrgeiz und Karrieresucht, sie läßt sie alle Moden, allen Intrigendienst mitvollziehen, zerstört ihr Verhältnis zu ihren Gemeinden und provoziert in der Nachbarschaft zu den weltlich-höfischen Herrschaftsrepräsentationen ihren eigenen Trieb zu Autoritäts- und kirchlicher Machtausübung. Nur in der Simplizität des Ländlichen bewahren sich Redlichkeit und Moral des geistlichen Amtes, mag es auch in eine verbauerte Einfalt und Weltunkunde hineingeraten lassen. Dies Schema kehrt in geringen Variationen wieder; wir müssen uns versagen, aus Schriften wie »Die Glückseligkeit eines frommen Predigers auf dem Lande«, 1765 (in der moralischen Wochenschrift »Der Glückselige«), oder »Der unzufriedene Dorfpfarrer oder patriotische Schutzschrift für die ländliche Wirtschaft der Herren Landgeistlichen«, 1775 (in Erfurtsche gelehrte Zeitungen von 1775), Illustratives zu zitieren. Wenn Christoph Martin Wieland in einem fiktiven Dialog seine allzuweltliche Poesie verteidigt, wählt er in den »Unterredungen« (1775) diesen Typus des Dorfpfarrers. Er begegnet idealisiert auch in der Sicht des jungen Goethe.

Man hat angesichts des plötzlichen Aufkommens dieser Landpfarrerliteratur von einer »Mode« gesprochen. Die Wirkung der englischen Erzähler Lawrence Sterne und Oliver Goldsmith war in der Tat lawinenartig. »The Vicar of Wakefield« (1766) wurde sofort nach der englischen Publikation und mehrfach übersetzt; Goethe schildert, wie J. G. Herder ihn bekannt machte, damit in eine bisher unbekannte nahe Welt einführte. Man entdeckte ein neues Menschenbild, eine neue Lebensform in der Figur des Landpfarrers, die eigenen Bedürfnissen entgegenkam. Kunstwirklichkeit der literarischen Figur und erfahrene Wirklichkeit schienen ineinander überzugehen; was man las, glaubte man im Leben wiederzufinden: als Therapie von den Mißständen der Gesellschaft durch die Reinheit und Simplizität der Natur. »Ein protestantischer Landgeistlicher ist vielleicht der schönste Gegenstand einer modernen Idylle«, schrieb noch der alte Goethe in »Dichtung und Wahrheit«. Denn er lebte, Priester und kleiner König, den Grundformen im Alten Testament nahe, Vater, Hausherr, Landmann, ein sie hütendes und leitendes Mitglied der Gemeinde und deren geistiger Erzieher, auf einem »reinen, schönen, irdischen Grunde«. Goethe zeichnete die Pfarreridylle zu Sesenheim nach diesem Idealbild.

Noch vor kurzem sah man es anders. Moritz August von Thümmel führte in seinem Kleinepos in Prosa »Wilhelmine« (1764ff.) einen in der Armut und Weltferne seines thüringischen Dorfes fast erstickenden Dorfpfarrer vor. Das Mädchen, das er liebt, wird von einem mehr als frivolen Hofmarschall in die Üppigkeiten eines kleinen Fürstenhofes entführt. Als der Galan ihrer überdrüssig ist, wird sie als eine künftige Frau Pastorin in seine Pfarrhütte zurückgeliefert. Thümmel spart nicht mit Ironie gegenüber dem höfischen Treiben, ebensowenig gegenüber dem welterfahrenen, allzuleicht betrügbaren Landgeistlichen, der sich demütig als ein hilfloser Untertan von dem Glanz der

»großen Herren« berücken läßt. Er empfängt als Gnade, was frivoler Spott ist; er hilft arglos dazu, daß seine unerwartete Hochzeit, für einen kurzen Tag, die Pfarrhütte zum Haus eines Bacchanals und der Kuppelei verwandelt. Der Geistliche wird zur komisch-traurigen Figur, Objekt des Spottes und des Mitleides und zusätzlich dadurch parodiert, daß Thümmel die rhetorische Höhenlage eines homerischen Heldengesanges wählt – dieser arme Pfarrer wird zum umgekehrten Helden, der gleichwohl als »der vermählte Pedant« sich als begnadeter Sieger dünkt.

Wenn Friedrich Nicolai in seinem umfangreichen Roman »Leben und Meinungen des Sebaldus Nothanker« (1773-1776) an dies kuriose geistliche Ehepaar anknüpfte, gab er ihm eine andere Wendung. Wilhelmine ist zur sittsamen Pfarrersfrau und Mutter geworden, an ihrer Dürftigkeit hat sich nichts geändert. Sebaldus ist, soweit er sich mit weltfremder Gelehrtheit einen Kommentar zur Apokalypse wählt, noch immer ein komischer Sonderling. Aber seine Glaubensstärke macht ihn zugleich zur polemischen Figur gegen das allgewaltige orthodoxe Kirchenregiment, das sich mit dem weltlichen Regiment aus gleichen Herrschaftsinteressen verbindet. Der Aufklärer Nicolai

Karl Philipp Moritz (1756-1793)   *Titelseite des Romans von Moritz*

legt dem weichherzig menschenfreundlichen und nur allzu arglosen Sebaldus eine Lebensgeschichte zu, die ihn zum geistlichen Außenseiter, zum Opfer der kirchlichen Orthodoxie und Tyrannei macht. Sebaldus wird aus Amt und Unterhalt verstoßen, er verliert seine Familie, weil der Menschenfreundliche, von Gottes Güte überzeugt, sich weigert, auf das Dogma der Ewigkeit der Höllenstrafen, damit auf das Herrschaftsinstrument der Kirche, zu schwören. Der redlich wahre Christ wird von der herrschenden Kirche einem bürgerlichen Martyrium unterworfen, ausgelöst durch die Intoleranz der Kirche orthodoxer oder pietistischer Observanz. Es würde zu weit führen, die Elendsstationen Nothankers zu rekapitulieren; ihre Abfolge erinnert an den Lebensgang des Vicar of Wakefield. Beide gelangen am Schluß zu einem tröstlichen Ende. Der Engländer wird durch einen edelmütigen Aristokraten aus tiefster Not herausgeholt, der Deutsche durch einen Lotteriegewinn. Denn dieser Aristokrat wäre in deutschen Verhältnissen eine zu große Unwahrscheinlichkeit gewesen. Es ist symptomatisch, daß die Opposition Nothankers gegen seine kirchliche Obrigkeit sich nur durch wehr- und widerstandsloses Erleiden ausdrücken kann. Seine Charakterfestigkeit hilft ihm nicht gegen die Leidenssituation des Untertanen.

Ähnlich werden im »Andreas Hartknopf« von Karl Philipp Moritz (publiziert 1786–1790) dessen »Predigerjahre« im armseligen Dörfchen Ribbeckenau und seiner Filiale Ribeckenäuchen zu Leidensjahren. Der junge Geistliche, der mit Ehrgeiz und redlichem Gefühl das bescheidene Amt dank der wohlwollenden Unterstützung durch den adligen Patronatsherrn antritt, findet stumpfsinnige Bauern vor, einen bösartigen Küster, der ihn als Ketzer denunziert, es kommt zu lächerlichen Unfällen, zur zornigen Gewaltanwendung. Der Traum ländlicher Ehe-Idylle löst sich auf, Hartknopf flüchtet aus seiner Ehe, um nicht geistig zugrunde zu gehen. Moritz erzählt in rhapsodischer Kürze, in dramatisierender Ballung die Tragödie dieses Landgeistlichen. Zur grotesken Gestalt wird hingegen der Pfarrer in Johann Gottlieb Schummels Roman »Der Spitzbart« (1779). Ein Prediger, der hochtönend vom Ideal der vollkommenen Erziehung schreibt, versagt als Erzieher kläglich in Familie, Schule, Kleinstadt und geht kümmerlich zugrunde.

Es läßt sich schematisiert, ungeachtet vieler Überschneidungen, von zwei Grundtypen im Pfarrhausbild dieser späten Jahrzehnte des 18. Jahrhunderts sprechen. Der eine zeigt eine kritisch-rationalistische Obertendenz wie Nicolais vielgelesener polemischer Roman, der andere ist dem Pietismus näher, der Gefühlsstimmungen mit humoristischen Tönungen vergegenwärtigt. Humoristisches durchspielt das Bild des curländischen, weltentlegenen Pfarrhauses, in dessen Kleinwelt Theodor Gottlieb von Hippel, der Verfasser von »Lebensläufe nach aufsteigender Linie« (1778–1781), seinen »Helden« aufwachsen läßt. Die komischen Züge der Mutter, ihr Stolz auf ihre geistlichen Ahnen, der sich skurril genug äußert, ihr sprudelnder Gebrauch geistlicher Lieder beim winzigsten häuslichen Anlaß, ihr Kriegs- und Friedensverhältnis mit ihrem Mann widersprechen nicht ihrer pietistischen Todesmystik. Gebrochener ist das Verhältnis des Vaters zu seinem dörflichen Amt, das er, von männlichem Heldentum schwärmend, nur als Verbannung resigniert erträgt. Selbst wo das dörfliche Pfarrhaus in der Erinnerung wie ein Idyllenparadies beschrieben wird, wie in Jean Pauls »Selberlebensbeschreibung« (1818-1819), die zu seiner erlesensten Prosa zu zählen ist, bildet die Jämmerlichkeit des dörflichen Pfarrerlebens einen trostlosen Hintergrund. Die Begabungen des Vaters ersticken in Enge und Öde, das Gleichmaß der geringen Amtsgeschäfte tötet die Kräfte des Gemütes. Jean Pauls »Jubelsenior« muß in das Greisenalter hinein warten, bis dank Intrigen und hochgestellter Helfer sein Sohn als Nachfolger seine Kanzel betreten darf; in »Leben des Quintus Fixlein« (1796) gelangt der kindlich bescheidene Kandidat erst durch eine komische, im Grunde erniedrigende Namensverwechslung zur Zustimmung des adligen Patrons und damit zu einem kleinen Glück. Mißachtung, Entbehrung, Einsamkeit waren die Attribute des geistlichen Amtes im Dorf, zumal wenn, wie in Jean Pauls »Selberlebensbeschreibung«, bei dem Vater »das äußere Einsaugesystem fast in gar zu siechem, schwachem Zustande« war und er bei aller eigenen Armut als ein rechter Christ mehr an das Geben als an das Nehmen dachte. Das Bild ist trostlos: Vom Adelsgut trennt »die unabsehliche Größe des Standes«, von den Bauern deren dumpfe Roheit. Wenn das Pfarrhaus bei Jean Paul zum Stilleben, zur Idylle der Nestwärme wird, so dank der verzaubernden Phantasie und Erinnerung, des Traumgeistes des Autors.

Nur in einer einzigen, relativ kurzen Erzählung wird, wenn wir recht sehen, dies Bild der geistlichen Misere auf dem Lande aufgehoben: in »Der Landprediger« von J. M. R. Lenz (1777), der selbst ein abtrünniger Sohn aus einem Pfarrerhause war. Er führt das Porträt eines im Sinne der Aufklärung modernen, progressiven Geistlichen vor, bei dem er wohl an das Vorbild des Pfarrers Johann Friedrich Oberlin dachte, der von 1767 bis zu seinem Tod 1826 in dem bescheidenen Vogesendorf Waldersbach tätig war und seiner Gemeinde zu etwas Wohlstand durch philanthropische Fürsorge verhalf. Friedrich Lienhard hat 1910 »Oberlins Leben« in einem Roman vergegenwärtigt. Lenz' »Landprediger« hält nichts von der Theologie für seine Bauern, um so mehr von praktischer Betriebswirtschaft und sozialer Moral. Er befördert diese Bauern und nicht zuletzt sich selbst zu Vermögen. Er ist kein demütig geduckter Untertan mehr, sondern ein freier, selbstbewußter Bürger mit Welterfahrung, der sich ironisch dem Adel wie den Kirchenautoritäten überlegen weiß. Er ist ein souveräner Erzieher in der Familie und im Dorf, ein vermögender Unternehmer und ein starker Charakter. Bei ihm ist für komische und schrullige Beleuchtungen kein Raum mehr. Lenz hat derart die bisher überwiegenden Bildschemata unter sich gelassen.

Gewiß tragen Unterschiedlichkeiten in der sozialen Verfassung der deutschen Kleinstaaten und Landschaften wesentlich zu der Mannigfaltigkeit der Pfarrer- und Pfarrhausbilder bei. Bedeutungsvoller dürften jedoch die historischen Bedingungen sein. Solange die Aufklärung sich noch in der polemischen Auseinandersetzung mit den autoritären, orthodoxen Kirchenobrigkeiten befand, bedurfte sie der Figuren mit märtyrerhaften Geschicken, also der Leidensfiguren, um ihren Kampf menschlich und christlich den Lesern sinnlich verständlich zu machen. Ein praktisches und sozial aufgeklärtes Christentum wurde als Vorwurf und Anklage der erstarrten, in ihrer Autorität und deren Herrschaftsstrukturen verschanzten Kirchlichkeit, die in sich verödet war, entgegengehalten. Mißbräuche im Spannungsverhältnis zwischen adliger Patronatswillkür und der von ihr abhängigen Dorfgeistlichkeit forderten die ähnliche Aufdeckung. Die Literatur nahm sich jener an, die ihnen wehrlos ausgesetzt waren und die man, nach dem heutigen Sprachgebrauch, mit aller Behutsamkeit als die »Linken«, die intellektuellen Proletarier in der Ständegliederung zwischen Adel, Bürgertum und Bauern bezeichnen darf. Dies änderte sich, als die Aufklärung sich in den öffentlichen Verhältnissen durchgesetzt hatte. Der von J. H. Voß geschilderte Prediger in »Luise« wird zur Idealfigur der aufgeklärten christlichen Humanität, derart ein Wunsch- und Vorbild, eine literarische Kunstfigur, in der mühelos alle Determinanten sich vereinigen ließen, die die Kunstform der in sich rein geschlossenen Idylle ermöglichten. In ihr sind die Spannungen, die sich bisher mit der Figur des Landgeistlichen verbanden, aufgehoben; aber sie sind an seinem Idealbild noch ablesbar, denn das Positive, das dem Pfarrer von Grünau und seiner und der Seinen Lebensführung zugewiesen wird, ist das Gegenbild zu der bisher vorwaltenden Negativität. Diese Idyllenpositivität hat, verbunden mit der Form der Klassizität, der »Luise« eine dominierende Geltung im bürgerlichen 19. Jahrhundert gesichert.

Die zeitgeschichtliche Spannungsweite der literarischen Pfarrhausbilder hat sich in der frühen Restaurationszeit verengt. Der Roman war die Form geworden, in der sich Konflikte entfalten und austragen ließen. Die poetisierende Form des Klein-Epos ist, mit rührendem oder humoristischem Ton, von vornherein auf deren Überwindung und Versöhnung angelegt. Dies verbietet ihr starke Akzente. Der Detailrealismus, den man von J. H. Voß übernahm, kam dem Geschmack am Genrehaften und der Neigung zu Bildern des Kleinlebens entgegen. Das Pfarrhaus wurde zu seinem geschützten, vom geistlichen Frieden behüteten Gehäuse. Daß die überwiegende Zahl der heute noch bekannten Literaturwerke, die im Umkreis der Pfarrhäuser spielen, aus dem süddeutschen und besonders württembergischen Raum stammt, hängt mit der hier gegebenen Soziallage zusammen. Konflikte nötigten sich nicht mehr auf, die Situation des evangelischen Pfarrerlebens hat sich stabilisiert, es wird nicht durch kirchliche Zwistigkeiten oder durch Mißstände im adligen Patronat beunruhigt. »Der alte Turmhahn« (1840/1852) von Eduard Mörike

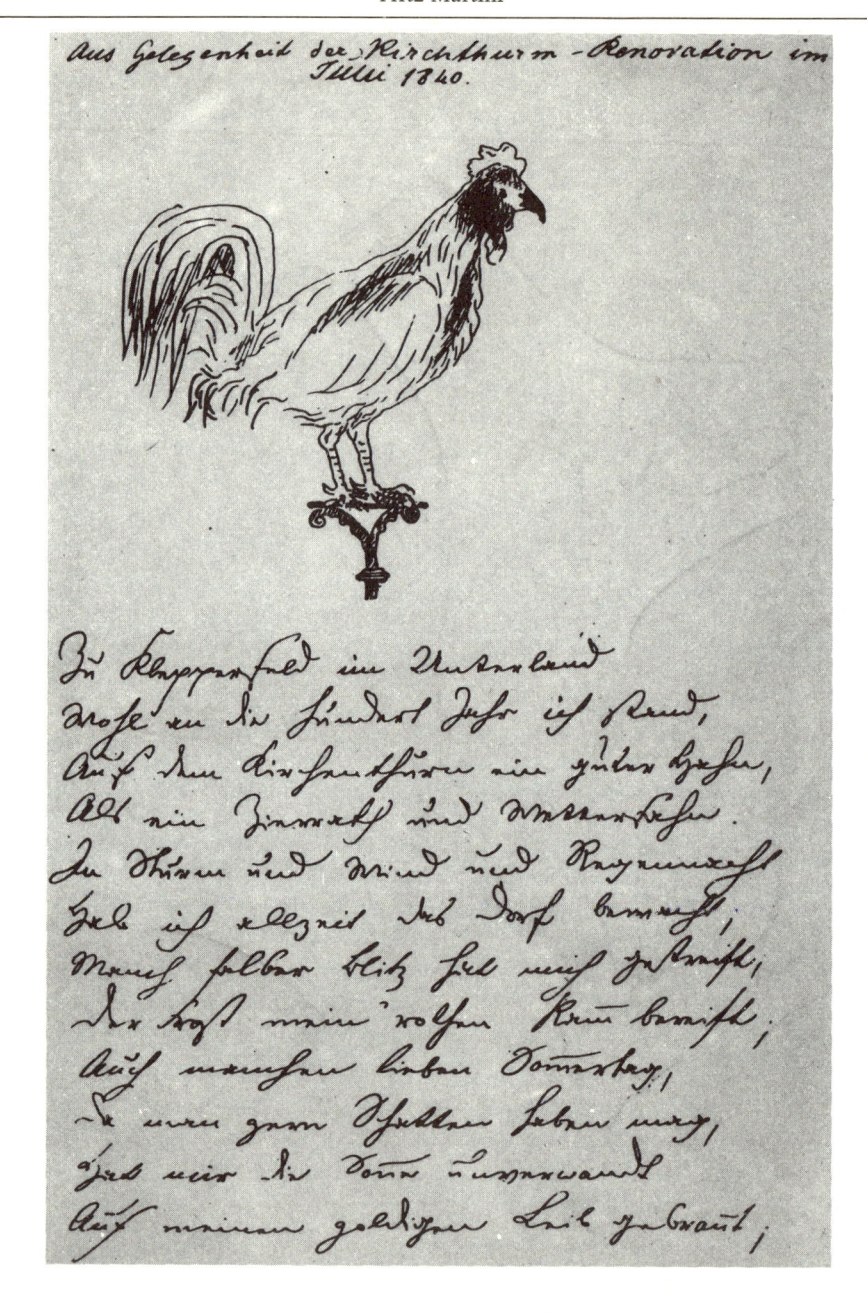

Anfang der ersten Niederschrift von Eduard Mörikes Gedicht »Der alte Turmhahn« aus dem Jahre 1840 in der Handschrift und mit einer Federzeichnung des Dichters

bekräftigt dies wie seine katholische Parallele »Des alten Pfarrers Woche« (1836) von Annette von Droste-Hülshoff. »Das Ganze entstand unter Sehnsucht nach dem ländlich-pfarrkirchlichen Leben«, schrieb Mörike an Storm am 21. April 1854. »Der alte Turmhahn« wurde zu einem der populärsten Gedichte nicht nur seines Jahrhunderts. Alt ist der Turmhahn, er hat viele Wetterwechsel überstanden, und er hat jetzt, dicht vor seiner Zerstörung, die gleichsam seine Todesprobe bedeutete, den Ruhesitz auf dem Ofen der Pfarrstube mitten unter alten Dingen gefunden, geschützt gegen die Unruhe der Außenwelt. Man hat in dem Gedicht den Trost der Beständigkeit im Seienden der Dinge, der liebenden Andacht zum Endlichen und Bedingten gefunden. Aber man kann diese gereimten, nur scheinbar kunstlos-naiven Strophen auch anders lesen, wenn man auf die Polaritäten achtet, die einander in ihnen ablösen. Der Turmhahn mußte das bewegte Dasein in der Natur vertauschen mit dem Stilleben einer Altersruhe, den weiten Blick mit deren Enge und Beharrungen, die Teilhabe am Lebendigen mit der Unbeweglichkeit des Alters, die auf ein Ende des Daseins vorausweist. Er hat, noch einmal gerettet und aufbewahrt, die Melancholie des Abschieds, als schon unbrauchbarer Plunder, erlebt. Und er weiß, auch der Schein der unverstörten Dauer, diese schönen Augenblicke, in denen er geborgen ist, hält das Vergehen nicht auf. Über ihnen liegt der Schatten des »Noch«, der Vergänglichkeit. Aber es ist auch gerade dieser Schatten, der die Liebe zu den kleinen und stillen Dingen hinzieht und an ihnen festhalten läßt, an ihrer Beseeltheit, Anmut und Ordnung der Wiederkehr. Diese Idylle vom Turmhahn hält sich frei vom Empfindsamen und färbt nicht das Bescheidene in das rührend Schöne um. Es ist irrig, in diesen Strophen nichts als eine deutsch-biedermeierliche Gemütsinnigkeit zu suchen. Dazu ist ihre lyrische Vielschichtigkeit zu umfangreich: zwischen Lob des Einfach-Häuslichen und seiner leisen Anmut, humoristischer Behaglichkeit mit leicht pedantischem Anflug, Resignation des Alters und Melancholie der Vergänglichkeit des schönen Lebens, das als ein Wunsch in dem alten Turmhahn noch einmal sich regt und zugleich schamhaft abgewehrt wird. Von Theologie ist in den Strophen kaum die Rede; sie sprechen aus einer gedämpften, vom Humanen durchtränkten Weltlichkeit.

Daß die Pfarrhausidylle in dieser Zeit des Biedermeierlichen zu einem eigenen spezialisierten Literaturgenre wird, das sich breiter Beliebtheit in der bürgerlichen Leserschicht rühmen konnte, hat Friedrich Sengle im zweiten Band seiner »Biedermeier«-Darstellung nachgewiesen. Es wäre zu weitläufig, auf diese allzu harmonisierenden und überschönenden Klein-Epen, die heute vergessen sind, einzugehen. Daß das Schema allmählich brüchig wird, läßt sich an Georg Büchners Erzählung »Lenz« (1836) ablesen. Es war schon kurz von dem elsässischen Pfarrer Oberlin die Rede. J. M. R. Lenz, die historische Person, suchte bei ihm erkrankt eine Zuflucht. Büchner erzählt davon. Er stattet Haus, Familie, Umgebung und Tätigkeit Oberlins mit den typischen

Eigenschaften der evangelischen Landgeistlichen-Idylle aus. Aber die therapeutische Ausstrahlung von Person und Milieu versagt; die Heilung des geistig und seelisch Erkrankten mißlingt, die Flucht in die Idylle scheitert, Lenz findet in ihr keine Beruhigung für seine endgültig ausbrechende Wahnzerstörung.

Die Pfarrhausatmosphäre wird in der Literatur des 19. Jahrhunderts zu einer Privatatmosphäre, der genrehafte Detailrealismus breitet sich in ihr aus, auch das Komische und Schrullige der in ländlicher Abgeschiedenheit und Muße wuchernden Pfarreroriginale privatisieren sich. Die beiden Albpfarrer in »Die beiden Tubus« (1859), einer Novelle von Hermann Kurz, suchen dieser Isolierung zu entgehen. Die Tubus (Fernrohre) verführen sie zu ihrer Passion des Spaziergangs mit den Augen. Sie entdecken einander, suchen gegenseitig Befreundung, die jedoch mißlingt. Hermann Kurz stellte zwei Typen neben- und gegeneinander, die, bei aller karikaturistischen Übertreibung, wohl auf reale Gegebenheit verweisen. Der eine des ungleichen Paares gedeiht, dank eigenen Vermögens, zu satter Behaglichkeit, der andere, an eine kärgliche Pfarre angeschmiedet, verbittert in seinem Elend. Kurz baut diese Geschichte als eine regionale Humoreske mit forciert witzigem Sprachstil auf; aber hinter der Oberfläche wird anderes zum Thema: die für ihn unauflösbare Konfrontation der blinden Glückszufälle, die den einen zur zufriedenen Menschenfreundlichkeit, den anderen zu Menschenhaß und -verachtung treiben oder, anders gewendet, den einen zum zufriedenen Bürger, den anderen zum verfinsterten Oppositionellen machen. Der Schluß bleibt offen: Das Nebeneinander der krassen Gegensätze läßt sich zwischen ihnen und ihren Söhnen nicht mehr zur Harmonie schlichten. In die Idylle hat sich die eigene Lebensverbitterung von Hermann Kurz eingelegt, die ihn zum radikalen Parteigänger der Linksliberalen machte. Die Pfarrhausidylle löste sich von innen her auf, wenn sie auch in äußerer Anpassung an das literarische Genre und dessen Leserpublikum noch fortgeschrieben wurde. Man sagt ferner wohl nicht zu viel, wenn man meint, an die Stelle theologischer Dissonanzen sei hier die Ungerechtigkeit in der Verteilung irdischer Güter getreten.

Das selbstzufriedene Behagen in der Idylle und ihrer Wohlanständigkeit wird fragwürdig durch ihre Gegenspiegelung. Denn die Idylle setzte Einverständnis voraus: des Hausherrn mit Amt und Berufung, im Haus mit allen seinen Gewohnheiten und der Mannigfaltigkeit seiner alltäglichen Dinge, in der Familie und der sozialen Umwelt. Was gegen diese Harmonie verstieß, wurde eliminiert. Die Idylle mußte es ausschalten oder fern lassen. Dies war eine der Ursachen, warum sie sich in der frühen Restaurationszeit mehr und mehr zu sich selbst zusammenzog. Theologische und soziale Probleme wurden außer acht gelassen; dies senkte ihr literarisches Niveau. Dissonanzen wurden, wie in dem Genrezyklus von Ottilie Wildermuth »Schwäbische Pfarrhäuser, Bilder und Geschichten aus dem schwäbischen Leben« (1852, letzte Ausgabe von

Peter Härtling 1977) ins Komische eingetönt, ins Anekdotische verkürzt und derart entkräftigt. »Die beiden Tubus« von Hermann Kurz sind bereits ein Zeichen, daß die Pfarrhauspoesie einer härteren Wirklichkeit ausgesetzt wurde, die einen versöhnenden Schluß nicht mehr zuließ. Zwar konnte sich noch eine glaubhafte, weil natur- und lebensnahe Idylle wie von Gottfried Keller im Ferienrefugium seines »Grünen Heinrich« (2. Band, 1. Kapitel, 1. Fassung) vergegenwärtigen. Aber Heinrichs Pfarrer-Oheim hat seiner geistlichen Pflicht und Pfründe entsagt, um seinen Neigungen zu folgen, das ehemalige Patrizier- und Pfarrhaus ist zum Gutshaus geworden, in dem der ehemalige Geistliche im ausgelassenen Getümmel seiner Kinder, seiner Tiere und seiner Schützlinge ein Leben in heiterer und einträglicher Weltlichkeit genießt. Das geistliche Amt wurde abgestoßen, um ihr sich voll hingeben zu können.

Völlig anders hingegen ein »Bildungsroman«, den um zehn Jahre später Wilhelm Raabe als »Der Hungerpastor« (1864) veröffentlichte. Raabe hatte in diesem frühen Roman noch viele Schwierigkeiten, vom literarisch Vorgeformten und Stereotypen sich zu lösen. Er blieb an literarischen Typisierungen haften, die Keller hinter sich gelassen hatte. Ein weltungeschickter, moralisch-idealistischer deutscher Jüngling wird einem jüdischen Kindheits- und Jugendgenossen gegenübergestellt, der das diametrale Gegenbild zu allen positiven Eigenschaften des Kandidaten Hans Unwirrsch ist, ein weltgewandter Salonvirtuose, ein Intellektueller mit skrupellosem Ehrgeiz, der sich in der Maske eines Dr. Theophile Stein der Gesellschaft anpaßt und sie betrügt. Literarische Vorbilder wie Gustav Freytag sind an diesem Antisemitismus des jüngeren Raabe so beteiligt wie die schlechte Romantendenz, eine spannende Vorgangskonstruktion durch grelle Kontrastkonfrontationen und -typisierungen zu erreichen. Hans Unwirrsch gerät in die eisige Atmosphäre eines gesellschaftlich hochgestellten dünkelhaften Hauses in der Residenzstadt. Seine Illusionen scheitern, das Leben zeigt ihm seine Grimassen, er sieht sich in ihre Niederträchtigkeiten verfangen. Im Tiefpunkt seiner äußeren und inneren Existenz erreicht ihn der Ruf auf die Pfarre von Grunzenow. Zwei alte, gutmütige und rauhe Kriegsmänner, der eine von ihnen Guts- und Patronatsherr in dem weltentlegenen Dorf an der nördlichen Ostsee, holen ihn zu sich. Raabe hat sein deskriptives Pathos eingesetzt, um dies armselige, in öder Landschaft fast unzugängliche Dorf am Rande eines ständig mit Tod drohenden Meeres von einer Idyllenfärbung freizuhalten. Diese Pfarre Grunzenow bedeutet Armut, Einsamkeit, sie fordert Entsagung und opfervollen Dienst am noch armseligeren Mitmenschen. Sie ist damit zugleich Prüfstein des Glaubens, kein Ort der Theologie, aber der tätigen Bereitschaft für die hilfsbedürftige Gemeinde. Sie führt den Christen aus dem Behagen in eine Wüste zurück. »Viel Liebe muß der Prediger am Meer beweisen können, und viel vom eigenen Glück muß er verleugnen können für die Hütten um seine Kirche. Es ist nur der heiligste Hunger nach Liebe, der den Menschen für solche Erdstelle stark genug macht«, sagt ihm sein greiser Vorgänger, der im schweren Dienst weise gewordene Ehrn Tillenius. Dies sturmumbrauste kleine Pfarrhaus ist wahres Leben. »Wirklichkeit! Wirklichkeit!« rief Hans aus. »O mein Gott, was sind alle Träume und Hoffnungen gegen diesen Weg, den wir jetzt zusammen gehen.« Er sagt es zu der ebenso vom Welttreiben verstörten, ebenso obdachlos verirrten Geliebten. Sie sorgt dafür, daß in der Hungerpfarre dennoch eine Idylle entsteht, ein Ort der schützenden Geborgenheit, in der mühseligen, immer wieder zitierten Arbeit doch ein Ort des Friedens und der Liebe. Die Idylle wird bewahrt, wenn auch nicht in lieblicher Landschaft, sondern in einem Milieu, das alle Kräfte, auch die der selbstlosen Entsagung, herausfordert.

Die Pfarre von Grunzenow verlangt ein soziales Christentum, und das Postulat an den wahren, berufenen Pfarrer ist seine Fähigkeit und Bereitschaft zu ihm und zu einer sich erbarmenden Liebe. Ihr Pathos kehrt im Werk Raabes nicht wieder. In »Unruhige Gäste« (1886) haust der Pfarrer verbohrt, gleichsam versteinert, in der einsamen Dorfpfarre auf den kargen Höhen der Harzberge, unfähig und unwillig, den Dienst seines Amtes der Welt unten und ihren Leidenden zuzuwenden. »Unwohnlichkeit, Armut und Vernachlässigung« beherrschen das Bild seines Hauses, der vergrübelte, freudlose Asket hat kein Auge für »Erdenschönheit«, er findet in herber, selbstquälerischer Verbitterung keinen Zugang zu anderen Menschen, wie auch er selbst unter seiner Vereinsamung leidet. »O Herr mein Gott, töte dieses bittere, wilde Herz in mir, zu dem niemand spricht, vor dem niemand weint und lacht, ohne daß der Ton erlischt wie ein glühend Eisen in einem Meer von Galle.« Wir wollen nicht weiter zitieren. Dieser in sich selbst verzweifelte Pastor Prudens Hahnemeyer, der zur christlichen Liebe unfähig ist, stellt sich als ein Extrem in Raabes umfangreicher literarischer Figurengalerie dar, die immer – der Hinweis möge genügen – auch eine autobiographische Tönung hat. Hahnemeyer ist das Gegenbild zu dem Geistlichen als einem Bringer und Hüter des Lichtes in Verdüsterungen der Zeit (zum Beispiel die historische Erzählung »Else von der Tanne«, 1863/64). Aber das Licht kämpft vergeblich. »Gottes Wille ist vollbracht! Er hat seine Hand abgezogen von der Erde, er hat die Völker verstoßen und uns vernichtet.« Je mehr das 19. Jahrhundert voranschreitet, um so fragwürdiger wird eine menschliche Möglichkeit zum Glauben, um so mehr zieht sich Gott ins Unbekannte und Unerreichbare zurück und läßt ihn im Obdach- und Ausweglosen allein.

Zwar gibt es noch die Pfarrhausidylle bei Raabe, aber humoristisch parodiert, so in der Ironisierung des Idyllischen im »Horacker« (1876). Raabe scheut vor direktem Spott nicht zurück, wenn sich der Geistliche beamtenhaft der »guten«, gebildeten Gesellschaft genüßlich eingepaßt hat (»Meister Autor«, 1874). Anders der historische Aspekt: In dem Geschichtsroman aus dem 18. Jahrhundert »Hastenbeck« (1899) kann noch von einem abgelegenen

Dorfpfarrhaus erzählt werden, das Obdach der Heimatlosen und Verfolgten ist. Aber dies ist Geschichte geworden und keine Gegenwart mehr. In die Geschichte versetzt auch Theodor Storm in »Aquis submersus« (1877) den Pfarrer, den eine geheime Schuld, die ihn nicht mehr losläßt, verdüstert und vereinsamt. Der Glaube, zum Beruf geworden, bedeutet nicht mehr Gnade der Erlösung.

Raabe mißt die von ihm gezeichneten Pfarrerfiguren daran, wieweit sie menschlich, hier im Irdischen, fähig sind, ihren Mitmenschen tätig, mit dem Einsatz der ganzen Person, beizustehen. Sein Kriterium für sie waren nicht mehr Bekenntnis und Rechtgläubigkeit, sondern ihre Brüderlichkeit in Not und Elend. Hans Unwirrsch vermag dies auf der Hungerpfarre von Grunzenow durch Arbeit und Liebe; der Pfarrer Prudens Hahnemeyer erfährt Arbeit als eine kalte Pflicht, als vergebliche Amtsverwaltung. In Raabes Abneigung gegen jegliche Kirchlichkeit lebt Sehnsucht nach spontaner brüderlich-schwesterlicher Christlichkeit, die der frommen Formeln entbehren kann.

Von solcher Brüderlichkeit erhofft ähnlich der Pastor Lorenzen in Theodor Fontanes »Stechlin« (1889) eine verjüngende Erneuerung der Kirche. Sie verbindet sich, rationaler, programmatischer als bei Raabe, mit sozialen Impulsen. Im Erzählwerk von Fontane begegnen oft Geistliche, oft Fragen des Glaubens. Darin repräsentiert sich die zeitgenössische preußisch-märkische Gesellschaft und die Verunsicherung der Zeit gegenüber letzten Werten und Normen. Der Geistliche ist gleichsam von der Kanzel heruntergeholt und in die Gesellschaft versetzt, um sich in ihr zu bewähren. Thron und Altar gehörten in der preußisch-monarchischen Ideologie dicht zusammen – so wie Gutshaus und Pfarrhaus auf dem Lande, mochten auch ihre gegenseitigen Beziehungen sich recht verschieden ausnehmen. Sie sind kühl in »Effi Briest«; hier ist der Pastor zur passiven Nebenfigur geworden, die ein schmales Gewicht nur durch das Vorzeichen erhält, das aus seiner Reserve gegenüber Effis früher standesgemäßer Verheiratung spricht. Anders Pastor Lorenzen im »Stechlin«. Denn in ihm geht es um eine umfassende Zeit- und Kirchenkritik, um eine neue Beziehung zwischen der Gesellschaft und allen ihren Schichten, um das Programm eines verjüngten, zur Zukunft öffnenden Lebens, in dem Christentum nicht nur gepredigt und gelehrt, sondern in die Praxis mitmenschlichen, sozialen Handelns umgesetzt wird.

Die künstlerische Überlegenheit des Romanciers Fontane über Wilhelm Raabe ist deutlich unter anderem in der individualisierenden und psychologisierenden Figurenzeichnung. Fontane typisiert nur die Neben- und Randfiguren. An ihnen beweist er die Blickschärfe seiner kritischen Gesellschaftsironie. Sie wird dort wirksam, wo der Erzähler auf Widersprüche zwischen Anspruch und Substantialität trifft: etwa in dem stockpreußischen und stocklutherischen Damenkloster, das so adelsstolz wie borniert Stechlins Schwester als Domina regiert, oder in der Gestalt des weltmännisch-eitlen und salbungsvoll-redensartlichen Superintendenten Koseleger, der Christentum nur als Amtskarriere verwaltet. Seine Figur nähert sich bereits der Karikatur. Pastor Lorenzen, obwohl nur ein kleiner, etwas beargwöhnter Dorfpastor, ist ihm menschlich-geistig weit überlegen. Denn er denkt und lebt in die Zukunft hinein, er hat das Gespür für das notwendig Kommende, wenn christlicher Glaube seine Verengungen und Veralterungen überleben soll. Er ist ein christlich Sozialer aus Vernunft und Güte der Gesinnung und aus der Offenheit für das Neue, dessen Zeichen er sichtet. So kritisch er sich gegenüber allem Vergreisten und Abgelebten verhält – er ist kein Parteigänger des radikal Neuen, aber ein Befürworter aller verjüngenden Impulse, kein christlicher Revolutionär, aber hellhörig für alle in der Zeit und in der sozialen Welt vernehmbaren Verwandlungen. Die praktische Pflicht zur Menschenfürsorge, die sich an die Bedürftigen hingibt, ist ihm Aufgabe und Ziel. In ihm kehrt, ungeachtet aller zeitgeschichtlichen Veränderungen am Ende des 19. Jahrhunderts, das Grundbild jenes Theologentypus wieder, der in den Romanen gegen Ende des 18. Jahrhunderts den autoritätssüchtigen Dogmatikern der Orthodoxie den Gehorsam verweigerte. Lorenzen verweigert nichts, aber er lebt für eine innere Verjüngung und für eine christliche Praxis des Glaubens. So ist auch er ein »Linker«, ganz ohne Ideologie, nur aus seiner Menschlichkeit heraus. Dies stört nicht sein Verhältnis zu Dubslav von Stechlin, dem junkerlichen Gutsherrn und Kirchenpatron, nicht das Vertrauen von dessen Kindern zu ihm. Denn der gealterte Dubslav Stechlin denkt und fühlt zwischen Altem und Neuem, zwischen Konservativismus und dem, was sich in der Zeit bewegt und Veränderungen will, progressiver, ja sozialistischer als ihm bewußt ist. Lorenzen ist wohl die eindrucksvollste Figur des Geistlichen, die im deutschen Roman des 19. Jahrhunderts dargestellt wurde.

Gottfried Keller hat seiner letzten Seldwyla-Geschichte, in der er von der getrennten und geheilten Ehe der Justine mit dem Jukundus erzählt, ein »ernsteres Kultur- und Gesellschaftsbild« eingelegt. Er mußte in der Gründerzeit Verstöße, wenn nicht Versündigungen gegen alle seine ethischen, rechtlichen und gesellschaftlichen Überzeugungen beobachten. In unheilvolle Krisen sah er die kirchlichen Zustände durch die sogenannte Zürcher Reformtheologie hineinverwirrt. Weil er in der Ehe den Kern der menschlich-sozialen Ordnungen sah, war der Vorwurf gegen die Kirche, ihre Eintracht zu zerstören, schwerwiegend. Ihre Abwendung von den alten Glaubensformen und ihre zu eifrigen zeitgemäßen Erneuerungen wurden ihm zum Beweis, »wie auch in den verfeinerten Verhältnissen der sogenannten freisinnigen Religiosität Unheil und Familienstreit entstehen kann« (an F. Th. Vischer, 20. Juni 1875). Die Aktualität seiner literarischen Mahnung wurde rasch verstanden und mit nicht gelindem Zorn beantwortet. Der in der Novelle gezeichnete Geistliche ist als Promotor eines heillosen Zustandes typisiert. Die von ihm gepredigte Religiosität ist ein halbherziger, glaubensschwacher Kompromiß mit den

*Eine Passage aus einem Gespräch zwischen Dubslav und Pastor Lorenzen aus dem Roman
»Der Stechlin« von Theodor Fontane in der Originalhandschrift des Dichters*

modernen Natur- und Geschichtswissenschaften, eine verwässerte, schönrednerische Weltanschauungslehre zwischen Rationalismus und Erbauungssentimentalität. Sie ist unverbindliche Auslegung der Bibel, ohne Ehrfurcht vor dem Göttlichen, das sich menschlichem Begreifen und Reden entzieht und nur in der schweigend dankenden Hingabe an Natur und Gefühl erfahrbar wird. Ein betriebsam-eitler Prediger, der sich zudem als Zeitgenosse der Gründerjahre durch Geldspekulationen ruiniert, blendet seine Gemeinde durch billige Pseudosakralkunst, durch eine hohle Rhetorik, durch unklare Mischungen von altem Glaubensgut und nachgeredeter Modernität, bis er das Vertrauen der Gemeinde, unter die sich Justine verirrt hat, verliert und in einen geistlichen und weltlichen Zusammenbruch gerät. Die durch sich selbst betrogene Kirche hat Autorität, Fundament und Charakter preisgegeben. Der »Atheist« Keller spricht als Anwalt alter »natürlicher« Frömmigkeit einen verächtlichen Richtspruch über sie.

Die Problematik der Existenz in der Kirche und für die Kirche ist um das Ende des Jahrhunderts, im Zusammenhang mit einem allgemeinen Drängen zu geistig-seelischer Umkehr, Wende und Erneuerung, mit Vehemenz bewußt geworden. Der Pfarrer lebt nicht mehr in der Idylle; er ist auf das öffentliche Kampffeld der Weltanschauungen getrieben und in sich selbst, in Amt, Berufung und Glauben in Disharmonien geworfen. Er ist auf seine Subjektivität, den Ernst seiner eigenen Glaubensfähigkeit angewiesen, da seine äußeren Stützen brüchig wurden. Die Theologie baut ihm keine verläßlichen Leitplanken, denn sie ist in die Widersprüche des Meinens und Vermeinens geraten; er ist einsam in einer Gesellschaft, die seiner nicht bedarf, er ist sehr einsam in einem Glauben, dessen Gewißheit sich ihm entzieht. Die inneren Brüche werden noch spürbarer als die äußeren Widersprüche. In der Erzählliteratur um Neunzehnhundert wird der evangelische wie auch der katholische Geistliche zu einer bevorzugten Problemfigur, Ausdruck einer Generationslage, die diesen Gestalten eine relative Konformität mitteilt. Auch auf der Bühne wird ein Tabu der Vorführung von Geistlichen durchbrochen – trotz einer noch nachwirkenden Zurückhaltung. Denn der Angriff gegen den Geistlichen akzentuiert sich thematisch und soziologisch noch immer als Angriff gegen die bestehende Gesellschaft. Eine literarische Galerie dieser Figuren verbietet der allzu streng abgemessene Umfang dieses Beitrages. Wir müssen uns, wieder nur in Stichworten, auf einen einzigen Roman als symptomatisch für viele andere Gestaltungen (zum Beispiel Max Kretzer, 1889; Das Gesicht Christi, 1897; Wilhelm Hegeln, Pastor Klinghammer, 1903; Gerhart Hauptmann, Der Narr in Christo Emanuel Quint, 1910) begrenzen: auf »Der Pfarrer von Breitendorf« (1904) des naturalistischen Romanciers Wilhelm von Polenz.

Der Roman ist als Zeitpanorama breit angelegt und mit vielen Details gleichsam vollgestopft – immer unter dem Aspekt der äußeren gesellschaftlichen Lebensprobleme und der inneren Glaubensprobleme eines Landpfarrers, denen ihn die Zeitverfassung konfrontiert. Es geht Polenz um ihre Vielheit – nicht eben zugunsten des künstlerischen Aufbaus dieses Romans. Ihn überbürdet die Mannigfaltigkeit der Figuren, der Lebensausschnitte, des episodischen Details. »Soviel Feindliches, Häßliches, Verwirrendes – so viele Versuchungen, Unklarheiten, versteckte Abgründe –, er dazwischen gestellt mit seiner gottsuchenden Seele, den heißen Wünschen seines Fleisches und seinem Hunger nach Erkenntnis – Wie würde der Kampf ausgehen?« – so heißt es bald zu Beginn erzählprogrammatisch beim Amtsantritt des jungen Pfarrers. Das ist nicht der Stoff für eine Idylle – sie wird jetzt als Lüge verfemt. Leben ist Kampf, wenn es nicht in der Routine erstickt oder sich unter Widersprüchen keinen gewissen Weg mehr erarbeiten kann. Wie endet dieser Kampf? Der junge Geistliche verzichtet auf sein Amt, er befreit sich von den Lügen, die es ihm abfordert, er findet zu seinem wahrhaften inneren Selbst, damit zur Wahrheit seines Glaubens, die er allein, eine gereifte Individualität, mit sich selbst ausmachen muß. Es entspricht dem Individualitätsdenken dieser Jahre: Wahrheit kann immer nur individuell gelebte und verwirklichte Wahrheit sein, dann aber vorbildlich und verpflichtend für viele, für eine ganze junge Priestergeneration. Ausweglosigkeit schlägt um in utopische und vage Zukunftshoffnungen. »Ich will Religion leben, nicht mehr sie studieren, nicht mehr mit diesem heiligsten Gefühle experimentieren... Ich will versuchen, den Kindern das zu ersparen, was ich selbst erlebt habe: all die Stadien des Buchstabenglaubens, des gedankenlosen Götzendienstes, des Verzweifelns an allem Göttlichen, des Indifferentismus, des religiösen Bankerotts« (Bd. 2, XXII, 305). Ausbruch aus der alten Kirche – nicht um sie zu zerstören, sondern um einer verjüngten, lebenden Kirche willen. Nur auf eine literarische Parallele sei hingewiesen, auf Gustav Frenssens damals viel gelesenen Roman »Hilligenlei« (1904). Auch hier geht es um den Tod der alten Kirche. »Aber der größte Teil des Volkes weiß, daß sie tot sind... Und nun sind die Menschen ohne Religion, und darum mißmutig und verbittert, irr und wirr, ohne Friede und Freude, ohne Weg und Ziel.« Frenssen verkündigt eine neue, schlichte, schöne Religion, soziale Gerechtigkeit und – ein einfaches, edles, germanisches Menschentum. Man weiß, wie fundament- und realitätslos diese Entwürfe einer Weltwende durch einen von Kirche und Bürgerlichkeit befreiten Menschen blieben und welche Gefahren und Konsequenzen sie einschlossen, selbst wenn es »nur« um den völkisch-germanischen Lebens- und Schicksalsglauben der »Nordmark« (1936) ging.

Gibt es eine Berechtigung dazu, die Romane »Lennacker« (1937) von Ina Seidel und »Der Mann auf der Kanzel« (1979) von Ruth Rehmann zu einem vergleichenden Blick zusammenzustellen? Muß nicht eher mit Nachdruck akzentuiert werden, was beide aus der evangelischen Pfarrhaustradition stammende Autorinnen unüberbrückbar trennt? So nachdrücklich Ina Seidel die christliche Innenwelt von einer mehr oder weniger verfehlten Außenwelt separiert – das Christliche ist zur Heilung und Ordnung des politisch-staatlichen, nationalen Lebens aufgerufen und seine Tradition wie Zukunft auf es bezogen. Wie schattenhaft und machtlos die Kirche in der Gegenwart, in welche die Geschichte der Pfarrerdynastie Lennacker mit dem letzten ihrer Abkömmlinge einmündet, geworden ist, wie sehr die allgemeinen Lebensmechanisierungen in sie eingedrungen sind, der christliche Glaube, die Kirche sind noch eine unzerstörte Erscheinungsform dieser Wirklichkeit, wie es in dem großen Schlußgespräch heißt, um dessentwillen der Roman mit allen seinen historischen Bildern aus der Geschichte der deutschen evangelischen Pfarrer und Pfarrhäuser geschrieben worden ist. Sie sind, paradox formuliert, die historische Gegenwart, in der der heimkehrende Offizier aus dem Inferno des Ersten Weltkrieges in seinen Fieberträumen und -visionen tiefer und tiefer beheimatet wird, bis er in die Reihe seiner Ahnen eintritt und in dem überkommenen Beruf mit dem Ernst des Frontkämpfers seine Berufung, sein inneres Selbst und seine Zukunft erkennt. In dem Glauben an die Gottmenschlichkeit von Christus »findet nicht nur die einzelne Seele Erfüllung, sondern zugleich die Bindung und Vereinigung mit allen gleich ihr auf Christus Bezogenen. Die gemeinsame Bezogenheit auf sittliche Güter, deren höchstes wohl das Vaterland ist, kann einigen, beglücken und stärken, sie kann aber nicht die letzte Einsamkeit des Menschen seinem persönlichen Schicksal mit den in ihm beschlossenen unlösbaren Rätseln gegenüber aufheben – das kann auch die nächste menschliche Gemeinschaft nicht –, das kann nur Jesus.« Die Zeitgenossen lasen »Lennacker« als ein Buch der Opposition gegen den Nationalsozialismus; sie sahen nicht, wie es, aus idealistischer Grundhaltung, mit allem Ernst der Gläubigkeit und des nationalen Gefühls, ihm in der Idee der nationalen Gemeinschaft entgegenkam.

Ina Seidel bildete das Buch von der Geschichte des evangelischen Pfarrhauses seit der Reformation zum Buch vom deutschen geistigen Erbe, seines inneren Reiches aus. Bei Ruth Rehmann blickt »das Kind«, das jetzt aus Erinnerungen, Berichten, Befragungen die Gestalt und Biographie des geliebten Vaters, des Mannes im schwarzen Talar, zusammensetzt, nur auf zwei Generationen zurück. Mit diesem Rückblick und Umblick, der die deutsche Kirchengeschichte seit dem Ende des 19. Jahrhunderts und besonders seit dem Herrschaftsantritt Hitlers einbezieht, verknüpft sich die Geschichte einer allmählichen Ablösung des »Kindes« vom Geist und von der Atmosphäre des Vaters. Was der Erzählerin als eine Stätte der Glaubensgerechtigkeit, der fraglosen, alles Alltägliche durchdringenden und bergenden Glaubensordnung, Glaubenswerte und -normen unangreiflich erschien, verkörpert in der Güte, Liebe und Autorität des Vaters, wird verunsichert, fragwürdig, eines Versagens verdächtig. Es geht in dem Vater um mehr als den individuell einzelnen; es geht um die Grundhaltung vieler in den Jahren seit dem Ersten Weltkrieg, in der Weimarer Republik und unter der Gewaltherrschaft Hitlers. Es geht, soweit evangelischer Glaube und nationaler Konservativismus sich gleichsetzen, um ein wesentliches Kapitel jüngster deutscher Vergangenheit. Der einsame, schwermütige, an Resultat und Sinn seines strengen und gerechten, allzu friedensbereiten Wirkens zweifelnde Vater erscheint wie das Zeichen des Zusammenbruchs einer überlebten theologischen Verhaltens- und Glaubenswelt. Sie hatte ihre festen Grundlagen in der Bibelfrömmigkeit, ihr Arbeitsfeld in der umgrenzten Gemeinde, ihr Gehäuse in der nationalen Brüderlichkeit des 19. Jahrhundert, die, bei aller Liberalität, Grenzen zog, die nicht überschritten werden durften und konnten: gegenüber den »Roten«, gegenüber den »Juden«. Dieser Kleinstadtpfarrer, der Prediger christlicher Eintracht und Liebe, führt, unbewußt und bewußt, ein bereits anachronistisch gewordenes Leben. Im »Lennacker« dient der vielteilige historische Rückgriff der Bestätigung der notwendigen Dauer einer protestantischen und nationalen Christlichkeit – am Ende des Ersten Weltkrieges schwieriger und dringlicher als vielleicht jemals zuvor. Der Roman ist eine Werbung um den Bestand und die Weiterführung eines inneren geistigen Reiches unter den Deutschen als Rettung aus den Verwahrlosungen der Zeit und Gesellschaft. Ruth Rehmanns »Der Mann auf der Kanzel« ist ein Buch des Endes: nicht nur des Kindseins der Erzählerin, nicht nur des Berufungs- und Wirkungsbewußtseins des lebensmüden Vaters; auch des Endes einer religiösen Haltung, die nur so redlich unbeirrbar blieb, weil sie sich von allem abwandte, alles verleugnete, was sie in Zweifel treiben könnte, und sich so der Erkenntnis der sozialen und politisch wie geistig erneuernden Wirklichkeit außerhalb von Pfarrhaus, Kirche und gehorsam-gläubiger Gemeinde verschloß. Das Verlangen nach der versöhnenden Harmonie machte blind, wo die Schärfe der Erkenntnis und aus ihr heraus der Widerstand erfordert waren. So wie sich bei Ina Seidel das Christliche den nationalen Zielen zuordnet, so bleibt der Pfarrervater Ruth Rehmanns der gutdenkende Untertan der vergangenen Monarchie und des Vaterlandes, wie er sich selbst als der fromme und redliche Untertan Gottes fühlt. Gewiß, er mauert sich ab gegen den Nationalsozialismus, er läßt ihn nicht in seine Familie, seine Predigt und seine Kirche ein, aber sein Evangelium des Friedens und Gottes als Herrn der Geschichte verbietet ihm Kampf, Widerstand und verleitet ihn zu einem Selbstbetrug, aus dem aufgeschreckt zu werden seinen Zusammenbruch einleitet. Ruth Rehmanns »Der Mann auf der Kanzel« erzählt die Tragödie einer durch ihren Idealismus, durch ihren redlichen Nationalismus, durch ihre bürgerliche Pflicht- und Rechtsgesinnung, durch ihren Ordnungs- und Friedenswillen irregeleiteten Gläubigkeit. Was ihr Wert und Norm war, schlägt um zum Versagen in Berufung und Beruf. Der Roman »Der Mann auf der Kanzel« bedeutet gewiß kein Ende von Pfarrhaus und Pfarrerexistenz, aber eine Endphase unserer literarischen Reihe.

Wir mußten viel überblättern. Das Thema beschränkte die Perspektiven. Es sucht lediglich Stationen eines geschichtlichen Ablaufes zu erkennen, dessen weitgreifende Folgen für die Glaubens- und Kirchengeschichte, Sozial- und Literaturgeschichte abzuschätzen dem Leser überlassen bleiben muß. Die evangelischen Geistlichen und ihre getreuen oder abtrünnigen Söhne als produktive Autoren durchzusprechen wäre ein anderes Thema. So müssen unter anderem Jeremias Gotthelf und auch Gottfried Benn fehlen. Gotthelf hat als Pfarrer in Emmental sein vielbändiges Werk geschrieben, aber er hat nicht sich selbst und seine Lebensbedingungen beschrieben. Ausgespart blieben weitgehend historische Darstellungen, denn es ging darum, wie man literarisch Figur und Welt jeweils in der Gegenwart sichtete. Es hätte zuviel an Raum gefordert, Geschichtsvorstellung und Gegenwartsbewußtsein, das die Geschichtsbilder stilisiert, poetisiert oder ideologisiert, zu sondern. Ein weiteres spezielles und aussagekräftiges Thema wäre die Autobiographie. Zwar sind autobiographische Elemente in die genannten Literaturwerke eingegangen – wesentlicher sind in ihnen der Blick und die Positionsbestimmungen von außen, aus der Distanz, die kritisches Sehen und Werten zuläßt. Sie ermöglicht erst, die Darstellungen in weitere Zusammenhänge einzufügen, auf die es uns bei diesem Überblick ankam und den aufzufüllen dieser kleine Versuch anregen mag.

Sekundärliteratur

HERBERT SCHÖFFLER: Protestantismus und Literatur. Neue Wege zur englischen Literatur des 18. Jahrhunderts 1922, Göttingen 1958²

HERBERT SCHÖFFLER: Das literarische Zürich 1700–1750, Die Schweiz im deutschen Geistesleben, Bd. 40, Frauenfeld-Leipzig 1925

HERBERT SCHÖFFLER: Deutscher Geist im 18. Jahrhundert. Essays zur Geistes- und Religionsgeschichte, herausgegeben von Götz von Selle, Göttingen 1967²

ROBERT MINDER: Das Bild des Pfarrhauses in der deutschen Literatur von Jean Paul bis Gottfried Benn. Akademie der Wissenschaften und der Literatur. Abhandlungen der Klasse Literatur. Jahrgang 1959, Nr. 4, Mainz-Wiesbaden

ALBRECHT SCHÖNE: Säkularisation als sprachbildende Kraft. Studien zur Dichtung deutscher Pfarrersöhne. Palästra. Untersuchungen aus der deutschen und englischen Philologie und Literaturgeschichte, Band 226, 1968²

FRIEDRICH SENGLE: Biedermeierzeit. Deutsche Literatur im Spannungsfeld zwischen Restauration und Revolution 1815–1848, Band II: Die Formenwelt, Stuttgart 1972

GERHARD HÄMMERLING: Die Idylle von Geßner bis Voß. Theorie, Kritik und allgemeine geschichtliche Bedeutung. Europäische Hochschulschriften, Reihe 1 Deutsche Sprache und Literatur, Bd. 398, Frankfurt a.M./Bern 1981

WALTER PACHE: Idylle und Utopie: Zur Rezeption Oliver Goldsmiths in der Goethezeit. In: Klassik und Moderne. Die Weimarer Klassik als historisches Ereignis und Herausforderung im kulturgeschichtlichen Prozeß. Herausgegeben von Karl Richter und Jörg Schönert. Walter Müller-Seidel zum 65. Geburtstag, Stuttgart 1983, S. 135–159

Sigrid Bormann-Heischkeil

Die soziale Herkunft der Pfarrer und ihrer Ehefrauen

1. Einleitung

Nicht Geschichten und Bilder, sondern Zahlen sind Gegenstand dieses Aufsatzes. Das *Interesse* an Daten zur sozialen Herkunft des evangelischen Pfarrstandes ist, sofern es gegenwärtig überhaupt besteht, in einer Zeit, in der man viel über die gesellschaftliche Funktion des Pfarrers nachdenkt, vor allem *gesellschaftspolitisch* orientiert. Der Pfarrstand als Stand par excellence gerät zunehmend in das Spannungsfeld der modernen mobilen Gesellschaft. Der Ende des 18. Jahrhunderts einsetzende Übergang von der ständischen Privilegien- zur modernen Leistungsgesellschaft ist allem Anschein nach in Berufsbild und Berufswirklichkeit der Pfarrer erst in den letzten Jahrzehnten verspätet sichtbar geworden. Der Pfarrstand versteht sich heute weithin als eine Berufsgruppe unter anderen. Nach dem weitgehenden Verlust seiner öffentlich-rechtlichen Funktionen bleiben dem Pfarrer die als Leistung schwer darstellbaren geistlichen Funktionen; er erlebt sich als der leistungsorientierten Gesellschaft nicht zugehörig, in einer »Krise« befindlich, und sucht nach neuen Definitionen seiner sozialen und politischen Funktion. Unter der Idee der sozialen Partizipation wird die »theologische Struktur« des Gegenübers von Amt und Gemeinde kritisch diskutiert; zugleich wird die Gefahr gesehen, daß diese theologische Struktur, die auf der »religionssoziologischen Grundstruktur Symbol, Symbolfigur, Ritual« beruht, »durch eine Gesellschaftsstruktur ausmanövriert werden kann«[1]. Das in der Kirche nicht sonderlich ausgebildete Interesse an Daten zur sozialen Herkunft der Pfarrer ist im allgemeinen von dem Bestreben geleitet, sich der »erfreulichen Verankerung des Pfarrstandes in allen Berufsschichten«[2] zu vergewissern.

Dem gesellschaftspolitischen Interesse an der Rekrutierung des Pfarrstandes ging seit Ende des 19. Jahrhunderts ein *kultur- bzw. kirchengeschichtliches Interesse* voraus. Die kulturtragende Funktion des evangelischen Pfarrhauses wurde in ihrer Entwicklung untersucht und am Beispiel bedeutender Pfarrer und Pfarrerssöhne illustriert. Zahlen zur sozialen Herkunft vor allem aus der frühen Zeit zufälliger Überlieferung wurden angeführt, um die häufige Berufsvererbung als Ursache des ausgebildeten Traditionsvermögens des Pfarrstandes zu belegen.[3]

Eine kritische Situation des Pfarrstandes ist der Hintergrund des *standespolitisch-administrativen Interesses*, das die Kirchenleitungen seit der zweiten Hälfte des 18. Jahrhunderts an statistischen Daten über den Umfang des theologischen Nachwuchses und seine soziale Zusammensetzung zeigten. Fehlende Studienregelungen und wilde Stellenbesetzungen hatten in der Geschichte des evangelischen Pfarrstandes immer wieder zu Überfüllungsphasen geführt. Der ungewöhnlich hohe Überschuß in Württemberg schon ab Mitte des 18. Jahrhunderts, in Preußen und wahrscheinlich in ganz Norddeutschland ab etwa 1780 veranlaßte die Kirchenleitungen zu Zugangsbeschränkungen und bereitete den Pfarrern Sorge im Hinblick auf das »künftige Geschick« ihrer Söhne, die sie »im Geiste in der langen Reihe der Candidaten« sahen[4]. Aus diesem standespolitischen Interesse der Abwehr der Konkurrenz des zunehmend in den Pfarrstand eindringenden Kleinbürgertums wurden in

---

[1] H.-O. Wölber, Die Eigenart des Auftrags. Das Pastorenamt und die Humanwissenschaften. In: Kirchliches Jahrbuch (künftig abgekürzt: KJb) 1975, S. 51f.; zur Analyse der lutherisch-theologischen Theorie von Amt und Gemeinde: G. Bormann/S. Bormann-Heischkeil, Theorie und Praxis kirchlicher Organisation. Opladen 1971, Kap. 2, bes. S. 42–51. – Verweise auf die am Schluß des vorliegenden Aufsatzes im Literaturverzeichnis genannten Titel erfolgen lediglich mit Verfassernamen und Erscheinungsjahr

[2] Burger KJb 1953, S. 420

[3] W. Baur, Das deutsche evangelische Pfarrhaus (1877); E. Meuss, Leben und Frucht des evangelischen Pfarrhauses (1877); Drews ²1924; Werdermann 1925 u. 1935; A. Angermann, Was für Männer gab das evangelische Pfarrhaus dem deutschen Volke? (⁹1940); G. Franz, Das evangelische Pfarrhaus. In: Führungsschicht und Eliteproblem. Jb III der Ranke-Gesellschaft (1957)

[4] Was sollten Prediger bedenken, welche Knaben aus den niedern Ständen zum Studiren veranlassen? Journal für Prediger (künftig abgekürzt JfP) JfP 69 (1826), S. 294; s. dazu Titze 1982, S. 13–15; Hasselhorn 1958, S. 34f.

einigen Landeskirchen die ersten Nachwuchsbedarfsuntersuchungen durchgeführt, die zum Teil auch Angaben zur sozialen Herkunft der Pfarrer enthalten.

Bei der Darlegung und Analyse statistischer Daten zum sozialen Hintergrund des evangelischen Pfarrhauses soll im folgenden versucht werden, *in kultur- und sozialgeschichtlicher Betrachtungsweise* den Zusammenhang der Geschichte der sozialen Herkunft des Pfarrstandes mit dem allgemeinen sozial-kulturellen Wandel zu verdeutlichen. Für Altwürttemberg im 18. Jahrhundert können wir an die bisher wohl einzige größere sozialgeschichtliche Arbeit zum evangelischen Pfarrstand von Hasselhorn anknüpfen.

Auffällig an der Rekrutierung des Pfarrstandes ist vor allem die ausgeprägte, erst in letzter Zeit merklich zurückgehende Berufsvererbung. Das Problem der Berufsvererbung stellt sich in zweifacher Hinsicht: als Frage nach dem Anteil der Pfarrer unter den Vätern der Pfarrer (Zustrom) und als Frage nach dem Anteil der Theologen unter den (studierenden) Pfarrerskindern (Abstrom). Ferner ist festzustellen, aus welchen anderen Berufen sich Pfarrer und Pfarrfrauen zu den verschiedenen Zeiten rekrutierten. Dabei interessieren die Bewegungen sozialen Aufstiegs in den Pfarrberuf und über den Pfarrberuf als »Plattform« in höherrangige Berufe.

2. Materiallage, Methodisches

An der *Entwicklung der Statistik* ist die Kirche in hohem Maße beteiligt. Die schon im Mittelalter geführten Kirchenbücher lieferten lange Zeit das wesentliche Material für jede Art von Statistik. Aus der Staatenkunde des 18. Jahrhunderts entwickelte sich seit Beginn des 19. Jahrhunderts die Statistik im heutigen Verständnis. Statistische Institutionen wurden gegründet, die regelmäßig amtliche Tabellen veröffentlichten. So stellte das Preußische Statistische Büro seit 1822 alle drei Jahre eine Kirchentabelle zusammen mit Angaben über gottesdienstliche Versammlungsorte, evangelische Bevölkerung und Pfarrer[5]. Die gemeinsame Veröffentlichung statistischer Ergebnisse aus allen deutschen evangelischen Landeskirchen wurde 1858 auf der Eisenacher Kirchenkonferenz beschlossen, 1922 wurde in Berlin das Kirchenbundesamt errichtet[6] (jetzt Kirchenstatistisches Amt der EKD in Hannover).

Zuverlässige Daten zur *quantitativen Entwicklung des Theologiestudiums* sind uns etwa seit 1830 überliefert[7]. Die ersten systematisch zusammenge-

---

[5] Statistische Uebersicht und Vergleichung der kirchlichen Verhältnisse des Preußischen Staats in dessen verschiedenen Provinzen am Ende der Jahre 1822 und 1846. In: Mittheilungen des statistischen Bureau's in Berlin, hg. v. W. Dieterici 3 (1850), Nr. 1, S. 2.

[6] H. A. Krose, »Statistik, kirchliche«. In: Lexikon für Theologie und Kirche, hg. v. M. Buchberger, IX (²1937), Sp. 779–781.

[7] s. d. Tab. 17: Die Gesammtzahl der Studirenden nach Fakultäten auf sämmtlichen Universitäten des Deutschen Reiches vom Winter-Semester 1830/31 bis zum Winter-Semester 1899/1900. In: Preussische Statistik, Bd. 167 (1901), S. 69 mit Angaben pro Semester

stellten statistischen Übersichten *zur sozialen Herkunft der evangelischen Theologen* finden wir in den bis Ende des 18. Jahrhunderts zurückgehenden universitätsstatistischen Untersuchungen Ende des 19. Jahrhunderts (von Conrad u. a.)[8]. Seit dieser Zeit wird diese Fragestellung in der amtlichen Hochschulstatistik berücksichtigt und auch in gelegentlichen Angaben und Erörterungen im Kirchlichen Jahrbuch (1874ff.) erwähnt. Berufliche Umschichtungsprozesse traten offenbar mehr und mehr ins Bewußtsein. Spezielle Herkunftsstudien zum Pfarrstand, die über bloße statistische Beschreibung hinausgehen, gibt es bisher kaum[9]. Dies ist insofern verwunderlich, als das Interesse an der vertikalen sozialen Mobilität – vor allem anhand von Studien über den Berufswechsel zwischen den Generationen erforscht[10] – zunächst im Zusammenhang mit der Entwicklung von Modernisierungs- und Industrialisierungstheorien, neuerdings seit den siebziger Jahren im Zusammenhang der Diskussoin über Chancengleichheit im Bildungssektor sehr zugenommen hat. Neue Anstöße zur Beschäftigung mit der sozialen Herkunft der Pfarrer kommen aus der bildungsgeschichtlichen Forschung[11].

Die vorhandenen Statistiken zur sozialen Herkunft der evangelischen Pfarrer bzw. ersatzweise der Predigtamtskandidaten oder der Theologiestudenten (s. *Tab. 1.1 und 1.2*) beziehen sich auf verschiedene Teilgebiete Deutschlands, im 19. Jahrhundert vor allem auf Württemberg und Preußen, und auf unterschiedlich lange Zeiträume; sie sind schwer vergleichbar.

Die von Hasselhorn für Altwürttemberg im 18. Jahrhundert aufgeführten 16 *Berufsgruppen*[12] sollen hier für die frühe Zeit zugrunde gelegt und durch

[8] Conrad 1884; s. a. L. Ernesti, Über die Abnahme der Theologie-Studierenden (1875); Rienhardt (1918) u. a.

[9] Neher 1904; dic cinzige neuere detaillierte Studie: Bormann 1966; s. a. Dahm 1961 u. ²1972, S. 86–92; Goldschmidt 1957

[10] Ein anderer Aspekt der vertikalen sozialen Mobilität ist der der Intra-Generations-Mobilität, ein anderer Aspekt von Mobilität überhaupt ist der der horizontalen (regionalen) Mobilität. Die Soziallage von Individuen bzw. Gruppen allein über ihre Stellung im Beruf zu bestimmen, wird in der modernen Gesellschaft mit ihrer »verminderten Berufsstabilität« immer problematischer. »In einer ständischen Gesellschaft mit langfristig konstanter Berufswirklichkeit und ausgeprägtem Berufsbewußtsein kann der Beruf ohne Gefahr als Index der Soziallage verwendet werden.« In der modernen Gesellschaft gewinnen die »Stellung im Rahmen einer Organisation« und die Stellung in den »außerberuflichen Lebensbereichen« zunehmend an Bedeutung (Fürstenberg 1962, S. 38f.); s. a. Bolte/Recker 1976, S. 40ff. u. Kaelble 1983, S. 43

[11] Titze 1981; 1982 u. 1984. Im Mittelpunkt des Interesses steht die Entwicklung der Studentenströme mit ihren zyklischen Strukturen. Der Zusammenhang von quantitativer Entwicklung und Veränderung der sozialen Rekrutierung wird für die verschiedenen akademischen Karrieren analysiert. Detaillierte Daten zur sozialen Herkunft der ev. Theologiestudierenden fehlen, abgesehen von einem relativ undifferenzierten Sozialprofil für den Zeitraum 1886–1912 (preuß. Universitäten) (s. Titze 1981, S. 211)

[12] Hasselhorn erfaßte mit seiner Auswertung der Angaben des Inscriptionsbuches die 3208 Kandidaten und Präzeptoren (abzgl. 141 ohne Angabe), »die in der Zeit vom 1. I. 1700 bis 31. XII. 1800 vor dem Konsistorium in Stuttgart ihre Prüfung für das Predigtamt ablegten«. (S. 30)

Berufsbezeichnungen von Conrad und Kaelble ergänzt werden (s. Berufsliste der Tab. 1.1). Die zweifellos differenzierteste Aufstellung von Väterberufen evangelischer Geistlicher hat Neher für Württemberg (1834-1896) gegeben. Er ordnet etwa 160 Berufe nach Berufsfeldern[13]. Conrad, Professor für Staatswissenschaften in Halle, nennt in seinen historisch-universitätsstatistischen Untersuchungen (Halle, 18. und 19. Jahrhundert) 16 Berufe bzw. Berufsgruppen in einer gewissen Rangfolge, in der speziellen Tabelle der evangelischen Theologiestudenten zusammengefaßt zu 9 Berufsgruppen, die mit den 9 Berufsgruppen der Statistik des Konsistorialbezirks Hannover keineswegs übereinstimmen[14]. In der Statistik der preußischen Landesuniversitäten finden wir für 1887-1900 Tabellen mit ca. 30 Väterberufen, »gruppiert nach dem Vorgange von Prof. Dr. J. Conrad«[15]. Später wurden nur noch 15 Berufsgruppen aufgeführt; die Zahl der Geistlichen, die mit den übrigen höheren Beamten zusammengefaßt sind, ist nicht erkennbar. 1928 wurde in der Deutschen Hochschulstatistik, die sich bis dahin mit der »Unterscheidung von fünf Gruppen begnügte(.) und die soziale Gliederung der Studierenden nur sehr unvollkommen erkennen ließ(..)«, »zum ersten Male für sämtliche deutsche Hochschulländer der Versuch gemacht..., eine eingehendere Übersicht über die soziale Schichtung der reichsdeutschen Studierenden zu geben«, untergliedert nach 15 Väterberufsgruppen »im Anschluß an das bisherige Vorgehen in Preußen«[16]. Einige Jahre später wurden innerhalb der 15 Berufsgruppen einzelne Berufe belegt, so daß sich die Zahl der Geistlichen, Volksschullehrer und anderer isolieren läßt; männliche und weibliche Studenten sind getrennt aufgeführt, die Väter mit abgeschlossener Hochschulbildung zusammengezählt (s. Sp. 11 u. 12)[17].

Die Pfarrfamilienstatistik von 1950, die lebende und verstorbene Pfarrer und Pfarrfrauen (Gesamtdeutschland, geboren vor 1870 und bis 1929) erfaßt, trennt 10 akademische von 14 nichtakademischen Berufen[18]. Später wurde in den Statistiken über die Väterberufe der Theologiestudenten zusätzlich differenziert in Beamte, Angestellte, freie Berufe, Selbständige und Arbeiter. Die Zahlen für den Zeitraum WS 1958/59 bis 1962/63 beziehen sich auf alle bundesdeutschen Theologiestudenten, die Zahlen für das WS 1967/68 und das

---

[13] Neher 1904, S. 70f.; s. a. S. 62-65
[14] Conrad 1884, S. 51 u. 88; Tab. für Hannover v. Ernesti bei Conrad. S. 87. Conrad unterscheidet die Kleinhändler nicht von den Kaufleuten, so daß sie in unserer Tabelle in den höh. Schichten erscheinen und das Bild u. U. erheblich verzerren
[15] Preuß. Statistik Bd. 167 (1901), S. 144f.; die Zusammenfassung d. Tab. der Preuß. Statistik bei Kaelble 1983, S. 54. Um 1900 studierten knapp 50% der reichsdt. Studenten an den preuß. Univ. (Kaelble 1983, S. 131)
[16] Deutsche Hochschulstatistik Bd. 1 Sommerhalbjahr 1928 (1928), S. XII
[17] Dt. Hochschulstatistik Bd. 12 Winterhalbjahr 1933/34 (1934), S. 52. Troschke 1931 kann noch keine genauen Angaben zur Berufsvererbung im Pfarrstand machen (S. 61 u. 66)
[18] Burger KJb 1953, S. 416 u. KJb 1955, S. 400f.

Tabelle 1.1 Soziale Herkunft von evangelischen Theologen 1700–1900

Beruf des Vaters*	cand. theol. % Württ. 1700–1800 (Hasselhorn 1958)		cand. theol. % Hannover 1841–50 (Ernesti 1875)	1861–70
	1	2	3	4
Geistliche	44,1	34,2	33,8	48,4
Höhere Beamte	6	5,4		
Präzeptoren/ Hochschullehrer, Lehrer (höh. Schulen)	3,2	4	15,2	7
Ärzte, Apotheker	2,8	3,8		
Offiziere	0,7	0,3	2,2	0,7
Kaufleute/u. Gutsbes., Rentiers, Industrielle (Unternehmer)	4,5	1,8	8,1	4
HÖHERE SCHICHTEN		49,5	59,3	60,1
Niedere Beamte/ Beamte (nichtakad.)	17,4	11	13,8	6,4
Bürgermeister	4,1	2,3		
Deutsche Lehrer/ Lehrer (nichtakad.)	1,5	13	10,6	17,8
Musiker	0,5	0,3		
Chirurgen — /Angestellte	2,3	0,8 2		
Handwerker, Wirte/ u. Kleinhändler	11,5	16,8	11,8	8,1
Bauern, Weingärtner/ Landwirte	0,8	1	4,5	7,6
MITTLERE SCHICHTEN		47,2	40,7	39,9
Sonst. nied. Berufe/ Arbeiter u. nied. Bedienstete	0,2	2		
UNTERE SCHICHTEN		2		
Zahl der Fälle	3067	2024		

*Berufsbezeichnungen nach Hasselhorn, nach dem Schrägstrich nach Conrad und Kaelble; Schichtung nach Kaelble.

1768–70	1820–22	stud. theol. % Univ. Halle 1832–36 (Conrad 1884)	1850–54	1872–81	stud. theol. % Preuß. Univ. 1887–1900 (Pr. Stat. 1901/ Kaelble 1983)
5	6	7	8	9	10
40,9	35,5	27,7	40,6	35,3	23
5,3	4,2	4,9	3,3	2,1	4
					3
5,5	4,5	3,4	7	3,5	1
					1
7,1	7,9	14,5	8,7	12,5	5
	52,1	50,5	59,6	53,4	37
6,9	7,4	11,9	11,8	9,2	14
9,1	11,9	11	12,3	18,2	18
					2
17	17,7	15,7	8,1	10,6	16
6,4	8,5	8,4	6,6	7,3	11
	45,5	47	38,8	45,3	61
1,3	0,9	2,5	1,6	1,3	1
	0,9	2,5	1,6	1,3	1
450	648	829	742	1212	5769

Tabelle 1.2 Soziale Herkunft von evangelischen Theologen 1933-1972

Beruf des Vaters*	stud. theol. % Dt. Reich WS 1933/34 (Dt. Hochschulstatistik) m.	w.
	11	12
Geistliche	13,2	14,3
Höhere Beamte	2,7	9,4
Hochschullehrer, Lehrer (höh. Schulen)	2,2	6,4
Rechtsanwälte	0,3	–
Ärzte, Apotheker	1	1,9
Offiziere	0,7	4,5
Unternehmer (Großlandwirte, Industrielle, Großkaufleute, Bankiers, leit. Angestellte, Architekten u. a.)	7,3	12,8
HÖHERE SCHICHTEN	27,9	49,7
Mittlere Beamte	21,5	17,7
Lehrer (nichtakad.)	10,7	9,4
Mittlere und untere Angestellte	10,4	11,7
Handwerker, Kleinhändler, Wirte	11,7	6,8
Landwirte	6,3	2,3
MITTLERE SCHICHTEN	60,6	47,9
Untere Beamte	4,2	1,1
Arbeiter, unselbst. Handwerker	5,3	0,8
UNTERE SCHICHTEN	9,5	1,9
Sonstige, ohne Angabe	2	1,1
Akademiker	20	33
Zahl der Fälle	6122	266

*Berufsbezeichnungen modifiziert von Kaelble übernommen, Schichtung ebenfalls nach Kaelble.

Pfarrer %	Pfarrfrauen %	stud. theol. %	stud. theol. %	
		(einschl. Studenten der evangelischen Religionslehre)		(nur Studienanfänger)
Gesamtdeutschland geb. vor 1870 bis 1929 (Erhebung v. 31.10.1950; Kirchl. Jb. 1953 u. 1955)	BRD WS 1958/59– 1962/63 (nur WS) (Kirchl. Jb. 1963)	BRD WS 1967/68 (Kirchl. Jb. 1973)	WS 1971/72	
13	14	15	16	17
25,4	19,6	21,7	14,2	7,5
2,9	4,4	7,1	3,4	5,3
3,3	4,1	6,1	7,7	5,1
0,4	0,6	1,1	0,9	0,4
1,1	2,3	2,2	1,8	3,7
0,9	1,2	1,3	0,7	1
5,5	8,9	12,9	8,8	9,3
39,5	41,1	52,4	37,5	32,3
13,9	10,8	7,8	9,3	9,3
12,2	6,3	3,6	–	0,6
9,2	10,9	12,5	22,1	24,6
6,9	7	9,9	9,5	8,5
8,1	8,4	3,3	3,9	2,8
50,3	43,4	37,1	44,8	45,8
1,9	1	1,8	2,7	2,2
3,3	2	5,8	9,8	12
5,2	3	7,6	12,5	14,2
4	11,2	2,3	5,4	7,9
34,3	32,4	43,8	33,9	28,9
23 397	22 300	17 623	443	508

WS 1971/72 nur auf die Studienanfänger[19]. Neuere Zahlen zur sozialen Herkunft der Pfarrer bzw. der Theologiestudenten wurden nicht veröffentlicht[20]. Zur sozialen Herkunft der Pfarrfrauen liegen nur die Angaben der Pfarrfamilienstatistik vor.

Bei dem Versuch, die schwer vergleichbaren Herkunftstabellen einander anzugleichen, stellte sich das Problem der *Hierarchisierung der Berufe*, die Frage der *sozialen Stellung des Pfarrers* und damit der *gesellschaftlichen Struktur* zu den verschiedenen Zeiten. Anfang des 19. Jahrhunderts unterteilt Krug in seinem »Abriß der neuesten Statistik des preußischen Staats« die Einwohner nach Abstammung, Sprachen und Ständen. *Der Geistliche Stand* stellt neben dem *Militärstand* und dem *Zivilstand* einen der drei *persönlichen Stände* dar, die von den *erblichen Ständen Adel, Bürgerstand* und *Bauernstand* zu unterscheiden sind[21]. Diese Unterscheidung von persönlichen und erblichen Ständen zeigt sich auch im Selbstverständnis des Pfarrstandes: Im Journal für Prediger 1792 werden die Geistlichen – wie allgemein religionsphänomenologisch »die Klasse der Religionslehrer« »in allen Zeitaltern unter allen Völkern« – als ein »von anderen Volksklassen getrennte(r) Stand« bezeichnet, »jedoch nicht in Ansehung der Descendenz ihrer Familien, sondern nur in Hinsicht auf die einmal dazu verordneten Individuen«. »Ordnung des ganzen Staats, Ordnung der Studien, und Ordnung der bürgerlichen Angelegenheiten, bestimme sie zu einer von den übrigen getrennten Volksklasse«, »so lange die festgesetzte allgemeine Norm der Abtheilung stehen bleibt«[22].

Während die »*hohe Geistlichkeit*« (Bischöfe, Äbte usw.) »alle Rechte des erblichen Adels und den Vorrang vor demselben« hatte, war das soziale Ansehen der »*niederen Geistlichkeit*« in *Preußen* sehr unterschiedlich. Die Ende des 18. Jahrhunderts häufige Klage über »die Herabwürdigung des Predigerstandes« meint vor allem den *Landprediger*: »er hat keinen Rang in den zu unsern Zeiten überall bis auf die feinste Schattierung nach Rang bestimmten Ständen und Posten«.[23] Auch in *Württemberg* wurde zwischen Stadt- und Dorfgeistlichen unterschieden. In der von Hasselhorn angeführten Kleider- und Rangordnung des Hofes von 1718 erscheinen nur die Stadtgeistlichen, und zwar auf der vierten der sechs Rangstufen der Honoratiorenberufe. Wenn auch die Kluft zwischen Hof und Bürgertum groß war – »es waren zwei verschiedene Welten, die hier nebeneinander lebten« –, so hatte die Nähe oder Distanz

---

[19] KJb 1963, S. 313f. u. KJb 1973, S. 520f.
[20] Auskunft des Kirchenstatistischen Amtes Hannover und des Statistischen Bundesamtes Wiesbaden.
[21] L. Krug, Abriß der neuesten Statistik des preußischen Staats (²1805), S. 22–39
[22] C. L. F. Lachmann, Soll man Verbrechen an Geistlichen härter strafen, als an Andern? JfP 25 (1792), S. 135f.
[23] Krug ²1805, S. 38; Aufsatz eines Nichtgeistlichen von der heutigen Herabwürdigung des Predigerstandes. JfP 24 (1791), S. 160

zum Hof sicherlich Einfluß auf das soziale Ansehen der Geistlichen wie der Honoratioren überhaupt. »Die *Honoratioren* grenzten sich von dem *Kleinbürgertum*, den Handwerkern, deutlich ab. Von diesem wiederum hob sich der *Bauernstand* ab, so daß man in Württemberg – grob gesprochen – von drei sozialen Schichten sprechen muß.«[24] Wenn wir statt von *der* Gesellschaft des 18. und frühen 19. Jahrhunderts von regional differenzierten höfisch-städtischen, kleinstädtischen und ländlichen Gesellschaften ausgehen, ist es für diese Zeit unmöglich, ein einheitliches Berufsranggefüge zu konstruieren. Hasselhorns Schichtungsvorstellung darf nicht in dieser eindimensionalen Weise mißverstanden werden.

Für die preußische Gesellschaft im Vormärz ist in den letzten Jahren in der bildungsgeschichtlichen Forschung versucht worden, aus dem »kodifizierten Sozialmodell des Allgemeinen Landrechts« und aus späteren gesetzlichen Regelungen zum Beispiel des ständisch abgestuften Strafmaßes, der Befreiung vom Militärdienst, der Klassensteuer Kriterien für ein Schichtungsmodell (fünf Schichten) und darin enthalten eine Berufshierarchie zu gewinnen[25]. Die Schwierigkeiten treten auch hier auf, wenn keine Angaben darüber vorhanden sind, aus welcher städtischen oder ländlichen Umgebung die erfaßten Personen kamen. Die Grenzen zwischen den höheren Schichten sind unscharf. So scheint es nahezuliegen, mit Kaelble in einem groben Verfahren nur zwischen *höheren*, *mittleren* und *unteren Schichten* zu unterscheiden. Die unterschiedlich zusammengefaßten Daten zur sozialen Herkunft der Theologen erlauben es nicht, innerhalb dieser drei Schichtengruppen die von Kaelble vorgeschlagene Anordnung der Berufe unverändert zu übernehmen, eine Hierarchisierung ist aber wohl auch von Kaelble nicht beabsichtigt. Im Mittelpunkt seiner Untersuchungen zum »Wandel der Berufsstruktur und soziale(n) Aufstieg, 1850–1914« stehen »zwei Barrieren der damaligen Gesellschaft«: »Erstens soll untersucht werden, wie viele soziale Aufsteiger ... in die Schicht der durch Bildung und/oder Besitz privilegierten Berufsgruppen gelangen konnten ... Zweitens soll festgestellt werden, wie hoch die Zahl der Aufsteiger in den mittleren Schichten der damaligen Gesellschaft ... war, wie häufig also der Aufstieg aus den unteren Schichten ... war.«[26] Die erste Frage läßt sich im

---

[24] Hasselhorn 1958, S. 25 u. 36f.
[25] M. Kraul, Gymnasium und Gesellschaft im Vormärz (1980), S. 49–72, 178–192 u. 196–202; s. a. K.-E. Jeismann, Das preußische Gymnasium in Staat und Gesellschaft (1974), S. 148–170; Jarausch 1981, 532ff.; D. K. Müller, Sozialstruktur und Schulsystem (1977)
[26] Kaelble 1983, S. 44; mit Rücksicht auf die Einheitlichkeit unserer Tabellen 1.1 u. 1.2 werden die Schichtenbezeichnungen für das 20. Jh. beibehalten und nicht wie bei Kaelble durch die Bezeichnungen obere Mittelschicht, untere Mittelschicht, Unterschicht ersetzt, zumal die Anordnung der Berufsgruppen auch bei Kaelble nahezu identisch bleibt (vgl. z. B. die Tabellen bei Kaelble S. 54 u. 76f.). Für das 18. Jh. (Sp. 1 u. 5) wird bewußt auf die Addition der Berufsgruppen zu Schichten verzichtet, da die Schichtengrenzen sich erst im Laufe des 19. Jhs. herausgebildet haben.

Hinblick auf den Pfarrstand anhand unserer Materialien durchgängig vom frühen 19. Jahrhundert bis in die Gegenwart prüfen. Von dem Aufstieg aus der Unterschicht in die mittleren Schichten kann hier nur mittelbar die Rede sein im Hinblick auf Aufstiegsbewegungen über einen mittleren Beruf als »Plattform« in den Pfarrberuf.

3. Ergebnisse

A. Berufsvererbung. Schon aus der Zeit vor dem Zeitraum, für den wir systematische statistische Materialien zusammenstellen konnten, ist aus *Angaben zufälliger Überlieferung* bekannt, daß *Berufsvererbung*, »traditionsbetontes Generationsschicksal«[27], im evangelischen Pfarrhaus von großer Bedeutung war. Drews berichtet aus dem 16. Jahrhundert, daß von 95 oldenburgischen Pfarrern, deren Herkunft sich feststellen läßt, 55 (58%) aus Pfarrhäusern stammten. Nach dem Dreißigjährigen Krieg, der »in vielen Landeskirchen einfach die alte Tradition zerstört« und den Pfarrstand »außerordentlich dezimiert« hatte, waren Pfarrerssöhne unter den Pfarrern vorübergehend »eine Seltenheit«. Unter den »22 Darmstädter Superintendenten von der Reformation bis 1832« – bei 7 von ihnen ist die Herkunft nicht mehr festzustellen – kamen 9 (41%) aus Pfarrfamilien.[28]

Werdermann sieht in der *Berufsvererbung* die eigentliche *Voraussetzung der Herausbildung des evangelischen Pfarrstandes:* »Dadurch, daß die deutsch-evangelische Kirche einen legitim verheirateten Pfarrerstand hatte, war es möglich, daß sich im Laufe der Zeit wirklich ein ›Stand‹ bildete, in dem von den Vätern und Müttern viel Erbweisheit und Erfahrung in den eigenen Beruf mit hinübergenommen werden konnte. Es konnte jetzt eine Tradition dadurch entstehen, daß der Sohn dem Vater oder der Schwiegersohn dem Schwiegervater in der Stelle nachfolgte.« Die in einigen Fällen über Jahrhunderte sich erstreckende Pfarrfamilientradition wurde »häufiger in der weiblichen als in der männlichen Linie weitergeführt«. Die Traditionslinien verbreiterten sich zuweilen zu Traditionsgeflechten: Von dem süddeutschen Prälaten Konrad Zeller (1603–1683) wird berichtet, daß er »lange Zeit ›selbstsiebent‹, mit drei Söhnen und drei Tochtermännern auf der Kanzel gestanden habe!«[29]

---

[27] Mitgau unterscheidet »traditionsbetontes«, »milieubetontes« u. »persönlichkeitsbetontes Generationsschicksal«; s. H. Mitgau, Familienschicksal und soziale Rangordnung, hg. v. d. Zentralstelle für dt. Personen- und Familiengeschichte (1928); s. a. Bolte/Recker 1976, S. 42f.

[28] Drews 1924, S. 70 u. 81; Werdermann 1935, S. 175; s. a. Hasselhorn 1958, S. 26–31

[29] Werdermann 1935, S. 91–93; über das »Connexionswesen« wird andererseits auch geklagt; u. U. war die Heirat der Tochter oder auch der Witwe des Vorgängers Bedingung des Stellenantritts; auch die Tatsache, daß noch im 18. Jh. »sehr häufig der Sohn die Pfarre des Vaters einfach erbte«, zeigt, daß »nicht die Würdigkeit bei der Besetzung ausschlaggebend war«. »Friedrich Wilhelm I. verbot 1738, daß auf einer königlichen Patronatsstelle der Sohn dem Vater folgen dürfe.« s. Werdermann 1935, S. 200; Drews 1924, S. 68 u. 126

In *Württemberg* waren Familienbewußtsein und Familienpflege in diesen Pfarrerdynastien wie überhaupt in den Honoratiorenfamilien besonders ausgeprägt. Hasselhorn erwähnt unter anderem die Familie Osiander, die bis 1800 30 Geistliche stellte. Alle höheren geistlichen Stellen waren von einem »Ring von Geschlechtern« besetzt. Allerdings waren es selbst in den ersten Familien des Landes »nur wenige, die die obersten Sprossen der hierarchischen Stufenleiter erreichten. Die meisten Glieder endeten als biedere Landpfarrer.«[30] Nach Hasselhorns Berechnungen waren in Württemberg im 18. Jahrhundert 44,1% der Predigtamtskandidaten Söhne von Geistlichen, darunter 8% Söhne von höheren Geistlichen. Das in Württemberg im Unterschied etwa zu Preußen ausgebaute *Stipendienwesen* trug zu der häufigen Berufsvererbung bei. »Von den Söhnen der Geistlichen ergriff fast ausnahmslos mindestens einer den Beruf des Vaters. Die äußere Ursache war das Recht einer jeden Honoratiorenfamilie, einen Sohn auf Kosten des Geistlichen Gutes zum Theologen ausbilden zu lassen, wenn er die Aufnahmeprüfung in die Klosterschulen bestand.« Voraussetzung waren auch »genugsame Mittel zur Führung der Studien«. Für »arme Pfarrers-Kinder« wurden hinsichtlich dieser Bedingung Ausnahmen gemacht.[31]

In *Preußen* war der Anteil der Pfarrerssöhne an der Rekrutierung des Pfarrstandes im *18. Jahrhundert* vermutlich etwas geringer; Drews nimmt »etwa ein Drittel«[32] an, an der Universität Halle 1768–70 betrug er 40,9% (s. Tab. 1.1, Sp. 5).

Im *19. Jahrhundert* bewegt sich der Anteil der Pfarrerssöhne an der Theologenschaft mit Ausnahme des Zeitraums 1832–1836 (Halle: 27%) bis ca. 1880 in allen erfaßten Gebieten oberhalb 33%. Mit 48,4% ist er 1861–1870 in Hannover erstaunlich hoch. Nach der Angabe für Halle 1872–1881: 35,3% überrascht der Abfall auf 23% (preußische Universitäten, 1887–1900).[33]

Diese Größenordnung erreicht der Zustrom aus Pfarrfamilien in den Pfarrberuf im *20. Jahrhundert* noch einmal in den fünfziger Jahren (Sp. 15: 21,7%), nachdem er zu Beginn der dreißiger Jahre auf 13% gesunken war. Die Werte der Pfarrfamilienstatistik zur Berufsvererbung sind Durchschnittswerte für einen Zeitraum von mehr als einem halben Jahrhundert (Pfarrer: 25,4%; Pfarrfrauen: 19,6%). Die regional differenzierende Tabelle zeigt die höchsten Zahlen für Nordwestdeutschland (32,4%; 23,6%), Württemberg (30,5%; 24,7%) und Pommern (30,1%; 22,1%). Der Anteil der Pfarrfrauen aus Pfarrhäusern ist

---

[30] Hasselhorn 1958, S. 26f.
[31] Hasselhorn 1958, S. 30, 33 u. 34; über die noch im 19. Jh. »zum Teil geradezu miserable Bezahlung der Pfarrer« s. Drews 1924, S. 138f.; genaue Angaben für Preußen bei Conrad 1884, S. 84–86
[32] Drews 1924, S. 126
[33] Zum Vergleich mit dem Anteil der Pfarrerssöhne an der Studentenschaft insgesamt s. Kaelble 1983, S. 184: in Württ. 1835–40 u. 1871–81 14%, in Preußen 1886/87 7%

auch in den stark traditionsbestimmten Gebieten niedriger.[34] Deutlich zurück geht der Anteil der Theologen aus Pfarrhäusern erst seit Mitte der sechziger Jahre (im WS 1963/64 betrug er noch 19,9%); beschleunigt wirkt der Abschwung von 14,2% auf 7,5% innerhalb von vier Jahren (WS 1967/68–WS 1971/72).[35]

Zusammenfassend läßt sich feststellen, daß die Prozentzahlen zur Berufsvererbung im deutschen evangelischen Pfarrstand bei beträchtlichen Schwankungen hinsichtlich Zeit und Region *seit dem 18. Jahrhundert eine langsam rückläufige Entwicklung zeigen, die sich Mitte der sechziger Jahre unseres Jahrhunderts erheblich beschleunigt.*

Über den Anteil der Theologen unter den Pfarrerskindern *(Berufsvererbung: Abstrom)* wissen wir weniger. Nach Conrad studierten bis etwa Mitte des 19. Jahrhunderts 72–80% der Pastorensöhne an der Universität Halle Theologie (1872–76: 44,2%; 1877–81: 58,3%)[36]. Unter den akademisch gebildeten Pfarrerssöhnen, die in der Pfarrfamilienstatistik 1950 erfaßt wurden, waren 36,4% Theologen; bei den Pfarrerstöchtern betrug die entsprechende Zahl 10,9%. Im Wintersemester 1954/55 widmeten sich 33% aller studierenden Pfarrerskinder der Theologie.[37]

Ist der Anteil der Theologen unter den studierenden Pfarrerskindern offenbar immer wesentlich höher gewesen als der Anteil der Pfarrerssöhne unter den Theologen, so zeigt sich jedoch auch hier eine langsam abnehmende Tendenz, die sich leider nicht bis in die Gegenwart verfolgen läßt.[38]

B. *Andere Väterberufe.* »Dem neuen Stande kam bald ein beträchtlicher Zuwachs aus den kleinbürgerlichen Kreisen, vor allem aus dem Lehrer- und Küsterstand; etwa der dritte Teil aller Pfarrer kam daher. Mit verhältnismäßig hohen Zahlen erscheinen auch die Stadtschreiber, die Setzer und Buchdrucker und – die Tuchmacher. Daran reihen sich fast alle Berufsarten, besonders

---

[34] Burger KJb 1953, S. 418; zeitlich differenzierende Tabelle zur Herkunft der in der Pfarrfamilienstatistik erfaßten Pfarrer (jeweils 10 Jgg.) s. KJb 1955, S. 400f.

[35] KJb 1968, S. 497; 1970 betrug der Anteil der ev. u. kath. Geistlichen an der erwerbstätigen Bevölkerung 0,2%; geht man von 0,1% für die ev. Geistl. aus, so ergibt sich ein immer noch ungewöhnlich hoher Assoziationsindex von 75 für das WS 1971/72; s. dazu Kaelble 1983, S. 182 u. 294f.

[36] Conrad 1884, S. 87

[37] Burger KJb 1953, S. 432f.; Goldschmidt 1957, S. 469; in anderen traditionsbestimmten akad. Berufen war die Berufsvererbung z. T. noch höher, z. B. in der Medizin: im WS 1954/55 studierten 49% aller studierenden Arztsöhne Medizin, 26% aller Medizinstudenten waren Arztsöhne (Goldschmidt, S. 470)

[38] Die neuere Entwicklung wäre bes. interessant auch im Hinblick auf die Unterschiede in der Herkunft von Theologen und Theologinnen bzw. in der Studienwahl von Pfarrerssöhnen und Pfarrerstöchtern. Zur quantitativen Entwicklung des Theologiestudiums von Frauen s. u. Anm. 76

Handwerker. Dagegen fehlt fast ganz der Bauernstand. ... Ebenso hielt sich der Adel ganz zurück.« Nach Drews stammten die Pfarrer auch im 17. und 18. Jahrhundert, »sofern sie nicht Pastorensöhne waren, aus niederen Kreisen«.[39]

Wenn auch die regionalen Unterschiede zu berücksichtigen seien, so hält Hasselhorn es doch für unwahrscheinlich, daß in Preußen, wie Drews schreibt, im 18. Jahrhundert im Unterschied zu den früheren Jahrhunderten »etwa die Hälfte aus dem Bauernstand« gekommen sei gegenüber 0,8% in Württemberg (s. Tab. 1.1). Gegen Drews spricht auch die Angabe für Halle im 18. Jahrhundert: 6,4% *Bauernsöhne*. In Württemberg war »der Schritt vom Bauern zum Angehörigen der Honoratiorenschicht nahezu unmöglich«[40]. Im 19. Jahrhundert bewegte sich der Anteil der Bauernsöhne in Preußen anfangs um 8% und stieg Ende des Jahrhunderts auf 11%, während er in Württemberg bei 1% blieb. In Tabelle 1.2 fällt der verhältnismäßig hohe Wert für die Pfarrfrauen auf (Sp. 14: 8,4%) bei sonst abnehmender Tendenz.[41]

Für die Rekrutierung des evangelischen Pfarrstandes wichtige Berufsgruppen sind im gesamten erfaßten Zeitraum die *Handwerker und Kleinhändler* (im 19. Jahrhundert zwischen ca. 8 und 18%, im WS 1971/72 8,5%) und die *Volksschullehrer*, deren Anteil im 19. Jahrhundert bis auf 18% ansteigt, im WS 1933/34 noch bei ca. 11% liegt und seit den fünfziger Jahren schnell auf 0,6% abgesunken ist (Anteil an der erwerbstätigen Bevölkerung: 0,9%)[42]. Bei den *niederen Beamten*, die Hasselhorn zu den Honoratioren zählt, liegt Württemberg mit 17,4% besonders hoch – unter den ca. 4000 Angehörigen der württembergischen Honoratiorenschicht waren 1324 Schreiber[43]! Die mittleren Beamten des 20. Jahrhunderts erreichen 1933/34 einen Höchststand von 21,5% und sind auch in neuester Zeit noch mit 9,3% unter den Pfarrersvätern vertreten. Zusammen mit dem der *höheren Beamten* (+ 5,3% = 14,6%) liegt ihr Anteil wesentlich höher als der Anteil aller Beamten an der erwerbstätigen Bevölkerung (1971: 5,6%). Zu den »kennzeichnenden Veränderungen der

---

[39] Drews 1924, S. 16 u. 126; über den Rückzug des Adels »aus der allmählich sich konstituierenden Verfassung« in Württemberg und die Abgrenzung der aus Geistlichkeit und »Ehrbarkeit« entstehenden Honoratiorenschicht, des »neuen Adels«, gegenüber Adel und Hof s. Hasselhorn 1958, S. 24f. u. 35–38; Ernestis Statistik der Väterberufe der Theologen im Konsistorialbezirk Hannover im 19. Jh. vermerkt in Spalte 1 »vom Adel«: 0 (Conrad 1884, S. 87); zur Zeit des Pietismus gab es »in allen Teilen Deutschlands« »Fälle von adligen Pfarrfrauen«, »denn zu den erweckten Kreisen gehörte vielerorts gerade auch der Adel« (Werdermann 1935, S. 158f. u. 199).
[40] Hasselhorn 1958, S. 32f.; Drews 1924, S. 126
[41] Unter den kath. Theologen in Württ. 1825–1901 kamen 29% aus dem Bauernstand; die soziale Zusammensetzung des kath. Klerus war überhaupt »das gerade Gegenstück« (Neher 1904, S. 36 u. 66f.; Zusammenfassung der Tab. bei Kaelble 1983, S. 54 Tab. 2.1.3, Sp. 4).
[42] Alle Angaben zur erwerbstätigen Bevölkerung aus dem Statist. Jb. für die BRD 1970 u. 1971, hg. v. Statist. Bundesamt Wiesbaden 1971 bzw. 1972
[43] Hasselhorn 1958, S. 33

Berufsstruktur« im 20. Jahrhundert gehört »die rapide Zunahme der Angestellten und Beamten«[44]. Der Anteil der Söhne von nichtleitenden *Angestellten* unter den Theologiestudenten stieg seit Ende der fünfziger Jahre besonders stark an (von 12,5% auf 24,6% im WS 1971/72; Anteil aller Angestellten an der erwerbstätigen Bevölkerung 1971: 31,2%).

Unter den höheren Berufen stellte zusammen mit den Hochschullehrern die Gruppe der *Lehrer an höheren Schulen,* die mit der Bildungsexpansion im 19. Jahrhundert beträchtlich schneller als die Bevölkerung wuchs[45], bis Ende des Jahrhunderts nur 3-4% der Theologen, seit Ende der 1950er Jahre um 6%. In der Gruppe der *Unternehmerväter* von Theologen überwiegen regional und zeitlich unterschieden Gutsbesitzer, Großkaufleute, in neuerer Zeit leitende Angestellte (WS 1971/72 7,6 von den 9,3%). In Württemberg stammten im 19. Jahrhundert nur 1,8% aus Unternehmerkreisen, dafür insgesamt 73,6% aus dem Berufsfeld »öffentliche Dienste« auf allen Rangebenen[46]. Pfarrfrauen und Theologiestudentinnen kommen häufiger aus Unternehmerfamilien als Pfarrer bzw. Theologiestudenten (Sp. 14 u. 12). *Offiziere* sind, wie in früheren Zeiten der Adel, fast überhaupt nicht vertreten, abgesehen von den Vätern der Theologiestudentinnen (1933/34: 4,5%)[47].

Schließlich fällt auf, daß der Anteil der *Arbeitersöhne* unter den Theologen, im 19. Jahrhundert zusammen mit den Söhnen der niederen Bediensteten zwischen 1 und 2,5%, im 20. Jahrhundert, besonders seit Ende der fünfziger Jahre, schnell angestiegen ist von 5,8% auf 12% (WS 1971/72) trotz der leichten Abnahme der Arbeiter im Verlauf des 20. Jahrhunderts[48] (Anteil an der erwerbstätigen Bevölkerung 1971: 46,7% gegenüber 1961: 48,7%).

C. Soziale Schichten. Überregional und für größere Zeiträume gültige Modelle sozialer Schichtung lassen sich, wie dargelegt wurde, erst für die im Laufe des 19. Jahrhunderts entstehende moderne bürgerliche Gesellschaft konstruieren. Vorstellungen von der sozialen Schichtung der ständischen Gesellschaft sind nicht generalisierbar und selbst für einen begrenzten zeitlichen und räumlichen Bereich von zweifelhaftem Aussagewert[49].

Bei einem Überblick über die Entwicklung der Rekrutierung des evangelischen Pfarrstandes aus den verschiedenen sozialen Schichten seit Beginn des

---

[44] Kaelble 1983, S. 72
[45] Kaelble 1983, S. 46f.
[46] Neher 1904, S. 71
[47] Zur Ablehnung des Offiziersstandes in württ. Honoratiorenkreisen im 18. Jh. s. Hasselhorn 1958, S. 31f.
[48] Kaelble 1983, S. 72
[49] Deshalb wurden Hasselhorns zusammenfassende Zahlen (Honoratiorenschicht 78,7%, Kleinbürgertum 15,8%, Bauernstand 1%, zusätzl. 4,1% Söhne von Bürgermeistern, die je nach örtl. Herkunft zur Honoratiorenschicht oder zum Kleinbürgertum zu zählen sind) nicht in unsere Tabelle aufgenommen; s. Hasselhorn 1958, S. 30

Die soziale Herkunft der Pfarrer und ihrer Ehefrauen

Schaubild 1: Soziale Herkunft von evangelischen Theologen 1700–1972
(vgl. Tab. 1.1, Spalten 2, 7–10 und Tab. 1.2, Spalten 11–17; Angaben in %; Schichtung nach Kaelble 1983)

	Höhere Schichten	Mittlere Schichten	Untere Schichten	Sonstige, ohne Angaben
2	49,5	47,2	2	
7	50,5	47	2,5	
8	59,6	38,3	1,6	
9	53,4	45,3	1,3	
10	37	61	1	
11	27,9	60,6	9,5	2
12	49,7	47,9	1,9	1,1
13	39,5	50,3	5,2	4
14	41,1	43,4	3	11,2
15	52,4	37,1	7,6	2,3
16	37,5	44,8	12,5	5,4
17	32,3	45,8	14,2	7,9

Spalten der Tab. 1.1 u. 1.2

2 = Pfarrer Württ. 1834–1896
7–9 = stud. theol. Universität Halle 1832–36, 1850–54, 1872–81
10 = stud. theol. Preuß. Universitäten 1887–1900
11–12 = stud. theol. m./w. Dt. Reich WS 1933/34
13–14 = Pfarrer/Pfarrfrauen Gesamtdeutschland geb. vor 1870 bis 1929
15 = stud. theol. BRD WS 1958/59–1962/63 (nur WS)
16–17 = stud. theol. (nur Studienanfänger) BRD WS 1967/68 und WS 1971/72

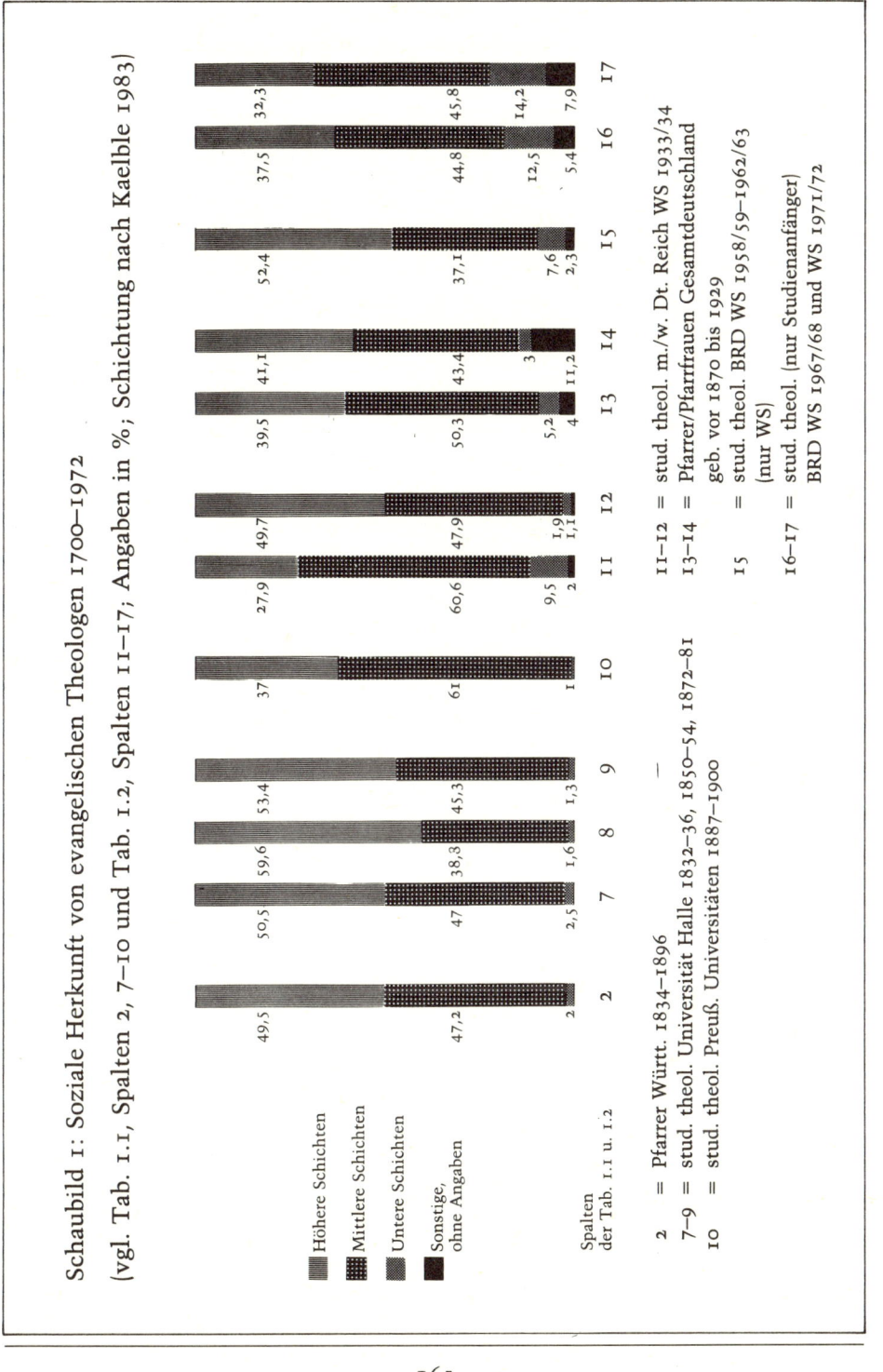

19. Jahrhunderts (s. *Schaubild 1*) fällt auf, daß der Anteil der mittleren Schichten in neuerer Zeit etwa genauso hoch ist wie im 19. Jahrhundert (um 45%); erheblich höher liegt er Ende des 19. Jahrhunderts in Preußen (61%) und Anfang der 1930er Jahre im Deutschen Reich (WS 1933/34: 60,6%). Der Pfarrberuf ist offenbar im gesamten Zeitraum *Aufstiegsberuf* vor allem *für die mittleren Schichten*, hier allerdings für wechselnde Berufsgruppen.

Der *direkte Aufstieg aus den unteren Schichten* in den Pfarrberuf war im 19. Jahrhundert äußerst selten, erst seit Ende der 1960er Jahre stieg der Anteil der unteren Schichten über 10% hinaus bis auf 14,2% (WS 1971/72). »Die soziale Barriere, die die unteren Schichten von der übrigen Gesellschaft abtrennte«, war bis ins 20. Jahrhundert im allgemeinen »möglicherweise wesentlich höher als die soziale Barriere zwischen mittleren und höheren Schichten.« Die Aufstiegsmobilität aus den unteren Schichten nahm in Deutschland zwar bereits »zwischen spätem Kaiserrreich und früher Bundesrepublik« langfristig etwas zu, die entscheidenden Veränderungen traten aber erst in den siebziger Jahren ein und waren schwächer als in den westeuropäischen »Pionierländern« England und Schweden (ca. 20% Arbeiteranteil unter den Studentenvätern schon in der Zwischenkriegszeit im Unterschied zu 13% in der BRD um 1970). Für die Entwicklung der sozialen Mobilität und Chancengleichheit im 20. Jahrhundert scheinen weniger ökonomische Faktoren als der »allmähliche Abbau einer Reihe von politischen und sozialen Mobilitätsbarrieren«, in den späten sechziger Jahren dann vor allem bildungspolitische Entscheidungen eine Rolle gespielt zu haben.[50]

Die relativ hohe *Rekrutierung* des Pfarrstandes *aus den höheren Schichten* – mit 52,4% war der Anteil der evangelischen Theologiestudenten aus höheren Schichten z. B. um 1960 (WS 1958/59–1962/63) erheblich höher als der entsprechende Anteil unter allen westdeutschen Studenten (1959/60: 42%) – erklärt sich bis in die sechziger Jahre aus der häufigen Berufsvererbung. Theologen aus höheren Schichten kamen im 19. Jahrhundert zu etwa zwei Dritteln, Anfang der 1960er Jahre noch nahezu zur Hälfte, 1971/72 nur noch zu einem Viertel aus dem Pfarrhaus.

Der *Pfarrberuf* ist wie der Beruf des *Volksschullehrers* häufig als »*Plattformberuf*« bezeichnet worden; an genealogischen Stammfolgen wurde der schrittweise Aufstieg vom Kleinbürgertum (vor allem Handwerker) über Lehrer- und Pfarrberuf in die höheren akademischen Berufe demonstriert[51]. Repräsentative Daten über die Berufe der Pfarrerssöhne fehlen, abgesehen von der Pfarrfamilienstatistik von 1950. Der relativ geringe Anteil der Pfarrerssöhne unter den höheren Beamten im 19. Jahrhundert (2–3%)[52] spricht eher gegen die These

---

[50] Kaelble 1983, S. 58 f., 122–124, 214 f. u. 227 f.; zur Herkunft der dt. Studenten aus den versch. sozialen Schichten s. Kaelble 1983, S. 134

[51] H. Mitgau, Berufsvererbung und Berufswechsel im Handwerk. Untersuchungen über das Generationsschicksal im Gesellschaftsaufbau (1952), S. 39

eines häufigen Aufstiegs über den Pfarrberuf in höhere Beamtenpositionen. Unter den vor 1890 bis 1935 geborenen Pfarrerssöhnen, die in der ersten Hälfte des 20. Jahrhunderts studierten, waren durchschnittlich 10% Juristen. Häufiger war der Wechsel in den Arztberuf (durchschnittlich 17,5%, unter den 1916-1920 Geborenen sogar 32,3%).[53]

Daß die »Stufenleiter« sozialen Aufstiegs, die zweifellos im 19. Jahrhundert und bis in die 1930er Jahre vom Volksschullehrerberuf in den Pfarrberuf und vielleicht auch in höhere Berufe führte, bis »ganz unten« zu verlängern ist, muß bezweifelt werden[54]. Die Volksschullehrer rekrutierten sich im 19. Jahrhundert kaum aus den Unterschichten, sondern aus den Familien von Handwerkern, nichtakademischen Beamten und selbständigen Landwirten. Seit den 1930er Jahren öffnete sich der Volksschullehrerberuf allmählich auch den unteren Schichten; trotz seiner Akademisierung und des wachsenden Anteils der Frauen (obere Schichten) scheint er im 20. Jahrhundert »nicht exklusiver, sondern sozialen Aufsteigern eher zugänglicher geworden zu sein«[55]. Gleichzeitig war er immer weniger Plattform sozialen Aufstiegs in den Pfarrberuf.

Pfarrfrauen stammten seltener aus Pfarrhäusern und trotzdem etwas häufiger *aus höheren Schichten* als Pfarrer (belegt bis 1950). Nach Burger spricht dies dafür, »daß Pfarrer ein Aufstiegsberuf (war) insofern, als die jungen Theologen dazu neig(t)en, eine Frau zu heiraten, die eher aus sozial etwas höher gestellten Kreisen stammt(e) als sie selber«[56].

4. Bedingungen der sozialen Zusammensetzung des evangelischen Pfarrstandes in Geschichte und Gegenwart

Das Bild der sozialen Herkunft der evangelischen Theologen hat sich seit Anfang des 19. Jahrhunderts im Hinblick auf die höheren und mittleren Schichten nicht grundlegend verändert, doch zeigt es sich wiederholende Schwankungen, die sich nicht allein aus der Bevölkerungsentwicklung erklären lassen – Vergleichszahlen zu Berufen und Schichten wurden angeführt[57].

---

[52] Kaelble 1983, S. 50; zum Anteil der Pfarrerssöhne an der Rekrutierung der höh. Lehrer u. Ärzte 1876-1907 s. Kaelble 1983, S. 51
[53] Burger KJb 1953, S. 432
[54] »Das akademische Beamtentum – Juristen, Pastoren und Offiziere, bis zu einem gewissen Grade auch Ärzte und Professoren – bildete sich zu einem eigenen Stand der ›Gelehrten‹, des ›gebildeten Bürgertums‹ heraus und wurde zu einer Stufenleiter innerhalb der Gesellschaft, die sich über die subalternen Schreiber und Schulmeister zum ›Volk‹ hin verlängerte und eine Aufstiegsmöglichkeit schuf, die in wenigen Generationen von ganz unten nach ganz oben zu führen vermochte.« (R. Stadelmann/W. Fischer, Die Bildungswelt des deutschen Handwerkers um 1800, 1955, S. 40)
[55] Kaelble 1983, S. 95-102, bes. 96
[56] Burger KJb 1953, S. 419
[57] Zum Wachstum der Schichten im 19. Jh. s. Kaelble 1983, S. 47f.

So fallen die Verschiebungen zugunsten der mittleren Schichten Ende des 19. Jahrhunderts und in den 1930er Jahren auf. Andererseits erscheint der Anteil der mittleren Schichten Mitte des 19. Jahrhunderts (Halle) und um 1960 (BRD) auffallend gering. Daß sich der Pfarrberuf für die unteren Schichten erstmalig in den dreißiger und stärker seit Ende der sechziger Jahre unseres Jahrhunderts öffnete, entspricht der Beobachtung, daß die Aufstiegsmobilität aus den unteren Schichten allgemein erst im 20. Jahrhundert langfristig etwas zunahm. Es ist aber beim gegenwärtigen Stand der Forschung unklar, »ob es sich dabei um eine allmähliche, stetige Zunahme handelte oder ob sich Perioden stoßartiger Expansion mit Zeiten der Stagnation oder gar des Rückgangs vertikaler Mobilität abwechselten«[58].

Auf die politischen, wirtschaftlichen und kulturellen Bedingungen der sozialen Zusammensetzung des evangelischen Pfarrstandes näher einzugehen, ist im Rahmen dieses Aufsatzes nicht möglich. Als ein wichtiger, mehr »endogener« Faktor soll jedoch die *quantitative Entwicklung der evangelischen Theologen* nachgezeichnet werden. Dabei werden andere Einflüsse punktuell zur Sprache kommen.

Das extreme Auf und Ab der Zahl der Theologiestudenten fiel schon den Autoren um die Jahrhundertwende auf[59]. Eine »Zyklustheorie, die die beobachtete Wiederkehr immer neuer *Überfüllungs- und Mangelkrisen* in den akademischen Karrieren in Deutschland« während der letzten zweihundert Jahre in ihrer Regelmäßigkeit verständlich macht, hat Titze auf der Grundlage umfangreicher bildungsstatistischer Materialien entwickelt[60]. Das »komplexe Zusammenspiel zwischen den unterschiedlichen *Wachstumsbedingungen* und den unterschiedlichen *sozialen Rekrutierungsbedingungen* der einzelnen Karrieren« wurde analysiert. »Bei günstigen Berufsaussichten öffnen sich die Karrieren in ihrer sozialen Rekrutierungsbasis ein Stück weit nach ›unten‹ in bildungsferne Schichten hinein« *(»Sogeffekt«)*. »Erscheint der Nachwuchsbedarf einer Karriere ›gesättigt‹ und die Berufsaussichten verschlechtern sich, dann schließt sie sich in ihrer Rekrutierungsbasis wieder ein Stück weit nach ›unten‹ ab, weil sich die Zugangschancen von ›oben‹ nach ›unten‹ *schichtspezifisch* verknappen« *(»Abschreckungseffekt«)*. Diese Mechanismen werden durch die »*langfristige Altersumschichtung*« innerhalb der Berufsgruppen »*prozyklisch verstärkt*«.[61]

Als Berufsstand mit einer »relativ offenen Rekrutierungsbasis« ist der Pfarrstand hinsichtlich seiner Nachwuchsströme besonders »intensiven zyklischen Schwankungen« ausgesetzt. Überdies erhielt sich »das strukturelle

---

[58] Kaelble 1983, S. 65–73 u. 122–127, bes. 123
[59] Conrad 1884, S. 62; Rienhardt 1918 (s. o. Anm. 8), S. 169; später Troschke 1931, S. 58
[60] Titze 1981, S. 187
[61] Titze 1984, S. 92–94; zum Zusammenhang von Nachwuchsmangel u. Überalterung im Pfarrstand s. Bormann/Bormann-Heischkeil 1971, S. 74. W. Dieterici (Geschichtliche u. statisti-

Muster der zyklischen Wiederkehr von Überfüllung und Mangel« hier »bis in die Mitte des 20. Jahrhunderts hinein«, da diese Berufsgruppe im Gegensatz zu den anderen akademischen Berufsgruppen kaum schneller wuchs als die Bevölkerung.[62]

Nach Titze lassen sich bei den Studentenströmen an den deutschen evangelisch-theologischen Fakultäten *seit Beginn des 19. Jahrhunderts bis zum Zweiten Weltkrieg fünf Zyklen* feststellen (s. *Schaubild 2*). Vorangegangen war in der zweiten Hälfte des 18. Jahrhunderts eine statistisch schwer rekonstruierbare Überfüllungskrise[63]. Die vormärzliche Überfüllungskrise übertraf nach Intensität (Wartezeiten von 10–15 Jahren) und Dauer (über zwei Jahrzehnte)

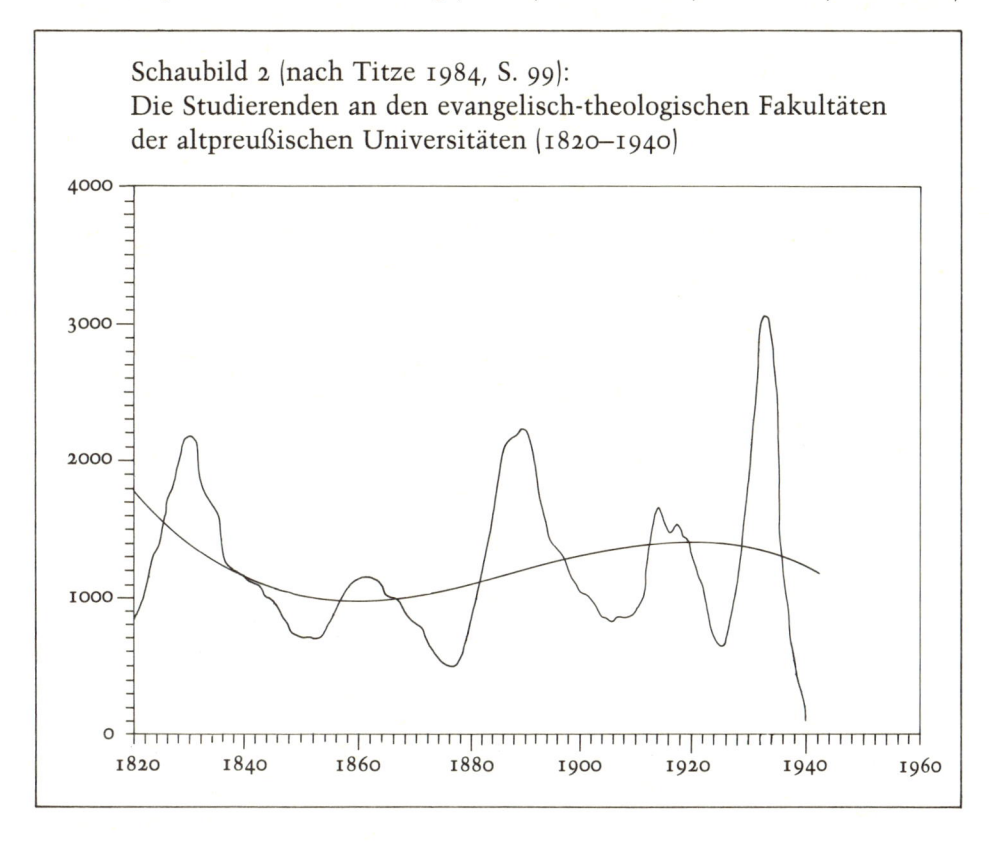

Schaubild 2 (nach Titze 1984, S. 99):
Die Studierenden an den evangelisch-theologischen Fakultäten der altpreußischen Universitäten (1820–1940)

sche Nachrichten über die Universitäten im preußischen Staat, 1836, S. 112–114) errechnet einen jährlichen Nachwuchsbedarf bei den ev. Theologen von 1/31 der Predigerstellen; diese Zahl »nähert sich... der uralten Annahme, ... daß der Mann im Durchschnitt 30 Jahre im thätigen Leben wirkt.«

[62] Titze 1981, S. 212; Kaelble 1983, S. 47
[63] In Württemberg wurden 1749, 1780, 1788 und 1808 Spezialreskripte erlassen, in denen der Zugang zu den Klosterschulen und zum Theologiestudium den unteren gesellschaftlichen Schichten, besonders den Handwerker- u. Bauernsöhnen, verwehrt wurde (Hasselhorn 1958, S. 34f.)

»alle anderen Arbeitsmarktkrisen von Akademikern in der neueren deutschen Geschichte weit«[64]. Die Abnahme der Zahl der Theologiestudenten von 2203 (Preußen, 1830/31) auf 717 (Preußen, 1851/52)[65] spiegelt die schlechten Berufsaussichten: Der Anteil der sozial schwächeren Schichten fällt (s. Schaubild 1, Sp. 7 u. 8).

Nach einer schwach ausgeprägten Welle (Anstieg auf 1167 Studenten 1861/62, Abbau und deutlicher Pfarrermangel seit der Reichsgründung)[66] erreichte die Zahl der evangelischen Theologiestudenten in Preußen um 1890 etwa das Niveau von 1830. Das Überfüllungsproblem stellte sich in erheblich geringerem Ausmaß infolge der Expansion der geistlichen Stellen in den neunziger Jahren und des vor der Überproduktionsphase bestehenden Pfarrermangels. Die vakanten Pfarrstellen waren »gegenüber den hochgehängten Brodkörben der anderen Studienfächer« in den Jahren wirtschaftlicher Depression wohl »die Hauptursache der gesteigerten Frequenz« gewesen[67]. Nach den neunziger Jahren mit dem ungewöhnlich hohen Anteil der mittleren Schichten (Schaubild 1, Sp. 10) wurde der »zusammengeschrumpfte Berufsnachwuchs in der sozialen Zusammensetzung exklusiver« infolge nicht nur der »Abschreckungseffekte« der Überfüllung, sondern auch der Umorientierung vieler Studenten vom geistlichen zum weltlichen Lehramt[68].

Der nächste Zyklus um 1915 war in der evangelisch-theologischen Karriere im Unterschied zu den meisten anderen akademischen Karrieren nur schwach ausgeprägt und nicht »überfüllungsrelevant«[69]. Seit etwa 1910, als die aus der Überfülle der neunziger Jahre noch bestehenden Reserven aufgebraucht waren, hatten die Pfarramtskandidaten nicht ausgereicht, um den Bedarf zu decken. In den Jahren nach dem Ersten Weltkrieg verstärkte sich der Mangel[70]. Der »Geist der Zeit«, besonders die »Entwertung der sozialen und pekuniären Stellung der akademischen Berufsarten«, wurde dafür verantwortlich gemacht; das »Risiko, bei der pekuniären Abhängigkeit der Kirche vom Staat seine ganze Zukunft auf den Kirchendienst zu stellen«, halte die »Ängstli-

---

[64] Titze 1984, S. 99f.; Titze weist darauf hin, daß »die wichtigsten Reformakte bei der Reorganisation der höheren Bildung... in den Phasen durchgesetzt wurden, in denen sich eine verschärfte Überfüllung der akademischen Karrieren abzeichnete«. Für das Königreich Hannover zeigt Titze auf, daß »die entscheidenden Impulse und Initiativen zur Einführung der Reifeprüfung... aus dem Theologenstand« kamen (Titze 1982, S. 18). Andererseits hat die Reorganisation des höheren Schulwesens und der theologischen Prüfungen entscheidend dazu beigetragen, daß der Bildungsstand auch des durchschnittlichen Pfarrers, der bis ins 19. Jh. gering war, verbessert wurde
[65] Conrad 1884, S. 62
[66] Conrad 1884, S. 62; Titze 1984, S. 100
[67] Conrad 1884, S. 88
[68] Titze 1981, S. 210f.
[69] Titze 1984, S. 101
[70] Nach der Bedarfsanalyse von 1922 standen der »Normalzahl« von ca. 3900 Theologiestudenten im WS 1921/22 de facto nur 2970 gegenüber (KJb 1922, S. 106)

chen« ab. Auch der »Zufluß aus Pfarrhäusern, früher ein unversieglicher Quell«, drohe »fast zu versiegen«.[71]

Der Pfarrermangel wurde auch durch den intensiven, aber kurzen Aufschwung nicht ausgeglichen, der die Zahl der Theologiestudenten 1932 auf ein bisher nicht erreichtes Niveau brachte[72]. Die Struktur dieses Zyklus wurde offensichtlich überwiegend von »externen« Einflüssen bestimmt: Die Wirtschaftskrise führte zum Aufschwung, das NS-Regime zum schnellen Abschwung. 1930 zählte man 2250, 1939 wiederum ca. 2000 offene Pfarrstellen im Reich[73]. Die Anteile an der sozialen Rekrutierung des Pfarrstandes verschoben sich während der kurzen Überproduktionsphase wieder deutlich zugunsten der mittleren und unteren Schichten (s. Schaubild 1, Sp. 11).

Nach dem Zweiten Weltkrieg stieg die Zahl der evangelischen Theologiestudenten in Gesamtdeutschland von knapp 2000 (SS 1946) auf knapp 5000 (WS 1949/50). Ursachen der Steigerung waren, abgesehen von der Motivation zum Theologiestudium aus dem »Ernst der Zeit«, die »nach und nach aus der Kriegsgefangenschaft entlassenen Abiturienten und Theologiestudenten« und »die Tatsache, daß für viele ... der Zugang zu anderen Fakultäten durch den numerus clausus verschlossen war, so daß sie sich der Theologie, als einzigem ›aussichtsreichen‹ Studium, zuwandten«[74]. Der Rückgang des Theologiestudiums zwischen 1949 und 1955 wurde mit dem »deutschen Wunder« in Zusammenhang gebracht[75]. Eine gewisse Auswirkung auf die soziale Zusammensetzung äußert sich in dem verhältnismäßig geringen Anteil der mittleren Schichten nach dem Abschwung (Schaubild 1, Sp. 15). Bald danach folgte wieder ein Anstieg bis zum WS 1966/67, dem ein Auf und Ab bis 1973/74 und seither eine durch die Bildungsexpansion beschleunigte Zunahme folgten[76].

Daten zur sozialen Herkunft der evangelischen Theologen sind, wie gesagt, für die Zeit *nach 1972 nicht vorhanden*. Es ist wahrscheinlich, daß die seit Ende der sechziger Jahre merkliche Veränderung in der sozialen Zusammensetzung zugunsten der mittleren und unteren Schichten (Schaubild 1, Sp. 16 u.

---

[71] KJB 1922, S. 106f.

[72] Im gesamten deutschen Reichsgebiet stieg die Zahl der ev. Theologiestudenten 1928 bis 1932 von ca. 3000 auf 7000 und fiel bis zum SS 1939 auf ca. 1300 (KJb 1949, S. 572; Goldschmidt 1957, S. 472)

[73] Titze 1984, S. 101

[74] KJb 1949, S. 572f.

[75] Goldschmidt 1957, S. 473

[76] ev. stud. theol. (ohne Stud. der Religionslehre) in der BRD: WS 1973/74: 4011; WS 1981/82: 10 720; zu dieser Entwicklung hat beigetragen, daß Frauen in zunehmendem Maße Theologie studieren: Im WS 1981/82 entfiel ein Drittel der ev. stud. theol. (ohne Religionslehre) auf Frauen gegenüber nur 12,6% im WS 1966/67. Unter den Studenten der ev. Religionslehre (WS 1966/67: insgesamt 460; WS 1979/80 insgesamt: 3186) waren im WS 1979/80 70% Frauen. (Statist. Beilage Nr. 65 zum Amtsblatt der EKD 1982, H. 1, S. 38; Statist. Beilage Nr. 71 zum Amtsblatt der EKD 1983, H. 9, S. 9f.)

17) im Zusammenhang mit dem rapiden Frequenzanstieg von ca. 3500 auf ca. 10 700 (BRD 1971/72 bzw. 1981/82) weiter fortgeschritten ist. Zugleich wird vermutlich auch der prozentuale Anteil der Pfarrerskinder als der Hauptherkunftsgruppe der höheren Schichten weiter gesunken sein. Bereits vor dem Aufschwung der Studentenzahlen war er auf 7,5% zusammengeschrumpft (38 Studienanfänger im WS 1971/72 gegenüber ca. 65 in den Jahren zuvor)[77]. Interessant wäre es zu erfahren, ob die absolute Zahl der theologischen Studienanfänger aus dem Pfarrhaus weiter zurückging, oder ob sie mit den beschleunigt zunehmenden Studentenzahlen wieder anstieg und nur in der Relation zu dem starken Zustrom aus den mittleren und unteren Schichten als rückläufig erscheint. Vielleicht ist der *Zustrom aus dem Pfarrhaus* seit der Zeit nach dem Zweiten Weltkrieg kontinuierlicher, als im allgemeinen angenommen wird[78].

Daß sich »die seit vielen Jahren festzustellende Zunahme der vakanten ... Pfarrstellen« im Jahre 1981 »erstmalig nicht fortgesetzt hat« (1964: 7%; 1975: 11,2%; 1980: 13,9%; 1981: 13,6%)[79], läßt einen langsamen *Abbau des Mangels* erwarten. In einigen Landeskirchen wird in nächster Zeit schon mit einer Überfüllungssituation gerechnet. Das Problem der Auswahlkriterien wird nach langer Zeit wieder aktuell werden. Werden standespolitische Gesichtspunkte wieder eine Rolle spielen?

5. Abschließende Überlegungen

Der evangelische Pfarrstand war von jeher sozial offener als andere akademische Berufsgruppen. Auftrag und Selbstverständnis dieses Berufsstandes erfordern aber auch in besonderem Maße die Verbundenheit mit den verschiedenen gesellschaftlichen Gruppen, die nicht zuletzt durch die soziale Herkunft der Pfarrer bestimmt wird. Daß wichtige gesellschaftliche Gruppen gar nicht oder in zu geringem Maße im Pfarrstand repräsentiert waren, prägte Gesellschaftsbild und soziales Verhalten der Pfarrer. So kann man in der Tatsache, daß der Adel nahezu ganz fehlte, die Ursache dafür sehen, daß den Pfarrern »das Geschäft des Regierens und die Welt der Höfe« bis ins 19. Jahrhundert »in gewissem Maß eine fremde Welt« blieben, wodurch »die in der lutherischen Sozialethik ohnehin angelegte Isolierung des Politischen« verstärkt wurde[80]. Andererseits erschwerte die soziale Distanz zum Bauernstand und später zur

---

[77] Zwischen 1958 u. 1963 schwankte die Zahl der Studienanfänger zwischen 48 u. 55 (KJb 1963, S. 311)
[78] Aufschlußreich wäre in diesem Zusammenhang ein langfristiger Vergleich der Anzahl der Pfarrfamilien bzw. Pfarrerskinder mit der Zahl der Theologiestudenten aus Pfarrhäusern. Die Pfarrfamilienstatistik von 1950 wäre eine wichtige Datengrundlage für die frühere Zeit
[79] Statist. Beilage Nr. 68 zum Amtsblatt der EKD 1983, H. 1, S. 4
[80] B. Moeller, Pfarrer als Bürger (Göttinger Universitätsreden 56) 1971, S. 20f.

Arbeiterschicht das Verständnis für die sozialen Wandlungsprozesse des 19. Jahrhunderts.

Infolge des geringen Zustroms aus den mit der Industrialisierung stark angewachsenen naturwissenschaftlichen und technischen Berufsgruppen wird die theologische Relevanz des technisch-naturwissenschaftlichen Wissens weithin nicht erkannt[81]. Das sehr unterschiedliche Wachstum der höheren Schichten, der tiefgreifende Wandel ihrer zahlenmäßigen Relation[82], spiegelt sich allgemein kaum in der sozialen Zusammensetzung des Pfarrstandes.

Die starke Tradition – Vererbung des Berufes und der mit ihm verbundenen spezifischen Lebensführung[83] – sicherte die Kontinuität der Zugehörigkeit zur Schicht der »Gebildeten« und prägte das bildungsbürgerliche Berufsbild des Pfarrstandes, ohne das die großen kulturellen Wirkungen des Pfarrhauses nicht denkbar wären[84]. Daß dieses Berufsbild in neuester Zeit von gesellschaftspolitisch engagierten Theologen in Frage gestellt wird, steht vielleicht in Zusammenhang mit dem verstärkten Zustrom aus den sozialen Unterschichten in den Pfarrberuf.

---

[81] s. dazu Bormann/Bormann-Heischkeil 1971, S. 172

[82] Kaelble 1983, S. 47; der Anteil der evangelischen Theologiestudenten an der gesamten Studentenschaft der deutschen Universitäten fiel von 27% (WS 1830/31) über 7% (WS 1899/1900) auf 0,96% (WS 1981/82 BRD); 1760/61 hatte er in Tübingen sogar 63% betragen; dagegen studierten z. B. 1830/31 28% Jura (einschl. Staatswissenschaften) und 1979/80 25% Jura (einschl. Wirtschafts- u. Gesellschaftswissenschaften); s. Preuß. Statistik Bd. 167 (1901), S. 69; Bildung im Zahlenspiegel 1981, hg. v. Statist. Bundesamt Wiesbaden, S. 84; Bormann/Bormann-Heischkeil 1971, S. 72

[83] zum Begriff »Lebensführung« s. Max Weber, Wirtschaft und Gesellschaft, 2. Halbbd. (³1947), S. 635f.; zur Sozialisation der Geistlichen, die aus Pfarrhäusern stammen, s. Bormann/Bormann-Heischkeil 1971, S. 265

[84] Zum »Sozialtypus des ›Gebildeten‹« s. Vierhaus 1972, S. 525f. u. 531–534; s. a. Dahm 1971, S. 90f.; Bildungsstand u. soziales Ansehen des Pfarrstandes waren offenbar noch Ende des 18. Jahrhunderts z. T. sehr gering, was auch die Attraktivität dieses Berufes für die Söhne aus höh. Schichten verminderte; in einem Leserbrief (»Pastoralkorrespondenz«) im JfP 29 (1795) (S. 416–432) wird als »wichtige Quelle der Verachtung vieler Prediger« »die durchgängige Erfahrung« angesehen, »daß die Prediger im Ganzen genommen gegen die andern gebildeten Stände, in der Bildung um eine Stufe zurückstehen.« »Also die Unvermögendern und daher, leider! die minder Gebildeten, gemeiniglich die Söhne armer Prediger, besuchen die Hörsäle der Theologen, und bekommen selten auf der Universität... den Grad der feinen Bildung, womit die angesehenern... Studierenden, welchen der Zutritt in die feinern Gesellschaften verstattet ist, sich beglückt fühlen.« Angaben zur städtischen bzw. ländlichen Herkunft der ev. Theologen fehlen weitgehend. Im 19. Jh. kamen im Konsistorialbezirk Hannover (1861–70) 70% der Kandidaten vom Lande (Ernesti nach Conrad 1884, S. 86f.) Nach Jarausch (1981, S. 31) waren die Studenten der Theologie (4 deutsche Universitäten im 19. Jh.) »am ländlichsten« im Vgl. mit den Studenten der anderen Fakultäten

Literatur

BOLTE, K. M.: Sozialer Aufstieg und Abstieg. Stuttgart 1959
BOLTE, K. M./H. RECKER: Vertikale Mobilität. In: Handbuch d. empirischen Sozialforschung, hg. v. R. König, Bd. 5: Soziale Schichtung und Mobilität, Stuttgart ²1976, S. 40–103
BORMANN, G.: Studien zu Berufsbild und Berufswirklichkeit evangelischer Pfarrer in Württemberg 1: Die Herkunft der Pfarrer – ein geschichtlich-statistischer Überblick von 1700–1965. In: Social Compass XIII (1966), S. 95–137
BORMANN, G./S. BORMANN-HEISCHKEIL: Theorie und Praxis kirchlicher Organisation. Opladen 1971
BURGER, A.: Pfarrfamilienstatistik. In: KJb 1953. Gütersloh 1954, S. 396–436
CONRAD, J.: Das Universitätsstudium in Deutschland. Jena 1884
DAHM, K.-W.: Pfarrer III. Statistisch und soziologisch. In: RGG Bd. 5 (³1961), Sp. 283–289
DAHM, K.-W.: Beruf: Pfarrer. München 1971
DREWS, P.: Der evangelische Geistliche. ²Jena 1924
EULENBURG, F.: Der akademische Nachwuchs. Leipzig 1908
FÜRSTENBERG, F.: Das Aufstiegsproblem in der modernen Gesellschaft. Stuttgart 1962
GEIGER, TH.: Die soziale Schichtung des deutschen Volkes. Stuttgart 1932
GOLDSCHMIDT, D.: Die Herkunft der Theologiestudenten. In: Monatsschrift für Pastoraltheologie 46 (1957), S. 468–473
HASSELHORN, M.: Der altwürttembergische Pfarrstand im 18. Jahrhundert (Veröffentlichungen der Kommission für geschichtliche Landeskunde in Baden-Württemberg, Reihe B Forschungen, Bd. 6) Stuttgart 1958
JARAUSCH, K. H.: Die neuhumanistische Universität und die bürgerliche Gesellschaft 1800–1870. In: Darstellungen und Quellen zur Geschichte der dt. Einheitsbewegung im 19. u. 20. Jh., hg. v. Chr. Probst, Heidelberg 1981
Journal für Prediger 1770ff. Abk.: JfP
KAELBLE, H.: Soziale Mobilität und Chancengleichheit im 19. und 20. Jahrhundert. Göttingen 1983
Kirchliches Jahrbuch, bes. d. Jgg. 1913, 1922, 1931, 1932, 1949, 1953, 1954, 1955, 1963, 1968, 1973 u. 1979. Abk.: KJb
NEHER, A.: Die katholische und evangelische Geistlichkeit Württembergs (1813–1901). Ravensburg 1904
RIENHARDT, A.: Das Universitätsstudium der Württemberger seit der Reichsgründung. Tübingen 1918
RÜEGG, W./O. NEULOH (HG.): Zur soziologischen Theorie und Analyse des 19. Jahrhunderts. Göttingen 1971
TITZE, H.: Überfüllungskrisen in akademischen Karrieren: eine Zyklustheorie. In: Zs. f. Pädagogik 27 (1981), S. 187–224
TITZE, H.: Die zyklische Statusreproduktion der evangelischen Theologen 1770–1945. Mschr. Ms. 1982
TITZE, H.: Die zyklische Überproduktion von Akademikern im 19. und 20. Jahrhundert. In: Geschichte und Gesellschaft 10 (1984), S. 92–121
TROSCHKE, P.: Evangelische Kirchenstatistik Deutschlands. Heft 6/7: Kirchliche Statistik II. Die persönlichen Kräfte im kirchlichen Leben. Berlin 1931
VIERHAUS, R.: Bildung. In: Geschichtliche Grundbegriffe, hg. v. O. Brunner, W. Conze, R. Koselleck, Bd. 1, Stuttgart 1972
WERDERMANN, H.: Der evangelische Pfarrer in Geschichte und Gegenwart. Leipzig 1925
WERDERMANN, H.: Die deutsche evangelische Pfarrfrau. Ihre Geschichte in vier Jahrhunderten. Witten 1935

Wolfgang Marhold

Die soziale Stellung des Pfarrers

Eine sozialgeschichtlich
und empirisch orientierte Skizze

Der Pfarrer ist anders.« So überschreibt Manfred Josuttis seine Aspekte einer zeitgenössischen Pastoraltheologie. Wenn die Behauptung von der Sonderstellung zutrifft – und vieles spricht dafür –, dann muß das auch auf die soziale Stellung des Pfarrers in unserer Gesellschaft einen Einfluß haben. Ich will in diesem Beitrag versuchen, sie ein wenig zu erhellen. Da ich die gegenwärtige soziale Stellung in mancher Hinsicht als sehr verschieden ansehe im Vergleich mit bestimmten Stadien, die in der Vergangenheit des Pfarrerberufes gültig waren, ist es notwendig, daß wir uns auch mit der Sozial- und Berufsgeschichte des Pfarrers ein wenig auseinandersetzen. Während wir uns für unsere Gegenwart auf empirisches Material, gewonnen aus soziologischen Erhebungen und jedermann zugänglichen Primärerfahrungen, stützen können, müssen wir für die Vergangenheit hauptsächlich auf pastorale Selbstdarstellungen und sozialgeschichtliche Abhandlungen, in die sie eingeflossen sind, zurückgreifen. Es sollen so viele Zeugen wie nur möglich zu Wort kommen, um ein buntes und anschauliches Bild entstehen zu lassen. Dennoch kann es sich dabei nur um eine idealtypische Beschreibung handeln, die gleichsam aus der Perspektive und mit der Geschwindigkeit eines Fliegers die Hauptfalten der Gebirge, nicht aber die Einzelheiten zum Beispiel eines Feuchtbiotops ins Auge bekommt. Deshalb kann auch die gewiß wünschenswerte Differenzierung der verschiedenen protestantischen Konfessionen und Gebiete nicht vorgenommen werden[1].

Ich tue mit vielen Autoren dieses Bandes einfach so, als ob man von der sozialen Stellung *des* evangelischen Pfarrers und Pfarrhauses in der Bevölkerung und Gesellschaft je seiner Zeit sprechen könnte, obwohl ich weiß, daß die Größe »evangelischer Pfarrerstand« oder »evangelisches Pfarrhaus« sich aus tausenderlei verschiedenen individuellen Erscheinungsweisen zusammensetzt.

Wenn ich vom Pfarrer spreche, dann meine ich – dies trifft besonders für die Vergangenheit zu – auch immer das Pfarrhaus mit. Denn beide waren funktional weitgehend in ihrer Außenwirkung eine Einheit. An der gesellschaftlichen Stellung des Pfarrers hatte seine Familie selbstverständlich Anteil. Dies trifft vordergründig gewiß auch für die Gegenwart zu. Ob man es aber uneingeschränkt sagen kann, ist mit einigen Gründen zu bezweifeln. Denn die Person des Pfarrers übernimmt gegenwärtig im wachsenden Maße solche Funktionen mit, die traditionellerweise dem »Pfarrhaus« zugerechnet wurden. Die Pfarrfamilie zieht sich nämlich immer stärker aus dem Dunstkreis und der Inanspruchnahme des Amtes zurück[2].

Mein Beitrag gliedert sich in zwei größere Hauptteile. Doch zunächst muß geklärt werden, was hier unter sozialer Stellung verstanden werden kann und welche These ich insgesamt als stichhaltig erweisen möchte. Der erste Hauptteil geht dann unserem Problem in der Vergangenheit nach, indem er sich bestimmte, für den Protestantismus wichtige Epochen von der Reformationszeit bis zu unserer Gegenwart vornimmt. Der zweite Hauptteil hat meine These für die Gegenwart dann systematisch zu entfalten und mit empirischem Material zu belegen und nach einer Erklärungsmöglichkeit zu fragen.

Der Begriff *soziale Stellung* ist kein sozialwissenschaftlicher Fachausdruck. Vielmehr scheint er ein umgangssprachlicher Sammelbegriff zu sein, mit dem möglicherweise zusammengefaßt und abgedeckt wird, was die soziologischen Konzepte von sozialem Status, sozialer Position, Prestige, Lage, Schicht und anderem zu differenzieren suchen. Ungeachtet der wissenschaftlichen Definitionsangebote verwende ich unseren Begriff ebenfalls umgangssprachlich und mache mir seine Unschärfe, das heißt seine größere Reichweite zunutze. Ich bezeichne damit den gesellschaftlichen Standort des Pfarrers, wie er sich in

---

[1] In ihrer plastischen Darstellung erscheint mir hier E. Troeltsch, z.B. seine Soziallehren oder Protestantisches Christentum, immer noch beispielgebend zu sein. In den Anmerkungen erscheinen mit einigen Ausnahmen nur Namen oder Kurztitel, die dann im Literaturverzeichnis vollständig aufgeführt sind.
[2] Vgl. dazu Dahm, Pfarrhaus. Zu diesem Sachverhalt unten mehr.

vier Faktorenbündeln ausdrückt: 1. Öffentliches Ansehen, Wertschätzung, Prestige und Rang, 2. Einfluß- und Machtchancen sowie Privilegien und Abhängigkeiten, 3. wirtschaftliches Ergehen, Lebensstandard und Lebensstil, und 4. Ausbildungsstand, Kenntnisse, Spezialwissen und -fähigkeiten. Die Unschärfe rührt daher, daß diese Faktoren sich gegenseitig beeinflussen und oft genug bedingen, so daß sie weder im sozialen Leben noch in der nachzeichnenden Darstellung säuberlich geschieden werden können. Deshalb wird meine Schilderung scheinbar zufällig zum Beispiel den Aspekt des wirtschaftlichen Ergehens, dann wieder den der allgemeinen Wertschätzung oder den des Ausbildungsstandes in den Vordergrund rücken müssen, entsprechend den von mir gefundenen Belegen. Selbstverständlich gibt es nicht *die* von allen Gesellschaftsmitgliedern geteilte soziale Stellungszuweisung für den Pfarrer. Vielmehr sind gruppenspezifische Einschätzungen für die bestehende Bandbreite verantwortlich. Er wird eben im sozialen Beziehungsgeflecht von einem Arzt anders gesehen und erlebt als von einem Fließbandarbeiter. Dennoch muß meine Darstellung auch dies vernachlässigen und versuchen, den jeweils größten gemeinsamen Nenner, das am weitesten reichende gesellschaftliche Muster zu finden.

Überblicken wir nun die Geschichte des Pfarrerberufs und seines »Hauses«, dann werden wir finden müssen, daß es mit der sozialen Stellung in dem soeben beschriebenen umfassenden Sinne gar nicht so weit her war. Wir stoßen auf Zustände und Einschätzungen, die uns Heutigen kaum nachvollziehbar sind, ja uns bisweilen unglaublich und grotesk anmuten. Daneben finden wir auch Berichte, die vom hohen Ansehen des Pfarrerstandes zeugen. Alles in allem betrachtet gibt es indes keine Zeit in der circa vierhundertundfünfzigjährigen Geschichte des evangelischen Pfarrers – dies meine *These* –, in der seine soziale Stellung innerhalb der Gesellschaft insgesamt so positiv eingeschätzt und so allgemein akzeptiert wurde wie in der unsrigen. Dies will ich nun in zwei Schritten zu belegen versuchen.
Vom Beginn des Pfarrerstandes an klingen bestimmte Motive auf, die sich wie Leitmotive über die Jahrhunderte hinweg halten und mit Variationen immer wiederkehren. Es sind dies insbesondere Klagen über die geringe soziale Achtung, den unzureichenden Ausbildungsstand, die materielle Not und die Abhängigkeit von Adel und Patronat, die den Pfarrern und ihrem Hause schwer zu schaffen machten und als Indiz für die oft sehr geringe soziale Stellung gelten dürfen.
Viele Pfarrer der *Reformationszeit* waren übergetretene Priester. Als solche hatten sie Anteil an der weitverbreiteten Mißachtung des geistlichen Standes, die in Spott und Hohn über Pfaffen und Mönche ausgegossen wurde und als eine Reaktion auf die Tatsache anzusehen ist, daß wahrscheinlich kein Stand zum Ausgang des Mittelalters so korrumpiert war wie der geistliche. Visitatio-

nen brachten gelegentlich haarsträubende Mißstände[3] an den Tag. So verlangten 1541 hessische Superintendenten vom Landgraf Philipp: »Nachdem viel Klagens hin und wider gehet über die Pfarrherrn, so da mit Vollsaufen und anderm lästerlichen Leben große Ärgerniß von sich geben und doch ungestraft und ungebessert bleiben, so sehen wir für gut an, daß im Kloster Spißkoppel ein Kerkner wieder angerüstet und den unabläßlichen strafbaren Pfarrherren die Kore gegeben werde, entweder von der Pfarre abzuziehen oder in solchem Kerkner eine bestimmte Zeit, nach seiner Überführung Größe, mit Wasser und Brot zur Besserung gezüchtiget werde.«[4] Man hört Klagen über Zank, Fluchen, Spiel, Wucher und das Abkanzeln, das heißt das unmäßige Schelten in der Predigt auf Andersgläubige und Sünder. Da nimmt es nicht wunder, daß das Ansehen der Pfarrer sehr gering war. So heißt es gelegentlich, die Pfarrer seien so verachtet, »daß schier jedermann, sonderlich die stolzen und übermüthigen Leute, so auf ihren Reichthum vertrauen, die Füsse an sie wischen, welche man an vielen Orten über allem Elend und Last, so sie tragen, auch lässet mit Weib und Kind Noth, Hunger und Kummer leiden«[5]. Und Luther klagt: »Sonderlich die vom Adel machen aus ihren Pfarrherren einen Kallfaktor und Stubenheizer, einen Botenläufer und Briefträger, nehmen ihm seine Zinsen und Einkommen, darauf er sich mit Weib und Kind nähren soll.«[6] Dies traf oft genug auch von den Patronen zu, nächste Obrigkeit für den Pfarrer, die mit ihnen bisweilen völlig willkürlich und würdelos umsprangen.

Die berechtigte Klage über die materielle Not des Pfarrhauses ist so alt wie es selbst. Wiederum können wir bereits Luther zum Zeugen aufrufen: »Wenn wir wollen ansehen, bedenken und fördern der Kirche Entwicklung, sollten wir nicht vielmehr dahin sehen, daß die Diener ehrlich bedacht und versehen würden, denn daß sie kaum mit Not sich und die Ihren des Hungers erwehren können, wie an vielen Orten geschieht?« Am 31. Oktober 1525 schrieb er an seinen Kurfürsten: »Es ist jetzt so, daß die Pfarrer allenthalben so elend liegen. Da gibt niemand. Da bezahlt niemand. Opfer- und Seelenpfennige sind gefallen. Zinse sind nicht da oder zu wenig. So acht der gemeine Mann weder Prediger noch Pfarrer.«[7] Visitationen hatten unter anderem auch den Zweck, die eigennützige Verwendung von Pfarrlehen durch Bürger und Adlige zu verhindern. Da eine Reihe früherer Einkünfte anläßlich von Seelenmessen, Vigilien, Festtagen und ähnlichem weggefallen waren, katholische Patrone den evangelisch gewordenen Pfarrern das Geld sperrten und die Bauern mit den Abgaben sehr säumig waren, mußten die meisten Pfarrfamilien auf Nebenverdienste ausweichen. Davon hat sich die Landwirtschaft bis fast in unsere Tage gehalten. Daneben schenkten manche Bier aus, weil sie das Braurecht hatten, nahmen Kostgänger ins Haus – so schon Luther selbst –, und

---

[3] Drews, S. 13 ff.
[4] zit. bei Drews, S. 19
[5] zit. bei Drews, S. 24
[6] zit. bei Drews, S. 23
[7] zit. bei Werdermann, Pfarrer, S. 15 f.

die Frauen trugen das Ihre durch Spinnen, Hebammendienste usw. zum Unterhalt bei.

Allerdings muß man feststellen, daß es ein großes Gefälle bei der sozialen Lage zwischen Stadt- und Landpfarrern gab – auch eine über Jahrhunderte dauernde Erscheinung. Den Stadtpfarrern ging es in der Regel materiell besser. Nur bei den wichtigeren städtischen Stellen konnte durchgesetzt werden, daß ihre Inhaber eine solide theologische Bildung aufweisen mußten. So bildete sich ein »theologisches Proletariat« auf dem Lande heraus, dem die kleine gehobene Klasse der gebildeten Pfarrer in der Stadt gegenüberstand. Allerdings taucht die Forderung schon früh auf, daß jeder Pfarrer wenigstens kurze Zeit studiert haben müsse. Für den Adel war der Pfarrberuf als Versorgung für die jüngeren Söhne nicht mehr attraktiv. Der Nachwuchs kam entsprechend aus dem Pfarrhaus selbst, aus dem Bürgertum und den Handwerkern, kaum jedoch aus dem Bauernstand.

Obwohl also die soziale Lage des Pfarrers in der Reformationszeit insgesamt als sehr gering eingestuft werden muß, darf man die Verdienste und Leistungen, die ebenfalls hervorgebracht und entsprechend achtungsmäßig honoriert wurden, nicht übergehen. Ernst Troeltsch schreibt resümierend dazu: »Träger von Schule und Kirche war der neue geistliche Stand, durch dessen Schöpfung allein die Reform das bisherige soziale Gefüge verändert. Er bildet einen überaus wichtigen Zug in dem neuen Bilde, das die gereinigten Kirchen darbieten. Der Priester wird zum Prediger; akademisch gebildet, mit eingehendster Bibelkenntnis ausgerüstet... wird er wenigstens in seinen Spitzen, in den Hofpredigern, Fakultätstheologen und Stadtpfarrern zum Beherrscher des geistigen Lebens. Die Schulen bestimmend und den höheren Lehrerstand stellend wird er zugleich der Träger des Schulwesens, während das niedere Schulwesen vom Küster versorgt wird.«[8]

Der üblichen kirchengeschichtlichen Einteilung folgend, wenden wir uns dem sogenannten Zeitalter der *Orthodoxie* zu, einer Zeit, in der die Theologen intellektualistisch den Ausbau des dogmatischen Systems betrieben, auf das starre Festhalten an den Formulierungen der Bekenntnisschriften pochten und im Kampf um die reine Lehre höchst polemisch wurden. Manche gebärdeten sich wie »geistliche Landsknechte«, die als eine ihrer Hauptaufgaben die Durchsetzung der Kirchenzucht ansahen. Bisweilen mag es sogar zu einem »Kriegszustand zwischen Pfarrer und Gemeinde«[9] gekommen sein. Daß dies nicht gerade zu seiner Hochschätzung beitrug, ist erklärlich. Viele Pfarrer entsprachen nicht dem Bild, das von ihnen erwartet wurde. Das geht aus der brandenburgischen Visitations- und Konsistorialordnung von 1573 hervor: »Zudem sollen auch zu solchem wichtigen Amte, wie bisher geschehen, keine

---

[8] Troeltsch, Protestantisches Christentum, S. 539
[9] Drews, S. 54

Schneider, Schuster oder andere verdorbene Handwerker und Lediggänger, die ihre Grammaticam nicht studirt, viel weniger recht lesen können und allein, weil sie ihres Berufs nicht gewartet, verdorben und nirgend hinaus wissen, nothhalben Pfaffen werden.«[10] Auch Berichte von Trunksucht, dem Pfarrhaus als Wirtshaus, wo blutige Raufereien zwischen Pfarrern und Bauern oder Adligen stattfanden, sind zu hören. Daß auch hier wiederum die materielle Not eine Hauptursache war, leuchtet ein. In einem berühmt gewordenen Gedicht, das als eine Pastoraltheologie in Versen angesehen werden kann, hat Johann Valentin Andreä 1619 – vielleicht in guter Absicht etwas übertreibend – die soziale Stellung des Pfarrers mit der eines Narren verglichen:

»Zum Siebenden ein Clericus
Was niemand will, wol nehmen muß.
Er nimmt wenig, als niemand glaubt,
Denn der thut wol, der Pfründen braubt.
Er nimmt das Schlechtst vom Pfleger sein,
Die schwächste Frucht und saursten Wein.
Er nimmt mit Müh, das saur verdient,
Noch hält man als für Gschenk die Pfründ.
Er nimmt mit Schmerz von seinen Bauren,
Die ihn bezahlen wie die Lauren.
Er nimmt als faul von falscher Hand
Das Gilft (?), als er den Tod empfand.
Er nimmt mit Dank, was ungern geht,
und bitt ein Dieb um seinigs steht (stets).
Er nimmt, das er niemal geneußt,
Denn jedermann ihn drumb bescheußt.
Also muß er im Bettel reisen
Und endlich lassen arme Waisen.
Damit zeucht er den schweren Karren
und wird gehalten für ein Narren.«[11]

Auf der anderen Seite hören wir aber auch davon, daß das Pfarrhaus gelegentlich zum Mittelpunkt der von Kriegsnot heimgesuchten Gemeinden geworden war. Dies war nur möglich, weil es das Pfarr-Haus und die Pfarrfamilie gab. Seelsorgerliche und diakonische Aktivitäten gingen vom Pfarrhaus aus. Eintragungen in Taufregister beweisen, daß die Pfarrersleute oft zu Paten in ihren Gemeinden bestellt wurden, was in den Fällen, wo es sich häufte, mitunter als Plage empfunden wurde[12].

---

[10] zit. bei Drews, S. 68
[11] zit. bei Baur, S. 178 ff., ebenfalls bei Drews, S. 62, und Werdermann, Pfarrer, S. 47 f.
[12] vgl. Werdermann, Pfarrfrau, S. 111

Insgesamt jedoch scheint die Orthodoxie für die soziale Stellung des Pfarrers wenig ausgetragen zu haben. Drews faßt es so zusammen: »Aber im Ganzen ists und bleibts ein harter Stand: wenig Brot, viel Kampf, Streit und Not. Das ist die Signatur des Pfarrerstandes dieser Zeit. Kein Wunder, daß die Leute meist eine knorrige Art tragen, unliebenswürdig, rechthaberisch und stolz sind... In ein wirklich herzliches Verhältnis wird der Pfarrer dieser Zeit nur selten mit seiner Gemeinde gekommen sein. Auch wo man dem Pfarrer die schuldige Achtung nicht versagte..., da hat doch das Gefühl, daß der Pfarrer in erster Linie ein Strafamt führe, das herzliche Zutrauen nicht aufkommen lassen.«[13]

Der sich anschließende *Dreißigjährige Krieg* bedeutete nicht nur für das Pfarrhaus, sondern für weite Kreise der Bevölkerung besonders auf dem Lande eine Notzeit von kaum gekanntem Ausmaß. Das Pfarrhaus scheint indes die Plünderer besonders angezogen zu haben. Ein Pfarrer beschreibt das in einer Predigt so: »Nicht weniger geschiehts, wenn die Kriegs-Bestie mit ihrem räuberischen Plünderungsrachen hin- und wiedergrassiert: da ists nicht genug, daß die Soldaten den Pfarrern Kisten und Kästen, Thür und Thor einschlagen und alles, was in ihren Sack taugt, rauben, sondern wo die hinweg, so schlagen sich erst die Pfarrkinder dem armen Vater ins Haus, meinen, Pfaffengut sei raffen gut, und im trüben sei gut fischen.«[14] Es kam sogar zu einem wandernden Proletariat bettelnder Pfarrer, dem einzelne Landeskirchen mit besonderen Kollekten zu begegnen suchten. Die vor dem Krieg schon bestehende Tendenz zum landwirtschaftlichen Nebenerwerb wurde so sehr gesteigert, daß nun die Klage über die »Verbauerung« des Pfarrstandes zum Stereotyp wird. Bei vielen mögen dadurch die eigentlichen Amtsgeschäfte in den Hintergrund getreten sein. »Der pflügen muß, wie kann der auf seine Predigt fleißig studieren und dieselbe artig im Kopf fassen, welcher die Wochen über den Pflug treibt? Aber da sein die Prediger abermals elende Leute, denn weil ihre Pfarrgüter einmal Handarbeit erfordern, Kopf- und Handarbeit aber zugleich mit Nutzen zu verrichten unmöglich, also müssen sie nothwendig Taglöhner haben, die ihnen in ihrem Hauswesen um gebührenden Lohn unter die Arme greifen, die finden sie aber nit. Die trotzigen Arbeiter schaffen jedermann, nur des Pfaffen Geld und Kost will ihnen nit schmecken.«[15] In der Klage über die Verbauerung scheint aber auch ein gewisser Standesdünkel mitzuschwingen; denn als Landwirt unterscheidet sich der Pfarrer noch weniger von der niedrigsten Schicht denn als Bürger. Auch von nicht ganz koscheren Geld- und Handelsgeschäften wird berichtet, mit denen sich manche Pfarrer ein Zubrot verdienten[16].

---

[13] Drews, S. 71
[14] zit. bei Drews, S. 76
[15] zit. bei Drews, S. 84
[16] vgl. Drews, S. 86 ff.

Die Kriegsnot stärkte aber auch die Fähigkeiten des Pfarrhauses zum Helfen, Beraten und Trösten, so daß die einseitige Lehrer- und Zuchtmeisterrolle ein Gegengewicht bekam und Ernst Troeltsch feststellen kann: »Die Nöte des Dreißigjährigen Krieges brachten dann eine Vertiefung der seelsorgerlichen Aufgaben und Gesinnungen, und der geistliche Stand erwies sich hier im ganzen als das Rückgrat der ganzen lutherischen Kultur.«[17]

Betrachtet man den *Pietismus* in bezug auf den Pfarrerstand, dann mag er als Reaktion auf dessen Verweltlichung dastehen. Eine verinnerlichte Religiosität, die sich als Herzensfrömmigkeit in Tagebüchern und Biographien niederschlug, die Betätigung der Frömmigkeit – praxis pietatis – sowie die Neigung zur asketisch-gesetzlichen Regelung des Lebens – das waren Hauptforderungen und Kennzeichen, die natürlich auch auf die Pfarrer selbst bezogen wurden. In der berühmten pietistischen Schrift, den Pia desideria, kritisierte Philipp Jakob Spener 1675 scharf die kirchlichen Zustände und machte sechs Reformvorschläge, von denen die Hälfte auf den Pfarrerberuf gerichtet war: liebevolleres Verhalten in Religionsstreitigkeiten, Reform des Theologiestudiums: Theologie als praktische Sache, die sich an ein gottseliges Leben zu binden habe, und die Forderung einer erbaulichen, nicht rhetorisch-lehrhaften Predigt. Gegenüber der orthodoxen Betonung der Göttlichkeit des objektiven Amtes tritt jetzt die in der – sehr oft genau datierbaren – Bekehrung wiedergeborene Person des Amtsträgers in den Vordergrund.

Dies hatte mittelbar und unmittelbar Folgen für die soziale Stellung des Pfarrers. Da der Pietismus im Adel großen Widerhall fand, entstand zwischen ihm und der Geistlichkeit bisweilen ein sehr enges Verhältnis, das sogar Ehen nicht ausschloß. Allerdings hören wir auch, daß pietistische Pfarrer den Adeligen Sonderstellungen in der Gemeinde einräumten, und selbst Spener bildete da keine Ausnahme. Diese Allianz ging aber nicht so weit, daß Adelige ihre Söhne Pfarrer werden ließen. Mag die adelige Verbindung in bürgerlichen oder bäuerlichen Augen den betroffenen Pfarrern nicht gerade zu besonderem Ansehen verholfen haben, so kommt noch ein weiterer Punkt hinzu, der ihre Beliebtheit ebenfalls minderte und bisweilen zu einer Entfremdung zwischen Pfarrer und Gemeinde führte. Der wiedergeborene Pfarrer sammelte um sich einen kleinen Kreis Erweckter und Wiedergeborener – ecclesiola in ecclesia – und überließ die große Gemeinde weitgehend sich selbst. Während der orthodoxe Pfarrer als Eiferer in Sachen Lehre und Kirchenzucht nicht die Hochschätzung der Gemeinde erlangen konnte, wurde sie dem pietistischen wegen seines Bekehrungseifers versagt. Deswegen verstummten die Klagen über die Verachtung durch die »Welt« auch nicht. Aber es gab einen Weg der Wegrationalisierung, indem die Feindschaft der Welt als Beweis für die Wiedergeburt dessen, dem sie galt, erklärt wurde.

---

[17] Troeltsch, Protestantisches Christentum, S. 540

Was die materielle Lage betrifft, so stellte sich eine gelinde Besserung ein; denn die pietistische Zeit fiel in die Periode eines wirtschaftlichen Aufstiegs. Allerdings blieben die Gehälter knapp, so daß sich viele Pfarrer nach wie vor mit Landwirtschaft zusätzlich ernähren mußten.

Es ist – wie bei der Schilderung der bisherigen Epochen auch – selbstverständlich ganz unmöglich, die Vielfältigkeit der *Aufklärungszeit* besonders im 18. Jahrhundert auch nur annähernd differenziert darzustellen. Nur wenig Charakteristisches kann hervorgehoben werden in dem Bewußtsein, daß konfessionelle, orthodoxe und pietistische Strömungen sich neben den aufgeklärten durchaus behaupteten und, mit ihnen zum Teil verwoben, sich ins 19. und 20. Jahrhundert fortsetzten.

Als »Beginn und Grundlage der eigentlichen modernen Periode der europäischen Kultur und Geschichte im Gegensatz zu der bis dahin herrschenden kirchlichen und theologisch bestimmten Kultur«[18] gelangen bestimmte Gedanken und Konzepte zur Herrschaft, so der Widerspruch gegen den bisher gültigen Gegensatz von Vernunft und Offenbarung, eine immanente Welterklärung, Individualismus, Subjektivismus und Optimismus. »Aus der selbstverschuldeten Unmündigkeit heraustretend traut sie (sc. die Aufklärung) der endlich mündig gewordenen Vernunft eine nie geahnte weltverbessernde Wirkung zu«[19], formuliert der große Sozialgeschichtler des Protestantismus Ernst Troeltsch im Anklang an Kant. Und an anderer Stelle lesen wir in seinem unübertrefflichen Stil: »Es ist nach den großen Anstrengungen ein allgemeines Nachlassen und Ermatten des religiösen Geistes, von dem nur das Freundliche, Milde, Tröstende und Erbauliche, Sentimentale und Philosophische, Zukunftsgläubige und Optimistische zurückbleibt, während alles andere mitsamt seinen bisherigen Greueln und Schrecken versinkt.«[20]

Was nun die soziale Stellung des Pfarrers in jener Zeit betrifft, so stößt man immer wieder auf zwei scheinbar charakteristische Typen, die sich bei näherem Hinsehen jedoch als Karikaturen herausstellen: einerseits die Pfarrhausidylle, wie zum Beispiel Johann Heinrich Voß in dem Versepos »Luise« das Pfarrhaus von Grünau zeichnet, andererseits den im platten Rationalismus und Aufklärigt versandeten Moral- und Vernunftprediger, beide jedoch, losgelöst von materiellen Sorgen, sich der Hochschätzung ihrer Gemeinde und Obrigkeit erfreuend. Es mag beides zwar gegeben haben, aber die uns bekannte Melodie von der Not des Pfarrhauses, den unwürdigen Anstellungsverhältnissen und einer vielseitigen Geringschätzung trübt mit ihren Dissonanzen das scheinbar so harmonische Klangbild und setzt sich als Cantus firmus durch.

Nach wie vor sind die Landpfarrer wegen der miserablen Bezahlung auf

---

[18] Troeltsch, Art. Aufklärung, in RE³II, S. 225
[19] ders., ebd.
[20] Troeltsch, Protestantisches Christentum, S. 603

Nebenerwerb angewiesen. »Soll der Landpfarrer denn Amseln, Stare und Kanarienvögel pfeifen lehren? Uhren reparieren? Aderlassen und Arzneimittel verkaufen? den Advokaten und Schreiber machen, wie es zu allen Zeiten immer welche gemacht haben, um mit den Seinigen nicht zu verhungern?«[21] So entrüstet sich ein Betroffener. Viele scheinen es aber zu besonderen Leistungen gebracht zu haben, indem sie als Imker, Seidenzüchter, Obst-, Wein- und Gemüsebauern, Erzieher ihrer Kostgänger oder gar als Bankiers neue Wege suchten und fanden (worüber in diesem Buch an anderer Stelle gehandelt wird). Jedenfalls rückte oft die Nebenbeschäftigung an die erste Stelle, weswegen über den Mangel an geistigen Interessen und Bildung und die entsetzliche Trägheit des durchschnittlichen Landpfarrers Klage geführt wurde. Da es ein Überangebot an Theologen gab, blieb den meisten Kandidaten unter selbstentäußernder Anpassung die subalterne Stellung eines Hofmeisters nicht erspart, und viele wurden älter als vierzig, bis sie eine Pfarrstelle erhielten (und dann erst heiraten konnten). Dabei mußten sie zum Teil unwürdige Bedingungen der Patrone akzeptieren, zum Beispiel Lakaiendienste verrichten oder heiraten, wen der Patron untergebracht haben wollte, oder sogar mit Geld und Geschenken nachhelfen[22]. Das war nicht gerade angetan, der sozialen Stellung des Pfarrers einen hohen Rang einzuräumen.

In den Städten entstand jetzt eine aufgeklärte Bildungsschicht, die ihrerseits die »rückständigen« Pfarrer verspottete oder aber zu einer Anpassung in Lebensstil, Mode und Gewohnheit veranlaßte. Viele Landesfürsten bedienten sich der Pfarrer als Staatsbeamter und Amtspersonen und ließen sie in den Gottesdiensten Verordnungen, Gesetze und sonstige staatliche Bekanntmachungen verlesen, womit der Pfarrer in den Augen seiner Gemeinde auf die Seite der Staats- und Polizeiobrigkeit rückte und als »Offizier der Moral« und Sittenprediger empfunden wurde. Es gab aber auch seitens der Pfarrerschaft Stimmen, die vom Fürsten Amtshilfe zur Aufbesserung ihres Ansehens forderten: »Der Fürst sei besorgt, die Diener der Religion bei dem Volke in Ansehen zu setzen; – er verleihe ihnen so viel Gewalt, als nöthig ist, ihre Geschäfte wirksam zu verrichten, er unterstütze sie im Nothfalle mit der Macht, die er in Händen hat.«[23]

Dies soll aber nicht heißen, daß es nicht auch sehr volkstümliche Pfarrhäuser mit hoher Akzeptanz in der Bevölkerung und einer reichen Ausstrahlung besonders auf dem sozialen und karitativen Sektor gegeben habe. Der kritische Paul Drews schließt seine Darstellung der Aufklärungszeit, indem er sich höchster Autoritäten versichert: »Aber hätte das Pfarrhaus der Aufklärung nicht seine idealen Züge gehabt..., nimmer hätte sich der dichterische Geist

---

[21] zit. bei Drews, S. 139
[22] vgl. Werdermann, Pfarrer, S. 76 ff., und Drews, S. 137 ff.
[23] Drews zitiert Spalding, S. 130

an diesem Gegenstand entzündet und wie in Voßens ›Luise‹ ein Werk geschaffen, von dem Goethe bekennt, daß er es ›mit einem reinen Enthusiasmus aufgenommen habe‹. Ja, Goethe selbst hätte wohl kaum in ›Hermann und Dorothea‹ uns eine so würdige Predigergestalt gezeichnet... Wenn Dichter so schildern können (erwähnt wird noch Jean Pauls ›Jubelsenior‹), kann das Leben nicht alles Idealen bar gewesen sein. Gewiß, es hat treffliche Pfarrer und Pfarrfrauen in jener Zeit gegeben.«[24]

Die Mitte des 19. Jahrhunderts ist wahrscheinlich die Zeit, in der der Pfarrer – zumindest auf dem Lande, wo 80 Prozent der Bevölkerung lebten – den größten Einfluß in seiner Berufsgeschichte hatte. Ein Drittel aller Akademiker waren Pfarrer. Und da die anderen, Juristen, Ärzte usw., sich in der Stadt massierten, war der Pfarrer auf dem Lande oft der einzig Gebildete. Entsprechend hoch war sein Einfluß, der sich auf Funktionen im Erziehungswesen, in Verwaltung und Bevölkerungsstatistik und vielem anderen mehr erstreckte. Daß diesem Einfluß auch die Wertschätzung der Bevölkerung entsprach, kann indes nicht generalisiert werden. Jedenfalls verstummt das alte Lied von Not, Mißachtung und unwürdiger Abhängigkeit auch jetzt nicht. Zwar besserte sich das wirtschaftliche Ergehen, indem das Pfründenwesen aufgegeben wurde, aber die Bezahlung wurde im Vergleich mit anderen Beamtenbesoldungen als zu niedrig empfunden. Für Sachsen klang das so: »Es bleibt also dabei: der sächsische, evangelisch-lutherische Pfarrerstand steht wirtschaftlich hinter allen höheren Beamtenkategorien – z. T. sogar auch solchen *ohne akademische Bildung* – weit zurück... Denn es steht nun einmal so..., daß die öffentliche Wertung eines Standes von der Höhe abhängt, in der seine Leistungen honoriert zu werden pflegen.«[25] Pfarrer Graefe beschwert sich weiterhin über die subalterne Stellung, in die man den Pfarrer herabzudrücken sucht, Bevormundung und »nicht selten recht unangemessene und darum aufs tiefste verletzende Behandlung, welcher nicht wenige Geistliche von den verschiedensten Seiten her immer und immer wieder ausgesetzt sind«[26].

»So kommt es nicht selten auch zu allzu devotem Wesen gegenüber den mannigfachsten Behörden, insbesondere gegenüber denen, von deren Gunst man sich ein leichteres Vorwärtskommen versprechen zu können glaubt.«[27] Das Problem ist einfach zu lösen: »Also zunächst eine *größere materielle Sicherung des geistlichen Standes*! Ist diese erreicht, dann wird sie auch... der Kirche zu der ihr gebührenden und so überaus nötigen *größeren irdischen Macht* – oder sagen wir lieber: zu dem ihr gebührenden *größeren moralischen Einfluß auf das gesamte öffentliche Leben* – verhelfen, indem sie das berechtigte Standesbewußtsein der Pastoren stärken, den Schwächern unter diesen das Rückgrat steifen, gar manchen Geistlichen zu größerer Mannhaftigkeit

---

[24] Drews, S. 145
[25] Graefe, S. 18
[26] ders., S. 26
[27] ders., S. 20

gegenüber *Hohen und Niederen* befähigen, den evangelischen Pfarrerstand insgesamt vor unwürdigen Zumutungen schützen und ihn solchergestalt im öffentlichen Ansehen heben, überhaupt aber ihn in die Lage versetzen wird, allezeit und allüberall – sei es gegen wen es sei – die *volle* und *ganze* evangelische Wahrheit zu verkündigen.«[28] Obwohl das fast satirisch klingt, läßt es doch Rückschlüsse auf die soziale Stellung der Pfarrer zu. Gerade seine Bildung, die so oft gerühmt wird, macht ihn zum Fremden auf dem Dorf, an dem zwar keiner vorbeikommt und dem man gewiß auch den nötigen Respekt erweist, den man aber nicht sozial integriert. »Er (der Pfarrer) gilt da nicht als Ortsangehöriger, als Landsmann, sondern als Städter, Studierter und Fremder...« Entsprechend ist die Reaktion. »Alle persönlichen Vertrauensbeziehungen schalten wir allmählich aus, ziehen einen unsichtbaren Zaun um uns, den wir nur zur objektiven Wortverkündigung verlassen, und leben unserer Familie.«[29] Diesen Gegensatz von Einfluß und Selbsteinschätzung im 19. Jahrhundert machte Büchsel klar, indem er bekennt, sich fast zu schämen, wenn man sagen mußte, ein Landpastor zu sein, und andererseits schreibt: »Das Pfarrhaus hat Glaswände, es ist das öffentlichste Haus im ganzen Dorf; es wird von keinem Haus so viel geredet als von dem, was auf der Pfarre sich zuträgt.«[30]

Daß die soziale Frage des 19. Jahrhunderts, hervorgerufen unter anderem durch die mächtig um sich greifende Industrialisierung, viele Pfarrer nicht kalt gelassen hat, ist bekannt. Dennoch standen die meisten von ihnen zu sehr in der ihren Status sichernden Verbindung von Thron und Altar, als daß sie von den proletarischen Massen hätten als auf ihrer Seite stehend akzeptiert werden können. Es entstand eine fast grundsätzliche Feindschaft seitens der Arbeiterschaft, die die ohnehin verbürgerlichten Pfarrer immer stärker mit einer konservativen Mentalität beantworteten. Wie er dem Bauern aufgrund seiner Bildung weitgehend ein Fremder blieb, so dem Arbeiter aufgrund seiner Bürgerlichkeit.

Damit haben wir aber schon die Schwelle ins 20. Jahrhundert überschritten. Es scheint, als sei die soziale Stellung des Pfarrers entsprechend seiner objektiven Plazierung im Bürgerstand auch nur von diesem einigermaßen akzeptiert worden. Dagegen gibt es offensichtlich Vorbehalte unter denen, die sich sozial über dem Pfarrer plaziert hatten, besonders unter Intellektuellen; und es gibt die breite Strömung der Verachtung, ja bisweilen des Hasses seitens der Arbeiterschaft, unter anderem genährt durch eine platte Gottlosenpropaganda

---

[28] ders., S. 36
[29] vgl. das vom Standpunkt des »besseren« und gebildeten Pfarrers mit Geringschätzung für die Bauern geschriebene Buch von Eckert, zit. S. 120 und 123, und die Schilderungen von Büchsel und Baur
[30] Büchsel, Bd. 1, S. 155

auch mit Hilfe der SPD. Der Theologe und Publizist Theodor Kappstein offenbart auf seine Weise die Verunsicherung. Seine »Rundfrage« unter Wissenschaftlern, Künstlern und hohen Beamten »Bedürfen wir des Pfarrers noch?« hat zutiefst legitimatorische Züge. Er will der gebildeten Welt beweisen, daß es genug unter ihnen gibt, die nicht so denken, die vielmehr von der eigenständigen Bedeutung des Pfarrers für die moderne Welt überzeugt sind. Entsprechend zitiert er überwiegend positive Stellungnahmen. Dagegen offenbaren die ebenfalls auf Umfragen der eigenen Primärerfahrung basierenden Veröffentlichungen der religiös-sozialistischen Theologen Günter Dehn, Paul Göhre und Paul Piechowski die inzwischen fast unüberwindlich gewordene Kluft zwischen bürgerlichem Pfarrerstand und proletarischer Unterschicht. Eine kleine Blütenlese aus ihren Zitaten: »Die Kirche ist das Verdummungsinstrument der besitzenden Klassen und die Geistlichen sind die Handlanger dazu. Diese schwarzen Gendarmen müssen alle gehenkt werden.«[31] »Der deutschnationale Geistliche ist mein Todfeind. Die übrigen Geistlichen sind für mich die Kotau-Kulis der Geldsackvertreter im Gemeindekirchenrat, Feiglinge, die wider besseres Wissen eine Irrlehre verbreiten, also Heuchler.«[32] »Wenn die Pfaffen helfen sollen, dann sind sie nicht zu Hause. Manche Menschen lassen sich noch am Sarg die Ohren vollschwindeln. Der Pfaffe im Talar auf dem Friedhof! Man soll ihm nach der Beerdigung die Moneten zahlen. Der Pfaffe freut sich, daß er durch Gott, wo es gar keinen gibt, Geld verdient hat.«[33] Aber auch Erwartungen an den Pfarrer werden laut: »Also steige herab, o Pfarrer, sieh dich um in deiner Gemeinde mit ihrer Not und Sorge. Werde Gemeindemitglied wie jeder andere ohne pfäffische Dünkel. Stelle dich mit uns auf eine Stufe und kämpfe mit uns unseren Befreiungskampf gegen Kapitalismus und Ausbeutertum. Nur so wirst du den Lebenskampf des arbeitenden Volkes begreifen lernen und im wahrsten Sinne in der Gemeinde unser Führer und ›Hirte‹ sein.«[34] Gewiß sind das oft überzogene und ungerechte Stereotype, die von den religiösen Sozialisten ihren Amtsbrüdern als polemischer Spiegel vorgehalten werden; sie zeigen aber, wie sehr in seiner bürgerlichen Eingebundenheit der Pfarrer für viele aufgrund seiner sozialen Stellung unerreichbar war. Dem entspricht das Selbstverständnis der meisten Pfarrer, die sich selbst zu 70 bis 80 Prozent konservativ-national verorteten[35]. Durch die Ereignisse vor und nach 1918 wurde die Positionsunsicherheit der Pfarrer derart gesteigert, daß eben die meisten sich in die (vermeintlich so) gute alte Zeit zurücksehnten und eine entsprechend reaktionäre Mentalität ausbildeten, die schließlich dazu verleitete, »die Hemmungen gegenüber einem nationalistischen Experiment hintanzustellen«[36]. Noch in den zwanzi-

---

[31] Piechowski, S. 50
[32] Piechowski, S. 159
[33] Dehn, S. 23
[34] Piechowski, S. 161
[35] vgl. Dahm, Pfarrer und Politik, S. 25
[36] Dahm, Pfarrer und Politik, S. 145

ger Jahren hören wir von haarsträubenden Zuständen wirtschaftlichen Ergehens[37]. Erst in den dreißiger Jahren wurde die Besoldungsgleichstellung mit den Staatsbeamten und damit eine ausreichende materielle Sicherung erreicht.

Eine generelle Beurteilung der sozialen Stellung des Pfarrers während des Dritten Reiches und des Krieges dürfte zu keinem spektakulären Ergebnis kommen: Der Großteil der Pfarrer blieb eingebettet in die bürgerliche Mittellage, versah seinen Dienst mehr oder minder unangefochten und überstand die Kriegsereignisse mit denselben Verlusten und Nöten wie die übrige Bevölkerung auch. Daß sich eine Reihe von Theologen – zum größten Teil der Bekennenden Kirche zuzuordnen – mit ihren Familien durch mutigen Widerstand in große Gefahren begab und für manches Gemeindeglied der letzte Anhalt in der braunen Flut blieb, darf nicht unerwähnt bleiben, ist aber andererseits oft genug und bisweilen hagiographisch dargestellt worden.

Erst in der Nachkriegszeit und der Rekonstruktionsphase der Bundesrepublik haben sich Entwicklungen gesamtgesellschaftlich abgespielt, die zu einer allgemeinen gegenwärtigen Hochschätzung und breit abgesicherten Akzeptanz des Pfarrers in unserer Gesellschaft geführt haben, die in diesem Maße neu sein dürften. Betrachten wir zunächst einige *empirische Befunde*. Für die Verortung der sozialen Stellung eines Berufs – bezogen auf einen der wichtigsten Faktoren: die allgemeine Achtung im Vergleich mit anderen Berufen – gibt es in der modernen Sozialforschung ein zuverlässiges Instrument, die sogenannten Prestigeskalen. Mit ihnen wird das Prestige von Berufen gemessen, meist durch Rangordnungs- oder Auswahlverfahren in Befragung repräsentativer Bevölkerungsstichproben.

Während noch in den fünfziger Jahren die Positionierung des Pfarrerberufes großen Schwankungen unterlag und er zum Teil deutlich hinter dem Professor, Arzt, Apotheker und Studienrat etwa auf dem 6. bis 8. Platz rangierte, scheint sich ab Mitte der sechziger Jahre eine Konsolidierung abzuzeichnen, die bis in die Gegenwart anhält und dem Pfarrer nur noch den Arzt – diesen jedoch deutlich – vorordnet[38].

---

[37] Belege bei Dahm, Pfarrer und Politik, S. 140

[38] Über das Zustandekommen solcher Skalen, über die Differenzen, die in Stadt-Land- oder Bildungsgefälle auftreten, über Kriterien, die die Prestigezuweisung steuern vgl. besonders Bolte, K. M., Sozialer Aufstieg und Abstieg, eine Untersuchung über Berufsprestige und Berufsmobilität, Stuttgart 1959; Kluth, H., Sozialprestige und sozialer Aufstieg, Stuttgart 1957; Lubecki, P., Interaktion und Berufsprestige, Diss. rer. pol. Erlangen-Nürnberg 1976; Tesch, C., Die Prestigeordnung der Berufe als Maßstab sozialer Wertvorstellungen in der DDR., Diss. rer. pol. Erlangen-Nürnberg 1970. – Über das *Gehalt* klagen die heutigen Pfarrer nicht mehr, was verständlich ist bei einem abgesicherten A13 bis A15-Einkommen. Im Gegenteil, vielen Pfarrern kommen eher Schuldgefühle, wenn sie sich mit anderen vergleichen. »Als Gehaltsempfänger gerät er, der Prophet sein möchte, in eine Reihe mit dem Priester. Wegen der Höhe seiner gesicherten Einkünfte wird er, der das Evangelium der Armen verkündigt, selber zum Reichen. Und sobald er

Berufsansehen im Trend

Tabelle
Bundesrepublik mit West-Berlin
Bevölkerung ab 16 Jahre

Frage: »Hier sind einige Berufe aufgeschrieben. Könnten Sie bitte vier oder fünf davon heraussuchen, die Sie am meisten schätzen, vor denen Sie am meisten Achtung haben?« (Vorlage einer Liste)

	1966	1968	1971	1972	1975	1977	1978	1981
	%	%	%	%	%	%	%	%
Arzt	84	83	84	81	79	80	80	82
Pfarrer, Geistlicher	49	51	41	37	48	46	48	46
Hochschulprofessor	—	44	49	40	38	35	32	36
Rechtsanwalt	37	32	35	38	37	35	31	36
Ingenieur	41	26	30	29	28	27	24	31
Botschafter, Diplomat	29	29	31	33	33	32	31	30
Apotheker	34	28	31	29	28	29	26	30
Atomphysiker	37	35	38	40	34	35	30	26
Volksschullehrer	37	31	31	25	26	25	25	25
Direktor in großer Firma	23	21	21	19	20	21	20	21
Selbständiger Kaufmann, ab 1972 Unternehmer	21	13	17	18	22	20	20	21
Politiker	15	19	20	27	22	21	23	18
Studienrat	28	22	25	24	26	20	20	18
Offizier	12	9	11	13	16	16	13	16
Zeitungsredakteur	15	9	11	15	11	13	9	12
Buchhändler	6	4	5	5	7	7	6	9
	468	456	480	473	475	462	438	457

Quelle: Allensbacher Archiv

Wenn man danach fragt, welche Faktoren es hauptsächlich sind, die den Rang einer Berufsposition maßgeblich beeinflussen, dann stoßen wir auf die folgenden: »die mit der Position verknüpften Macht- und Einflußchancen, die zur Ausübung der Position erforderlichen Kenntnisse und Fähigkeiten, insbesondere das Ausmaß des erforderlichen Spezialwissens, und die Wichtigkeit der Position hinsichtlich der Verwirklichung bestimmter gesellschaftlich anerkannter Werte und Ziele.«[39] Es leuchtet sicher unmittelbar ein, daß für die Hochschätzung des Pfarrerberufes gewiß nicht die Macht- und Einflußchancen

---

sich auf den Umgang mit Geld einläßt, gerät er unter die Eigengesetzlichkeit eines Systems, das faktisch Weltherrschaft ausübt und zur Gegenmacht gegenüber den Ansprüchen und Verheißungen Gottes geworden ist. Die Tabuisierung des Themas zeigt, daß man in der Theologie solche Zusammenhänge ahnt, daß man sich aber derzeit noch außerstande sieht, ihnen angemessen zu begegnen« (Josuttis, S. 165).

[39] Fuchs, W. u. a., Hrsg., Lexikon zur Soziologie, Art. Prestigefaktoren, Opladen 1973, S. 514 f.

ausschlaggebend sind, denn die hat er im Gegensatz zu einigen Zeiten in seiner Berufsgeschichte bekanntlich nicht, sondern hauptsächlich seine Funktion im Wertehorizont unserer Gesellschaft.

Das wird auch bestätigt durch eine 1982 veröffentlichte großangelegte Untersuchung von Andreas Feige über Beziehungen und Einstellungen junger Erwachsener zur Kirche. Auf die Frage: »Halten Sie den Beruf des Pfarrers für unsere Gesellschaft für verhältnismäßig wichtig oder für verhältnismäßig unwichtig?« sah die Antwortverteilung so aus[40]:

für sehr wichtig	18,7
für wichtig	64,2
für relativ unwichtig	13,9
für überflüssig	2,4
keine Antwort	0,8
	100,0 %
	n = 1.725

Und wenn man die Zahlen sozialstatistisch differenziert, dann findet sich ein kaum verändertes Bild. Sogar die sogenannten Konfessionslosen sind zu 60% von der Wichtigkeit bzw. hohen Wichtigkeit des Pfarrers überzeugt. Nur 6% der aktiven Nicht-Kirchgänger erklären den Pfarrer für überflüssig und nur 28% für relativ unwichtig. Eine letzte Differenzierung: Diejenigen, die den Konfirmandenunterricht für sehr langweilig hielten, plädieren noch mit 62% dafür, daß der Beruf des Pfarrers sehr/wichtig sei[41].

Bevor ich eine Deutung der vorgelegten Befunde versuche, fasse ich die wichtigsten Ergebnisse über den Pfarrerberuf in den Augen der Bevölkerung bzw. Kirchenmitglieder, so wie sie sich in einer Fülle empirischer Untersuchungen der letzten Jahre ergeben haben, thesenartig zusammen, ohne auf ihr Zustandekommen hier eingehen zu können[42].

– Der Pfarrer gilt in den Augen der Bevölkerung als *der* Repräsentant und Vermittler der Kirche, als Garant christlicher Lebensführung schlechthin.
– Der Pfarrer hat – im Gegensatz zu anderen Berufen – einen fast uneingeschränkten potentiellen Zutritt in den Privatraum.
– Vom Pfarrer wird die kommunikative Kompetenz – Ermöglichung von Kommunikation im weitesten Sinne – noch vor der theologisch-professionellen Kompetenz erwartet.
– In seinem Berufshandeln soll der Pfarrer Stabilisierung (Seelsorge), Entlastung (Diakonie) und Orientierung bzw. Vergewisserung (Verkündigung)

---

[40] Feige, S. 393
[41] Feige, S. 86 f.
[42] Dies wurde ausführlich unternommen in Marhold, Kirchenmitglieder; ders., Religion als Beruf; vgl. auch Hild, Wie stabil; Schmidtchen, Gottesdienst; Spiegel, Amt.

gewährleisten, aber weniger Innovation bewirken, zu kritischem Umgang mit dem Glauben anleiten oder gar die Gesellschaft verändern.
– Dem Pfarrer wird die rituelle Symbolisierung von Identitätsschritten an den Krisen- und Knotenpunkten des Lebens (Kasualien) zugeschrieben.
– Der Pfarrer gilt als Repräsentations- und Sicherungsinstanz moralischer Werte (Gut und Böse) in unserer Gesellschaft, deshalb die Hochschätzung der Verkündigungsfunktion, obwohl nur wenige an der Verkündigung teilnehmen.
– Während viele Pfarrer aufgrund ihrer beruflichen Sozialisation und Berufswahlmotivation die kognitiven und handlungsorientierten Aspekte ihres Berufes herausstellen (Verkündigung, Lehre, Aktivierung von Kleingruppen, Gesellschaftskritik), erwartet die volkskirchliche Öffentlichkeit mehr die Betonung der interaktiv-kommunikativen und emotionalen Aspekte des Berufes (Kasualien, Ritus, Seelsorge, Stabilisierung), so daß dem prophetischen Selbstbild das priesterliche Fremdbild gegenübersteht.

Läßt sich eine *Erklärung* für diese Ergebnisse finden, die eine so hohe Schätzung des Pfarrerberufs signalisieren, obwohl nur ein relativ geringer Anteil der Bevölkerung – wie wir alle wissen – tatsächlich das Berufshandeln des Pfarrers in einem nennenswerten Umfange in Anspruch nimmt? Es gibt eine Reihe von Charakteristika des Pfarrerberufs, die – idealtypisch verkürzt – als Zusammenspiel ihn in Gegensatz zu den sonstigen Berufen unserer Gesellschaft stellen und gerade darin Wesentliches über ihren Zustand aussagen.

– Der Pfarrer übt einen Ganzheitsberuf aus. Für die Person des Berufsträgers heißt das, daß es kaum eine Trennung von Berufs- und Freizeit gibt und daß es – vorneuzeitlich – keine Trennung zwischen Arbeits- und Lebensort gibt. Aber auch sein Berufshandeln ist ganzheitlich, indem es auf die Ganzheit des menschlichen Lebens im umfassenden Sinne gerichtet ist.
– Der Pfarrer übt einen Gesinnungsberuf aus. Die Person trägt das Amt, nicht das Amt die Person.
Beide Aspekte faßt Scharfenberg zusammen: »So wie der Pfarrerberuf von der Menschlichkeit seines Trägers lebt – so ist er als einziger Beruf (noch oder schon?) auf das Leben als Ganzheit bezogen – Alptraum eines Organisationsberaters, Sehnsucht eines jeden entfremdeten Spezialisten.«[43]
– Der Pfarrer übt seinen Beruf (weitestgehend) unabhängig, selbstbestimmt aus. In einem viel größeren Maße als etwa die vom Grundgesetz dazu privilegierten Abgeordneten ist er nur seinem Gewissen verantwortlich.
– Der Pfarrer arbeitet in weiten Bereichen unspezifiziert, nicht regel- oder verfahrensorientiert. Die große Bandbreite seines Berufshandelns ermöglicht eine entsprechend große Identifizierungsmöglichkeit seitens derer, denen das

---

[43] Scharfenberg, J., Ein kompetenter Dilettant? in Ev. Kommentare, 13/1980, S. 146

Berufshandeln gilt. (Während die einen das Organisationstalent ihres Pfarrers schätzen, rühmen andere seine Rhetorik, wieder andere seine Zuwendungsfähigkeit oder seinen Einsatz für Nichtseßhafte.)
– Der Pfarrer entzieht sich in seinem Berufshandeln weitgehend einer quantifizierenden Erfolgskontrolle. Input und output sind nicht korrelierbar oder meßbar[44]. Dagegen ist das verbreitete Berufshandeln in unserer Gesellschaft – ebenfalls idealtypisch zusammengefaßt – partialisiert. Das Ziel bezieht sich meist auf einen kleinen Teilausschnitt. Es besteht eine strikte Trennung von Beruf und Freizeit. Der Job nötigt eine Rolle auf, die nach Dienstschluß fast selbstverständlich wieder abgestreift wird. Hierarchische Anordnungs- und Ausführungsstrukturen, genaue Kompetenzzuweisung und Ergebnisorientierung sind weitere Merkmale.

Liegt also der Pfarrer in seinem beruflichen Handeln gleichsam quer zum normalerweise verbreiteten gesellschaftlichen Berufshandeln im engeren Sinne, so kann man das auch in gewisser Weise von seiner Gesamterscheinung für die Gesellschaft als ganze sagen. Anders ausgedrückt: Der Pfarrer symbolisiert[45] mit seiner Person in seinem Beruf eine Ganzheit, die in unserer parzellierten, das Leben in einzelne Segmente zerlegenden Gesellschaft verloren zu sein scheint. Wir werden von Problemen, Fragen und Schwierigkeiten genauso wie von Erfahrungen des Gelingens und Glücks stets ganzheitlich betroffen, obwohl unsere Gesellschaft von einer Zerlegbarkeit des Menschen in abgrenzbare Funktionsbereiche ausgeht[46]. Die aus den Augen verlorene Ganzheit wird zudem symbolisch festgehalten durch den Verweis auf das, was nicht im Vorhandenen aufgeht, durch die Berufung auf den biblischen Gott, der das schlechthinnige Symbol dieser Ganzheit ist. »Durch diese Bindung an das biblische Erbe und durch diese Ausrichtung auf das kommende Reich erhält der Dienst des Pfarrers eine Perspektive, die es ihm letztlich unmöglich macht, in der eigenen Gegenwart aufzugehen. Als Anwalt von Erinnerung und Hoffnung existiert er ›zwischen den Zeiten‹. Für das Verhältnis der Gegenwart

---

[44] »In der gegenwärtigen Phase scheint sich eine Konzentration auf das pastorale Mandat und damit die Einsicht durchzusetzen, daß der Beruf des Pfarrers sein Recht und seine Kompetenz aus anderen Quellen bezieht als aus Erfolgs-, Leistungs- und Funktionskriterien oder aus der fachlichen Qualifikation und dem sozialen Nutzen«, schreibt H. N. Janowski, in Ev. Kommentare, 13/1980, S. 10 im Einleitungsartikel zu einer sehr instruktiven Serie über den Pfarrer.
[45] »Symbole sind Erscheinungen unserer Welt – Personen, Dinge, Gedanken, Verhaltensweisen –, denen wir eben jene Funktion geben, für etwas zu stehen, das sie nicht selbst sind, für das wir aber keine unmittelbaren Bezeichnungen haben.« Stollberg, D., Religiöse Ausdrucksformen, in: Funkkolleg Religion, Studienbegleitbrief 1. Weinheim und Basel 1983, S. 60
[46] Kappstein zitiert 1906 einen gewissen Oberstudienrat Dr. Egelgraaf, der auf seine Rundfrage antwortete: »Das Pfarrhaus hat in der modernen Kulturwelt eine womöglich noch größere Bedeutung als in früheren Zeiten; je technischer, exakter, naturwissenschaftlicher der Zeitgeist wird, desto dringender bedarf es des Gegengewichts der Religion« (S. 29)

schließt das ein, daß der Pfarrer stets auch als Störfaktor auftreten muß. Erinnerung und Hoffnung machen den Menschen resistent gegen die ökonomischen, bürokratischen und technologischen Zwänge. Erinnerung und Hoffnung präsentieren gegen die These, es sei alles in Ordnung, Alternativen. Die Diktatur der Verhältnisse, die so sind, wie sie sind, wird aufgesprengt durch Erfahrungen und Erwartungen, die Modelle eines anderen, eines humaneren Lebens imaginieren. Aus der Kraft von Erinnerung und Hoffnung vertritt der Pfarrer die Möglichkeit menschlicher Freiheit, die beim einzelnen wie in der Gesellschaft die Fixierung an das blinde Präsens relativiert.«[47]

So erfüllt der Pfarrer als Symbolfigur einen Bedarf nach Orientierung und Vergewisserung kontrafaktisch über das Alltägliche und Vorfindliche hinaus. Und er kann dies nur, indem er gleichzeitig als erreichbarer Mensch und Nachbar auszumachen ist, mit all den menschlichen Unzulänglichkeiten und Erfahrungen vertraut und behaftet, die uns allen zu schaffen machen. Dabei spielt es kaum eine Rolle, daß der einzelne den Pfarrer kaum in Anspruch nimmt oder ihn sogar konkret kritisch beurteilt. Die Hochschätzung kommt aus der angesonnenen symbolischen Funktion. Weil der Pfarrer also als Symbolfigur im angedeuteten Sinne fungiert in dieser gesellschaftlichen Situation, die mit früheren nicht mehr verglichen werden kann angesichts der ungeheuren Widersprüche und individuellen und kollektiven Bedrohungen durch irreversible Umweltschäden, zügellos gewordene Technik und unvorstellbare atomare Vernichtungspotentiale, deshalb ist seine soziale Stellung zu einem bisher nicht gekannten Maß an positiver Schätzung und allgemeiner Akzeptanz gelangt[48].

Ob das *Pfarrhaus* an dieser Entwicklung teilhat, muß eher verneint als bejaht werden. Da die Pfarrfrauen bzw. Pfarrmänner (und Pfarrerskinder) in einem Prozeß begriffen sind, der sie immer mehr ihre Eigenständigkeit und Selbstverwirklichung im eigenen Beruf betonen läßt, muß der Pfarrer oder die Pfarrerin die ihnen angesonnene Aufgabe allein erfüllen. Das soll nicht heißen, daß sie dabei bar jeder Unterstützung durch ihr Haus blieben. Sie dürfte sich aber hauptsächlich auf die eigene emotionale Stabilisierung beschränken und nicht mehr nach außen in die Gemeinde in der Weise wirken, die uns aus der Vergangenheit bekannt ist. Dieser Prozeß scheint unumkehrbar[49]. Es sei denn, daß durch die neu sich abzeichnende Möglichkeit, daß Theologenehepaare sich ein Pfarramt teilen, die Symbolzuschreibung wieder von der Person des einzelnen Pfarrers weg auf das »Haus« sich richtete. Dies jedoch wäre ein neues Kapitel der Geschichte des evangelischen Pfarrhauses.

---

[47] Josuttis, S. 135 f.
[48] Daß dies für viele Pfarrer eine ungeheure Belastung darstellt, beweist die oft vernommene Klage, überfordert zu sein, nie Zeit zu haben, und ihr hoher psychischer Krankenstand.
[49] vgl. Dahm, Pfarrhaus.

Literatur

BAUR, W., Das deutsche evangelische Pfarrhaus, Bremen 1878[2]
BÜCHSEL, K. (ursprünglich anonym), Erinnerungen aus dem Leben eines Landgeistlichen, 5 Bde., Berlin 1861 ff.
DAHM, K.-W., Beruf: Pfarrer. Empirische Aspekte, München 1971
DAHM, K.-W., *Pfarrer und Politik*. Soziale Position und politische Mentalität des deutschen evangelischen Pfarrerstandes zwischen 1918 und 1933, Köln u. Opladen 1965
DAHM, K.-W., Wird das evangelische *Pfarrhaus* »katholisch«? in: Riess, R. (Hrsg.), Haus in der Zeit, München 1979, S. 224–237
DEHN, G., Die religiöse Gedankenwelt der Proletarierjugend, Berlin 1923
DREWS, P., Der evangelische Geistliche in der deutschen Vergangenheit, Jena 1924[2]
DOMAY, E., Und es lohnt sich doch. Tagebuch eines Pfarrers, Gütersloh 1977
ECKERT, I., Probleme und Aufgaben des ländlichen Pfarramtes, Berlin 1910
FEIGE, A., Erfahrungen mit Kirche. Ein Beitrag zur Soziologie und Theologie der Volkskirchenmitgliedschaft in der BRD, Hannover 1982
GÖHRE, P., Drei Monate Fabrikarbeiter und Handwerksbursche (1891), hrsg. von Breening, J., u. Gremmels, Chr., Gütersloh 1978
GRAEFE, H. C., Die wirtschaftliche und soziale Lage der evangelisch-lutherischen Geistlichen im Königreich Sachsen und die Zukunft der sächsischen Landeskirche, Annaberg 1908
HILD, H. (Hrsg.), *Wie stabil ist die Kirche?* Gelnhausen, Berlin 1974
JOSUTTIS, M., Der Pfarrer ist anders. Aspekte einer zeitgenössischen Pastoraltheologie, München 1982
KAPPSTEIN, Th., Bedürfen wir des Pfarrers noch? Ergebnis einer Rundfrage, Berlin und Leipzig 1906
KNIFFKA, J., Das kirchliche Leben in Berlin-Ost in der Mitte der zwanziger Jahre, Diss. Phil., Münster 1972
MARHOLD, W., Der Pfarrer in der Sicht der *Kirchenmitglieder*, in: UPKG 64/1975, S. 168–181
MARHOLD, W. u. a., *Religion als Beruf*, 2 Bde., Stuttgart 1977
PIECHOWSKI, P., Proletarischer Glaube. Die religiöse Gedankenwelt der organisierten deutschen Arbeiterschaft nach sozialistischen und kommunistischen Selbstzeugnissen, Berlin 1927 (1928[5])
PRZYBYKSKI, H., Von der Studentenbewegung ins Gemeindepfarramt – Eine historisch-empirische Längsschnittstudie zur Sozialisation evangelischer Theologen im Beruf, Diss. Phil., Bochum 1983
RIESS, R. (Hrsg.), Haus in der Zeit. Das evangelische Pfarrhaus heute, München 1979
SCHMIDTCHEN, G., *Gottesdienst* in einer rationalen Welt, Stuttgart, Freiburg 1973
SCHMIDTCHEN, G., Priester in Deutschland, Freiburg 1973
SEIDEL, I., Lennacker. Das Buch einer Heimkehr, Stuttgart 1938
SPENER, P. J., Pia desideria, hrsg. von K. Aland, 1955[2] (Kleine Texte für Vorlesungen und Übungen, S. 170)
SPIEGEL, Y., Der Pfarrer im *Amt*, München 1970
Tagebuch eines Großstadtpfarrers (anonym), Berlin 1929
TROELTSCH, E., Art. Aufklärung, in: RE[3] II, S. 225–241
TROELTSCH, E., *Protestantisches Christentum* und Kirche in der Neuzeit, in: Hinneberg, P. (Hrsg.), Die Kultur der Gegenwart, Teil I Abt. IV, 1, Berlin und Leipzig 1909[2], S. 431–792
TROELTSCH, E., Die *Soziallehren* der christlichen Kirchen und Gruppen, Tübingen 1912 u. ö.
Voss, J. H., Luise. Ein ländliches Gedicht in drei Idyllen, in: Beker, E. D. (Hrsg.), Idyllen und Gedichte. Reclam Universal Bibliothek 2332, Stuttgart 1967
WERDERMANN, H., Der evangelische *Pfarrer* in Geschichte und Gegenwart, Leipzig 1925
WERDERMANN, H., Die deutsche evangelische *Pfarrfrau*, Witten 1940[3]

Ludwig Fertig

Pfarrer in spe: Der evangelische Theologe als Hauslehrer

I.

Hans Unwirrsch, Wilhelm Raabes bekannte Romanfigur, der »Hungerpastor«, der soziale Aufsteiger, träumt in den Vorlesungen während seines Theologiestudiums »viel Angenehmes und Idyllisches von einer künftigen Dorfpfarre unter Blumen, Kornfeldern und frommen Bauern«[1]. Nach seinem Studium muß er freilich erkennen, daß dieser Traum nicht so schnell zu verwirklichen ist, denn freie Pfarrstellen sind rar. Hans Unwirrsch muß zunächst einmal Hauslehrer werden: »Längst hatte er eingesehen, daß bei jedem Kirchturme, der aus den Kornfeldern und Obstbäumen des Vaterländchens hervorguckte, längst ein Pastor in guter Gesundheit mit seiner Pastorin und wenigstens einem halben Dutzend Kinder saß, und Hans war nicht der Mann dazu, auch nur in Gedanken den behaglichen geistlichen Herrn auf seinem eigenen Kirchhof zu begraben und seine Frau zur Witwe, seine Kinder zu Waisen zu machen. Neidlos zog er an den fettesten und anmutigsten

---
[1] Wilhelm Raabe: Der Hungerpastor. Sämtl. Werke, 1. Serie, 5. Bd., Berlin o. J., S. 109

Pfarren vorüber ins Hauslehrertum.«[2] Wie Generationen von Theologen vor ihm muß sich auch Raabes Held mühsam zum Pfarramt hinaufdienen und auf eine gute Gelegenheit warten. Die Hauslehrerexistenz galt dabei in der historischen Realität fast immer mehr als notwendiges Übel denn als mit Überzeugung übernommenes Amt. Häufig findet sich in der Erzählprosa dieses Warten auf die Vokation; auch Jean Pauls Quintus Fixlein bewirbt sich um einen Pfarrdienst und fertigt Suppliken an. »Er nahm den Adreßkalender vor und machte für jedes Pfarrdorf, das er darin fand, eine Bittschrift vorrätig, die er so lange beiseite legte, bis sein Antezessor verstarb.«[3] An einer anderen Stelle seines Werkes hat Jean Paul, Sohn eines armen Pfarrers und selbst einige Jahre Hauslehrer, das Wartenmüssen auf eine gesicherte Position als Pfarrer erwähnt: In der »Unsichtbaren Loge« ergeht er sich spöttisch über die Hofmeister, »diese Infanten aus dem Alumneum, die nichts hebt als eine Kanzeltreppe, die so lange die Seelenhirten des jungen Edelmanns sind, bis sie die Seelenhirten der Gemeinde werden, welche ihr Zögling regiert«[4].

Raabe verlegte den oben geschilderten Vorgang in die dreißiger Jahre des 19. Jahrhunderts; es war damals ein durchaus noch aktuelles Problem, ob und wie sich ein Theologiekandidat durch das Unterrichten der Kinder begüterter Eltern über Wasser halten konnte. So finden wir zum Beispiel in dem Buch des Kieler Archidiakonus Claus Harms mit dem Titel »Der Pastor, wie ihn die Pastoraltheologie seyn und thun lehrt, hinsichtlich der besondern Seelsorge, des Schulwesens, des Armenwesens und der mehrern persönlichen Verhältnisse« aus dem Jahr 1834[5] wie selbstverständlich einen Teil über den »Candidatenstand« mit Ratschlägen zur Situation als Hauslehrer[6]. Harms bemerkt hier, für eine Lehrerstelle an einer Schule hätten die Theologen zu geringe Vorbildung; die Zeiten seien vorüber, als wohlhabende Bauern, Müller und Pächter »fast alle einen Hauslehrer hielten, denn jetzund geben Gutsbesitzer, adelige wie bürgerliche, davon viele, ihre Söhne in eine öffentliche Schule. Also wir können nicht sagen das oder das, sondern, was sich uns anbietet, das müssen wir schon nehmen.«[7] Auch nach dem Ende der sogenannten »Goethezeit« war es also durchaus noch zeitgemäß, an das zu erinnern, »was man nach Analogie der Pastoralklugheit die Hauslehrerklugheit nennen könnte«, wie sich Schleiermacher zu Beginn seiner Einleitung in die Vorlesungen über Pädagogik von 1826 ausdrückte[8].

[2] Ebd., S. 136
[3] Jean Paul: Quintus Fixlein. Werke, hrsg. von N. Miller, Bd. 4, München 1962, S. 85
[4] Ebd., Bd. 1, München 1960, S. 82
[5] Claus Harms: Der Pastor, wie ihn die Pastoraltheologie seyn und thun lehrt, hinsichtlich der besondern Seelsorge, des Schulwesens, des Armenwesens und der mehrern persönlichen Verhältnisse, Kiel 1834 (= Pastoraltheologie. In Reden an Theologiestudierende, Bd. 3: Der Pastor)
[6] Ebd., S. 209 ff.   [7] Ebd., S. 213
[8] Erich Weniger (Hrsg.): Friedrich Schleiermacher: Pädagogische Schriften, Bd. 1: Die Vorlesungen aus dem Jahre 1826, Düsseldorf/München 1966², S. 7

Die folgenden Bemerkungen versuchen, einen Eindruck von der Problematik des Hauslehrer- oder Hofmeisterstandes und der Rolle der Theologen innerhalb seiner Geschichte im 18. und frühen 19. Jahrhundert zu vermitteln. Aus Raumgründen ist dabei eine Beschränkung auf wesentliche Zusammenhänge und einzelne Beispiele unumgänglich[9].

II.

Eine Charakterisierung des Hofmeisterstandes und der Lage der theologisch vorgebildeten Hauslehrer erfordert kurze Anmerkungen zu ihrer sozialen Herkunft und zur Situation auf der Universität. Die hohen Schulen waren im 18. Jahrhundert im Grunde nicht viel mehr als Fachhochschulen für angehende Staatsdiener, die in der vornehmen juristischen Fakultät studierten, und für künftige Theologen, deren Fakultät oft die größte, aber nicht die angesehenste war; nur etwa zehn bis zwanzig Prozent der Studenten gehörten der medizinischen Fakultät an[10]. In der Regel studierten die Siebzehn- bis Achtzehnjährigen, die sich auf die Universität begaben, drei Jahre, oft auch nur zwei. Das Studium bot – in bescheidenem Rahmen freilich – eine gewisse Chance zum sozialen Aufstieg, besonders in der theologischen Fakultät: Hier studierten viele arme Schlucker, die meinten, ihr Los durch den Besuch der alma mater bessern zu können. In einigen Gegenden Deutschlands bzw. auf bestimmten Universitäten gab es einen beträchtlichen Ansturm auf das Theologiestudium; hierfür konnte man sich Stipendien oder Freitische erhoffen. Viele Klagen sind aus dem 18. Jahrhundert über diesen Zuwachs an mittellosen Studenten überliefert. Wenn auch die relativ spärlich vorhandenen – statistisch eindeutig verwertbaren – Zahlenangaben über das Verhältnis von Universitätsabsolventen und Stellenangebot verschieden interpretiert werden können[11], ist es doch jedenfalls eine durch viele Biographien hinlänglich belegte Tatsache, daß das Theologiestudium als probates Mittel angesehen wurde, sich aus sozialer Misere zu erheben. Einige dieser Studenten hatten offensichtlich von vornherein gar nicht die Absicht, Pfarrer zu werden; sie dachten auch an eine Schulstelle oder – als Übergangslösung – an eine Hauslehrerexistenz. Andere strebten das Pfarramt an – und mußten oft ebenfalls mit der Tätigkeit als Hofmeister oder Lehrer an einer Lateinschule vorliebnehmen, weil die Pfarrstellen knapp waren. Die Obrigkeiten versuchten auf vielfache Weise, dem Zustrom bedürftiger und »untüchtiger« Subjekte

---

[9] Vgl. Ludwig Fertig: Die Hofmeister. Ein Beitrag zur Geschichte des Lehrerstandes und der bürgerlichen Intelligenz, Stuttgart 1979. Hier S. 282 auch die ältere Literatur
[10] Vgl. z. B.: Friedrich Paulsen: Geschichte des gelehrten Unterrichts auf den deutschen Schulen und Universitäten vom Anfang des Mittelalters bis zur Gegenwart, Bd. 2, Berlin/Leipzig 1921³, S. 128 f.
[11] Vgl. Hans-Werner Prahl: Sozialgeschichte des Hochschulwesens, München 1978, S. 175 ff.

auf das akademische Studium entgegenzutreten[12]. Die Entwicklung der Reifeprüfung am Ende des 18. Jahrhunderts in Preußen war eine Antwort auf diese Situation. Das Verhältnis von Stellenangebot und Bewerbungssituation konnte von den Zeitgenossen nur insofern als einigermaßen ausgeglichen angesehen werden, als die Tatsache als »normal« vorausgesetzt wurde, daß ein Teil der Kandidaten Hauslehrer oder Schulmeister wurden. Noch der Interpret einer Statistik aus den dreißiger Jahren des 19. Jahrhunderts, welcher die Zahlen von 1828 bis 1834 in Preußen auswertet, kommt nur deshalb zum Schluß, es gebe nicht zu viele Theologiestudenten angesichts der Stellensituation, weil er davon ausgeht, »daß nicht wenige aus dem Verhältniß als Hauslehrer in andere bürgerliche Beschäftigungen übergehen«[13].

Für die Beurteilung der sozialen Herkunft der Theologiestudenten liegen für den hier interessierenden Zeitraum nur vereinzelt exakte Angaben vor. Für Halle, Zentrum der Theologenausbildung in Preußen, gilt – die Zahlen beziehen sich auf die Jahre 1768 bis 1771 –, daß 41 % der Studenten aus Pfarrerfamilien stammten, 11 % aus anderen »akademischen« Familien, 16 % aus Lehrer- und Beamtenfamilien, 7 % aus dem handeltreibenden und produzierenden Bürgertum, 17 % waren Söhne selbständiger Handwerker, 7 % von Bauern, 1 % von Arbeitern und Tagelöhnern[14]. Nach den heutigen Maßstäben scheinen diese Zahlen darauf zu verweisen, daß die meisten Theologiestudenten gehobenem sozialen Niveau entstammten. Es ist jedoch zu beachten, daß der Pfarrerstand, aus dem sich so viele rekrutierten, viele Vertreter aufwies, die in recht großer Bescheidenheit, wenn nicht Armut, lebten. Dies gilt teilweise auch für die angeführten Beamten, für die Lehrer allemal. Von den Jurastudenten, die aus den besseren Häusern kamen, hoben sich die Theologen deutlich ab.

Es versteht sich fast von selbst, daß die Kandidaten, die sich nach ihrem Studium als Erzieher in einem Haus verdingten, in dem man sich die Privatinformation leisten konnte oder in dem es zum guten Ton gehörte, die Kinder privat unterrichten zu lassen, ihre liebe Not hatten mit der neuen Situation. Blutjung und lebensunerfahren, oft ohne weiten geistigen Horizont nach dem engen Brotstudium, das man aus Geldmangel schnell hinter sich bringen mußte, teilweise selbst im Fachstudium nicht immer ausreichend vorgebildet, unsicher im Auftreten, unerfahren, was die Gepflogenheiten des Einzelunterrichts betraf – man war ja selbst als Niedergeborener auf Schulen gewesen –, schwankend zwischen der Rolle als Gelehrter und Kinderhüter, keinem Päd-

---

[12] Vgl. Hans-Georg Herrlitz: Studium als Standesprivileg. Die Entstehung des Maturitätsproblems im 18. Jahrhundert. Lehrplan- und gesellschaftsgeschichtliche Untersuchungen, Frankfurt/M. 1973
[13] Wilhelm Dieterici: Geschichtliche und statistische Nachrichten über die Universitäten im preußischen Staate, Berlin 1836, S. 119
[14] Nach: RGG, Bd. 5, Sp. 287 f.

agogenberufsstand mit anerkanntem Herkommen und sichernder Ehrbarkeit angehörend, fand man sich in der Regel in ungewisser Existenz und gefährdender Vereinzelung.

Diese Lage verschärfte sich für die aus dem unteren Bürgertum stammenden Kandidaten, wenn von ihnen »alamodisches« Wesen verlangt und gefordert wurde, dieses Betragen auch den Zöglingen beizubringen, und wenn seitens der Herrschaft erwartet wurde, daß sie in den gängigen weltlichen Wissenschaften, Sprachen und Künsten brillieren sollten.

Angesichts dieser Umstände verwundert es nicht, daß die gesellschaftlich ungeschützten Hauslehrer oft zu Diensten mißbraucht wurden, die mit ihrer pädagogischen Tätigkeit wahrlich nichts zu tun hatten. Im »Wandsbecker Boten« von 1774 wird in folgendem Gedicht mit dem Titel »Auf den Tod eines Hofmeisters« die universelle Einsetzbarkeit des gelehrten Domestiken verspottet:

> »Beweint den Mann den wir verliehren!
> Er wußte Pferde zu kuriren;
> Verstand die Hunde zu dreßiren;
> Die junge Herrschaft zu frisiren;
> Und sie zu Possen anzuführen;
> Er konnte sich fein submittiren;
> Und wollt man an der Nas' ihn führen,
> So ließ er keinen Groll verspühren;
> Er konnt in Versen gratuliren;
> Von Wind und Wetter diskuriren
> Die Stadtunfällen recensiren;
> Und hohe Gäste divertiren;
> Kurz, ach! er war für funfzig Gulden Sold,
> Hofmeister und – was man von ihm gewollt.«[15]

III.

Es ist in diesem Beitrag kein Raum, die Geschichte des Hofmeisterstandes und die Rolle der Theologen in ihr in aller Breite darzustellen. Darum wird in den folgenden Passagen ein »exemplarisches« Vorgehen praktiziert: Es sei die paradigmatische Gestalt in Erinnerung gerufen, die der Dramatiker des Sturm und Drang Jakob Michael Reinhold Lenz in seiner Tragikomödie »Der Hofmeister oder Vorteile der Privaterziehung. Eine Komödie« aus dem Jahre 1774 auftreten läßt.

---

[15] Zit. nach: Wolfgang Stammler: »Der Hofmeister« von Jakob Michael Reinhold Lenz. Ein Beitrag zur Literaturgeschichte des 18. Jahrhunderts, Diss. phil., Halle 1908, S. 19 f.

In den ersten vier Szenen des ersten Aktes und in der ersten Szene des zweiten wird die problematische Situation des Hofmeisters thematisiert[16]. Der Theologe Läuffer, der in Leipzig studiert hat, fühlt sich zum »Pfaffen« »zu jung, zu gut gewachsen«, er habe, meint er, auch »zu viel Welt gesehn«. An der Stadtschule hat ihn der Geheime Rat nicht annehmen wollen; offenbar war er ihm »nicht gelehrt genug«. Trotz seiner gesellschaftskritischen Distanziertheit geht er an dem Geheimen Rat und dessen Bruder, seinem künftigen Herren, »mit viel freundlichen Scharrfüßen vorbei« (I,1) und zeigt sich so als »ein ganz artiges Männichen« (I,2). Auch in der Szene, in der er der Majorin, der Herrin, gegenüber seine Fähigkeiten anpreist, setzt er sich in Pose und figuriert à la mode (I,3).

Die Dame des Hauses, die vor allem auf adrette Erscheinung und gute Führung achtet, schätzt an Läuffer, daß er Geschmack haben soll. Der um seine Anstellung Kämpfende versichert, an seinem Studienort keinen Ball versäumt und über fünfzehn Tanzmeister gehabt zu haben. Das ist das Stichwort für die Majorin: Läuffer, der bisher, wie die Szenenanweisung angibt, »in sehr demütiger Stellung« neben ihr sitzen durfte, muß aufstehen und – übrigens in Gegenwart seines zukünftigen Zöglings – seine Tanzkünste vorführen. »Versuchen Sie doch einmal, mir ein Kompliment aus der Menuett zu machen; zur Probe nur, damit ich doch sehe. – Nun, nun, das geht schon an! Mein Sohn braucht vor der Hand keinen Tanzmeister! Auch einen Pas, wenn's Ihnen beliebt. – Es wird schon gehen; das wird sich alles geben, wenn Sie einmal einer unserer Assembleen werden beigewohnt haben...« Nach der gelungenen Vorführung ist der angehende Hauslehrer so gut wie engagiert, wenn er auch noch seine Musikalität und seine Französischkenntnisse hervorkehren muß. Der Arbeit suchende Akademiker scheint am Ziel, er hat es verschmerzt, daß man ihn von dreihundert auf hundertfünfzig Dukaten heruntergehandelt hat, er preist, Entzückung spielend, die Stimme der Gnädigen, noch bevor sie gesungen hat, küßt die Hand. Da passiert es: Graf Wermuth tritt auf, schwärmt von einem neuen Tanzmeister, und Läuffer, verlegen, aufgeregt und allen Schliff vergessend, mischt sich ungefragt in das Gespräch, tadelt den vom Grafen Bewunderten, ja beharrt, durch das für ihn bedeutsame Ereignis aus der Kontenance geraten, auf seiner Kritik. Das ist zuviel, und die Herrin hofmeistert den Hofmeister, aus dem »Sie« in das für die Dienenden passende »Er« verfallend: »Merk' Er sich, mein Freund, daß Domestiken in Gesellschaften von Standespersonen nicht mitreden! Geh' Er auf sein Zimmer! Wer hat ihn gefragt?« Er komme ganz frisch von der hohen Schule, erklärt sie, wie als Entschuldigung für das unmögliche Benehmen des Domestiken, dem Grafen, noch bevor der verstörte Läuffer hinausbefördert wird.

---

[16] Die folgenden Zitate nach: Jakob Michael Reinhold Lenz: Der Hofmeister oder Vorteile der Privaterziehung. Eine Komödie. In: Sturm und Drang. Dramatische Schriften, Bd. 1, Heidelberg o. J., S. 137 ff.

Jakob Michael Reinhold Lenz (1751–1792)

Was soll Läuffer den beiden Kindern beibringen? Der Major stammelt, durch diese Frage sichtlich aus der Fassung gebracht, seinem Bruder, dem Geheimen Rat, gegenüber etwas von »Wissenschaften und Artigkeiten und Weltmanieren« (I,2), die der Hofmeister dem Sohn, der Soldat wie er werden soll, mit auf den Weg geben soll. Die Erziehung des Sohnes besteht für ihn vor allem aus Anherrschen und Dreinschlagen (I,4). Die Tochter dagegen, ermahnt der Major den jungen Erzieher, nachdem er ihm, dabei ebenfalls das »Er« gebrauchend, das Gehalt noch einmal gekürzt hat, die empfindsame Tochter soll liebevoll und einfühlend behandelt werden.

Der Geheime Rat als Sprecher gegen die freiheitsfeindliche und naturwidrige Privaterziehung liest dem Vater des geschundenen Läuffer, dem demütigen und die Hofmeisterlaufbahn als unabänderlich betrachtenden Pastor, die Leviten: »Wollen Sie ein Vater für Ihr Kind sein und schließen so Augen, Mund und Ohren für seine ganze Glückseligkeit zu? Tagdieben, und sich Geld dafür bezahlen lassen? Die edelsten Stunden des Tages bei einem jungen Herrn versitzen, der nichts lernen mag und mit dem er's doch nicht verderben darf, und die übrigen Stunden, die der Erhaltung seines Lebens, den Speisen und dem Schlaf geheiligt sind, an einer Sklavenkette verseufzen; an den Winken der gnädigen Frau hängen und sich in die Falten des gnädigen Herrn hineinstudieren; essen, wenn er satt ist, und fasten, wenn er hungrig ist, Punsch trinken, wenn er pissen möchte, und Karten spielen, wenn er das Laufen hat! Ohne Freiheit geht das Leben bergab rückwärts, Freiheit ist das Element des Menschen wie das Wasser des Fisches, und ein Mensch, der sich der Freiheit begibt, vergiftet die edelsten Geister seines Bluts, erstickt seine süßesten Freuden des Lebens in der Blüte und ermordet sich selbst.«

Ein Hofmeister, der »seine Freiheit einer Privatperson für einige Handvoll Dukaten verkauft«, fährt er fort, sei nichts anderes als ein gebildeter Sklave und ein »Schurke« dazu, da er sich nicht dem allgemeinen Besten zur Verfügung stellt, sondern den Launen des Adels lebt. Er hoffe vergeblich, nach der Hauslehrertätigkeit vom Patron zum Pfarrer gemacht zu werden. Besser sei es, in den Staatsdienst zu gehen. »Der Staat wird euch nicht lang' am Markt stehen lassen.« Die öffentlichen Schulen seien zu bevorzugen, erklärt der Rat, sie seien nur deshalb so schlecht, weil dem Adel ein Heer von Hofmeistern zur Verfügung stehe, das verhindere, daß die Herren sich um diese Schulen kümmerten. In den Schulen sollten sich die jungen Herrchen der Konkurrenz der bürgerlichen Jugend stellen (II, 1).

Johann Friedrich Oberlin (1740–1826), der als Begründer einer evangelischen Sozialpädagogik gilt und der den kranken Dichter Lenz in seinem Haus aufnahm

IV.

Neben Lenz' Drama ist eine andere Quelle besonders bemerkenswert für den hier skizzierten Problemkreis: Carl Müller hat in seinem 1783 erschienenen Buch mit dem kämpferischen Titel »Schädlichkeit der Hauserziehung für Erzieher, Zögling und Staat«[17] den durchschnittlichen Theologen-Hauslehrer kritisch beleuchtet. In dem Abschnitt »Von der gewöhnlichen Beschaffenheit der Hauslehrer« fordert er, daß jeder Privaterzieher nach dem Studium auf »Pädagogischen Seminarien« wie in Halle gebildet werden sollte[18]. Dann bringt Müller seine Einwände gegen die herrschende Praxis vor: »Diejenigen jungen Gelehrten aber, welche sich zu Hofmeistern oder Informatoren heut zu Tage so gewöhnlich verstehen, sind Theologen; und aus der Erfahrung weiß man, daß sie die ärmsten Studierenden, und aus den niedrigsten Classen des Volks entsproßen sind. Ihre Armuth sowohl, als auch in einigen Landen, – gewisse Consistorialverordnungen – zwingen sie, nach der Akademie, in sogenannte Conditionen zu gehen, und es scheint auch für sie ein solches Lehramt in der That am schicklichsten zu seyn, – eine Vorübung zu dem künftig zu erwartenden geistlichen Lehramte abzugeben. So hats die Welt auch bishero angesehen, hat Gottesgelahrtheit und Erziehungswissenschaft für eins gehalten, ob sie gleich so unterschieden sind, wie Himmel und Erde, und die sogenannten Theologen, möchte ich wol behaupten, – gerade zur edlen Erziehung sonst die unschicklichsten sind. Ihre eigne Erziehung ist selbst nicht die glücklichste gewesen, vermöge ihres Standes konnte sie nicht besser seyn, und bey aller Läuterung nehmen sie immer noch die rauhen Schlacken aus demselben in ihr übriges Leben mit sich. Mit rauhen Sitten kommen sie auf die Schulen und Akademien, und von diesen oft noch rauher wieder herunter in Condition, wo sie die Kinder der Vornehmen, des Adels, Sitten lehren sollen. Sie sind höchstens junge, unerfahrne, und eingeschränkte Leute; denn man weiß ja, was ein Student ist, wie er lebt. Seine Sitten sind pöbelhaft, unbiegsam, stolz, eigensinnig, ohne die geringste Lebensart, Feinheit und Politur. Diejenigen, welche in ihrem väterlichen Hause feine Sitten und Bildung erlangten, waren selbst reich und angesehen, sie studiren solche Wissenschaften, und befinden sich gewöhnlich in solchen Lagen, daß sie keine Conditionen suchen dürfen.«

Auch an der Gelehrsamkeit mangele es unmittelbar nach dem Universitätsbesuch, fährt Müller fort, da die jungen Leute zum notwendigen Schulstudium »weder Reife noch Zeit noch Lust genug« hätten. Zudem haben sie nach Müller meist unnütze Dinge auf der Universität betrieben: »denn, so wie sie gemeiniglich studiren, wird ihr Kopf fast mehr verfinstert, als erhellet.« Ontologie, Hebräisch, Dogmatik und Polemik werden ihnen weder im Predi-

---

[17] Carl Müller: Schädlichkeit der Hauserziehung für Erzieher, Zögling und Staat, Stendal 1783
[18] Die folgenden Zitate ebd., S. 26 ff.

ger- noch im Erziehungsamt helfen. Um Psychologie, Physik, Naturrecht, Geographie und Geschichte konnten sie sich während der drei Studienjahre nicht kümmern, aber gerade diese Disziplinen sind den Theologen als Pädagogen und »geistlichen Volkslehrern« unentbehrlich. Zeichnen und Mathematik sind ihnen fremde Fächer, die Kenntnisse in der lateinischen Sprache beschränken sich meist auf die Schulübungen. Am besten beherrschen sie das Griechische, das Französische ist ihnen fast gar nicht vertraut, das Englische noch weniger. Pädagogik wird auf der Universität – von Ausnahmen abgesehen – nicht gelehrt, und doch wäre dies nach Müller bitter notwendig.

In dem Abschnitt »Häusliche Verhältnisse der Hauslehrer und ihrer Patronen« erläutert er dann kritisch die Position des Hauslehrer-Theologen innerhalb der herrschaftlichen Familie. Des Pädagogen Rolle ist meist von äußerem Zwang oder zweifelhaften Verlockungen bestimmt, kaum von pädagogischem Eros: »Unter tausend Hofmeistern sind kaum zwey, welche mehr aus bloßer Lust und Leidenschaft zur Erziehung, als aus den leidigen Absichten: eine Zeitlang gemächlich, angenehm zu leben, und nach kurzer Zeit, je eher, je lieber, dann in eine fette Pfarre zu rücken, in den wichtigen Posten eines Privaterziehers treten. Es ist für einen armen Menschen, allerdings auch etwas schmeichelhaftes, in einem großen angesehenen Hause künftig eine Zeitlang bequem zu leben, ohne sich sonderlich abarbeiten zu müssen. Die meisten greifen daher mit beyden Händen zu, wenn ihnen eine solche Gelegenheit entsteht, und untersuchen nicht lange, obs ihnen mehr um die Glückseligkeit der unschuldigen jungen Kinder, als um des Herrn Principals guten Tisch und seine 20 Stück Louisd'or zu thun sey. Oft zwingt sie auch wirklich die Noth dazu, sie mögen Lust und Geschick zum Erziehen haben oder nicht.«

Unter den Eltern gibt es nach Müller kaum verständnisvolle Leute, die den Hofmeister »nicht als ihren ersten Bedienten des Hauses« ansehen oder als notwendiges Übel. »Seine Wahl geschieht ohne viel Umstände, wie die Wahl eines andern Bedienten.« Sie zeigen ihm oft ihre Verachtung, schließen ihn aus Gesellschaften aus. Er wird mutlos und fühlt seine Isolation. Der junge Mann steht zwischen Herren und Dienern und kann leicht ausgespielt werden, er befindet sich auch zwischen Mutter und Vater, die verschiedene Auffassungen über das Erziehungswerk haben können. Zudem muß er als Niedergeborener den Zögling als künftigen Herren behandeln, muß stets Standesrücksichten nehmen.

Im folgenden Abschnitt »Schädliche Folgen der Hauserziehung« faßt Müller dann seine Einwände gegen das Hofmeistersystem zusammen und versucht nachzuweisen, daß dieses sowohl die Schüler verdirbt, weil sie in aller Regel zu Stümpern erzogen werden, die später der Allgemeinheit schaden, als auch die Hofmeister selbst, weil sie während ihrer Tätigkeit von fruchtbarer Weiterbildung jahrelang abgehalten werden und geistig verkümmern.

V.

Die bisherigen Bemerkungen bezogen sich vorwiegend auf die Misere des Hofmeisterstandes. Es wäre indessen einseitig, mit ihnen bzw. mit den polemischen Zitaten gegen die übliche Hofmeisterei den Aufsatz zu beschließen. Es ist nämlich auch auf eine fruchtbare Wirkung einzugehen, welche die Praxis der Hauslehrerexistenz auf die pädagogische Theoriebildung hatte. Nicht alle Hofmeister wurden als Domestiken behandelt, nicht immer waren sie nur Werkzeuge im Erziehungsgeschäft. Es gab selbstverständlich auch Fälle, die von einem glücklichen Verhältnis zeugen, davon, daß die Hauslehrer zeitlebens schöne Erinnerungen an »ihre« Herrschaft und »ihre« Zöglinge hatten, Fälle, die dazu Anlaß geben konnten, die »Vorteile der Privaterziehung« – ohne ironischen Unterton wie bei Lenz – gegenüber dem Schultrott hervorzukehren. Es sei in diesem Zusammenhang daran erinnert, daß bekannte Pädagogen bzw. Männer, die auch pädagogisch wirkten, wesentliche Teile ihrer Theorie in ihrer Zeit als Hauslehrer gewannen. Man denke an Basedow, Campe, Fichte, Hegel, Jean Paul und Schleiermacher; sie hatten alle theologische Studien – mehr oder weniger intensiv – betrieben und sich zeitweise als Privatlehrer verdingt.

Im übrigen hatten auch Rousseaus pädagogische Maximen ihre sozialgeschichtliche Basis in der Hofmeistererziehung bzw. in der Tradition der privilegierten Privatunterweisung. Verschiedene Ansätze zu »reformpädagogischen« Überlegungen sind an mehreren Stellen der historischen Entwicklung durch die immer erneut erforderliche Konzentration der Privaterzieher auf ihre je verschiedene Aufgabe bzw. auf die Individualität des Zöglings hervorgerufen oder ermöglicht worden. Wenn der Hofmeister bestehen wollte, mußte er bis zu einem gewissen Grade pädagogische Phantasie walten lassen und sich in die Situation einfühlen, er mußte danach trachten, das bloße Eintrichtern durch zwangloses Kennenlernen von Sachen und Sprachen zu ersetzen.

Für Johann Bernhard Basedows Versuch, das Lateinlernen durch frühzeitiges Sprechen, durch Verlebendigung, angenehm zu machen, gilt ebenfalls, daß die Prinzipien der die Individualität respektierenden Einzelunterweisung entscheidend waren. Von ausschlaggebender Bedeutung für seine pädagogische Konzeption war der Entschluß nach seinem dreisemestrigen Universitätsaufenthalt, eine Hofmeisterstelle bei einem holsteinischen Adligen anzunehmen. Er vermied hier alles, was bei dem ihm anvertrauten Jungen Lernunlust bewirken konnte, der Unterricht bestand teilweise aus zwangloser Unterhaltung beim Spielen und Gehen. Seine Erfolge teilte der stolze Pädagoge bereits 1749 in einer gedruckten Schrift der Öffentlichkeit mit, 1752 machte er seine Methode bei der Promotion in Kiel zum Gegenstand der Dissertation. Dies alles geschah, nebenbei bemerkt, lange vor dem Erscheinen der pädagogischen Ideen Rousseaus. Auch in dem »Methodenbuch« (1770) verwies Basedow, den man oft fälschlicherweise für nichts mehr als einen Ableger des Rousseauismus hält, auf den Zusammenhang seiner Reformvorschläge mit der eigenen Erfahrung als Hofmeister[19].

Das von Basedow propagierte und praktizierte spielerische Lernen wurde unter anderem von Joachim Heinrich Campe beherzigt, der dieses Prinzip in seine Vorschläge zu einer aufgeschlossenen Familienerziehung einfügte[20]. Wie selbstverständlich wird hier der kleine Kreis, das heißt die bürgerliche Familie, als Bezugsrahmen für die pädagogischen Reformvorschläge vorausgesetzt, die Leselernspiele etwa sind für wenige Schüler gedacht; es wird stillschweigend angenommen, daß das Lesen nicht an einer öffentlichen Schule gelernt wird, sondern im Hause oder in privaten ABC-Schulen[21]. In einer Rezension der dritten Auflage des »Theophron« heißt es 1790 bezeichnenderweise: »Auch viele Lehrer, besonders in Privathäusern, freuten sich des Campischen Theophrons, empfahlen ihn ihren Schülern oder lasen ihn wohl gar selbst mit ihnen.«[22]

Bei Campe ist die Hofmeisterproblematik auch insofern von größter Bedeutung, als er durch seine eigene Tätigkeit als Hauslehrer mit dazu beitrug, die Bildung eines jungen Mannes zu ermöglichen, der seinerseits das Prinzip der Individualbildung wie kein anderer verteidigte und forderte: Wilhelm von Humboldt. Campe war der erste Hauslehrer Wilhelms und seines Bruders Alexander; zwei weitere Lehrer folgten ihm, bis schließlich Johann Christian Kunth, der spätere Helfer des Freiherrn von Stein bei dessen Reformwerk, die Erziehungsaufgabe übernahm.

Bei Jean Paul und Schleiermacher ist die Auswirkung der Hauslehrertätigkeit auf die pädagogische Theoriebildung besonders deutlich faßbar: Jean Paul Friedrich Richter war seit 1787 Hauslehrer auf dem Gut eines Kammerrats, machte sich dann als Winkelschulmeister sozusagen selbständig und unterrichtete einige Kinder von Freunden. Das Ergebnis dieser Tätigkeit findet man vor allem in seinem Roman »Die unsichtbare Loge« und in seinem pädagogischen Werk »Levana«. Schleiermacher, der in jungen Jahren ebenfalls Hauslehrer war, beim Grafen von Dohna zu Schlobitten, nahm die Problematik der Hauserziehung in seine Reflexionen in den Vorlesungen über Pädagogik an verschiedenen Stellen auf.

---

[19] Johann Bernhard Basedow: Ausgewählte pädagogische Schriften, hrsg. von A. Reble, Paderborn 1965, S. 130
[20] Vgl. Ludwig Fertig: Campes politische Erziehung. Eine Einführung in die Pädagogik der Aufklärung, Darmstadt 1977, S. 86 ff.
[21] Ebd., S. 117
[22] Braunschweigisches Journal, 1790, 12. Stück, S. 386

Jean Paul Friedrich Richter (1763–1825) nach einem Gemälde von Friedrich Meier

VI.

In dem vorhergehenden Abschnitt scheint das Thema »Der evangelische Theologe als Hauslehrer« ein wenig aus dem Blick geraten zu sein; schließlich hatten sich die genannten Pädagogen von der Theologie ja fast alle abgewendet. Dennoch können die angeführten Fälle auf den Umstand verweisen, daß die theologisch vorgebildeten Hauslehrer während ihrer Unterrichtstätigkeit die Chance hatten zu lernen, Umgang zu pflegen und auf den Nächsten einzugehen. Es bedarf keiner Erklärung, wie wichtig dieses für die spätere Tätigkeit als Seelsorger war. Die Kenntnis der kindlichen und jugendlichen Eigentümlichkeiten bzw. die Beschäftigung mit pädagogischen Fragen konnte das Bewußtsein für den späteren Umgang mit den anvertrauten Menschen schärfen. In den Familien, in denen sie beschäftigt waren, konnten sich die Privatlehrer, insofern kein starrer Antagonismus von Herrschaft und gelehrter Dienerschaft herrschte, »Welt« aneignen, sich nach der Studienzeit abschleifen, Umgang pflegen und geselliges Verhalten lernen. Sie konnten die sozialbedingte Außenseiterrolle und studienbedingte Einseitigkeiten bis zu einem gewissen Grade aufgeben.

Auf der anderen Seite bestand die Möglichkeit, daß die jungen Theologen der »feinen« Gesellschaft sozusagen den Stempel bürgerlich-protestantischer Solidität aufdrücken konnten, daß sie zumindest über ihr Erziehungswerk in die Zukunft hinein wirken konnten. Es ist sehr schwer, wenn nicht unmöglich, abschließend zu bestimmen, wie oft dieses geschah, wie oft die »Vorteile der Privaterziehung« zu verzeichnen waren.

Der Hofmeisterstatus, so ungern er oft akzeptiert wurde, konnte auch insofern für die Theologen wichtig sein, als diese Wartezeit dazu dienen konnte, sich nach dem Studium über die Befähigung und die Bereitschaft zum Pfarramt klarzuwerden. Nach dieser Phase konnte man ja auch im Lehrerberuf, das heißt im Schuldienst, bleiben. Freilich wurden in diesem Fall im Laufe der historischen Entwicklung die Schwierigkeiten für die Theologen-Pädagogen nicht geringer: Die Bedeutung der »Realien« an den Schulen wuchs, die Theologen konnten immer weniger den Ruf nach mehr Naturwissenschaften und neueren Sprachen befriedigen; als um 1800 ein eigener Stand der Schulmänner zunehmend Wirklichkeit wurde, hatten es die Theologen, die nicht Pfarrer werden konnten oder wollten, immer schwerer, im Lehrberuf zu bleiben.

Karl-S. Kramer

Pfarrhaus und soziales Umfeld

Es gibt ganz offensichtlich eine Einwirkung des sozialen Umfeldes auf den Geistlichen, der in ihm lebt und wirkt: Wie anders könnte man sonst von einem typischen Dorfpfarrer sprechen oder von einem Kleinstadt- oder Großstadtpfarrer und mit diesen Bezeichnungen ganz spezifische Vorstellungen verbinden von Rustikalität, von Kleinbürgerlichkeit, von Weltläufigkeit. Der Geistliche wird, so möchte man meinen, durch längeren Aufenthalt an einem Ort in dessen Lebensweise eingebunden, und je intensiver diese Einbindung erfolgt, um so größer sollten seine Einflußmöglichkeiten auch in seiner geistlichen Tätigkeit sein. Eine wichtige Stelle in diesem Prozeß nimmt, beim evangelischen Pfarrer in besonderem Maße, das Pfarrhaus ein.

Man schien sich solcher Wechselwirkung nicht immer bewußt gewesen zu sein, auch unter den Pfarrern nicht. Als Beispiel, schon etwas zurückliegend, greifen wir eine Schrift heraus, die von einer Tagung von Pfarrern aus mitteldeutschen Industriegemeinden unter dem Thema »Kirche und Industrie« berichtet. Sie fand in der Mitte der zwanziger Jahre statt. Einige Teilnehmer referierten dabei über typische durch die Industrialisierung beeinflußte oder geprägte Siedlungsformen. Die vorwiegend agrarisch bestimmte Landgemeinde (in der es damals meist schon einige Industriearbeiter gab) ließ man aus. Vier Arten wurden unterschieden: die reine Siedlungsgemeinde (man meinte damit neue Siedlungen: »Vor zehn Jahren Ackerland, jetzt eine Gemeinde von über 1000 Seelen, aus dem Boden gestampft, die Menschen herbeigeholt aus Nord und Süd, Ost und West unseres Vaterlandes, verschieden in Mundart, Temperament und Sitte«); die industrialisierte Landgemeinde (»ein ruhiges, Jahrhunderte altes, vielleicht abseits vom großen Verkehr gelegenes Dörfchen«, Entdeckung von Kohle, Beginn des Abbaus... »langsam oder schneller ist der ganze Charakter des Dorfes umgestaltet«); Dorf und Siedlung (an den alten Dorfkern grenzen die neuen Siedlungen, Problem des stürmischen Bevölkerungszuwachses); die Industrie-Stadtgemeinde (»die alte Behaglichkeit ist dahin«, »der Verkehr wächst und mit ihm Staub und Schmutz«, »jetzt ziehen sich um die Stadt die wenig anheimelnden Fabrikanlagen, hinter ihnen die neuangebauten Straßen mit den Arbeiterwohnungen, in denen fast ein Haus wie das andere ist«). Die Schilderungen der Siedlungsgebilde und des in ihnen ablaufenden Lebens ist sehr unterschiedlich, zum Teil parteiisch für eine vorgegebene Gediegenheit des Alten, aber doch voller interessanter Beobachtungen, auf dem Wege zu einer Siedlungssoziologie, die es voll ausgeprägt damals noch nicht gab, und angereichert mit Reflexionen über Kirchen- und Religionsfeindlichkeit, die man vor allem beim Arbeiter feststellte. In allen Fällen geht es um Häuser und Menschen und um ihre Beziehungen untereinander und von Haus zu Haus – aber, und das ist erstaunlich, Pfarrhäuser hat es in diesen Siedlungen scheinbar überhaupt nicht gegeben, sie werden nicht erwähnt, nur einmal, in der Industrie-Stadtgemeinde, wird vom Pfarrer gesprochen, daß die Schicht der Bürger Umgang mit ihm sucht, ja sogar (zuweilen) Freundschaft, man ladet ihn ein, will ihn bei Familienfeiern dabei haben. Aber umgekehrt – ins Pfarrhaus? Die Frage wird gar nicht als relevant angesehen bei einer Tagung, die sich mit der Problemlage zwischen »Kirche und Industrie« befaßte. Möglicherweise waren die reinen Siedlungsgemeinden, auf Ackerland gebaut, ohne Kirchen und ohne Pfarrhaus. Aber die Landgemeinden, ob industrialisiert oder nicht, hatten doch Pfarrhäuser und Kirchen, man sieht sich als dort ansässiger Pfarrer aber offenbar nicht als zugehörig, sondern als Außenseiter in einer gleichsam exterritorialen Exklave, aus der heraus man sein Amt zu erfüllen suchte.

Das ist, wenn ich es so im nachhinein als Kind eines Dorfpastoren (der später in einer Industrie-Stadtgemeinde Superintendent wurde) überlege, recht eigentlich grotesk – aber es hat natürlich seine Gründe. Grotesk, wenn man sich die Lage des Pfarrhauses inmitten der Siedlung vorstellt. Ich habe vor mir ein Meßtischblatt liegen, aufgenommen 1851, herausgegeben 1874, von der Muldeaue bei Bitterfeld und den nordöstlich davon gelegenen Waldungen. Inmitten liegt das Dorf Mühlbeck, damals noch ein reines Angerdorf bäuerlicher Prägung – so habe ich es auch noch in Erinnerung, abgesehen von neueren Häuserzeilen an der quer zur Dorfachse verlaufenden Landstraße, die von außerhalb arbeitenden Leuten bewohnt wurden. Die Karte zeigt die mitten auf dem Anger liegende Kirche und am Angerrand links und rechts die aneinandergereihten Gehöfte, nach dem nördlichen Dorfende zu dann noch Einzelhäuser, wahrscheinlich Häuslerwohnungen. Das Pfarrhaus, oder besser der Pfarrhof, hebt sich unter den Grundrissen der Gehöfte nicht ab; ich weiß, wo er liegt, und kann so endlich einen identifizieren, der nur ein statt zwei Wirtschaftsgebäude im Hofraum hat und mit dem Wohnhaus zur Straße schaut und genau wie alle anderen Gehöfte ein nach hinten zur Dorfgrenze streifenförmig verlaufendes Gartenstück hat. Auf dem Anger, auffällig und in die Augen springend, ist auf der alten Karte nur ein großer Hof, dicht bei der Kirche: der sogenannte Erbrichterhof. Dort stand bis zur Mitte des 19. Jahrhunderts »ein alter Birnbaum, an welchem das Halseisen für die vom Dorfgericht wegen Unfug usw. zum Pranger Verurteilten befestigt war« – so die »Chronik und Beschreibung« des Landkreises 1887/88 von Emil Obst, die Wertigkeit von Pranger und dörflichem Halseisen vermischend. Der Erbrichterhof also bildete mit der Kirche den Dorfmittelpunkt, dicht dabei das Pfarrhaus, aber nicht aus der Reihe der anderen Höfe hervortretend. Und doch, die Pfarrfamilie lebte in immer wieder beim Neuantritt von Pfarrern verstärkter Isolation, es waren ja Leute anderer Herkunft, anderen Geistes, anderer Beschaffenheit, zu denen man wohl gewisse äußerliche Beziehungen haben konnte, aber die dann doch nicht dazugehörten. Ich erinnere mich aus diesem Dorfe, daß es einzelnen Pfarrern besonders schwer wurde, dort zu wirken, nicht, was vor 50 Jahren naheliegend gewesen sein könnte, aus politischen Gründen, sondern aus Vereinsamung, und ihre Frauen und Kinder trugen an dieser Bürde mit.

Nun soll man natürlich nicht verallgemeinern, vor allem nicht das psychologisch Hintergründige, was hier vielleicht besonders wirksam war. Aber wenn ich mir das Dorf in Erinnerung rufe, in dem ich bis zu meinem achten Lebensjahr mit Vater und Mutter, Schwestern und Brüdern im Pfarrhaus lebte, so gab es doch Vergleichbares. Das Dorf war kein Angerdorf, eher ein Rundling, in den sich mitten hinein ein Gutshof gesetzt hatte. Der Gutsherr, der auch Patronatsherr war, wohnte im Nachbarort, in unserem Dorf war er vertreten durch den Verwalter, von dem der Pfarrhaushalt auch manchmal einen Sack Kartoffeln oder Erbsen zugeschickt bekam, Rest vielleicht eines mir nicht bewußt gewordenen Naturalien-Entlohnungssystems, aber in der Hungerzeit nach dem Ersten Weltkrieg hochwillkommen. Wir Kinder spielten hauptsächlich im Pfarrhof, der einen großen Garten und einige von uns nicht mehr genutzte Wirtschaftsgebäude hatte und wie der Mühlbecker im inneren Dorfraum in der Reihe der übrigen Bauernhöfe lag, dicht angrenzend nach einer Seite an das große Kuhhaus des Rittergutes. Mit wem die Eltern verkehrten, kann ich nicht mehr genau sagen, es waren aber im wesentlichen die wenigen nichtbäuerlichen Leute im Dorf, der Verwalter im Gut, ein Brandversicherungsinspektor, der Molkereidirektor und, für das Alltägliche, ein bäuerlicher Nachbar. Die großen Brüder spielten zwar mit den anderen Dorfkindern, wenn sich dazu Gelegenheit bot (so auf dem zugefrorenen Dorfteich), die Schwestern aber kaum. Und ich, als Jüngster, war ganz aufs Haus angewiesen, bis ich zur Schule kam, und dort kam ich gleich auf den ersten Platz, nicht wegen Leistung, sondern wegen der väterlichen Position, und damit war natürlich ein Strich gezogen zwischen den »Bauernjungs« und Pastors Kind, der dann nie wieder gelöscht werden konnte. Später sah ich dann, daß es auch andere Trennungsstriche in den Klassen gab, es gibt ja eine innerdörfliche soziale Struktur. So erzählt auch C. Büchsel in seinen Erinnerungen aus dem Leben eines Landgeistlichen aus der Mitte des 19. Jahrhunderts, wie er sich über die Sitzordnung beim Konfirmandenunterricht wunderte: »Obenan saß der Sohn des Schulzen und Kirchenvorstehers, dann folgten die Bauernsöhne, dann die Büdnersöhne usw., der letzte war des Deckers Sohn. In ähnlicher Weise hatten sich auch die Mädchen geordnet... Der Unterschied zwischen Bauern, Büdnern und Tagelöhnern wurde auch stets in einer merkwürdigen Weise von der einen Seite geltend gemacht und von der anderen Seite respectirt... auch die Sitzplätze in der Kirche waren danach verteilt« (Büchsel I, S. 50). Es war also ganz normal, daß der Pfarrerssohn obenan gesetzt wurde, damit der »Unterschied« recht deutlich war. Und so war es natürlich überhaupt im Dorf, der Pastor stand obenan, und das erschwerte die Kontakte von Haus zu Haus, und je niedriger die Position des Dorfbewohners in der dörflichen Hierarchie war, um so schwieriger wurde die Kommunikation – auch wenn man zuweilen hier wie dort mit ähnlichen Widrigkeiten im Haushalt zu kämpfen hatte.

Kirchenfeindlichkeit ist wohl zu allen Zeiten, aber besonders im 19. und 20. Jahrhundert, gerade aus solchen Distanzen entstanden, natürlich nicht nur auf den Dörfern, sondern auch in den Städten. Jener Stadtpfarrer, der über die Industrie-Stadtgemeinde berichtete (s. o.), sah durch die Arbeiter die »alte Behaglichkeit« in der Stadt gefährdet. In den neuangelegten Arbeiterstraßen beobachtete er »ein buntes, lautes Treiben, vor den Haustüren stehend oder aus den Fenstern sich herauslehnend, manche nicht immer einladende Gestalten von Frauen und Mädchen, die eifrig schwatzen oder neugierig das Straßenleben beobachten... Leider sammelt sich durch die Industrie ein Proletariat, welches die Stadt früher nicht gekannt hat. Es ist fast wie aus dem Erdboden gestampft. Und das ist kein schöner Zug im Bilde einer Industrie-Stadtgemeinde.« Dorthin gibt es dann natürlich kaum Kontakte und umgekehrt, von der Arbeiterwohnung zum Pfarrhaus, erst recht nicht. Denn es bildete sich ja fast notgedrungen unter den Arbeitern das Bild vom satten und materialistisch-egoistischen Pfarrer heraus, der in bürgerlicher Bequemlichkeit lebte. Aus meiner Bitterfelder Zeit stammt ein kleines, aber im Gedächtnis fest eingegrabenes Erlebnis, das diese Distanz zeigt. Der Vater war schon gestorben, wir wohnten aber noch in der Superintendentur, und ich sollte von meiner Mutter in einem Haus in der Nähe etwas ausrichten, in dem auch Arbeiter wohnten. Ich kam dorthin, fand das Tor zum Hof offen, ging auf den Hof, suchte nach der betreffenden Wohnung, da rief einer von einer Brüstung herunter, ich solle gefälligst das Tor zumachen, ich darauf, es wäre ja offen gewesen, da hätte ich's so gelassen, er darauf, das wäre typisch, »wenn der Vater Pastor geworden ist, dann brauchen die Kinder nicht mehr fromm zu sein«. Das ist vielleicht eine Variante des Sprichworts von Pastors Kindern, Müllers Vieh, aber hier paßte es dem Sinn nach überhaupt nicht, war aber in seiner aggressiven Anwendung typisch für die soziale Gegenposition.

Sicher waren die Gegensätze schärfer in einer solchen Stadt als auf dem Lande, wo man doch öfter Gelegenheit hatte, sich zu sehen, ein paar Worte zu wechseln, auch sich zu helfen. Aber die soziale Distanz war nicht das einzige, was Pfarrhaus und Tagelöhnerhaus trennte. Auch wenn das Pfarrhaus als Haus nichts Besonderes an sich hatte, gab es doch Unterschiede zum Häuslerhaus. Nehmen wir die oben geschilderten mitteldeutschen Verhältnisse, so waren die Pfarrhäuser äußerlich gesehen kaum abgehoben von den bäuerlichen Nachbarn, auch nicht von den Häuslerwohnungen, abgesehen von der Größe. Und ihrer Beschaffenheit nach konnten sie unter ihnen stehen. C. Büchsel schreibt über sein Vaterhaus in Pommern, in dem er 1803 geboren wurde: »Ziemlich in der Mitte des Dorfes lag das alte Pfarrhaus. Ein Dach von Stroh deckte es, aber oft genügte es nicht, sondern es regnete durch, deshalb wurden, wenn es regnete, Schüsseln oder Eimer hingestellt, die das Wasser auffingen. Die Wände im Innern und Äußern waren von Holz und Lehm. Gegen heftige Winde war das Haus nicht unempfindlich, der große Schornstein aber stand fest und gab nicht nach. – Die eine Hälfte des Hauses war nicht gut zu benutzen, weil der Schwamm die Wände und besonders den Fußboden sehr schadhaft gemacht hatte. In der anderen Hälfte waren zwei Stuben und zwei Kammern. In der einen wohnte der Vater, die zugleich als Studir-, Schlaf- und Eßstube und Schulstube diente, auch zum Confirmandenzimmer gebraucht wurde; in der andern hatten wir Kinder unser Wesen, es standen da aber auch die beiden Betten der älteren Schwestern, wir andern Kinder schliefen in den Kammern. Die Stuben waren sehr niedrig, und wenn der Vater durch die Türen ging, mußte er sich sehr bücken. Er meinte aber, daß es dem Menschen immer sehr heilsam sei, sich zu bücken.« Wahrhaft ein bescheidenes Zuhause, wenn auch vielleicht der Berichterstatter die Armseligkeit dieses Wohnens zu stark betont hat. In seiner Erinnerung lief der Haushalt ohne die Mutter, die früh gestorben war, eine der Schwestern führte die Wirtschaft. Jenseits der Kirche aber »befand sich das herrschaftliche Wohnhaus, von einem schönen Park umgeben«. Ein Patron befand sich in der Nähe, aber von ihm ist nicht weiter die Rede. Und abschließend würdigt Büchsel: »Obgleich das Haus schlecht war, so war es doch das schönste Haus auf Erden, weil der Friede darin wohnte und wir sehr fröhlich darin lebten« – fast wird ein Bild beschworen von einer Pfarrhausidylle, wie man sie ja im 19. Jahrhundert gern sah, Voß folgend oder Mörike folgend, die auch späterhin immer noch mit dem dörflichen Pfarrhaus verbunden wurde, mit Tätigkeiten im Garten, in der Gartenlaube, bei den Bienen (Büchsel III, S. 273 ff.).

Aber nehmen wir das Haus so, wie es beschrieben wurde: Im erbärmlichen Zustand, darin manchem Tagelöhnerhaus gleich, war es doch etwas anderes, ablesbar an der Stube, die der Vater bewohnte, »die zugleich als Studir-, Schlaf- und Eßstube und Schulstube diente, auch zum Confirmandenzimmer gebraucht wurde«. Schulstube war sie wohl nur für die eigenen Kinder, die der Vater selbst unterrichtete, in Fächern, die es auf der Dorfschule nicht gab. Daß die Konfirmanden hier zusammenkamen, wird seine Richtigkeit haben. Aber das Typische, das Haus von allen anderen abhebend, war die Funktion als Studierstube: Sie war der Zufluchtsort für die pfarrherrliche Betätigung, für die Besinnung auf die Predigt, für das Studium der theologischen Literatur, der Andachtsbücher oder auch anderer Literatur, der Ort auch mancher Gedankenstreifzüge oder sanfter oder zorniger Überlegungen, die nur zum Teil über die Schwelle dieser Stube hinauskamen, auch sogar wissenschaftlicher Betätigungen – frühere Zeiten nannten diesen Raum das Museum, Musenort, wo der Pfarrer herausgehoben war aus seiner Umwelt, sich vielleicht mit akuten Problemen herumschlagend, aber doch relativ geborgen. Er war sich dieser Ausnahmesituation bewußt, sein Wertgefühl wurde dadurch gekräftigt, und er empörte sich, wenn er gestört wurde, wie ein mittelfränkischer Pfarrer beispielsweise im Jahre 1716 über einen Bauern und »desselben Hochmut und Grobheit, nach welcher er Pfarrern nur für einen Gemeindediener gleich denen Küh- und Schweinhirten« achtete und deshalb ohne Hemmungen »mit großem Tumult und Geschrey in mein Pfarrhaus und Studierstuben« kam (Kramer, Ansbach, S. 167). Die Empörung über solch unangemessenes Auftreten bedeutet nicht, daß die Studierstube für Gemeindemitglieder immer geschlossen blieb. Sie war vielmehr häufig der Ort seelsorgerischer Gespräche, aber zugleich war sie das Innerste des Pfarrhauses, ein besonderer Raum, der auch die Besonderung des Pfarrers hervorhob, der eben als studierter Mann etwas ganz anderes war als die Menschen in der kleinen Welt des Dorfes. Selbst wenn es dem Pfarrer gelang, die sozialen Unterschiede zu überwinden, in seiner Denkart blieb er etwas Besonderes, und in der Regel galt das auch für seine Frau, und es beeinflußte auch das Bewußtsein der Kinder.

Wir wissen, daß dieses Anderssein eine Hauptquelle der Verdrießlichkeiten für das dörfliche Zusammenleben war. Als man sich um die Wende vom 18. zum 19. Jahrhundert über den »Charakter des Landmanns in religiöser Hinsicht« Gedanken zu machen begann, begegnet immer wieder die Ausgangsüberlegung, daß dieser in ganz anderer Weise die Wirklichkeit sehe und empfinde, daß er unfähig sei zum logischen Denken, daß ein Übergewicht der

Sinnlichkeit über Geist und Herz vorhanden sei, daß er bestimmte Vorstellungen von Leistung und Gegenleistung mit dem Zweck und der Wirksamkeit von religiösen Handlungen verbinde, daß er fest gebunden sei an die Sitte, die ihn zu äußerlichem Formalismus führe. Wenn der Pfarrer zu lehren beginne, müsse er sich zunächst auf diesen Seelenzustand einstellen und die richtigen Worte suchen, um verstanden zu werden (Drews, S. 103 ff.). Das waren Überlegungen an der Schwelle des 19. Jahrhunderts, in früheren Phasen waren solche seltener, man glaubte vielmehr an die Unmittelbarkeit der Lehre, die genommen werden müsse, wie sie vorgetragen wurde, und auf deren Reinerhaltung in orthodoxer Weise zu bestehen sei, wobei störrischer Geist gebrochen werden mußte.

Es gibt viele Beispiele für tiefgreifende Zerwürfnisse zwischen Pfarrer und Gemeinde, die höchst unterschiedlichen Anlaß hatten und auch unterschiedliche Folgen, und viele Streitigkeiten endeten mit der Vertreibung oder der Versetzung des Pfarrers mit seiner Familie. In solchen Fällen wurde auch oft das Pfarrhaus, wo man ja den Pfarrer wie auf einem Beobachtungsstand sitzen wußte, mit einbezogen.

Zumeist rührte der Zorn der Gemeinden von scharfen Predigten ihrer geistlichen Herren her, ersonnen in der Stille der Studierstube, angeregt durch Ereignisse, die ihrer Einsicht nach christlichem Lebenswandel zuwiderliefen. Es kam dabei zu tumultuarischen Szenen. In Ammerndorf bei Fürth hielt der Pfarrer am 5. Juli 1620, vielleicht im Zusammenhang mit der Kirchweih, eine scharfe Predigt gegen das Tanzen, »weil es verbotten gewest. Da wären etliche Bauernknecht für sein Haus fürüber gangen mit großem unsinnigen Geschrei und Juchzen: Hui hui heraus, hui heraus, und (mit) dergleichen mehr unzimlichen Hochmut ihne gehöhnt und getrutzt« (Kramer, Ansbach, S. 183). Solche Konflikte »von Amts wegen« waren wohl nirgends ganz zu vermeiden, auch wenn sie nur selten zu so turbulenten Auseinandersetzungen führten. Pfarrer und öffentliche Meinung drifteten noch mehr auseinander, wenn die Obrigkeit dem Pfarrer die Stange hielt und die aufmüpfigen Pfarrkinder bestrafte. Auch dann, wenn der Pfarrer seine Redefreiheit überzog und seine Gemeinde oder einzelne unter ihnen verunglimpfte, erhielt er Unterstützung.

Selten waren Fälle, in denen beide Teile gerügt wurden. Ein Beispiel bietet ein Eintrag in einem Meldorfer Konsistorialprotokoll vom Jahre 1623: »Es ist von einem ehrwürdigen Calande tho Meldorp heute dato dem h. Pastoren tho Windbergen anbefohlen, daß er sein Ampt fleißig ohne Affecten in aller geböhrenden Sanftmuth soll verrichten, derogestalt, dat ers hernacher gegen Gott im Himmel und männiglich könne verantworten, imgleichen ist Rode Maß Dettleffs, Paul Dilffs Hans und Höcken Jürgen gleicher gestalt im Nahmen ihr königl. Majestät anbefohlen, dat se ihrem Pastoren sollen respectiren, seine Predigten fleißig hören, ihme keine Ungebühr beggenen laten, besondern da etwas möchte vorgefallen sin, selbiges Gott im Himel und dem

Gerichte befehlen.« Doch auch bei solchem Urteil wird zu fragen sein, in welcher Weise es den Riß zwischen Pfarrer und Gemeinde kitten konnte.

Anlaß zum Streit gab besonders die so leicht harmonisierende Leichenpredigt, die im Verhältnis zwischen Pfarrer und dörflicher Gemeinde eine besonders große Rolle spielte (hier sind es die Nachbarn, die sehr kritisch zuhören, andernorts vorwiegend Verwandte oder Vereinszugehörige). Das führt uns zu einem weiteren Konfliktfeld zwischen Pfarrhaus und dörflicher Umwelt: die Bezahlung von geistlichen Leistungen, die Stolgebühren, und früher auch der Unterhalt des Pfarrhauses zusammen mit Fuhr- und Handdiensten, schließlich die Baulast, die der Gemeinde bei kirchlichen Bauten anheimfiel.

Wie war es im Anfang mit den protestantischen Dorfgeistlichen? Sie wurden auf Zeit gedingt, »für einen Gemeindediener gleich denen Küh- und Schweinehirten«, erhielten einen Wein- oder Leitkauf und mußten nach der abgelaufenen Zeit erneut um ihren Dienst bitten. Solche Gemeindediener blieben aber außerhalb der eigentlichen Gemeinde, die aus den vollberechtigten Bauern bestand. Der Pfarrer war draußen vor wie eben die anderen »Gemeindediener«, wie Hirte oder Feldhüter oder Bader. Vom Amt her aber mußte er Autorität und Würde bewahren, erhob er sich kraft Amtes über die Dorfgenossen, die ihn anstellten. War die Zeit abgelaufen, mußte er weiterziehen. Er erhielt einen Geldlohn und dazu »ein Fuder Holz, ein Fuder Wellen«, oder »2 Simmer Korns, 2 junge Hühner, 4 Käs« – und auch die Pfarrfrau bekam einen Gulden zum Leitkauf.

Später dann wurden die Pastoren auf unbestimmte Zeit eingesetzt, nach Probepredigt und Besichtigung von Kirche und Pfarrhaus erfolgte die Introduktion mit einer feierlichen Mahlzeit. Beim Aufzug entstanden beträchtliche Kosten. »6 Pazen zu Rotenburg ausgeben, do man die erste Fuhr vons Pfarrers wegen geton. 5 lb und 14 dn, do man den Hausrat abgeladen, beim Wirt verzehret. 3 fl 5 dn haben die Bauren verzehrt, do des Pfarrers Hausfrau mit dem Zeuch von Onspach herab geholt worden. 7 fl 3 lb 10 dn (ein recht hoher Betrag!) bei der Introduction des neuen Pfarrers.« Das war in Schwebheim bei Windsheim, wo man relativ großzügig beim Pfarreraufzug war, doch schreibt der Pfarrer neben diese Aufrechnung an den Rand: »Die groben Schelmen haben ihren Pfarrer nicht einmal ein Herr genennet« (Kramer, Ansbach, S. 167). Guter Start für freundnachbarliche Beziehungen!

Der Lohn bestand weiterhin aus einer Geldsumme und in Naturalien, die zu verschiedenen Zeiten des Jahres gebracht wurden und manchmal im Sammelumgang eingeholt werden mußten. Da kam das Rauchhuhn und das Zehentschweinlein, der Laib Brot oder der Kreuzkäse, die Metzelsuppe und der Eierzins, aber es war doch kein üppiges Leben und manchmal mit Bitternis gewürzt. Verbreitet ist die Legende vom zähen und verkrüppelten Gänslein, das am Martinstag ins Pfarrhaus geliefert wurde. Und ins Kreuzfeuer geriet dabei die Pfarrfrau, die als Haushälterin auf die Güte des Gelieferten achten mußte. Schnell entsteht dann Streit, der größere Kreise ziehen kann. »Endlich habe Pfarrerin«, so klagt ein Bauer, dessen Huhn nicht für gut genug befunden worden war, »seinem Weib rufen lassen, da sie eben den Hühnern zu essen geben, und ihr verwiesen, daß sie ihr ein so kleines Zehendhühnlein geschikket, darüber auch ihn und sein Weib ein Schelmen-, Raubers-, Diebs- und Mördergesind etc. gescholten, da doch das Hühnlein schon zehen Wochen alt gewesen. Und als sein Weib darwider geredet, und er sie endlich mit Gewalt hinein ins Haus und von der Pfarrerin hinweggeheißen, habe Pfarrerin geschrien: Gehe her, du Schelm, du Dieb, du Räuber und schlage mich« (Kramer, Ansbach, S. 179). Streitfertig waren sie offenbar, jene Pfarrfrauen, die auch mit dem Schimpfwort schnell bei der Hand waren. Aber sie kamen selbst mit solchen Mitteln nicht immer zu ihrem Recht, die Klagen über schlechte Naturalleistungen werden nicht seltener. Und oft langte alles nicht, um die Familie zu ernähren, die Kinder gingen in Dienst wie die Kinder anderer Leute, und wenn der Ernährer starb, verfielen die Witwen dem Armenrecht, solange nicht auf höherer Ebene eine schmale Pension ausgeworfen wurde.

Von den Pfarreinkünften war das Kirchenvermögen streng getrennt, es stand unter der Verwaltung der Gotteshauspfleger oder Kastenmeister, die vor der Gemeinde Rechnung ablegen mußten, worauf dann alle miteinander zechten und zehrten. Wehrte sich der Pfarrer gegen diese Verschwendung, so gab es möglicherweise neuen Streit. Einer in Schwebheim predigt sogar darüber, ruft dabei aus: »befinde auch, daß ihr ... und eure Vorfahrer das Gotteshaus so arm gemachet, die große Wiese per 72 fl versoffen etc., mich wundert sehr, daß ihr nicht auch den alhie hangenden Herrn Christ am Kreuz versoffen habt. Solche Wort dringen ihnen durchs Herz, bissen die Zähne zusammen, wollten ihr Mütlein an mir kühlen. Allein ich achtete es nicht!« Da haben wir ihn wieder, den streitmächtigen Pfarrer um der Sache willen, der sich im Streit mit allen überwirft und damit seine Isolierung im Dorf vollkommen macht (Kramer, Ansbach, S. 171).

Von den Gemeindeeinkünften wurden auch die kirchlichen Bauten einschließlich Pfarrhaus mit Nebengebäuden und (so jedenfalls im Fränkischen) die Schule instand gehalten oder neu errichtet. Dabei erwuchsen erhebliche Unkosten, obwohl die Bauern verpflichtet waren, Hand- und Spanndienste zu leisten. So entstanden – im Gegensatz zu den oben geschilderten schlichten Quartieren – zuweilen stattliche Bauten, die schon durch ihr Äußeres – zweistöckig, Walmdach – das Pfarrhaus im Dorfverband erkennen ließen, vielleicht als Signal für die Bedeutsamkeit des kirchlichen Amtes.

Neben allen Gegensätzlichkeiten gab es freilich auch Kontakte – wie ja all diese Nachweise von Konfliktsfällen auch die Alternative in sich bergen, daß es anders sein konnte in den Beziehungen zueinander, und oft genug wird es ein friedliches Miteinander gegeben haben, ja sogar ein Füreinander. Das Tagebuch eines Sinnbronner Pfarrers aus dem späten 16. Jahrhundert zeigt eine solche Symbiose, in der der Pfarrer auch zum gewichtigen Mitsprecher in den Angelegenheiten der Dorfgemeinde werden konnte, beteiligt an allen innerdörflichen Gremien, wohl auch deshalb, weil er selber Bauernwirtschaft führte, in der Knecht und Magd tätig waren, und er und seine Frau auf diese Weise mit den bäuerlichen Nachbarn auf gleichem Fuß standen. Doch fehlen auch in diesem harmonischeren Bilde die rauhen Töne nicht, vor allem, wenn der Hausherr als Pfarrer seine Funktion als Zuchtmeister erfüllen mußte (Gabler, Pfarrhausleben). An dieser, wenn man so will, geistlichen Distanz änderte sich auch fortan nicht viel, auch als zur Zeit des Pietismus der Seelsorger in den Vordergrund trat und in der Aufklärungszeit der freundlich belehrende, Landbau und Haushaltung und anderes Gewerbe erklärende Pädagoge (so wie Drews und Jobst das geschildert haben). Hinzu kam der niemals zu verwischende Unterschied in Herkunft, Lebensführung und Arbeit. Das Pfarrhaus als Ort der Begegnung, des Gedankenaustausches, der gegenseitigen Stärkung und Andacht gab es auch in solch freundlicheren Verhältnissen kaum einmal – und diese Tatsache bedrückt ja den auf dem Lande wirkenden Geistlichen bis heute.

Wir haben bis jetzt die Verhältnisse auf dem traditionell landwirtschaftlich bestimmten Dorf beobachtet, wie es sich als selbstverwaltete Einheit auch historisch gesehen darstellt. Etwas anders liegen die Dinge, wenn zur Bauerngemeinde und der Kirche als dritte und dann meist beherrschende Größe die Herrschaft tritt in Form eines Grundherrn, der die Patronatsrechte über die Kirche innehat. Eine Sonderform davon wieder sind die norddeutschen Gutsbezirke, beispielsweise in Schleswig-Holstein, die das Land in bestimmten Bereichen lückenlos überziehen und dabei eine alte kirchliche Gliederung, die in Kirchspiele, überdecken. Holsteinische Kirchspiele sind flächenmäßig große Gebilde, und manche fassen drei oder mehr Güter teilweise oder ganz in sich und mit ihnen die Dörfer und Streusiedlungen der Gutsuntergehörigen. Die Gutsherren als Grundeigner übten dann gemeinsam das Patronatsrecht aus, und sie hatten in der Kirche ihre »hohen Stühle«. Auf Kirchenkonventen regelten sie die für die Kirchenverwaltung notwendigen Einzelheiten. Zu ihren Zuständigkeiten gehörte auch die Pfarrerwahl (mit einer gewissen Beteiligung der gutseigenen Kirchspielleute). Der Pfarrer wohnte im kircheneigenen Pfarrhof im Kirchspielort, wobei sich für ihn ähnliche Probleme ergeben mochten wie in den Bauernpfarreien. Sehr fern aber war er den übrigen Siedlungen innerhalb der zugehörigen Gutsbezirke, die Wege waren weit, die Gelegenheiten zum Besuch in den Dörfern selten. In den Augen der Leute gehörte er zur Herrschaft, und in geistlichen Dingen übte er auch rechtliche Gewalt aus, hatte zudem Pflichten gegenüber den gutsherrlichen Gerechtigkeiten – keine Trauung ohne Konsens, Anmeldung unehelicher Geburten, wenn die ledigen Mütter ihre Kinder zur Taufe brachten – und war auch in anderer Weise abhängig. Zuweilen konnte das für sein Selbstgefühl sehr kränkend sein, so wenn der Gutsherr ihn veranlaßte, eine offensichtlich gefallene Braut in der (Braut-)Krone zu trauen, da der Bräutigam auf dem Hof als Bauknecht eine wichtige Rolle spielte – während der Pfarrer sonst streng darauf achtete, daß »die Braut der Kronen wohl wert« (Kirchnüchel). Dem Pfarrer und seiner Familie half es wenig aus ihrer (lokalen) Isolierung, wenn er zuweilen auf den Gutshöfen zu Gast sein durfte. Andererseits konnten solche Pfarrhäuser auch zum geistigen Mittelpunkt eines Freundeskreises werden – unter Ausschluß freilich der Großzahl der Kirchspielleute, die auf Distanz gehalten wurden. Sie kamen nur, wenn Fuhrdienste oder Abgaben geleistet werden mußten oder vor notwendigen geistlichen Handlungen, für die Gebühren zu leisten waren: Taufe, Hochzeit, Konfirmation, Beerdigung.

Andererseits gab es in diesen Landpfarreien, und auch außerhalb der Gutsherrschaft, die armen Leute, die mit Vorliebe beim Pastorat vorsprachen. Es gab in Schleswig-Holstein traditionelle Zeiten des Bettelgangs, voran das sogenannte »Festbetteln« zur Weihnachtszeit, zum Teil verbunden mit Umsingebräuchen, aber auch als Massenaufzug armer Leute aus den benachbarten Städten. Man gab ihnen dann ein kleines Weißbrot oder einen großen Löffel mit Weizenmehl. Der Pastor Brütt aus Marne berichtete 1849, daß er allein am Morgen des Weihnachtsabends 480 Bettelleute vor seiner Tür gezählt habe. Das Betteln geschah in stürmischer Weise, so daß mehrere Personen bereitstehen mußten, um die Gaben gerecht austeilen zu können. Das Pfarrhaus als Ort der Mildtätigkeit – diese Facette fehlte noch in unserem Bild des Pfarrhauses auf dem Lande, ein Bild, das ohnehin als unvollkommen zu bezeichnen sein wird, aber einige Hauptpunkte wurden doch genannt.

In der städtischen Umwelt ist die Rolle des Pfarrhauses natürlich eine andere. Gemäß der größeren Bevölkerungszahl sind die persönlichen Verbindungen von vornherein als weniger intensiv anzusetzen, früher wie heute. Der Kreis der Kontaktleute ist kleiner und wird sich deutlicher in amtliche und persönliche Kontakte trennen lassen als auf dem Lande. Zumindest in früheren Zeiten war das Stadtpfarrhaus ein wichtiger Faktor im öffentlichen Leben und konnte Begegnungsort werden für Menschen geistigen Formates. Wir wissen von Beispielen her, in welch starkem Maße Geistliche an der Bewältigung öffentlicher Aufgaben beteiligt waren. Eine Polizeiordnung des Fürstentums Ansbach von 1616 läßt sich in ihrer Entstehung beobachten: Entscheidend mittätig war der Stadtpfarrer Laelius, der der Regierung eine »unvergreifliche Erinnerung« einreichte, die sich schwerpunktmäßig mit den in Ansbach üblichen Gewohnheiten bei Kindtaufen und Hochzeiten befaßte, bei denen seiner Ansicht nach manches Ungebührliche unterlief. In geistlichen Sachen, in der Hütung der reinen Lehre und Bekämpfung von Aberglauben bis hin zur Hexenverfolgung waren sie maßgebend tätig. Hier gab es freilich auch schroffe Zusammenstöße mit dem Stadtregiment, wie das ja auch heute noch mutatis mutandis vorkommt, soweit die Kirche nicht im Ghetto lebt. Im persönlichen

Umgang hat der Stadtpfarrer aus den Kreisen des wohlhabenden Bürgertums und der Intelligenz möglicherweise Freunde und nähere Bekannte, die im Pfarrhaus bei unterschiedlichen Gelegenheiten vorsprechen. Es gibt dann noch eine andere Kategorie, von den Pfarrern nicht immer gern gesehen, die gute Seele, die vor Kirchlichkeit nur so glänzt und von daher Richtschnur zu sein vermeint und den Pfarrer und seine Familie mit guten Ratschlägen bedenkt. Der Gegenpol solcher Leute sind die in der geistigen Beweglichkeit des Städters gründenden schwärmerischen und sektiererischen Kräfte, die in die Andachtskreise der Kirche eindringen.

Insgesamt ist die Zahl der Menschen, die mit dem Pfarrhaus in engeren Kontakt treten, den Pfarrer und seine Familie »annehmen«, ein kleiner Anteil der Gesamtbevölkerung, und wenn man von der Stadtgeographie her die Stadt in Reviere einteilt, so reichen die Kontakte kaum über die Zone des eigentlichen Bürgertums (stattliche Häuser um den Markt) in die Zone des handwerklichen Gewerbes hinein und gelangen selten bis in die Wohnbezirke der kleinen Leute, deren Kirchlichkeit aufgrund ihrer Lebensbedingungen eher bescheiden entwickelt ist. Oft war es ein Verweigern von beiden Seiten aus. Auch neuere Bemühungen um seelsorgerische Besuche von Haus zu Haus brachten kaum Dauerhaftes. Zum Problem der Arbeiterviertel sei auf das Zitat zurückverwiesen, das wir oben aus dem Beitrag über die Industrie-Stadtgemeinde im Tagungsbericht »Kirche und Industrie« wiedergegeben haben. Auch wenn jetzt die Stellung eine andere sein mag, bleibt doch der Abstand.

Das städtische Pfarrhaus älterer Prägung war meist ein stattlicher, oft abweisender Bau, es enthielt neben der Pfarrerwohnung die Verwaltungsräume im Erdgeschoß, Schreibstube und Rendantur, daneben das Sprech- und Arbeitszimmer des Pastors. Getrennt davon war die Privatwohnung. Im Erdgeschoß befanden sich zunächst die Wirtschaftsräume, der Eingang zu Keller und Garten. Im Obergeschoß lagen die Wohnräume, davon die besten stattlichbürgerlich eingerichtet, bereit zu Hausmusik und festlichem Beisammensein. Dabei kaum eine Öffentlichkeit, sondern intime Häuslichkeit. Von hier aus können Einflüsse auf die bürgerliche Lebensform ausgegangen sein, Adventsstern, Adventskranz, mehrstimmiger Gesang, Kunst fürs Volk. Doch fragt es sich, wie weit solche Einflüsse reichen. Im Laufe der Zeit kam dann das Pfarr»haus« neuerer Prägung, die Wohnung im Mietblock oder im Reihenhaus oder angehängt an einen Bau im »Pfarrzentrum«, an das Gemeindehaus. Dorthin verlagert sich jedenfalls die außergottesdienstliche Tätigkeit des Pfarrers, auch der Pfarrfrau, die aus ihrem Haus heraustritt und mitarbeitet in einer Reihe von Kreisen, zu karitativen, zu pädagogischen, zu katechetischen Zwecken, und die Teilnehmer sind Jugendliche, Mütter, Männer, Kranke oder Alte. Von diesen wissen nicht einmal alle, wo das Pfarr»haus« ist, und die Pfarrerfamilie möchte zu Hause auch ungestört sein – beim immer anstrengenderen Beruf.

Literatur

Kirche und Industrie. Vorträge bei der ersten Tagung von Pfarrern aus Industriegemeinden in Mitteldeutschland, hrsg. von Wolfgang Staemmler, Sangerhausen 1927

C. BÜCHSEL: Erinnerungen aus dem Leben eines Landgeistlichen, 1–3, Berlin 1861 (mehrere Auflagen bis 1889!)

KARL-S. KRAMER: Volksleben im Fürstentum Ansbach und seinen Nachbargebieten (1500–1800), Würzburg 1961

PAUL DREWS: Der evangelische Geistliche in der deutschen Vergangenheit, Jena 1905

Archivalische Belege aus Schleswig-Holstein: Historische Quellenkartei des Seminars für Volkskunde an der Christian Albrechts-Universität Kiel

AUGUST GABLER: Altfränkisches Dorf- und Pfarrhausleben 1559–1601 (= Tagebücher des Sinnbronner Pfarrers), Nürnberg 1952

ALBRECHT JOBST: Evangelische Kirche und Volkstum, Stuttgart 1938

KARL-S. KRAMER/ULRICH WILKENS: Volksleben in einem holsteinischen Gutsbezirk, Neumünster 1979

EMIL OBST: Chronik und Beschreibung des Kreises Bitterfeld, Bitterfeld (Selbstverlag) 1887/88

CHRISTIAN GRAF VON KROCKOW
Gutshaus und Pfarrhaus

Aus der alten Feldsteinkirche noch aus der Ordenszeit hat man gleich nach dem Krieg die Marwitzsche Gutsloge gebrochen wie gleich nebenan im Kloster Friedland auch. Inzwischen hat die Zeit ihr Werk getan. Die Kirche, die für Fontane in den Marken nicht ihresgleichen hatte, weil das Braun der die Empore tragenden Pfeiler mit dem Weiß des Marmors der Sarkophage und Büsten und mit dem Bunten der Gemälde ›ein glückliches Sichvermählen‹ eingegangen war, so daß die Gottesstätte *etwas heiter Anregendes hatte*, ist wieder verfallene Feldsteinkirche geworden und mit rostiger Kette versperrt. So sah sie wohl aus, als nach der Askanierzeit das schreckensvolle Interregnum die blühende Mark in eine Wüste verwandelt hatte. Nur vierzig Jahre, und auf dem Friedhof kein Grabstein mehr und kein Kreuz, nicht einmal eingestürzt, zerbrochen und überwachsen. Alles eingeebnet, Waldboden mehr als Gottesacker, verwilderte Natur.«

Wolf Jobst Siedler berichtet dies aus Friedersdorf in der Mark. Anderswo sieht es anders aus, so im heute polnischen Hinterpommern. Die Kirchen sind gepflegt, ihre Gemeinden blühen. Doch es sind fremde nun, katholische, auch wenn in den Fenstern noch die alten Wappen aufscheinen mögen; die Reformation, 1534 nach Johannes Bugenhagens Kirchenordnung vollzogen, ist rückgängig gemacht. »Luther hat den Krieg verloren«, soll Papst Benedikt XV. 1918 gesagt haben. Wie wahr dann 1945!

Erst recht ist jenes seltsam altertümliche Verhältnis für immer dahin, das in den Worten »Gutshaus und Pfarrhaus« beschlossen liegt und weite Gebiete des deutschen Ostens einst kennzeichnete. Mit Rilke zu reden: »Wir sind vielleicht die Letzten, die noch solche Dinge gekannt haben.« Daher fordert der Dichter nicht allein die Verantwortung uns ab, Erinnerungen zu bewahren – was wenig und unzuverlässig sei –, sondern das in ihnen beschlossene Menschliche.

Erinnerung an pommersche Dorfkirchen: Die Gemeinde füllt das Kirchenschiff, Männer und Frauen nach guter alter Art durch den Mittelgang getrennt. Vorn, vor dem Altar, Katechumenen und Konfirmanden, gegenüber die Orgel und der Küster. Seitlich aber, herausgehoben, hängen wie Schwalbennester die Patronatsgestühle. Aus ihnen blicken als stolz ihre Vorrechte wahrende Inhaber die Gutsherrn auf Pastor und Gemeinde herab.

Eine sinnfällige Anordnung. Denn die Patronatsinhaber sind nicht bloß die großen Besitzer – dies übrigens oft karg genug, nicht selten hoch verschuldet, auch wenn sie im Kutschwagen vorfahren, ein Zeremoniell für sich; mancher Vieh- und Getreidehändler mag über mehr Bargeld verfügen. Nein: Sie sind vor allem die ererbten *Herren*, eine herausgehobene Schicht oder eher noch ein Stand eigener Art. Daß Gutsherrschaft auch im Rechtssinne Herrschaft bedeutete, ist im Gedächtnis geblieben und nachwirkende Praxis; die letzten Rückstände solcher Herrschaft wurden erst im sozialdemokratischen Preußen Otto Brauns nach schweren Konflikten beseitigt.

Alle anderen also *darunter:* die Gutsarbeiter natürlich, kurz »die Leute« genannt, die Bauern, Kolonialwaren- und sonstige Händler, Handwerker, Gastwirte und wen es sonst noch geben mochte. Allenfalls den »Beamten« – den Gutsinspektoren, Förstern, Rentmeistern – wurde noch ein Platz im Patronatsgestühl eingeräumt, sofern zu einem Besitz mehrere Dörfer und damit mehrere der Hochsitze gehörten.

Darunter auch der Pastor. Denn die Patronatsherrn sind die Gemeindehäupter, die ihn wählen. Und sie zahlen nicht nur die Kirchensteuern, sondern sie leisten noch immer manche der hergebrachten Naturaldienste. Sie stellen etwa Gespanne zum Pflügen des oft neben Gemüse- und Obstgarten mit dem Pastorat verbundenen Ackers, um von Martinsgans und Weihnachtshasen, Torf und Brennholz nicht zu reden. In einer Welt, in der insgesamt Naturalleistungen den Geldverkehr weit überwiegen – bis zuletzt erhalten »die Leute« den Hauptteil ihres Lohns als Deputat –, spielt derlei eine große Rolle. Im übrigen gilt: Pastoren kommen und gehen, aber die Gutsherrschaft bleibt bestehen. Ein offensichtliches Wohlwollen des Herrn stärkt darum die Autorität des Hirten gegenüber der Herde, die im Konflikt kaum zu hüten wäre.

Man mag das Dasein des Mannes im Pfarrhaus behaglich, fast idyllisch nennen. Über Gefahren der Säkularisation muß er sich wenig Sorgen machen. Durch Pommern ging im 19. Jahrhundert eine bedeutende Erweckungsbewegung, pietistisch – und dabei patriarchalisch vorab von den Gutsherrn getragen. Die Kirche ist auch an gewöhnlichen Sonntagen gut gefüllt, und der Gottesdienst dauert; wenn die meisten Gemeindemitglieder zu Fuß kommen, viele eine Stunde unterwegs, darf man schwerlich unter anderthalb Stunden abgespeist werden. Die Predigt also soll nicht zu kurz und sie muß einfach, anschaulich, handgreiflich moralisch sein. Vor allem ist der ausdauernden Sangesfreude pommerscher Gemeinden Rechnung zu tragen; mit den inzwischen eingerissenen Verkürzungen – »Vers 1 und 5« – ist es nicht getan. Sogar die Männer sind reichlich vertreten, und dies nicht allein wegen des anschließenden Treffens in der Gastwirtschaft gegenüber.

Der Pfarrer ist Respektsperson, etwas wie geistliche Obrigkeit. Bei Taufen, Hochzeiten, Beerdigungen ist er der Ehrengast, eindringlich *genötigt*, doch zuzulangen. Doch es bleibt Zeit für vielerlei, für den Imker von Graden, den Lokalhistoriker oder was immer – für Kenntnisse und Tätigkeiten, die mit dem Ansehen viel zu tun haben und daher mehr sind als »Hobbys«.

Man kann die Verhältnisse aber auch in eine andere Perspektive bringen. Dann erweist sich der Pfarrer als ein eher armer Mann. Schon für die höhere Schule müssen die Kinder in eine städtische Pension gegeben werden. Das schießt ins knappe Geld. Erst recht muß man eisern sparen, wenn die Söhne, notgedrungen weit entfernt, studieren sollen.

Vor allem indessen ist der Pfarrer eigentlich ein einsamer Mann. Soziologisch gesprochen repräsentiert er den Mittelstand in einer Gesellschaft, die »oben« und »unten«, Hierarchie und Abstufungen kennt, aber keine eigenständige Mitte. Gerade weil er Respektsperson ist, hat er im Wortsinne nicht seinesgleichen. Zum Amtsbruder in der Nachbargemeinde ist es meist schon ein weiter und beschwerlicher Weg. Der Schulmeister war Seminarist, rechnet also nicht zu den Akademikern. Oft ist er der Küster, sofern nicht die Ressentiments ihn plagen, weil er vor kurzem erst der geistlichen Oberaufsicht entrann.

Und der Gutsherr, die Gutsfrau? Gewiß, man wird bei ihnen zu Tisch geladen. Manchmal entsteht eine Art von Gesprächspartnerschaft, im Einzelfall sogar Freundschaft. Fontane hat im »Stechlin« einer solchen Beziehung das unvergängliche Denkmal gesetzt. Doch dergleichen bleibt dem Zufall individueller Konstellationen preisgegeben; eine institutionelle Stütze findet es kaum.

Um so deutlicher zeigen sich *Grenzen:* Der Pastor wird zwar zu Tisch geladen, aber nicht immer oder gerade nicht bei den eigentlichen geselligen Gelegenheiten mit den anderen Gutsfamilien. Bei den Diners nach winterlichen Treibjagden zum Beispiel sucht man ihn vergebens. Etwas wie peinlicher Geruch, wie von gehobenem Gesinde scheint an ihm zu haften, etwas von der Erinnerung an die Herkunft aus der Armut des als Hauslehrer engagierten »Kandidaten«. Daran hat die patriarchalisch-pietistische Erweckungsbewegung nichts geändert, nein, sie schon gar nicht, weil sie die unmittelbare Verantwortung des Herrn für das geistliche Wohl seiner »Leute« betonte, also den Pfarrer als eine Art von bloßem Hilfsdienstleistenden in die Randstellung abdrängte. (Wie in einem Vermächtnis war davon noch etwa in den Thadden-Trieglaffschen Anfängen der Kirchentage nach 1945 zu spüren, mit ihrer deutlichen Distanz zur Amtskirche.)

Es gibt für die Ungleichheit ein untrügliches Zeichen: *kein Konnubium*. Gemeinsamer Privatunterricht für Kinder aus dem Guts- und dem Pfarrhaus blieb folgenlose Episode. Und weil es sich um Ungleichheit handelte, um Abstieg gehandelt hätte, wurden – Gott in Ehren – jüngere Söhne aus den landsässigen Adelsfamilien Offiziere oder weltliche Staatsbeamte, niemals Pfarrer. Erst seit 1945, seit der Vertreibung gibt es Ausnahmen von dieser Regel. Aber damit wird ja nur bestätigt, daß eine Welt eingestürzt ist und eine neue entstand.

Vielleicht ist es ratsam, die Verhältnisse nochmals in einer anderen, meist zu wenig beachteten Perspektive zu beleuchten: in der der Frauen. Die Einsamkeit des Pfarrherrn mag noch als literarische Übertreibung erscheinen; war er ein tätiger und im genauen Sinne leutseliger Mann, so mochte sie ihm gar nicht spürbar werden. Doch über die Einsamkeit der Pfarrfrau kann man kaum anders denn dramatisch sprechen. Mit wem sollte sie gesellig verkehren? Die vielen Einladungen, die dem Pastor im Rahmen seiner Amtshandlungen zufielen, erreichten sie kaum. Auf die eine förmliche Einladung ins Gutshaus für das Ehepaar kamen für den Pastor die Anlässe im Dutzend, dort vorzusprechen, was dann selten ohne die Nötigung zum Tee oder zur Tafel abging. Und wohin sonst sich wenden? Die soziale Kontrolle war perfekt, und Alternativen gab es nicht. Wehe also, wenn die Ehe nicht als glücklich sich erwies oder wenn sie kinderlos blieb! Daß sie in der Regel das nicht war, vielmehr reich gesegnet wurde, hängt vielleicht nicht nur mit der Fügung in Gottes Ratschluß zusammen, sondern auch mit der Hoffnung, zum mindesten durch die Kinder ein ausgefülltes Leben zu haben.

Über die Möglichkeiten, in der »Gemeindearbeit« aktiv zu werden, darf man sich keine Illusionen machen. Was heute den Gottesdienst und die anderen klassischen Amtshandlungen wie Taufe, Hochzeit, Beerdigung, Konfirmandenunterricht fast überwuchert, alle die »Kreise« für Jugend und Alter und was sonst noch: dies fehlte fast ganz. Es mangelte nicht an Frömmigkeit, aber an

Gutshaus und Pfarrhaus

Zeit. Sommersüber und bis zum Ende der Kartoffelernte tief im Herbst war jedermann von Tagesanbruch bis ins Abenddunkel beschäftigt. Für »die Leute« begann nach Feierabend erst die Arbeit auf ihrem Deputatland; die Alten wirtschafteten in Haus, Stall, Garten; schon Kinder, barfuß natürlich und kaum im Schulalter, waren wenigstens zum Gösselhüten nützlich.

Zwar in den langen dunklen Wintermonaten sah es anders aus. Da gab es für die Frauen eine wöchentliche Bibelstunde – genauer einen gemeinsamen Nachmittag, oft noch mit der Spinnstube verbunden. Ein Kapitel aus der Bibel wurde vorgelesen und zu sinnfälliger Nutzanwendung ausgelegt. Mehr noch wurden Lieder gesungen, fromme Volks- und weltfreudige Kirchenlieder miteinander. Und vor allem ergab sich Gelegenheit zum Gespräch, dazu, Rat zu suchen und Hilfe zu erbitten.

Aber genau damit erwuchs der Pfarrfrau eine übermächtige Konkurrenz durch die Gutsherrin. Denn wenn der Mann trank, das Kind es auf der Brust hatte oder gar die Kuh keine Milch gab, dann konnte schwerlich die Pfarrersfrau helfen, vielmehr einzig die Frau Baronin mit ihrer Autorität und mit ihren materiellen Möglichkeiten, gegebenenfalls über den Herrn Baron. Überdies war in aller Regel nicht die Frau Pastor, wohl aber die Frau Baronin schon von Kindesbeinen an durch ihre Mutter auf derlei Aufgaben vorbereitet worden, nicht zuletzt auf die Praxis der Krankenpflege.

Von Idylle kann also schwerlich die Rede sein, freilich ebensowenig von Höllenqualen, nur vom Menschlichen in einer genau geprägten Gestalt. Wer die Elle gegenwärtiger Emanzipationsideale anlegt, verfehlt die Wirklichkeit des Gewesenen wie die Verhaltensmaßstäbe und Lebenserwartungen, die sie bestimmten. Wir haben es nicht mit einer zu Tode gelangweilten »grünen Witwe« zu tun, sondern mit einer Hausfrau, die wie jede andere unter vormodern ländlichen Verhältnissen vom Morgen bis zum Abend tätig sein mußte. Den Wirkungskreis und die Verantwortung der Frau macht ein Kinder-Abzählvers sichtbar:

> »Sechs mal sechs ist sechsunddreißig;
> ist der Mann auch noch so fleißig
> und die Frau ist liederlich,
> geht die Wirtschaft hinter sich.«

Freilich: Dagegen, daß die Pfarrersfrau – anders als die Gutsfrau, die Bauersfrau und die Frau des Gutsarbeiters – den Mittelstand in einer Gesellschaft ohne Mitte repräsentierte, dagegen ließ sich mit noch so viel Tüchtigkeit nichts ausrichten. Dagegen half wohl nur, was im Gesangbuch zu lesen war:

> »Wohl einem Haus, da Jesus Christ
> allein das All in allem ist.
> Ja, wenn er nicht darinnen wär,
> wie elend wär's, wie arm und leer!«

Was eigentlich wäre geworden, wenn es 1933 nicht die nationalsozialistische Machtergreifung und damit 1945 nicht die Katastrophe gegeben hätte? Die Frage reizt die Phantasie, aber alle Überlegungen münden in die eine Folgerung: *Dies konnte nicht dauern*. Zu verquer standen die Verhältnisse zu modernen Anforderungen. Darum wirkt heute schon unendlich versunken, was historisch doch noch nah ist und in die eigene Erinnerung reicht.

Zunächst gilt wirtschaftlich, daß es in marktfernen Agrargebieten mit meist mittleren bis armen Böden der rigorosesten Umstellungen, der Spezialisierung und entschlossenen Mechanisierung bedurft hätte, um halbwegs zu bestehen. Drastischer Personalabbau wäre dabei die Bedingung gewesen, begleitet von einer Verwandlung der »Leute« in landwirtschaftliche Facharbeiter. Dies wiederum wäre nicht ohne den Übergang vom Vorrang des Deputats zum Vorrang der Geldentlohnung möglich gewesen – was übrigens bei einigen Spezialisten wie dem Elektriker, dem Melker, dem Schmied auf dem Wege zum Maschinenschlosser sich vor 1945 bereits ankündigte. Mit alledem wäre aber die Basis einer patriarchalischen Ordnung zerstört worden, die mit der Fürsorge doch auch Vormundschaft bedeutete und die prinzipielle Statik statt Dynamik im sozialen Gefüge voraussetzte.

Der Sachverhalt gilt jedoch ebenso geistig und politisch. Diese Welt war zunächst einmal durch und durch preußisch. Noch 1942 erhob sich bei einer Hochzeitsfeier der greise Hausherr, zur eher nur milden Verblüffung seiner Gäste, mit den Worten: »Nach alter Väter Sitte trinken wir das erste Glas auf unseren obersten Kriegsherrn. *Seine Majestät, der König von Preußen*, er lebe hoch, hoch, hoch!« Preußentum, das bedeutete, wie der kaum minder greise Oberinspektor zu sagen pflegte, seine »Schuld und Pflichtigkeit« zu tun, nach pommerschem Wahlspruch »in Treue fest« gegenüber der Obrigkeit.

Mit dem Verständnis von Obrigkeit kam der nicht minder prägende Protestantismus ins Spiel, jenes lutherische Verständnis, dem zuletzt noch (1959) Otto Dibelius in seiner bekannten Streitschrift Ausdruck verliehen hat. Diese Einheit von Preußentum und Protestantismus geriet ins Politische mit dem »Bündnis von Thron und Altar«, das aus der Ferne so anstößig wirkt. Aber es handelte sich nicht nur um konservative Ideologie, sondern hier zum mindesten um praktische Realität. Im Verhältnis von Gutshaus und Pfarrhaus wird das Fundament eines Bedingungsgefüges erkennbar, das dann an seiner Spitze darin seinen sinnfälligen Ausdruck fand, daß der König von Preußen als Landesherr auch summus episcopus, Herr der Kirche war.

Der Protestantismus vermittelte zugleich den Übergang ins Nationale. Denn dessen Grenzen hatte die Reformation abgesteckt, längst ehe die Sprache oder etwas so Windiges wie »Kultur« wichtig wurde. Protestant sein hieß deutsch sein, wie Katholik sein sich zu Polen bekennen. (Wohlgemerkt: Hier ist von den altpreußischen Provinzen die Rede, nicht von Schlesien, wo das österreichische Erbe nachwirkte und die nationale Frage anders stellte, mit der

Konsequenz, daß – besonders in Oberschlesien – die Zugehörigkeit des einzelnen oft undeutlich schwankte.) In manchen Gebieten Hinterpommerns ist noch bis ins 19. Jahrhundert hinein kaschubisch, also in einem slawischen Dialekt gepredigt worden; Dörfer hießen Zemmin, Sorchow, Wendisch-Silkow – was erst die Nationalsozialisten in »Schwerinshöhe« umtauften –; Waldstücke trugen Namen wie Dombrow, Lechow, Wossek. Und woher stammen denn die Herren, die Puttkamer, Zitzewitz, Thadden, Krockow? Jedenfalls nicht aus einer Schar erobernder Ordensritter, sondern aus den Alteingesessenen eines ursprünglich slawischen Herzogtums. Nur eben: Die Reformation hatte vorab über die nationale Zugehörigkeit entschieden.

Im Rückblick wird freilich das Verhängnis sichtbar. Der soziale Realitätsgehalt, der dem Bündnis von »Thron und Altar« offensichtlich noch zukam, bedingte einerseits nach 1918 eine innere Abriegelung gegenüber neuen Erfordernissen, eine strikte Verweigerung gegenüber Republik und Demokratie. Um es in der Anekdote anschaulich zu machen: Der Vater des Verfassers wurde von seinen Standesgenossen zeitweilig »der rote Graf« genannt, weil er eine Einladung des Reichspräsidenten angenommen hatte, der sich über Probleme der ostdeutschen Landwirtschaft informieren wollte. Leider hieß der Reichspräsident noch nicht Hindenburg, sondern Friedrich Ebert...

Andererseits fiel man um so hilfloser der radikalen nationalistischen Agitation zum Opfer. In den späten Jahren der Weimarer Republik ist Pommern, wie andere Ostgebiete, mit fliegenden Fahnen ins nationalsozialistische Lager übergelaufen, mit Wahlergebnissen für die NSDAP, die weit über dem Reichsdurchschnitt lagen. An dem Unheil, das folgte, war man mithin nicht unschuldig. Es war, tragisch genug, Verhältnissen geschuldet, in denen man sich um so harthöriger der Zukunft verschloß, je dringender ihre Aufschließung Bedingung des Überlebens hätte sein müssen.

»Verzagt man nicht, es geht auf Ostern«, pflegte unsere Mamsell bald nach Neujahr zu sagen, wenn die schreckliche, die festesarme Zeit begann. Das Leben war eingebettet in den Rhythmus der Jahreszeiten mit Aussaat und Ernte, und es fand Orientierung an seinen Festen, zu denen neben dem Erntefest besonders die hohen Tage des Kirchenjahres gehörten. Ostern, Pfingsten und Weihnachten ergaben je drei Feiertage: wichtig genug in einer Welt, der Urlaub noch unbekannt war. Und »Drittfest« war besonders ein Tag der Jugend, die dann auf den Pferden reiten durfte, die bewegt werden mußten. Aber bereits der allsonntägliche Gottesdienst war mehr als bloß fromme Pflicht; er markierte als das herausgehoben Festliche Orientierung über einem kargen Dasein.

Was in heutigen Horizonten sich armselig genug ausnehmen mag, war gerade das Menschliche, das mehr als nur die Erinnerung verdient. Es versteckt sich darin etwas wie Vermächtnis, ein versunkener Schatz, der womöglich gehoben werden könnte, wenn man richtig zu suchen verstünde. Denn das Festliche nicht als das zufällig Gelungene, sondern als das selbst-verständlich Wiederkehrende, als geprägte Form, meint das Humane. Es sichert und es trägt, es tröstet den Menschen noch dort, wo das rein Individuelle eben nicht mehr trägt, das darum so verzweifelt wie vergeblich nach Wegweisern mit Aufschriften wie »Sinn« oder »Identität« Ausschau hält und so leicht sich verirrt.

Weil es schwer ist, das Gemeinte in Begriffe zu fassen, soll eine Geschichte erzählt werden. Sie spielt, Jahre nach dem Ende des alten Ostens, in einer niedersächsischen Gemeinde. Eine Frau wird zu Grabe getragen, die aus dem ländlichen Hinterpommern stammt. Nachher finden sich Verwandte und Freunde im Trauerhaus zu Kaffee und Kuchen zusammen. Doch während der Kuchen schon duftet und der Kaffee dampft, sagt der Sohn der Verstorbenen: »Also, so wäre es unserer Mutter nicht recht gewesen.« Denn die hannoversche Landeskirche fällt ins Schweigen, wo die pommersche gesungen hatte. »Vielleicht kennt ihr die Lieder nicht mehr so genau; hier sind die Gesangbücher.« Und so holen wir das Versäumte am festlich gedeckten Tisch nach. Wir sitzen und wir singen: »Jesus, meine Zuversicht«. Und: »So nimm denn meine Hände«. Danach sagt der Sohn, tief befriedigt: »Jetzt ist es *richtig*. Guten Appetit!«

DIETRICH RÖSSLER

Pfarrhaus und Medizin

Sehr oft hilft dem Kranken eine Veränderung seiner Lage, zumal wenn der Same der Krankheit in der bisherigen Lage war. Das hysterische Mädchen genest sehr oft durch die Ehe, der durch ökonomisches Unglück hypochondrisch Gewordene durch Versetzung in eine sorgenfreie Lage. Überhaupt ist gründliche Veränderung der Lage ein treffliches Gegenmittel dieser Krankheit...«

Diese Sätze finden sich am Ende der Pastoraltheologie von Wilhelm Löhe[1], dem Pfarrer im kleinen fränkischen Dorf Neuendettelsau, in dem er später zum Gründer der Missions- und Diakonissenanstalt wurde. Von Löhe wird erzählt, daß er schon in jungen Jahren ein Seelsorger war, der von Menschen aus allen Schichten und Ständen gesucht wurde. Als Seelsorger und als Organisator seelsorgerlicher Diakonie ist er denn auch in die Kirchengeschichte eingegangen. Es heißt, daß er gleichwohl sein Haus fast nie verlassen habe. Die Seelsorge vollzog sich in seinem Studierzimmer. Die Häuser im Dorf

---

[1] W. Löhe, Der evangelische Geistliche, 2 Bde., Bd. 2, S. 313

betrat er nur, so wird erzählt, um zu Ostern die ihm zustehenden Eier einzusammeln.

Über den Zusammenhang von Lebensgeschichte und Leiden, von Krankheit und Situation wußte er indessen, wie seine Äußerung über die Rolle der »Lage« des Kranken zeigt, mehr als die Medizin seiner Zeit. Löhes Pastoraltheologie wurde 1852 veröffentlicht, wenige Jahre vor dem ersten Erscheinen der Zellularpathologie von Rudolf Virchow. Die Medizin dieser Epoche war auf dem Weg, der Naturwissenschaft und der Technik nicht nur die Vorherrschaft, sondern die Alleinherrschaft auf allen Gebieten der Heilkunde und des ärztlichen Handelns zuzuweisen. Die Medizin mußte zu einer Naturwissenschaft werden, die einen einheitlichen Begriff des Lebens allen Phänomenen des Lebendigen, des Gesunden und des Kranken zugrunde zu legen vermag: So begründete Virchow im Standardwerk der Epoche, der Zellularpathologie von 1858, den Gegensatz seines Programms für die Medizin gegenüber den naturphilosophischen Anschauungen von Gesundheit und Krankheit, wie sie bis dahin üblich gewesen waren[2]. Zweifellos hat die Medizin mit diesem Programm die Straße der Erfolge betreten, die die Welt verändert haben. Aber sie hat in eins damit und wohl als Bedingung dafür den kranken Menschen auf das reduziert, was von ihm Gegenstand naturwissenschaftlicher und technischer Untersuchung sein kann. Diese Medizin hat zwar die objektiven Ursachen der Krankheiten schon um die Mitte des 19. Jahrhunderts in einem erstaunlichen Maße zu analysieren, zu erkennen und darzustellen vermocht. Aber sie hat dabei die subjektiven Ursachen aus den Augen verloren.

Deshalb ist es nicht zufällig, daß gerade zu dieser Zeit die Medizin im Pfarrhaus eine ganz besondere und hervorragende Rolle gespielt hat. Das Pfarrhaus schien geeignet, die Dimensionen von Krankheit und Heilung wahrzunehmen, die die Schulmedizin bei ihrer Umformung zur Naturwissenschaft aufzugeben im Begriff war. Diese Vorgänge sind außerordentlich bedeutungsvoll auch für die Geschichte der Medizin: Sie zeigen, daß das Hervortreten psychosomatischer Perspektiven nicht erst reaktiv im Verlauf und mit dem zunehmenden Erfolg der naturwissenschaftlichen Medizin sich ereignete, daß vielmehr von Anfang an Krankheiten und Krankheitsbilder verbreitet waren, die sich dem medizinisch-technischen Zugriff entzogen. Vielfach wurde offenbar in solchen Fällen nicht die ärztliche Sprechstunde, sondern das Pfarrhaus aufgesucht. Löhes Ausführungen über die Bedeutung psychosomatischer Zusammenhänge sind das Dokument seelsorgerlicher Erfahrung im Umgang mit Krankheiten, deren Therapie nicht selbstverständlich in ärztlichen Händen lag. Dabei sind die in Löhes Sätzen niedergelegten Einsichten von so allgemeiner Art, daß nicht sie selbst und allein schon die Kompetenz von Pfarrer und Pfarrhaus für solche Kranken begründet haben. Es war viel-

---

[2] R. Virchow, Zellularpathologie, S. 16 ff.

mehr die Bereitschaft, sich diesen Kranken wirklich zu widmen und zuzuwenden, die in dieser Epoche dem Selbstverständnis der pfarramtlichen Aufgaben einen neuen Akzent verlieh.

Der prominenteste Fall solchen ärztlichen Handelns im Pfarrhaus ist bekanntlich Blumhardt mit der Therapie der Gottliebin Dittus gewesen. Die allgemeine Bedeutung dieser Krankengeschichte liegt nicht in den auffallenden und erstaunlichen Symptomen, sondern darin, daß diese unzweifelhaft schwerkranke Patientin durch die jahrelange intensive Anstrengung des Pfarrers tatsächlich geheilt worden ist, und zwar mit religiösen und, wie man heute sagen muß, psychotherapeutischen Mitteln. Blumhardt hat damit nachdrücklich auf die Geschichte der Seelsorge eingewirkt[3]. Vor allem aber zeigt dieser Fall, daß in jener Epoche das Pfarrhaus für derartige Patienten nicht nur Trost, nicht nur Annahme, Begleitung und äußerliche oder innerliche Teilnahme und Pflege geboten hat, sondern tatsächlich Abhilfe und eine wenn auch wohl in gewissen Grenzen effektive Therapie. Diese Praxis war keineswegs auf prominente Seelsorger und bekannte Pfarrhäuser beschränkt. Sie war vor allem in Gebieten mit neuer und verstärkter Erweckungsfrömmigkeit verbreitet, und sie hat dazu geführt, daß gelegentlich sogar diese Seite des Pfarrhauses zur einzigen und vordringlichen erklärt wurde, so nämlich, daß der Pfarrer dafür ein eigenes Haus ins Leben rief, das der therapeutischen Seelsorge gewidmet war[4].

Schon diese Beobachtungen aus der lebhaften und von mancherlei Umwandlungen betroffenen Epoche um die Mitte des 19. Jahrhunderts zeigen, daß die Beziehungen zwischen Pfarrhaus und Medizin nicht eindeutig und nicht immer dieselben gewesen sind. Sie haben sich nicht nur mit den Umständen der historischen Situation gewandelt. Es hat auch im Wechsel dieser Situationen verschiedene und eigentümliche Beziehungen auf unserem Gebiet gegeben. Die Wahrnehmung psychosomatischer Aufgaben war einer dieser Fälle. Er ergab sich offenbar aus besonderen Umständen: aus der selbsterklärten Unzuständigkeit der Medizin in dieser Epoche einerseits und aus dem Bestreben von Pfarrhaus und Seelsorge, die eigenen Kompetenzen zu erweitern. Diese Verhältnisse waren allerdings nicht von langer Dauer. Mit ihnen hat sich auch die Beziehung zwischen Pfarrhaus und Medizin wieder gewandelt. Schon im letzten Drittel des 19. Jahrhunderts hat sich, vor allem auf dem Lande, eine Art von Kooperation herausgebildet, die nicht zuletzt aus der gemeinsamen Erschütterung über den Mangel an therapeutischen Möglichkeiten entstand. »Wie ein Würgengel schritt von Zeit zu Zeit die Heilsbräune durch das Dorf. Welche Stunden haben wir an den Sterbebetten der lieblichsten Kinder zuge-

---

[3] Blumhardt, in: TRE, Bd. 6, S. 721 ff.
[4] Der württembergische Pfarrer Otto Stockmayer (1838–1917) leitete seit 1878 in Hauptwil (Schweiz) ein vielbesuchtes Seelsorgeheim

bracht, wie entsetzlich war das Ächzen und dazwischen wie lieblich die Äußerungen der Hoffnung: Ich gehe zum Heiland! Der Arzt selbst gestand, daß von der Bräune befallen zu werden für ein Kind fast soviel sei als zum Fenster hinausfallen und den Hals brechen – dennoch ließen wir uns die Pulver für die verschiedenen Altersstufen im Vorrat machen, damit wir rasch Hilfe versuchen könnten. Die Opiumtropfen, die er einem in Raserei verfallenen Typhuskranken verordnet, legte er in unsere Hände. Lungenkrankheiten und Nervenfieber waren die häufigsten Krankheitserscheinungen, welche Freude, wenn Genesung kam, und wenn der Tod eintrat, welch ernste Leichenfeier!«[5] Man sieht aus diesen anonymen Tagebuchblättern, daß Medizin und ärztliches Handeln zu einer etablierten Instanz geworden sind, in deren Verantwortung einzugreifen nicht mehr in den Sinn kommt. Das Pfarrhaus übernimmt vielmehr die Aufgabe einer Art Vorposten oder Hilfsstation für die medizinische Versorgung. Auf diese Entwicklung hat vor allem die Medizin Wert gelegt. Äußerungen von ärztlicher Seite machen deutlich, daß medizinische Aufklärung und medizinischer Unterricht für nötig gehalten werden, um »volksmedizinische« oder andere Arten von Kurpfuscherei zu verhindern. Noch um die Jahrhundertwende werden derartige Klagen und Besorgnisse laut. Es scheint, daß die Entwicklung des Pfarrhauses in dieser Hinsicht nur langsam vonstatten ging. Ein Unterrichtswerk aus ärztlicher Feder, speziell zur Aufklärung, Orientierung und Ausbildung der evangelischen Pfarrer verfaßt, beanstandet noch im Jahr 1902, daß Pfarrhäuser sich Zuständigkeiten anmaßen, die ihnen nicht zukommen. »Es wird dir bekannt sein, daß unter den Geistlichen beider Konfessionen eine große Neigung zur Kurpfuscherei im Schwange geht, daß nicht wenige Pfarrer und auch Pfarrfrauen ihre homöopathischen Hausapotheken und ihre homöopathischen Kurierbücher besitzen und, ob gebeten oder ungebeten, in jedem ihnen zur Kenntnis kommenden Krankheitsfalle mit ihrer Weisheit und mit ihren Kügelchen oder Tropfen zur Hand sind. Daß das nicht recht ist, daß sie nicht imstande sind, einer ernsthaften Krankheit mit ihrem Können zu begegnen, das Gefühl haben doch immerhin viele von diesen Afterärzten; treibt man sie einigermaßen in die Enge, so entschuldigen sie sich damit, daß sie mit den geringen Dosen ihrer Mittel schwerlich einen Schaden anrichten können. Daß ein direkter Schaden mit diesen harmlosen Zuckerkügelchen oder den wenigen Tropfen verdünnten Spiritus angerichtet werden könne, das glaube auch ich nicht, wohl aber kann

---

[5] W. Baur, Das deutsche evangelische Pfarrhaus, 1878², S. 366 f. Vgl. ferner J. Haller, Lebenserinnerungen, 1960, S. 15: »Der einzige Arzt nebst Apotheke war von Keinis dreißig Kilometer entfernt. Daß da die Hausmedizin oft aushelfen mußte, ist klar, und ich erinnere mich gut, wie meine Mutter sie ausübte, an den eigenen Kindern und ebenso an den Bauern, die mit all ihren leiblichen Nöten, von Husten und Magenweh bis zu Typhus und schweren Verletzungen, zu allererst immer zur Frau Pastorin flüchteten, die dann nach Umständen entweder selbst die Behandlung übernahm oder den Doktor holen ließ.«

es zur schweren Schädigung des Patienten führen, wenn er durch allerhand dergleichen Laienversuche auf- und von der Hilfe eines Arztes eine Zeitlang ferngehalten wird; wer von diesen Laien kann es beurteilen, wie lange ein Leiden solches Hinhalten erträgt, ehe es zu schweren Veränderungen im Körper Veranlassung gibt, die dann nicht wieder rückgängig zu machen sind?«[6]

Es war offenbar vor allem die Homöopathie, deren Ausübung in Pfarrhäusern von den Vertretern der exakten Medizin als unzulässige Ausübung der Heilkunde empfunden wurde. Andererseits ist diese Praxis selbst nicht unverständlich. Die ärztliche Versorgung war im ausgehenden 19. Jahrhundert vor allem auf dem Lande höchst unzureichend, so daß im Pfarrhaus, als dem kulturellen Mittelpunkt des Ortes, wie selbstverständlich auch in Krankheitsfragen vorgesprochen wurde. Die Homöopathie mußte sich geradezu in solchen Fällen empfehlen. Einmal galt sie zu Recht als völlig unschädlich, sodann aber wurde sie auch von Ärzten nicht nur abgelehnt. Unter allen Hausmitteln war durch die Homöopathie mithin die am meisten verbreitete und in gewisser Weise anerkannte Methode nahegelegt. Es kam hinzu, daß die erweckliche Frömmigkeit, die viele Pfarrhäuser im 19. Jahrhundert bestimmte und prägte, der Schulmedizin gelegentlich skeptisch gegenüberstand und vor allem die medizinischen Theorien ablehnte, die auf den Darwinismus zurückgingen. Der homöopathischen Heilkunde konnte dagegen vorbehaltlos zugestimmt werden. Diese vom Verfasser der Pastoralmedizin beklagten Verhältnisse waren jedoch ihrerseits nur ein Übergangsstadium. In dem Maße, in dem die ärztliche Versorgung sich stabilisierte und auch auf dem Lande zugänglich wurde, verlor auch die homöopathische Praxis für das Pfarrhaus an Interesse. Immerhin erläutert der Arzt seine Anklage an Beispielen, die bedenklich machen mußten: die Behandlung eines an skrufulöser Augenentzündung erkrankten Kindes mit Umschlägen und Begießungen, bis es vollständig erblindet war, während es in Behandlung eines tüchtigen Arztes voraussichtlich genz geheilt worden wäre.

Aber der eigentliche Anlaß für die Entstehung der pastoraltheologischen Literatur in dieser Zeit ist nicht die Kritik der Volksmedizin und ihrer Übung in den Pfarrhäusern. Anlaß ist vielmehr eine Aufklärungs- und Informationsaufgabe. »Du beschreibst es mir sehr anschaulich, wie du, bald nach deinem Einzuge zu einem plötzlich erkrankten Tagelöhner gerufen, so rat- und auch tatlos habest dabeistehen müssen und so große Herzensangst ausgestanden habest bei dem Stöhnen und Klagen des armen Kranken, während die Ankunft des weit ab wohnenden Arztes sich um Stunde zu Stunde verzögerte, und wie groß dein Erstaunen und deine Befriedigung gewesen sei, als nach wenigen beruhigenden Worten des endlich Eingetroffenen und nach Applikation kalter Umschläge auf den Kopf der Patient bald zur Ruhe kam und die ganze so

---

[6] H. Lindner, Pastoralmedizin, Briefe an einen jungen Pfarrer, 1903, S. 2 f.

schrecklich anzuschauende Sache sich auf einen recht unbedeutenden Fieberanfall reduzierte.«[7] Hier also wird die Kenntnis der Medizin für den Pfarrer gerade nicht empfohlen, um im Pfarrhaus eine ärztliche Sprechstunde einzurichten, sondern um dem Pfarrer ein der Situation angemessenes geistliches Handeln zu ermöglichen. Er soll nicht einen Kranken auf den nahen Tod vorbereiten, wenn es sich nur um eine banale Infektion handelt. Die Medizin wird hier zum Thema der Ausbildung des Pfarrers. Sie wird unter die Kenntnisse eingereiht, die dem Pfarrer zur Ausübung seines Berufs wesentlich sind oder doch sein müssen und ohne die jedenfalls diese Berufsausübung leiden würde.

Es sind also hier Ansprüche, die von der Seite der Medizin auf den Pfarrer und das Pfarrhaus erhoben werden. Deutlicher noch als von der Allgemeinmedizin sind derartige Ansprüche um die Jahrhundertwende von der Psychiatrie angemeldet worden. Die Psychiatrie hatte sich bis dahin unter großen Schwierigkeiten zu einer spät akzeptierten medizinischen Fachdisziplin entwickelt. Sie war zu einer Systematik ihrer Krankheitslehre gelangt, die auf Allgemeingültigkeit rechnen konnte. Für die daraus abgeleitete Praxis aber mußte die Psychiatrie erst um Verständnis in der Öffentlichkeit werben. In allen Fragen, die mit ihrem Krankheitsgebiet zusammenhängen, sah sich die Psychiatrie in besonderer Weise auf die Kooperation mit den Pfarrern angewiesen. Es hing viel davon ab, gerade sie für ein sachgemäßes Verständnis der psychiatrischen Patienten und des weiten Kreises der einschlägigen Störungen zu gewinnen. Es ist zu beobachten, »daß die öffentliche Meinung ebenso wie die persönliche Auffassung vieler Laien mit allem, was die Psychiatrie als fest gegründeten Besitz betrachtet, in schroffstem Widerspruch steht, und daß der sogenannte gesunde Menschenverstand gerade bei den Bestgesinnten weit mehr gilt als jede wissenschaftliche Erkenntnis des Sachverständigen«[8]. Nicht nur die großen Geisteskrankheiten, sondern auch und vor allem die weitverbreitete allgemeine »Nervosität« machten einen therapeutischen Umgang schon mit Gefährdeten nötig. Deshalb wurde die Bedeutung des Familienlebens für die seelische Gesundheit und die Gesundheitserziehung besonders hervorgehoben[9]. Das Pfarrhaus gewinnt dafür besonderes Gewicht, weil die Einstellungen des Pfarrers in diesen Fragen natürlich in erster Linie an den Grundsätzen abzulesen sind, die er im eigenen und privaten Kreise gelten läßt.

Nun ist jedoch die »Pastoralmedizin« im weitesten Sinne keineswegs eine Erfindung des naturwissenschaftlichen Zeitalters der Medizin. Es war vor allem die Aufklärung und also das letzte Drittel des 18. Jahrhunderts, die diese Bewegungen und Tendenzen im Verhältnis von Medizin und Pfarramt ausge-

---

[7] Ebd., S. 1
[8] A. Römer, Psychiatrie und Seelsorge, Ein Wegweiser zur Erkennung und Beseitigung der Nervenschäden unserer Zeit, 1899, S. 2
[9] Römer, ebd., S. 197 u. ö.

bildet hat. Die Gründe dafür liegen in der geistesgeschichtlichen Lage selbst. Die aufgeklärte Pfarrerschaft hat sich über die religiösen Aufgaben hinaus verpflichtet gesehen, zur Aufklärung nun auch der Gemeinden und der Bevölkerung überhaupt beizutragen. Die neuen Möglichkeiten der Lebens- und Berufspraxis, die die sich immer weiter differenzierende Zivilisation bot, waren naturgemäß dem akademisch gebildeten Theologen leichter zugänglich als dem einfachen Dorfbewohner. Also hat sich der aufgeklärte Pfarrer zum Vermittler von Kenntnissen und Fähigkeiten gemacht, die gelegentlich auf recht entfernten Gebieten liegen mochten. Die Medizin gehörte auf verschiedene Weise mit dazu.

Grundlegend dafür war die Veränderung der Einstellung zur Krankheit und zum Kranken. Die öffentliche Krankenversorgung gegen Ende des 18. Jahrhunderts war katastrophal. »Die Krankenhäuser sind im protestantischen Deutschland durchweg schlecht, und es geschieht auch noch nichts zu ihrer Verbesserung. Man hält es für richtiger, die Armen in den Häusern zu verpflegen, wie denn auch die Kranken selbst einen großen Widerwillen gegen Hospitäler hegen. Verargen kann man ihnen das nicht. Selbst in dem Hamburger Krankenhause liegen zwei Personen zusammen im Bett, der Arzt kommt nur selten, von einer Krankendiät ist keine Rede, alle bekommen dasselbe Essen und in demselben Maße, ohne daß gefragt wird, ob es ihnen schädlich ist oder nicht. Das gemietete Wartepersonal war ungenügend und bestand geradezu aus verkommenen Menschen. Mit der Verpflegung der Kranken in den Häusern sah es freilich auch kümmerlich genug aus. In feuchten dumpfigen Stuben lagen sie oft auf Stroh und hatten nur ihre Lumpen als Decke.«[10]

Hier mußte zunächst die Mentalität geändert werden, und die Pfarrhäuser sollten zum Vorbild einer neuen und menschlicheren Zuwendung zum Kranken und einer besseren Auffassung von der Pflege werden. Diese Bestrebungen haben ihren Ausdruck dann vor allem in Unterricht und Predigt gefunden. Predigten über die verschiedensten Aufgaben der Krankenpflege und zur Einführung in eine zeitgemäße Krankheitslehre sind häufig gehalten worden. Als besonders wichtige Themen galten dabei offenbar die Wöchnerinnenpflege und die Blatternimpfung, die sich nach ihrer Erfindung nicht ganz leicht durchzusetzen vermochte. Eine besonders eindrückliche Predigt über die Einstellung den Kranken gegenüber findet sich bei Bernhardt Dräseke unter der Überschrift: »Den Kranken gebührt der Gesunden treue Sorgfalt!«[11] Am Beispiel des Hauptmanns von Kapernaum wird ausgeführt, daß wir dem Kranken im eigenen Hause jede Hilfe und alle Erleichterung schulden, deren wir fähig sind. Der Prediger hält es für nötig, ausführlich auf die Gefahren des Aberglaubens und der Krankenpflege einzugehen, und er entwirft das Bild

---

[10] G. Uhlhorn, Die christliche Liebestätigkeit, Nachdruck der 2. Auflage 1959, S. 685 f.
[11] B. Dräseke, Predigten für denkende Verehrer Jesu, 1804, S. 28 ff.

eines verantwortungsvollen und geduldigen Pflegers, der alle zeitgemäßen Hilfen in Anspruch nimmt, aber vor allem in freundlicher Zuwendung dem Kranken auch innerlich zur Stütze wird. »Man kann mürrisch werden, wenn man an das Lager eines Kranken sich gleichsam gebannt fühlt... Man kann ungerecht und feindselig sogar werden, und im Augenblick des aufwallenden Mißmuts sich hinreißen lassen, dem armen vielgeplagten Dulder es vorzurükken, welche Last und Sorge, welche Kosten und Mühwaltungen, welche Widerwertigkeiten und Beschwerden man seinetwegen habe... Aber diese Gesinnung darf nie die unsrige werden.« Viele Pfarrhäuser sind auf dem Gebiet der Krankenpflege zu Schulhäusern für ihre Gemeinden geworden.

Das ausgehende 18. Jahrhundert hat zu diesem Thema eine ausgedehnte Literatur hervorgebracht[12]. Das Interesse richtete sich dabei ganz allgemein auf die Aufklärung und Bildung aller Kreise der Bevölkerung. Auch der Unterricht in den Schulen und Kirchen wurde in diese Bestrebungen einbezogen. Es gab einen Gesundheits-Katechismus zum Gebrauch in den Schulen und beim häuslichen Unterricht aus dem Jahr 1794[13]. Besonders bemerkenswert aber ist es, daß in dieser Literatur der Pfarrer und das Pfarrhaus zu herausragenden und immer wieder behandelten Themen geworden sind. Die eigene literarische Gattung, die damit hervortritt, trägt in der Regel als Selbstbezeichnung den Titel »Pastoralmedizin«. Dahinter verbergen sich allerdings durchaus verschiedene Tendenzen und Absichten.

Am meisten verbreitet und von allen Autoren geteilt ist die Absicht, gerade den Pfarrer und seine Familie über den Stand der medizinischen Wissenschaft aufzuklären. Deshalb gehört ein Abriß der Krankheitslehre zum selbstverständlichen Bestand der einzelnen Werke, zumeist aber eingefaßt in eine Darstellung der allgemeinen Menschenlehre, der Anthropologie, die entweder mehr von der Anatomie her oder von der philosophischen Psychologie aus entworfen wird. Danach wird vom Pfarrer erwartet, daß er die hier zur Verfügung gestellten Kenntnisse weiterverbreitet und sich für die Sache der wissenschaftlichen Medizin gegen Kurpfuscherei und Quacksalbertum einsetzt. In einem der späteren Werke dieser Art: »Medicina clerica, oder Handbuch der Pastoral-Medizin« von Dr. de Valenti (1831), einem praktizierenden Arzt, der der Erweckungsbewegung nahestand, findet sich eine eingehende Erklärung der »Aftermedizin« und der Gründe ihrer Konjunktur. Es ist die Armut, die die Kranken eher den Barbier zu Hilfe holen läßt als den Arzt, auch wenn dessen Liquidation noch so gering ist. Die medizinische Aufklärung hat hier ihre größten Schwierigkeiten. Nicht selten aber wird über diese Information hinaus der Pfarrer als Arzthelfer eingewiesen. Das Pfarrhaus soll als

---

[12] Eine umfassende Zusammenstellung der einschlägigen Titel gibt H. Pompey, Die Bedeutung der Medizin für die kirchliche Seelsorge, 1968
[13] Pompey, S. 355

Anlaufstation für Kranke sachgemäße Funktionen ausüben können. Deshalb soll der Pfarrer lernen, einen »zweckmäßigen Bericht an den Arzt« zu schreiben. De Valenti gibt eine solche Anleitung in Form eines ausführlichen Fragenkatalogs, der am Ende ziemlich genau dem entspricht, was die zeitgenössische Medizin ihrerseits als Status beim Kranken zu erheben pflegte.

Daß praktische Anweisungen und Anleitungen dieser Art nicht überflüssig gewesen sind, läßt sich aus den Erfahrungen, die Pfarrer in dieser Mittlerrolle gemacht haben, anschaulich belegen[14]. Zudem aber findet sich in der pastoralmedizinischen Literatur dieser Epoche gelegentlich ein Themenkreis, der sich in ganz besonderer Weise mit dem Pfarrhaus befaßt. Der Titel lautet hier »Diätetik für Geistliche«. Dabei meint der Begriff »Diätetik« im damals zeitgenössischen Sinn nicht etwa nur Regeln der Ernährung, sondern das Programm einer gesunden Lebensführung überhaupt. Bei de Valenti nimmt dieser Teil großen Raum ein. Er sagt von seiner Diätetik für Geistliche, daß ihr Zweck die Bewahrung und Stärkung einer wenigstens mittelmäßigen Gesundheit sei. Tatsächlich kann man seinen Darstellungen entnehmen, daß auch oder gerade die Pfarrhäuser und die Lebensführung ihrer Bewohner keineswegs die besten Voraussetzungen guter Gesundheit boten. Schon die äußere Anlage der Pfarrhäuser gab zu Bedenken Anlaß (Abb. S. 240). De Valenti hält sogar die Nähe zum Friedhof für schädlich, was immerhin dann tatsächlich zu erwägen war, wenn die Gräber nicht tief genug ausgehoben waren. Aber er weist mit größerem Nachdruck auf die offenen Aborte neben dem Fenster hin und darauf, daß die Straßen allgemein als öffentlicher Ausguß dienten. In den Räumen waren offene Kohlefeuer ohne Abzug, wie man liest, nicht selten. Aber vor allem fällt auf die persönliche Lebensführung der Bewohner im Pfarrhaus ein erstaunliches Licht. Sie müssen ermahnt werden, angemessene Kleidung zu tragen. Dazu aber heißt es weiter: »Bei der Gelegenheit bringen wir noch eine Sache in Erwähnung, die ebenfalls zum großen Schaden der Gesundheit von den Meisten versäumt wird. Wir meinen die rechte Pflege und Reinlichkeit der Füße. – So sehr wir auf trockene und warme Füße zu halten haben; so nöthig ist es doch, daß man dieselben nicht verweichliche, oder im Schmutze halb verfaulen lasse, was so oft geschieht. Man wasche daher dieselben mehrmals in der Woche mit kaltem Wasser.«[15] Offenkundig war

---

[14] So berichtet G. Dinter (Dinters Leben, 1830²) aus seiner Landpfarrerzeit: »Ein andermal ging eine lächerliche Unvorsichtigkeit doch noch gut ab. Des Schmidts Crasselt Schwester, ein 18jähriges Mädchen war krank. Sonnabend nachmittags sende ich ihr die Arznei, die der Arzt auf meinen Bericht für sie bereitet hat. Natürlich komme ich erst sonntags nach 4 Uhr, um sie zu besuchen. Was für Teufelszeug, schreit mir der Schmidt entgegen, hat der Arzt meiner Schwester geschickt? Wir haben ihr das Pulver kaum halb eingegeben, und sie hat sich fast zu Tode gebrochen! Ich: Gebet den Zettel her! Wer weiß was ihr gemacht habet. Man gibt ihn mir und – es war ein Schnupftabak, der ihr den Kopf hatte erleichtern sollen. Sie hatte ihn eingenommen. Zum Glücke genas sie doch.«
[15] De Valenti, S. 195

Erster Abschnitt.

Allgemeiner Theil.

Ueber den Gebrauch der sogenannten sechs nicht natürlichen Dinge.

§. 1.

Von der Luft.

Da wir die Luft ununterbrochen athmen, und ringsum, und zwar beständig von ihr umschlossen sind, da sie das menstruum unzähliger gasartiger, tellurischer und kosmischer, wägbarer und unwägbarer, heilsamer und schädlicher, oft zerstörender Stoffe und Kräfte ist; so ist es von selbst klar, welch einen wichtigen Platz die Luft unter den feindlichen sowohl, als freundlichen Lebensreizen inne haben müsse. Da wir ferner der Luft, so wenig als dem Ruach Jehovah entfliehen können, so folgt weiter, daß es bloß darauf ankomme, sich recht mit ihr zu befreunden, und vertraut zu machen. Denn daß weder Pelz, noch Ofen, noch Daunenbett vor den Unbilden der Witterung schütze, lehrt die tägliche Erfahrung. Niemand leidet mehr an Schnupfen und Rheumatismen als professionirte Stubensitzer, und wir kennen Menschen genug, welche als lebendige Wettergläser, selbst im Bette liegend, alle Mal vom Schlafe erwachen, sobald sich der Wind dreht, und das Wetter ändert.

Erster Abschnitt. Ueber den Gebrauch rc. 189

Hierbei kommen nun dreierlei Dinge besonders in Betracht, nehmlich die Wohnung, die Kleidung, und die Bewegung im Freien.

1. Von der Wohnung.

Am meisten Berücksichtigung verdient dasjenige Zimmer, welches der Seelsorger in der Regel am längsten und am öftersten benutzt, nehmlich die Studirstube, und das Schlafzimmer.

Nicht selten sind selbst Landpfarrhäuser sehr reich an Zimmern, so daß man in der Wahl derselben ziemliche Freiheit hat.

Was nun die Lage betrifft, so ist es gut, wenn man nach den Jahreszeiten damit wechselt, und z. B. im Winter ein mehr südlich, im Sommer ein nord-, oder nord-östlich gelegenes Zimmer bewohnt.

Sehr unpassend, ja nicht selten verderblich ist das Bewohnen des untern Stockwerks. Namentlich gilt dieses von sehr alten Gebäuden. Unsere Vorfahren waren um einige Grade stärker, und überwanden daher die üblen Wirkungen einer unsinnigen Bauart leichter als wir. Denn noch würden auch bei ihnen manche Uebel, als z. B. Hypochondrie, Gicht, chronische Rheumatismen, Katarrhe, Unterleibsbeschwerden, ja sogar Lähmungen und Schlagflüsse ausgeblieben seyn, wenn sie mehr auf Bequemlichkeit und Gesundheit der Wohnung gesehen hätten. Am schädlichsten sind jedoch diejenigen Parterrestuben, welche über einem, noch dazu oft von Wasser angefüllten, Keller stehen. Auch die robusteste Konstitution kann allmählich in solchen dumpfigen Löchern, und zwar für immer, einen Stoß bekommen. Man nehme daher diese Sache nicht zu leicht, und traue sich nicht zu viel zu, wenn man etwa schon Jahre lang ohne merklichen Schaden dieses Troglodytenleben fortgesetzt hat. — Nicht selten brechen die Folgen schwerer Versündigungen gegen die Natur ganz unerwartet herein. Sollte demnach irgend eine totale Beschränkung die Stu-

Zwei Seiten aus dem im Jahre 1831 erschienenen Werk des Arztes Dr. de Valenti »Medicina clerica oder Handbuch der Pastoral-Medizin«, das sich an Pfarrer wendet

diejenige Reinlichkeit, die Voraussetzung der Gesundheit auch schon vor dem naturwissenschaftlich-hygienischen Zeitalter war, in den Pfarrhäusern des 18. Jahrhunderts keineswegs selbstverständlich. Ähnlich liest man davon, daß die Frauen im Haus in Verdacht standen, von Wärmflaschen umgeben zu sein, und daß sie sich bei schlechtem Wetter gleich hinter dem Ofen in Sicherheit brachten. Zu den großen Versuchungen für das Pfarrhaus gehörte offenbar die Völlerei, nicht so sehr der Alkohol, und entsprechend zu den alltäglichen Plagen die Verstopfung unter Einschluß derjenigen Leiden, die erst aus der Bekämpfung solcher Störungen mit allerlei aggressiven Hausmitteln sich ergaben. Zu den bemerkenswerten Abschnitten der Diätetik gehören die psychologischen Untersuchungen und Anleitungen. Ihnen ist zu entnehmen, daß die größte innere Sorge im Pfarrhaus unverkennbar die Nahrungssorge, also die Furcht vor äußerer Not gewesen ist. Der Autor gibt ihr noch größeres Gewicht für die Entstehung mancher psychosomatischer Leiden als den scheinbar verbreiteten Unsicherheits- und Unzulänglichkeitsgefühlen. Er erwähnt freilich auch mit gehöriger Betonung die üblen Folgen des Müßiggangs, vor allem in den Pfarrhäusern auf dem Lande.

Die Epoche von der späten Aufklärung bis fast zur Mitte des 19. Jahrhunderts ist zweifellos die Zeit gewesen, in der die Wechselbeziehungen zwischen Pfarrhaus und Medizin am intensivsten auch durch die einschlägige Literatur geprägt waren. Die tiefere Begründung dieser Wechselbeziehungen und ihrer folgenreichen Realisierung verdanken sich offenbar die Koinzidenz von sich ausbildenden Interessenlagen auf beiden Seiten. Die Medizin – und auch der einzelne Arzt – konnte nichts anderes wünschen, als eine so wichtige und öffentlichkeitswirksame Institution wie das Pfarrhaus für sich zu gewinnen. Diese Medizin war auf dem Wege, ihrem Programm einer akademischen und theoretisch begründeten Heilkunde öffentliche Aufmerksamkeit und Zustimmung zu verschaffen, greifbar verbunden mit dem Anstieg der Reputation ihrer Berufsträger. Ohne die Institution Pfarrhaus wäre die aufgeklärte Entwicklung auch auf diesem Gebiet kaum so schnell und so erfolgreich vor sich gegangen. Die Medizin verdankt ihre zunehmende Akzeptanz gerade in dieser Epoche in erster Linie ihren therapeutischen Erfolgen. Sie konnte, soweit das geschah, die Öffentlichkeit überzeugen, weil sie die Pfarrhäuser überzeugt hatte.

Und die Pfarrhäuser andererseits gewannen nicht nur eine beschränkte medizinische Kompetenz hinzu, deren Grenzen offensichtlich bleiben mußten. Sie gewannen vielmehr Berufs- und Lebensperspektiven, die sich so aus der eigenen Tradition und der eigenen Bildung und Ausbildung nicht ergeben konnten. Der leitende Begriff für diese Perspektiven und für ihre Darstellung in der einschlägigen Literatur lautet »Anthropologie«. Die Medizin war nach der Auffassung der Aufklärungszeit keineswegs nur »Heilkunde«, sie war in erster Linie eine Wissenschaft von allem Lebendigen und von der Natur im ganzen, zumal vom Menschen, und die Heilkunde nahm darin nur einen bescheidenen Platz ein[16]. Anthropologie war also ein grundlegendes Thema der Medizin selbst, und nicht selten ist auf ihrem Fundament die Theorie der Heilkunde erst errichtet worden. Die Begegnung mit dieser Anthropologie – einem teils traditionellen, teils empirisch erweiterten, in jedem Falle aber toleranten Bild vom Menschen – hat gerade für das Pfarrhaus tiefgreifende Wirkungen gehabt. Diese Wirkungen lagen zunächst auf dem Gebiet der eigenen Lebensführung. Die Praxis der familiären und der persönlichen Existenz mußte sich wandeln, wenn völlig neue und neuartige Gesichtspunkte zu ihrem Verständnis geltend gemacht wurden: Anthropologie umfaßte nicht nur die Lehre von den Temperamenten, sondern das Lebensalter und seine Perioden, den Einfluß von Klima und Jahreszeit, die Lebenszustände, die Bedeutung von Gemütsbewegungen, von Krankheit, von Schlafen und Wachen und vieles andere mehr. Die medizinische Aufklärung hat das Bild des Menschen von sich selbst verwandelt – auch und besonders folgenreich und wirkungsvoll das im Pfarrhaus gültige Bild. Sodann aber hat die Begegnung mit der medizinischen Anthropologie Folgen für die Berufstätigkeit des Pfarrers. Auch hier wird das Bild des Menschen, das diese Tätigkeit leitet, deutlich und folgenreich verändert.

De Valenti hat seinem Werk eine Reihe von exemplarischen Fällen (»historische Beilagen«) angefügt. Darunter findet sich der Fall einer an Melancholie leidenden Frau, die ein angesehener Arzt behandelte und durch eine psychologische Kur der völligen Heilung nahebrachte. »Sein Vergnügen darüber war unbeschreiblich groß, weil er aus seiner trefflichen Kur die wichtigsten Resultate der psychischen Heilmethode zog, die noch von so vielem Dunkel umzogen ist. Diese Freude wurde ihm durch einen Geistlichen entrissen, der in seinen moralischen und erbaulichen Gesprächen gerade die Ideen wieder aufweckte, welche der Arzt mit unsäglicher Geduld allmählich aus ihrer Seele verwischt hatte. Ihr ganzer Zustand wurde dadurch von neuem zerrüttet...«[17] Die pädagogische Wirkung, die solche Geschichten entfalteten, dürfte kaum zu überschätzen sein. Welcher Geistliche möchte auf diese Weise noch zur Ursache einer Krankheit werden? Zweifellos liegen hier wesentliche Wurzeln für die Entwicklung, die das Verständnis der seelsorgerlichen Aufgabe erweitert und vertieft haben. Am anschaulichsten zeigt sich das tiefgehende Wechselverhältnis von Pfarrhaus und Medizin in dieser Epoche vielleicht an äußerlichen und zufälligen Zügen: Bedeutende Vertreter der zeitgenössischen Medizin stammten aus Pfarrhäusern. Johann Friedrich Blumenbach (1752–1840), Professor in Göttingen, war einer der berühmtesten Naturforscher seiner Zeit und Begründer einer neuen Richtung der Anthropologie und der vergleichenden Anatomie als Wissenschaft. Er stammt aus einem Pfarrhaus in Gotha.

[16] M. J. Bluff, Pastoral-Medizin, 1827, S. 1   [17] De Valenti, S. 265

Justus Loder (1753–1832) war Anatom in Jena und ist in einem Pfarrhaus in Riga geboren. Goethe hat bei ihm Anatomie gehört. Johann Georg Goercke (1750–1822) stammt aus einem ostpreußischen Pfarrhaus. Er war Generalstabsarzt, Chef des Medizinalwesens des preußischen Heeres und Begründer der »Pepenière«, der militärischen Ausbildungsanstalt in Berlin.

Die Entwicklung eines arbeitsteilig differenzierten Systems der Berufstätigkeiten ist ein Ergebnis erst des 19. Jahrhunderts. Vom Spätmittelalter an bis zum Ende der Barockzeit waren die Profile der wenigen Berufe, die es schon in einem unterscheidbaren Sinne gab, recht unscharf, und die Übergänge bleiben fließend. Dem entsprach auch das Selbstverständnis der akademischen Wissenschaften. Häufig war auch noch im 17. und 18. Jahrhundert der Fall, daß ein Professor ohne weiteres von einer Fakultät in eine andere überging und sein Lehr- und Forschungsgebiet damit über Nacht wechselte. Das galt wie selbstverständlich auch für das Verhältnis der Theologie zur Medizin. Ein zu seiner Zeit prominenter Fall war der des Caspar Bartholinus (1585–1629) in Kopenhagen, der als junger Professor der Medizin sich einen bedeutenden Ruf erworben hatte, auch auf den Gebieten der Physik und der Astronomie hervorgetreten war, dann aber nach einer schweren Krankheit gelobte, sich allein noch der Religion zu widmen, und ohne weiteres in eine Professur in der Theologischen Fakultät übernommen wurde[18].

Die allgemeine Praxis der Heilkunde war keineswegs primär durch die Tätigkeit der Berufsärzte geprägt. Krankenbehandlung wurde auf die verschiedenste Weise nach lokalen volksmedizinischen Überlieferungen geübt. So haben, vor allem in schweren Zeiten, die Pfarrer und die Pfarrhäuser für die Kranken in den Gemeinden eine ganz besondere Rolle gespielt. Auch berühmte Pfarrer und Theologen haben derartige Aufgaben wie selbstverständlich übernommen. Johann Valentin Andreae (1586–1654), Hofprediger in Stuttgart, hat sich selbst als Pfleger und Krankenhelfer betätigt, und Johann Gerhard (1582–1637), Professor der Theologie in Jena und einer der bedeutendsten und einflußreichsten Theologen seiner Zeit, hat bei der Pestepidemie selbst Medikamente herstellen lassen, hat sie den Armen und den Studenten ins Haus gebracht und ist für viele Arzt und Krankenpfleger zugleich gewesen[19]. Es gab allerdings auch eine wohl nicht unbeträchtliche Zahl von Landpfarrern, die ganz unbefangen und in aller Öffentlichkeit im Pfarrhaus eine Krankensprechstunde abhielten und den Heilberuf direkt neben dem des geistlichen ausübten. Einer der bekanntesten unter ihnen war Johann Rist (1607–1667), Pfarrer zu Wedel in Holstein. Rist ist freilich vor allem als Poet und als Liederdichter bekannt geworden. Er hat in seinem Pfarrhaus in Wedel eine viel

---

[18] A. Tholuck, Lebenszeugen der Lutherischen Kirche aus allen Ständen vor und während der Zeit des Dreißigjährigen Krieges, 1859, S. 234 ff.
[19] Tholuck, S. 314 ff., S. 177 ff.

besuchte ärztliche Praxis ausgeübt. »Er berichtet, daß er Hunderten ja Tausenden geholfen habe mit Mitteln, die er selbst erfunden und die nur ihm bekannt waren; so hat er mehr als fünfzig Personen, die von tollen Hunden gebissen waren, vollständig geheilt. Das Mittel selbst verschweigt er jedoch, und es ist bisher noch keins bekannt geworden. Betrachtete er die Sorge für die leibliche Gesundheit seiner Gemeinde und der Nachbarschaft als einen Teil seines Berufs, so widmete er der Sorge für die Seelen seiner Pflegebefohlenen seine Hauptaufmerksamkeit und seinen ganzen Fleiß.«[20] Rist hatte einige Semester Medizin studiert. Seine Praxis ist indessen offenbar ganz von der Volksmedizin, von der eigenen Kräuterapotheke und von selbst hergestellten Mixturen bestimmt gewesen. Auch dem Arzt sind, wie dem Theologen, magische Kräfte, Geister und Gespenster selbstverständlicher Bestandteil der Alltagswelt gewesen[21].

[20] Dichtungen von Johann Rist, hrsg. von K. Goedeke und E. Goethe, 1885, S. XXIV f.
[21] Ebd. S. XXVIII: »An anderer Stelle spricht er von einem gottlosen Einwohner seiner Gemeinde, doch nicht in Wedel selbst, der für sein epileptisches Kind von Rist Arznei fordert und erhält, die Vermahnungen zur Buße und Besserung seines Wandels aber trotzig und fluchend abweist. Kaum heimgekehrt, muß er sich legen und wird am andern morgen tot im Bett gefunden. Nicht auf dem Gottesacker wird er begraben, sondern bei seinem Hause hinter einem Zaune verscharrt. Ohne

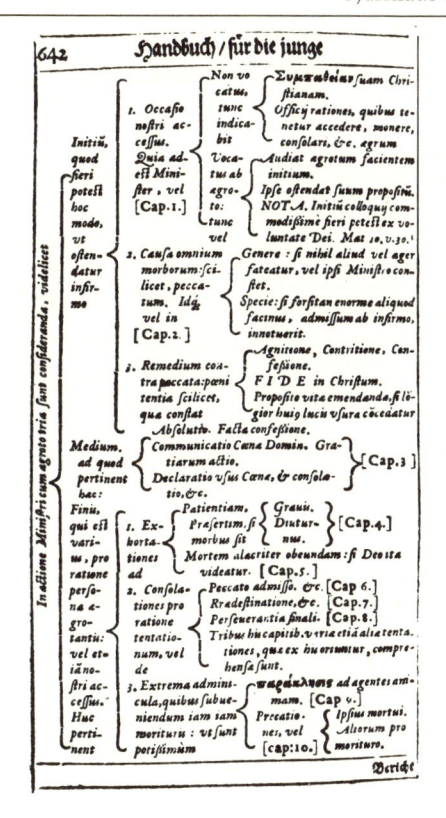

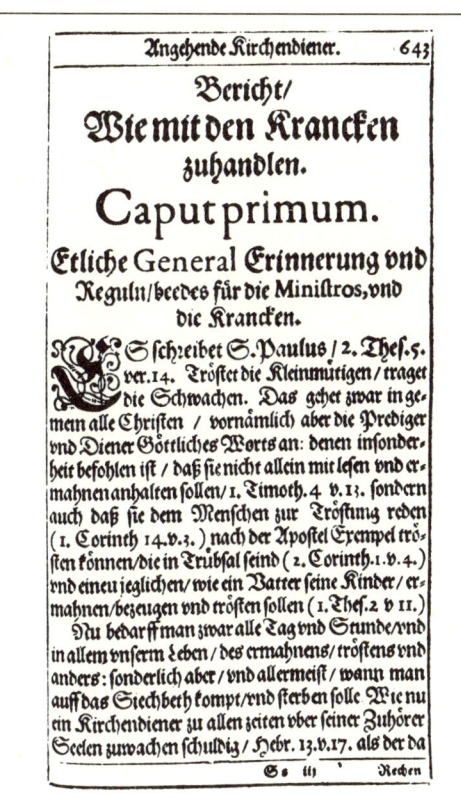

Die Heilkunde dieser Epoche war nicht in erster Linie an therapeutischen Zielen orientiert. Das konnte sie nicht sein. Sie hat die »Linderung der Leiden« zu üben gesucht, die schon Hippokrates als wesentliche ärztliche Aufgabe genannt hatte. Daß man in dieser Hinsicht denn doch wieder mehr vom Pfarrer als vom Arzt erwartete, ist nur zu verständlich. Man stand Krankheiten und Leiden weithin ohnmächtig gegenüber. Ein überall erstes und eindrückliches Beispiel dafür war die enorme Kindersterblichkeit, die im Pfarrhaus in besonderer Weise Bedeutung hatte. Von Anna Maria Gerhardt, der Frau Paul Gerhardts, ist ein Tagebuch überliefert, das die folgenden Notizen enthält: »Am 19. Mai 1656. Unser erstes Kind Maria Elisabeth wird geboren, an meinem eigenen Geburtstage... Am 14. Januar 1657. Unser Kind Maria Elisabeth stirbt, kaum acht Monden alt... Schlaf wohl mein Kind... Wenig und böse war die Zeit deines Lebens, du lieber und flüchtiger Gast... Am

---

eine Spur von Ungläubigkeit erzählt Rist, wie der Tote als Gespenst, in derselben Gestalt wie im Leben, ja mit seinen gewöhnlichen Kleidern sich in dem Hause, in dem er gewohnt, zu den anderen an den Herd gesetzt und sie grimmig angesehen habe. Die Nachbarn kommen zu Rist nach Wedel, der ihnen rät, das Gespenst durch Beten des 91. Psalms und Absingen lutherischer Lieder zu verscheuchen. Sie befolgen den Rat und die Erscheinung weicht diesen Mitteln und ist urplötzlich verschwunden.«

12. Januar 1658. Unser zweites Kind, Anna Katharina wird geboren... Am 25. März 1659. Unsere Anna Katharina wird in ihr Ruhekämmerlein getreten...«[22] Dieselben Sätze wiederholen sich dann Jahr für Jahr. Von sechs Kindern blieb eines am Leben, bis die Mutter selbst starb.

Man sieht aus derartigen Nachrichten, daß die Bedeutung der Medizin tatsächlich gering gewesen ist. Auch in den Pfarrhäusern, in denen sie gleichsam professionell mit betrieben wurde, kam ihr für das Ganze des Lebensablaufs nicht viel Gewicht zu. Man kann auch bei Anna Maria Gerhardt nichts davon lesen, daß die Medizin oder Ärzte für Leben und Sterben ihrer Kinder irgendeine Rolle gespielt hätten. Die Praxis der Heilkunde, die in Pfarrhäusern allenfalls tatsächlich betrieben wurde, war die volkstümliche Hausmittelmedizin, die das Pfarrhaus dann eben nicht nur der eigenen Familie, sondern der ganzen Gemeinde zur Verfügung stellte. Es war auch genau diese Gestalt der Krankenhilfe, die in der katholischen Geistlichkeit dieser Epoche größere Verbreitung gefunden hatte und später eine öffentliche Diskussion darüber auslöste, ob es mit dem priesterlichen Beruf vereinbar sei, nebenher eine derartige »medicina ruralis« auszuüben[23].

Bis weit in das 18. Jahrhundert hinein hat also die Medizin für das Pfarrhaus und für den Pfarrer keine selbständige und weiterreichende Bedeutung gehabt. Man kann das ausdrücklich einem Schema entnehmen, das der württembergische Theologe Felix Bidembach seiner praktischen Anleitung für junge Pfarrer beigegeben hat (Abb. S. 244/245)[24]. Die Begegnung des Pfarrers mit einem Kranken wird hier in eine Fülle von Aspekten, Perspektiven und Aufgaben unterteilt. Es ist auch von den Ursachen der Krankheit die Rede, das ist bei allen Krankheiten die Sünde. Auch soll der Pfarrer abwägen, ob die Krankheit wohl schwer und tödlich sein werde oder nicht. Im ganzen aber geht es hier allein um die Bedürfnisse der Frömmigkeit und der religiösen Kommunikation. Daß überhaupt Ärzte oder die Medizin für den Kranken eine Bedeutung haben könnten, wird nicht erwähnt. Das Schema zeigt, daß die Bemühung um den Kranken auf Vollständigkeit in der Rücksicht auf Kirchenlehre und Theologie in dieser Situation bedacht war. Demgegenüber konnte sich die Medizin der Epoche nicht zu eigener Geltung bringen.

»Pfarrhaus und Medizin« ist nach allem ein Thema der Aufklärung und ihrer Folgen. Es ist die Frage, ob das Pfarrhaus des 20. Jahrhunderts sein Selbstverständnis tatsächlich im Zusammenhang dieser Tradition fortgeschrieben hat.

---

[22] R. Braun, Das Buch von der deutschen Pfarrfrau, 1926, S. 21 ff.
[23] Pompey, S. 33 ff.
[24] F. Bidembach, Manuale Ministrorum Ecclesiae, 1603, S. 642

CHRISTEL KÖHLE-HEZINGER
Pfarrvolk und Pfarrersleut

Das Pfarrhaus als Hort der Kirchenbücher und Kultur, als Ort der lokalen Geschichtsschreibung: ein wahrhaft reich belegtes, allzu geläufiges Bild. »Der Pfarrer, welcher schon in der Führung der Kirchenbücher und durch die ihm obliegende Abfassung der Lebensläufe der Verstorbenen der geborene Chronist seiner Gemeinde ist, er, welchen seine Akten, Kirche und Kirchhof von selbst nötigen, in die Vergangenheit zu blicken, der durch seinen Beruf an Lebenden und Toten wie ein Vermittler zwischen Vergangenheit und Zukunft seiner Gemeinde steht, hat einen besonders nahen Antrieb zu geschichtlicher Forschung.« Dies Bild, einem populären »Lebensbild« des Jahres 1884 entnommen, stammt – wie viele unserer Kulturbilder – aus der geistigen Welt des 19. Jahrhunderts; eines Leopold von Ranke etwa, dem im großväterlichen Pfarrhaus mit seiner reichen historischen Bibliothek der Sinn für Geschichte geweckt worden war. Er wählte zunächst das Studium der Theologie, dann der Geschichte. Seine Begründung einer objektiven Geschichtsschreibung – »zu zeigen, wie es eigentlich gewesen« – spiegelt die frühen Eindrücke und Bindungen von Religion und Geschichte. »...auch wenn die Söhne nicht bei der Theologie bleiben, tragen sie doch den Geist des Vaterhauses weiter in die Welt.«[1]

Um jenen Geist und seine kulturellen Formen soll es hier nicht gehen. Die der Tradition der Volkskunde entstammende Fragestellung sucht nach der ›anderen‹ Geschichte, die sich Kirchenbüchern nur gelegentlich, Pfarrhausschilderungen und -chroniken kaum je entnehmen läßt: nach Realien, Idealen und Problemen in den Beziehungen zwischen Pfarrhaus und Volk, deren Beziehungsgeschichte im Alltag – ebenso wie die der Frömmigkeit – längst nicht geschrieben ist.

I. Von den »Verflechtungen in den Alltag« (M. Weber)

»Ein Pfarrer, der die gemeinen Leute liebt und ästimirt, kann etwas ausrichten. Wer aber keinen Umgang mit gemeinen Leuten haben mag, bei dem hilft alles Predigen nichts.« Johann Friedrich Flattich, einer der populärsten und wirksamsten Pfarrer des württembergischen Pietismus, nennt in diesem Satz die beiden Säulen von Pfarrhaus und Amt: Predigt und »Umgang mit gemeinen Leuten«.

Wie hat dieser alltägliche Umgang ausgesehen, zu welchen Anlässen und Zeiten stattgefunden?

»Ins Pfarrhaus geht man nicht gern, weil man fürchtet, als Zuträger (›Pfarrhausschwätzer‹) angesehen zu werden.« Die mundartliche Redewendung gibt Einblicke, wie sie die traditionelle Geschichtsschreibung – die weltliche wie die kirchliche – missen lassen. Solche Spuren gilt es nachzuzeichnen, um Anlässe und Stationen, Formen und Wirkungen jenes Beziehungsgeflechts zu erkennen.

Mit dem Predigen »etwas ausrichten« wollte Luther zuallererst: Er hat nicht nur erstmals aus der dem Volk eigenen Sprache geschöpft, sondern auch aus dessen Glauben und Bildern. Hexen und Zauber, Teufel und Wechselbalg, Wetterregeln und Bittgänge, Märchen und Sage, Schwank und Sprichwort sind ihm wertvolle Quellen *und* pädagogisches Mittel. So duldet er zum Beispiel die Fasnacht, und er nutzt sie als Allegorie in der Predigt, als »Gottes Mummenschanz und Puppenspiel: Got nymbt dich zu(o) einer larven, streyt in dir, zu(o) gleycher weyß wie in ainer mumerey nit die larve wirckt, sonder der darunder ist, unnd mu(o)ß doch gleych wol die larven haben, will er ain mummerey anrichten.«[2] Eine solche Haltung – den Humanisten Selbstverständlichkeit – weicht zunehmend der Kritik und Ablehnung volkstümlicher Überlieferungen, wie sie die Fasnacht darstellt. Luther und die Reforma-

---

[1] Plessner, S. 68. Hier und in allen Anmerkungen verweisen die Namen auf das Literaturverzeichnis am Schluß dieses Beitrags.
[2] zitiert nach Narr, S. 152

tion sind hier Endpunkt, nicht Neubeginn – *dies* allenfalls im Sinne einer Scheidung.

Pfarrer und Volk sind in dieser Zeit – und, wie Beispiele zeigen, oft lange danach – noch nicht durch die Kluft der Bildung getrennt. Belege aus dem Bereich des Aberglaubens zeigen ein noch ungeschiedenes Ineinander von Glauben und »Aberglauben« in einer Welt, in der das Magische noch nicht »entzaubert« oder – in der Sprache der Ratio – entmythologisiert war.

Von einem Pfarrer als »Schatzgräber und Segenssprecher« berichten die Ulmer Visitationsakten im Jahre 1580: Er sage selbst, »er könne Schätze graben, die kämen am St. Gertraudentag herfür. Sein Rezept gegen das Zahnweh« achte allein »auf die Komplexion des Menschen und die Zu- und Abnahme des Mondes. Er hat einmal nicht zulassen wollen, daß der Arzt ein Kind schneide; er selbst heilt Kinder mit einem Pulver und mit Gaißenmilch, weiß auch Bescheid über Teufel und Teufelsbeschwörer. Folge: Er hat eine gehorsame Gemeinde und so eine volle Kirch, daß man schier nicht hinein kann.«[3]

Das Staatskirchentum, das Kirche und Pfarrer als Staatssache organisiert und auf allen Ebenen der steten Kontrolle unterwirft, schafft zunehmend Distanz zur Kultur des gemeinen Volkes. Die Scheidungen lagen im Bereich der Pfarrersprivilegien und der gegenseitigen Pflichten. Sie konnten binden, aber auch auf härteste Weise Zwist und Trennung bedeuten.

Dem »sittlichen« Bereich, in dem der Pfarrer und sein »ganzes Haus« Vorbild zu sein hatten, ist ein zweites Beispiel aus dieser Zeit entnommen:

»Der Pfarrer sollt billig sein Weib besser ziehen.« Diesen Verweis mußte sich ein Pfarrer 1582 gefallen lassen. Eine »Maultäsche«, also ein Schlag auf den Mund, war Anlaß zu dieser Maßregelung seitens der geistlichen Obrigkeit. Die »leicht erregbare« Pfarrfrau war in das Haus des Schultheißen eingedrungen und hatte dessen Magd, die sie durch »lügenhafte Behauptungen« geärgert habe, eine »Maultäsche« verabreicht. Das ganze Dorf hatte sich darob empört, und der Pfarrer mußte eine Geldstrafe durch das örtliche Vogtgericht und den Verweis im Synodalprotokoll einstecken[4].

In solch eklatanten Fällen berichten die Quellen, was sonst nur am Rande oder zufällig faßbar wird: von der Rolle, welche die Pfarrersleute im Zusammenleben mit dem Volk gespielt haben. Die Rollen des Pfarrers selbst sind in ihrer Vielfalt und im Wandel klar zu erkennen: als Staats- und Kirchendiener, als Herr und Vorbild, als Sittenrichter und selbst Gezüchtigter, als Zehntempfänger und »Zehntknecht«, als Ökonom und Bauernaufklärer... Von Pfarrfrau und -familie hören wir in den Akten Konkretes fast nur im Falle von Anstößigkeiten wie jener »Maultäsche«. Für den Pfarrer als den örtlichen und den

---

[3] zitiert nach Bischoff-Luithlen, 1979, S. 196
[4] Sauer, Affalterbach, S. 52

visitierenden Dekan als überörtlichen Chronisten gehörte beides wohl stets in jenen Bereich »kultureller Selbstverständlichkeiten«, die durch »tiefliegende Traditionen« vermittelt, nicht diskutiert und »subliterarisch« sind[5]. Bei »normalem«, das heißt zufriedenstellendem Funktionieren dieser Nebenrollen im Schatten des Amtes waren sie nicht »der Rede wert«.

Verstärkend gewirkt haben zudem in Württemberg zwei Faktoren: einmal, unter dem Einfluß des Pietismus und dessen Tugendkatalog, das demütige Hintanstellen der eigenen Person(en) hinter Amt und Sache. Ein zweiter Faktor mag leicht übersehen werden: Die Pfarrhauswelt war nicht nur ein praktisch geschlossenes Sozial- und Bildungssystem, sondern auch eine Welt der »Männerbündnisse und Freundschaften, in denen Frauen keine oder meist nur eine sehr untergeordnete Rolle spielten«. Zeller überträgt zu Recht auf theologische Seminare und Tübinger Stift, was Schiller über die (vergleichsweise kurzlebige) Hohe Carlsschule schrieb: »Die Tore dieses Instituts öffnen sich... Frauenzimmern nur, ehe sie anfangen, interessant zu werden, und wenn sie aufgehört haben, es zu sein.«[6]

Die Frauen im Pfarrhaus – an anderer Stelle dieses Bandes ausführlich traktiert – waren in diesem System jahrhundertelang eingegrenzt auf häusliche Wirtschaft und Erziehung, Bildung und – Teilnahme: »... eng miteinander verwandt oder verschwägert, verbunden durch gleiche oder sehr ähnliche Bildungsgänge. Man kannte sich im ›Ländle‹ und wußte sehr gut von- und übereinander Bescheid.«[7] Das evangelische Pfarrhaus war – vor allem und bis in unsere Zeit – ein kulturelles Binnensystem, eine »Welt in der Welt«.

Württemberg, aus dem die nachfolgenden Beispiele meist stammen, ist nicht *nur* der Spezialfall, von dem Robert Minder spricht. Es weist ohne Zweifel viele Besonderheiten auf in Besitz- und Sozialstruktur, politischer und kultureller Tradition. Gerade für unser Thema aber darf nicht übersehen werden, daß Württemberg auch für andere deutsche Länder Vorbild war mit seiner 1559 erlassenen Großen Kirchenordnung, jenem »Staatsgrundgesetz des protestantischen Staatswesens«[8].

Sie hat der Reformation die irdische Wohnung bereitet: das Haus aufgemauert, auch und gerade in seinen alltäglichen Nischen und Gängen.

Der Geistlichen Hütten und Wohnungen:
Das Pfarrhaus als Baulast

Das Pfarrhaus war – zuallererst – staatliche Baulast, um bei den ganz materiellen Gegebenheiten der irdischen Behausung zu beginnen. Früheste Bauordnungen hatten bereits die Sonderstellung des Pfarrhauses in jenem

---

[5] Habermas, S. 288 ff.
[6] Zeller, S. 28 und 43
[7] Ebd., S. 48
[8] Weller, S. 166

äußerlich sichtbaren Sinne festgeschrieben. So bestimmte die erste württembergische Bauordnung von 1495, daß »kain purnhauß über zween Stöck haben soll, es wäre denn ains priesters oder Wirtshauß«. Kirche, Pfarrhaus und Wirtshaus – beide übrigens Zuflucht für Fremde und Herbergsuchende: ersteres durch göttliches Gebot, letzteres durch Gesetz dazu verpflichtet – bildeten weithin sichtbar den Ortskern. Mehrstöckigkeit bedeutete städtisches Aussehen, das in Dörfern durchaus gewolltes Scheidungsmerkmal in sozialer und kultureller Hinsicht war und Zugehörigkeit zu außerörtlichen, höheren Instanzen signalisierte.

Seit der Reformation war dieser standesherrlichen Haus-Größe wenigstens augenfällig Sinn und Inhalt verliehen, der Vorschrift die Begründung gleichsam nachgeliefert worden. Die 1556 notierte Klage eines Pfarrers »samt seinen zehn lebendigen Kindern, die er im Stand der heiligen Ehe erzeugt habe«, mag stellvertretend stehen für jene erstbeziehende Familien-Generation im Pfarrhaus. Er war 1535 nach Affalterbach bei Marbach gekommen; das Pfarrhaus hatte die Familie bald wieder »wegen merklichen Abgangs und Unbaus verlassen« und mit dem kaum weniger baufälligen Frühmeßhaus vertauschen müssen – bis auch »solches zur Unterschleifung seines Eheweibs und seiner zehn lebendigen, mehrteils noch unerzogener Kindlein ohne sondere Gefahr und merklichen Schaden auch nit länger« taugte. 1556, nach 21 Amtsjahren in der Notunterkunft, hatte das Ersuchen, »das Pfarrhaus nach Notdurft zu bauen, damit er mit seiner Familie wieder darin wohnen könne«, endlich Erfolg: Das baufällige alte (das immerhin noch der Lehrersfamilie würdig gedient hatte) wird abgebrochen und an derselben Stelle ein neues gebaut. Nochmals werden die Behausungen – nun standesgemäß – vertauscht. Die Lehrersfamilie zieht in das von der zwölfköpfigen Pfarrersschar ob seiner Baufälligkeit verlassene Frühmeßhaus, und die Pfarrfamilie bezieht ein an örtlichen Verhältnissen gemessen fürstliches Haus: auf einem »steinernen Stock« mit Viehställen und Wirtschaftskammern ein »hölzerner Stock« mit zwei Stuben, drei Kammern, einer Küche sowie zwei weiteren Kammern und einer Kornschütte im Dachstock.

Die Baulast der Pfarrhäuser trug das Kirchengut, während die der Kirchen der örtlichen Heiligenpflege oblag. Über der Frage der sogenannten Hand- und Spannfronen kam es beim Pfarrhausneubau zum Streit. Schultheiß, Gericht und »die ganze Gemeinde« erhoben Einspruch dagegen, weil man beim Bau von Pfarr- und Pfründhäusern noch nie gefront habe. Ein Kompromiß beließ es bei 33 Eichenstämmen, die von der Gemeinde zu liefern seien, sowie einem Tag Fuhr- und Handfronen pro Einwohner. Die Berufung auf »altes Recht und Herkommen« war erfolgreich gewesen gegen das herrschaftliche Bestreben, »neue Lasten oder Beschwerden« hinzunehmen.

Sorgen um Familie und Behausung im Sinne materieller Daseinssicherung scheinen die Energien der ersten Jahrzehnte weithin zu binden, während nachfolgende Generationen sich dem eigentlichen Amt widmen können. 1601 erhält der zweite Pfarrer »ein trefflich gut Zeugnis, da er's mit der Lehr ganz väterlich mit ihnen meine und samt seinem Gesind mit unärgerlichem Wandel vorgehe«[9]. Dennoch reißen die Häuserklagen nie ab. Pfarrhäuser, in die »ein kalter Blitz einschlug und einen halben Giebel wegriß«[10] oder denen »eines schönen Morgens, da die Hausbewohnerschaft eben am Frühstück saß, der Zimmerboden ohne besondere Veranlassung hinunterbrach und... Herr und Frau, Vikar und Bäbel, rasch und sicher in den darunter befindlichen Kuhstall versetzte«[11]: sie lassen die Wohnverhältnisse nur ahnen...

Von »armen, abgebrannten Leut«: Redselige Kirchenbücher

Nach dem Dreißigjährigen Krieg waren in den Pfarrhäusern die Kirchenbücher neu begonnen worden. Tauf-, Ehe- und Sterberegister explodieren gleichsam vor Gesprächigkeit: Sie sind »ergänzt und übersät mit Zusätzen, persönlichen Bemerkungen, kleinen Schilderungen, ja Zeichnungen der Geistlichen und geben so ein lebendiges Bild jener Nachkriegszeit, der Stunde Null, in der aus zusammengelaufenen Überlebenden und verbrannten Häusern wieder geordnete Gemeinden«[12] werden sollen.

Das Bild entspricht kaum den Vorstellungen barocken Lebens, wie sie sich an der Hochkultur der »großen« Leute gebildet haben. Die Kirchen sind abgebrannt, »erfeuchtet«, drohen »übereinanderzufallen und, was Gott verhüten möge, Pfarrer und Zuhörer zu erschlagen«. Die Pfarrhäuser bieten ein ähnliches Bild, ständige Pfarrer fehlen meist noch lange. Schulen gab es oft ein Jahrhundert schon, als 1649 die allgemeine Schulpflicht eingeführt wird; zunächst nur die »Winterschule«, die nicht selten im Pfarrhaus oder in der Kirche stattfinden mußte, weil die Stube des Schulmeisters zu klein war. 1659 wagt eine Gemeinde wieder, nach einem »taugenlichen Subjecto« zu fragen, allerdings sei auf dem »Pfarrkeller noch keine Hütte gemacht«[13] in dem in Asche gelegten Ort. Noch bestehende Häuser sind »sehr baulos«: 1657 klagt ein Pfarrer Wunderlich, »die Stuben und Kammern des Pfarrhauses hielten weder Wind noch Regen ab, so daß er sich nicht getraue, den Winter über in dem Haus zu bleiben und ›sein Armutlein darin aufzuheben‹... Wenn man den Fruchtboden nur betrete, falle die Frucht in großer Menge in die Pfarrwohnung herunter.« Zu »gmähisten« Kosten ordnet Stuttgart eine Instandsetzung an. Die »Mäßigkeit« zeigt sich 1662, als Pfarrer Wunderlich 49jährig, »unter Hinterlassung einer mittellosen Witwe und acht ungezogenen (unerzogenen)

---

[9] Sauer, Affalterbach, S. 50f.
[10] Hermelink, S. 105
[11] Wildermuth, S. 119
[12] Bischoff-Luithlen, 1978, S. 79
[13] Sauer, Tamm, S. 152

Waislein«, stirbt: Das Haus ist »ein ständiges Ohngemach« für die Pfarrfamilie, 1684 »baufällig«, 1702 »reparaturbedürftig«[14].

Bis der Mitteilungsfreude der Pfarrer durch einen obrigkeitlichen Erlaß ein Ende bereitet wird, erfahren wir wie selten sonst vom alltäglichen Miteinander. Einmal im Zusammenhang der standesamtlichen »Regularia«: »...war ein böser Mann, den ich nie konnt in die Kirchen bringen... ein gescheftiges Mensch, ausgenommen, daß sie ein böses Maul hatte... der bey anderthalb Jahren mein Todfeind gewesen und Mir alles zuleid getan... weil meine Liebste, die Frau Pastorissin, im Angesicht hochverschwollen war, konnte sie nicht selbst Pate stehen...«[15]

Ausführlich Darstellung finden aber auch die »Spezialia«: daß der Pfarrer unter Beschuß seiner Gemeinde kommt, weil er die Taufen, »die in der Kriegsnot von ehrbaren Frauen vorgenommen wurden, nicht anerkannt und die heimlich getauften Kinder wieder getauft habe«; oder daß er mit seinen Versuchen, die Kirchenzensur in Gang zu bringen, »auf härtesten Widerstand« gestoßen war. Wir erfahren von der alten »Landstörtzerin, des Mesners Mutter«, von »sauberen Buben«, einem »elenden Tropf und lockeren Vogel, den man in der Abendmahlsbeichte nur rechtschaffen rollen müsse«. Das Mühen um die »verbrannten Leut«, die Einsamkeit in Amt und Pfarrhaus läßt sich gelegentlich ahnen hinter Belegen wie jenem resignativen Eintrag von 1650: »Es ist ein recht zerrüttetes Polizeiwesen in diesem Flecken... zum Abendmahl im Jahr der großen Friedensfeier erschien die Pfarrfamilie und 2 Dorfbewohner.«[16] 1660 hören wir von dem an »beschwerlicher Melancholie erkrankten« Pfarrer; er phantasiere, rede contra Deum, Principem et Consiliarios, errege sich schrecklich und habe erst neulich »seine Hausfrau, die doch gar ein ehrlich Mensch und ihm alles Gut tut, krätzt und geschlagen«[17].

Im Blick auf die soziale Rolle des Pfarrers im Ort lassen sich verschiedene »Pfarrerrollen« erkennen. Als *angestellter Kirchendiener* war es seine »vornehmliche Pflicht, die vorgeschriebenen Gottesdienste fleisig und richtig zu halten« und die Gemeinde »zur Führung eines stillen, eingezogenen und wohlgesitteten Lebenswandels« anzuhalten. Als *Sittenrichter* oblag ihm die Inquisition und Sanktion bei Verstößen gegen einen solchen Lebenswandel, als *Visitator* die ständige Kontrolle der gesamten kommunalen Verwaltung, von Schule und Armenwesen. Als *Staatsdiener* war er in Württemberg weit weniger Sprachrohr der Fürsten als die Geistlichen in norddeutschen Territorien: »Fürstliche Rescripta, welche keine Religions- oder Kirchensachen, sondern lauter politica« waren, wurden vom Rathaus publiziert; die Kanzel war – mit seltenen Ausnahmen, etwa bei den Gerüchten um die drohende Rekatholisierung des Landes 1737, nach dem Tode Herzog Alexanders – kirchlichen

---

[14] Sauer, Affalterbach, S. 128f.
[15] Bischoff-Luithlen, 1978, S. 75f.
[16] Hermelink, S. 103
[17] Sauer, Tamm, S. 153

Dingen vorbehalten. Dennoch »unübersehbar bleibt der starke Akzent auf der obrigkeitlichen Stellung im Sinne der Reformatoren..., die ausgefeilte organisatorische Struktur der Kirche, in der der einfache Geistliche als wichtigstes Exekutivorgan stand«[18].

Allerdings gab es genug »Mitteldinge«: »Sonntag für Sonntag (fehlte es) nicht an sittenpolizeilichen Ermahnungen und Hinweisen. Zweimal im Jahr kam die Ehegerichtsordnung zur Verlesung. Jedes Synodalreskript mußte vorgelesen werden.«[19]

»Caveat censor...«
Der Pfarrer als Sittenrichter

Diese Worte Juvenals schrieb ein Pfarrer als Motto über einen Band von Kirchenkonventsprotokollen seines Schwarzwalddorfes aus den Jahren 1699 bis 1716 – zusammen mit einem zweiten Satz: »Man muß dem Muthwilligen Nicht durch die finger sehen, mit dem aber, der mit einem fehl übereilet wird, nicht hart fahren. Fiat Justitia!«

Der Ortspfarrer führte Buch und Vorsitz über die sogenannten Kirchenkonvente, die 1644 nach Genfer Vorbild von Johann Valentin Andreae in Württemberg eingeführt worden waren.

Andreae, 1586 in Herrenberg geboren, entstammte einem Pfarrhaus, und er wirkte selbst als Dorfpfarrer. In Tübingen studierte er neben Theologie Optik, Astronomie und Mathematik; Kontakte zur Rosenkreuzerbewegung vereiteln zunächst eine »normale« württembergische Pfarrerslaufbahn. Zwischen 1607 und 1614 führen ihn große Reisen nach Frankreich, Italien, Österreich und in die Schweiz, wo ihn »Gottesgelehrsamkeit und Staatswesen« ebenso beeindrucken wie Kunst, Wissenschaft, Sitten und Bräuche des Volkes. Johann Gottfried Herders große Reise des Jahres 1769 scheint vorweggenommen. 1614 führt der Weg zurück in die Heimat und ins Pfarrhaus; er heiratet und tritt das Amt des Pfarrhelfers in Vaihingen an. Als er 1630 Dekan in Calw wird, beginnt er das bisher nur schriftlich Gefaßte in die Praxis umzusetzen in den Bereichen Caritas und religiöse Unterweisung.

Als Hofprediger und Konsistorialrat in Stuttgart (seit 1639, 1650 »Abt«) wirkt er bis zu seinem Tode 1654 für die Erneuerung des religiösen und moralischen Lebens.

Seine Werke sind größtenteils im Vahinger Pfarrhaus entstanden: Selbsterkenntnis, Kritik seiner Zeit und ihrer Bildung, woraus schließlich großartige Utopien werden wie die 1619 erschienene »Reipublica Christianopolitanae descriptio«.

Das Gedicht »Das gute Leben eines rechtschaffenen Dieners Gottes« findet sich in Andreaes 1619 in deutscher Sprache erschienener Sammlung »Geistli-

---

[18] Hasselhorn, S. 64f.
[19] Ebd., S. 62

che Kurzweil«: »durch welches Andreaes Name... am bekanntesten geworden, denn *Herder* hat es in seinen Briefen über das Studium der Theologie abgedruckt und empfohlen, und *Löhe* hat es seinem ›Evangelischen Geistlichen‹ vorangestellt«[20]. Als »das Kernigste« von Andreae wurde Pfarrern noch bis in unser Jahrhundert empfohlen, was sich in einem langatmigen Dialog entfaltet zwischen einem alten Dorfpfarrer und einem frischgebackenen »Magisterlein«.

Speziell auf die undankbare Aufgabe des Sittenrichters gemünzt sind die Verse:

»Er muß die Wahrheit jedem geigen...
Die Ruchlosen durchs G'setze rösten...
Er muß in alle Pfützen treten
All Unlust putzen und ausjäten...«[21]

Der Topos des Lehrgedichts läßt subjektive Einsichten – über objektive Realien des Pfarrstandes hinaus – nicht zu: Sie sind in den Kirchenkonventsprotokollen zu finden, die den »Pfützen« gewidmet sind.

Die Kirchenkonvente – Pfarrer im Bund mit Schultheiß, Heiligenpfleger und zwei gutbeleumundeten Männern – tagten meist einmal im Monat an einem Sonntagnachmittag. Kirchenzensur und bürgerliche Sittenpolizei in einem, verhandelten sie über Fluchen und Schwören, Tanzen und Würfelspiel, »Zusammenwandel lediger Personen« und »Ausschreitungen« bei Lichtstuben oder an Fasnacht, Ostern, Kirchweih und weihnachtlichen Umzügen, über Schulversäumnis, Sonntagsentheiligung, Armen- oder Ehesachen, Vergabe der Kirchenstühle, Verstöße gegen Kleidervorschriften und Hochzeitsordnungen. Ständige Themen sind das »nächtliche Zusammenschlüpfen«. Jedem Geistlichen war es dabei aufgetragen, »heimliche Censores« anzustellen, die »alle Verfehlungen« berichten mußten. »Gegen die gewöhnliche Anzeige stellte man die heilsame Anzeige... Die von den Geistlichen geführten Protokollbücher bringen erschreckend nahe, wie tief die Pfarrer in die Privatsphäre des einzelnen eingegriffen haben... Jedes Fluchen, jedes lasterhafte Schwören mußte an Ort und Stelle nachgeprüft und wortwörtlich notiert werden, in alle Ehestreitigkeiten hatte er sich einzumischen, jedes Versäumnis eines Gottesdienstes wurde geahndet.« Die in einer Landtagsschrift 1797 geäußerte Klage, daß dies nur »den Eigennuz, die herrschende Rachsucht« von Geistlichen begünstige und »die Gemeinden mit ihren Predigern entzweie«[22], schildert die Gefahr der Sittenrichter- und Vorbildfunktion wohl ebenso treffend wie jene Klagen über das Zehnteinziehen, von dem noch die Rede sein wird.

Das permanente und allgegenwärtige Beobachten und Mißtrauen hat – durch seine mehr als zweieinhalb Jahrhunderte prägende Gesetzeskraft – die

[20] Wurm, S. 79
[21] Ebd., S. 88
[22] zitiert nach Hasselhorn, S. 60

Menschen gezeichnet. Es hat ihren Umgang bestimmt, und es hat vor dem Pfarrhaus keineswegs haltgemacht: im Gegenteil. In Andreaes »Cynosura ecclesiastica« (»Leitstern für den Kirchendienst«), eine im ersten Jahr seiner Stuttgarter Tätigkeit 1640 entstandene Sammlung über die Führung des geistlichen Amtes, die 1687 Kirchengesetz wurde, wird auch dem Pfarrhaus mißtraut, wie die Ausführungen über die »Kinds-Tauff« zeigen:

»Tauff-Bücher sollen... weder in den Pfarr- noch Diaconat-Häusern, sondern in den Kirchen verwahrlich behalten werden, damit sie nicht maculiert, oder von Kindern Blätter herausgerissen werden, wie dann ins gemein sowohlen dies Tauff- als auch alle Kirchen-Bücher und Vasa ecclesiastica, sondern die Kelch, in denen Sacristeyen... sorgfältig custodirt werden sollen...«[23]

Von »oben« bestand ein reiches Spektrum an Möglichkeiten, Pfarramt und Pfarrhaus zu visitieren, kontrollieren und disziplinieren. Von »unten«, von seiten der Gemeinde, jedoch gab es nur *ein* Recht, das Kontrolle bzw. Kritik ermöglichte, das sogenannte Votum negativum: Nach der Probepredigt konnte sie den präsentierten Pfarrer ablehnen, »seiner Geschicklichkeit, seiner Religionsgrundsätze, oder seines Lebenswandels halber« (was jedoch bloßes Gehörtwerden bedeutete). Ungeschriebene, inoffizielle Partizipation – oft weit wirksamer, zäher, zermürbender – war Kritik, wie sie in jener oben genannten Redensart vom »Pfarrhausschwätzer« zum Ausdruck kommt: in Verhaltensanweisung umgesetzte historische Erfahrungen, die je situativ Freundlichkeit, Schläue oder Distanz empfehlen. Selten sind offene Klagen wie jene der Gemeinde Weil im Schönbuch 1753:

»Der Pfarrer tractiere sie in seinen Predigten und Kinderlehren schimpflich, ziehe sie als offenbar gottlose so herunter, dass sie... zum Spott und Gelächter werden.«[24]

Kam es zu schweren Vergehen wie etwa Skortationsfällen, so brodelte es unten wie oben: Bei einer Visitation »mehren sich die Verdachtsgründe, daß der Pfarrer in puncto sexti selbst nicht sauber sei (angefangen mit der Tatsache, daß sein erstes Kind drei Monate nach der Hochzeit geboren war; die Frau war nach der Geburt des 8. Kindes gestorben)... Die Gemeinde bat um einen Vikar. Und beim Spezial meldete sich 1731 die Pfarrmagd mit der Klage, der Pfarrer, Vater ihres Kindes, das kurz nach der Geburt gestorben war, habe ihr ein Eheversprechen gegeben, das er jetzt nicht mehr halten wolle. Der Pfarrer leugnete alles...« Als die haftentlassene Magd wieder im Pfarrhaus Aufnahme findet, bittet die Gemeinde erneut um einen Vikar; das Ende naht, als die Magd davonläuft und »einen neuen Kübel stinkenden Unrats über seinem Haupt aus(schüttet)«[25]: 1733 wird er seines Amtes enthoben.

Solch spektakuläre Fälle füllen die Akten – und sind dennoch keineswegs

---

[23] Dekret vom 3. Januar 1679, zitiert nach Reyscher, Bd. 8, S. 430
[24] Hasselhorn, S. 62 f.
[25] Ebd., S. 89 f.

repräsentativ: Sie verzerren das Bild ebenso wie die endlosen Gesetzesermahnungen. Asketischer Rigorismus und pietistisch geprägte Moral waren die nur zu leicht unterschätzten Kräfte jenes »tiefen sittlichen Ernstes, in dem der junge Pfarrstand heranwuchs, um dann in gleichem Sinn auf seine Umwelt zu wirken«[26].

Pfarraufzug
als Kostenfaktor der Gemeinde

Bevor ein Pfarrer an seinem neuen Ort wirkte, wurde er zur beträchtlichen Last für die neue Gemeinde. Der Pfarraufzug, das heißt Anreise und Einzug von Pfarrfamilie und Hausstand, war Sache der Gemeinde, und er war bis in alle Einzelheiten genau geregelt:
»Jedem aufziehenden Kirchen-Diener, er seye wer er wolle, gebühret für sich und seine Familie eine Kutsche mit 4 Pferden, an Wägen einem Prälaten 6, Dekan 5, Stadtpfarrer 4, Dorfpfarrer 3.«[27]

Er konnte, je nach Entfernung und Umfang des Hauswesens, unerfreulich teuer werden. 1780 sollte eine Gemeinde aus der Uracher Gegend ihren neuen Pfarrer bei Balingen abholen mit »1 Gutsche und zur Transportierung seiner Möbels noch 3 Wagen«; die Gemeinde besaß aber nur »einen geringen Zug« (wenig Zugtiere) und mußte daher das Geschäft »veraccordieren« um 132 Gulden. Dazu kam – »wie von alters her« – das Essen beim Pfarraufzug, das Essen bei der Investitur (samt dem »Spezial« und den beiden weiteren Pfarrern) sowie das Geld für den Postillon – summa 150 Gulden[28]! 1819 betrugen die Aufzugskosten für die Gemeinde Tamm (»eine gute Stelle zweiter Klasse«, deren »Geld- und Naturaleinkünfte einschließlich Zehnten und Gütergenuß ein Jahreseinkommen von 900 Gulden gewährte«) insgesamt 122 Gulden 34 Kreuzer; »drei vierspännige Wagen und eine vierspännige Chaise« mußten für Hausrat und Familie nach Pfullingen geschickt werden[29].

Klagen über Pfarraufzugskosten bilden eine ähnliche Begleitmelodie lokaler Pfarrhausgeschichte wie jene über »ruinose« Gebäude. Im nahegelegenen armen Ort Affalterbach, einem ebenfalls in vieler Hinsicht typischen schwäbischen Bauerndorf, waren die Pfarreinkünfte geringer, der Stellenwechsel häufiger und die Last der Aufzugskosten daher um so drückender. 1714 mußte die Gemeinde für Probepredigt, Umzug und Investitur folgende Aufwendungen tragen: »für den Umzug 8 Mann, 16 Pferde, 4 Wagen sowie eine Kutsche für die Pfarrfamilie auf zweieinhalb Tage ... Fährgeld für das zweimalige Übersetzen von Wagen und Pferden« über den Neckar sowie zwei weitere Mann für das »Hertreiben des Viehs von Pfarrer Raith«. Aufgrund solch teurer Erfahrungen waren Gemeinden »verständlicherweise daran interessiert, ihren Pfarrer mög-

---

[26] Hasselhorn, S. 48
[27] Reyscher, Bd. 14, S. 679
[28] Bischoff-Luithlen, 1979, S. 196
[29] Sauer, Tamm, S. 400

lichst lange zu behalten oder doch einen Nachfolger zu bekommen« aus der Nähe. Beim Konsistorium fanden solch niedrige Beweggründe »nur selten Gehör«. Als 1738 der kränkliche Ortspfarrer starb, übernahm sein Vikar das Amt; ihn hätte die Gemeinde gerne behalten. Als diese Bitte abgelehnt und ein anderer Pfarrer präsentiert wurde, wehrte sich die Gemeinde – »sie hege an seinen seelsorgerlichen Qualitäten Zweifel« – und wollte die hohen Aufzugskosten aus dem weit entfernten Orte meiden. Auf ihr Gesuch, »wegen großer Armut, vieler Lasten und schlecht ausgefallener Ernte« Nachsicht zu üben, wurden vom Kirchenrat 15 Gulden der insgesamt 137 Gulden übernommen. Ein mehrfaches Unglück bedeutete es, wenn – wie 1759 – der Pfarrer »schon 15 Wochen nach seinem Aufzug an Schlagfluß starb«[30], nachdem schon sein Vorgänger nach nur drei Amtsjahren im Alter von 46 Jahren seiner 33jährigen Frau und zwei Kindern im Tode gefolgt war[31].

*Privilegien, Pflichten und Einkünfte:
Pfarrhaus und Pfarrhof*

Der »nach alter Observanz« freie Pfarraufzug war Bestandteil eines Privilegien-Kanons, der seit Anbeginn festgeschrieben war und die bevorzugte Stellung des Geistlichen samt seinem »ganzen Haus« sichtbar zum Ausdruck brachte in ihrer staatskirchlichen Zwischenstellung als Staats- *und* Kirchendiener. Sie waren

1. vom Militärdienst befreit, »weil sie in Sterbensläuften und sonsten genug zu verrichten haben«,

2. von allen Fronen und Abgaben verschont, mußten keine Soldaten aufnehmen (Personal- und Quartierfreiheit),

3. »ohne erhebliche Ursache« nicht vom Bürgerrecht einer Gemeinde auszuschließen, wenn sie darum baten,

4. in ihrem Einkommen (nicht in ihrem Privatbesitz) frei von Steuern (Steuerfreiheit).

In der Pfarrbesoldung unterschied sich Württemberg von allen anderen deutschen Ländern. War dort »der Charakter der geistlichen Stellen als Lokalbenefizien erhalten geblieben« als Fortführung des mittelalterlichen Pfründsystems, so wurde hier mit der Neuordnung des Kirchenwesens durch Herzog Christoph ein sogenannter fester Besoldungsteil eingeführt. Er bestand aus einem Geldbetrag sowie aus Frucht, Holz und Wein und wurde den Pfarrern aus dem Kirchengut gereicht. Damit war »wenigstens ein Hauptteil der Pfarrbesoldung vor Fehljahren und Mißwachs geschützt, der Pfarrer von vielen ökonomischen Geschäften entlastet«[32].

---

[30] Sauer, Affalterbach, S. 218f.   [32] Hasselhorn, S. 2
[31] Ebd., S. 209

Last genug bot noch der Einzug des kleinen Zehnt. Während obige Naturaleinkünfte – Fixum für alle Zeit, allenfalls erhöht durch Zulagen oder Gratiale – von den Verwaltern frei ins Pfarrhaus geliefert wurden, mußte er (bis zur Ablösung, das heißt Umwandlung in Geldabgaben Mitte des 19. Jahrhunderts) vom Pfarrer in natura eingezogen werden: Erbsen und Wicken, Linsen und Rüben, Obst und Kraut, Hanf und Flachs – je nach örtlicher Festlegung. Gab es Streit, so mußte der Pfarrer »wegen unausweichlichen Uneinigkeiten mit den Beichtkindern«[33] oder Vögten die Früchte mit hohen Kosten einfahren lassen. Tat er es selbst, so war Streit vorprogrammiert.

Zehntempfänger und Zehntknecht:
Das Pfarrhaus als Warenumschlagsplatz

Bereits bei Andreae war die Rolle des Pfarrers als Zehntknecht realistischer Kritik unterzogen:
> »Was niemand will, (er) *nehmen* muß.
> Er nimmt wenig als niemand glaubt,
> Denn der thut wohl, der Pfrunden b'raubt.
> Er nimmt das Schlecht'st vom Pfleger sein,
> Die schwächste Frucht und saursten Wein.
> Er nimmt mit Müh das saur Verdient';
> Noch hält man als für G'schenk die Pfründ.
> Er nimmt mit Schmerz von seinen Bauren,
> Die ihn bezahlen wie die Lauren (Betrüger)...
> Er nimmt, das er niemal geneußt,
> Denn jedermann ihn d'rum bescheußt.
> Also muß er im Bettel reisen
> Und endlich lassen arme Waisen,
> Damit zeucht er den schweren Karren
> Und wird gehalten für ein'n Narren.«[34]

Der Zehnteinzug verband Pfarrer und Volk in alltäglichem, weltlichem Handeln, und er hat ihr Verhältnis aufs übelste belastet. Das Fazit einer fingierten Reisebeschreibung aus dem Jahre 1784, wonach in schwäbischen Dörfern die »Beyspiele selten seyen, daß (wo) Bauern Zehenden zu entrichten haben, ein gutes Vernehmen zwischen Predigern und Zuhörern stattfinde«[35], läßt sich schier endlos und überall belegen. In nur sieben von 638 Gemeinden ist ein friedlicher Einzug vermerkt, als der Kirchenrat 1793 die Frage nach einer eventuellen Umwandlung in ein Geldäquivalent stellt. Aus dem Albdorf Zainingen »bittet doch Pastor unterthänigst und flehendlichst, ihm seinen

---

[33] Hermelink, S. 104
[34] Andreae, zitiert nach Wurm, S. 90
[35] Gaum, S. 192

Zehnten um der vielen Beschwerlichkeiten und unvermeidlichen Vertrüstlichkeiten willen, so man dabei hat und ausstehen muß... abzunehmen«. Ein anderer wünscht »nur ein ruhiges, unbestrittenes Stücklein Brot, das nicht immer so vieler Willkür und alle Augenblicke der Gefahr ausgesetzt ist, vom Neid oder Zwietracht vergällt oder bitter gemacht (zu) werden«. Was die Geknechteten nur klagend resümieren in seinen Auswirkungen, präzisiert jene Reisebeschreibung als minimalen Handlungsspielraum: »Sind sie gelinde und verfahren nicht nach dem strengsten Rechte, sondern lassen lieber um des Friedens, und um Ärgernis und Vorwürfe des Eigennutzes... zu vermeiden, etwas nach, so machen die Bauern ein Recht daraus und beschuldigen wohl gar den Seelsorger einer Nachlässigkeit in seinem Hauswesen. Will er aber genau haben, was ihm gebührt, und weiß er, den Bauern bey ihrem Keiffen und Betrügereyen in die Ränke zu fahren, so erheben sie ein lautes Geschrey über die Hartherzigkeit und den Geiz des Pfaffen, dem alles, was er habe, nicht genug sey.«[36]

Resignation und Rückzug waren die Folgen, die sich oft nur indirekt rückschließen lassen aus Belegen wie jener Bitte eines Pfarrers, die Kirchenzensur doch seinem Vikar übertragen zu dürfen: »Er hat keinen Zehenden, an welchem er betrogen werden könnte; er hat keine Feldfrüchte, bei deren Einsammlung er seine Bauren brauchte; er hat keine Güter, zu deren Bestellung er (sie) nöthig hätte; kurz, er ist weit unabhängiger von seiner Gemeinde.«[37]

Gans, Bratwurst, Gugelhupf und Metzelsuppe:
Neujahrsverehrungen und »Zufälligkeiten«

Pfarrzehnt und »Emolumente« bildeten das Naturalienband, das Pfarrhaus und Pfarrvolk verband. War der Zehnt – wie die Beispiele zeigten – geeignet, Assoziation von weltlicher Herrschaft zu wecken und Umkehrungen zu provozieren im Verhältnis Herr und Knecht, wo dies nur möglich war, so waren die Emolumente im Sinne des Wortes Nebeneinkünfte, von Nutzen und Vorteil für beide Seiten.

»Hehlingen (heimlich) gute Pfarreien« nannte man hierzulande, was keineswegs nur schwäbische Eigenheit war. Gemeint sind Pfarreien, in denen die Geschenke reichlich und freigebig flossen. Es waren sogenannte Akzidentien, ursprünglich nicht zum festen Pfarreinkommen gehörende Stolgebühren (Kasualien) für kirchliche Handlungen wie Taufe, Hochzeit, Beerdigung. Daraus wurden später die Naturaliengeschenke, die man »dem alten Herkommen gemäß« ins Pfarrhaus trug: Mehl, Schmalz, Gänse, Eier, »Metzelsupp« beim Schlachten, Kuchen an der Kirchweih oder Hochzeit, also bei jahres- oder lebenszeitlichen Anlässen oder auch im Sinne gutnachbarlicher Beziehungen

---

[36] Ebd.   [37] zitiert nach Hasselhorn, S. 60

und Ökonomie. Die in den »Deutschen Volksmärchen« (1852) von Ernst Meier enthaltene »Geschichte von einer Metzelsuppe« ist – wenngleich fantastisch überhöht – eine Illustration jenes oft nicht ohne Komplikationen einlösbaren »do ut des«.

»In einem Dorfe hatten die Bauern ihren Pfarrer so gern, daß sie ihm beinah alle, so oft sie ein Schwein schlachteten, etwas von der Metzelsuppe schickten. Da geschah es, daß der Pfarrer selbst einmal ein Schwein gemästet hatte; als es aber geschlachtet werden sollte, fiel ihm mit Schrecken ein, daß er allen Bauern, die ihm sonst etwas geschickt, nun ebenfalls ein Stück Fleisch und ein paar Würste schicken müßte...«[38]

Die aus dieser Notlage entstehenden Verwicklungen gruppiert die Volkserzählung um einen vertrauten, alltäglichen Kern – den des genossenschaftlichen Lebens und Warentauschens im Sinne eines ökonomischen Verteilungs- und Vorratsprinzips. Allerdings mit einem grundlegenden Fehler: Das Geben wie Nehmen galt unter *Dorfgenossen*, nicht in der Hierarchie. Zwischen Volk und Pfarrhaus vollzieht sich dieser Warentausch auf sehr symbolische Weise: Einmal war es für den »gemeinen Mann« ein Bringen, für die Pfarrersleute ein Empfangen dessen, was qua Amt, Vorschrift oder Sitte zustand. *Daneben* war das Pfarrhaus Umschlagplatz für »geistliche Güter«: in der Anmeldung zum Abendmahl etwa, die vielerorts im Pfarrhaus zu geschehen hatte[39] und oft verknüpft war mit der Entrichtung eines Geldopfers. Dies »Bringen« war symbolisch-einleitender Akt des Büßens: der pfarrhäusliche Prolog zu Beichte und Abendmahl, deren Ort dann (außer bei Krankheit bzw. nahem Tod) das Gotteshaus war.

Das Pfarrhaus als *Proszenium und Prolog* bot dem Volk einzig aktive Einflußnahme – vom Akt des eigentlichen kirchlichen Geschehens war es ausgeschlossen. Ohne viel Phantasie läßt sich denken, in welch engem Verhältnis Wohlgewogenheit im Pfarrhaus und Umfang der Verehrungen gestanden haben mögen. Die »Schmieralia«, die das württembergische Landrecht von 1821 ohne Umschweife im Register aufführt, sind bereits 1614 bei Johann Valentin Andreae vorhanden: »...wo ohne Gott der Mensch soll helfen, / da gilts laufen, schmieren und gelfen.« Wieviel mehr mochte da helfen, wo das Unbegriffene, Numinose im Spiel war...

Leider schweigen die alten Ortsakten hier, während sie redselig – wenngleich unter oft gequälten Begründungen – berichten über »offizielle«, weltlich geordnete Zuwendungen wie Neujahrsverehrungen für den »Herrn Pfarrer und seiner Frau Liebstin« oder Hochzeitsgaben: für den Dekan von »Statt und Amt«, je nach Größe 25, 20 oder 15 Gulden, für Pfarrer 15, 10 oder 5. Hatten erwachsene Pfarrerskinder Hochzeit, so stand ihnen die Hälfte zu[40].

[38] Ernst Meier, Deutsche Volksmärchen, S. 236
[39] Hermelink, S. 104
[40] Reyscher, wie Anmerkung 27

Als im 19. Jahrhundert Pfarrzehnt und Naturaleinkünfte fallen und allenfalls als örtliche Sitte erhalten bleiben, fallen auch die Schranken, deren Modalitäten zu beschreiben. Eine farbige Schilderung aus satirisch-biographischer Distanz gibt Carl Theodor Griesinger, schwäbischer Pfarrerssohn, Stiftler und Vikar, der 26jährig dem geistlichen Stande entsagte und Privatgelehrter wurde. Aus Erfahrung weiß er um die materiellen *wie* kommunikativen Bedürfnisse des geistlichen Hauses:

»Der Herr Pfarrer lebt sehr glücklich mit seiner Frau... einen Tag wie den andern, gleich langweilig oder gleich kurzweilig, wie man will. Noch mehr ist dies bei der Frau Pfarrerin der Fall... Die merkwürdigsten Tage sind ihr die Tage vor einem Abendmahl, die Neujahrswoche und die Krämermärkte in der Stadt... Die Tage vor dem Abendmahl und um das Neujahr herum sind der Frau Pfarrerin deswegen so lieb, weil sie da Präsente bekommt, Abendmahls-Präsente und Neujahrspräsente. Da kommt ein Weib und bringt Eier mit, da eine andere mit Kaffee, dort eine dritte mit Zucker, eine vierte mit einem Entchen, eine fünfte gar mit einem Gänschen... und die Frau Pfarrerin nimmt alles liebreich an und heißt die guten Weiber sich setzen und läßt Kaffee machen und batscht mit ihnen den lieben langen Tag lang. Sie kann es auch wohl brauchen in ihre Haushaltung, denn die Speisekammer ist oft verdammt leer, absonderlich wenn die verschiedenen Metzelsuppen ausbleiben, welche ohnehin immer kleiner werden, da man nun, statt der sonstigen viere, nur höchstens zwei bis drei Würste bekommt und keine mehr über eine halbe Elle lang... So lebt denn der Pfarrer hin, und seine Beichtkinder lieben ihn, obgleich er oft viel Streit wegen des Zehnten mit ihnen gehabt, und... er hinterläßt nichts, als eine arme Witwe und viele Kinder.«[41]

Kleidung und Hausrat:
Das Pfarrhaus als Standessymbol

»Erwarten Glück bei gesundem Leib, / Ein guten Dienst und reiches Weib...« Solche Zukunftsvisionen, wie sie Andreaes jungem Pfarrkandidaten vorschwebten, bestimmten das Bild der »guten Pfründen«, da »Wein wie Wasser, Korn wie Sand«. Sie gab es freilich, in Württemberg wie anderswo: sogenannte Glückspfarreien, bei denen sich Einkommen aus dem großen Zehnt erhalten hatte oder solche aus Sonderkulturen in fruchtbaren Gegenden wie jenen »Krautpfarreien« auf den Fildern, die dem Pfarrer von Bernhausen zum Beispiel 1793 45 000 Krautköpfe bescherten, die auf dem Markt 339 Gulden einbrachten[42] – oder jene durchschnittlichen 2 Eimer (ca. 600 Liter) Wein, die dem Pfarrhaus jährlich zustanden...

[41] Griesinger, S. 27 f.
[42] Hasselhorn, S. 10

Ein evangelischer Pfarrer aus dem 18. Jahrhundert

Seit 1559, als die Pfarreinkünfte festgesetzt wurden, war jedoch der Geldanteil der Besoldung unverändert geblieben, das heißt der Realwert ständig gesunken. Die ständigen Klagen der Pfarrer erscheinen von daher in einem anderen Licht. 1738 – als Stichjahr genommen – lagen 29,5% aller Pfarrstellen unter dem für eine Familie als Existenzminimum errechneten Betrag von 200 Gulden; 54% lassen sich als mittelmäßig, 11,6% als gut bezeichnen, und 4,8% zählen zu den sogenannten fetten Pfründen[43].

Im Vergleich zu anderen deutschen Ländern waren die württembergischen Pfarrer schlecht besoldet. Daß dennoch die fetten Pfründen stellvertretend für alle galten, Klagen zum »Gejammer« stempelten und ihnen ihre Glaubwürdigkeit nahmen, mag am gefälligen Stereotyp der »Herren« – in seiner jeweiligen Relativität – liegen: Das Gefälle zwischen »armen Seelen« und Privilegierten, Hütten und soliden zweistöckigen Häusern, zwischen Arbeit, Bildung, Altersversorgung war zweifellos groß in der örtlichen Binnenoptik.

Zwei Beispiele mögen dies verdeutlichen:

In einem Albdorf amtierte bis 1732 Pfarrer Antonius Laurentius Rößler; als seine »Wittib«, die ihm 13 Kinder geboren hatte, starb, schrieb der Amtsnachfolger ins Totenbuch: »Sie hatte viel Bekümmernis.« Was der Pfarrhaushalt

---

[43] Ebd., S. 141

hinterließ, zeigt das Hinterlassenschaftsinventar: an Liegenschaft ein Haus, Äcker, »Mähder und Gärtlein«, an »Vahrnis«, also beweglicher Habe, allerlei Geld und Wertstücke, Schmuck und Silberzeug. Dazu kamen – natürlich – Bücher und der »Frau Defuncta Klayder... Mieder mit Fischbein... 1 Cottunener Schlafrock« und vieles mehr, das Bauersleuten unbekannt, ja als Besitz verboten war wie jenes »silbern verguldtes Trink-Schifflen«.

Ein zweiter Einblick gilt dem nachbarlichen Pfarrhaus in Laichingen, einer armen Weber-Gemeinde, die stark pietistisch geprägt war. Beim Tode des Pfarrers Lang 1772 erfahren wir von ähnlich wohlbestelltem, ja luxuriösem Hauswesen. Des Pfarrers Amtsführung war gut, sein Ruf untadelig gewesen – bis »sich bei seinem Tode herausstellte, daß er ganz erheblich über seine Verhältnisse gelebt hatte. Schulden in Höhe von 1600 Gulden, die er beim Zuckerbäcker von Kirchheim, bei vielen Krämern und Händlern«, aber auch bei der örtlichen Heiligenpflege und selbst beim Lehrer hatte, »überstiegen den Wert seines Vermögens um ein Erhebliches. Seine Witwe wurde gezwungen, einen Offenbarungseid zu leisten, der Hausrat wurde verpfändet und sie wurde unter Vormundschaft gestellt«. Sein Hausrat verschafft uns einen interessanten Einblick – wenn nicht in das »Innenleben dieses ›barocken‹ Menschen... einziger Perückenträger am Ort – so doch auf... die prächtige Welt seines Luxus, dem er hingegeben war«: Dutzende von Kaffeetassen, von silbernen Kaffeelöffeln und anderem Besteck, 2 neumodische »Kaffeemachinen« und eine »Präsentiertafel«, eine »Konfektschale aus blauem Porzellan« nebst großteils silberbeschlagenem Buchbesitz und – »drei Spiegeln, die über das Haus verteilt waren«. All dies war »nicht nach außen gewendet und gewaltsam-aufdringlich, ... vielmehr ›verschämt‹ – vor der Öffentlichkeit verborgen. Es war ein echt protestantischer Luxus: nach innen gewendet, (er) beschränkte sich aufs Haus.«[44]

Beide Beispiele entstammen der »Rauhen Alb«, die früher Synonym für Armut war. Die Kehrseite dieser Geschichten fehlt leider in den Quellen. Ob das Beobachten und Anzeigen in seiner Reichweite auch das Pfarrhaus erreichte, ob solch ganz andere Verhältnisse, die doch keineswegs verborgen bleiben konnten (»man« kam ja, wie oben gezeigt wurde, ins Pfarrhaus), Anlaß zu Widerspruch oder Widerstand liefern konnten – dafür gibt es nur wenig vage Indizien.

»Wie kann die Erbauung stattfinden, so die Pfarrer Herren sind, die Nächsten nicht lieben und sich ihnen nicht gleich achten«: Diese Worte Ph. M. Hahns[45] sind ein sicheres Indiz dafür, daß man in anderen Pfarrhäusern wohl wußte von solchen Dingen, die dem Pietismus Gegenstand scharfer Kritik wurden.

---

[44] Medick, S. 20 f.
[45] zitiert nach Trautwein, S. 32

II. »Der große, ehrwürdige Teil des Publikums, der Volk heißt« Der Pfarrer als Volks- und Landeskundler

Das Zitat entstammt Herders »Briefwechsel über Ossian« aus dem Jahr 1773 – ein Jahr nach dem Tode des spätbarocken Laichinger Pfarrers. Im Jahr 1800 kündet der Pfarrbericht desselben Ortes bereits von einer anderen Zeit, von »Aufklärung«. Die der Geistesgeschichte entliehene Nomenklatur ist hier nur Notbehelf. Ganz unzureichend vermag sie das ländliche Pendant zu beschreiben, folgt es doch einer anderen Kultur, deren Zeitmaß – als »Ungleichzeitigkeit« und Verspätung oft beschrieben – ganz anderen Gesetzen zu folgen scheint.

In jenem Jahre 1800 notiert Pfarrer Sigel nicht nur pflichtgemäß das Zeitliche gemäß vorgegebener Rubriken – »im Winter auf offenem Felde erfrorene Laichinger Weber« –, sondern er zeigt sich als Beobachter, Kenner und Freund der ihm anvertrauten Herde. Er segmentiert nicht Religion und Leben, sondern er stellt Bezüge her, etwa zwischen der hohen Sterblichkeits- und der geringen Wachstumsrate und der harten, ungesunden Lebensweise: zwischen ungünstigen klimatischen Bedingungen, karger Landwirtschaft, die der Hausweberei als Zuerwerb dringend bedarf, zwischen Heiratsbeschränkungen aufgrund von gemeindlich beschlossenen Neubaubeschränkungen und zwischen dem tristen Weberalltag in dunklen, feuchten Kellern und der pietistisch-schwärmerischen Verklärung eines meist frühen Todes[46].

Ein Jahr zuvor hatte sich eben diese »Rauhe Alb« ein Pfarrerskind und angehender Pfarrer erwandert: der 1768 geborene *Fr. Aug. Köhler*, Kandidat der Theologie, auf dem Weg von Tübingen nach Ulm. Er vereint die Stränge seiner Zeit: aufgewachsen in einem pietistischen Elternhaus, später erzogen im Pfarrhaus des Onkels, der »praktisch« im Sinne der Aufklärung tätig war für »seine Bauern«. Während des Studiums fesseln Köhler neben Theologie Philosophie, Poesie, Geschichte und Geographie: »Ich wollte nicht wie der große Büsching der Geograph Europas, sondern der ganzen Welt werden...« Daran gemessen ist Dorfpfarrer und Chronist wenig: Nach dem mäßigen Examen muß er zunächst neun Jahre »demütiger Gehülfe« im väterlichen Pfarrhaus sein. Aus dem an »Öconomie«, Land und Leuten interessierten Wanderer und Beobachter wird »am Ende (s)eines Lebenssommers« (mit 33 Jahren!) der Chronist, der sich in seiner Studierstube in späteren Jahren fast nur noch der Selbstaufklärung und weniger seiner Gemeinde widmet[47].

Köhlers Werke beeindrucken in der Fülle ihrer Perspektiven. Seine ganzheitliche Sehweise reiht Topographie, Geschichte, Obstzucht und Menschen, Häuser und Trachten nicht aneinander im Sinne eines farbigen Panoptikums, sondern verknüpft alles in aufklärerischer, oft moralisierender Absicht: den

[46] Medick, S. 6 f.
[47] Köhler, Alb-Reise, S. 27

Aberglauben, die Trägheit oder Unwissenheit der Leute, »aus ihren Verhältnissen das beste zu machen«, und das traurige Beten: »...wurden wir durch die Tochter des Wirths... am Einschlafen gehindert... sie nahm in ihrer Stube ein Buch und las daraus so elend und schaurig einen Abendsegen von etwa einer halben Viertelstunde her, daß wir in eine traurige Vorstellung von den Begriffen des Pöbels über das Beten, das er jedoch für Pflicht hält, versetzt wurden.«[48] 1838 beschreibt er in einer Chronik präzis den Alltag der Menschen – samt der Rache der Dörfler für die pfarrherrliche Sittenrichter-Funktion: »...zerschnitten Bursche, um wegen einer bestraften Vergehen sich zu rächen, dem Pfarrer alles Lederwerk an seiner Chaise, die er in der Zehendscheuer stehen hatte.«[49] Damit steht Köhler »in einer wissenschaftlichen Tradition, der es gerade auf den Alltag ankam... mit der praktischen Zielsetzung, für den Nutzen der Leute, ...die daraus lernen sollten, ihre Lebensumstände zu verbessern«[50].

Darauf kam es den aufklärerisch gesinnten Pfarrern in der Tat an. Ihre Reihe beginnt mit *Johann Gottfried Herder*, der in seinem Stand und weit darüber hinaus die Aufmerksamkeit lenkte auf das solcherart gleichsam neu entdeckte »Volk, das mehr Sinne und Einbildung hat als der studierende Gelehrte«. Seit seiner ersten großen Reise 1769 hatte Herder – später und bis zu seinem Tode 1803 Generalsuperintendent und Oberhofprediger in Weimar – sich mit dem Sammeln von Volksliedern beschäftigt und sie 1779 ediert. Davon angeregt, doch weit mehr praktisch-aufklärerisch war das 1799 erscheinende »Mildheimische Liederbuch« des Gothaer Lehrers und Buchhändlers Rudolph Zacharias Becker, Autor des »Noth- und Hülfsbüchleins«, der wohl am meisten verbreiteten volksaufklärerischen Schrift, die 1787 erstmals und danach noch in vielen Auflagen und Übersetzungen erschien.

Die »schlechten, vergiftenden Lieder« verdrängen und »zu unschädlicher Fröhlichkeit bei der Arbeit«[51] anstimmen wollte das Mildheimische Liederbuch. Es war Produkt eines Preisausschreibens 1787; die Mehrheit der Einsender und späteren Autoren waren Pfarrer, Prediger und Professoren. *Lavater* war darunter, aber auch der heute vergessene *Johann Martin Miller* (1750–1814), Mitbegründer des Göttinger Hains, Professor am Gymnasium und Münsterprediger in Ulm. Kollege, später Prälat in Ulm war *Johann Christoph (von) Schmid* (1756–1827). Mit ihm wechselt die volkskundliche Perspektive von der frühen Volkslied- zur Mundartforschung: Schmids »Schwäbisches Wörterbuch mit etymologischen und historischen Anmerkungen« war bereits der »Versuch eines Schwäbischen Idiotikons« in Nicolais Reisewerk 1795 vorausgegangen[52]. Schmid setzt fort, was ein anderer schwäbischer Pfarrer begonnen hatte: *Friedrich Karl Fulda* (1724–1788), den Schmid auf einer Reise kennenge-

---

[48] Ebd., S. 158
[49] Ders., Nehren, S. 17
[50] Bausinger, Vorwort zu Nehren, S. VI
[51] Narr, S. 201
[52] Narr, S. 531f.

lernt hatte; er war von Bodmer beeinflußt und hatte in den Jahrzehnten seines Wirkens als Dorfpfarrer seinem Pfarrvolk »aufs Maul geschaut«, wie seine zahlreichen Publikationen zeigen. Fulda und Schmid »begrenzen den ersten Abschnitt der Entwicklung der Idiotika. Während Fulda rückwärts schaut und sich mit einer Zusammenfassung des Bisherigen begnügt, blickt Schmid vorwärts.«[53] Sein Wörterbuch bietet »eine Fülle von Angaben zur Geschichte des Handwerks, zu Gerät, Tracht, Speisen und Getränken sowie Sitte und Brauch ... Sein Bemühen ... gründete nicht primär auf Herders Forderung, die Volkskultur als kostbaren Schatz zu erforschen und zu erhalten, sondern war noch von der geschichtlich-statistischen Richtung der Aufklärung getragen.«[54]

Ein Zeit- und Standesgenosse Schmids wie Köhlers war der Landeskundler *Ludw. Herm. Roeder* (1755–1831), einer der bedeutendsten Gelehrten seiner Zeit: in Stuttgart geboren, Pfarrer in Marbach, Tamm und Walheim, Verfasser wertvoller Reisebeschreibungen und eines Lexikons zu »Geographie und Statistik Württembergs«.

Mit seinem 1804 erschienenen Werk »Neu-Wirttemberg«, in dem er das durch den Reichsdeputationshauptschluß neu entstandene Kurfürstentum und spätere Königreich beschrieb, erregte er den Unwillen seines Landesherrn »wegen unschicklicher und injuriöser Ausfälle gegen die Zensur« und wurde mit einer Geldstrafe belegt. Sein nächstes Werk veröffentlichte der gelehrte Dorfpfarrer in Weimar[55].

Ein weiterer erfolgreicher Theoretiker, der aus dem Pfarrhaus wissenschaftlich-volkskundlich wirkte, war der spätere Prälat *Balthasar Sprenger* (1724–1791). Weit über Württemberg hinaus bekannt wurde er mit seiner 1778 erschienenen »Praxis des Weinbaus«. Sprenger hatte schon im Stift die Aufmerksamkeit des Herzogs durch besondere Leistungen erregt, der ihm später Reisen in ganz Deutschland, nach Paris, London, Petersburg ermöglichte. Als Prälat führte er heftigen Kampf gegen den Aberglauben: Er hat »die Schauergeschichten aus den (Volks-)Kalendern verdrängt und durch gemeinnützige Aufsätze ersetzt« und 1791 – unter viel Widerstand des Volkes überall im Lande – das rationalistische Gesangbuch eingeführt[56].

Ein letztes Beispiel führt uns von der wissenschaftlichen Entdeckung des Volkes wieder zurück zur Ortschronik. *Johann Gottfr. Pahl* (1768–1839), im gleichen Jahr wie Köhler geboren und wie Roeder mit Schmid bekannt, war weder Pfarrerskind noch Altwürttemberger. Er stammte – Sohn eines Kaufmanns – aus der Reichsstadt Aalen und wirkte lange als Dorfpfarrer in seiner Heimat, ehe er – 1806 »Neuwürttemberger« geworden – die Kirchenhierarchie erklomm als Dekan, Prälat, Mitglied der 2. Kammer (»Politiker und Publizist, Historiker und Dichter«), von einem Ansehen, das »weit über die schwarzro-

---

[53] Blümcke, S. 27
[54] Ebd., S. 30
[55] Sauer, Tamm, S. 311
[56] Calwer Kirchengeschichte, S. 525

ten Grenzpfähle Württembergs hinausreichte«. 1808 kam er nach Affalterbach, in jene bereits erwähnte, stark pietistisch geprägte Gemeinde. Seine Vorgänger waren bereits »eifrig und erbaulich«, »orthodox und friedlich« gewesen und hatten »ein warmes Herz für die anvertrauten Menschen« des armen Ortes gehabt. In ebensolcher Sorge um das »Leben und Dulden« schrieb Pahl seine Ortschronik. Er beschreibt die »mit vielen tausend Obstbäumen geschmückte Landschaft... zur Blütezeit glich die ganze Flur einem Garten«. Sein Blick geht jedoch tiefer:

»Und doch fanden sich in der Gemeinde, über welche die Natur ihr Füllhorn so reichlich ergoß, nur wenige Familien, die dieses Segens... froh wurden; die große Mehrheit aber führte in Dürftigkeit und Entbehrung ein kümmerliches Leben, ohne die Früchte genießen zu dürfen... eine Folge der Überbevölkerung, die, wie ein Fluch, gerade auf den gesegnetsten Gegenden Württembergs lastet, und der Zertrümmerung der Güter in Parzellen..., zu klein, als daß sie einer Familie die Bedürfnisse des Daseins auch nur notdürftig gewähren könnten. So (zählt man hier) nach Viertels-Morgen. Ein Paar magerer Kühe war ihr Vorspann. Keinem fehlte es an Fleiß und Emsigkeit. Man ließ keine Scholle Dung und keinen Tropfen Stallwassers verloren gehen... Ein in täglicher Not und Sorge... hingeschlepptes Leben trägt nicht dazu bei, den Geist zu erheben, und setzt den Menschen einer Menge Versuchungen aus... Dagegen gingen sie ohne Murren ihren rauhen Weg... dieser geduldige und entsagende Sinn konnte sich unmöglich bloß durch die von Kindheit an genährte Gewohnheit und durch die Anschauung der auf demselben dornigen Pfade wandelnden Brüder nähren und erhalten; die eine und der andere bedurften der Unterstützung des Geistes...

Dieser Geist war in der Tat reichlich über die Gemeinde ergossen. Mochte er nun fortleben aus der guten, alten, von dem religiösen Kaltsinn unserer Tage nicht ergriffenen kirchlichen Zeit, oder als Erzeugnis der strengen altwürttembergischen Gesetzgebung und Zucht, oder als die Frucht würdiger Prediger...

Er erwies sich nicht bloß in äußeren Zeichen, als da sind zahlreicher Besuch der öffentlichen Gottesdienste, fleißiger Abendmahlsgenuß, Heiligung des Sonntags, Achtung für die kirchlichen Anstalten und Beobachtung der althergebrachten gemeinschaftlichen Familienerbauung, sondern auch durch Andacht, Nachdenken und Verlangen nach Belehrung und Trost im öffentlichen Gottesdienste... durch ein Leben, in dem der Gedanke an die allgegenwärtige und vergeltende Gottheit nur in unbewachten Augenblicken erlosch...«[57]

Pahl konnte den Pietisten im Ort »seinen Respekt nicht versagen«[58] – ja, er erlangte ihr Vertrauen in einem »kleinen liturgischen Krieg, der um die

---

[57] zitiert nach Sauer, Affalterbach, S. 297 ff.
[58] Ebd.

Kirchenagende von 1809 entbrannte«[59] im Ort: Sie sollte den neuen »geläuterten Geschmack« popularisieren – und übersah dabei, daß dies »gegen die Volksbedürfnisse des ›großen Haufens‹ war«[60]. Pahl hat »sein Volk gut gekannt«: 1793 hatte er eine Schrift verfaßt »Ueber die Liebe unter dem Landvolk« – gemeint war die ganz irdische. Die Frage, »bis auf welchen Punkt man das Volk aufklären dürfe«, ist für ihn von zentraler Bedeutung. 1835 sagt er in einem Brief an seinen ebenfalls »helldenkenden« Freund, den katholischen Geistlichen Jakob Salat, er glaube, daß man nicht mit der Fackel, sondern mit der Lampe aufklären« müsse. Pahl spricht als Dorfpfarrer, wenn er zufügt: »Um das *Gute an sich* zu Stande zu bringen, bedarf es nicht bloß eines aufklärenden, sondern auch eines erwärmenden Lichtes, welches... nicht in unserm Erkenntnisvermögen, sondern in unserm Herzen scheint...«[61]

1809, als Pahl sich in jenem Liturgiestreit auf die Seite seiner Gemeinde geschlagen hatte, erhielt er »einen derben Verweis Sr. K. May, sich künftig mit seinem Stande angemesseneren Gegenständen zu beschäftigen, als im Fache der Politik herumzuirren, wo er nichts zu suchen hat«. Als »Disgraciertem« bleibt ihm sein »Lieblingsfache der Geschichte«: ein Rückzug aus der »Geschäftsführung« (wie es das »Wörterbuch der Aufklärung« nannte) des öffentlichen »Wirklichen«, das den »Pfarrherrn als Geschäftsmann« mit seinem Publikum verband[62] – der sich in der Folgezeit für den Pfarrstand als verhängnisvoll erweisen sollte.

Was in der Aufklärung als Interesse am Volk, als dessen »Entdeckung« und Beschreibung begonnen hatte, wird durch jene Pfarrer, die sich aus der pfarrhäuslichen Klausur herausbegeben und *mit* ihrem Pfarrvolk leben, zum Engagement und zur Aufklärung *für* das Volk. Genau dieses Engagement wird zum Gegenstand des Vorwurfs in den obrigkeitlichen Maßregelungen, wie sie uns – wie im Falle Pahls, Roeders – seit Beginn des 19. Jahrhunderts überall zunehmend begegnen. Parteinahme für das Volk ist der Vorwurf an die Volksaufklärer, die sich statt mit ihren himmlischen Dingen mit den im weitesten Sinne politischen Dingen dieser Welt beschäftigen.

»...seiner Gemeinde Muster und Beispiel«: Pfarrhausökonomie – Ende einer Epoche

»Wer kann das leugnen, daß sogar ein Prediger, der eine vernünftige Landwirtschaft treibt, weit praktischer predigen kann als der, der keine hat... Wer kann es also leugnen, wie viel Gutes ein vernünftiger Prediger, der ein geschickter Oekonom ist, in seiner Gemeinde stiften könne?... Seiner Gemeinde Muster und Beyspiel... Welch ein Segen...« So schrieb der Jenaer

---

[59] Narr, S. 105
[60] Ebd., S. 350
[61] zitiert nach Narr, S. 329
[62] Narr, S. 322

Konsistorialrat und Superintendent *Christian Wilhelm Oemler* in seinem 70seitigen Vorwort zu einem »Lehrbuch für angehende Landprediger«, das der »selbstwirtschaftende Pfarrer Matthesius für seine Amtsbrüder verfaßt hatte«[63]. Die Frage, ob es tunlich sei, wenn der Pfarrer den Pfarrhof selbst bewirtschafte, wird gerne und anhaltend in Aufklärungsschriften diskutiert; auf dialektische Weise zum Beispiel in der 1775 anonym erschienenen Schrift »Der unzufriedene Dorfpfarrer«, welche die »Klagen der Landpfarrer über die Eigen-Landwirtschaft zunächst in der 1. Abteilung gesammelt« vorträgt, um in einer zweiten (»Patriotische Gedanken«) dann die Vorteile wie näheren Kontakt zum Volk herauszustellen[64].

Vorbild solcher Propagierung war *Johann Friedrich Oberlin*, der seit 1767 als Pfarrer im »wilden und rückständigen« Steintal in den Vogesen wirkte und dort »alles zum bessern« wendete. Straßen und (Haus-)Industrie, Spar- und Darlehenskassen, Futterpflanzen und Obstbäumen, Schule und Kleinkinderpflege galt sein Einsatz als Philantrop mit der »Selbstbezeichnung katholisch-evangelischer Pfarrer« als ein »im biblischen Glauben verwurzelter Visionär«[65].

Das Grundmuster, das in der unterhaltsamen Bauernaufklärung tradiert wird, ist »Der vernünftige Dorfpfarrer. Lesebuch für Landgeistliche und Bauern« des Zürchers *Heinrich Heidegger*, erschienen 1791. Es berichtet vom segensreichen Wirken eines Pfarrers, der unter anderem einen Kinderspielplatz stiftet und »über die Naturgemäßheit auch der schrecklichsten Erscheinung« aufklärt mittels der Laterna magica und so die beschworenen schrecklichen alten Geister als Betrug entpuppt, der aus der Zeitung vorliest und zur Pünktlichkeit erzieht[66]. Auch bei dem Thüringer Pfarrer *Christian Gotthilf Salzmann* (»Sebastian Kluge. Ein Volksbuch«) lernen die Bauern, »die Zeit einzuteilen«, den Kaffee zu meiden, da er »teuer und der Gesundheit abträglich sei... Zubereitung und Trinken des an sich unnötigen Kaffees (koste) unnötig viel Zeit, und zwar in 20 Jahren... 5760 Stunden«[67]. 1796 hatte der bei Stuttgart wirkende Pfarrer *Göz* »wegen des seinerzeit hohen Preises der Kartoffeln... den Anbau der Topinambur, die er Tartüffeln oder Erdäpfel nennt«, dringend empfohlen[68]; ein Jahr zuvor war die Schrift des Birkacher Pfarrers *Kohler* erschienen (»Spinn-Anstalt zu Birkach Stuttgarter Amts-Oberamts zum Besten armer Kinder«), deren Worten Taten folgten, die 1795/96 bereits in Generalreskripten der Nachahmung empfohlen wurden. Die sogenannten Industrieschulen des 19. Jahrhunderts gehen auf Kohler zurück.

Eine ähnlich segensreiche praktische Tätigkeit hatte der Kupferzeller Pfarrer *Friedrich Mayer* (1719–1798), bekannt als »Gips-Mayer«, entfaltet, der zum

---

[63] Lichtenberg, S. 45 ff.
[64] Ebd., S. 44
[65] Narr, S. 524
[66] Lichtenberg, S. 244 ff.
[67] Ebd., S. 73
[68] Ebd., S. 30

großen Reformer der Landwirtschaft wurde. Der Wirts- und Bauernsohn hatte in Jena Theologie studiert; 1741 kam er auf die Pfarrei, in der er 53 Jahre wirkte als Pfarrer und Bauer unter »seinen Bauern«. »Daß das Beispiel öfters besser unterrichtet als alle Lehren im mündlichen Unterricht, wird so leicht niemand leugnen. Ich sage noch mehr: Beispiele tun bei den Landleuten im Unterricht beinahe alles allein... Wenn das Mastvieh neben ihnen vorbeigeht – da siehe! Und wenn unsere Viehhändler Millionen heimtragen – da siehe!... Meine Proben (der Versuchsfelder) sprechen alle vorübergehenden Bauern laut an, unterdessen, daß ich hinter einer Laube heimlich dabeistehe, auflauere, schweige und froh bin, wenn sie wundern, untersuchen, folgen.« Sein »Lehrbuch« (1773) brachte die großen Neuerungen unters Volk – bereits 1768 war seine »Abhandlung vom Gyps« erschienen; der Weidgang wurde abgeschafft, die Stallfütterung, Klee- und Kartoffelanbau eingeführt, dazu neue Geräte: der Haberrechen statt der Sichel zum Getreideschneiden, die Putzmühle statt der Wurfschaufel beim Reinigen des Korns. Mayer wollte seinen Bauern Arbeit und Mühe sparen. Er hinterließ Romane und Reisebeschreibungen neben den landwirtschaftlichen Schriften sowie ein posthum erschienenes »Predigtbuch für ehrliche Bürger und Landleute«. Auf seinem Grabstein steht: »Lehrer und Landmann zugleich / bautest du Herzen und Feld.«

Seine Frau, eine Wirtstochter, hatte ihm acht Kinder geboren und ihn nach der goldenen Hochzeit noch um neun Jahre überlebt. Über das Kupferzeller Pfarrhaus lesen wir nirgends, allenfalls über das Amt:

»Ein Gelehrter und ein Bauer lassen sich in ihren Geschäften gar nicht vereinigen... ich kenne selbst einige... solche nichtswürdige Prediger..., welche sich mit der Besorgung ihrer Feldgüter beschäftigen und darüber alles, wozu sie noch da sind, wozu sie berufen sind, ... versäumen. Sie sind mehr auf ihren Äckern und Wiesen als in ihrer Studierstube, öfters beim Pflug als beim Buch, ihr Gedanke ist Ochse und Kuh, ihr beständiges Meditieren das Steigen und Fallen des Getreidepreises... etwas auf der Kanzel durcheinander geplaudert und geschrien, den Chorrock weggeworfen..., die Peitsche auf den Buckel und auf und davon.«[69]

Eine württembergische Landtagsschrift von 1797 äußerte ein ähnlich hartes Urteil auf die Frage, womit sich die Pfarrer hauptsächlich beschäftigen:

»Der eine treibt starken Weinhandel, der andre spekuliert mit Früchten, der 3. hat eine große Viehmastung, der 4. beschäftigt sich mit seinen Gütern, der 5. macht Sonnen- und Sackuhren, der 6. hat eine eigene Drehbank, der 7. stellt Witterungsbeobachtungen an, – neben der mechanischen Verrichtung seines Amtes. Man trifft daher unter der Geistlichkeit mehr Mathematiker, Statistiker, Geographen, Historiker, Erziehungskundige als selbstdenkende, rastlose Theologen.«[70]

[69] Mayer, zitiert nach Schumm, S. 5
[70] zitiert nach Hasselhorn, S. 50

Das erinnert an literarische Belege, etwa an den Prediger Seidentopf aus Theodor Fontanes Roman »aus dem Winter 1812 auf 13«, »Vor dem Sturm«, dessen Pfarre in Hohen-Vietz den leidenschaftlichen Sammler und Altertumsforscher verrät: »einem Antikenkabinett ungleich ähnlicher als einer christlichen Predigerstube« und so Zeuge des Scheiterns, »Amt und Neigung in ein gewisses Gleichgewicht zu bringen«[71]. In Ottilie Wildermuths »Schwäbischen Pfarrhäusern« begegnen uns ähnlich Zerrissene: zwar glückliche und harmonische Hausväter, Gastgeber, Haselnußzüchter, Tierschützer, Spiegel-, Uhren- und Thermometerbauer. Doch die Pfarrhäuser sind selbstgenügsame Inseln – von Amt und Herde erzählen sie nicht.

Die Fülle und Farbe solcher Belege verzerren leicht die historische Realität. Das Urteil des Historikers belegt fürs 18. Jahrhundert eine geringe Zahl von »Bauernpfarrern«: »Ein gewisses Standesbewußtsein hielt viele davon ab, sich mehr als unbedingt nötig mit der Landwirtschaft zu beschäftigen; immer mehr widmete man sich dem Amt und seinen Studien.«[72] Darüber berichten bis weit ins 19. Jahrhundert hinein die spätaufklärerischen Schriften, die eine praktische, alles durchdringende Frömmigkeit predigen und damit gerade beim Pfarrhaus beginnen, wie sich aus den »Vorberichten an Recensenten, Zeitungsschreiber, Prediger und andre Gelehrte« entnehmen läßt. Der Leipziger Pfarrer *Unger* gibt in seinen »Beiträgen zur Aufklärung der Landleute« nicht nur praktischen Rat für den pastoralen Tagesbeschluß (»Ausrichtung der Gedanken auf die göttlichen Dinge und Gebet... ein Trunk Bier und eine nicht zu tiefe Lage des Kopfes«[73]), sondern auch für besten Nutzen:

»Des Sonntags oder am Feyertage Nachmitttage, wenn du deinen Gottesdienst mit Andacht abgewartet hast und wenn du mit deinen Leuten einige Kapitel in der Bibel oder eine gedruckte Predigt gelesen hast, so behalte deine Frau, deine Kinder, dein Gesinde oder wen du sonst hast, beysammen und lies ihnen laut vor. Und das thue an allen Tagen... dadurch wirst du deine Kinder frühzeitig... wißbegierig machen, ... daß sie von dir, als ihrem guten Hausvater, lernen wollen, weil du hiemit in deinem Hause eben das vorstellest, was der Prediger... seyn soll, nämlich Lehrer und gutes Beyspiel.«[74]

Das Vorlesen bezog sich auf Pfarrhaus und Gasthaus, auf Bibel und Zeitung: Die Pfarrer waren bis weit ins 19. Jahrhundert hinein in der Regel die alleinigen »Journal«-Bezieher im Dorf. Johann Baptist Pflug, Genre-Maler aus dem oberschwäbischen Biberach (1785–1866), hat eine solche Pfarrers-Lektion im Wirtshaus ebenso festgehalten (2. Fassung »Die Dorfpolitiker«, nach 1830; vgl. Abb. S. 273) wie eine »Taufvisite im evangelischen Pfarrhaus« (1828), das trotz der Pflugschen Idealisierung Quellenwert beanspruchen darf: Einer der wenigen *Einblicke* ins Milieu bürgerlicher Pfarrhauskultur zeigt sich in Ein-

---

[71] Fontane, S. 88 ff.
[72] Hasselhorn, S. 8
[73] zitiert nach Lichtenberg, S. 25 ff.
[74] Ebd., S. 55

Gemälde von Johann Baptist Pflug aus den Städtischen Sammlungen in Biberach/Riß

richtung und Kleidung der zahlreichen Anwesenden. 14 Personen füllen die Wohnstube: Familie, Amtskollegen bei Diskussion und Kaffee, dazu – als Zeugen an der Wand – Luther, Gustav Adolf, Schiller und der württembergische Kronprinz. Sie sind Symbole der eigenen und Verbindung zur Außenwelt, während zwei Trachtenmädchen Verbindung zum Volk signalisieren sollen: Sie bringen in einem Henkelkorb »Naturalien«, Geschenke für Täufling und Pfarrhaus, »nach altem Herkommen«.

1825, als Beckers »Noth- und Hülfsbüchlein« abermals in einer »neuen verbesserten Auflage« erscheint, ist in Württemberg äußerlich ungebrochen das Realität, was im dort geschilderten Muster-Dorf Mildheim der »schließlich erreichte ideale Zustand« ist: »Sittengerichte, eine neue Gemeindeordnung, wiederkehrende festliche Preisverleihungen« sind den aufklärerisch-weltverbessernden »Volkslehrern« die Instrumente, die dem Pfarrer die Rolle des Mentors zuweisen und sein Haus zum Exempel für alle machen.

Der Rückzug

Das Ende einer Epoche verkörpern die »vernünftigen Landpfarrer« ebenso wie die idealen der spätaufklärerischen Schriften, deren Wirkung bis in die Mitte des 19. Jahrhunderts hereinreicht. Hier, so das Fazit des sächsischen Pfarrers *Paul Drews* (Begründer einer Evangelischen Kirchenkunde, die der späteren akademischen »Religiösen Volkskunde« stärkste Impulse gab), »war die Religion und die Pflicht gemeinsamen Lebens in engstem Zusammenhang gebracht. Hier schwebt die Religion nicht über den wirklichen Dingen, sondern sie ist fest mit des Tages Last und Hitze verbunden. Hier war die Religion kein süßer Genuß, sondern, in aller ihrer Dürftigkeit, doch eine Kraft, mit der es zu leben galt.«

Die entscheidende Trennungslinie zieht Drews mit 1848, das mit den sich anbahnenden Veränderungen »für das kirchliche Leben im Schlepptau der gesellschaftlichen Zustände« Erstarrung bedeutete[75]. Für das Pfarrhaus bedeutet dies den Beginn eines Standortwechsels, zunächst im ökonomischen Sinne: Ablösung der Gülten und Zehnten, Wandel der Besoldung und der Stellung im Staatswesen insgesamt. Im weiteren, daraus folgenden Sinne bedeutet es einen kulturellen Standortwechsel des Pfarrhauses in einer sich wandelnden – industrialisierten, entkirchlichten – Welt, der ungeahnte neue Probleme und Weichenstellungen mit sich bringt.

Auch die stufenweise Lösung der Kirche vom Staat – 1919 letztlich vollzogen – ist nicht die von vielen erhoffte Befreiung von Fesseln, die »Fühlung mit dem Volk« garantiert. Zum »alten Klassengegensatz« der Bildung tritt ein neuer, politisch-sozialer, dessen Überwindung nur selten und temporär gelingt: etwa in Wicherns Innerer Mission, ehe sie »zur Mode- und Hofsache in vornehmen Kreisen (wird und) der alte Klassengeist, der unsere Kirche wie ein Schatten verfolgt«, wieder hervortritt[76]; oder, in Württemberg, durch Außenseiter wie *Gustav Werner* (1809–1887) oder *Christoph Blumhardt* (1842–1919), deren Ausbruch aus Kirche und Pfarrhaus Versuche sind, diese Kluft zu überspringen. Werner predigte, wie jenes berühmte Bild des Genremalers Robert Heck (1861 vom König beim Künstler bestellt!) zeigt, in Scheunen für das Volk, nachdem er dem Pfarramt entsagt und in Reutlingen sein karitatives Werk »Bruderhaus« gegründet hatte; 1851 entzog ihm das Konsistorium die Predigterlaubnis. Blumhardt »predigte« in verrauchten Versammlungssälen – Rang und Titel eines Pfarrers wurden ihm aberkannt, nachdem er sich öffentlich zum Sozialismus bekannt hatte – für das vom Kirchenvolk so weit entfernte neue Volk der Industriearbeiter[77].

Herkunft und Erziehung der Pfarrersleute – an anderer Stelle dieses Buches

---

[75] Drews, S. 404
[76] Ebd., S. 407
[77] Scharfe, S. 118ff., 166ff.
[78] Frommer, S. 253f., 257
[79] Hampp, S. 256ff.

behandelt – waren von diesem Milieu ebensoweit entfernt wie zuvor vom bäuerlichen, aus dem im 19. Jahrhundert nur 2,76 % der Pfarrer kamen (75 % dagegen aus dem Beamtenstand!). Im gebannten Starren auf Probleme wie Säkularisierung und Entkirchlichung übersah man die Entweltlichung des geistlichen Standes, die in Ottilie Wildermuths »Schwäbischen Pfarrhäusern« liebevoll karikiert und konserviert ist. Jener in einem typischen schwäbischen Dorf zu Beginn unseres Jahrhunderts wirkende Pfarrer Mohr steht für zahllose Amtsbrüder am Ende dieser Ära:

»Er hatte wenig Interesse und Verständnis für das bäuerliche Leben. Sein Interesse galt vorwiegend seiner Theologie und seinen Büchern. In Isingen erwartete man von ihm in der Hauptsache die Predigten und den Konfirmandenunterricht... in Bezug auf die Seelsorge ... nur den Besuch bei Todkranken, die auf das Sterben vorbereitet werden und in ihrem Bett ein letztes Abendmahl erhalten sollten. Diese Krankenbesuche kamen nur ein paarmal im Jahr vor, und so blieb ihm genügend viel Zeit, um sich aus der Öffentlichkeit in seine Studierstube zurückzuziehen, wo er seine Predigten vorbereitete... (sie) waren sehr lang; sie nahmen wohl immer mehr als eine Stunde in Anspruch (– was, neben dem Sonntagnachmittaggottesdienst einen zweistündigen Gottesdienst bedeutete – d. Vf.)... Pfarrer Mohr hat zweifellos über unsere Köpfe hinweggepredigt... doch hörte man bei den Predigten wenig zu... selten war der Kirchenschlaf so üblich...«[78]

Der schwäbische Pfarrer und Volkskundler *Heinrich Höhn*, Zeitgenosse Mohrs, war demgegenüber die Ausnahme. Der 1877 geborene Sohn eines Schafhalters sammelte, kommentierte und edierte bis zu seinem frühen Tod Beiträge zu Sitte, Brauch, Volksglauben und -medizin, deren ungeheure Materialfülle er vor allem während seiner Zeit als Dorfpfarrer im hohenlohischen Onolzheim und auf der Südwestalb gesammelt hatte[79].

Solch wissenschaftliche Neben-Beschäftigung mit dem Volk war *ein* – individueller – Weg, dieses im Protestantismus so gravierende, kaum je thematisierte Defizit an Volksnähe und Volksfrömmigkeit wenigstens punktuell auszugleichen. Zu überbrücken war diese Kluft nicht mehr.

Literatur

BISCHOFF-LUITHLEN, ANGELIKA: Der Schwabe und die Obrigkeit, Stuttgart 1978
Diess.: Von Amtsstuben, Backhäusern und Jahrmärkten, Stuttgart 1979
BLÜMCKE, MARTIN: Johann Christoph von Schmid, in: Zur Geschichte von Volkskunde und Mundartforschung in Württemberg. Helmut Dölker zum 60. Geburtstag (= Volksleben, Bd. 5), Tübingen 1964, S. 11–31

CALWER VERLAGSVEREIN (Hg.): Württembergische Kirchengeschichte, Calw/Stuttgart 1893
DREWS, PAUL: Der Einfluß der gesellschaftlichen Zustände auf das kirchliche Leben, in: Friedr. Fürstenberg, Religionssoziologie, Neuwied/Berlin 1970, S. 375–408
FONTANE, THEODOR: Vor dem Sturm (Insel Taschenbuch), Frankfurt 1981
FROMMER, MAX: Vom Leben auf dem Lande: Isingen 1910, Stuttgart 1983
GAUM, J. FR.: Reisen eines Churländers durch Schwaben, Leipzig 1784
GRIESINGER, CARL THEODOR: Schwäbische Arche Noah, Stuttgart 1979
HABERMAS, JÜRGEN: Strukturwandel der Öffentlichkeit. Untersuchungen zu einer Kategorie der bürgerlichen Gesellschaft, Neuwied 1971[5]
HAMPP, IRMGARD: Heinrich Höhn, in: Zur Geschichte von Volkskunde... (s. Blümcke), S. 256–263
HASSELHORN, MARTIN: Der altwürttembergische Pfarrstand im 18. Jahrhundert, Stuttgart 1958
HERMELINK, HEINRICH: Eschenbach, Eschenbach 1965
HÖHN, HEINRICH: Kap. »Sitte und Brauch, Volksheilkunde«, in: Volkstümliche Überlieferungen in Württemberg (Schwäb. Volkskunde, N. F. 14. Buch), Stuttgart 1961
KÖHLER, FRIEDRICH AUGUST: Eine Albreise im Jahre 1790 (Neudruck) Tübingen 1979
Ders.: Nehren. Eine Dorfchronik (Neudruck) Tübingen 1981
LICHTENBERG, OTTO: Unterhaltsame Bauernaufklärung, Tübingen 1970
MAYER, JOHANN FRIEDRICH: Lehrbuch für die Land- und Hauswirthe... (Neudruck) Schwäbisch Hall 1980. Mit einem Nachwort von Karl Schumm
MEDICK, HANS: Weben, Überleben und Widerstand im alten Laichingen, Ms. masch. 1984 (Südfunk Stuttgart, Druck in Vorbereitung)
MEIDER, KURT: Vom Feldbau zur Landwirtschaft, in: Barock in Baden-Württemberg, Katalog zur Ausstellung in Bruchsal 1981, S. 427–443
MEIER, ERNST: Deutsche Sagen, Sitten und Gebräuche aus Schwaben, gesammelt von Ernst Meier, Professor der morgenländischen Sprachen an der Universität Tübingen. Nachdruck der Ausgabe von 1852, Kirchheim 1984
NARR, DIETER: *Studien zur Spätaufklärung im deutschen Südwesten*, Stuttgart 1979
PLESSNER, HELMUTH: Die verspätete Nation, Stuttgart 1969[5]
REYSCHER, A. L. (Hg.): Vollständige, historisch und kritisch bearbeitete Sammlung der württembergischen Gesetze, 8. Bd. (Kirchen-Gesetze), Tübingen 1834. 14. Bd. (Regierungs-Gesetze), Tübingen 1843
SAUER, PAUL: Affalterbach, Affalterbach 1972
Ders.: Tamm. Geschichte einer Gemeinde, Tamm 1980
SCHARFE, MARTIN: Die Religion des Volkes. Kleine Kultur- und Sozialgeschichte des Pietismus, Gütersloh 1980
SCHMIDT-EBHAUSEN, FRIEDRICH HEINZ: Forschungen zur Volkskunde im deutschen Südwesten, Stuttgart 1963
SCHUMM, KARL: Pfarrer Johann Friedr. Mayer und die hohenlohische Landwirtschaft im 18. Jahrhundert, in: J. F. Mayer, Lehrbuch für die Land- und Hauswirthschaft... 1773 (Neudruck), Schwäbisch Hall 1980, S. 1–50
TRAUTWEIN, JOACHIM: Religiosität und Sozialstruktur, untersucht anhand der Entwicklung des württ. Pietismus, Stuttgart 1972
WELLER, KARL UND ARNOLD: Württembergische Geschichte im südwestdeutschen Raum, Stuttgart/Aalen 1975
WILDERMUTH, OTTILIE: Bilder und Geschichten aus Schwaben. Schwäbische Pfarrhäuser (1852), Stuttgart 1977
WURM, PAUL: Johann Valentin Andreae, ein Glaubenszeuge aus der Zeit des Dreißigjährigen Krieges, Calw/Stuttgart 1887
ZELLER, BERNHARD: Schwäbischer Parnaß. Beiträge zur schwäbischen Literaturgeschichte, Esslingen 1983

Günther Franz

Pfarrer als Wissenschaftler

Daß das evangelische Pfarrhaus über die Jahrhunderte hinweg eine Keimstätte von Begabungen, vor allem auch im Bereich der Wissenschaften, gewesen ist, ist seit von Schultes Feststellungen an Hand der »Allgemeinen deutschen Biographie« unbestritten. Die Zahl der Gelehrten, die Pfarrerssöhne gewesen sind, ist unübersehbar groß. Aber auch Pfarrer selbst haben sich immer wieder als Wissenschaftler einen Namen gemacht, sind in ihrem Pfarramt zugleich Gelehrte gewesen. Dabei fällt hier der konfessionelle Unterschied selbstverständlich fort. Auch katholische Priester und Mönche waren hervorragende Gelehrte. Doch soll hier nur von evangelischen Pfarrern die Rede sein. Nicht eigens gesagt zu werden braucht, daß Pfarrer zu allen Zeiten zugleich auch Theologen waren, Bibelwissenschaftler, Systematiker oder auch Kirchenhistoriker. Nicht selten wurden und werden gelehrte Pfarrer von ihrem Pfarramt auf einen Lehrstuhl berufen. Um nur ein Beispiel aus der Gegenwart zu nennen: Der Kirchenhistoriker Wilhelm Maurer (1901–1982), einer der bekanntesten Lutherforscher unserer Tage, war zunächst Pfarrer in einem Dorf bei Marburg, dann Propst des Marburger Bezirks, ehe er einen

Lehrstuhl in Erlangen übernahm. Nicht zu vergessen ist, daß Luther selbst ja beispielhaft Professur und Pfarramt in Wittenberg miteinander verbunden hat.

So wie die mittelalterliche Chronik und Annalistik fast ausschließlich von Klerikern bestritten wurde, haben sich auch in der Reformation vielfach Theologen als Historiker ausgewiesen. Es sei nur erinnert an Luthers Freund, den Vertrauten des Kurfürsten Friedrich des Weisen, Georg Spalatin (1484-1545), zuletzt Superintendent in Altenburg. Er hat Biographien der drei sächsischen Kurfürsten, denen er gedient hatte, ebenso wie Annalen geschrieben. *Flacius Illyricus* (1520-1575) wurde durch seine Magdeburger Centurionen »Ecclesiastica historia... secundum singulas centurias«, in denen jedes Jahrhundert in einem Bande behandelt wurde, zum Begründer moderner Kirchengeschichtsschreibung, wenngleich sein Werk vor allem der Begründung der Notwendigkeit der Reformation und der protestantischen Polemik als Arsenal dienen sollte. Von gleicher Bedeutung ist ein Jahrhundert später *Gottfried Arnold* (1666-1714), dessen vierbändige »Unparteiische Kirchen- und Ketzergeschichte« (1699-1700) durch ihre weitherzige Toleranz den strengen Dogmatismus des Flacius Illyricus ebenso wie der katholischen Kirchengeschichtsschreibung überwand und damit, wie H. v. Srbik feststellt, »eine neue Periode in der deutschen Kirchengeschichtsschreibung bedeutet«. Aber auch der größte deutsche Historiker *Leopold Ranke* (1795-1886) hat Theologie studiert und sich erst nach schweren inneren Kämpfen entschlossen, nicht Pfarrer, sondern Historiker zu werden.

Der Pfarrer und Historiker Wilhelm Zimmermann

Pfarrer und Historiker zugleich war ein Zeitgenosse Rankes, der württembergische Pfarrer *Wilhelm Zimmermann* (1807-1878), dessen Hauptwerk die dreibändige Geschichte des deutschen Bauernkrieges (1840) auch heute noch immer wieder, wenn auch nur auszugsweise, nachgedruckt wird. Das Werk ist zwar die erste aus den Akten heraus gearbeitete Darstellung dieser ersten deutschen Revolution, wissenschaftlich ist es jedoch längst überholt. Sein überzeitlicher Wert liegt darin, daß Zimmermann, ein überzeugter Demokrat, mit seinem Werk bewußt in die politischen Auseinandersetzungen der Zeit eingreifen wollte. Für ihn war kein staatlicher Neubau, wie er damals im Vormärz erhofft wurde, ohne geschichtliche Einsicht möglich. Der Bauernkrieg war für ihn ein Kampf der »Freiheit und des Lichts«, ein Vorläufer der großen Französischen Revolution, durch dessen Darstellung er den Boden für die deutsche Revolution 1848 vorbereiten wollte. Über den Tag hinaus wirkte seine Darstellung, weil sie die einzige Quelle für Friedrich Engels' berühmte Schrift über den Bauernkrieg (1850) ist, die Grundlage der materialistischen Geschichtsauffassung. Nach dem Scheitern der Revolution von 1848, an der Zimmermann selbst als Abgeordneter der Frankfurter Nationalversammlung teilgenommen hat, kehrte er nach zeitweiser Amtsenthebung 1854 in ein Pfarramt zurück, schrieb aber weiterhin zugleich historische Werke, so eine Darstellung der Revolution von 1848 oder des Krieges von 1870/71, doch haben diese späteren, populär gefaßten Bücher nicht die Bedeutung seines Hauptwerkes erlangen können.

Ein anderes Beispiel aus unserem Jahrhundert (und es kann sich ja immer nur um Beispiele handeln): *Heinrich Bergner* (1865-1918), der Sohn eines Maurers, studierte von vornherein Theologie und Kunstgeschichte. Nach dem Studium wurde er Pfarrer in zwei Dörfern seiner Heimat, Pfarrkeßler und Nischwitz, in dem damaligen Herzogtum Sachsen-Altenburg. Seine Liebe aber galt der Kunstgeschichte. Bergner beteiligte sich an der Inventarisation der Kunstdenkmäler in sechs thüringischen Kreisen (vor allem Naumburg). Sein »Grundriß der christlichen Kunst in Deutschland von den Anfängen bis zum 18. Jahrhundert« (1900) und seine mehrbändigen Handbücher der bürgerlichen wie der kirchlichen Altertümer in Deutschland (1903-1906) galten seinerzeit als Standardwerke. Zweimal lehnte Bergner Berufungen auf einen kunsthistorischen Lehrstuhl ab. Er wollte Pfarrer bleiben.

Von der Geschichte ist es nur ein Schritt zur Volkskunde. Auch hier wieder nur ein Name von vielen. Pfarrer Dr. *Heinrich Höhn* in dem württembergischen Onolzbach bei Crailsheim (1877-1920), ein Bauernsohn, war ein eifriger volkskundlicher Sammler und Schriftsteller, der Begründer der »Württembergischen Blätter für Volkskunde«. Ohne die selbstlose Mitarbeit von Pfarrern bei der Ausfüllung volkskundlicher und dialektgeographischer Fragebögen wäre die moderne Volkskunde und Dialektforschung gar nicht denkbar.

Daß Pfarrer nicht zugleich auch Juristen oder Mediziner sind, liegt auf der

Hand, mag sich auch der oder jener ähnlich wie der katholische Pfarrer Kneipp als Naturheilkundiger einen Namen gemacht haben. Auffallend ist jedoch, daß im 17. und 18. Jahrhundert einzelne Pfarrer als Naturwissenschaftler, vor allem als Astronomen, als Erforscher des Umlaufs der Planeten und Kometen, des Sonnensystems hervorgetreten sind. Es scheint fast, als ob die Natur als Schöpfung und Reich Gottes die Pfarrer verlockte, in der Erforschung von Naturgesetzen das Wirken Gottes zu erkennen. Das läßt sich schon im Mittelalter feststellen. Ich brauche nur an die natur- und heilkundige Hildegard von Bingen (1098–1179) oder an den Regensburger Domherrn Konrad von Megenberg zu erinnern (1309–1374), dessen Übersetzung der »Nature rerum« des Thomas von Chantimpré und der »Sphära mundi« des Johann von Sacrobosco Jahrhunderte hindurch als deutsches Physikbuch und Naturlehrbuch benutzt wurde. Auch an Nikolaus von Cues oder endlich den Frauenburger Domherrn Nicolaus Copernicus (1473–1543) ist zu denken.

Ein so umfassend gebildeter Mann wie *Johann Valentin Andreae* (1586–1654), zuletzt gleich seinem Großvater Jacob Andreae, dem Vater der Concordienformel, Generalsuperintendent in Stuttgart, hatte von vornherein in Tübingen nicht nur Theologie, sondern auch Philosophie und Mathematik studiert. Er suchte in der Vereinigung der Wissenschaften die Einheit von Natur und Gott zu erfassen. Der große Anreger, mit allen führenden Geistern seiner Zeit befreundet, war einerseits Wegbereiter der utopischen Mystik der Rosenkreutzer, andererseits aber wies er auch der Gotterkenntnis in der Natur und damit vor allem der Himmelskunde, der Astronomie, den Weg.

Der ostfriesische Prediger *David Fabricius* (1564–1617) führte mit selbstgefertigten Quadranten und Sextanten Bestimmungen von Fixsternen und Planetenbahnen durch und beobachtete Mond- und Sonnenfinsternisse. Seine Beobachtung des Lichtwechsels im Sternbild Walfisch war für die damaligen astronomischen Anschauungen von Bedeutung. Fabricius stand im Briefwechsel mit Tycho Brahe und Kepler, und Kepler gestand ihm nach Tycho Brahes Tod seiner Marsbeobachtungen wegen den ersten Rang unter den Himmelsbeobachtern seiner Zeit zu.

Georg Samuel Dörffel (1643–1688), Nachkomme einer aus Böhmen ins Vogtland emigrierten Pfarrerfamilie, war zuerst Pfarrer in Plauen, dann Superintendent in Weida. Ein vorzüglicher Seelsorger, beschäftigte er sich doch zugleich auch mit Philosophie, Mathematik und Naturwissenschaften, vor allem aber mit Astronomie. Entgegen Keplers Annahme eines gradlinigen Verlaufs der Kometenbahn erkannte Dörffel auf Grund eigener Messungen an dem großen Kometen von 1680 den Charakter der Planetenbahn als den einer Parabel, in deren Mittelpunkt die Sonne steht (1681). Er beobachtete auch zuerst den später nach Halley benannten Kometen und berichtete darüber. 1685 veröffentlichte er eine Anleitung zur Höhenberechnung astronomischer Erscheinungen. Mit Leibnitz stand Dörffel im Briefwechsel. Auch wenn zu seiner Zeit seine Schriften nur wenig Verbreitung fanden und erst Newton drei Jahre nach Dörffel mit seiner Berechnung der Planetenbahn allgemeine Anerkennung fand, ist doch Dörffels Leistung unbestritten. Noch ein Jahrhundert später wurden zwei Mondgebirge nach ihm und nach Leibnitz benannt. Trotz der Kürze seines Lebens hat Dörffel auch zoologische und hebraistische Studien veröffentlicht. Er war, so sagt sein Biograph, ein Wahrheitssucher, und das war für ihn zugleich ein Gottsucher. Er fand die göttliche Wahrheit ebenso in der Heiligen Schrift wie in den Bahnen der Gestirne, die für ihn den gleichen göttlichen Gesetzen unterworfen waren wie die Schicksale der Menschen.

Fast noch deutlicher wird dieser Zusammenhang zwischen pietistischem Glauben und wissenschaftlicher Naturerkenntnis bei *Johann Esajas Silberschlag* (1716–1791). Den Sohn eines Arztes hatte sein Vater früh auf Naturbeobachtung und mathematisch-physikalisches Arbeiten hingelenkt. Doch nach dessen Tode begann der Sohn unter dem Einfluß seines Magdeburger pietistischen Schulrektors Theologie und Naturwissenschaften zugleich zu studieren. Nach Pfarrstellen in Wolmirstedt und Magdeburg wurde Silberschlag, der bereits seit 1760 Mitglied der Berliner Akademie der Wissenschaften war, 1769 als Oberkonsistorialrat nach Berlin berufen, wo er neben einer Predigerstelle an der Dreifaltigkeitskirche die Leitung der Berliner Realschule zu übernehmen hatte. Friedrich der Große, der ihn schätzte, berief Silberschlag auch in das Oberbaudepartement und übertrug ihm das Referat über Maschinenwesen und Wasserbau. »Es gibt«, sagte Silberschlag, »zwei Quellen menschlicher Erkenntnis: die Vernunft und die Offenbarung... Wo nun schon die schwache menschliche Vernunft zu einer Gewißheit führt wie die mathematische, wie viel größer und unerschütterlicher muß die Gewißheit der Heiligen Schrift sein, in der Gott selber redet.« Naiver läßt sich naturwissenschaftliche Erkenntnis und pietistischer Gottesglaube nicht miteinander verbinden. Silberschlag billigte daher auch Wöllners umstrittenes Religionsedikt und beteiligte sich im Gegensatz zu der Mehrheit der Konsistorialräte an der Prüfung der preußischen Pfarrer auf ihre Rechtgläubigkeit.

Mitglied der Berliner Akademie gleich Silberschlag war auch *Friedrich Christoph Müller*, ein gebürtiger Hesse, Prediger in Soest, Unna und Schwelm (1751–1808). Die Berliner Akademie veröffentlichte Müllers Berichte über die von ihm durchgeführte trigonometrische Vermessung der Grafschaft Mark. Seine »Tafeln der Sonnenhöhen für ganz Deutschland« (1791) waren seinerzeit ein sehr nützliches Hilfsmittel, auch wenn sie später durch genauere und einfachere Beobachtungen ersetzt wurden.

Mitten im württembergischen Pietismus stand *Johann Ludwig Fricker* (1729–1766). Stark mathematisch begabt, wurde er durch F. Chr. Oettinger, bei dessen Bruder er Hofmeister war, als Mitarbeiter bei einer Planetenmaschine in den Hof nach Wien gesandt. Er machte eine naturwissenschaftliche Forschungsreise nach Mähren und hielt sich bei Mennoniten und Methodisten in

Holland wie in England auf, ehe er die Pfarrstelle in Dettingen bei Urach übernahm, wo das Haus des Lehrers Kullen ein Mittelpunkt des Pietismus wurde. Gleich Bengel glaubte er an die baldige Vollendung des Reiches Gottes durch die bevorstehende Wiederkehr Christi und suchte diesen Glauben durch ausgedehnte mathematische Spekulationen zu begründen. Früh verstorben, hat er doch auf den württembergischen Pietismus eingewirkt, gehört zu dessen Vatergestalten.

Realer eingestellt als Fricker war sein Landsmann *Philipp Matthäus Hahn* (1739-1790). Den Pfarrerssohn regte bereits als Kind der Schatten eines Nagels an, sich mit Sonnenuhren und Astronomie zu beschäftigen. Nach dem Studium in Tübingen, das er sich zum Teil durch Anfertigung von Sonnenuhren verdiente, und den üblichen Vikariaten wurde er Pfarrer in Onstmettingen, der Pfarrei seines Vaters, und weiterhin in Kornwestheim und durch die Förderung des Herzogs Karl Eugen und der Franziska von Hohenheim endlich Pfarrherr in Echterdingen auf der Filder, der reichsten Pfarrei des Landes. Gleich Fricker gehört auch Hahn zu den Schwabenvätern und war gleich jenem sehr stark von Bengel beeinflußt, dessen Glauben an den baldigen Weltuntergang er teilte und zu berechnen suchte. In seinen Pfarrhäusern richtete er jeweils mechanische Werkstätten ein, in denen auch seine Brüder und später seine Söhne mitarbeiteten und die zu den Geburtsstätten der feinmechanischen Industrie in Württemberg gehören. In diesen Werkstätten fertigte man Präzisionstaschenuhren, aber auch Standuhren und vor allem astronomische Uhren an, die das Geschehen auf der Erde und im Kosmos bis zum Jüngsten Tage wiedergeben sollten. Auf den drei Zifferblättern einer Uhr war die menschliche, die astronomische und die apokalyptische Zeit abzulesen. Die letztere war mit einem Sperrhaken für das Jahr 1836 versehen, weil Bengel für dieses Jahr den Beginn des Tausendjährigen Reiches vorausgesagt hatte. Um die schwierigen Berechnungen für diese Wunderwerke an Uhren durchführen zu können, konstruierte Hahn Rechenmaschinen, von denen heute noch einige Exemplare existieren und funktionieren. Es waren die ersten wirklich brauchbaren, industriereifen Maschinen. Auch höchst komplizierte und genaue Waagen der verschiedensten Art konstruierte Hahn und ließ sie in seiner Werkstatt anfertigen. Dieser typisch schwäbische Tüftler war aber zugleich ein großer Kanzelredner und ein pflichtbewußter Seelsorger. Mit Lavater, Franz von Baader und anderen berühmten Zeitgenossen stand er im Briefwechsel. Er vereinigte in sich »religiöse Weltanschauung mit einem großen technischen Fachwissen zu einem harmonischen Weltbild«.

Ebenso wie Hahn war auch *Johann Heinrich August Duncker* (1787-1843), gleich seinem Vater Pfarrer in Rathenow in der Mark Brandenburg, ein naturwissenschaftlicher Techniker. Er befaßte sich mit dem Bau von Mikroskopen, die wegen ihrer Präzision in Berlin einen guten Absatz hatten. Gemeinsam mit dem Feldprediger des in Rathenow stationierten Leib-Karobinier-Regimentes

Pfarrer als Wissenschaftler

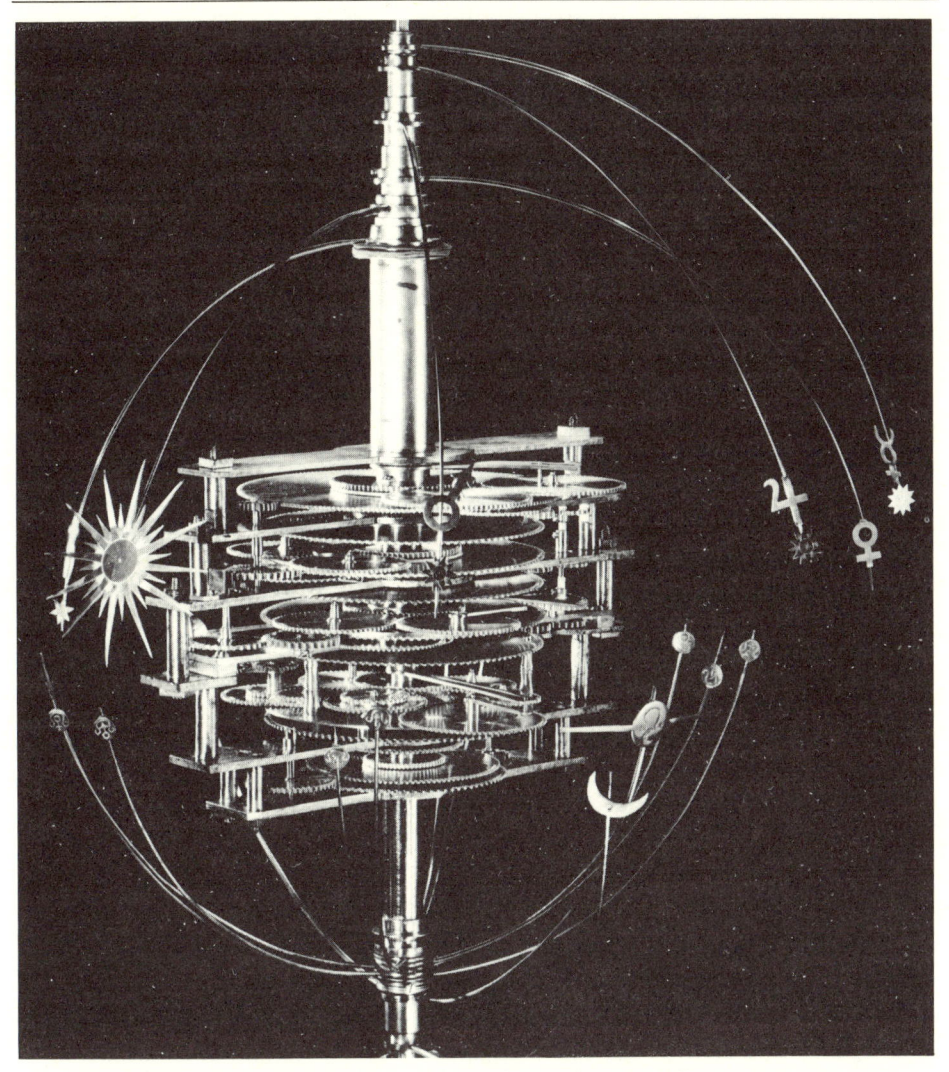

Astronomische Maschine des kopernikanischen Weltsystems, konstruiert 1769 von Philipp Matthäus Hahn, aus dem Württ. Landesmuseum (Foto: G. Meyer, Pforzheim)

und Leiter der Industrieschule der Rathenower Garnison Christoph Wagner erhielt Duncker 1801 von König Friedrich Wilhelm III. von Preußen das Privileg zur Errichtung einer »Kgl. Optischen Industrieanstalt«, in der vor allem Kinder beschäftigt wurden. Eine von Duncker erfundene Vielschleifmaschine ermöglichte die fabrikmäßige präzise Herstellung von Brillen. Dadurch gelang es Duncker, die handwerksmäßig betriebene Nürnberg-Fürther Brillenherstellung vom Markt zu verdrängen und die Grundlage für die Rathenower Brillenfabrikation zu legen. Duncker erfand auch ein Hörrohr. Als er 1819 in geistige Umnachtung verfiel, übernahm sein Sohn Eduard den Betrieb, baute ihn weiter aus und vergrößerte den Absatz durch Niederlassungen in Bergen, Warschau, St. Petersburg und Moskau. Noch heute gilt Rathenow als die »Stadt der Optik« dank Dunckers Wirken.

In einen anderen Bereich der Naturwissenschaften führt uns der Vater Alfred Brehms, *Christian Ludwig Brehm* (1787–1864), über 50 Jahre lang Pfarrer in Unter-Renthendorf bei Triptis in Thüringen. Auch wenn erst der Sohn dem Namen Brehm Weltruf gegeben hat, gilt doch schon der Vater als der Klassiker der älteren deutschen Ornithologie. Mit Hilfe seiner Söhne legte er eine Sammlung von 15000 Vogelbälgen an, die sich heute in einem Museum in New York befindet. Durch seine »Beiträge zur Vogelkunde« (1820–1822) und das »Handbuch der Naturgeschichte aller Vögel Deutschlands« (1831) schuf Vater Brehm die Grundlagen für eine verfeinerte Systematik der Vögel. Neben Brehm ist noch ein anderer Thüringer Pfarrer zu nennen. *Anton Hübenthal* (1871–1940) hat als der beste Kenner mitteldeutscher Käfer, Ameisen und Blattwespen, also als Entomologe, über 200 Aufsätze veröffentlicht und sich neben seinem Pfarramt in Bufleben und Wölfis einen Namen gemacht.

Genug der Einzelbeispiele, die sich mehren ließen. Wie eng auch noch im frühen 19. Jahrhundert der Zusammenhang zwischen Gottesgelehrtheit und Naturwissenschaft war, zeigt, daß 1819 bei der Gründung des Landwirtschaftlichen Instituts, der heutigen Universität Hohenheim, die württembergische Regierung erwog, den zuständigen Ortspfarrern den Unterricht in den Naturwissenschaften zu übertragen. Das ließ sich nicht verwirklichen. Aber die ersten Professoren der Naturwissenschaften an der neuen Lehranstalt, die bald internationalen Rang erhalten sollte, waren Tübinger Stiftler, von Haus aus Theologen. *Ludwig Zenneck* (1779–1858), der erste Professor für Chemie, war schon zuvor aus dem Kirchendienst ausgeschieden, um sich ganz den Naturwissenschaften widmen zu können. Er hat sich um die Erforschung der Stuttgarter Flora verdient gemacht. Sein Kollege *Friedrich Hochstetter* (1785–1839), Professor für Mathematik und Physik, ein Pfarrerssohn, hatte schon als Garnisonprediger in Ludwigsburg den Offizieren Vorträge über mathematische und physikalische Probleme gehalten. Er hat, wie es in einem Nachruf hieß, stets gleichmäßig die Fortschritte in der Theologie wie in den Naturwissenschaften verfolgt. Sein Nachfolger *Friedrich Riecke* (1794–1876), auch ein Pfarrerssohn, studierte als Stiftler von vornherein Theologie und Mathematik in Tübingen und habilitierte sich auch für Mathematik, ehe er nach Hohenheim berufen wurde. Als Herausgeber und Hauptmitarbeiter des Württembergischen Wochenblattes für Landwirtschaft ist er über drei Jahrzehnte hinweg (1834–1868) zu einem wahren Lehrmeister der württembergischen Landwirtschaft geworden.

Damit sind wir bei dem letzten und vielleicht wichtigsten Kapitel angekommen: der protestantische Pfarrer als Förderer der Landwirtschaft, Pionier ihres

Fortschrittes. Selbstverständlich war auch im Mittelalter der Klerus, das heißt vor allem das Kloster, Wegbereiter des landwirtschaftlichen Fortschritts. Man braucht nur an den berühmten Klosterplan von St. Gallen oder an Notkers († 912) Gedicht über den Gartenbau zu denken oder an die Leistung der Zisterzienserklöster für den Landesausbau im Altland, vor allem aber in dem Neusiedlungsland im deutschen Osten. Diese Stellung behielten im katholisch gebliebenen Bereich die Klöster auch in der Neuzeit bei. Ich erinnere nur an St. Blasien im Schwarzwald, Ettal in Bayern oder Grüssau in Schlesien, um fast beliebige Namen zu nennen. Im protestantisch gewordenen Deutschland aber waren bis auf wenige Ausnahmen die Klöster aufgehoben. Dafür hatte sich die Stellung des Ortsgeistlichen, des Pfarrers, gestärkt. Er war jetzt durchweg studiert, Visitationen sorgten für einen einheitlichen Bildungsstand. Der Pfarrer lebte vom Zehnten, den die Pfarrleute zu entrichten hatten, soweit er sich noch in kirchlicher Hand befand, von den Sporteln für kirchliche Handlungen, vor allem aber von ihrem Pfarrland, das sie verpachten, aber auch selbst bewirtschaften konnten. Vielfach war der Pfarrer verpflichtet, den Zuchteber für die Gemeinde zu halten. Der Pfarrer, nun landesherrlicher Beamter, hatte auch die Pflicht, die landesfürstlichen Verordnungen sonntags von der Kanzel zu verlesen. Der Pfarrer war zugleich Bauer, und manchmal konnte man wohl fragen, was die Vorhand bei ihm hatte.

Bis in das 16. Jahrhundert bestand die deutsche landwirtschaftliche Literatur nur aus Übersetzungen antiker Schriftsteller wie Columella, Varro und anderen. Als erster hat *Martin Grosser*, seit 1564 Pfarrer in dem Dorfe Schebitz bei Breslau, eine »Kurtze und gar einfeltige Anleitung zu der Landwirtschaft, beides im Ackerbau und in der Viehzucht nach Art und Gelegenheit dieser Land und Ort Schlesien« in deutscher Sprache zusammengestellt und auf Zureden seines Patronatsherren 1590 veröffentlicht. Die kleine Schrift, die erst in unseren Tagen einen Neudruck erlebt hat, ist das erste Lehrbuch der Landwirtschaft (wenn man das Büchlein so volltönend nennen will) in deutscher Sprache. Grosser hat, wie er selbst schreibt, 25 Jahre hindurch »unter den armen und einfeltigen Pauersleuten« den Samen von Gottes Wort ausgestreut, zugleich aber seinen Lebensunterhalt wie andere Pastoren auch von Ackerbau und Viehzucht gewinnen müssen. Auch Grosser kennt die antiken Agrarschriftsteller, aber er beschränkt sich darauf, zu berichten, wie es »nach unserer Landart gehalten wird und gehalten werden soll«. Er ist kein Reformer, sondern begnügt sich damit, zu beschreiben, wie er und seine Pfarrkinder Landwirtschaft betreiben.

Viel nachhaltiger als Grossers Büchlein hat des *Johannes Colerus* »Oeconomia ruralis et domestica« gewirkt, die erstmals 1593–1605 in sechs Lieferungen erschienen ist und von der im 17. und 18. Jahrhundert etwa 20 Ausgaben nachweisbar sind. Auch Coler war Pfarrer, und auch sein »Hausbuch«, wie es deutsch genannt wurde, geht auf schlesische Quellen zurück. Colers Vater

Jacob war 1537 in Greiz als Sohn des dortigen Superintendenten geboren und wurde fast gleichzeitig mit Grosser Pfarrer in Adelsdorf bei Goldberg in Schlesien, also nicht allzuweit von Schebitz entfernt. Jacob muß ein streitbarer, zugleich aber gelehrter Herr gewesen sein, der mehrfach gezwungen war, seine Pfarrei zu wechseln, ehe er 1575 Superintendent in Güstrow in Mecklenburg wurde, wo er 1612 gestorben ist. In seinen schlesischen Pfarrjahren, also 1566-1574, hat er zunächst gleich Grosser die antiken Landwirtschaftsschriftsteller, die seit dem 15. Jahrhundert mehrfach in lateinischen und deutschen Ausgaben erschienen waren, studiert, um seine Pfarrhufen bestmöglich zu bestellen. Gleich Grosser hat aber auch Coler festgestellt, daß mit den für den Mittelmeerraum geschriebenen Schriften in der schlesischen Praxis wenig anzufangen war und daß es wichtiger war, »Bauern, Schäfern, Gärtnern, Weinmeistern zuzuhören und zu konferieren«. Von ihnen hat er »männliches erfahren und gelernt, das man in keinen Büchern leichtlich finden wird«. In Adelsdorf wurde ihm 1566 auch sein Sohn Johannes geboren. Dieser studierte zunächst Medizin, auch die Rechte und wurde Hauslehrer, ehe er mit 29 Jahren begann, der Familientradition folgend in Jena Theologie zu studieren. Wohl durch Vermittlung seines Vaters wurde er 1601 Pfarrer in Doberan. Seit 1618 wirkte er als Superintendent in Parchim, wo er 1639 gestorben ist. Gleich seinem Vater war er ein streitbarer Theologe. Stärker noch als bei seinem Vater aber gehörte sein Interesse der Landwirtschaft, der Natur. Schon als Student veröffentlichte er 1592 ein »Calendarium Perpetuum«, also einen ewigen Kalender, aus dem vor allem seine guten Kenntnisse der Kräuter- und Arzneipflanzen hervorgehen. An das Calendarium schloß sich alsbald die Veröffentlichung seines »Hausbuches« an, das bereits 1600 erstmals in einer Quartausgabe erschien und das, wie schon erwähnt, ein »Bestseller«, richtiger ein »Longseller« (wie man heute sagen würde) war. Es wurde Ausgangspunkt und Grundlage für die sogenannte Hausväterliteratur des 17. und 18. Jahrhunderts. Mit Recht meinte der Herausgeber eines böhmischen Hausbuches »Fleissiges Herrenauge« 1696, daß nicht nur dessen Autor Christoph Fischer sich weitgehend nach Colerus gerichtet habe, »sondern daß auch fast alle, so in nachfolgenden Zeiten was in dieser Materie geschrieben, mit diesem Kalbe gepflügt« hätten. Dabei hat Coler selbst die Landwirtschaft nicht ausgeübt. Sein Hausbuch beruht fast ausschließlich auf den Notizen seines Vaters, die dieser in Schlesien, aber auch in Brandenburg und Mecklenburg gemacht hatte, bezieht aber auch die antike ebenso wie die italienische und französische Landwirtschaftsliteratur in sein Kompendium ein. Nicht nur die Landwirtschaft, auch Jagd und Fischfang, vor allem aber die Hauswirtschaft wird in Colers Werk ausführlich behandelt.

Auch der Verfasser des ersten deutschen Gartenbuches *Johann Peschelius* in Eisleben (Garten-Ordnung 1597) war Pfarrer. »Wir armen Pfarrer auf den Dörfern«, so sagte er, »können nicht immer studieren, dieweil wir mit der beschwerlichen Mühe des Ackerbaues beladen sind.« So sei auch der Gartenbau nicht verwerflich für einen Pfarrer. Predigt und Gartenbau seien keine Gegensätze, sei doch Gott selbst der erste und kunstreichste Gärtner gewesen. In seiner Gartenordnung gibt Peschel auch Anweisungen für die Anlage von Irrgärten und Labyrinten, aber auch für den Obstbau, das Pfropfen und die Bekämpfung von Gartenschädlingen.

Gleich Peschelius war *Georg Holyk* Pfarrer. Aus Böhmen 1666 durch die Gegenreformation vertrieben, war er ins Baltikum gegangen, und hier mußte er »von dem geistlichen in den leiblichen Gartenbau« übergehen. Um die Fortschritte des Gartenbaues in Österreich und Mitteldeutschland auch seiner neuen Heimat zugänglich zu machen, veröffentlichte er sein Buch »Vereinigter Liff- und ausländischer Gartenbau« (1684) und ein »Versprochenes Blumen- und Küchengarten-Büchlein« (1687). Über Jahrzehnte hinweg erschienen beide Bücher, nunmehr meist in einem Band zusammengedruckt, immer erneut.

Gleichzeitig mit Holek lebte *Franz Philipp Florinus*, zunächst Bibliothekar des Pfalzgrafen Franz Philipp von Sulzbach, seit 1679 Pfarrer in Rosenberg und Edelsfeld in der Oberpfalz, wo er 1699 gestorben ist. Erst nach seinem Tode erschien in zwei Folianten sein »Oeconomus prudens et legalis oder Allgemeiner kluger und rechtsverständiger Hausvater« (1702, 1719), für dessen Verfasser lange Zeit fälschlicherweise der Pfalzgraf Franz Philipp von Sulzbach gehalten wurde. Das Werk ist ein Compendium, das gleichsam eine Summa der älteren Hausväterliteratur gibt, die Florinus als Bibliothekar ja gekannt haben wird, und das sicher (vor allem der 2. Band) nicht allein von Florinus geschrieben wurde; doch betrieb Florinus in Edelsfeld auch selbst die zur Pfarre gehörige Landwirtschaft.

Auch der letzte der »Hausväter«, *Christian Friedrich Germershausen* (1725–1810), war Pfarrer (gleich seinem Vater) in Schlalach bei Treuenbritzen in der Mark Brandenburg. Er hat zwei fünfbändige Werke »Die Hausmutter in allen ihren Geschäften« (1777–1781, 1811[4]) und »Der Hausvater« (1783–1786) neben zahlreichen anderen Werken geschrieben. Germershausen betrieb nicht nur seine eigene Pfarrwirtschaft, sondern verwaltete lange Jahre auch das örtliche Rittergut, dessen Gutsherr frühzeitig verstorben war. Dabei hat er einen großen Gutshaushalt kennengelernt, in dem nicht nur geschlachtet und gebacken, sondern auch Bier gebraut, Öl geschlagen, Seife gekocht usw. wurde, die Hausmutter aber auch (und dem ist der 5. Band seines Werkes gewidmet) zugleich die Kinder zu erziehen und dem ganzen Betrieb als christliche Hausfrau vorzustehen hatte. »Je besser Christ, desto besser Hausvater oder Wirt, je besser Christin, desto bessere Hausmutter oder Wirtin«, war seine Erkenntnis. Schon in seinem zweiten Werk über den Hausvater erweist sich, daß Germershausen über die Hausväterliteratur und die überkommene Praxis hinaus die Fortschritte der Landwirtschaft in dieser Zeit kannte und aufgenommen hat. Der künstliche Wiesenbau, Klee- und Kartoffelanbau spielen bei ihm eine Rolle. Der Gutsbesitzer hatte die Aufgabe, den Bauern mit Reformen voranzugehen, sie auszuprobieren.

In der Zeit, in der Germershausen schrieb, also in der zweiten Hälfte des 18. Jahrhunderts, hat sich eine große Zahl von Pfarrern als landwirtschaftliche Schriftsteller hervorgetan. Man kann sagen, daß die Pfarrer in den Jahrzehnten vor der Verwissenschaftlichung der Landwirtschaft durch Thaer, Schwerz, Schönfelder und andere Träger des landwirtschaftlichen Fortschritts gewesen sind. Zwei Männer ragen heraus, der Propst *Philipp Ernst Lüders* in Glücksburg (1702-1786) und der Pfarrer *Johann Friedrich Mayer* in Kupferzell bei Schwäbisch Hall (1719-1798). Lüders' Vater war Oberförster, sein Großvater hatte ein adliges Gut erworben, seine Mutter wie seine Großmutter waren Bauerntöchter. Seine Liebe gehörte von Jugend auf der Landwirtschaft. Nach dem Studium der Theologie in Witterberg war er zunächst vier Jahre als Landwirt tätig, ehe er 1728 eine Pfarre übernahm und schon 1730 Hofprediger in Glücksburg, der Residenz eines der kleinen holsteinischen Teilherzogtümer, wurde. Da zu seiner Pfarrstelle kein Ackerland gehörte, erhielt er von dem herzoglichen Vorwerk in Glücksburg ein Stück Land als Versuchsfeld. Hier erprobte er die verschiedenen Arten des Pflügens und Säens, baute die unterschiedlichsten Garten- und Feldfrüchte an und erprobte Samensorten. Er verteilte Klee-, Gras-, auch Hopfensamen, vor allem aber Saatkartoffeln, wobei seine Fürsorge besonders den Kleinbauern, den Kätnern galt. Er wollte seine Pfarrkinder zu Gott hinführen, zugleich aber auch zu denkenden Menschen erziehen. So wollte er nicht nur das ewige Heil, sondern auch das irdische Wohlergehen fördern, überzeugt davon, daß größerer Wohlstand auch zu höherer Sittlichkeit führe.

Als 1757 in Kopenhagen eine neue Zeitschrift, das »Ökonomische Magazin«, gegründet wurde, begann Lüders in rascher Folge eine große Zahl von Aufsätzen über landwirtschaftliche Fragen zu schreiben. Um sie auch seinen Pfarrkindern zugänglich zu machen, gab er sie in volkstümlicher Form zugleich als Flugschriften auf eigene Kosten heraus. Zur weiteren Verbreitung gründete er 1762 die gemeinnützige »Königlich dänische Ackerakademie Glücksburg«, eine der ältesten deutschen Ackerbaugesellschaften, die für den Druck und die Verbreitung seiner Schriften sorgen, zugleich aber andere Männer, vor allem wiederum Pastoren, zur Mitarbeit gewinnen wollte. Unter den Vertrauensmännern der Akademie waren nicht weniger als fünfzehn Pastoren, obgleich der Generalsuperintendent Struensee in Kopenhagen gegen die Mitarbeit von Pastoren Stellung genommen hatte. In der Tat war Lüders nur der prominenteste der Geistlichen, die den gemeinen Nutzen, die Berufsaufklärung und das Christentum als gleichwertig von der Kanzel predigten. Der hohe Stand der holsteinischen Landwirtschaft wird nicht zuletzt auf das Wirken von Lüders und seinen Amtsgenossen zurückgeführt.

Der sogenannte »Gips-Mayer« (Bildvorlage der Landesbildstelle Württemberg)

Johann Friedrich Mayer war über ein halbes Jahrhundert hinweg Pfarrer in Kupferzell im Hohenlohischen. Er war ein eifriger Prediger, so daß sein Sohn nach des Vaters Tod seine Predigten als »Predigtbuch für christliche Bürger und Landleute« (1800) herausgeben konnte. Aber er war überzeugt, daß »ein Prediger in seinem Amte kein vollkommenes Genüge leistet, wenn er nicht neben dem, daß er seine Gemeinde zu dem Besitze ewiger Seligkeit hinführet, sie auch zeitliche Glückseligkeit zu besitzen unablässig bearbeitet«. Getragen von dem optimistischen Glauben der Aufklärung, die letztlich das Wohl des Menschen als Ziel des Erdendaseins überhaupt sieht und dieses als die Vorstufe der Ewigkeit empfindet, teilte er den Glauben seiner Bauern, »daß ein guter Christ ein guter Haushalter sei und ein böser Haushalter ohnmöglich ein guter Christ sein könne«. Da sich Gott also schon in dieser Welt offenbart, sah auch Mayer gleich Lüders die Aufgabe des Pfarrers darin, auch für das irdische Wohl seiner Pfarrkinder zu wirken. Er hat nicht über landwirtschaftliche Fragen gepredigt, aber er hat durch sein Beispiel auf die Bauern gewirkt. Er kaufte sich (wie er selbst schreibt) »ein Stück öden Landes zu einer landwirtschaftlichen Schule. Auf ihm mache ich alle Versuche und meine Proben sprechen da alle vorübergehenden Bauern laut an. Unterdessen ich hinter einer Laube heimlich dabeistehe, auflausche, schweige und froh bin, wenn sie wunders untersuchen und folgen. Vor Eintritt meines Amtes predige ich meinen Zuhörern einen Himmel, in den sie schon hier von Gott eingeführt werden, in den sie stufenweise höher aufsteigen sollen.« Auf dem drei bis vier Morgen großen Stück Landes pflanzte er 1800 Obstbäume, von denen er Propfreiser an die Bauern weitergab. Weit über seinen Bedarf hinaus baute er Kartoffeln an und verschenkte sie als Pflanzgut. Und da die Bauern die Kartoffeln bisher nur »als Schweinefraß« ansahen, von dem man Bauchgrimmen bekäme, gab er ihnen gleich Rezepte mit und erreichte damit in der Tat, daß der Kartoffelanbau sich durchsetzte. Erst als er länger als zwei Jahrzehnte sein Pfarramt ausgeübt hatte, veröffentlichte er 1763 seine erste Schrift »Die Lehre vom Gyps als einem vorzüglich guten Dung zu allen Erdgewächsen auf Äckern und Wiese, Hopfen und Weinbergen«. Sie hat ihm später den Namen »Gipsmayer« eingetragen. Doch ging es Mayer nicht nur um die Verbesserung der Felder durch Düngung, um die Beseitigung der Brache durch Kleebau (lange vor Schubert), sondern er dachte auch an eine allgemeine Agrarreform. Er forderte die Aufhebung der Frondienste ebenso wie der Jagd- und Triftgerechtigkeiten der Grundherren und eine allgemeine Flurbereinigung. Er schlug eine Viehversicherung vor und entwarf kleine Maschinen, um die ländliche Arbeit zu erleichtern. Der hohe Stand der hohenlohischen Landwirtschaft um 1800 geht nicht zuletzt auf das Wirken Mayers zurück. Doch reichte sein Einfluß weit über Hohenlohe hinaus. Die Schullehrer im Kurfürstentum Trier wurden (um dies nur als Beispiel zu nennen) nach seinem »Lehrbuch für die Landwirtschaft... im Amt Kupferzell« (1774) unterrichtet.

Außer Mayer sind noch drei Zeit- und Amtsgenossen aus Württemberg zu nennen. *Jeremias Höslin* (1722–1789) war Pfarrer in Böhringen bei Urach. Er setzte sich für die Förderung neuer Kulturen, den Flachsbau, den Weinbau, die Obstkultur, vor allem aber den Futterbau ein. Erst nach seinem Tode erschien seine »Beschreibung der wirtembergischen Alp mit landwirtschaftlichen Bemerkungen« (1798). Auch der hochgebildete, von Leibniz und Wolff beeinflußte *Johann Gottlieb Steeb* (1742-1799) war Pfarrer auf der Schwäbischen Alb (in Grabenstetten, bei Reutlingen). In Steebs großem Pfarrdorf lag vor allem die Viehhaltung darnieder. Er setzte sich für den Bau von Futterpflanzen ein, verbesserte die Viehweiden und erreichte, daß die Brache aufgegeben und die Holzmäder umgepflügt wurden. In seinem Todesjahr gründete er eine ökonomische Sozietät, um die Bauern zu Landwirten zu bilden. Eine Bibliothek sollte alle landwirtschaftlichen Neuerscheinungen den Bauern zugänglich machen. Er bekannte: »So sehr ich überzeugt bin, daß Religion und Moralität immer die Hauptbeschäftigung der Geistlichen sein müssen, so lassen sich doch landwirtschaftliche Bemühungen in so erwünschter und glücklicher Verbindung mit jener setzen, daß allerdings auch die Achtung des Standes dadurch gewinnen muß.« Es zeigt in aller Übertreibung doch die Bedeutung Steebs, daß bei seinem Tode 1799 es in einem Nachruf heißt: Sein Wirken sei »so gut eine landwirtschaftliche Umwälzung als die französische Revolution eine Staatsumwälzung« gewesen sei. Der Ranghöchste dieser Pfarrer-Landwirte war *Balthasar Sprenger* (1724-1791), Generalsuperintendent in Adelberg. Er schrieb mehrbändige Werke über den Weinbau, den Feldbau und die Bienenzucht. Sprenger nahm in Adelberg das Pfarrgut, das aus 10 Morgen Gras- und Baumgarten und 40 Morgen Ackerland bestand, in Eigenbewirtschaftung und entwickelte es zum Mustergut. »Meine Absicht war es nicht nur meine Güter zu besserem Nutzen zu bringen, sondern auch den Landleuten des Orts und der Gegend ein Beispiel zur Nachahmung zu geben.« Er verwandte immer ein bis zwei Beete zu Versuchen und gab eine Beschreibung seiner Wirtschaft mit einem Verbesserungsplan in Druck (1792, zuerst 1790 als Zeitschriftenaufsatz).

Neben den auch heute noch bekannten Namen wie Lüders und Mayer steht die große Zahl fast namenloser Landpfarrer, die in den in der zweiten Hälfte des 18. Jahrhunderts aufblühenden landwirtschaftlichen Vereinen und ökonomischen Gesellschaften Mitglieder waren und dort, vielfach auf eigene Erfahrung gestützt, über landwirtschaftliche Neuerungen berichteten. Um nur ein Beispiel zu nehmen: In der 1770 gegründeten »Kurpfälzische physikalisch-ökonomische Gesellschaft« in Kaiserslautern war der Kaiserslauterner Pfarrer *Johann David Krämer* Sekretär (1735-1808), der nicht nur den jährlichen Bericht über die Tätigkeit der Gesellschaft erstattete, sondern auch über »Einige Fehler der Landwirtschaft vorwiegend im Amt Lautern« berichtete. Gleich wie er machten sich auch der Pfarrer *Stephan Guggenmus* aus Handschuhsheim bei Heidelberg, der 1763 den Krappanbau in der Pfalz eingeführt hat und »Feldsachverständiger« der geistlichen Güterverwaltung war, und die Pfarrer *Jacob Karl Herzogenrath* (1735-1780) in Otterberg und *Johann Ludwig Born* (1735-1815) in Weilerbach vor allem über den schlechten Zustand der Weiden und den dadurch bedingten schlechten Zustand der Viehzucht Gedanken und forderten die Stallfütterung und damit auch die Gewinnung des für die Besserung der Wiesen nötigen Dunges. Vor allem förderten sie den Kleebau. Auch Pfarrer *Johann Karl Weber* (1738–1800) in Steinwenden gab eine »Landwirtschaftliche Beschreibung« seines Pfarrsprengels, schrieb über den Wiesenbau, trat aber auch in einer eigenen Flugschrift für eine Reform der Fruchtmärkte und die Abschaffung von Zöllen und Akzisen ein. Auf eigene Kosten baute er einen neuen Pfarrhof, der als Mustergut vielfach besucht wurde.

Vielfach beteiligten sich Pfarrer auch an den Preisausschreiben der Akademien der Wissenschaften. Bei einem Preisausschreiben der Berliner Akademie über den Futteranbau erhielt unter 18 Bewerbern 1788 den Preis der Pfarrer *Gottfried Ludolph Graßmann* in Sinzlow und Kortenhagen in Hinterpommern. Er hat, wie Graf Herzberg bei der Preisverleihung hervorhebt, bereits 1776 verschiedene Preise über »ökonomische Aufgaben« von der Petersburger Ökonomischen Gesellschaft erhalten und das Geld zur produktiveren Umgestaltung seines Pfarrackers benutzt, wodurch er »seine häuslichen Umstände sehr verbessert« hat. Graßmann trat für die Stallfütterung ein und betonte die Vorteile, die eine erhöhte Viehhaltung mit sich bringe. Auch der Prediger *J.S.B. Neumann* in Templin erhielt 1800 den Preis für eine Arbeit über Düngung, in der vor allem seine chemisch-physikalischen Kenntnisse hervortraten. Er stellt fest: »Selten hat der Boden von Natur aus so viel Fruchtstoffe, als die Pflanzen zur Nahrung und zur Vervollkommnung brauchen. Ungleich mehr erfordern die Gewächse, die alljährlich und in Menge gebaut und gewonnen werden.« Er führte Anbauversuche durch, die »ein erstaunlich hohes naturwissenschaftliches Wissen« erweisen, und erlangte dabei eine erhebliche Ertragssteigerung.

Pfarrer *Johann August Friedrich Block* in Nutha in Anhalt-Zerbst schrieb sogar das erste »Lehrbuch der Landwirtschaft« (1774, vier Hefte), das einen so guten Überblick über den damaligen Zustand der Landwirtschaft gibt, daß es auch heute noch als Quelle wichtig ist. Es behandelt Viehzucht, Ackerbau und Gartenbau und definiert im ersten Satz bereits die Landwirtschaft »als eine vernünftige, gründliche und zusammenhängende Wissenschaft, die Viehzucht, den Feld- und Gartenbau einträglich zu machen«. Das ist eine Definition, die schon an Albrecht Thaers Grundsätze der rationellen Landwirtschaft erinnert. Und so steht in der Tat Block, der seinerseits sich noch auf Coler beruft, am Ende einer Entwicklung. Zu Beginn des 19. Jahrhunderts entstand die Landwirtschaft als Wissenschaft, die hauptberuflich an den neuerrichteten Akademien wie in Möglin oder Hohenheim gelehrt wurde. Die Zeit der Liebhaber war vorbei. Die Pfarrer waren wohl noch vielfach Mitglieder der jetzt allerorten gegründeten landwirtschaftlichen Vereine, aber sie hatten nicht mehr die Aufgabe, herrschaftliche Verordnungen von der Kanzel zu verlesen. Auch die Pfarräcker wurden jetzt meist verpachtet, die Pfarrbesoldung fest geregelt. Die Pfarrer konnten und mußten sich jetzt ganz ihrem geistlichen Amt zuwenden, und ihre Fürsorge galt bald mehr dem neuentstandenen Arbeiterstand, der sozialen Frage des 19. und 20. Jahrhunderts. Nur auf zwei Gebieten machten sich Pfarrer als Liebhaber noch einen Namen: in der Bienenzucht, der Imkerei, und in der Obstkultur.

In der Bienenzucht nenne ich nur zwei Thüringer Pfarrer. *Ferdinand Gerstung*, Pfarrer in Oßmannstadt bei Weimar (1860–1929), war der Gründer der deutschen Bienenzuchtzentrale und erhielt den Dr. h. c. wegen seiner Verdienste. Sein etwas jüngerer Amtsbruder *August Ludwig* (1867–1951) schrieb seine Biographie (1950). Ludwig selbst veröffentlichte bereits 1905 ein »Handbuch der Bienenzucht«. 1930 gab er sein Pfarramt auf und wurde Leiter des Universitätsbienenstandes in Jena. 1947 wurde er überdies zum Honorarprofessor ernannt. Daß er ein namhafter Mundartdichter war, sei nur nebenher erwähnt.

Drei Obstzüchter sind vor allem literarisch hervorgetreten. *Johann Ludwig Christ* aus Öhringen (1739–1813) hat nicht nur Bücher über den Landbau geschrieben, in denen er nur »auf Erfahrung gegründete reelle Methoden« entwickelte und »alles bloß Spekulative« ablehnte. Er ist vor allem einer der bedeutendsten deutschen Obstzüchter gewesen. In Kronberg im Taunus, wo er als Oberpfarrer wirkte, hat er eigene Baumschulen angelegt und ihren Bestand in seiner »Vollständigen Pomologie« (1809, 1812) beschrieben. Die Ausbreitung der Edelkastanie und der Mirabelle ist sein Verdienst. *Johann Volkmar Sickler* (1741–1820), Pfarrer in Kleinfahner bei Gotha, förderte vor allem den Kirschenanbau in seiner Gegend, schrieb aber auch ein nicht weniger als 22 Bände umfassendes Werk »Der deutsche Obstbauer« (1794–1804), in dessen einem Band sich auch die erste Geschichte der deutschen Obstkultur befindet. Weit in das 19. Jahrhundert hinein reicht die Wirksamkeit des Superintendenten *Johann Georg Conrad Oberdieck* (1794–1880) in Sulingen, später in Nienburg an der Weser. Er war maßgeblich an der Gründung des deutschen Pomologenvereins beteiligt und Mitgründer der »Monatsschrift für Pomologie und praktischen Obstbau«. Mit anderen Obstbauern gab er ein »Illustriertes Handbuch der Obstkunde« in elf Bänden heraus (1858–1883), in dem nicht weniger als 689 Apfel-, 762 Birnen- und 232 Kirschensorten beschrieben und abgebildet werden. Er war ein begeisterter Liebhaber von Sortenbäumen, also Bäumen, auf deren Kronen mehrere Sorten veredelt worden sind. Er behauptete, bis zu 300 Sorten auf ein und demselben Baum vereinigt zu haben, um sie zu vergleichen. Insgesamt soll er über 4000 Obstsorten auf solchen Sortenbäumen veredelt und dieser Arbeit seine einzigartige Sortenkenntnis verdankt haben.

Genug der Namen. Die Beispiele, und nur um solche kann es sich handeln, erweisen, in wie vielen Bereichen evangelische Pfarrer wissenschaftlich wegweisend tätig gewesen sind, wie sehr für sie aber auch zugleich die wissenschaftliche Arbeit, mag es sich nun um Astronomie oder Landwirtschaft gehandelt haben, Teil ihres Berufes, auch eine Art Gottesdienst war, eine Erfüllung ihres Amtes.

Literatur

Allgemeine deutsche Biographie und Neue deutsche Biographie
W. DÄNDLIKER: Pfarrer als Agrarschriftsteller im Oberamt Lautern (Heimatjahrbuch des Landkreises Kaiserslautern 1983)
M. GROSSER: Anleitung zu der Landwirtschaft, hrsg. von G. Schröder-Lembke (Quellen und Forschungen zur Agrargeschichte 12, 1965)
M. GÜNTZ: Handbuch der landwirtschaftlichen Literatur, 3 Bde., 1897–1902
G. E. HOFFMANN: Philipp Ernst Lüders, ein landwirtschaftlicher Reformer Schleswig-Holsteins im 18. Jahrhundert (Blätter für deutsche Landesgeschichte 89, 1952)
H. H. MÜLLER: Akademie und Wirtschaft im 18. Jahrhundert, Berlin-Ost 1975
W. QUANDT: Bedeutende Männer aus Thüringer Pfarrhäusern, Berlin-Ost 1957
G. SCHRÖDER-LEMBKE: Protestantische Pastoren als Landwirtschaftsreformer (Zeitschrift für Agrargeschichte 27, 1979)
G. SCHRÖDER-LEMBKE: Die Genesis des Colerschen Hausbuches und die Frage seines Quellenwertes (in deren Studien zur Agrargeschichte, 1978)
Lebensbilder aus Schwaben, Bd. 2, 1941 (Höslin, Steeb), Bd. 6, 1957 (Mayer, Zimmermann)

Oskar Söhngen

Die Musik
im
evangelischen Pfarrhaus

Man wird schwerlich behaupten können, zur Tradition des evangelischen Pfarrhauses gehöre auch ein ausgeprägter Schönheitssinn. Im Gegenteil reißen die Klagen kunstempfindlicher Besucher über den mangelnden Geschmack der Einrichtung und des Bildschmucks vieler evangelischer Pfarrhäuser, nicht zuletzt auch der Amtszimmer, bis auf den heutigen Tag nicht ab, und die verdienstvollen Bemühungen der kirchlichen Kunstdienste und Beratungsstellen haben daran bisher nichts Durchgreifendes zu ändern vermocht. Offenbar handelt es sich bei diesem gestörten Verhältnis zu den Künsten des Auges, zu Malerei, Plastik und Architektur, um einen Geburtsfehler der evangelischen Kirche. Martin Luther selbst gehörte eindeutig dem akustisch-motorischen Typus an. Als ihm der damals schon berühmte Maler Albrecht Dürer im Jahr 1518 zum Zeichen des Dankes für sein mutiges Aufbegehren ein Bild zusandte, war dem Reformator der künstlerische Wert dieses Geschenks offenbar so wenig bewußt, daß er es nicht für nötig hielt, sich persönlich zu bedanken, sondern das durch einen Mittelsmann besorgen ließ. Über die Dome in Köln, Frankfurt, Speyer und Augsburg und über das Ulmer Münster, die er kennenlernte, verliert er kein einziges Wort der Bewunderung, sondern hat nur an ihnen auszusetzen, daß sie für die Predigt ungeeignet seien; in mäßig großen Kirchen lasse sich leichter predigen und werde die Predigt von den Zuhörern besser verstanden[1]. Daß Luther gleichwohl für die Beibehaltung der alten und die Schaffung neuer biblischer Darstellungen eintrat, war nicht zuletzt seinem theologischen Gegensatz gegen die Gesetzlichkeit der schwärmerischen Bilderstürmer zu danken; die Tatsache, daß diese die Bilder radikal ablehnten und damit »aus dem Frei-Sein ein Muß-Sein« machten, war für ihn Grund genug, sich *für* die Bilder einzusetzen. Freilich bedeutete das keine Entscheidung für die Kunst als solche; was Luther an den Bildern wichtig wurde, war ihre religionspädagogische Verwendbarkeit. Als biblia pauperum sollten sie dem leseunkundigen Volk die Kenntnis der biblischen Geschichte vermitteln. Erst recht aber konnte in den reformierten Gebieten das Bilderverbot des Dekalogs der Entwicklung des Gesichtssinns nicht eben förderlich sein; Zwingli und Calvin haben bekanntlich allen Bildschmuck aus den Kirchen entfernt.

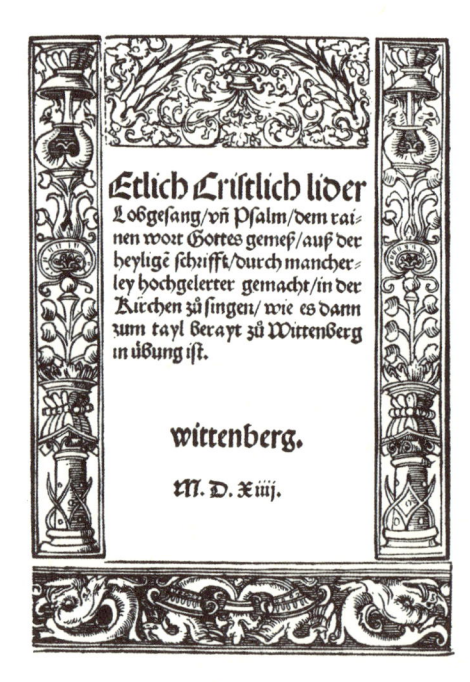

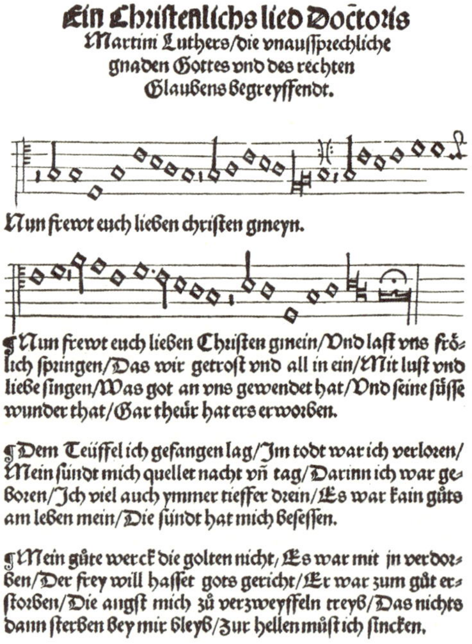

Titelblatt und die erste Seite des 1524 erschienenen evangelischen Gesangbuchs

---

[1] Weimarer Ausgabe der Tischreden Martin Luthers, Nr. 3781, Bd. 3, S. 611

I.

Um so bedeutsamer war die Rolle, welche die Musik in den evangelischen Gemeinden, und vorzugsweise in den Pfarrhäusern, spielen sollte. Auch hier steht die Gestalt des Reformators beispielgebend am Anfang. Wie stark Luthers Familienleben von der Musik geprägt wurde, dafür gibt es zahlreiche Zeugnisse. So berichtet sein Hausarzt Dr. Matthäus Ratzeberger über Luthers Hauskantorei: »Luther hatte den Brauch, sobald er die Abendmahlzeit mit seinen Tischgesellen gehalten hatte, holte er aus seinem Studierzimmer die Noten und veranstaltete mit denen, die dazu Lust hatten, eine Musik. Besonders gefiel ihm, wenn es eine gute Komposition der alten Meister zu den Responsorien oder Hymnen des Kirchenjahres zum Musizieren gab, und vor allem am gregorianischen Gesang und dem Choral hatte er große Freude. Bemerkte er in einer neuen Komposition Fehler in der Notierung, so verbesserte er diese im Nu... Seine jungen Söhne Martin und Paul mußten ihm die Responsorien des Kirchenjahres auch vorsingen, wie zu Weihnachten Verbum caro factum est (Das Wort ward Fleisch) und In principio erat verbum (Im Anfang war das Wort). Dabei sang er selber mit.«[2]

Johannes Mathesius aus Joachimsthal, Luthers Tischgenosse in den Jahren 1540/41, ergänzt diesen Bericht: »Über und nach Tisch sang der Doktor bisweilen, wie er auch die Laute spielte. Ich habe mit ihm gesungen.«[3] Wie sehr dem Familienvater Luther das gemeinsame Musizieren Lebensbedürfnis war, davon zeichnet sein musikalischer Mitarbeiter, der Urkantor der evangelischen Kirche Johann Walter aus Torgau, mit dem zusammen der Reformator auch die liturgischen Melodien zu seiner »Deutschen Messe« geschaffen hat, ein eindrucksvolles Bild: »Ich weiß und bezeuge wahrhaftig, daß der heilige Mann Gottes Luther, welcher der deutschen Nation Prophet und Apostel gewesen ist, zu der Musik im Choral- und Figural- (mehrstimmigen) Gesang große Lust hatte; mit ihm habe ich gar manche Stunde gesungen und gesehen, wie der teure Mann vom Singen so lustig und fröhlich im Geist wurde, daß er des Singens schier nicht konnte müde und satt werden und von der Musik so herrlich zu reden wußte.«[4]

Was wurde denn in Luthers Hauskantorei musiziert? Aus dem Bericht des Dr. Ratzeberger könnte man folgern, daß es ausschließlich Bearbeitungen von liturgischen Stücken alter Meister waren. Aber Luther verfolgte nicht nur aufmerksam die musikalische Entwicklung, sondern fühlte sich mit seinem

---

[2] Ch. G. Neudecker: Die handschriftliche Geschichte Ratzebergers über Luther und seine Zeit mit literarischen, kritischen und historischen Anmerkungen zum erstenmal herausgegeben, Jena 1850, S. 46
[3] Johannes Mathesius: Luthers Leben in Predigten, herausgegeben von Georg Loesche, Leipzig 1906², S. 300
[4] Zitiert im Syntagma musicum des Michael Praetorius, Bd. I, Wittenberg 1615, herausgegeben von Wilibald Gurlitt, Kassel 1959, S. 451

künstlerischen Qualitätsgefühl vor allem zu den führenden Komponisten seiner Zeit, Josquin Desprez (um 1450–1521) und Ludwig Senfl (um 1490–1543), hingezogen. So hat er denn auch, als er sich während des Augsburger Reichstages 1530 auf der Veste Coburg mit Todesahnungen trug, eine Sterbemotette über Psalm 4,9 bei dem Komponisten Senfl in München bestellt, obwohl dieser Katholik war. Aus anderen Äußerungen wissen wir, daß Luthers Hauskantorei auch weltliche Kompositionen gesungen hat, wie zum Beispiel Didos Sterbelied »Dulces exuviae« aus Vergils Aeneis, von dem ein drei- und ein vierstimmiger Satz in den »Sinfoniae iucundae adeo breves« des Georg Rhaw vom Jahr 1538 steht.

Aber es gab auch noch andere Formen des häuslichen Musizierens im Pfarrhaus Luther, Formen, die vor allem den Kindern galten. Für diese dichtete der Vater auf die Melodie eines bekannten Reigenliedes »ein Kinderlied auf die Weihnacht Christi«, das 1538 im Klugschen Gesangbuch gedruckt wurde: Vom Himmel hoch da komm ich her. Es handelt sich dabei um ein Lied-Spiel, das an der Krippe im häuslichen Weihnachtszimmer gesungen und szenisch aufgeführt wurde. Wir dürfen uns das etwa so vorstellen: Zunächst stimmten Vater oder Mutter an der Krippe die Engelsbotschaft der fünf ersten Strophen an, während die übrigen Familienmitglieder einen Kreis um die Krippe bildeten: »Vom Himmel hoch da komm ich her«, »Euch ist ein Kindlein heut geborn«, »Es ist der Herr Christ, unser Gott«, »Er bringt euch alle Seeligkeit« und »So merket nun das Zeichen recht«. Darauf antwortet der Chor der Familie mit der sechsten Strophe: »Des laßt uns alle fröhlich sein und mit den Hirten gehn hinein.« Und nun treten klein und groß einzeln an die Weihnachtskrippe heran, das Kleinste zunächst, und singen jeder mit »seiner« Strophe dem Christkind Lob und Dank, wobei bewunderswert ist, wie der Dichter Luther die jeweiligen Betrachtungen ihrem Altersverständnis in oft kindlicher Sprache angepaßt hat. In den beiden Schlußversen vereinen sich dann alle zum Reigen um die Krippe: »Davon ich allzeit fröhlich sei, zu springen, singen immer frei das rechte Susaninne schön« und »Lob, Ehr sei Gott im höchsten Thron, der uns schenkt seinen eingen Sohn«.

Luther hat im Jahr 1543 noch ein weiteres Kinderlied gedichtet, »zu singen wider die zween Erzfeinde Christi und seiner heiligen Kirche, den Papst und Türken«: »Erhalt uns, Herr, bei deinem Wort und steur des Papsts und Türken Mord«. Die Türkengefahr bedrohte Europa in jenen Jahren von neuem, und Luther sah die Zukunft der Kirche in sehr trübem Licht. Für ihn gab es nur eins, was Rettung bringen konnte: das Gebet, vor allem das Gebet der Kinder. »Betet! Denn es ist keine Hoffnung mehr in den Waffen, sondern in Gott. Wenn den Türken jemand soll tun so werdens die armen Kinderchen tun.«[5] Und im Jahr 1543 mahnt Luther die Pfarrer ernstlich beten zu helfen und in

---

[5] WA TR Nr. 5398 aus dem Frühjahr 1542, Bd. 5, S. 127

den Häusern auch die Kinder zum Beten anzuleiten. So wird sein Lied in vielen Pfarrhäusern, aber nicht nur in diesen, in fester Übung vor allem von den Kindern gesungen worden sein.

Auch das Pfarrhaus des schweizerischen Reformators Huldrych Zwingli (1484–1531) war von klingender Musik erfüllt. Man tut Luther kein Unrecht, wenn man Zwingli als den elementareren Musiker bezeichnet. Sein Interesse galt vor allem der Instrumentalmusik. Gewiß würde seine Mitwirkung jeder heutigen Jazzband zur Ehre gereicht haben; denn es wird berichtet, daß Zwingli jedes neue Blasinstrument, das er in die Hand bekam, schon bald und mühelos beherrschte. Aber er muß auch ein ausgezeichneter Violinspieler gewesen sein; bewegend ist eine Szene, die ihn an der Wiege seines neugeborenen Kindes zeigt, wie er dieses mit Geigenmusik zum Einschlummern zu bringen versucht. Aber dieser selbe hochmusikalische Mann verbannt die Musik in jeglicher Form aus dem Gottesdienst: Die Orgeln in den Zürcher Kirchen wurden abgerissen (und kehrten erst in der zweiten Hälfte des 19. Jahrhunderts dorthin zurück); der gregorianische Gesang und die überkommene mehrstimmige Chormusik wurden abgeschafft, und dem in den zwanziger Jahren des 16. Jahrhunderts mächtig vordringenden neuen reformatorischen Gemeindelied wurde in Zürich der Zutritt zum Gottesdienst bis lange nach Zwinglis Tod verwehrt. Weshalb diese Trennwand zwischen Gottesdienst und kirchlicher Musik? Weil Zwingli der Überzeugung war, daß die Andacht durch die Musik gestört werde. Schon Augustinus hatte sich mit dem Selbstvorwurf auseinandersetzen müssen, an der Musik selbst mehr Freude zu empfinden als an ihren Worten, ihrer Botschaft. In der Tat wird man sagen müssen, daß darin gerade für den musikalisch Begabten eine ernste Gefahr liegt. Bei Zwingli kommt noch dazu, daß sein ästhetisches Empfinden an dem »Lärm« des Gemeinde-Massengesangs wenig Gefallen fand.

Die aus den Gottesdiensten ausgetriebene Musik siedelte sich in der Öffentlichkeit an, wo schon bald ein neuer Typus des musikalischen Volksschauspiels, einer Vorform des heutigen Oratoriums, entstand, aber vor allem in den Schulen und Häusern, vorzugsweise in den Pfarrhäusern. In diesen wurde neben geselligen Chorkompositionen geistlicher und weltlicher Art vor allem instrumentale Kammermusik gepflegt. Es ist kein Zufall, daß dabei das künstlerisch-ästhetische Element allmählich in den Vordergrund trat und daß von den reformierten deutschsprachigen Pfarr- und Bürgerhäusern über die im Jahr 1613 ins Leben getretenen Collegia musica ein wichtiger Weg zum bürgerlichen weltlichen Konzert führte. Diese Tradition der schweizerischen reformierten Pfarrhäuser ist bis heute lebendig geblieben. Aus den letzten Jahren ist mir bekannt geworden, daß bei einem Quartettwettbewerb ein schweizerisches Pfarrhausensemble den ersten Preis erringen konnte.

Von dem dritten Reformator Johannes Calvin wird im späteren Zusammenhang die Rede sein.

II.

Wenn im evangelischen Pfarrhaus vor allem die Musik eine wichtige Rolle gespielt hat und weiterhin spielt, wird man das schwerlich allein auf das stimulierende Vorbild der Reformatoren zurückführen können. Sicherlich hat das Pfarrhaus auch davon profitiert, daß bis gegen Ende des 18. Jahrhunderts die Musik in den Schulen und in der Öffentlichkeit ungleich intensiver gepflegt wurde als heute. Aber um das eigene Musizieren auch im Hause wirklich heimisch zu machen, bedurfte es tiefer wirkender Anstöße von der Sache her. Um einen solchen Versuch der Begründung müssen wir uns jetzt bemühen.

In der schwedischen Theologie stieß ich auf ein Unterscheidungsmerkmal für den evangelischen Gottesdienst gegenüber dem katholischen, das für unseren Zusammenhang erhellend ist: Während der katholische Gottesdienst vorwiegend »visualisch« sei, das heißt das Auge des Besuchers anspreche, sei der evangelische Gottesdienst vorwiegend »auditiv«, das heißt, er wende sich vor allem an das Ohr der Gemeinde. In der Tat hat sich der Besucher der katholischen Messe durch lange Jahrhunderte hindurch mit dem Meßbuch in der Hand über das Auge auf das Wandlungsgeschehen am Altar konzentriert; erst durch die Konstitution über die heilige Liturgie, die das Zweite Vatikanische Konzil im Jahr 1964 beschlossen hat, sind mit den Forderungen der participatio activa (der tätigen Beteiligung) der Gemeinde an der Meßfeier und der regelmäßigen Predigt im Gemeindegottesdienst neue zusätzliche Elemente in die Liturgie gekommen, deren Auswirkungen abzuwarten sind. Jedenfalls ist verständlich, daß in der bisherigen Tradition der katholischen Kirche vor allem diejenigen Künste zu einer großartigen Entfaltung gekommen sind, die sich an das Auge wenden: Malerei, Bildende Kunst, Architektur und – das Schauspiel. Im Mittelpunkt des evangelischen Gottesdienstes steht dagegen das verkündigte Wort Gottes, das in der Predigt und in der Feier des heiligen Abendmahls viva vox (lebendige, »ergehende« Stimme) wird. Vers 17 des 10. Kapitels im Römerbrief, von Luther übersetzt: »So kommt der Glaube aus der Predigt, das Predigen aber durch das Wort Gottes«, lautet, wörtlich übersetzt: »Nun kommt der Glaube aus dem Hören (akoē), das Hören aber durch das Wort Christi.« Von daher kann es nicht überraschen, daß die evangelische Kirche, und damit auch das Pfarrhaus, zur bevorzugten Pflegestätte der Künste des Ohres, Musik und Dichtung, geworden ist.

Diese Inklination des Protestantismus zur Musik wurde entscheidend noch dadurch gefördert, daß Luther das neu entstehende reformatorische Lied der Gemeinde in den Mund legte und diese dadurch auch in dem bisher dem Priester vorbehaltenen Gottesdienst »mündig« machte – eine radikale Neuerung. Der für das evangelische Gottesdienstverständnis zentrale Auftrag zur Verkündigung des Wortes Gottes gilt grundsätzlich der Gemeinde des allgemeinen Priestertums der Gläubigen als ganzer. Und die Gemeinde nimmt ihren Anteil am Predigtdienst vor allem durch das »*gesungene* Evangelium« wahr, das sie einander und den Draußenstehenden zuruft. Mit dem Lutherlied auf den Lippen ist denn auch vielerorts der reformatorischen Botschaft die Bahn gebrochen worden. Bis auf den heutigen Tag ist die evangelische Kirche die einzige große Gemeinschaft geblieben, zu deren Wesensmerkmalen das aktive Singen und Musizieren gehört. Die musikalische Mündigmachung der Gemeinde war, auch musiksoziologisch und kulturgeschichtlich gesehen, eine große Tat, deren Bedeutung um so heller erstrahlte, je mehr unsere Gesellschaft auf musikalischem Gebiet zu einer rein konsumptiven Haltung absank. Aus den Kräften der großen musizierenden Gemeinde konnte sich auch das häusliche Musizieren der Familie, nicht zuletzt der Pfarrfamilie, immer neue Antriebe holen, wie denn gerade auch das Kirchenlied stets eine wichtige Rolle in der Geschichte des evangelischen Pfarrhauses gespielt hat. Aber auch das Element des *gemeinschaftlichen* Singens und Musizierens hat zweifellos seine Auswirkungen auf Geist und Praxis der häuslichen Musikpflege gehabt. Mit der pflichtmäßigen Einführung des Kirchenliedes in die Gemeindemesse durch das Zweite Vatikanische Konzil und der Schaffung des Einheitsgesangbuches »Gotteslob« hat die katholische Kirche auch dieses Erbe der Reformation übernommen.

Luther hat auch dafür gesorgt, daß die künstlerische Seite der Musik im Gottesdienst nicht zu kurz kam. Wie er überhaupt die Kunstmusik, die musica artificialis, an die Spitze der Musikübung stellte, so sah er auch die regelmäßige Mitwirkung eines mehrstimmigen Chores im Gottesdienst vor. Es ist sicher nicht zufällig, daß das erste deutsche Gesangbuch, auf Betreiben des Reformators geschaffen und von diesem mit einer bedeutsamen Vorrede versehen, ein Chorgesangbuch war, Johann Walters »Geistliches Gesangbüchlein«, dessen Choralbearbeitungen nicht zuletzt zur Führung des Gemeindegesanges bestimmt waren.

Es kann darum nicht überraschen, daß die Entfaltung der Reformation und des Kirchenliedes mit einer Blüte der geistlichen Chorkomposition Hand in Hand ging – ein Vorgang, der sicherlich seine Auswirkungen auch auf das häusliche Musizieren mancher Pfarrerfamilie gehabt haben wird.

In diesen Zusammenhang gehört auch die musikalische Wirksamkeit des dritten Reformators, des Franzosen Johannes Calvin in Genf, hinein. Zwar hat auch dieser wie Zwingli Chormusik und Orgelspiel aus dem Gottesdienst verbannt. Um so größer waren der Eifer und die Konsequenz, mit denen er den Ausbau des Gemeindegesangs betrieb. Das Motiv? Die Gebete der Gläubigen seien so lau, daß sie Gott beleidigen müssen. Um dem abzuhelfen, setzt Calvin die belebende, anfeuernde Macht der Musik ein, einer Musik freilich, deren Kennzeichen gravité (Gravität) und majesté (Majestät) sein müssen, um der Gefahr der Laszivität zu begegnen. Den »heiligen« Melodien müssen auch

»heilige« Texte entsprechen; freie Dichtungen werden nicht zugelassen: Calvin betreibt konsequent die Bereimung und Vertonung des gesamten Psalters und setzt dafür die besten Dichter und Komponisten ein. Mehr noch, er animiert die Komponisten zur mehrstimmigen Bearbeitung der Psalmmelodien, die aber keinesfalls in den Gottesdiensten erklingen dürfen, sondern dem Musizieren in den Schulen vorbehalten bleiben. Den musikalischen Höhepunkt stellt der sogenannte Jaqui-Psalter des berühmten Komponisten Claude Goudimel aus dem Jahr 1565 dar, der die eingeführten und durch Calvin kanonisierten Psalmmelodien vierstimmig und Note gegen Silbe bearbeitet – »nicht um ihren Gebrauch in der Kirche einzuführen, sondern damit man sich besonders in den Häusern in Gott erfreuen kann«, wie es in der Vorrede heißt. Damit wird die künstlerische Musikübung also auch in den reformierten Familien der französischen Schweiz zugelassen, wobei nicht zuletzt die Pfarrhäuser eine führende Rolle gespielt haben dürften. Aber die »List der Idee« (Hegel) leistet sich noch eine besondere Überraschung: Als im Jahr 1598 in Zürich endlich der Gemeindegesang eingeführt wurde, freilich ohne Begleitinstrumente, bildete sich eine spontane Mehrstimmigkeit aus. Die Gemeindeglieder, die durch den Schulgesang und das Psalmensingen bei den Hausandachten in den Kantionalsätzen eines Goudimel wohlgeschult waren, übernahmen diese Sätze in den Gottesdienst; die »Kunst«, die man durch die Vordertür ausgewiesen hatte, war also durch die Hintertür wieder eingeschlüpft, und es entbehrt nicht der Ironie, daß das Zürich Zwinglis dabei voranging. Die Sitte des vierstimmigen gottesdienstlichen Gemeindegesangs ist in der reformierten deutschen Schweiz bis heute lebendig geblieben.

Aber wir müssen noch ein Stück tiefer bohren und nach einer theologischen Rechtfertigung der Musik fragen. Die heutige Lutherforschung glaubt den Durchbruch des Reformators zur eigentlichen Theologie des Wortes Gottes, nämlich zur Entdeckung des Wortes Gottes als des *einen* Gnadenmittels der Kirche, erst in seiner zweiten Psalmenvorlesung, den »Operationes in Psalmos« aus den Jahren 1519/21, feststellen zu können. »Das Wort zeigt nicht einfach den Weg zur Gerechtigkeit und beschreibt diesen nicht nur, sondern es ist das Mittel, wodurch Gott den Menschen rechtfertigt, weil es den Glauben weckt.« Der Mann, der diesen Satz formuliert hat, der Theologe Ernst Bizer, überschreibt das Buch, aus dem er stammt, bezeichnenderweise »Fides ex auditu«, das heißt »Glaube aus dem Hören«[6]. Es ist von symptomatischer Bedeutung, daß Luther in den Operationes in Psalmos damit zugleich erstmals den Gedanken herausstellt, daß Christus nichts geschrieben, sondern alles gesprochen habe. »Das Evangelium«, so betonte er in einer Predigt über den Anfang des 1. Petrusbriefs, »ist eigentlich nicht das, was in Büchern steht und

---

[6] Fides ex auditu. Eine Untersuchung über die Entdeckung der Gerechtigkeit Gottes durch Martin Luther, Neukirchen 1958, S. 149

in Buchstaben verfaßt wird, sondern eher eine mündliche Predigt und ein lebendiges Wort, und eine Stimme, die da in die ganze Welt erschallt und öffentlich ausgerufen wird, damit man's überall hört.« Diese Linie zieht sich fortan durch die theologische Argumentation Luthers hindurch bis zu den Vorlesungen über die Genesis 1535/1545: »Ocularia miracula longe minora sunt quam auricularia«, das heißt: »Die Wunder, die sich unseren Augen darbieten, sind viel geringer als die Wunder, die wir mit den Ohren wahrnehmen.« Das rechtfertigende Wort Gottes geht durch die Ohren ein, in der Predigt wird es, wie oben schon erwähnt, viva vox, lebendige, »ergehende« Stimme. Durch das Ohr aber geht auch die Musik ein. So nahe ist die Verwandtschaft beider von ihrem Ursprung her, daß das Evangelium geradezu nach der Musik ruft: »Deus praedicavit evangelium etiam per musicam«, das heißt: »Gott hat das Evangelium auch durch die Musik gepredigt«, kann Luther in einer seiner Tischreden bemerken[7].

Suchen wir nach einer Erklärung dafür, warum eigentlich die Botschaft des Wortes Gottes sich der Sprache der Musik bedient, so ist die Antwort ebenso einfach wie erhellend: Weil sie nicht anders kann! Weil sie ein geheimnisvolles Gefälle auf die Musik hin hat, so daß sie dort, wo sie ihr Letztes und Tiefstes ausspricht, ganz von selbst zur gehobenen Sprache der Musik greift. Ein Blick in die Bibel bestätigt das: Welche – im wörtlichen Sinne gottbegnadeten – Dichter waren doch die Männer, welche die Psalmen schufen! Wie oft erhebt sich die Sprache der Propheten, aber auch eines Paulus, zu hymnischer Gewalt und Eindringlichkeit! Ein Kapitel wie das »Hohelied der Liebe« 1. Korinther 13 bedeutet auch einen Gipfelpunkt der Dichtung. Und wie oft ist die Sprache der Heiligen Schrift voll heimlicher Musik! Von daher kann es nicht überraschen, daß die Musik vom Worte Gottes immer wieder in Dienst genommen wird. Zwischen der lebendigen Stimme des Evangeliums, »die da in die ganze Welt erschallt«, und der Sprache der Musik besteht nach Gottes Willen eine heimliche Zuordnung, aus der sich erklärt, daß das Evangelium die Botschaft von Gottes »süßer Wundertat« am liebsten mit den Zungen der Musik ausspricht. Die dichterisch-musikalische Gestalt stellt die adäquateste Form der Verleiblichung der Botschaft des Wortes Gottes dar. Solange die evangelische Kirche, und mit ihr das evangelische Pfarrhaus, aus der Verkündigung des Wortes Gottes lebt, wird auch die Musik in ihr ihren bevorzugten Platz behalten.

III.

Auf dieser Grundlage und unter den geschilderten Voraussetzungen hat sich das evangelische Pfarrhaus zu einer lebendigen Pflegestätte der Musik entwickelt. Der intime Charakter dieses Musizierens macht es unmöglich, so etwas

---

[7] WA TR Nr. 1858, Bd. 2, S. 11f.

wie eine geschichtliche Darstellung seiner Tradition zu geben. Aber es liegen genügend Fakten und Berichte vor, um aufzeigen zu können, wie intensiv und mannigfaltig das musikalische Interesse des evangelischen Pfarrhauses in seiner Geschichte war und bis heute geblieben ist.

1. Die musikalische Begabung im Pfarrhaus ist nicht selten über das Liebhaberhafte, »Dilettantische«, weit hinausgegangen. Wenn uns vor allem aus der Reformationszeit von manchen Pfarrern berichtet wird, daß sie ursprünglich als Kantoren tätig waren, darf man annehmen, daß sie ihre künstlerischen Ansprüche auch in das Pfarrhaus mitgenommen haben werden. Auch später kam solcher Ämterwechsel öfter vor, so bei dem Dichter des Liedes »Nun danket alle Gott«, Martin Rinckart (1586–1649), und bei dem Bearbeiter der Lieder Zinzendorfs, dem Herrnhuter Bischof Christian Gregor (1723–1801). Eklatantestes Beispiel für eine musikalisch-theologische Doppelbegabung aus unseren Tagen ist Albert Schweitzer (1875–1965), gleich groß als Orgelspieler, Orgelreformer, Bachforscher und theologischer Schriftsteller. Seit der Renaissance der Kirchenmusik in der ersten Hälfte unseres Jahrhunderts gibt es nicht wenige Theologen, die vorher die Große Kirchenmusikalische Prüfung abgelegt haben, wie zum Beispiel der Mainzer Theologieprofessor Manfred Mezger (geb. 1911) und der jetzige Propst der Altmark, Eberhard Schmidt (geb. 1929), Männer also, bei denen Pfarr- (bzw. Professoren-)Amt und Musikpflege in gleich guten Händen ruhen. Auch die Tatsache, daß die im Verband evangelischer Kirchenchöre Deutschlands zusammengeschlossenen Landesverbände jahrzehntelang fast ausnahmslos unter der Leitung von Theologen standen und zum Teil heute noch stehen, spricht für die große Zahl von musikbegabten und musikbegeisterten Pfarrern; der Verband der evangelischen Kirchenchöre Deutschlands, der im Jahre 1983 auf sein hundertjähriges Bestehen zurückblicken konnte, wurde fast ein halbes Jahrhundert lang von dem als Theologen wie als Musikwissenschaftler bedeutenden Christhard Mahrenholz (1900–1980) geführt.

Interessant ist, daß auch Zwinglis Ablehnung der gottesdienstlichen Musik und seine Bevorzugung der weltlichen Musik bis auf den heutigen Tag in manchen Pfarrhäusern lebendig geblieben ist. So ist mir der Fall eines hochmusikalischen Berliner Pfarrers aus den dreißiger Jahren bekannt, in dessen Familie anspruchsvolle Streichquartett- und Streichquintettliteratur gepflegt wurde, der es aber ablehnte, sich mit seinem Kantor über die Musik für den sonntäglichen Gottesdienst zu verständigen (»Machen Sie mit Ihren Leuten ruhig, was Sie wollen!«). In dasselbe Kapitel gehört auch Karl Barths (1886–1968) bekannte Bevorzugung der Musik von Wolfgang Amadeus Mozart gegenüber der von Johann Sebastian Bach[8].

---

[8] Karl Barth: Wolfgang Amadeus Mozart 1756–1956. Zollikon 1956³; darin besonders der »Dankbrief an Mozart«, S. 9–13

Aufschlußreich ist auch die Reihe der Pfarrer, die mit der dichterischen Gabe eine schöpferische musikalische Begabung als Melodienerfinder für ihre eigenen oder fremde Dichtungen verbanden bzw. verbinden. Sie beginnt, wie wir schon sahen, bei Martin Luther, der zu vielen seiner Lieder auch die Melodien geschaffen oder umgestaltet hat. Paul Speratus (1484–1541) war der Dichter des Liedes »Es ist das Heil uns kommen her«, das von den evangelischen Massen auf die damals bekannte Melodie »Freut euch, lieben Christen« beim Einzug in den Wiener Stephansdom angestimmt wurde; das brandenburgische Gesangbuch enthält aber auch eine von ihm geschaffene Weise (zu dem Lied »Ein edler Schatz der Weisheit«). Von Nikolaus Decius (um 1485 bis nach 1546), der auch als Musiker bekannt geworden ist, stammen Text und Weise zu den liturgischen Gesängen »Allein Gott in der Höh sei Ehr«, »Heilig ist Gott, der Vater« und »O Lamm Gottes, unschuldig«, ursprünglich in niederdeutscher Sprache gedichtet und wahrscheinlich die ältesten deutschen evangelischen Kirchenlieder überhaupt. Philipp Nicolai (1556–1608), der Schöpfer des »Königs« und der »Königin« der Choräle »Wachet auf, ruft uns die Stimme« und »Wie schön leuchtet der Morgenstern«, hat Texte und Melodien gleich großartig wie aus einem Guß gestaltet. Das sind nur einige Beispiele. Aus unseren Tagen ist vor allem der Pfarrer und Theologieprofessor Heinrich Vogel (geb. 1903) zu nennen, der die Einheit von Dichter und Melodist wie selbstverständlich praktiziert. Besonders sein schönes Abendmahlslied »O Leib, gebrochen mir zugut« hat schnellen Eingang bei den Gemeinden gefunden.

Lose in diesen Zusammenhang gehört auch die vorbildliche Zusammenarbeit des großen Dichters und Pfarrers Paul Gerhardt (1607–1676), von dessen Liedern Wilhelm Baur gesagt hat, sie seien »das Lutherlied aus dem Kirchenton in den Hauston übersetzt«, mit seinem Kantor an St. Nikolai in Berlin und wichtigsten Melodienschöpfer nach der Reformationszeit, Johann Crüger (1598–1662); ihr verdankt das deutsche Volk eine große Zahl der herrlichsten Gesangbuchlieder.

2. Es kann nicht überraschen, daß vom Anteil der Pfarrfrauen nur selten die Rede ist, obwohl sie als die Seele ihres Hauses oft die »tonangebende« Rolle beim häuslichen Musizieren gespielt haben dürften. Immerhin sind einige ihrer Namen in die Geschichte eingegangen, so der der ersten Dichterin der evangelischen Christenheit, Elisabeth Kreuziger (1504–1535), der Gattin des Predigers und Leiters der Johannisschule in Magdeburg, Kaspar Kreuziger. Ihr Epiphaniaslied »Herr Christ, der einig Gotts Sohn« gehörte jahrhundertelang zu den Stammliedern des Gesangbuchs; in der Aufklärungszeit verbannt, ist es heute wieder zu verdienten Ehren gekommen. Eine bedeutende Frau war auch die Gattin des Straßburger Reformators und Pfarrers am Münster Matthäus Zell, Katharina Zell (um 1497–1562). Mit ihrer ebenso mitfühlenden wie

energisch zupackenden Art hat sie wesentlich dazu beigetragen, daß sich Straßburg den Ruf einer »Herberge der Verfolgten«, selbst der Wiedertäufer, erwarb. 1534 gab sie einen Auszug aus dem Gesangbuch der Böhmischen Brüder von Michael Weiße aus dem Jahr 1531 mit einer köstlich volkstümlichen Vorrede heraus, in der sie, ganz im Sinne Luthers, dem frommen Singen gottesdienstlichen Rang zuerkennt. »Das gefällt Gott..., wenn so gesungen wird: der Handwerksgeselle über seiner Arbeit, die Dienstmagd über ihrem Schüsselwaschen, der Bauer und der Winzer auf ihrem Acker und die Mutter an der Wiege ihres weinenden Kindes, die solche Lob-, Gebets- und Lehrgesänge anstimmen: Psalmen oder andere ihresgleichen – wenn es nur geschieht im Glauben und in der Erkenntnis Christi und sie ihr ganzes Leben gottselig anrichten in aller Treue und Geduld gegen jedermann.«

Eine Besonderheit für die damalige Zeit wird uns aus der Stadt Hof berichtet. Dort gehört nämlich seit der Einführung der Reformation zur Hofer Kantorei auch der Chor der Maidleinschule, der entgegen der allgemein verbreiteten Scheu vor einem öffentlichen Auftreten des weiblichen Geschlechts auch im Gottesdienst mit eingesetzt wurde. Neben dem Knaben- und dem Erwachsenenchor war er vorzugsweise am reich entwickelten Wechselgesang von deutschen Kirchenliedern, aber auch am Musizieren von liturgischen Stücken, wie Kyrie eleison und Gloria in excelsis, beteiligt[9]. Der auch als Pädagoge weit berühmte Hofer Reformator Nikolaus Medler (1502–1551) schuf nach seiner Berufung nach Naumburg, wo er 1537 die Naumburger Kirchenordnung verfaßte, auch dort einen Mädchenchor. Nach unserer bisherigen Kenntnis scheinen das aber vereinzelte Vorgänge geblieben zu sein, die andernorts nicht Schule gemacht haben. Immerhin dürfte das intensive Hineinwachsen in die praktische Kirchenmusikpflege den beteiligten jungen Mädchen wichtige Anstöße auch für das häusliche Musizieren vermittelt haben und, da sich darunter wahrscheinlich auch die eine oder andere spätere Pfarrfrau befunden haben wird, für das Musizieren in der Pfarrerfamilie.

Aus den späteren Jahrhunderten sind es vor allem literarische Zeugnisse, die von dem musikalischen Engagement der Pfarrfrauen Kunde geben. So berichtet der ostpreußische Pfarrerssohn Theodor Gottlieb von Hippel (1741–1796), Staatsmann und Freund Immanuel Kants, über seine Mutter: »Die Natur hatte sie mit einer sehr melodischen Stimme ausgestattet. Sie fing, sobald ihr etwas zu Herzen ging, einen Vers eines bekannten geistlichen Liedes in bekannter Melodie aus freier Faust zu singen an, dem Alles, was zu ihrem Departement gehörte, mit anzustimmen verbunden war. Sie sang mit Kind und Rind. Es war daher natürlich, daß Jedes, so bei ihr in Diensten war, probesingen mußte.« Von Hippel spricht in diesem Zusammenhang ausdrücklich von der »singen-

---

[9] Heinrich Kätzel: Musikpflege und Musikerziehung im Reformationsjahrhundert. Dargestellt am Beispiel der Stadt Hof, Göttingen und Berlin 1957, S. 89 ff.

den christlichen Hausgemeinde« in seinem Elternhaus[10]. Auch Johann Heinrich Voß (1751–1826) läßt in seinem empfindsamen Pfarrhaus-Epos »Luise« – es war die Zeit von Haydn und Mozart – die Pfarrerfamilie wie selbstverständlich Hausmusik treiben.

Mit der Entstehung des öffentlichen Konzerts und der Entdeckung des virtuosen »Künstlers« im Laufe des 18. Jahrhunderts tritt das aktive eigene Musizieren spürbar zurück. Es kann daher nicht überraschen, daß in dem Briefwechsel zwischen Friedrich Daniel Ernst Schleiermacher (1768–1834), dem »Kirchenvater des 19. Jahrhunderts« (Karl Barth), und seiner jugendlichen Braut Henriette von Willich das Erlebnis der Musik im Vordergrund steht. Daß Henriette für die Steigerung des religiösen Gefühls durch die Musik ungewöhnlich aufgeschlossen war, macht ihr innerlich zu schaffen: »Sage mir, mein Ernst, ist es wohl rein christlich, daß etwas außer mir solche Gewalt über mich übt im Religiösen, daß es etwas außer mir bedarf, um mich recht ganz in Gott zu senken?« Die Antwort lautet: »Wenn Du rein von innen heraus im höchsten Grade erregt bist, so strömst Du bei Deiner musikalischen Anlage gewiß aus im Gesang, und so ist auch in der Kirche Gesang und Musik das Band und das Pfand der gemeinsamen Erregung, und eben die Gemeinschaft erhöht ja natürlich das, was in jedem Einzelnen vorgeht. Es würde mir ordentlich traurig sein, wenn Dir Gesang und Musik gleichgültig wären in der Kirche und Du irgend glaubtest, dasselbe haben zu können ohne sie, und zumal die Orgel hat sich das Christentum ganz eigens erfunden (!), sie gehört ihm an und ist auch fast zu sonst nichts zu gebrauchen. Freilich kann wohl in Menschen, die selbst gar nicht fromm sind, durch diese Künste allerlei aufgeregt werden, was sie für Frömmigkeit halten und was sie nur täuscht; aber der Zuwachs, den sie einem Frommen geben in seinen Empfindungen, ist gewiß echt religiös.«[11]

Daß in diesem Jahrhundert des religiösen Gefühls auch die weichen »Geistlichen Volkslieder« wie »So nimm denn meine Hände«, »Harre, meine Seele« und »Laß mich gehen« entstanden, kann ebensowenig wundernehmen wie die Tatsache, daß diese vielfach aus dem evangelischen Pfarrhaus hervorgegangen sind.

Aber dasselbe 19. Jahrhundert hat dem Pfarrer nicht selten die solistische Mitwirkung der stimmlich begabten und ausgebildeten Pfarrfrau (wie natürlich auch anderer Sängerinnen und Sänger) im Gottesdienst gebracht. Und es ist sicher, daß diese Bereicherung des Gottesdienstes den Gemeinden meist zur Freude geschah. Deshalb gab es in manchen kirchlichen Zeitschriften bedauernde Kommentare mit der Überschrift »Das Ende der singenden Pfarrfrau«, als der Agendenentwurf der Evangelischen Kirche der altpreußischen

---

[10] Zitiert bei Wilhelm Baur: Das deutsche evangelische Pfarrhaus, Bremen 1884³, S. 219f.
[11] Ebd. zitiert auf S. 280f.

Union vom Jahr 1930 im Zeichen des gewandelten Zeitgeistes bestimmte: »Einzelgesang ist in den Gottesdiensten nur zulässig, wenn er Bestandteil des dargebotenen Kunstwerks ist, oder wenn beim Wechselgesang eine geeignete Strophe sinngemäß einer Einzelstimme zugewiesen wird.«[12]

3. Wenden wir uns jetzt den Pfarrerssöhnen und -töchtern zu. Was hat das evangelische Pfarrhaus durch sie zur deutschen musikalischen Kultur beigetragen? Haben sie von dort eine besondere musikalische Erbmasse mitbekommen?

In Luthers Erziehungsprogramm nimmt die Musik einen bevorzugten Platz ein: »Wenn ich Kinder hätte und vermöcht's, sie müßten mir nicht allein die Sprachen und Historien hören, sondern auch singen und die Musica mit der ganzen Mathematica lernen.«[13] Für den Gottesdienst in der Wittenberger Schloßkirche wird im Herbst 1525 angeordnet, »daß alle Tage die jungen Knaben aus der Kinderschule etliche deutsche Psalmen und Lobgesänge des morgens eine Stunde oder halbe im Schloß singen. Denn solches Singen gehört in die Kinderschule, damit man dieselben an Gottes Wort gewöhne und in diesem auferziehe.« Und in Luthers Vorrede zum ersten evangelischen Gesangbuch, dem Geistlichen Gesangbüchlein Johann Walters, wird auch das mehrstimmige Singen gefordert und gerechtfertigt: Die geistlichen Lieder »sind auch in vier Stimmen gesetzt, einfach aus dem Grund, weil ich gerne möchte, daß die Jugend, die doch auch sonst in der Musica und anderen rechten Künsten erzogen werden soll und muß, die Buhllieder und fleischlichen Gesänge los wird und an ihrer Statt etwas Heilsames lernt und ihr so das Gute mit Vergnügen (Lust), wie es der Jugend gebührt, eingeht«[14]. Daneben ist die pädagogische Überzeugung offensichtlich, daß besser hält, was durch das Singen eingeprägt wird: »Die Kinder freuen sich am Gesang und lernen den Stoff schneller, der in Tönen ausgedrückt ist, auch prägen sich solche Gesänge tiefer ein« (Kaspar Kreuziger, zuletzt Rektor der Wittenberger Universität). Wahrlich, an Stoff und Motivationen für das häusliche Musizieren in den Pfarrfamilien, aber nicht nur in diesen, hat es damals und noch lange danach nicht gefehlt!

Freilich ist die Zahl der Pfarrerssöhne, die Komponisten geworden sind, nicht groß. Nur ein einziger von ihnen besitzt überragenden Rang: Michael Praetorius (1571–1621), zuletzt Hofkapellmeister in Wolfenbüttel, der als einer der großen Meister der frühbarocken Musik gilt. Aus dem 19. Jahrhundert sind zwei Namen zu nennen: der des zu seiner Zeit sehr beliebten Komponisten

---

[12] Einführung zum Entwurf der Agende, S. XII
[13] »An die Ratsherrn aller Städte deutschen Lands, daß sie christliche Schulen aufrichten und halten sollen«, 1524, WA Bd. 15, S. 46
[14] Johann Walter, Sämtliche Werke, herausgegeben von Otto Schröder, Erster Band, Kassel und Basel 1943, S. III

Die Musik im evangelischen Pfarrhaus

Franz Abt (1819–1885), der »zahlreiche Lieder und Männerchöre von oft weichlicher Art schrieb« (Hans Joachim Moser), und der des ungleich bedeutenderen Kölners Max Bruch (1838–1920), dessen »Violinkonzert« auch heute noch öfters in den Konzertsälen zu hören ist. Etwas zahlreicher sind die Pfarrerssöhne unter den Komponisten, die in der kirchenmusikalischen Erneuerungsbewegung in der ersten Hälfte des 20. Jahrhunderts hervorgetreten sind. Als solche sind mir bekannt der mit seinen Oratorien auch in Deutschland viel aufgeführte Schweizer Frank Martin (1890–1974), der Schlesier Friedrich Metzler (1910–1979), Helmut Barbe aus Halle/Saale (geb. 1927) und der Rheinländer Heinrich Poss (geb. 1928).

Erfreulich groß ist dagegen der Zustrom von Pfarrerssöhnen und Pfarrerstöchtern zum Kirchenmusikstudium, seitdem in den dreißiger Jahren unseres Jahrhunderts ein hauptberuflicher Kirchenmusikerstand mit hohem künstlerischem Niveau begründet worden ist – ein Beweis dafür, wieviel gute musikalische Erbsubstanz in den evangelischen Pfarrhäusern vorhanden ist. Besonders schöne Aussichten für die Fortführung dieser Tradition eröffnen sich in den gar nicht seltenen Fällen, in denen Kirchenmusikerinnen einen Pfarrer heiraten.

Genug, ich breche ab und verzichte darauf, von den zahlreichen, zum Teil hochbedeutenden musikalischen Werken zu sprechen, denen bis in unsere Tage hinein Dichtungen von Pfarrern und Pfarrerssöhnen zugrunde gelegt sind. Reizvoll wäre es auch, aufzuzeigen, wie das Gesangbuch, unter dessen Dichtern die Pfarrer weitaus am stärksten vertreten sind, sich bei bewußter Fortführung des reformatorischen Grundbestandes doch fast von Generation zu Generation erneuert hat und es den neu hinzugetretenen Liedern gelungen ist, das lösende, tröstende, aufrichtende und zukunftsweisende Wort für ihre Zeit zu finden – solange unser deutsches Volk noch in und aus dem Gesangbuch lebte.

Literatur

Eine umfassende Monographie über unser Thema fehlt noch. Wichtige Hinweise sind den nachstehend genannten Werken zu entnehmen.

Die Musik in Geschichte und Gegenwart. Allgemeine Enzyklopädie der Musik in 12 Bänden und 2 Ergänzungsbänden, Kassel und Basel 1949–1979

HANS JOACHIM MOSER: Die evangelische Kirchenmusik in Deutschland, Berlin 1956²

FRIEDRICH BLUME: Geschichte der evangelischen Kirchenmusik, Kassel, Basel, Paris, London, New York 1965

OSKAR SÖHNGEN: Theologie der Musik, Kassel 1967 (darin besonders die Kapitel über Luther, Zwingli und Calvin, S. 32–99)

HANS PREUSS: Martin Luther, der Künstler, Gütersloh 1931

JOHANNES KULP: Die Lieder unserer Kirche. Bearbeitet und herausgegeben von Arno Büchner und Siegfried Fornaçon (Handbuch zum Evangelischen Kirchengesangbuch, herausgegeben von Christhard Mahrenholz und Oskar Söhngen – Sonderband), Göttingen 1958

WILHELM BAUR: Das deutsche evangelische Pfarrhaus. Seine Begründung, seine Entfaltung und sein Bestand, Bremen 1884³

PAUL DREWS: Der evangelische Geistliche in der deutschen Vergangenheit, Jena 1905

HERMANN WERDERMANN: Der evangelische Pfarrer in Geschichte und Gegenwart, Leipzig 1925

HERMANN WERDERMANN: Die deutsche evangelische Pfarrfrau. Ihre Geschichte in vier Jahrhunderten, Witten 1940

Klaus Podak

Pfarrhaus und Philosophie oder der Untergang des Absoluten

Pfarrhaus und Philosophie – in der unschuldigen Kombination dieser beiden Titel erscheint die Verführung zu einem Kurzschluß. Ein stolzes Vorurteil erwartet hier anekdotisch-systematische Bestätigung. Das Vorurteil unterstellt, die klassische deutsche Philosophie und ihre Kritik – für die der Name Nietzsches sich einstellt – sei ohne den nahrhaften Boden des ideal gedachten deutschen Pfarrhauses kaum vorstellbar. Aber weder Leibniz noch Kant, weder Fichte noch Hegel, weder Schopenhauer noch Marx kommen aus deutschen Pfarrhäusern. Und kaum vorstellbar ist ohne sie die Geschichte der deutschen, der europäischen Philosophie. Pfarrerskinder waren Schelling und Nietzsche, Dilthey und Frege, Kuno Fischer und Wilhelm Wundt. Gottfried Benn darf man vielleicht noch nennen. Husserl, Heidegger, Jaspers, Wittgenstein, Carnap, Popper, Bloch, Plessner, Adorno und Horkheimer sind wiederum *nicht* in Pfarrhäusern groß geworden. Was nun? Die unmittelbar biographische Ableitung der großen deutschen Philosophie aus dem Pfarrhaus kann nicht glücken. Dem pedantischen Blick erweist sie sich als Märchen.

Ein arger Denkfehler wäre die Umkehrung des unhaltbaren Vorurteils in ein

Gegenteil, die mit mehr anekdotisch-historischem Material auszustaffierende Geschichte, nicht das Pfarrhaus, sondern die sich ausdifferenzierende bürgerliche Gesellschaft, zu der auch neue Funktionen der Religionsinstanzen gehörten, habe kausal die Philosophiehöhepunkte der deutschen Tradition hervorgebracht. Denkfehler deshalb, weil nur unkontrollierbar erweitert das gleiche, kategorial unstimmige Kausalverhältnis angesetzt wird. Freilich wäre es auch unbedacht, vollständig *jede* mögliche Beziehung von Pfarrhaus und Philosophie (oder auch von bürgerlicher Gesellschaft auf Philosophie) zu bestreiten. Wir geraten mit dieser Feststellung in ein verwirrend offenes Gelände, in dem eindeutige Wegweiser fehlen. Oder anders formuliert: Es gibt keine Logik des Historischen, die bloß noch anzuwenden wäre. Kulturgeschichte muß konstruiert werden, die Logik der Konstruktion muß – soweit das geht – ihrem Material abgewonnen werden. Gegenwärtige Interessen an der Brauchbarkeit, am Nutzen der Konstruktion spielen hinein. Vor allem aber: Kulturgeschichte muß als Konstruktion *begriffen werden*. Dann erst entläßt sie uns in eine freie Diskussion *unserer* Anschlußmöglichkeiten an Geschichte. Um den Bogen zu unserem Thema zurück zu schlagen: Die Pfarrerssöhne Schelling, Nietzsche und Benn *konstruieren* Geschichte in je verschiedener Weise. Erst wenn wir beginnen, die Techniken ihrer Konstruktionsweisen zu verstehen, können wir in eine freie Diskussion ihrer Grundstellungen zur Wirklichkeit eintreten.

Liest man eine Darstellung der Geschichte des deutschen Pfarrhauses, wie sie etwa Paul Drews in durchaus aufmunternder Absicht gegeben hat[1], dann entstehen sofort schwere Zweifel an dem weit verbreiteten Bild von der Mustergültigkeit des deutschen Pfarrhauses für das Geistesleben. Ernst Kretschmer zitierend hat noch Robert Minder in seinem bekannten, sonst für Zweideutigkeiten und Brüche so hellhörigen Aufsatz das Wort vom »deutschen Pfarrhaus als einer Urzelle des Geisteslebens«[2] zustimmend benutzt. Bei Drews aber lesen wir – es ist nur eine von vielen desillusionierenden Stellen – das späte 18. Jahrhundert betreffend, die angeblich große Zeit des Pfarrhauses: »Weiter klagte man laut über den Mangel an geistigen Interessen und Bildung und über die entsetzliche Trägheit des Durchschnitts-Landpfarrers. ›Ich bin erstaunt‹, so schreibt der Verfasser der Briefe, ›über den Religionszustand in den preußischen Staaten‹ 1779, ›über die Unwissenheit – und Stupidität vieler der Geistlichen auf dem Lande.‹ . . . ›Freiheit im Denken, – Selbstprüfen der Theologie und eigenes Absondern dessen, was gegründet und gut ist, von dem, was nicht taugt, ist die Sache der wenigsten Geistlichen auf dem Lande, selbst in den preußischen Staaten, wo man es doch am ersten

---

[1] Paul Drews: Der evangelische Geistliche in der deutschen Vergangenheit. Zweite Auflage. Jena 1924
[2] Robert Minder: Das Bild des Pfarrhauses in der deutschen Literatur von Jean Paul bis Gottfried Benn. In: Minder: Kultur und Literatur in Deutschland und Frankreich. Fünf Essays. Frankfurt 1977. S. 46–75

erwarten könnte und erwarten sollte.‹ ›Einige‹, so urteilt ein anderer von den jungen Geistlichen etwa 15 Jahre später, ›sind von Natur ganz dumm; Andere ganz roh und unwissend und desto mehr vorläufig schon voll Priesterstolzes; noch Andere haben ihre Dogmatik, Polemik, Kirchengeschichte ganz gut inne, aber an Kenntnis dessen, was sie im Predigtamte brauchen können und sollen, fehlt es ihnen ganz.‹ Und gewiß gilt schon von ein, zwei Generationen früher, was Schleiermacher später von der ›allgemeinen Herabwürdigung, der gänzlichen Verschlossenheit für alles Höhere, von der ganz niedrigen, sinnlichen Denkungsart‹ der Geistlichen gesagt hat. Will man sich dies ins Konkrete umsetzen, so lese man, was gleichzeitig ein anderer sagt: ›Wie viele Prediger giebt es nicht, die schlecht mit ihren Gattinnen leben, ihre Familie und Kinder auf eine unverantwortliche Weise vernachlässigen, Geizhälse, Verschwender, süße Herrchen, Asoten, Trinker, Spieler, Zänker, Klätscher sind; die außer ihrem Amt selbst den Freigeist und Religionsspötter machen und wahre Boten der Irreligiosität und Sittenlosigkeit sind.‹«[3] Anschließend weist Drews, und das gerät sehr viel kürzer, auf Ausnahmen hin, wo es Kenntnisse und Beobachtungsgeist gibt, wo Lektüre und Wissenschaften gepflegt wurden. Aber die Formulierung, mit der er dann resümiert, ist doch bezeichnend: »Man sieht, es gab doch auch Bildung in den Pfarrhäusern.«[4] Dieser etwas verzagte Satz entspricht offenbar der Härte der Realität. Von einer einfachen Prädestination des Pfarrhauses *an sich* für Bildung, für Philosophie wird man nicht ohne weiteres ausgehen dürfen. Es scheint vielmehr so zu sein, daß die Pfarrhäuser, deren Bedeutung für das geistige Leben später wächst, zugleich mit anderen sozialen Subsystemen von den Folgen der Ausdifferenzierung der bürgerlichen Gesellschaft profitieren. Und damit erst ergeben sich Möglichkeiten, die dem rückschauenden Blick als keimhafte Anlage erscheinen können. Dabei wird aber meist der komplexere, übergreifende Zusammenhang ausgeblendet. Die dabei auftauchenden Fragen gehören jedoch unter ein anderes Thema. Ebensowenig kann hier die Genese des mächtig stimulierenden *Bildes*, das die Literatur vom Pfarrhaus entwarf, nachgezeichnet werden. Der ›Vicar of Wakefield‹ des Engländers Oliver Goldsmith wäre zu nennen, 1766 erschienen, schon ein Jahr später lag die erste deutsche Übersetzung vor, weitere folgten in kurzen Abständen. Goethe hat das durch dieses Buch bewirkte Bild des Pfarrers in ›Dichtung und Wahrheit‹ beschrieben. Aus dieser Beschreibung lassen sich Elemente eines Engagements entnehmen, das erweitert und verändert auch in der Philosophie der Pfarrerssöhne wirkt – und nicht nur in ihrer. Goethe schreibt, den ›höheren Beruf‹ des protestantischen Landgeistlichen anvisierend: »Ihm ist übergeben, die Menschen ins Leben zu führen, für ihre geistige Erziehung zu sorgen, sie bei allen Hauptepochen ihres Daseins zu segnen, sie zu belehren, zu kräftigen, zu trösten, und wenn der Trost für die

---

[3] Drews, a.a.O., S. 134   [4] Drews, a.a.O., S. 135

Gegenwart nicht ausreicht, die Hoffnung einer glücklicheren Zukunft heranzurufen und zu verbürgen.«[5] Was hier mit wenigen Worten als Lebensaufgabe dargestellt wird, das könnte man in abgekühlter, abstrakter Sprache fassen als die Verpflichtung, *Sinn zu produzieren*. Und an dieser Stelle überschneidet sich historisch gesehen die im Bild verklärte Aufgabe des Pfarrhauses mit Intentionen der Philosophie. Wenn Sinnproduktion aber von der Philosophie übernommen wird – und im Zeitalter des deutschen Idealismus ist dies eminent der Fall –, dann heißt das auch, daß der im Bild des Pfarrhauses gemeinte soziale Zusammenhang dazu nicht mehr allein in der Lage war. Damit ist noch keine Gegenstellung der Philosophie etabliert, aber sie ist doch vorbereitet. Das Sinnbedürfnis kann unter den Voraussetzungen der komplexer werdenden Wirklichkeit von der Institution Pfarrhaus nicht mehr zufriedengestellt werden. Die Segmentierung und die einsetzende Funktionalisierung der Gesellschaft benötigt Ansätze, die über eine neue Sprache verfügen.

Friedrich Wilhelm Joseph Schelling ist der erste Vertreter großer Philosophie, der aus einem Pfarrhaus stammt. Er wurde am 27. Januar 1775 im württembergischen Leonberg geboren, wo sein Vater zweiter Diakonus war. Der Vater war »ein in der alttestamentlichen Theologie und dem Gebiete der morgenländischen Sprachen und Literatur bewanderter Mann, der durch seine praktisch erbauliche Bearbeitung der Sprüche und des Predigers auch als theologischer Schriftsteller sich bekannt machte«[6]. 1777 zog die Familie nach Bebenhausen bei Tübingen, wo der Vater an der dortigen theologischen Bildungsanstalt, die junge Leute vom sechzehnten bis zum achtzehnten Lebensjahr auf das Studium im Tübinger Stift vorbereitete, eine Anstellung als Prediger und Klosterprofessor erhalten hatte. Es soll hier nicht Schellings Lebensgeschichte nachgezeichnet werden. Das Entscheidende spielte sich in der philosophischen Auseinandersetzung Schellings mit den Zeitgenossen ab. Die knappe Charakterisierung der Herkunft erlaubt aber, die umstandslose Gleichung von Pfarrhaus und ›Züchtung‹ philosophischer Begabung infrage zu stellen. Der Vater war Orientalist, Alttestamentler – *und* Prediger. Schelling, so kann man mit gleichem Recht sagen, stammt aus einer Gelehrtenfamilie. Die wissenschaftliche Erziehung, die er durch das Elternhaus erhielt (z. B. frühe Ausbildung im Hebräischen), bestätigt dies. Daß christliche Lehre und christliches Leben die bestimmenden Elemente waren, ist damit nicht im geringsten angezweifelt. Nur gilt das auch für Immanuel Kant, der Sohn eines Riemermeisters, also eines Handwerkers, war und der noch im Alter dankbar der pietistischen Frömmigkeit seiner Mutter gedachte. Und es gilt ebenso für den Sohn eines Bandwirkers aus der Lausitz, für Johann Gottlieb Fichte, der aufgrund seiner staunenerregenden Begabung »bei dem seligen Pfarrer Krebel

---

[5] Goethe, Werke. Hamburger Ausgabe Bd. 9, S. 427
[6] Kuno Fischer: Schellings Leben, Werke und Lehre. Dritte Auflage. Heidelberg 1902. S. 8

in Kost und Lehre gewesen«[7]. In der üblichen (und sinnvollen) Konstruktion der Philosophiegeschichte des deutschen Idealismus erscheinen Kant und Fichte als die Schelling bestimmenden Figuren.

1790 zieht der erst fünfzehnjährige Schelling zum Studium ins Tübinger Stift, und es kommt zu der denkwürdigen und folgenreichen Begegnung mit Hegel und Hölderlin, die beide fünf Jahre älter sind. Die Schriften Rousseaus und Kants, die Nachrichten von der Französischen Revolution, die ersten Arbeiten Fichtes erzeugen in den Köpfen der Stiftler eine Erregung, die sich zuallererst *gegen* die Tübinger Theologie, gegen die Unterdrückung durch den Herzog Karl Eugen, gegen die Tradition des Stifts richtet. Es ging darum, im Gegenzug zur Tradition, neu anzusetzen, um den Menschen als Wesen der Freiheit in seine höchsten Rechte einzusetzen. Hier fließen die Motive aus Fichtes Kantkritik, Impulse der Französischen Revolution und der protestantische Glaube an die Bedeutung des Individuums zusammen. Vor allem aber wird die emphatische Beziehung des Ich auf das Absolute im Vollzug des Denkens *erlebt*. Das Denken verschafft die Erfahrung der Verschwisterung mit dem Absoluten. Diese Erfahrung muß man als den entscheidenden Unterschied zum sogenannten Bücherwissen früherer Philosophen scharf betonen. Das Ich konstituierte sich durch den Akt der Tathandlung, brachte sich als freies Wesen der Freiheit gleichsam selbst hervor, wurde sozusagen neu geboren.

1794, im Alter von 19 Jahren, veröffentlicht Schelling seine erste philosophische Schrift. Sie trägt den Titel ›Über die Möglichkeit einer Form der Philosophie überhaupt‹. Ganz in Fichte-Nachfolge wird darin die freie Selbstkonstitution des Ich zum Gründungsakt der Philosophie. Nicht die Details der Konstruktion in dieser recht unselbständigen Arbeit sollen hier interessieren, sondern einige Sätze aus der ›Nachschrift‹, einer Art Nachwort. Schelling entschuldigt dort zunächst darstellerische Mängel und erklärt sie angesichts der überwältigenden Aussichten für unwichtig. Dann heißt es: »Dagegen wünscht er (sc. Schelling), daß keinem seiner Leser das große Gefühl ganz fremd sey, welches die Aussicht auf eine endlich zu erreichende Einheit des Wissens, des Glaubens und des Wollens – das letzte Erbe der Menschheit, das sie bald lauter, als jemals, fordern wird – bei jedem, der es werth ist, die Stimme der Wahrheit jemals gehört zu haben, nothwendig hervorbringen muß. Suchet die Merkmale, an denen alle die ewige Wahrheit erkennen müssen, zuerst im Menschen selbst, ehe ihr sie in ihrer göttlichen Gestalt vom Himmel auf die Erde rufet! Dann wird Euch das übrige alles zufallen.«[8] Der religiös-erweckerische Ton dieser Sätze ist unüberhörbar. Aber noch mehr ist

---

[7] Wilhelm Baur: Das deutsche evangelische Pfarrhaus. Zweite Auflage. Bremen 1878. S. 122
[8] Schellings sämmtliche Werke. Erste Abtheilung. Erster Band. Stuttgart und Augsburg 1856. S. 112

bedeutsam, verrät gerade im bloß Programmatischen etwas über die Probleme der Zeit, läßt in der Evokation der Einheit Zerrissenheit spüren. Denn die »Einheit des Wissens, des Glaubens und des Wollens – das letzte Erbe der Menschheit« ist offensichtlich nicht mehr gegeben. Diese Einheit herzustellen wird zur Aufgabe der Philosophie. Die Theologie kann das nicht leisten. Denn ihr Bezugsfeld – der Glaube – ist in der Verbindung zu Wissen und Wollen (d. h. dem Handeln) selber zu einem Problem geworden. Unter dem Titel ›Wissen‹ meldet die von Descartes begründete neuzeitliche Wissenschaft, in der Wissen an der Selbstgewißheit des ›Ich denke‹ gemessen wird, ihre Ansprüche an. Unter dem Titel ›Glaube‹ erscheint die letztlich alles sichernde Beziehung auf das Absolute, also auf Gott. ›Wollen‹ schließlich steht für die geschichtliche Arbeit der Selbstverwirklichung im Handeln. Die drei Bereiche haben sich auseinanderentwickelt. In der Ausdifferenzierung der bürgerlichen Gesellschaft zeigen sich Brüche zwischen ihnen. Die tätig zu vollziehende Philosophie erhält die Funktion, Einheit zu produzieren. Philosophie wird in Anspruch genommen als Reparatur. Was früher dem Glauben allein zugemutet wurde – Einheit und Ganzheit zu sichern –, das fällt nun einer aktiv den Menschen verändernden Heilswissenschaft zu, der Philosophie. Die Garantie für das Gelingen des großen Programms sieht Schelling in der Verfassung der Subjektivität begründet: »Suchet die Merkmale, an denen alle die ewige Wahrheit erkennen müssen, zuerst im Menschen selbst . . .« Die Merkmale der Transzendenz sind eben immanent *erfahrbar*. Und weil über den Begriff Wahrheit, erst einmal ganz formal, die Verbindung zur Wahrheit in ihrer »göttlichen Gestalt« als gesichert erscheint, kann Schelling seine Leser auf einen Automatismus einschwören. Weil die Philosophie der Subjektivität über das Medium Wahrheit verfügt, »wird Euch das übrige alles zufallen«. In der Formulierung von der göttlichen *Gestalt* der Wahrheit wird beiläufig die Bestimmung Wahrheit, also die Kennzeichnung des Wissens nach der Art der Selbstgewißheit, über die Bestimmung Gott gesetzt. Darin verrät sich der Vorrang der Wissenschaftsbestimmung. Der Pfarrerssohn Schelling spricht bei seinem ersten Versuch, mit Hilfe der Philosophie eine verlorengegangene Einheit von Wissen, Glauben und Handeln neu herzustellen, der Wissenschaft als Wahrheit der Selbstgewißheit die entscheidende Rolle zu. Sein Projekt einer Einheitsstiftung drängt damit gleich zu Beginn Gott, die Bezugsmitte des Glaubens, in sekundäre Position. Diese Verschiebung ist der Preis für das zeitgemäße, aber dann am Ende doch undurchführbare Konzept der Vereinheitlichung auseinanderstrebender Subsysteme der sich dramatisch komplizierenden bürgerlichen Gesellschaft.

Man kann – das ist freilich *vaticinatio ex eventu* – in den Details dieses Programms, das stolz und kraftvoll auftritt, die Elemente des späteren Glaubensverfalls ausmachen. Wissen, Glaube und Handeln sind nach dem Scheitern von Schellings immer wieder neu und immer wieder anders angesetzten

Versuchen zur Vereinheitlichung – er lebte und arbeitete bis 1854 – nie mehr überzeugend in ein Gleichungssystem gebracht worden. Mit jeder der drei Größen Wissen, Glaube und Handeln sind immer wieder neue Versuche gemacht worden. Jede sollte in verschiedenen Ansätzen sich und die anderen fundieren. Wissenschaftsgläubigkeit, Begründung auch moderner, das heißt neueste Ergebnisse einbeziehender Weltanschauung aus dem Glauben oder die Formung von Glauben und Wissen durch die Konsequenzen eines die Einheit der Weltgeschichte verbürgenden Handlungsprogramms haben die ihnen jeweils eigentümlichen Defizite nicht zum Verschwinden bringen können. Die Einheit von Wissen, Glauben und Handeln ist in dem Augenblick dahin, in dem sie zum Problem wird. Gerade weil die sich damit schmerzhaft meldende Zerrissenheit der Existenz unabweisbar wird, arbeitet die Philosophie im 19. Jahrhundert an der Wiederherstellung dieser Einheit. Mit dem Ergebnis freilich, daß sie ihre im deutschen Idealismus emphatisch behauptete Vorrangstellung verliert. Die Einheit von Wissen, Glauben und Handeln bleibt seitdem bloßes Programm. Realisierungen werden erkauft um den Preis der Beschränkung und der Beschränktheit.

In Schellings späterer Philosophie sind Lösungsversuche immer nur angedeutet, nie überzeugend zu Ende geführt. In der letzten wesentlichen Schrift, die er noch selbst zum Druck gegeben hat, der 1809 erschienenen Abhandlung »Philosophische Untersuchungen über das Wesen der menschlichen Freiheit und die damit zusammenhängenden Gegenstände« heißt es am Schluß, in abermals programmatischer Formulierung: »Die Zeit des bloß historischen Glaubens ist vorbei, wenn die Möglichkeit unmittelbarer Erkenntnis gegeben ist. Wir haben eine ältere Offenbarung als jede geschriebene, die Natur. Diese enthält Vorbilder, die noch kein Mensch gedeutet hat, während die der geschriebenen ihre Erfüllung und Auslegung längst erhalten haben. Das einzig wahre System der Religion und Wissenschaft würde, wenn das Verständnis jener ungeschriebenen Offenbarung eröffnet wäre, nicht in dem dürftig zusammengebrachten Staat einiger philosophischen und kritischen Begriffe, sondern zugleich in dem vollen Glanze der Wahrheit und der Natur erscheinen. Es ist nicht die Zeit, alte Gegenstände wieder zu erwecken, sondern das außer und über allem Gegensatz Liegende zu suchen.«[9] Unmittelbare Erkenntnis erhofft sich Schelling. Sie soll in der Natur als Offenbarung gegeben sein. Diese Offenbarung muß aber gedeutet werden. Damit tritt ein Bruch auf. Denn was erst gedeutet werden muß ist eben gerade nicht unmittelbar zugänglich. Erkannt werden soll das Absolute, Gott. Unmittelbares Erkennen ist Anschauen. Aber das Unmittelbare ist sozusagen unmittelbar nicht möglich. Sonst bedürfte es nicht der Philosophie. Philosophie soll dieses Unmögliche möglich machen. Sie ist der Versuch, dieses Unmögliche möglich zu machen.

---

[9] Schelling, a.a.O., Siebenter Band, S. 415 f.

Schellings Philosophie möchte auf dieser Erde eine jenseitige Verheißung einlösen: das Schauen von Angesicht zu Angesicht. Sie enthält in immer neuen Ansätzen das Versprechen, Religion in eine durch und durch diesseitige Erfahrung zu verwandeln. Wenn das Absolute alles durchdringt, den Menschen, Natur und Geschichte trägt – und daß es so ist, daran besteht für Schelling kein Zweifel –, dann muß die bewußt und lebendig vollzogene Vermählung mit diesem Absoluten möglich sein. Aus dieser Gewißheit kommt Schellings Pathos. Seine immer wieder sich selbst überholenden Neuansätze beziehen ihre Einheit aus dieser Überzeugung. Geschehen soll das alles aber nicht in mystischer Verschmelzung, durch ein Sichaufgeben des Individuums, sondern durch die höchste Form der Selbstbetätigung – und es ist kein Wortspiel, wenn man sie zugleich als Selbst*bestätigung* denkt –: durch Freiheit. Sie bleibt in dieser groß gedachten theologischen Metaphysik Grundmotiv und Grundprinzip. In den »Philosophischen Untersuchungen« heißt es:

Altersphoto von Schelling aus dem Archiv für Kunst und Geschichte, Berlin

»Nur wer Freiheit gekostet hat, kann das Verlangen empfinden, ihr alles analog zu machen, sie über das ganze Universum zu verbreiten. Wer nicht auf diesem Weg zur Philosophie kommt, folgt und tut bloß andern nach, was sie tun; ohne Gefühl weswegen sie es tun.«[10]

Schellings Philosophie ist gescheitert. Freiheit, Natur und Geschichte im Medium des Absoluten, das alle durchdringt, zum Wissen, das zugleich Anschauen ist, zu vereinheitlichen, das glückte auch in Berlin nicht mehr, wo er, 1841 von Friedrich Wilhelm IV. hin berufen, gegen die ›Drachensaat des Hegelianismus‹ sein nun aus der Perspektive der Zeit rückwärts gewandtes, jetzt politisch restauratives Programm in tiefsinnigen Vorlesungen über die ›Philosophie der Mythologie und der Offenbarung‹ zu retten versuchte.

Das Pfarrhaus, den Theologenberuf hatte der junge Schelling hinter sich gelassen, um die Versprechungen der protestantisch-christlichen Religion auf zeitgemäße Weise mit den politischen Parolen der Freiheit, der wissenschaftlichen Forderung nach sicherer und anschaulicher Erkenntnis und der Sehnsucht nach der Erfahrung des Absoluten im Diesseits zu versöhnen.

Schelling ist der erste große Philosoph, von dem wir ein Foto besitzen, ein Altersfoto: Er sieht darauf aus – vertrauen wir der unmittelbaren Anschauung – wie ein Pfarrer.

Der nächste, sehr große Philosoph, der einem Pfarrhaus entstammte, ist Friedrich Nietzsche. Seine Wirkung, nach Latenzphasen immer wieder neu durchbrechend, reicht bis in die Gegenwart hinein. Nietzsche ist ein Denker, der uns immer wieder neu und überraschend bevorsteht. Das liegt an der Vieldeutigkeit seines Denkens. Nietzsche ist Kritiker der christlichen Metaphysik, aber auch Kritiker der Wissenschaft. Er verführt durch den Glanz und den Rhythmus seiner Sprache, aber er durchschaut zugleich die tiefgehende Verführung durch Sprache. Sein fragmentarisch-aphoristisches Denken mißtraut jedem Willen zum System, aber seine Grundgedanken vom Willen zur Macht und von der ewigen Wiederkehr des Gleichen umgreifen geschmeidig das Ganze des Seienden. Nietzsche verkündet den Nihilismus als Schicksal der Epoche, aber zugleich lehrt er die Umwertung aller Werte als Heilmittel der Zukunft. Der ohne das Christentum ganz undenkbare Predigerton seiner Werke ist oft bemerkt worden, aber er setzt ihn ein zu einer der aggressivsten Attacken gegen das Christentum, die wir kennen. Das alles scheint sich nicht als Einheit denken zu lassen, und so ist seine Philosophie auch oft nur als Steinbruch blendender Argumente gebraucht und mißbraucht worden. Oder sie wurde gelesen als Dokument der Zerrissenheit des modernen Geistes. Strengere Interpreten wie zum Beispiel Martin Heidegger haben den metaphysischen Gedanken des Willens zur Macht als die einigende Mitte seines

---

[10] Schelling, a.a.O., Siebenter Band, S. 351

Denkens ausgelegt und zugleich als den Gedanken, mit dem die Metaphysik sich vollendet, das heißt an ihr Ende kommt.

Es gibt aber eine Einsicht Nietzsches, die sich nicht der Diskussion eines metaphysischen Prinzips verdankt, sondern die als Einsicht im wörtlichen Sinne, als Intuition sein gesamtes vieldeutiges, widersprüchliches, zerrissenes Denken trägt und bestimmt. Es ist die Einsicht in den absoluten, das heißt unüberholbaren Wert des Diesseitigen, Nietzsches großes Ja zu allen Formen des Lebens. Am anrührendsten spricht sich diese Haltung in einem Satz aus, der in ›Also sprach Zarathustra‹ steht: »Ich beschwöre euch, meine Brüder, *bleibt der Erde treu* und glaubt denen nicht, welche euch von überirdischen Hoffnungen reden! Giftmischer sind es, ob sie es wissen oder nicht«[11] Dieses ›bleibt der Erde treu‹ enthält Nietzsches Credo. Daß dieser Ausdruck berechtigt ist, zeigt der übernächste Absatz: »Einst war der Frevel an Gott der größte Frevel, aber Gott starb, und damit starben auch diese Frevelhaften. An der Erde zu freveln ist jetzt das Furchtbarste und die Eingeweide des Unerforschlichen höher zu achten, als den Sinn der Erde.«[12] Hier wird nicht argumentiert im Sinne der vergangenen Philosophie. Hier wird eine Geschichte erzählt oder radikaler: hier wird versucht, *Geschichte zu machen*. Das Bekenntnis zur Erde wird als Faktum gesetzt. Was einst Gott zukam, kommt nun der Erde zu. Man kann es auch so formulieren: Gott wird durch die Erde ersetzt oder – die Erde wird vergöttlicht.

Die Vergöttlichung der Erde läßt sich als ungestüme Einforderung jenseitiger Verheißungen des Christentum im Diesseits deuten. Daraus spricht der Schrecken über den Tod Gottes. Dieser Tod ist eines der Zeichen des Nihilismus. »Was bedeutet Nihilismus? – *Daß die obersten Werte sich entwerten. Es fehlt das Ziel. Es fehlt die Antwort auf das ›Wozu?‹*«[13] Der Nihilismus ist zweideutig. Er bezeichnet einen Abschluß und die Möglichkeit eines Aufbruchs. Es können, wenn die Stärke dazu da ist, neue Werte gesetzt werden. Aber diese neuen Werte können keine überirdischen mehr sein, die die Welt verdoppeln in wahre und scheinbare Welt. So bleibt nur der Ausweg, die diesseitige Wirklichkeit, das Leben, die Erde selbst zum höchsten Wert zu erklären. Wenn das geschieht, dann erfordert das unbedingte Bejahung des Diesseitigen. An den Konsequenzen dieses Gedankens arbeitet Nietzsche sich ab, bis er in der Nacht seines Wahnsinns verschwindet. *Bleibt der Erde treu*: Diese Mahnung bejaht den Atheismus. Aber sie begründet eine Religion der Erde. In Nietzsches Versuch einer Überwindung des Nihilismus kündigt sich eine gottlose Religion des Diesseits an. Nietzsches Predigerton schleppt nicht etwa undurchschaute Reste des Christentums mit, sondern bereitet bewußt die Riten einer Religion des Diesseits vor.

---

[11] Nietzsche, Werke. Hg. v. Karl Schlechta. Zweite Auflage. München 1960. Zweiter Band. S. 280
[12] ebenda
[13] Nietzsche, a.a.O., Dritter Band, S. 557

Foto von Friedrich Nietzsche aus dem Jahre 1887

Pfarrhaus und Philosophie, oder, weniger auf biographische Zusammenhänge bezogen, Philosophie und christliches Erbe: Es wird Zeit, eine These zu formulieren. Schelling, der christliche Philosoph, versucht, durch das Denken des Absoluten aus der Selbstkonstitution der Subjektivität, *die Religion ganz diesseitig zu machen*, in den Prozessen von Natur und Geschichte die Welt als werdenden Gott zu erweisen. Nietzsche, der am Ende einen ›Antichrist‹ schrieb, versucht im Zeitalter des Nihilismus, *die Bejahung des Diesseits zur gottlosen Religion zu machen*. Auf eine etwas respektlose Formel gebracht:

Reich Gottes jetzt! Paradise now! – Das sind die Parolen dieser Pfarrerssöhne. Beide haben gesehen, daß damit nicht spannungslose Harmonie in den Blick kommt. Beide haben gerade die Wirklichkeit des Bösen in der Welt mit tiefsinnigen Gedanken umkreist, denn diese Wirklichkeit des Bösen wird bei der Erhöhung der Welt zum aufdringlichsten Problem. Beide akzeptieren das Böse, suchen ihm Sinn zuzuweisen. Für Schelling gehört es zur Freiheit, die nur im vollen Sinne sein kann, wenn sie auch Freiheit zum Bösen ist. Für Nietzsche gehört es als Erscheinungsform der Kraft des Lebens zur Selbstbejahung dazu. Es ist verschlungen in die Einheit von Schaffen und Zerstören, die ein Grundzug des Lebens ist.

Der Hang, fast möchte man sagen die Sucht zum Unmittelbaren spricht sich bei beiden Philosophen in der Hochschätzung der Anschauung, der Kunst aus. Auf ganz ursprüngliche Weise sind beide Philosophien mit einer radikalen Ästhetik verschwistert, die weit mehr und anders ist als eine akademische Lehre von Geschmacksurteilen. Die Kunst bringt die Wahrheit zum *Erscheinen*, im Hier und Jetzt. Deshalb ist sie – anders als bei Hegel – dem Denken überlegen. Die Wahrheitsfunktion der Kunst beweist die Möglichkeit der Erfüllung im Hier und Jetzt. Beide Pfarrerssöhne wollen die Zerrissenheit ihrer Zeit in Richtung auf dynamische Einheit hin überwinden. Die Verheißung, die sie leitet, kann man am einfachsten mit einem Grundwort der christlichen Tradition bezeichnen: mit dem Wort *Versöhnung*.

Nietzsches Philosophie ist gescheitert. Der Grundgedanke vom Willen zur Macht kann nicht mehr überzeugen. Ohne diesen metaphysischen Grundgedanken, der alle Metaphysik verabschieden wollte, bleibt aber – systematisch gesehen – alles Fragment. Deshalb wirken Nietzsches leidenschaftliche Beschwörungen heute nur noch wie Appelle, wie bloße Aufforderungen, sich doch um des irdischen Heils willen dem Diesseits bejahend zuzuwenden. Wir sind heute hellhörig geworden für den guten Sinn solcher Appelle. Aber auch wenn besorgte Umweltschützer Nietzsches Erdenpathos für sich entdecken und nutzen sollten, so kann das doch nicht zu einer Rehabilitierung seiner Philosophie im ganzen führen, das muß man klar und kalt sehen. Als Kritiker der christlichen Metaphysik, als Zerstörer einer Welt des Übersinnlichen, als Methodiker und Praktiker des tief angelegten Verdachts gegen eine verkrustete Ideologie der Werte hat Nietzsche nicht nur überlebt, sondern wirkt ober- und unterirdisch kräftig weiter. Dieser Pfarrerssohn aus Röcken bei Lützen, der 1844 geboren wurde und 1900 umnachtet in Weimar starb, hat dem Nihilismus, den er bekämpfen wollte, eines der stärksten Instrumente verschafft: die Psychologie der Entlarvung. Aber was einmal als ein kritisches Werkzeug des Willens zur Aufrichtigkeit geschaffen wurde, verkommt heute nur zu leicht zum technischen Trick des Zynismus – es ist eben alles nichts, und der Zyniker weiß das schon vorher. Die große Bejahung kommt immer erst nach der großen Verneinung des Bestehenden, das erst einmal beiseite geschafft werden müßte. Aber aus dem Nein entspringt nicht umstandslos das erlösende Ja. Das gelobte Land liegt jenseits des Flusses, über den keine Brücke führt. Sollen wir das Diesseits bejahen, dann müssen wir wohl der glänzenden Verheißung, daß hier und jetzt alles in allem erfüllt sein könnte, entsagen. Abschied von der Metaphysik heißt auch noch Abschied von Nietzsches Anti-Metaphysik.

Es muß nun von einem Mann aus dem Pfarrhaus gesprochen werden, der sich *nicht* als Philosoph verstand, der im Gegenteil dem antiphilosophischen Affekt die spitzesten und grellsten Formulierungen lieferte. Von Gottfried Benn ist die Rede, nicht nur weil er sich der von Nietzsche ausgehenden Erschütterung des Denkens ausgesetzt sah, nicht nur weil er Konsequenzen des Nihilismus zu Ende dachte, vielleicht sogar zu Ende *lebte*, sondern weil er, klar wie kein anderer, die hier von uns mit dem Pfarrhaus in Verbindung gebrachte Richtung des philosophischen Denkens auf erfüllte Diesseitigkeit hin nach ihren Spannungen und Motiven sichtbar gemacht und ausgesprochen hat. Benns Dichtung erscheint dabei verkürzt: als philosophische Konsequenz einer bewußt antiphilosophischen Haltung. In einem Vortrag aus dem Jahr 1950 (›Nietzsche – nach fünfzig Jahren‹) schreibt Benn: »Eigentlich hat alles, was meine Generation diskutierte, innerlich sich auseinanderdachte, man kann sagen: erlitt, man kann auch sagen: breittrat – alles das hatte sich bereits bei Nietzsche ausgesprochen und erschöpft, definitive Formulierung gefunden, alles Weitere war Exegese. Seine gefährliche stürmische blitzende Art, seine ruhelose Diktion, sein Sichversagen jedes Idylls und jeden allgemeinen Grundes, seine Aufstellung der Triebpsychologie, des Konstitutionellen als Motiv, der Physiologie als Dialektik – ›Erkenntnis als Affekt‹, die ganze Psychoanalyse, der ganze Existentialismus, alles dies ist seine Tat. Er ist, wie sich immer deutlicher zeigt, der weitreichende Gigant der nachgoetheschen Epoche.«[14] Nach dieser hymnischen Erhöhung Nietzsches kommt es wenige Seiten später zu Formulierungen, die, im Zusammenhang mit Benns dichterischem Werk gelesen, Identifikation, Verschmelzung der Geister bedeuten. »Dies Herz hatte alles zerbrochen, was ihm begegnete: Philosophie, Philologie, Theologie, Biologie, Kausalität, Politik, Erotik, Wahrheit, Schlüsseziehen, Sein, Identität – alles hatte es zerrissen, die Inhalte zerstört, die Substanzen vernichtet, sich selbst verwundet und verstümmelt zu dem einen Ziel: die Bruchflächen funkeln zu lassen auf jede Gefahr und ohne Rücksicht auf die Ergebnisse – das war sein Weg.«[15] »Hier wird die Negativität als Wahrhaftigkeit gefeiert, um nach der berauschenden Reihung der hohl gewordenen großen Titel einzig ein Bild dagegen zu setzen: *die Bruchflächen funkeln*

---

[14] Gottfried Benn: Essays, Reden, Vorträge. Wiesbaden 1959, S. 482
[15] ebenda, S. 489

lassen. Dies geschieht im absolut gesetzten Wort, im Gedicht. Im Anfang war das Wort – den biblischen Satz hat Benn oft zitiert. Bei ihm heißt er auch – vor dem Hintergrund seiner Übernahme des Nihilismus gelesen –: am Ende bleibt *allein* das Wort. So findet sich das Schriftprinzip der Reformation, die Wortgläubigkeit des Protestantismus am Ende einer Entwicklung reduziert, kristallisiert als funkelndes, formales Dasein. Nichts weist über sich hinaus, allein Lichter blitzen auf, in denen in absoluter Gegenwart ein sinnloser Sinn aufstrahlt.

»Ein Wort, ein Satz –: aus Chiffern steigen
erkanntes Leben, jäher Sinn,
die Sonne steht, die Sphären schweigen
und alles ballt sich zu ihm hin.

Ein Wort –, ein Glanz, ein Flug, ein Feuer,
ein Flammenwurf, ein Sternenstrich –,
und wieder Dunkel, ungeheuer,
im leeren Raum um Welt und Ich.«[16]

Benn, der 1886 als Sohn des Pastors Gustav Benn in Mansfeld, Kreis Westprignitz, geboren wurde, hat in seinen autobiographischen Aufzeichnungen immer wieder auf seine Herkunft aus dem Pfarrhaus hingewiesen. In Gedichten spricht er eher abgekühlt von dieser Welt, die ihn früh prägte (»In meinem Elternhaus hingen keine Gainsboroughs...«). Aber die autobiographischen Notizen reden voller Stolz und Dankbarkeit vom Vaterhaus. Eine dieser Aufzeichnungen – sie stammt aus dem Jahr 1931 – ist besonders aufschlußreich, weil sie im Rahmen der intellektuellen Lebensgeschichte Motive aufdeckt, die charakteristisch sein könnten für ein radikales Denken, das vom Pfarrhaus herkommt. »Da meine Väter über hundert Jahre zurück evangelische Geistliche waren, durchdrang das Religiöse meine Jugend ganz ausschließlich. Mein Vater, jetzt emeritiert, war ein ungewöhnlicher Mann: orthodox, vielleicht nicht im Sinne der Kirche, aber als Persönlichkeit; heroisch in der Lehre, heroisch wie ein Prophet des alten Testaments, von großer individueller Macht wie Pfarrer Sang aus dem Drama von Björnson, das man in meiner Jugend spielte: Über die Kraft. So gewiß ich mich früh von den Problemen des Dogmas, der Lehre der Glaubensgemeinschaft entfernte, da mich nur die Probleme der Gestaltung, des Wortes, des Dichterischen bewegten, so gewiß habe ich die Atmosphäre meines Vaterhauses bis heute nicht verloren: in dem *Fanatismus zur Transcendenz*, in der Unbeirrbarkeit, jeden Materialismus historischer oder psychologischer Art als unzulänglich für die

---

[16] Gottfried Benn: Gedichte in der Fassung der Erstdrucke. Frankfurt 1982, S. 304

*Gottfried Benn 1910 in Mohrin am See,
wo er das elterliche Pfarrhaus besuchte*

Erfassung und Darstellung des Lebens abzulehnen. Aber ich sehe diese Transcendenz ins Artistische gewendet, als Philosophie, als Metaphysik der Kunst. Ich sehe die Kunst die Religion dem Rang nach verdrängen. Innerhalb des allgemeinen europäischen Nihilismus, innerhalb des Nihilismus aller Werte, erblicke ich keine Transcendenz als die Transcendenz der schöpferischen Lust.

Ob die evangelische Kirche noch einmal die Macht gewinnt, das menschliche Sein, statt es zu verengen, es streng und unduldsam zu machen, zu einer großen geistigen Entfaltung zu bewegen, übersehe ich nicht. Ich sehe eigentlich mehr, daß die Religionen der Götter zu nichte gehn, während der Sozialismus längst nicht alle Tränen trocknet, und daß *nur die Kunst* bestehen bleibt als die eigentliche Aufgabe des Lebens, seine Idealität, seine metaphysische Tätigkeit, zu der es uns verpflichtet.«[17]

[17] Gottfried Benn: Prosa und Autobiographie. In der Fassung der Erstdrucke. Frankfurt 1984. S. 289

Aufschlußreich, wie Benn die *Atmosphäre des Vaterhauses* und den – von ihm betonten – *Fanatismus zur Transcendenz* zusammensieht. Hier ist eine Kombination von Pfarrhaus und Denken geglückt, über das Wort *Atmosphäre* geglückt, die so vielleicht nur auf Benn allein zutrifft, die aber ohne das Muster falscher Kausalität zwischen den Ebenen auskommt und deshalb weiterverwendbar ist. Fanatismus zur Transzendenz: das heißt hier unbedingte Ausrichtung auf das Geistige. Aber dieses Geistige wird nicht überweltlich gedacht. Es handelt sich um *immanente* Transzendenz, um das Übersteigen des Materiellen *innerhalb* der Welt. Die Transzendenz liegt im Artistischen der Kunst. Darin spiegelt die Erinnerung an ein fundamental christliches Bild mit: das des Schöpfers. Um die immanente Transzendenz zu erreichen, muß das Ich zum Schöpfer werden. Das ist notwendig, weil Benn Nietzsches Bejahung der Erde (des Materiellen) nicht mehr mitmachen kann. Aber wenn es in dem Gedicht »Nur zwei Dinge« in der letzten Strophe heißt:

>»Ob Rosen, ob Schnee, ob Meere,
>was alles erblühte, verblich,
>es gibt nur zwei Dinge: die Leere
>und das gezeichnete Ich.«[18]

– dann versteckt oder entzieht sich gerade im Aussprechen des Befundes ein drittes ›Ding‹: das Ich als Schöpfer dieser Gedichtform immanenter Transzendenz. Diese Schöpfung ist *metaphysische Tätigkeit*. Das ist etwas grundsätzlich anderes als Metaphysik. Metaphysik ist eine Lehre. Aber Benn gibt – anders als Nietzsche – keine Lehre mehr. Er verweist das einsame Ich in der entgötterten Welt allein auf die höchste Möglichkeit zum Tätigsein. Nicht einmal das tut er in Form einer Lehre oder einer Anweisung. Er spricht – für sich allein.

Rekapitulieren wir die Stationen unserer Untersuchung, dann läßt sich die These von der Verweltlichung des Absoluten verschärfen. Der Preis wird sichtbar, der zu zahlen ist. Schelling will das erfüllte Diesseits aus der Geschichte des Absoluten denken. Er stößt darauf, daß die Subjektivität das gar nicht kann. Sie muß sich das Absolute immer schon als unableitbar vorausliegend denken. Das heißt: die Subjektivität scheitert bei dem Versuch, das Jenseitige ganz diesseitig zu machen. Die *Einheit* von Wissen, Glauben und Wollen *in einem strengen Sinne* ist von der Philosophie der Subjektivität her nicht zu erreichen.

Nietzsche sucht umgekehrt, vom Diesseitigen ausgehend, das Diesseits, die Erde, auf gottlose Weise zu vergöttlichen. Das kann nur gelingen, wenn er die emphatische Selbstbejahung zum Prinzip macht und überall aufweist. Das

---

[18] Gottfried Benn, Gedichte, a.a.O., S. 427

Prinzip soll der Wille zur Macht sein, der sich in der ewigen Wiederkehr des Gleichen ständig selber will. Der Aufweis dieses Prinzips *in einem strengen Sinne* mißlingt. Zurück bleibt die Welt des Nihilismus – ohne Überwindung.

Benn verzichtet ganz auf Lehre, auf Prinzip. Die kunstschaffende Schöpferkraft des einsamen Ich garantiert nur noch – sinnlos, zwecklos – erfüllte Gegenwart, erfüllte Diesseitigkeit im punktuell aufblitzenden Gedicht. Die Welt als Natur, als Geschichte wird radikal abgewertet. Nur ins Wort verwandelt haben Natur und Geschichte Wert: *nur als Kunst. – Der Versuch der Verweltlichung des Absoluten führt zum Weltverlust.*

Ganz falsch wäre es, aus dieser Geschichte nun naiv und frohgemut die Forderung nach Umkehr abzuleiten. Religion und Philosophie sind nicht mehr einfach auseinanderzudividieren. Die Anstrengungen des Denkens haben Spuren hinterlassen, Blessuren – in der Philosophie, in der Religion. Wie kaum anderswo gilt hier der Satz, daß, wer die Geschichte vergäße, verurteilt wäre, sie zu wiederholen. Die vom Pfarrhaus herkommende Philosophie war gekennzeichnet durch Überschwenglichkeit, vielleicht darf man sagen durch Unmäßigkeit ihrer Ansprüche, ihrer selten offen ausgesprochenen, aber an gewissen Punkten sichtbar werdenden maßlosen Hoffnung. Maßlos ist diese Hoffnung, weil sie das Absolute will – hier, jetzt, ganz. Das Ergebnis dieses Willens ist die Leere der entgötterten, der nihilistischen Welt. Dies soll zum Ende nicht ein kulturpessimistisches Schlußwort sein, ein starrer Blick in ein gähnendes Nichts. Die Geschichte der Pfarrhaus-Philosophie enthält noch eine verborgene Pointe. Der Sturz ins Nichts ereignet sich nämlich nur, wenn – in irgendeiner Form – an der Idee des Absoluten festgehalten wird. Absolute Gewißheit, absolute Sicherheit, absolute Einheit, absolute Erfüllung, absolute Unmittelbarkeit – das sind Formen der Idee des Absoluten, die sich, nach allem, was wir wissen, nicht erreichen lassen. Werden sie aufgegeben, dann wird die Welt ungewiß, aber nicht sinnlos, unsicher, aber nicht hoffnungslos, uneinheitlich, aber trotzdem erfahrbar, nicht ständig erfüllt, aber doch nicht leer. Sie bleibt, was sie für die Menschen von Anfang an war: eine unabschließbare Aufgabe.

Literatur

BAUR, W.: Das deutsche evangelische Pfarrhaus. 1878
BEZZENBERGER, G. E. TH. u. WEGENER, G. S. (HG.): Im Pfarrhaus brennt noch Licht. 1982
DREWS, P.: Der evangelische Geistliche in der deutschen Vergangenheit. 1905
KÖHLER, M.: Über die soziale Bedeutung des protestantischen Pfarrhauses in Deutschland. (Diss.) 1952
QUANDT, W.: Bedeutende Männer aus evangelischen Pfarrhäusern. 1957
WERDERMANN, H.: Der evangelische Pfarrer in Geschichte und Gegenwart. 1925

THEODOR STROHM

Pfarrhaus und Staat

Die politische Bedeutung
des evangelischen Pfarrhauses

Die geschichtliche Beziehung zwischen Pfarrhaus und Staat ist bis heute belastet von der Ungeheuerlichkeit der Verbrechen, die vom deutschen Staatsapparat unter Anleitung Hitlers inszeniert wurden. Sie hatten eine Begründung und ein Ausmaß, »wie sie in christlichen Zeiten kein anderes Herrschaftssystem sich hat zuschulden kommen lassen, auch der Bolschewismus in seiner ärgsten Zeit nicht« (Golo Mann). Noch immer kann in einer historischen Analyse die Frage nach den Anteilen von Schuld und Verursachung nicht unterdrückt werden. Jede einlinige Kausalverknüpfung scheitert an den komplexen Konstellationen der politischen Geschichte. Im Guten und im Bösen ist das Pfarrhaus aufs innigste verwoben in die europäische Sozialgeschichte, Zusammenhänge, die bisher nur ausschnitthaft erforscht worden sind.

Der Protestantismus hat im evangelischen Pfarrhaus nicht einen festen Ort wie der Katholizismus in seiner Hierarchie. Damit fehlte ihm das Gegengewicht gegen die profanen Bewegungen. Er ist auf die jeweils tragenden Gruppen angewiesen, auf die Feudalität oder das Bürgertum oder die Mittelschichten – sei es in der direkten Verbindung zum Staat, sei es auf dem Umweg über die wirtschaftlichen oder parteipolitischen Gruppen. In dieser Ausgangslage ist die Chance einer geistlichen Bewährung in den jeweiligen Situationen begründet. Zugleich sind zwei Fehlwege klar vorgezeichnet: Entweder der Pfarrer und seine Verkündigung passen sich den Forderungen der jeweils dominanten Gruppen an, oder sie weichen aus in Transzendenz, apolitische Innerlichkeit, vor der die gesellschaftspolitischen Mächte ungehindert walten können.

Nur in einer ehrlichen, nüchternen Einschätzung dieser 450jährigen Entwicklung kann auch etwas Klarheit gewonnen werden über Auftrag und Grenzen des politischen Dienstes des evangelischen Pfarrers heute.

Plenarsitzung des Augsburger Reichstages von 1530 nach einem Kupferstich aus dem 16. Jahrhundert, ganz links unter dem Baldachin auf erhöhtem Platz Kaiser Karl V. Hier befaßte sich das höchste politische Gremium des Reiches zum erstenmal mit der Lehrgrundlage des Protestantismus, der »Confessio Augustana«, deren deutscher Text am 25. Juni vom kursächsischen Kanzler vor Kaiser und Reichstag verlesen wurde

1. Die hochpolitische Ausgangslage

Die führenden Reformatoren waren zugleich Politiker von europäischem Rang. Sie haben ihren Auftrag entsprechend interpretiert. Einen Staat im neuzeitlichen Sinne gab es noch nicht, vielmehr eine Art vis unitiva, eine höchst unvollkommene Integration der zahlreichen membra imperii. Die Reichsreform als Abgrenzung der Rechte und Pflichten der Partikulargewalten im Gegenüber zur kaiserlichen Zentralgewalt, der Ausbau der Friedensordnungen waren die beherrschenden Themen der Politik, das Reich voll revolutionärer Unrast (Sickingen!), als Luther die geistliche Reformation auf die Tagesordnung setzte. Nur wenn diese Reform gelingt – so seine alles beherrschende These –, können auch die ökonomischen und politischen Dimensionen des Lebens in Ordnung kommen. An zentraler Stelle sagt Luther: »Weltliche Herrschaft ist ein Bild, Schatten, Figur der Herrschaft Christi.« Und das Predigtamt habe den Auftrag, ewige Gerechtigkeit, ewigen Frieden und ewiges Leben zu bringen, das weltliche Regiment »erhält zeitlichen und unvergänglichen Frieden, Recht und Leben«. Damit diese Wechselwirkung gelingen kann, soll das Volk sich im Lichte des Evangeliums seines politischen Auftrages bewußt werden, »in seinen Ämtern mit obenan sitzen, helfen, raten und regieren«.

Hier aber ereignete sich die erste politische Tragödie des Protestantismus. Luther hielt von den »großen Hansen«, den Fürsten, nichts: »Gott erlöse uns von ihnen und gebe uns aus Gnade andere Regenten.« Als aber im Gefolge der Reformation das Rittertum und vor allem die Bauern ihren Freiheitskampf begannen, um aus den überkommenen Gemeinschaftsbildungen neue staatliche und gesellschaftliche Ordnungen zu gewinnen, sahen sie sich von den neuen Gewalten des Territorialfürstentums überwunden. Die Fürsten, die Reichsstände wurden zu den eigentlichen, wenn auch nur machtpolitischen Trägern der Reformation. Es blieb als echter Träger der Reformation das Bürgertum, dessen Entmachtung und Integration in die Flächenstaaten nur noch eine Frage der Zeit war. Der Preis, der für die politische Rettung der Reformation gezahlt wurde, war hoch. Seit 1525 war entschieden, daß die Reformation weder die Sache des Reichs noch eine alles erfassende Volksbewegung werden konnte. So formte sich das Bild des unpolitischen Reformators, obgleich es doch kein Gebiet des kirchlichen, des politischen und des sozialen Gemeinwesens seiner Zeit gab, das Luther nicht grundsätzliche und konkrete Überlegungen – in Gutachten, Stellungnahmen, Predigten – abgefordert hätte. Und doch blieb er eigentlich immer der Wittenberger Prediger und Professor, theologischer Lehrer und »der Deutschen Prophet«. Die eigentlichen Ereignisse der Politik (1526, 1529, 1530) liefen von ihm abgelöst und entwickelten ihre eigenen Gesetze.

Luther mußte darauf vertrauen, daß die Magistrate, die Fürsten, die Amts-

Theodor Strohm

träger, die Geistlichen die richtige Umsetzung der neu verstandenen Botschaft von Frieden, Recht und Leben in die jeweilige Situation leisteten. Die institutionelle Sicherstellung der Pfarrer selbst erforderte mehr und mehr seine und seiner Freunde hauptsächliche Aufmerksamkeit, denn »sie sind jetzt ärmer denn vorhin, dazu mit Weib und Kindlein rechte Bettler« (Luther, 1531).

Huldrych Zwingli – ein zweites Beispiel – war Pfarrer und Politiker in höchst brisanter Situation, aber er konnte sich wie andere süddeutsche und eidgenössische Reformatoren (M. Bucer, Farel, Calvin) auf reichsstädtische Strukturen stützen. Dies gab seiner Aussage größere Klarheit. Daß das »regnum Christi« sei »etiam externum« stand für ihn fest. Beide, Religion und Politik, stehen unter Gottes Gericht und Gottes Angebot der Zurechtbringung. Im strengen Sinne war Zwingli kein Theokrat. Weder die Kirche noch der »Prophet« Zwingli regierten den Staat. Sie übten ein »Wächteramt« aus. Die Reformation der Kirche müsse von selbst auch die Erneuerung des Staates bewirken. Die christliche Erneuerung ist extensiv wirksam. Zwingli schärfte den Bauern neben der göttlichen die menschliche Gerechtigkeit ein. Den Ratsherren schärfte er das Gewissen für die göttliche Gerechtigkeit. So gelang es ihm, in der Landschaft Zürich revolutionäre Entladungen zu verhindern und eine echte politische Reform zu bewirken.

Holzschnitt-Darstellungen der beiden Schweizer Reformatoren Ulrich Zwingli (1484–1531) und Johannes Calvin (1509–1564) aus dem 16. Jahrhundert

Zwingli scheiterte – wie Luther – in seiner politischen Rolle. Er hing protestantischen Großmachtsträumen nach und starb als Heerführer im Kampf mit den katholischen Kräften der Innerschweiz. Der kirchlich gestützte Obrigkeitsstaat lag auch hier in der Luft, aber es blieben städtisch-moderne Obrigkeiten; ebenso in Straßburg, Bern und Genf.

Für den jungen Freistaat Genf ist Calvin der eigentlich ordnende Geist gewesen. Ihm oblag mit einer Commission die Aufgabe, die »kirchlichen und bürgerlichen Ordonnancen« zu entwerfen. Es wurde eine strenge, theologisch begründete aristokratische Ordnung, die er bis ins einzelne vorzeichnete. Dem Volke mißtraute er. Man müsse es stets in Armut halten, »damit es gehorsam bleibe«. In Handel und Gewerbe geht es um Dienst zur Ehre Gottes, nicht um Gewinn oder den Ausbau einer wohlhabenden Industriestadt. Aber Genf wurde unter Calvin die Stadt der Réfugiés, allgemeine Zufluchtsstätte der verfolgten Protestanten. Kein Wunder, daß Calvin auch die Situation der städtischen Pfarrer aufs sorgfältigste ordnete. Genf wurde zum Modell der neuen reformierten weltlichen und geistlichen Ordnung mit theokratischen Zügen. Der Rat der fünfundzwanzig »Auserwählten« regierte absolut und nicht selten gnadenlos.

Der kirchlich gestützte moderne Obrigkeitsstaat war das gemeinsame politische Ergebnis der Reformation. Das evangelische Pfarrhaus bildete ein Herzstück dieses Staates, an dessen politischer Gestaltung es allerdings nur vermittelt durch Predigt, Kirchenzucht und mehr und mehr durch Bildungsaufgaben sowie durch situationsbedingte Einflußmöglichkeiten Anteil nehmen konnte.

2. Zwischen ratio status und ratio hominum

Die hundert Jahre zwischen Luthers Tod und dem westfälischen Frieden sind in den verworrenen Details wenig untersucht. Innerhalb weniger Jahre wurden aus weltlichen Fürsten, aus Obrigkeiten jeder Art quasi Bischöfe mit entsprechender Verwaltung. Die »Superattendenten« von Lignitz und Brieg bewiesen ihrem Herzog Georg II. aus Jesaia 49 sein Recht und seine Pflicht zum bischöflichen Amte. Er sei auch der eigentliche »Superattendent« der Kirche. Die landesfürstlichen Verlautbarungen werden vom doppelten Grundsatz getragen: die geistliche Arbeit sei von Gott mittelbar verliehen und integrierender Bestandteil des Fürstenamtes; sie sei verliehen, »um der armen Unterthanen und ihrer Gewissen willen«. Für die rechte Betreuung und Unterweisung der Untertanen in der Lehre müsse der Inhaber der Obrigkeit sich vor Gottes Richterstuhl verantworten. Nicht wenige Fürsten, Fürstinnen und Fürstenkinder haben dieses Amt ernst genommen. Nicht nur Fürst Georg, der »Gottselige« von Anhalt, der ernestinische Kurfürst, Friedrich der »Fromme« von der Pfalz, Wilhelm der »Fromme« von Baiern oder Ernst der »Fromme« von Gotha, auch der Große Kurfürst legt in seinem politischen

Testament Zeugnis davon ab. Dadurch wurde aber auch das religiöse Pathos der protestantischen ebenso wie der katholischen Geistlichen ins Politische transponiert und darauf gedrungen, daß die Obrigkeit die dogmatischen Maximen auch äußerlich umsetzte.

In der Praxis allerdings wurde der Pfarrer von den Amtsleuten des Magistrats in den freien Städten, auf dem Lande von den fürstlichen Patronen ausgewählt und angestellt, als Zwischeninstanzen fungierten bald Konsistorien, Superintendenten und Prüfungsinstanzen in und außerhalb der Fakultäten. Die Pfarrer waren in der Regel in ein Geflecht obrigkeitlicher Instanzen eingefügt und konnten ihren geistlich genau umgrenzten Dienst versehen. Die durch Visitatoren tatkräftig unterstützten Maßnahmen hatten den Zweck, Frömmigkeit, Sittlichkeit und Gehorsam einzupflanzen. Einheitlichkeit in Glaubensfragen, Gleichförmigkeit der Religionsausübung sollten der inneren Sicherheit und Geschlossenheit des Territoriums dienen. Im ungünstigen Falle, wenn das Herrscherhaus seinen Glauben änderte, wurde die Entscheidung: Unterwerfung oder Emigration zur Schicksalsfrage. Als 1576 das Luthertum in der Pfalz zur Landesreligion erhoben wurde, petitionierten die reformierten Gemeinden in großer Zahl um die Beibehaltung ihrer Pfarrer und des bestehenden Zustandes. Einige hundert Familien (viele Pfarrer und Lehrer) wanderten aus, nachdem sie abschlägig beschieden worden waren. Nach sieben Jahren, als Ludwig VI. (1583) starb und Johann Casimir die Regentschaft übernahm, wurde die Konfessionsform erneut geändert, Gemeinden und Pfarrer widersetzten sich und mußten teilweise emigrieren. Bis 1648 waren die Pfarrhäuser in vielen Ländern Europas zum Spielball des konfessionellen und territorialen Hin und Her geworden. In zahlreichen Territorien wurden allerdings konfessionelle Mischformen toleriert und in Ausnahmeklauseln seit dem Augsburger Religionsfrieden fixiert. Hier entstand jene Nötigung zur Toleranz, der sich auch die Pfarrer nicht verschlossen.

So gewährte der polnische König den größeren deutschen Städten das Recht auf Ausübung des lutherischen Gottesdienstes. Erscheinungsformen konfessioneller Symbiose waren nicht selten: In Wetzlar wurde bis zum Ausgang des 18. Jahrhunderts jeder neu ernannte evangelische Stadtpfarrer von katholischen Stiftsdekanen in sein Amt eingeführt und von letzteren ermahnt, die reine evangelische Lehre unverfälscht zu predigen – er mußte dies den Prälaten in die Hand versprechen. Der Fürstbischof von Münster W. von Ketteler schlug vor, durch Vereinigung der besten Elemente der jeweiligen Konfession zur Union zu gelangen. Die Toleranz und ein echter, politischer Reformwille keimten. Schon in der Zeit des »kalten Konfessionskrieges« tauchten erste Ansätze eines theologischen Ökumenismus auf. Innerhalb des Luthertums hat zum Beispiel Johann Gerhard († 1637), der wichtigste Dogmatiker seiner Zeit, in seinen »Loci theologici« (1610–1622) die Frage des religiösen Pluralismus und der Ziviltoleranz systematisch behandelt.

Die Leistung Johann Arndts († 1621), der Pfarrer in mitteldeutschen Städten und zuletzt Generalsuperintendent in Lüneburg (seit 1611) war, für die geistlich-soziale Reformbewegung ist schwer zu überschätzen.

Arnds »Wahres Christentum« wendet sich an den einzelnen, bei ihm soll ohne obrigkeitliche und kirchliche Maßnahmen das Besserungswerk einsetzen, das der evangelischen Christenheit nötig ist. Es ist deutscher Puritanismus in reiner Form, wenn er seinen Zeitgenossen einen Lasterspiegel vorhält und gegen die Auswüchse der wirtschaftlichen Expansion zu Felde zieht. Von den Dingen der Welt darf nur das zum Leben Notwendige genossen werden. Ein weltförmiges Leben kann nicht als Nachfolge verstanden werden. Die Gleichförmigkeit mit Christus wird zum Zweck des christlichen Lebens. Arnd verzichtete auf weitere Konkretionen seines Bußrufes. Er wurde gehört und löste in den protestantischen Territorien eine große Zahl von Reformbestrebungen aus, die vor allem Stellung nehmen zu den kirchlichen und politischen Gebrechen der Zeit.

Um 1640 entstanden die »Pia desideria« des Wittenberger Pfarrers Balthasar Meisner, in denen er die Strukturen des Obrigkeitsstaates geißelte; die »Reformation der Welt« intendierte Balthasar Schupp im Anschluß an D. v. Reinkingks »Biblische Polizei«. Hier wurden christliche Alternativen zum vordringenden Macchiavellismus an den deutschen Fürstenhöfen sichtbar. Das Eintreten für die ratio hominium gegen die ratio status wird dem Pfarrer ans Herz gelegt. Gottfried Arnold wurde zum schärfsten Kritiker des Staatskirchensystems.

Johann V. Andreae (1586-1654), Pfarrer und Probst von Calw, wurde zum Exponenten des Reformprotestantismus, der die Restitution der politisch-sozialen Welt als geordnete Schöpfung vom Gedanken des cives Christianus aus anging. »Gott hat den Herrschenden Sorge, Wohlergehen, Verkehr und Schutz der ihnen Anvertrauten übergeben, die Untertanen ihnen aber nicht unterworfen oder gewollt, daß der freie Geist diene.« Seine engen Verbindungen reichten in die Kreise des reformbereiten Fürstentums (Herzog R. A. v. Braunschweig-Wolfenbüttel, Herzog Ernst v. Württemberg, Wilhelm v. Wense in Lüneburg, in dessen Kreisen Campanellas Schriften, darunter »De civitate soli«, diskutiert und publiziert wurden). Außerdem hatte er Beziehungen zum Tübinger Gelehrtenkreis und zu Comenius.

Die »Generalreformation der ganzen Welt« scheiterte nicht zuletzt am alles verheerenden Krieg, der für Andreae wie für zahllose Pfarrer zur reinen Überlebensfrage für seine Familie wie seine Gemeinde wurde. Die Stadt Calw wurde zweimal heimgesucht, vernichtet. Die Pfarrer und ihre Familien, insbesondere auf dem Lande, waren regelmäßig die ersten Opfer der kaiserlichen Landsknechtshaufen. Als die Pfalz 1622 in die Hände Tillys fiel, wurden 230 Pfälzer Pfarrfamilien obdach- und brotlos. In Württemberg verloren sich in vierzig Jahren mehr als 500 Geistliche. Die große Ausnahme blieb Jürg

Jenatsch, der gewalttätige Erwecker des Bündner Landes, der das Gewand des Pfarrers ablegte und Krieger und Politiker von hohem Rang wurde. Die Mehrzahl der Pfarrer aber wurden – oft im Kreise ihrer Gemeinden – Opfer dieses schrecklichen Krieges.

Wieder hatte sich eine Tragödie ereignet. Das Pfarrhaus war im Begriff, zum Zentrum für jede Art der geistigen und politischen Auseinandersetzung zu werden, zur Keimzelle der Reform. Es verwundert von daher nicht, daß zum Beispiel in Württemberg nicht wenige der besten Staatsmänner in der ersten Hälfte des neuen Jahrhunderts evangelischen Pfarrhäusern entstammten. Die Verlagerung auf Innerlichkeit und Geisteskultur setzte erst später ein! Die Jahre von 1555 bis 1619 reichten jedoch nicht für eine Konsolidierung dieses produktiven Ansatzes aus. Das Pfarrhaus, das den Konfessionskrieg nicht verhindert hatte, wurde von ihm als schöpferische, weltgestaltende Kraft möglicherweise auf unabsehbare Zeit zutiefst getroffen.

3. Das Pfarrhaus als Träger der Universal-Verbesserung in allen Ständen

Die Pfarrer-Generation, die auf der Basis des Westfälischen Friedens – dem Staatsgrundgesetz der modernen deutschen Staaten – ihre Wirksamkeit entfaltete, knüpfte unter veränderten gesellschaftlichen Bedingungen dort an, wo Andreae und seine Freunde aufhören mußten. Die Zeit Gottfried Wilhelm Leibniz', Philipp Jakob Speners, August Herrmann Franckes, Nikolaus Ludwig von Zinzendorfs, Veit Ludwig von Seckendorffs und Samuel Pufendorfs, also das letzte Drittel des 17. Jahrhunderts, war eine Zeit sozialer und politischer Reform, die ihr Zentrum im evangelischen Pfarrhaus hatte. Dort finden sich mehr und mehr Söhne und Töchter aus dem Bildungsbürgertum, und auch die enge Verbindung zum Adel zeitigte Früchte. Leibniz hatte ganz recht, die Menge der fürstlichen Höfe war »ein herrliches Mittel, dadurch sich Leute hervortun können, so sonst im Staube liegen müßten«. Im Wettstreit der Fürsten, Grafen, freien Städte unterschieden sich diese von hohen Potentaten in der Macht, nicht aber in der Freiheit; die »teutsche Freiheit« sei Quelle der Glückseligkeit des Landes.

An der Spitze stand der kosmopolitisch gebildete J. Spener, der in Frankfurt am Main zwanzig Jahre lang die Neuordnung der Armenpflege betrieb und sie aus der Mitleids-Dimension in die sozialpolitische Pflicht des Staates übertrug. In rund zwanzig deutschen Städten wurde Speners Initiative aufgegriffen. Kein Wunder, daß er, nach einem unglücklichen Intermezzo als Dresdner Oberhofprediger, als Oberkonsistorialrat in Berlin zum »einflußreichsten Manne« wurde, »den Berlin um 1700 besessen hat«. Seine »Pia Desideria« wurde zur zentralen Reformschrift des Jahrhunderts. Francke, sein Schüler, wurde als Gründer von Reform-Konventikeln in Sachsen suspekt, dafür aber in Brandenburg privilegiert. Seine berühmten »großen Projekte« der Ausbildung,

Zeitgenössischer Kupferstich von Jacob Spener (1635-1705)

Armenpflege und ökonomischen Unternehmungen müssen gesehen werden als der Mittel- und Ausstrahlpunkt einer tatsächlichen Reform aller menschlichen Lebensverhältnisse, als das Zentrum eines auf Erden zu verwirklichenden Gottesreiches, wie es auch Leibniz auf anderer Basis mit seinen Akademieplänen erstrebte. Unter dem offenen Regime des Königs Friedrich I. konnte praktisch die Infrastruktur eines Gemeinwesens entwickelt werden, dessen Wirkung unvorstellbar gewesen wäre, wäre es nicht unter der düsteren Schärfe des Soldatenkönigs, die seit 1712 alles der Staatsräson unterwarf, seiner besten Intentionen beraubt worden. Die Beunruhigung über drohende Gleichschaltung der Geistlichen, zugleich die bedingungslose geistliche Integration in den Militärapparat, zeigt beispielhaft ein Gespräch, das dieser König kurz nach seiner Amtsübernahme während eines Besuchs der Franckeschen Anstalten führte. Der König fragte Francke, »ob denn keine von seinen Zöglingen Soldaten würden«. Francke antwortete darauf etwas anzüglich: »Wenn sie Handwerker sind, so können sie leicht von den Werbern genommen werden.« Der König setzte, ohne hierauf weiter einzugehen, die Besichtigungen fort, aber nach deren Beendigung kam er im Hinuntergehen auf der Treppe plötzlich auf das heikle Thema zurück, indem er Francke unvermittelt fragte: »Was hält er vom Kriege?« »Ew. Königliche Majestät«, antwortete Francke, »muß das Land schützen, ich aber bin berufen, zu predigen: Selig sind die Friedfertigen.« Der König meinte darauf: »Das ist gut. Aber seine Leute, hält er die nicht vom Kriege ab?« Francke entgegnete: »Mit Studiosis theologiae werden, wie Ew. Majestät selber wohl wissen, Kirchen- und Schulämter besetzt.« »Aber die Jungens«, ließ der König nicht locker, »machet er denen nicht weis, daß sie der Teufel holen werde, wenn sie Soldaten werden?« Francke antwortete wiederum: »Ich kenne manchen christlichen Soldaten. Ich habe mehr Gönner unter den Soldaten als unter den Geistlichen. Diese können nicht vertragen, daß ich ihr Tun nicht in allen Stücken billige.«

Es war dann auch ein exemplarischer Militärkonflikt mit dem Regimentskommandanten Fürst von Anhalt in Halle, der Francke beim König in Ungnade brachte und sein Lebenswerk gefährdete.

Wie Spener und Francke war auch Zinzendorf weit mehr als ein Geistlicher, Kosmopolit mit weltumspannenden Ideen und Initiativen. Er war ursprünglich Jurist, wurde wegen seiner polemischen Wochenschrift »Le Socrate de Dresde« 1736 aus Kursachsen verbannt; erst 1747 wurde ihm die Rückkehr und Herrschaft in Kursachsen gestattet. In den noch offenen sozialen Strukturen dieses Landes, im weithin eigenständigen Gebiet der Niederlausitz, war der Spielraum vorhanden für ein Zentrum der Generalverbesserung der ganzen Welt. Der Reichtum der Verbindungen, der ökonomischen Initiativen, der geistlichen Innovationen ist uns heute unvorstellbar. Aber auch er erlebte die Enge des deutschen Territorialsystems. Sein Geschäftsführer Dürninger stellte fest: »Ich bin in vielen Herrn Länder gewesen, was die zu geben und nicht zu geben haben, und ich habe nirgends wahrgenommen, daß man seinen Unterthanen solche bodenlosen Accusationes und Repetitiones gemacht habe, als mir schon gemacht worden sind.« Gegen die Staatsräson konnte sich dieses freie, kreative Christentum auf die Dauer nicht behaupten oder gar entfalten. Es blieben vorübergehende Kometen, nicht Träger eines Systems. Dies gilt auch für so bedeutende Kirchenmänner wie den Kanzler und Consistorialpräsident von Seckendorff, der 1692 auch noch Kanzler der entstehenden Universität Halle wurde. Samuel Pufendorf gilt als Vater der neuzeitlichen Idee der ratio hominum, die Vision der Demokratie als christlich geforderte Staatsform taucht bei ihm auf und wird von dem Ipswicher Pfarrer John Wise († 1725) in direkter Übertragung in die amerikanische Erklärung der Menschen- und Freiheitsrechte übersetzt.

Aber nicht nur auf höchstem Niveau finden wir Pfarrhaus und Kirche als Träger der Reform. Pfarrer begründeten die Landwirtschaftslehre in Deutschland. Martin Grosse leitete 1590 mit seiner »anleytung zu der Landwirtschaft« die lange Reihe der Pfarrer ein, die über Landwirtschaft schrieben. Johann Coler, Pfarrer und Landwirt in Sachsen, Brandenburg und Mecklenburg, schrieb die »Oeconomia ruralis et domestica« (1593–1601). Diese Oeconomia begründete in Deutschland die sogenannte Hausväterliteratur. Der Pfarrer Christian Friedrich von Germershausen verfaßte 1783 als reife Frucht dieser Tradition das Standardwerk »Hausväter in systematischer Ordnung«, das die Landwirtschaftspolitik einer ganzen Epoche bestimmte. Die oft beklagte »klassische Zeit der Verbauerung« des Pfarrerstandes war in Wirklichkeit eine ungeheure Chance, die viele Pfarrfamilien in eine lebensnahe Verbindung zur Wirklichkeit und Solidarität mit den Gemeinden brachte.

4. Die Rolle des Pfarrhauses im Zeitalter des aufgeklärten Absolutismus

Das 18. Jahrhundert ist gekennzeichnet durch ein schrittweises Erstarken der kirchlichen und politischen Obrigkeiten; in Kirchensachen schmälerte ein immer größerer Absolutismus die Rechte des Pfarrerstandes. Wurden früher zum Beispiel der Schulmeister vom Pfarrer und der Gemeinde unter Zustimmung des Superintendenten angestellt und vom Pfarrer voziert, so ist dies jetzt Sache des staatlichen Konsistoriums. Selbst die großen freien Reichsstädte schafften die Superintendentenwürde ab und betrachteten die Anstellung der Geistlichen als reinen Verwaltungsakt. Der Spielraum des Pfarrers im modernen Flächenstaat wurde auf die Rolle eines kleinen Beamten reduziert. Das Pfarrhaus war Keimzelle der »Stillen im Lande«. Hinzu kam eine Religionspolitik in den protestantischen Staaten, die – wie Friedrich II. es 1752 in seinem politischen Testament formulierte – »Katholiken, Lutheraner, Reformierte, Juden und zahlreiche andere christliche Sekten in Preußen friedlich beieinander wohnen« ließ. Es gehört zur Eigenart des Beamtensystems, daß es privilegierte Positionen, zum Beispiel die Militärpfarrer und die königlichen Patronatspfarrer sowie die geistlichen Oberbeamten, deutlich vom einfachen Pfarrer unterschied und das Standesbewußtsein in den Pfarrerstand hineintrug. Jetzt erst, im 18. Jahrhundert, setzte die volle politische Entmündigung des Pfarrers ein. Das äußere Ansehen des Pfarrers war durch allgemeine Erinnerungen an die orthodoxe Intoleranz schwer angeschlagen.

J. G. Herder hat die ganze Situation, in der der Staat sich einerseits von der Kirche völlig löste, sie aber doch völlig beherrschte und zu einem Zweig des Staatswesens herabdrückte, klar beschrieben: »Der fürstliche Oberbischof, fast mehr ein Sohn Gottes, kann eine ganz neue Staatsreligion geben oder die alte verändern, wie er es für gut findet; das Predigtamt wird von ihm verliehen oder entzogen; der Prediger selbst ist nur noch als Sittenprediger, als Landwirt, als Listenmacher, als geheimer Polizeidiener unter staatlicher Autorität und fürstlicher Vollmacht zu existieren berechtigt.«

Trotz dieser denkbar miserablen Ausgangslage dankte das Pfarrhaus politisch noch längst nicht ab. Es sieht sich als Stätte bürgerlichen Geistes und nahm teil an den bürgerlichen Bewegungen dieser Zeit. Im süddeutschen Bereich, vor allem in der Schweiz, stand am Ende des 18. Jahrhunderts das Societätswesen in voller Blüte. In den Städten, aber auch auf dem Lande entstanden Gesellschaften im philantropischen und christlichen Geist mit der Absicht, das psychische und moralische Wohl der Mitmenschen zu bessern. »Für das gemeine Beste zu arbeiten« gab diesen Gruppierungen die Antriebskraft und politische Motivation. Pestalozzi gehörte zeitweise sieben solcher Societäten an, immer spielte der Pfarrer, häufig auch die Pfarrfrau eine wichtige Rolle. Zum ersten Male erhielt die Stimme der Frau dieselbe Gewichtigkeit wie die der erfahrenen Träger solcher Gesellschaften. Die besten Rufer dieser »Stillen« sind nicht nur für Pestalozzi der Junker und der Pfarrer. Zu dem aufgeklärten bürgerlichen Menschen, der theologisch als Mitarbeiter am großen göttlichen Ordnungsplan gewertet wurde, sprechen die Geistlichen dieser Zeit ein eindeutiges Ja. Die Bejahung schließt den Wunsch ein, sich in den großen geistigen Wandel, der sich vollzogen hatte, einzufügen und aktiv an der Gestaltung des neuen Menschenbildes mitzuwirken. Die patriotischen Vereine, die überall im Lande gediehen und in einer Art Zellteilung sich multiplizierten, integrierten alle Fragen des inneren Staatslebens: Industrie, Schule, Kunst und soziale Aufgaben, für die der immer großflächigere und bürgerfernere Staat einen breiten Spielraum eröffnete.

Nur durfte sich gerade der Pfarrer politisch nicht exponieren. Dies zeigt die Geschichte einer der skurrilsten Gestalten der evangelischen Pfarrhaustradition: Carl Friedrich Bahrdt (1741–1792) hat durch sein Leben und seine Anschauung die sich allmählich formierende Öffentlichkeit über Jahrzehnte aufs höchste erregt. Und doch machte er nur Ernst mit den Anschauungen, die sich überall in Deutschland, insbesondere aber in den Traditionsgebieten der Reformation (Sachsen, Thüringen, Preußen, Hessen) in den Pfarrhäusern breitmachten.

Während die Geschichtsschreibung dazu neigt, Carl Friedrich Bahrdt in das Zwielicht geistiger und moralischer Insuffizienz zu rücken, kann er, nach seiner gesellschaftlichen Funktion betrachtet, als Musterfall des Rollenkonflikts zwischen einer traditionalistischen Theologie und des auf die Herausforderung des gesellschaftlichen Umbruchs antwortenden Geistes begriffen werden. Ein Theologieprofessor, ein Generalsuperintendent, der in der Festung landet und als »Gastwirt« endet, der Direktor eines Philanthropins, Gründer

Nachdem auch dein Knecht, unser allertheurester König, aus gerechten und dringerden Ursachen sich endlich hat entschliessen müssen, die ihm von dir anvertraute Macht, zu Hintertreibung der wider ihn und seine Lande geschmiedeten allergefährlichsten Anschläge zu gebrauchen, und sein Heer gegen einen unversöhnlichen Feind Selber anzuführen; So nehmen wir in dieser Noth unsere demüthige Zuflucht zu dir, o HERR, unser GOTT, in dessen Hand es allein stehet, Sieg und Heil zu geben, wem du willst, und flehen dich, im Nahmen unseres alleinigen Mittlers und Fürsprechers JESU CHristi, inbrünstig an, du wollest mit uns nicht handeln nach unserer Undanckbarkeit und vielen Uebertretungen und Sünden, sondern nach deiner grossen Barmhertzigkeit! Nach derselben sey uns auch jetzt gnädig, und seegne diesen zu unserem und deiner Kirche Schutz unternommenen Feldzug mit einem solchem Ausgange, dadurch ein ehrlicher und dauerhaffter Friede erhalten, und des deutschen Vaterlandes Freyheit und Ruhe auf immer in Sicherheit gesetzt werde! O GOTT! der du aller Menschen Odem und Leben in deiner Hand hast, bewahre und erhalte uns unseren König! Laß sein und seiner Brüder Leben theuer seyn in deinen Augen und deinen allmächtigen Schutz sie decken, gleich einem undurchdringlichen Schilde! Laß deine Schrecken hergehen vor dem gesamten Heere, und die Feinde bey allen Gelegenheiten erfahren, daß du noch für uns und mitten unter uns bist! Und so führe deinen Gesalbten und seine Krieges-Heere wieder zu uns gekrönt mit Sieg und Seegen, damit wir abermals Ursach haben mögen, deinen heiligen Nahmen, dem allein alle Ehre und Herrlichkeit gebühret, mit freudigsten Danck und Lob zu erheben!

Beispiel für ein offizielles Gebet bei einer Kriegserklärung im 18. Jahrhundert

einer Fortschrittsgesellschaft (»Deutsche Union«) und Übersetzer der Prinzipien der Französischen Revolution war per se zum Scheitern verurteilt. Er war als Theologe untragbar, zugleich aber konnte er die fortschrittsgesonnenen Bürger Deutschlands nachhaltig beeinflussen. Bahrdt war kein Einzelfall: In Zürich endete der rechtschaffene Pfarrer Heinrich Waser auf dem Blutgerüst, weil er wissenschaftliche Statistiken erstellte und publizierte, von den Notabeln deshalb als Landesverräter gescholten und verurteilt wurde.

Bahrdt gehört in den Zusammenhang der lutherischen Aufklärungstheologie, an die Seite von Franz Volkmar Reinhard, Gottfried Less, Christian Gotthilf Salzmann und Christian Friedrich Sintenis, um nur die wichtigsten herauszugreifen. Ihnen waren bei aller Differenzierung – Bahrdts Verbindung von Morallehre, Christentum und natürlicher Religion war auch im Politischen die radikalste Position – drei Entwicklungstendenzen gemeinsam: fortschreitende moralisch-theologische und politische Aufklärung, »erfinderische Betriebsamkeit und Industrie« und die Wahrnehmung der sozialen Verantwortung durch die sozialrechtliche Ausformung der Freiheits- und Gleichheitsrechte unter besonderer Berücksichtigung der sozial Schwachen. Diese sind »als eine Pflicht des Christentums zu betrachten«. Darin unterscheiden sich die Aufklärungstheologen von der zeitgenössischen Orthodoxie ebenso wie von dem in quietistische Innerlichkeit regredierten Pietismus. Sosehr sie – wie der Protestantismus überhaupt – in den Verdacht kamen, die Französische Revolution in Deutschland zu befürworten, so lehnten sie doch jede gewaltsame Veränderung der bestehenden Verfassung durch die Übermacht eines ihrer integrierenden Teile ab. Sie versuchten vielmehr, die Prinzipien der Revolution aus dem Kontext der protestantischen Überlieferung zu entwickeln und in den konstitutionell-monarchischen Verfassungsstrukturen zur Wirksamkeit zu bringen.

Bereits am Ende des 18. Jahrhunderts formierten sich die Kräfte, die in der beginnenden Politisierung des öffentlichen Lebens zu Beginn des 19. Jahrhunderts im deutschen Vormärz ihr aktives produktives Potential zur Geltung brachten. Diese Konstellation, hier aufgeklärter absolutistischer Flächenstaat, dort reformerische Emsigkeit, produktive Entfaltung bürgerlicher Kräfte, kann als eine wesentliche Erklärung dafür gelten, daß die Französische Revolution in Deutschland zwar mit starkem Interesse verfolgt wurde, aber ohne tiefere Resonanz geblieben ist.

In dieser Zeit kam es zu der für Deutschland typischen Form der Verweltlichung, die nicht zu einem Bruch mit Kirche und Pfarrhaus führte, vielmehr zu der eigentümlich weltfrommen Haltung, die nach weltanschaulichem Ausdruck ringt. Von ihr sind Arbeit und Spiel, Forschung und Kunst, das ganze Leben der Wirtschaft und des Staates durchdrungen. Das besondere Pathos des Wortes Kultur hat hier seinen sozialen Ort. »Noch in seinen aufgeklärtesten Positionen wahrt deutscher Geist seine Beziehung an die evangelische Frömmigkeit.« Das evangelische Pfarrhaus gibt bis ins 19. Jahrhundert die Richtung an. Auch wenn seine Söhne nicht bei der Theologie blieben, tragen sie doch mit ihrem Herzen »den Geist des Vaterhauses weiter in die Welt« (Helmut Plessner). Das Risiko dieser unpolitischen, ganz der Weltfrömmigkeit und dem kulturellen Fortschritt verpflichteten Haltung war groß: Sie erwies sich den eigentlich politischen Emanzipations-Bewegungen des 19. Jahrhunderts gegenüber ebenso als machtlos und hilflos wie einem Staat gegenüber, der jederzeit seine Verfügungsgewalt nützen konnte, um sich die Kirche als Partner in »Bündnis von Thron und Altar als sicherste Grundlage der sozialen Ordnung« – so erstmals der Fürst Metternich 1816 – dienstbar zu erhalten.

5. Zwischen vormärzlichem Liberalismus und Restauration des »christlichen Staates«

Mit den Säkularisationsmaßnahmen des Jahres 1803, durch die rund drei Millionen Deutsche ihre angestammten Verfassungsverhältnisse änderten, begann der Mobilisierungsprozeß, der für das 19. Jahrhundert kennzeichnend ist und der – im wesentlichen unbewältigt – in den Kriegskatastrophen der ersten Hälfte des 20. Jahrhunderts kulminierte. Die großen Flächenstaaten bauten ihre bürokratische Organisation aus, mit der sie die industriellen, militärischen, zivilen Strukturen ebenso steuerten wie die konfessionell-kirchlichen. Jeder Fürstenstaat war bestrebt, den Kirchenangelegenheiten eine möglichst dauerhafte, Konflikte vermeidende Ordnung zu verleihen. Nicht zu übersehen ist die sich unter dieser staatlichen Organisation entwickelnde Pluralität und relative Meinungsfreiheit, von der insbesondere das Besitz- und Bildungsbürgertum Gebrauch machen konnte. Das evangelische Pfarrhaus hatte im Nahbereich einen gewissen Spielraum, darüber hinaus nahm es an den geistigen Entwicklungen der Zeit regen Anteil, bildete so etwas wie einen Resonanzboden für philosophische und theologische Strömungen, die an den Universitäten ihren festen, gesicherten Ort fanden. In der ersten Hälfte des Jahrhunderts standen – nicht nur in Preußen – im wesentlichen drei Gruppierungen innerhalb der Pfarrerschaft einander gegenüber, deren politisches Weltbild sich in wesentlichen Zügen unterschied. Sie hatten ihre eigenen Gewährsleute in Wissenschaft und Politik und auch eigene Formen der Organisation.

Als erste Gruppe sind die im vormärzlichen Liberalismus, vor allem in der Bewegung der »Lichtfreunde« vereinigten Pfarrer, Bürger, Industriellen, Intellektuellen zu nennen. Überlagert wird diese Bewegung durch eine staatstreue, aber zugleich staatsreformerische Bewegung, die ihre wichtigsten Vertreter in dem Reichsfreiherrn vom Stein und dem alles überragenden Haupt der Berliner Theologenschaft David Friedrich Schleiermacher fand. Schließlich muß auf die dritte Gruppe der von einem innerlichen, weltlosen Pietismus geprägten, mit restaurativen Kräften jederzeit bündnisfähigen Pfarrerkreise hingewiesen werden. Diese restaurative, scharf antirationalistische Bewegung wurde durch die »Evangelische Kirchenzeitung«, von Berliner Erweckten 1827 gegründet, von Ernst Wilhelm Hengstenberg zum reaktiven Kampfblatt ausgestaltet, vier Jahrzehnte hindurch zusammengehalten. Diese Zeitung übte auf die Anschauung ungezählter Pfarrer nachhaltigen Einfluß aus. In dieser Zeitung wurde der Protestantismus zum ideologischen Prinzip des um seine Herrschaft kämpfenden, zu immer radikaleren Mitteln greifenden militärisch-monarchischen Fürstenstaates.

In der allgemeinen Mobilisierung und Neugestaltung des Staatslebens zu Beginn des Jahrhunderts kam es fast überraschend zur Renaissance eines Staatsgedankens, der sich in seiner ethischen Zuspitzung als eine Erneuerung des reformatorisch-lutherischen erwiesen hat. Der Reichsfreiherr vom Stein war Träger dieser Renaissance, die aber im evangelischen Pfarrhaus ihre Wurzeln hatte. Bismarck hatte sicher recht, wenn er im Blick auf diese Zeit der tiefen Krise des protestantisch-preußischen Deutschlands feststellte: »In den Zeiten nach Jena war Deutschland in den evangelischen Pfarrhäusern.« In Zeiten der Krise, so läßt sich fast allgemein sagen, zeigt das evangelische Pfarrhaus seine produktivste Wirkung. Diese protestantische Religiosität ist zur Tat gelangt durch die preußische Reformzeit und die Befreiungskriege. Der Charakter dieser preußischen Zeit wurde geprägt von den gläubigen Protestanten.

Entscheidend war, daß der Führer der Reformer ein gläubiger Christ gewesen ist und seine Aufgabe nie anders als im Geiste des Christentums aufgefaßt hat: »In dem Freiherrn vom Stein hat sich, mehr noch als in irgendeiner anderen Gestalt der deutschen Geschichte, der evangelische lutherische Staatsmann verwirklicht« (Schnabel).

Steins Antriebsmotive entstammten der überkommenen Frömmigkeit eines Familiengeschlechts, das seit dem 16. Jahrhundert dem lutherischen Bekenntnis angehörte, im Dreißigjährigen Kriege seines Glaubens wegen vertrieben worden war und sich seither eine ebenso lebendige wie nüchterne Glaubenshaltung bewahrt hatte. Diese unterschied sich, trotz formaler Anklänge, durch ihre »Innerlichkeit« vom theologischen Rationalismus, den Stein zeitlebens ablehnte. Es ist jener aktivistische Zug des Luthertums, der Steins Christentum wie dem seiner Mutter eigen war und sich als praktisches Christentum im täglichen Leben auswirkte.

Wie diese Motive fast unvermittelt aus den älteren protestantischen Überlieferungen in eine neue Zeit hereinragten, so kann auch Steins gesellschaftspolitische Vorstellungswelt nicht so sehr als eine frühromantische Rückwendung in eine verlorene Glanzzeit verstanden werden, sondern als die weiterwirkende Kraft einer lebendigen protestantischen Utopie, wie wir sie in der Wende vom 16. zum 17. Jahrhundert kennenlernten. Die Christenstadt und der Christenstaat eines Andreä und Seckendorff waren keine überholten

Modelle, und es ist nicht verwunderlich, daß sich bei Stein das Erbe der »westfälischen Jahre« mit ihren »ständisch-liberalen« und humanitären Zielsetzungen vorrangig behauptete vor der »straffen staatspolitischen Haltung« des Königsberger Jahres.

Die Intention Steins war durchaus moralpädagogischer Art, was aus der »großen Denkschrift über Städtereform«, die der Königsberger Polizeidirektor Joh. Gottfried Frey auf Wunsch und unter Mitwirkung Steins ausgearbeitet hat, deutlich hervorgeht: »Zutrauen veredelt den Menschen«, heißt es einleitend, »ewige Vormundschaft hemmt sein Reifen, Anteil an den öffentlichen Angelegenheiten gibt politische Wichtigkeit, und je mehr diese an Umfang gewinnt, wächst das Interesse für Gemeinwohl und der Reiz der öffentlichen Tätigkeit, welche den Geist der Nation erhebt, zur Erwerbung gemeinnütziger Kenntnisse, ja selbst eines unbescholtenen Rufs anfeuert und dadurch den Egoismus und die Frivolität zügelt.« Die Befreiung von »fremden Invaliden, juristischen Routiniers und Schreibern« gilt als Akt der Selbstbestimmung und gesellschaftlichen Emanzipation.

David Friedrich Schleiermacher wird in seiner »theologischen, aktivistischen, kulturbejahenden Absicht« zum theologischen Interpreten der preußischen Reform und transponiert ihren theoretischen Grundgedanken in das universale System eines alle Bereiche umfassenden Reformprozesses. Schleiermachers unmittelbarer Anteil am zentralen Reformwerk Steins besteht in den kirchen- und kulturpolitischen Denkschriften und Beteiligungen während und nach den Reformjahren 1807/08. Wie Humboldt übertrug Schleiermacher das Autonomieprinzip auf Kirche und Universität. Korporative Selbständigkeit der Universität, synodale Selbstverwaltung der Kirche sollten die Freiheit der Wissenschaft ebenso wie die Freiheit des religiösen Lebens sichern. Er verzichtete nicht auf »eine Handlung des Staates«, auf dessen »wohltätige Hand«, aber gerade sein entwickelter Staat höchster Ordnung sollte, neben den Kriterien der Einheit, die Sicherung der Selbstverwaltung, der Freiheit der Person und des persönlichen Eigentums sowie die Ausbildung des allgemeinen Staatsbürgerbewußtseins enthalten. Mit Stein verband ihn die Neigung, das Zunftwesen innerlich zu reformieren und es nicht gänzlich zu beseitigen, mit ihm sah er im Berufsbeamten den Hort des Widerstandes gegen die Verbesserung der Lebensverhältnisse.

Schleiermacher war aber mehr noch als ein Staatsreformer ein Reformer der Kirche. Er beförderte die Kirchenunion zwischen Reformierten und Lutheranern in Preußen, die vom preußischen Hof gefordert und 1817 eingeführt wurde, und er sorgte dafür, daß sie zu einer kirchlich angeeigneten Sache werden konnte. Ebenso bedeutsam war Schleiermachers Vorschlag, quasiparlamentarische synodale Strukturen in Gemeinden und Gesamtkirche zu schaffen. Der Kern seines Vorschlags scheiterte an der Schwäche des selbsttätig-selbstbewußten, bürgerlichen Laienelements im kirchlichen Leben des frühen

19. Jahrhunderts. Dies galt vor allem für die ostelbischen Teile Preußens. Es fiel den Kirchenbehörden im restaurativen Klima nach 1819 daher nicht schwer, die Synoden auf ein Schattendasein zu reduzieren und die Bildung von Presbyterien sogar wieder rückgängig zu machen. Erst in den 1840er Jahren gelang die Reaktivierung von Kreis- und Provinzialsynoden, die schließlich in die Einberufung einer Generalsynode für ganz Preußen einmündete. Ihre endgültige Gestalt erhielten dann die preußischen Synoden – im Unterschied zu den westdeutschen Provinzen, wo schon 1835 eine presbyterial-synodale Struktur zugestanden worden war – in der Kirchenordnung von 1873.

Als unmittelbares Ergebnis der Reformzeit wurde die Staatsaufsicht über die evangelischen Kirchen sogar verstärkt. Diese wurden nun unmittelbar der Abteilung für den Kultus im Innenministerium unterstellt, wie ein »Publicandum« vom 16. Dezember 1808 festlegte. Damit hatte die Verstaatlichung des kirchlichen Lebens in Preußen ihren Höhepunkt erreicht.

Am deutlichsten zeigte sich eine wirklich »politische« Stoßrichtung beim vormärzlichen Vulgärliberalismus, der von theologisch-philosophischem Rationalismus geprägt war. Immanuel Kant hatte die »Freiheit eines Christenmenschen« Martin Luthers ins Politische übersetzt und forderte – die deutsche Variante der Ideentrias der Französischen Revolution – die Freiheit eines jeden Gliedes in der Gesellschaft als Menschen, die Gleichheit als Untertan und die Selbständigkeit als Bürger. Endzweck des Menschengeschlechts sei schließlich die Errichtung der vollkommensten Staatsverfassung. Er dachte an einen »gesellschaftlichen Zustand«, in welchem die Menschennatur jedes einzelnen Bürgers »ihre Anlagen in der Menschheit völlig entwickeln kann«. Daß der Pfarrer die Pflicht habe, die »Regalien der Gottheit, die den Menschen zur Freiheit schuf« zur Geltung zu bringen, war ihm selbstverständlich. Das philosophisch Abstrakte dieser Staatsidee steigerte sich bei Fichte zu einem weltanschaulichen Gedanken, in dem der Staat zur Schule der sittlichen Vollkommenheit, zum Mittel der Realisierung des Reiches Gottes stilisiert wird. Dem Volk ging es aber ganz konkret um jenes Mehr an bürgerlicher Freiheit.

Als sich im Mai 1832 mehr als 20 000 Bürgersleute auf Schloß Hambach versammelten und den Parolen der Französischen Revolution maßvoll Ausdruck verliehen, stand neben den Journalisten Wirth und Siebenpfeiffer der Pfarrer Hochdörffer, Herausgeber der Zeitschrift »Bürgerfreund«, im Mittelpunkt der Volksbewegung. Wie viele andere wurde auch er wegen Hochverrats angeklagt und in Landau verurteilt.

Das Jahr 1848 hatte für das evangelische Pfarrhaus nicht die Bedeutung einer möglichen, aber gescheiterten republikanischen Erneuerung des Gemeinwesens. Immerhin gehörten dem ersten Frankfurter Parlament 16 Pfarrer (6 Prozent der Abgeordneten) an. Die Reformkräfte in der Kirche waren viel früher seit der Kabinettsorder Friedrich Wilhelms III. von 1830 an den Kultusminister Altenstein gelähmt worden. Nach der Denuntiation der Evangelischen Kirchenzeitung, die – anonym – die führenden Vertreter der Kritisch-Liberalen Wegscheider und Gesenius der Verhöhnung des evangelischen Glaubens bezichtigte, wurde amtlich die Protektion der orthodoxen, das heißt konservativ-staatstreuen Richtungen angeordnet. Im Klima allgemeiner Restauration verfiel die evangelische Pfarrerschaft allzuleicht in unproduktive theologische Richtungskämpfe, in Mißtrauen und politischen Defaitismus. Die besten Entfaltungschancen blieben denjenigen, die die Reform des christlich-monarchischen Staates deutscher Nation anstrebten und dabei Eifer und Einfallsreichtum bewiesen. Sie konnten auf wohlwollende Unterstützung der staatstragenden Kräfte rechnen, sofern sie sich nicht zu weit in das machtpolitische Feld hinausbegaben. Johann Hinrich Wichern und Adolf Stoecker verkörpern zwei Generationen evangelischer Pfarrer, die sich auf dieser Linie bewegten.

Man braucht nur Johann Hinrich Wicherns (geb. 1808) Jugendtagebücher zu lesen, um die weltverbundene Art seines Christentums zu begreifen, seine exakte Wahrnehmungsfähigkeit, seine hanseatische Weltläufigkeit und seine in tiefem Glauben gegründete Menschenliebe. Aus dieser Grundhaltung vermied er es, sich in die unfruchtbaren Grabenkämpfe zu verwickeln, er zog aus allen Anregungen das Beste und schuf selbst die Synthese. Er wußte, daß die Kirche eine soziale Bewegung werden mußte, sollte sie im allgemeinen Aufbruch des Jahrhunderts ihrer bürokratischen, konsistorialen Erstarrung entgehen.

Johann Hinrich Wichern (1808–1881)

»Der Tag der großartigsten Entfaltung der inneren Mission ist jetzt angebrochen«, rief er triumphierend aus, »jetzt oder vielleicht nie hat sie die Veranlassung und den Beruf, sich in ihrer das ganze Volk erfassenden Kraft zu erheben... Aber die Zeit der Doktrinen und Theorien ist vorläufig vorüber, die Zeit der Taten ist da. Jedes Wort muß zu einer Tat werden, jede Tat zu einem mächtigen, entzündenden Wort... Die Taten, für die wir hier das Wort reden, gehören zunächst nicht der Politik an, sondern liegen auf dem sogenannten sozialen Gebiete. Es gibt einen christlichen Sozialismus, von dem der französische nur eine Karikatur ist. In der bisherigen christlichen Assoziation zu praktischen Zwecken aller Art hat der christliche Sozialismus seine Arbeit bereits begonnen, wie wir allezeit verkündet haben.«

Ernst machend mit dem allgemeinen Priestertum aller Gläubigen, das ihm Recht und Pflicht zugleich war, rief Wichern alle Stände, die dazu berufen waren, Richter, Politiker, Geistliche, »Männer und Frauen, Jünglinge und Jungfrauen, denen das Heil des Vaterlandes und der Kirche und des beiden angehörenden Volks gleichmäßig am Herzen liegt«, zu solch mutiger Tat auf unter Drangabe aller geforderten Opfer »des Lebens oder der Güter, deren Vergänglichkeit in diesen Wochen so gewaltig dargetan ist«.

Er begrüßte es freudig, daß die Revolution die ungehinderte Ausübung dieses Rechts gebracht hatte. »Wir haben es oft ausgesprochen, daß durch diese Form sich die nächste Zukunft neu gestalten wird.«

Wicherns glühender Glaubensoptimismus sah als letztes Hochziel die »endliche Evangelisierung des ganzen Volkes vermittelst der Betätigung der im freien Bunde sich einigenden und zusammenwirkenden Liebestätigkeit«.

Wichern ist zwar nicht ein Kämpfer vom Schlag des Pastors Brand in Ibsens 1865 veröffentlichtem dramatischen Gedicht. Aber das Christentum der Tat, die Wiedergewinnung des ganzen Menschen in einer von Grund auf kranken Welt, war doch auch sein Ziel. Aber Wichern spielt nicht wie Brand den Nonkonformisten, sondern versucht zu gewinnen, mitzureißen, organisiert in rastloser Allpräsenz sein klar konzipiertes Werk. Dies paßte ziemlich genau in die hochkonservative Staatskonzeption des führenden Protestanten jener Zeit, F. Julius Stahl, Synodalpräsident und Staatskirchenrechtslehrer. Der monarchische Staat als formaler Rechtsstaat sichert in seiner Innenseite die Entfaltung eines eigenständigen christlichen Lebens und wehrt alle Kräfte der Zerstörung ab. Wichern denkt an eine von Familie, berufsständischer Ordnung, freier Kirche getragene Gesellschaftsordnung, die vom sozialen monarchischen Rechtsstaat gesichert und getragen wird. Es lag in der Logik dieses Ansatzes, daß sich der preußische Staat dieses loyalen, konstruktiven Kirchenmannes gerne bediente und Wichern die Chance gab, das preußische Gefängniswesen zu reformieren und das Personal durch Brüder aus preußischen Brüderhäusern zu ersetzen. Wichern hatte einen Sinn fürs praktische Detail und stand dann doch in der Gefahr, sein großes Ziel im Gestrüpp preußischer

Machtkämpfe aus den Augen zu verlieren. Wichern hat der Gesellschaft und dem Protestantismus seiner Zeit ein Gepräge gegeben, das über ein Jahrhundert nachwirkt. Der Typus des sozialen Pfarrers war geprägt. Sozialpolitik wurde zu einem Thema, das Staat und Kirche produktiv zusammenhielt, in dem aber die Kirche in Form der Diakonie ihren unverwechselbaren eigenen Part spielen konnte. Von ihrer diakonischen Erneuerung hing letztlich die soziale Erneuerung des Gemeinwesens ab.

Wie ganz anders wirkt da der soziale Hofprediger Adolf Stoecker, Schüler Wicherns, aber ohne Prägung durch die ganze vormärzliche protestantische Kultur, ein Kind des restaurativen Klimas nach 1848. Der Kaiser hatte – 1874 – die Weihereden des Metzer Divisionspfarrers auf den elsaß-lothringischen Schlachtfeldern gelesen, und sein soldatisch-schlichtes Christentum hatte Gefallen daran gefunden. »Unsere deutschen Revivals heißen Reformation, Pietismus, Freiheitskriege.« So einfach war das für Stoecker. In Berlin kamen neue Themen auf, das Elend der Massen, die Parteibildungen, der konstitutionelle und paritätische Staat, an dessen Stelle die orthodoxen Kräfte das alte Bündnis von Thron und Altar in seiner reinen protestantischen Form wiedereinsetzen wollten.

Die höfische Partei betrachtete das konstitutionelle System gewissermaßen – nach den Worten Friedrich Wilhelms IV. – als ein Blatt Papier, das sich zwischen den Monarchen und seine Vasallen drängte. Stoecker faßte Fuß und wurde der erste wirklich »politische« Pastor, Gründer der gegen die Sozialdemokratie gerichteten christlich-sozialen Arbeiterpartei (1878). Die Innere Mission, die Berliner Stadtmission, von Wicherns Arbeit vorgeformte Strukturen, boten Stoecker die Basis für eine politische Agitation, die vielen Pfarrern und Gemeindegliedern im zweiten Deutschen Reich den Atem stocken ließ. Er wollte nichts Geringeres als der Idee des christlichen und sozialen Kaisertums politische Realität zu verschaffen. Er hatte das Naturell eines Volkstribuns, aber als Hofprediger von Kaiser und Konsistorium abhängig, konnte er Politik letztlich nur von deren Gnaden machen. Er mußte in dieser Rolle zwischen die Fronten geraten und scheitern. Ihm fehlte die Klugheit, Erfahrung, der Weitblick eines Wichern, und so wurde er zur verhängnisvollen politischen Gestalt des späten 19. Jahrhunderts.

Stoecker gewann zwar das Berliner Kleinbürgertum für seine Partei, hatte beachtliche Wahlerfolge, aber seine politische Inkompetenz ließ ihn nach Tagesparolen greifen. Aus dem Arsenal der Sozialdemokraten griff er wichtige Forderungen zur Verbesserung der Lage der Arbeiter auf, letztlich aber »steht es in den Augen der Vaterlandsfreunde so, daß der jüdische und der christliche Geist um die Herrschaft kämpfen; sie – oder wir – das ist die Losung«. »Der Jude, der von allem zuerst die ehrliche Arbeit ausbeutet, erregt zugleich die Unzufriedenheit der Arbeiter. Der Jude Lassalle ist der Begründer der Sozialdemokratie, wie denn die Juden in der sozialistischen und nihilistischen Umsturzbewegung überhaupt eine große Rolle spielen.« Stoecker sah aus diesen Kreisen eine »Aufhetzung gegen Christentum und die Geistlichkeit« im Gange und schürte seinerseits den politischen Antisemitismus. Er eröffnete in einer seiner Reden sogar die Perspektive: bald werde ein Staatsmann kommen, der die Judenfrage endgültig lösen werde. Hitler hatte in seiner Landsberger Haft die Zeit, die Reden des Adolf Stoecker zu studieren, und zeigte sich tief davon beeindruckt. Stoecker, der immer »noch rechster« als die rechten Konservativen gehen wollte, wurde am 28. Februar 1896 von Kaiser Wilhelm II. endgültig fallen gelassen, nachdem zuvor der Evangelische Oberkirchenrat bereits seinem politischen Amtsverständnis eine Absage erteilt hatte, das nur »von dem der Kirche gestellten Ziel: Schaffung der Seelenseligkeit ablenken müsse«. Mit der Unterschrift »Wilhelm I(mperii) R(ex) tat der Kaiser am 28. Februar 1896 kund:

»Stoecker hat geendet, wie ich es vor Jahren vorausgesagt habe. Politische Pastoren sind ein Unding. Wer Christ ist, der ist auch sozial, christlichsozial ist Unsinn und führt zu Selbstüberhebung und Unduldsamkeit, beides dem Christentum schnurstracks zuwiderlaufend. Die Herren Pastoren sollen sich um die Seelen ihrer Gemeinden kümmern, die Nächstenliebe pflegen, aber die Politik aus dem Spiele lassen, dieweil sie das gar nichts angeht.«

Der Nachhall dieser Kundgebung tönt seither in jedes Pfarrers Ohr. Der Niederlage des einen Pfarrers folgte bald die des deutschen Protestantismus, der – wie Rudolf Smend sagte – zu den Besiegten des Weltkriegs und der Revolution gehörte. 1408 junge evangelische Theologen waren im Weltkrieg gefallen, das Pfarrhaus rekrutierte viele gute Offiziere. Die meisten der Überlebenden und Nachgeborenen fanden im republikanischen Parteienstaat keine andere politische Heimat als bei den Deutschnationalen, nicht wenige in den demokratiezerstörenden »Freikorps«. Die protestantische Utopie des christlichen Gemeinwesens deutscher Nation war endgültig verbraucht, im neuen Staatswesen nirgends wiederzuerkennen. Ob ohne die authentische Wiederaneignung reformatorischer Theologie durch den Safenwiler Pfarrer Karl Barth und seinen bedeutenden theologischen Freundeskreis ein Neuanfang möglich geworden wäre, erscheint heute fraglich, fraglich allerdings auch, ob dieser sich kommenden Bewährungsproben gegenüber als tragfähig erweist.

6. Das evangelische Pfarrhaus in den politischen Bewährungsproben des 20. Jahrhunderts

Der Protestantismus hat nach 1919 seine geschichtliche Rolle als tragende Grundlage des deutschen Staates endgültig eingebüßt. Die wertvollen Garantien der Weimarer Verfassung für die Kirche, die wesentlich katholischem Einfluß zu verdanken waren, sicherten den äußeren Bestand vor allem des Pfarrerstandes und der kirchlichen Organisation. Politisch spielte der Protestantismus die Rolle einer kleineren Minderheit – trotz einer zahlenmäßigen Mehrheit von zwei Dritteln der Bevölkerung. Der fünfundsiebzigjährige General von Hindenburg wurde so etwas wie eine politische Symbolfigur, dessen Bild seit seiner Wahl 1925 in den meisten Pfarrhäusern deutlich plaziert wurde. Als der wiedergewählte Zweiundachtzigjährige den katholischen Zentrumskanzler Brüning (30. 5. 1932) aufgrund einer »Hofintrige« völlig unerwartet fallen ließ, vertraute man ihm – oder der Vorsehung? – das weitere Schicksal an. Als dieser Mann am 30. 1. 1933 schließlich Hitler zum Kanzler ernannte, sahen ungezählte Pfarrer die »deutsche Stunde der Kirche« wieder anbrechen und Gottes gnädige Hand im Spiel. Erst als die Nationalsozialisten ihre zutiefst antichristlichen Überzeugungen bekanntgaben, kam es zu einem Erwachen. Im Juli 1933 fanden unter starker Anteilnahme des Kirchenvolkes und der Öffentlichkeit Kirchenwahlen statt, die zur Bildung einer Deutschen Evangelischen Kirche beitragen sollten. Sie endeten mit einem großen Sieg der Deutschen Christen. Die eigentliche und tiefe Krise des Protestantismus zeigte sich nun in einem verunsicherten Kirchenvolk, das den christlichen Glauben und die sozialdarwinistische Pseudo-Religion der Nazis nicht mehr unterscheiden konnte.

Diese Bewährungsprobe bestanden eine wachsende Zahl evangelischer Pfarrer und ihre Frauen; der Pfarrernotbund um Martin Niemöller, die von Karl Barth beeinflußten Gruppen der Bekennenden Kirche kämpften um die Integrität des christlichen Zeugnisses, nahmen alle Maßregelungen, Diffamierungen, Verfolgungen in Kauf: Im März 1935 wurden etwa 500 Pfarrer vorübergehend verhaftet. Bis Anfang 1939 ergingen 7000 Anzeigen gegen Pfarrer der BK. Kurt Scharf beschrieb das evangelische Pfarrhaus als Asyl für politisch Verfolgte. Aber der Ort, an dem auch jüdische Nachbarn sich seit der Kristallnacht vor dem Zugriff der Verfolger hätten schützen können, war es nur in seltenen Fällen.

Dennoch verdient die Feststellung Hans Rothfels' Beachtung, die kirchliche Opposition sei die einzige gewesen, die einen sichtbaren Erfolg hatte. Vom Standpunkt geschichtlicher Würdigung liege es nahe, zu fragen, ob die Kirchen nicht dadurch, daß sie innerhalb ihres eigensten Bereiches sich zur Wehr setzten, die Kräfte des aktiven Widerstandes mit einem härteren Kern und einer schärferen Schneide versahen, als irgendeine äußere Revolte es hätte tun können.

Es war schwierig für den deutschen Protestantismus, sich zur Gewinnung einer eindeutigen Widerstandsposition mit dem eigenen, so schwer belastenden Erbe der Vergangenheit auseinanderzusetzen. Für die Ausgangsstellung des Kirchenkampfes war jene Stimmung charakteristisch, die man als »Pastorennationalismus« bezeichnet hat und die »von der Idee einer neuen Synthese von Volkstum und Christentum, Nation und Altar« (E. Wolf) beherrscht wurde.

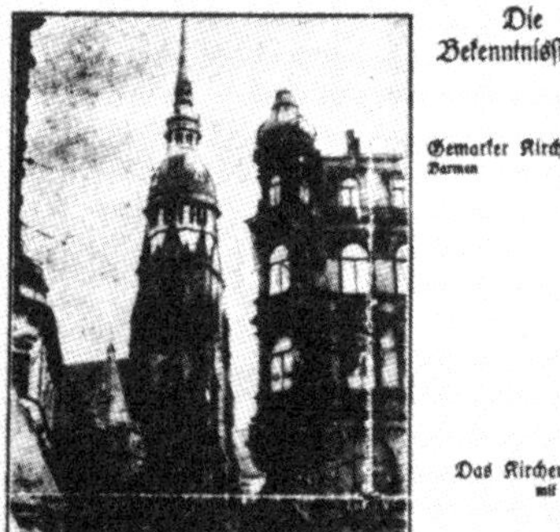

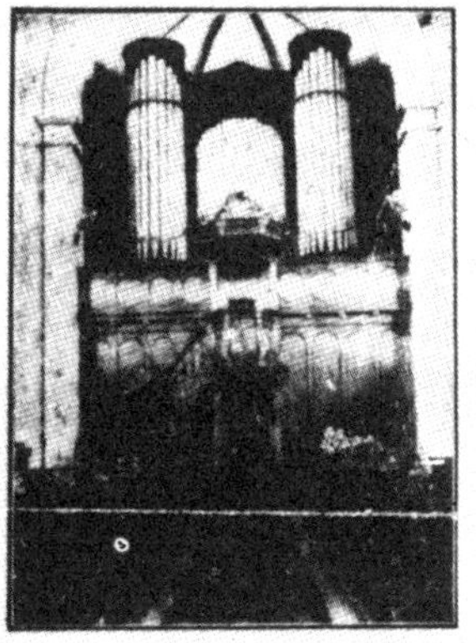

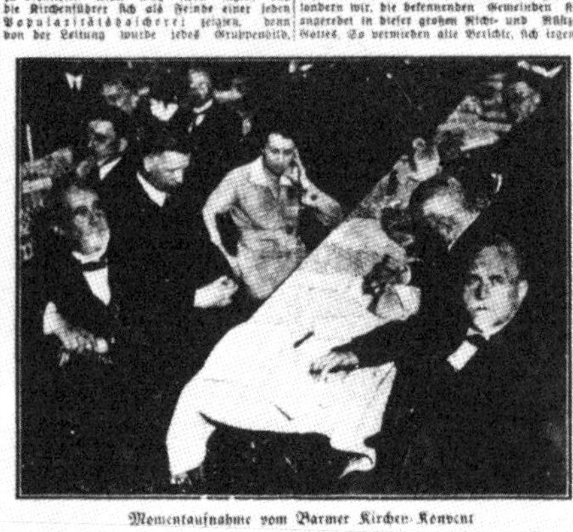

Die Barmer Bekenntnissynode von 1934 wurde das Datum für den Durchbruch eines allgemeinen Umdenkens in Grundfragen der politischen Ethik und des Staatsverständnisses im deutschen Protestantismus. Ernst Wolf stellt fest: »Zu dieser neuen Sicht zeigen Programme und Entwürfe aus dem Kreis der politisch-militärischen Widerstandsbewegung, insbesondere auch bei den Kreisauern, auffällige Parallelen, die es erlauben, von zumindest hintergründigen Zusammenhängen zu sprechen.«

Seit Sommer 1939 führte Bonhoeffer bewußt das Doppelleben eines Pfarrers im politischen Untergrund, ließ sich in der Abteilung »Abwehr« beim OKW eingliedern und arbeitete an exponiertester Stelle im deutschen politisch-militärischen Widerstand gegen Hitler. Er verfolgte unbeirrt drei Ziele: Einmal wollte er über ökumenische Verbindungen die Alliierten auf ein Attentat bzw. den Umsturz vorbereiten, zweitens sollten die Friedensbedingungen und Ordnungsvorstellungen für ein Deutschland nach dem Kriege sondiert werden. Schließlich war er bemüht, den ihm vertrauten Persönlichkeiten des Widerstands die ethische und seelsorgerliche Stütze zu verleihen und umgekehrt den meist unpolitischen Brüdern im Amt ihre politische Verantwortung deutlich zu machen. Wenn Graf Moltke vor seiner Hinrichtung bekannte, er habe vor Freisler »nicht als Protestant, nicht als Großgrundbesitzer, nicht als Adeliger, nicht als Preuße, nicht als Deutscher..., sondern als Christ und als gar nichts anderes« gestanden, dann werden diese geistlichen Verbindungen – wie bei den meisten der Verurteilten – unmittelbar deutlich. Bonhoeffers Bedeutung für die politische und geistliche Ortsbestimmung des evangelischen Pfarrhauses ist schwer zu überschätzen. Er starb als Märtyrer und Vorbild für Generationen.

Durch bittere Erfahrungen hat die Kirche gelernt, nicht nur Solidarität mit den Nöten der Gesellschaft zu üben, sondern ein prophetisches Wächteramt gegenüber Staat und Gesellschaft wahrzunehmen. Ob dies auf dem Wege einer neuen – in der ganzen christlichen Welt singulären –, aus der Körperschaftsstruktur abgeleiteten Privilegierung der kirchlichen Organisation, insbesondere des Pfarrstandes, wirklich gelingen konnte, erschien nicht nur Bonhoeffer fraglich. Bischof Otto Dibelius und seine Mitstreiter haben die Aufgabe, »den Bau der evangelischen Kirche im deutschen Vaterland von neuem aufzurichten« (Dibelius), mit Bravour gelöst. Die Kirche hat sich in einer staatskirchenrechtlich etablierten und gut verwalteten Körperschaft konsolidiert und dem Amt des Pfarrers wieder seine Schlüsselrolle, sein »Verkündigungsmonopol« gesichert. Gleichzeitig gelingt es ihr kaum, den Bezug zur Wirklichkeit, die von starken Umbrüchen und Polarisierungen gekennzeichnet ist, nachhaltig zu gestalten.

Karl Barth hat in einem kühnen Vorschlag nach 1945 eine grundsätzliche Neuverständigung innerhalb der Kreise des gemeindlichen Amtes (Pfarrer und Presbyter) über Sinn, Gestalt und Zielsetzung des rechten Staates gefordert.

Die Gemeinde sollte »in Predigt und Unterricht« geradezu zur Schulungsstätte für jede Art von geistlicher und politischer Diskussion werden. Er sprach von einem langfristigen Programm.

Oft scheint es, als ob sich die Kirche schon bei den beiden Versuchen, richtungweisend ihr prophetisches Wächteramt zur Geltung zu bringen – das heißt bei ihrer Denkschrift zur »Versöhnung mit den osteuropäischen Nachbarn« und beim »Antirassismus-Programm des Ökumenischen Rates«–, bereits übernommen hat. Das Pfarrhaus sieht sich vor größte Herausforderungen gestellt, wird zum Konfliktfeld und wird zugleich zur Neutralität verpflichtet.

Überall begeben sich Pfarrerinnen und Pfarrer in das Licht der politischen Öffentlichkeit. Sie rufen heftige Reaktionen der Ablehnung oder Zustimmung hervor, betätigen sich, wie in Südafrika, als politische Leader und geraten nicht selten mit den Gesetzen ihrer Staaten in Konflikt. Gegenüber bayrischen Pfarrern wird von Politikern offiziell gefragt, ob es jetzt zur Praxis der evangelischen Kirche gehöre, Aktionen der Deutschen Kommunistischen Partei zu unterstützen bzw. gemeinsame Aktionen durchzuführen. Wochenlang werden die Leserbriefspalten von Zeitungen mit leidenschaftlichen Stellungnahmen gefüllt, weil ein Pfarrer seine Position gegen die Nachrüstung öffentlich gemacht hat. Pfarrer Heinrich Albertz entgeht knapp einer Anklage des Generalbundesanwalts wegen verfassungsfeindlicher Einwirkung auf die Bundeswehr. Der Staatssekretär für Kirchenfragen in der DDR hat die Leitung des Bundes der Evangelischen Kirchen in der DDR eine Stunde lang ultimativ zur Ordnung gerufen wegen der Friedensaktivitäten von Pfarrern in der DDR.

In der Schweiz gründete der Justizminister eine Aktion »Kirche – wohin?«, in der die Gemeinden zum Widerstand gegen die Politisierung der Pfarrer aufgerufen werden.

Der Rat der EKD mußte eigens Spitzengespräche mit dem Bundesverband der Deutschen Industrie führen, weil Pfarrer anläßlich von Betriebsstillegungen sich an die Spitze der Proteste stellten; den im »Kirchlichen Dienst in der Arbeitswelt« zusammengeschlossenen Industrie- und Sozialpfarrern wurden vom Staatssekretär im Bundeswirtschaftsministerium vor kurzem »verfassungsfeindliche Angriffe auf die Wirtschaftsordnung« vorgeworfen.

Diese wenigen Beispiele aus der letzten Zeit zeigen, daß Pfarrer verstärkt in das Licht der politischen Öffentlichkeit treten. Die Beunruhigung auf allen Seiten ist groß, Synoden, Kirchenleitungen oder Verwaltungen der Kirchen gehen dieses heikle Thema äußerst vorsichtig an.

Bei den Regierenden machte sich in den letzten Jahren Unmut breit, sie beklagten sich über unzulässige Einmischungen in die Regierungstätigkeit, und in den Gemeinden entbrennen oft heftige Auseinandersetzungen bis hin zu irreparablen Zerwürfnissen.

Es erscheint heute geradezu als die fundamentale Aufgabe im kirchlichen

Leben, den Pendelschlag zwischen Rückzug in die Personinnerlichkeit auf der einen und den dezisionistischen Ausbruch aus dem pfarramtlichen Getto auf der anderen Seite aufmerksam zu bedenken.

Die innerkirchliche Debatte um die sogenannte »ethische Häresie« bzw. den politisch-ethischen status confessionis hat seit der Weltkirchenkonferenz von Uppsala 1968 und der Konferenz des Lutherischen Weltbundes in Daressalam die Schärfe heutiger Probleme durchaus erfaßt. Entschiedener Widerspruch wird gefordert, wenn die Freiheit des Bekennens mit all seinen Konsequenzen oder das Menschsein des Menschen – Stichwort Rassismus – sowie das Lebensrecht der Schöpfung ernstlich in Frage gestellt sind. Damit wird auch in der jüngeren Theologengeneration ein Thema wieder aufgegriffen, das seit Bonhoeffers Protest gegen den Arierparagraphen virulent wurde und von den kirchlichen Bruderschaften bereits 1958 auf die atomare Rüstung Anwendung fand. Daß schon eine militaristisch geprägte öffentliche »Erziehung zum Haß« an den Nerv des status confessionis rühren kann, wissen die Pfarrer in der DDR. Wie es aber dazu kommen kann, daß in einer Gemeinde in solchen Fragen Entscheidungen in der Einheit des Glaubens getroffen werden, wissen die meisten Pfarrer heute noch nicht.

Der politische Auftrag des Pfarrers erfordert Geistesgegenwart und Mut, heute mehr denn je; aber auch Anknüpfung an jene Weisheit, die sich in die Kontinuität von Gottes universalem Dienst an der Welt mit aller Beharrlichkeit und in Demut einbeziehen läßt.

Literatur

H. Plessner: Die verspätete Nation. Über die politische Verführbarkeit bürgerlichen Geistes, 3. Aufl. 1962

P. Drews: Der evangelische Geistliche in der deutschen Vergangenheit (bis 1800), Jena 1905

G. W. Locher: Zwingli und die Schweizerische Reformation, Göttingen 1982

C. Hinrichs: Preußentum und Pietismus. Der Pietismus in Brandenburg. Preußen als religiössoziale Reformbewegung, Göttingen 1971

A. Schlingensiepen-Pogge: Das Sozialethos der lutherischen Aufklärungstheologie am Vorabend der industriellen Revolution, Göttingen 1967

K.-W. Dahm: Pfarrer und Politik. Soziale Position und politische Mentalität des deutschen evangelischen Pfarrerstandes zwischen 1918 und 1933, Köln 1965

F. Fischer: Der deutsche Protestantismus und die Politik im 19. Jahrhundert, in: Historische Zeitschrift 171/3. Mai 1951

G. Mehnert: Evangelische Kirche und Politik 1917–1919, Düsseldorf 1959

G. Lenz: Die Bedeutung des Protestantismus für den Aufbau einer allgemeinen Staatslehre, Tübingen 1924

T. Strohm: Die Ausformung des sozialen Rechtsstaats in der protestantischen Überlieferung. Sozialethische Untersuchungen zur gegenwärtigen Verfassungswirklichkeit, Habilschrift Münster 1969

Ders.: Die Wirtschafts- und Sozialethik Martin Luthers, in: Martin Luther 1526–1546, Leben, Lehre und Schriften, Festgabe zum 500. Geburtstag Luthers, Berlin/Wittenberg 1982

M. Schlenke (Hg.): Preußen – Beiträge zu einer politischen Kultur; P. Brand u. a.: Preußen – Zur Sozialgeschichte eines Staates, eine Darstellung in Quellen; Preußen – Versuch einer Bilanz, Bd. 2 + 3, Hamburg 1981

HEINZ EDUARD TÖDT

Krieg und Frieden im Milieu des evangelischen Pfarrhauses

I. Gegenwartseindrücke

Kommt man in diesen Jahren in evangelische Pfarrhäuser der Bundesrepublik und der Deutschen Demokratischen Republik und nimmt man am Familienleben teil, dann stößt man schnell auf die Problematik Frieden und Krieg. Militaristische Neigungen, in der Öffentlichkeit proklamierte Feindbilder, Propaganda für Wehrerziehung haben in diesem Milieu offensichtlich zur Zeit keine Chance. Generationenkonflikte beziehen ihren Zündstoff eher aus der Radikalität, mit der nun auch und gerade Pfarrerskinder gegen sogenannte Nachrüstungen Stellung nehmen, gänzlich unbeeindruckt von den Sicherheitsargumenten, die man ihnen in beiden Staaten entgegenhält. Die Aufnäher »Schwerter zu Pflugscharen« – pikanterweise ein Bibelwort und ein sowjetisches Denkmal vereinigend –, die Übernahme dieser Symbolik aus der DDR in die violetten Tücher des Kirchentages Hannover 1983 locken zur bekenntnishaften Parteinahme für die Ziele von Friedensbewegungen. Neuerliche Diffamierungen des Pazifismus in neokonservativem oder realsozialistischem

Interesse machen wenig Eindruck. Wachen Jugendlichen entgeht nicht, daß in dieser Hinsicht beim deutschen Nachbarn gern gesehen wird, was man im eigenen Staat meint verdächtigen zu müssen. Kurzum, in der Friedensfrage dominieren im evangelischen Pfarrhaus Tendenzen, die sich noch nie seit der Reformation ein Übergewicht verschaffen konnten.

Allerdings fehlen uns die Möglichkeiten, zu entscheiden, in welchem Grade sich heute die Pfarrhäuser in der Haltung zu Krieg und Frieden von anderen, zum Beispiel von Bürgerhäusern, unterscheiden. Aber die heutige Lage läßt sich wohl von den Traditionen des Pfarrhauses abheben, wenn auch hierzu umfassende Untersuchungen noch kaum vorliegen. Dieser Essay kann daher nur Teilbeobachtungen aus unterschiedlichen Quellen zusammenstellen, ohne festzulegen, in welchem Maße sie für das Milieu der Pfarrhäuser insgesamt in den verschiedenen Epochen repräsentativ sind. Biographien von Pfarrerskindern, kirchengeschichtliche Forschungen, literaturwissenschaftliche Untersuchungen über das »Bild des evangelischen Pfarrhauses« bei Dichtern, Schriftstellern und Erzählern und etliches mehr habe ich benutzt, um mir ein Bild zu machen. Dabei konnte ich manches leichter nachempfinden, weil ich selbst in einem Pfarrhaus lutherisch-volkskirchlicher Tradition aufgewachsen bin. Es dürfte nicht ganz abwegig sein, daß ich mit eigenen Erinnerungen aus der Zeit zwischen den Weltkriegen beginne; ich wurde 1918 als drittes unter sechs Kindern in einem Pastorat auf dem Dorfe geboren.

II. Jugenderinnerungen

An der Niederwerfung des »Boxeraufstandes« im China des Jahres 1900 hat mein eigener Großvater als Korps-Veterinär teilgenommen. Zahlreiche exotische Trophäen und Waffen aus dieser Zeit hingen an den Wänden unserer Wohnung und faszinierten die Phantasie der Kinder. Ernster schauten auf uns die Bilder meiner im Ersten Weltkrieg gefallenen Onkel, von denen ich meine beiden Vornamen erhielt. Ihre Kriegsauszeichnungen erweckten unseren kindlichen Stolz. Für die Eltern waren sie wohl eher Gedenkzeichen liebevoller Verbundenheit. Wie in vielen Häusern damals, so gab es auch bei uns ein Bild, auf welchem ein Matrose, der mit dem untergehenden Kriegsschiff in den Fluten versinkt, dem Feind die schöne Reichskriegsflagge mit trotzigem Arm entgegenstreckt: »Gott strafe England«, das schnöde, neidische «Albion»! Solche Sätze liefen beim Anschauen des Bildes durch das Gedächtnis. Im kindlichen Gemüt, das nichts von der Instrumentalisierung der Gefühle durch Kriegspropaganda wußte, konnte dieser Anblick den Heroismus des Untergangs einüben, was sicher nicht in der Absicht der Eltern lag. Filme wie »U 9«, die das Schicksal eines Unterseebootskommandanten mit seiner Crew oder ähnliche Soldatenschicksale einprägten, wirkten im gleichen Sinne, dazu auch die vielen Kriegsbücher. Im Kinderspielzeug waren mittelalterliche Burgen,

Landsknechte, Kanonen und Zinnsoldaten vertreten; man benutzte sie gern und identifizierte sich leicht mit den Figuren. Mir hatte es der »alte Dessauer« angetan, von dem ich später lesen mußte, er sei ein ziemlich brutaler Leuteschinder gewesen. Als meinem Freund verboten wurde, mit solchem »Kriegszeug« zu spielen, war das für uns ein Schock. Sein Vater, ein kriegsbeschädigter Sozialdemokrat, konnte uns den Sinn seines Verbotes nicht verständlich machen und wußte es auch nicht durchzusetzen. Mich, den Sohn aus bürgerlichem Hause, wehte bei diesem Einspruch erstmalig der fremde Hauch des proletarischen Milieus an, unfaßbar und verunsichernd. Doch die Soldatenspiele gingen weiter; das Elternhaus lehrte sie nicht, aber verwehrte sie auch nicht. Oft müssen wir ein Freikorpslied gesungen haben; es ist in meinem Gedächtnis haften geblieben:

»Hakenkreuz am Stahlhelm,
schwarzweißrotes Band,
die Brigade Erhard
werden wir genannt.«

Wer dieser Erhard war, wußte ich nicht. Ebensowenig kannte ich damals, kurz nach der Mitte der zwanziger Jahre, ein Hakenkreuz. Aber statt »Schwarz-Rot-Senf« das leuchtende, reine Schwarz-Weiß-Rot, nun, das war eine klare Sache!

Spiele tendieren auf Steigerung. Wir benötigten Kriegsutensilien. Pickelhauben, Stahlhelme, Bajonette standen zur Verfügung. Der geschwungene chinesische Beutesäbel war zu schwer für uns Kinder. Schließlich richtete sich im Rausch des Spieles mein Sinn auf die Eisernen Kreuze meiner gefallenen Patenonkel. Ich bat meine Mutter, uns die Orden zu leihen. Sie, die eine fröhliche Frau war (bis sie im Zweiten Weltkrieg ihren Jüngsten verlor), verstummte und konnte sich der Tränen nicht erwehren. Ihr Entsetzen ließ mich ahnen, wie sehr wir uns vergriffen hatten. Jäh wurde diese Kehrseite des Krieges, der Schmerz und die Trauer um die Gefallenen, für mich körperlich spürbar. Bis dahin hatte das liebevolle, in Familienanekdoten gehüllte Gedenken an die im Kriege Gebliebenen offenbar vermieden, diese Abgründe aufzureißen. Dazu waren auch Heldengedenken und Volkstrauertag, kirchlich gefeiert, nicht der Ort gewesen. Gewiß eine ernste, mahnende Kulthandlung, eindrucksvoll und würdig das Gemeinbewußtsein von der Rolle der Kriegsopfer zur Darstellung bringend! Aber die Toten und die verletzt Überlebenden traten uns nicht als hineingerissen in blinde Zerstörung und Entmenschlichung vor die Seele. Diese Seite des Geschehens war durch unbewußte Tabus abgeschirmt. Heute weiß ich, welchen Diffamierungen und Verfolgungen Pfarrer damals ausgesetzt waren (und manchmal noch in heutigen Gemeinden ausgesetzt sind), die – wenn auch nur behutsam relativierend – nach dem Sinn solchen Sterbens und nach seinem Unterschied zum religiösen Opfertod fragen. Heiliges schien angetastet, tiefstes Empfinden verletzt zu werden durch solche Fragen. Das spielte die nationalistische Presse – anders als heute – zum patriotischen Sakrileg unerhörtester Art hoch. Ich habe in Kindheit und Jugend kein Pfarrhaus getroffen, in welchem der Geist der Gegenwehr gegen künftige Kriege herrschte, freilich auch keines, in dem es bewußte Kriegsverherrlichung gab.

Freilich existierten zwischen den beiden Weltkriegen auch andere Pfarrhäuser. Wo Theologen dem Religiösen Sozialismus zuneigten, wo sie an der Arbeit des »Weltbundes für Freundschaftsarbeit der Kirchen« teilnahmen und eine ökumenisch orientierte Friedensarbeit betrieben, prägten sich Kritik und Abscheu gegen den Krieg deutlich aus. Schon während des Ersten Weltkriegs besuchte in Heidelberg der Theologe Professor Frommel mit seinem 1902 geborenen Sohn die Verstümmelten in den Lazaretten, um die Wahrnehmung für die destruktiven, ahumanen Folgen des Krieges zu schärfen. Wenn an seinem Haus anläßlich eines der vielen deutschen Siege die Fahne des Reiches herausgehängt werden mußte, dann verwies ein Trauerflor über der Fahne auf die Opfer beider Seiten. Der Sohn bekam in seinem Leben nur eine einzige Ohrfeige von seiner Mutter, und diese gab es, weil er den Stempel mit der Aufschrift »Gott strafe England« auf eine Badezimmerkachel gedrückt hatte. In Pfarrhäusern dieser Richtung verbanden sich oft die Hochschätzung der Bergpredigt, Pazifismus, Ökumenismus und die Ablehnung jedes Antisemitismus miteinander. Dem religiös aufgeladenen Patriotismus widerstanden alle diese Elemente.

Aber derartige Pfarrhäuser lernte ich im schleswig-holsteinischen Luthertum nicht kennen. Als ich 1937 meinen Wehrdienst antrat, seit zwei Jahren schon zum Theologiestudium entschlossen, begleitete mich Werner Elerts soeben erschienene Schrift »Der Christ und der völkische Wehrwille«. Der berühmte Erlanger Theologe schrieb nicht nur die traditionelle Diffamierung des Pazifismus fest, sondern legitimierte Wehrdienst und Kriegsdienst in zwar populärer Form, aber mit grundsätzlicher theologischer Argumentation. Und das in einer Situation, in welcher die nationalsozialistische Absicht, die Kirchen einzuschnüren und auszutrocknen, nicht mehr verborgen wurde und Christen als Soldaten dennoch den Eid auf den Führer als obersten Befehlshaber leisten mußten. Gegen alle aus der Bergpredigt und dem Evangelium herauszuhörenden Bedenken gegen den Krieg wußte Elert in seiner Schrift den Leser zu immunisieren. Unbedenklich wurde die Bereitschaft des Christen zu furchtlos-vorbildlichem Kampfeseinsatz und zur Lebenshingabe in Anspruch genommen. Damit stand Elert keineswegs allein. Seine Argumentation war deshalb für mich besonders wirkungsvoll, weil sie sich an unbewußte Prägungen durch das Pfarrhausmilieu, an sein Ethos und Pathos bruchlos anschloß, aber es zum »völkischen Wehrwillen« hin radikalisierte. Elert selbst verlor im Zweiten Weltkrieg zwei Söhne. Ihnen widmete er 1949 das weitverbreitete

Buch »Das christliche Ethos« mit den Worten: »Veritas moriendo declarata est, non occidendo« (Die Wahrheit wird dem, der stirbt, offenbar, nicht dem, der tötet). In Erlangen ging nach dem Kriege die Rede, Elert habe wie sein Kollege Althaus dieses Schicksal des Verlusts der Söhne als Antwort Gottes auf das Versagen beim «Prüfen der Geister« in der nationalsozialistischen Zeit verstanden. Er war eine eindrucksvolle Persönlichkeit mit starken Wirkungen auf viele Pfarrer und wohl auch Pfarrhäuser weit über Franken hinaus. Mich hat es während meines fünfjährigen Einsatzes an der Front viel Mühe gekostet, mich von der Ideologie des »völkischen Wehrwillens« zu lösen und das Bedenkliche in dieser Komponente der Milieuprägung durch das lutherische Pfarrhaus zu erkennen. Wieweit meine Kindheits- und Jugendprägungen repräsentativ sind, läßt sich durch den Vergleich mit den Traditionen vielleicht ein wenig klären.

III. Kriegszeit, Bußzeit

Das evangelische Pfarrhaus ist seit jeher dem Volksleben eng verbunden. Luther hatte in seiner Bibelübersetzung, seinen Katechismen und anderen Schriften eine zugleich zupackende und herzlich-warme, eine familiäre Sprache gefunden. Das befähigte das Luthertum, in besonderer Weise Religion des Hauses, der Großfamilie zu sein. Gottesdienst in der Form der Hausandachten, der Lieder und Gebete, den Hausvätern und den Hausmüttern in ihrem »Amt« anvertraut, durchdrang das Alltagsleben und hatte seine andere Seite im bereitwilligen Dienen und in täglich geübter Nächstenliebe, wie man sie im engen Kreise verstand. Lutherische Frömmigkeit hat sich wohl noch intensiver im Haus- und Nachbarschaftswesen als im Leben der gottesdienstlichen Gemeinde ausgeprägt. Und der »Hausstand«, den Luther selbst mit seiner Käthe begründet hatte, war das anziehende Vorbild, nach welchem das Leben in ungezählten evangelischen Pfarrhäusern gestaltet wurde.

Luther selbst hatte vielfach diejenigen verurteilt, welche Krieg leichtfertig und um ihrer Macht und ihres Vorteils willen vom Zaune brechen, und gelehrt, in einem ungerechten Kriege solle man nicht mitmachen. Aber diese kriegskritische Komponente entschwand aus der evangelischen Tradition, als die Abhängigkeit vom herrschaftlichen und landeskirchlichen Kirchenregiment wuchs. Krieg wurde zum Schicksal, auf das der gemeine Mann keinen Einfluß nehmen kann.

Dem kollektiven Gedächtnis der Deutschen hat sich der Dreißigjährige Krieg für anderthalb Jahrhunderte tief eingegraben. Gewalt und Plünderung, Hunger, die Pest wie auch andere Seuchen und das drohende Verkommen des ganzen Lebens verknüpften sich in weiten Landstrichen mit den sinnlos sich hinziehenden Kriegshandlungen. In der Kirchenliederdichtung des Barock sprechen sich eindringlich die religiösen Erfahrungen dieser Zeit aus. Gerade damals erlebte das Kirchenlied eine neue Blüte. Oft waren es Pfarrer, die –

nicht zuletzt für die Hausandachten – die Lieder schufen. Nach Luther wurde Paul Gerhardt zum volkstümlichsten Dichter. Eines seiner Lieder (1648/1653) beginnt mit dem Vers:

>»Gott Lob, nun ist erschollen
>das edle Fried- und Freudenwort,
>daß nunmehr ruhen sollen
>die Spieß und Schwerter und ihr Mord.
>Wohlauf und nimm nun wieder
>dein Saitenspiel hervor,
>o Deutschland, und sing Lieder
>im hohen, vollen Chor.
>Erhebe dein Gemüte
>zu deinem Gott und sprich:
>Herr, deine Gnad und Güte
>bleibt dennoch ewiglich.«

So wird Gottes Wohnen bei uns Menschen gepriesen als der Grund, aus dem wir Glück und Heil und insbesondere die Gabe des Friedens empfangen dürfen.

>»Das drückt uns niemand besser
>in unsere Seel' und Herz hinein,
>als ihr zerstörten Schlösser
>und Städte voller Schutt und Stein,
>ihr vormals schönen Felder,
>mit frischer Saat bestreut,
>jetzt aber lauter Wälder
>und dürre, wüste Heid,
>ihr Gräber voller Leichen
>und blutgem Heldenschweiß,
>der Helden, deren gleichen
>auf Erden man nicht weiß.«

Zur Umkehr ruft der Dichter auf. Die Menschen, die nicht willens sind, Buße zu tun, werden von Kriegsnöten nur noch mehr in ihrer Unfähigkeit zur Buße verhärtet. Die Rückschau auf die Greuel nach ihrem Ende erinnert daran, daß Gott sich den Sündern zuwendet, nicht weil sie ihre Schuld nun durch Leiden gesühnt hätten, wohl aber, weil Gottes Güte die Menschen von ihrer Herzenshärtigkeit erlösen will.

Auch die Auseinandersetzung mit dem Rätsel des Leidens kommt in Liedern und Andachten zum Ausdruck. Wie können, wo doch Gott im Regimente sitzt, so furchtbare Übel die Welt durchherrschen? Für den Verstand eine unlösbare Frage. Im Christenleben konnte man üben, alle Not als eine Glaubensprobe, als das »liebe Kreuz« zu tragen. Hatte doch Martin Luther schon den aufständischen Bauern zugerufen: »Wir haben doch genug an unserm Herrn, der uns nicht verlassen wird, wie er verheißen hat. Leiden, Leiden, Kreuz, Kreuz ist der Christen Recht, das und kein anderes.« Luther selbst sah sich durch dieses Grundrecht der Christen, am Leiden des Herrn teilzunehmen, keineswegs in die Passivität versetzt. Immer wieder gab er dem Volk »Rechtsunterricht«, in dem er zu unterscheiden lehrte, wann ein Tun im Gemeinwesen recht oder unrecht sei. Aber die christlichen Häuser, besonders auf dem platten Lande, über das die Heere zogen, erlebten in Kriegszeiten, daß ihr Handlungsraum aufs äußerste eingeschränkt war, jedenfalls im Sinne der Aufrichtung und Wahrung allgemeinverbindlichen Rechtes. Für sie waren dies Zeiten, da niemand wirken kann. Was Christen unter diesen Umständen tun konnten, war, eben nicht irgendwelchen anderen, den irdischen Machthabern oder Gott die Schuld an solchen Leiden zuzuschieben, sondern sich selber unter den Schuldigen zu wissen und zu bekennen. Die obrigkeitlich verordneten Buß- und Bettage knüpften dann an die gemeinsame reuige Einkehr die Bitte um Frieden.

IV. Opfergeist

In die geschilderte vorneuzeitliche Geisteshaltung des Zeitalters lutherischer und reformierter Orthodoxie wirkte seit etwa 1690 die pietistische Bewegung hinein. Äußerst kritisch gegen das angeblich erstarrte und veräußerlichte Landeskirchentum entfaltete sich in ihr eine vertiefte Selbstbeobachtung um der Herzensfrömmigkeit willen. In Konventikeln, kleinen religiösen Gesinnungsgemeinschaften außerhalb der traditionellen kirchlichen Organisation, entwickelte sich eine praxis pietatis, zu der die vertraute Aussprache über innerste Geheimnisse gehörte. Die pietistische Bewegung mit ihrer stürmischen Spontaneität »von unten« mußte der Obrigkeit fast unkontrollierbar erscheinen. Richtungen und Varianten entfalteten sich. Neben die gefühlsbetonten, schwärmerischen, subjektivistischen und oft weltflüchtig kontemplativen Ausprägungen traten auch aktivistische, auf Änderung der Lebensverhältnisse bedachte, wie sie zum Beispiel von August Hermann Francke (1663-1727) repräsentiert wurden. Als Anfang realer Reform von Frömmigkeit und Kirche, zielend auf die Reformation der Welt, gründete er die berühmten Halleschen Anstalten, darunter das Waisenhaus. Dem Kriegswesen und allem Militarismus schien der Pietismus ganz abgeneigt, und auch das machte ihn der Obrigkeit verdächtig. Am 12. April 1713 fragte der Soldatenkönig Friedrich Wilhelm I. bei einem Besuch im Waisenhaus Francke direkt: »Was hält Er vom Kriege?« Die Antwort lautete vorsichtig: »Ew. Majestät muß das Land schützen, ich aber bin berufen, zu predigen: Selig sind die Friedfertigen.« Der König insistierte: »Das ist gut. Aber Seine

Leute, hält Er die nicht vom Kriege ab?« Francke wich aus; man hatte in Halle schon vor Jahren Berichte über die gewaltsamen Werbungen von Soldaten gedruckt und damit Anstoß in Berlin erregt. Zwei Tage später schrieb Francke dem König eine wohlüberlegte Antwort: Nach dem Römerbrief 13,4 sei Krieg, wenn die Not ihn fordere, nicht wider Gottes Wort. Leicht komme aber die Sünde dazwischen, ähnlich wie beim Kaufhandel. Von ihm heiße es bei Jesus Sirach: »Wie ein Nagel in der Mauer zwischen zwei Steinen steckt, also stecket auch die Sünde zwischen Käufer und Verkäufer.« Für Francke war die Beseitigung des Krieges durch pietistische Bekehrung aller Stände und eine Generalreformation nebst neuer Erziehung auf das Reich Gottes hin das Fernziel. Der Soldatenkönig stellte sich bei Verdächtigungen vor Francke und unterband doch nicht das Unwesen der Erpressung zum Soldatendienst.

Ganz eigentümlich kamen Ausstrahlungen des Pietismus im Pfarrhaus zur Wirkung. Die pietistisch-subjektivistische Praxis der feinsten Selbstbeobachtung zog mächtig die Söhne an, die im Milieu des Pfarrhauses unter der latenten Frage aufwuchsen, ob nicht auch sie von Gott in das gleiche Amt berufen seien wie der Vater. Wo diese Frage nicht voll bejaht werden konnte, suchten Pfarrerssöhne am ehesten verwandte Berufe mit verwandten Berufsgefühlen zu finden. Nicht wenige wendeten sich der künstlerisch-literarischen Tätigkeit zu. So kam es, daß seit der Mitte des 16. Jahrhunderts »von hundert deutschen Dichtern mehr als sechsundzwanzig aus dem Pfarrhaus« stammten (Schöne, 1958). »Kaum zu überschätzen ist vor allem der Einfluß der väterlichen Studierstube auf die heranwachsenden Pfarrerssöhne; hier liegt die eigentliche Keimzelle ihrer geistigen Herkunft.« Von der Bibel im Mittelpunkt der Studierstube fällt ein Abglanz auf das Buch überhaupt. »Die heiligen Bücher sind wie die Sterne am Himmel der Sprache: sie zwingen den, der unter ihnen aufwuchs, nicht, aber sie machen geneigt. Durch sie wurde das Pfarrhaus eine Schule der Posie.« Pfarrerssöhne haben einen so großen Anteil an der deutschen Nationalliteratur, daß die Literaturwissenschaft dieses Phänomen längst zum Gegenstand sorgfältiger Untersuchungen gemacht hat. Dabei beschreibt man durchweg den Übergang aus der Frömmigkeit des Pfarrhauses in die Welt der dichterischen Schöpfungen als »Säkularisation«. Einer unter vielen Teilvorgängen dieser Art ist der Übergang vom Pietismus zum Patriotismus im literarischen Deutschland, ein Geschehen, das dem Aufkommen des Nationalismus im 19. Jahrhundert weit vorausliegt, aber doch sehr viel zu ihm beisteuert.

Im Pietismus galt die »Erweckung« als jener innere, den Menschen von Grund auf verwandelnde Vorgang, aus welchem eine bewußte und erfahrbare Lebensgestaltung erwächst. Analoges sagte man in der zweiten Hälfte des 18. Jahrhunderts von der »patriotischen Erweckung« (Kaiser, 1973). Lavater feierte sie 1768 in Versen wie den folgenden:

»Aus unser aller Augen quillt
die Freude, die das Herz erfüllt,
es glühen aller Glieder.
Wie fliegt, voll freyer Seelenruh',
ein Schweizer andern Schweizern zu,
wie Brüdern treue Brüder!...
Wer Gott verehrt und Menschen liebt
und ganz sein Herz dem Staate giebt,
sich in der Einfalt übet;
bekannt uns oder unbekannt,
der sei ein Bruder uns genannt
und brüderlich geliebet!«

Die Verwandtschaft mit einem älteren Gemeindelied Zinzendorfs ist unverkennbar:

»Aber unter euch, ihr Glieder,
haltet es auf diese Maß,
daß für seinen Freund ein jeder
gerne Leib und Leben lass'. ...
Zünde an die Liebesflamme,
daß ein jeder sehen kann,
wir, als die von einem Stamme,
stehen auch für einen Mann.«

Aus der christlichen wird die patriotische Bruderschaft. Aus der Lebenshingabe des christlichen wird die des patriotischen Märtyrers. Aus der Vereinigung in brennender Liebe, von Christus als dem Haupt in den einzelnen und den Gemeinden als seinen Gliedern gewirkt, wird die freudige vaterländische Eintracht. Dies bringt nun in das Verständnis des Friedens und des Krieges ganz neue Gesichtspunkte hinein. Durch Christus ist in der Menschenwelt zwischen denen, die zuvor Feinde waren, Gemeinschaft gestiftet. In vorneuzeitlicher Perspektive gesehen, vermag der Christ einem Bruch der Gemeinschaft nicht anders zu begegnen, als daß er reuig vor Gott tritt. Der Patriotismus sieht im Einstehen für die Freunde gegen den Feind ein Opfergeschehen, das große Tiefen offenbart. So dichtet Herder in einem Kriegshymnus:

»Der Jüngling glüht ins Feld
und giebt aus seiner Seite
sein bestes Herzens Blut dir jauchzend dar:
und sterbend labst du seine Ohren,
schon brechend lallt der Zunge Band:
dir, die du mich geboren,
dir sterb' ich, Vaterland.«

Der patriotische Jüngling erscheint wie der Gekreuzigte; denn die Seitenwunde des Heilands, die im pietistischen Blut- und Wundenkultus auffallend bevorzugt wurde, trägt nun der sterbende Krieger.

Nicht erst im Nationalismus der Befreiungskriege wird das Kriegsopfer zur Erlösungstat für das Vaterland erhoben. Vielmehr sind schon vorher literarische Erben des Pietismus bereitwillige »Prediger des Patriotismus« im Hinblick auf das »innere Vaterland«, das etwas viel Tieferes ist als die Vielzahl der in Deutschland vorhandenen absolutistischen Fürstenstaaten. Mir scheint, daß Elemente dieser pietistisch-patriotischen Tradition bis ins Heldengedenken des 20. Jahrhunderts überdauert haben. Was ich beschrieben habe, ist ein Vorgang der Säkularisierung. Ursprünglich religiöse Sprachmuster, Empfindungen und Erwartungen wirkten auf Einstellungen und Verhaltensweisen ein, die vordem als weltlich galten. Sie legten diesen eine aus dem Religiösen entliehene Bedeutung bei und machten sie damit zu würdigen Gegenständen dichterischer Gestaltung. Die literarische Vorstellungswelt konnte nun zur Konkurrenz und zum Ersatz für die religiöse werden, wie denn auch viele Pfarrerssöhne als Dichter sich dem Glauben ihres Elternhauses entfremdet fühlten und zugleich dessen Grundmuster verhaftet blieben. Der literarische Patriotismus bezog seine Macht über die Gemüter aus der Anziehungskraft der religiösen Gefühle, die in ihm zur Gestalt kamen. Dieses Phänomen aber provoziert auch zur Frage, ob eine religiöse Aufladung etwa Verhaltensweisen den Wirklichkeitsbezügen, denen sie angemessen sein sollen, entfremdet. Eine gewisse Entfremdung des deutschen Literaten stellt der französische Germanist Robert Minder fest: In Deutschland ist der Dichter in erster Linie Bürger einer anderen Welt, in Frankreich ist er in weit größerem Ausmaß citoyen, eingebürgert.

V. Pflicht zum Frieden – Pflicht zum Krieg

Gegenüber dem Geist der Aufklärung erschien das Frömmigkeitserbe aus orthodoxer und pietistischer Tradition als eher überholt. Eine neue weltliche Geisteskultur griff vom modernen Westeuropa auf Deutschland über, aber auch in Deutschland selbst hatten Entwicklungen stattgefunden, die es erlaubten, unbefangen auf das Neue einzugehen. Wichtige Fakultäten und Schulen lutherischer Theologie entwanden sich der Vorherrschaft älterer Strömungen, schlossen ein Bündnis mit dem mündigen Vernunftwissen und formten auch das Milieu vieler Pfarrhäuser um. Nun fragte man energischer nach dem Anteil menschlichen Tuns bei dem Entstehen von Krieg und Frieden. Viel von dem neuzeitlichen protestantischen Ethos spricht aus Kants Philosophie. Nach Kant muß durch eine republikanische (undespotische) Verfassung, durch einen Völkerbund und ein Weltbürgerrecht der Weltfrieden garantiert werden; denn die Rechtsverletzung an einem Platz der Erde wird an allen gefühlt (»Zum ewigen Frieden«, 1795).

In Deutschland, besonders im Milieu von Pfarrhaus und Kirche, blieb man sich in kritischer Reserviertheit gegen die westeuropäischen Modernismen des eigenen, selber zu gehenden Weges durchaus bewußt. Die literarische Eigenentwicklung seit der zweiten Hälfte des 18. Jahrhunderts stärkte dieses Selbstgefühl. Wohl begrüßten gerade die begabtesten unter den jungen Theologen und Philosophen die Französische Revolution enthusiastisch. Aber ihr Umschlag in den Terror, die expansive napoleonische Herrschaft und das Erleben der Freiheitskriege brachte die Aufklärung in Mißkredit. Gegenströmungen kamen auf – die Romantik, Erweckungsbewegungen –, und eine neue Geschichtsphilosophie betonte die kontingente Einmaligkeit des einzelnen Volkes und die Schicksalhaftigkeit der Konflikte der Völker miteinander. So konnte das 19. Jahrhundert in Deutschland nicht mehr vom Geist der Aufklärung beherrscht werden.

In den Befreiungskriegen gingen christliches und patriotisches Empfinden eine Synthese ein. In einer Predigt nach der preußischen Niederlage von 1806 warnte ein so freier und feiner Geist wie Schleiermacher, daß Fremdlinge im Vaterland auch Fremdlinge im Reich Gottes seien. Gegen die Fremdherrschaft wurde ihm der Krieg zur christlichen Pflicht. Nach dem Sturz Napoleons freilich ließ Schleiermacher – anders als Hegel – sich nicht vom restaurativen Geist der »Heiligen Allianz« einfangen oder mundtot machen. Aber seine nunmehr kritische Distanz zum Patriotismus ging viel weniger in die »christliche Sitte« des Pfarrhauses ein als zum Beispiel die religiös-patriotische Vaterlandsvergottung des jungen Ernst Moritz Arndt. Der Turnvater Jahn, ein Pfarrerssohn und zugleich ein barbarischer Barde, prophezeite 1810 den Auferstehungstag des deutschen Volkes als den heiligsten Augenblick.

VI. Irrungen, Wirrungen

Die aufgeklärte Idee von dem Herstellen eines Friedenszustandes weltweiter dauernder Geltung von Recht und Gesetz war also abgewiesen worden. Hegel unterstrich schon in seiner Naturrechtsabhandlung von 1802/3 die Bedeutung des Krieges für die sittliche Gesundheit der Völker. Anhaltender Friede werde, wie eine dauernde Windstille die Seen, die Völker in Fäulnis geraten lassen. In seinen »Grundlinien der Philosophie des Rechts« 1821 prägte er diesen Gedanken der akademischen Jugend Preußens und Deutschlands ein. Im Kriege werde mit der Eitelkeit der zeitlichen Güter und Dinge, die sonst eine erbauliche Redensart zu sein pflege, Ernst gemacht. Die Aufopferung für die Individualität des Staates sei Pflicht aller Bürger, auch wenn der Verteidigungskrieg, dem inneren Leben des Ganzen folgend, in den Angriffskrieg übergehe. Der Geist der Welt übe sein Recht, als das allerhöchste, an den Volksgeistern in der kriegerischen Weltgeschichte als dem Weltgerichte aus. Hegel fühlte sich, indem er die Bewegungen des Begriffs nachvollzog, den bloß auf der

Ebene der Vorstellungen arbeitenden Theologen überlegen – und damit als den wahren Lutheraner. Religion versetze in eine vom gewöhnlichen Leben weit abgehobene Sphäre: »Wie wir auf der höchsten Spitze eines Gebirges, von allem bestimmten Anblick des Irdischen entfernt, in den blauen Himmel uns hineinsehen und mit Ruhe und Entfernung alle Beschränkungen der Landschaften und der Welt überblicken, so ist es, daß der Mensch in der Religion mit dem geistigen Auge, enthoben der Härte dieser Wirklichkeit, sie nur als einen fließenden Schein betrachtet, der in dieser reinen Region nur im Strahle der Befriedigung und der Liebe seine Schattierungen, Unterschiede und Lichter zur ewigen Ruhe gemildert abspiegelt« (Religionsphilosophie, 1821).

Auch Hegels mächtige Stimme, in der Restauration vom preußischen Staat begrüßt und gefördert, war freilich nach 1830 nur eine von vielen, die dem Ethos der an der Universität Gebildeten, darunter den evangelischen Pfarrern, Weisung gab. Das philosophische System des absoluten Geistes stieß bei Pietisten, Erweckten und kirchlich Konservativen, aber auch bei den Liberalen bald auf Mißtrauen, zumal der Linkshegelianismus stracks in radikale Religionskritik, Staatsverneinung und Revolution hineinführte.

Vielleicht war der Schriftsteller Theodor Fontane im Deutschland des 19. Jahrhunderts der scharfsichtigste Beobachter aller Stände, besonders aber des Adels, der Geistlichkeit und des Bürgertums. Ihm, der mit Stolz Nachkomme einer Hugenottenfamilie war, verdanken wir Schilderungen von Pfarrhäusern in den preußischen Kerngebieten. In dem vierbändigen Roman »Vor dem Sturm« (1878) ist der Pastor Seidentopf eine tragende Figur. Fontane verbindet in seiner Darstellung fast unmerklich Beobachtungen im noch jungen Bismarckreich mit historischen Zügen aus der Zeit, in der die Freiheitskriege bevorstanden. Bereits bei der Beschreibung der Kirche des Adelssitzes Hohen-Vietz in der Mark Brandenburg bekommt der Leser zu Gesicht, welchen Platz der Patron und Herr im Gotteshause einnimmt: »Eine schmale Treppe führte zu dem herrschaftlichen Stuhle hinauf«, geziert mit dem Andreaskreuz, dem Familienwappen; »gleich zur Rechten Altar und Kanzel; in der Front des Altars das Taufbecken«. Die Zweiheit von Thron und Altar, von Kirchentum und Dynastie spiegelt sich in der baulichen Gestaltung. Pfarrer Seidentopf von Hohen-Vietz fand die Gemüter seiner Predigthörer im Schicksalsjahr 1812 offen für Trost und Zuspruch von der Kanzel, »ob die Worte lutherisch oder calvinistisch klangen, so sie nur aus einem preußischen Herzen kamen«. Daß die strenggläubigen Konventikler eine klare Predigt vom Heil, von Christus, dem eingeborenen Sohn Gottes, vermißten, fiel letztlich nicht ins Gewicht. Nicht die konfessionelle, sondern speziell die preußische Eigentümlichkeit der Predigt war das Entscheidende. Nur davon gab es Konkretes zu sagen; Gott lenkte das Weltgeschehen aus erhabener Ferne. Der dunkel sich ankündigende Krieg gegen Napoleon erfüllte den Pfarrer mit Hoffnung, aber auch mit dem Bangen, »daß der Sieg nicht einziehen wird ohne letztes Opfer an Gut und Blut«. Über die christliche Berechtigung der Teilnahme am Krieg brauchte nicht gesprochen zu werden; allein die Bewährung galt als Problem. »Ist unsere Zeit kommen, so wollen wir ritterlich sterben um unserer Brüder willen und unsere Ehre nicht lassen zuschanden werden.« Preußische Tugenden, religiös geheiligt! Wer für sich selbst einstehe, stehe für Gottes ewige Ordnungen ein. »Unser Herd, unser Land sind Heiligtümer nach dem Willen Gottes. Und seine Treue wird uns nicht lassen, wenn wir getreu sind bis in den Tod.« Das Bibelwort Offenbarung 2,10 von der Treue zu Christus in der Verfolgung stellte, wie Pastor Seidentopf offenbar meinte, die Treue gegenüber Land und Dynastie unter die Verheißung der Treue Gottes.

Die Predigt und das idyllische Pfarrhaus von Hohen-Vietz atmeten den gleichen Geist. Wie anheimelnd das Äußere des Hauses, eingesponnen in Spalierobst und Rosen, so auch das Innere, sorglich geordnet. Das Amtszimmer war so eingerichtet, wie es sich in einem jeden rechten Pfarrhaus gehört, mit nur einer Besonderheit: Pfarrer Seidentopf hatte durch das Einziehen einer Scheidewand zwei getrennte, cabinettartige Fensternischen gewonnen, deren eine dem Prediger Seidentopf, deren andere aber dem Sammler und Altertumsforscher gleichen Namens zugehörte. In der einen stach die aufgeschlagene Lutherbibel von 1613 in die Augen, in der anderen »Beckmanns historische Beschreibung der Kurmark Brandenburg von 1751/53«. Die Neigung Seidentopfs, an kleinen Zeichen erkennbar, gehörte deutlich den Archaeologica, unter denen man auch ein Steinmesser und einen Aschenkrug aus märkischer Erde gewahrte. Der Sammler wollte durch seine Funde beweisen, daß die Mark von Uranfang an deutsches Land gewesen und geblieben wäre und nur die Sturzwelle einer wendischen Invasion über sich ergehen lassen mußte. Die wendischen Totenurnen seien niederer Art, aber alles, was zugleich Kultur und Kultus ausdrückt, »sei so gewiß germanisch, wie Teut selber ein Deutscher gewesen sei«. Wem in der Mark das Heimatrecht zustehe, war somit klar. Prediger Seidentopfs Kulturchauvinismus trug milde Züge, ermangelte aber nicht der Handlungsperspektiven. »Wie damals in den Tagen jugendlicher Begeisterung erschien ihm auch heute noch der Rest der Welt als bloßer Rohstoff für die Durchführung germanisch-sittlicher Mission.«

Fontane stilisiert die Figur des Predigers Seidentopf poetisch in beiläufiger, heiter-ironischer Weise. Das geschieht freundlich und behaglich. Nur der hellhörige Leser merkt, wie hier Kritik am Pfarrerstand und an der Unterwanderung christlichen Glaubenslebens durch ideologische Tendenzen der Zeit nach der Reichsgründung geübt wird. Dreiundzwanzig Jahre nach Veröffentlichung dieses Erstlingsromans Fontanes sind in einem der verbreitetsten theologischen Bücher über »Ethik«, dem Wilhelm Herrmanns (von 1901), die Sätze zu lesen: «Wenn jetzt eine europäische Katastrophe die Polen und die Tschechen mit einem Staat bescherte, so würden diese willkürlichen Gebilde schwerlich lange Dauer haben. Die Bürgschaft für die Dauer einer politischen

Selbständigkeit würden sie nur in einer eigentümlichen Kultur haben, die sie nicht besitzen.« Auch sonst läßt sich mehrfach belegen, ein wie heiliges Gut in den Augen der Theologie inzwischen die je eigene Kultur geworden war. Fontane hat in seinen Werken freilich auch sehr andere Pfarrer und Pfarrhäuser geschildert. Seine Tendenz bei der Stilisierung des Pfarrers Seidentopf hat Fontane selbst in einem Brief formuliert: »Das Buch ist der Ausdruck einer bestimmten Welt- und Lebensanschauung: es tritt ein für Religion, Sitte und Vaterland, aber es ist voll Haß gegen die ›blaue Kornblume‹ und gegen ›Mit Gott für Krieg und Vaterland‹, will sagen die Phrasenhaftigkeit jener Dreiheit.«

Was heißt hier »blaue Kornblume«? Der »Heinrich von Ofterdingen« des Novalis träumt von einer Blume, die wohl einer anderen Welt angehört; »denn in der Welt, in der ich sonst lebte, wer hätte da sich um Blumen bekümmert, und gar von einer so seltsamen Leidenschaft für eine Blume hab' ich damals nie gehört«. Heinrich lauscht mit heftiger Bewegung einer Traumerzählung seines Vaters, in dem diesem eine Wald- und Quellenlandschaft und besonders eine Blume erschienen – »alles ganz anders als in Thüringen« –, und fragt: »War die Blume nicht blau?« Der romantischen »blauen Blume« unterschiebt Fontane wohl die Kornblume, die in den Getreidefeldern der Mark Brandenburg wächst. Deutsche Landschaften, durch fromme Gemüter religiös verklärt! Fontane, als Anhänger altpreußischer Tugenden, empfindlich gegen die säkularisierende Verwässerung des christlichen Glaubens, sieht voller bewußter Affekte im Pfarrhaus die eigentliche Aufgabe durch das Surrogat einer Ideologie germanisch-sittlicher »Mission« verdrängt. Seine Vorahnung sollte eine böse Verwirklichung erfahren, als in den Jahren nach 1933 das völkische Ideengut der »Deutschen Christen« breit in die evangelische Kirche und viele Pfarrhäuser einbrach. Historische Wurzeln dieses Geschehens liegen in dem »Kultur-Protestantismus«, der seit dem letzten Drittel des 19. Jahrhunderts stark wurde.

Das Pfarrhaus des 19. Jahrhunderts ist im wesentlichen noch die Heimstätte der dörflichen Großfamilie des Pastors beziehungsweise das Bürgerhaus inmitten der städtischen Wohngemeinde. Als Amtsperson und Prediger wirkt der Pfarrer auf der öffentlichen, obrigkeitlichen Ebene. Seine besondere Chance ist, daß er, Haus- und Familienvater wie die Nachbarn, auch Gesprächspartner und Ratgeber von Haus zu Haus bis in die alltäglichen Dinge hinein sein kann. In dieser Eigenschaft genießt er Sympathie, die aus gelingender menschlicher Nähe entsteht. Der Besucher des Pfarrhauses kommt in ein ihm vertrautes, anheimelndes Milieu, das er aber doch als etwas Besonderes erlebt. So wird der Alltag im Pastorat zum prägenden Vorbild für christlich-häusliches Leben – zum Vorbild in frommen Sitten, praktizierter Nächstenliebe, Bildungsstreben bis hin zur Pflege des Hausstandes, Gartenbau und Bienenzucht. In dieses Wirkungsfeld war die Pfarrfrau ganz selbstverständlich und keineswegs marginal und unterbewertet eingebunden. Die berufliche Arbeitsteilung drang im

Pfarrhaus erst mit langer Verzögerung durch. Aber im übrigen war dieses Haus im bäuerlichen und bürgerlichen Milieu so wie die anderen auch eingebunden in geltende Sitten. Die Nötigung, zu den Fragen von Kriegs- und Friedenspolitik und sozialer Reform entschieden Stellung zu beziehen, war stärker im proletarischen Milieu.

So harmonisch auch das Pfarrhaus des 19. Jahrhunderts in seine Umgebung paßte, den Menschen in ihm setzten außerordentliche Spannungen und Schubkräfte zu, und Pfarrerssöhne trugen diese in die Gesellschaft. In der Pfarrhausidyllik von Jean Paul ist die eine Erlebnisseite die Nestwärme, die der »Haus- und Winkelsinn« vermittelt. Zu ihr gehört der Rückzug aufs Innerlichste und Heimlichste, kraft dessen man, selig vor der Welt bewahrt, mit der Nabelschnur des Universums verbunden bleibt. Die andere Erlebnisseite ist die Verstoßung, das Herausfallen aus dem Nest, das schreckhafte Aufwachen in einer versteinerten Welt, wo der tote Christus in den Ruinen einer Kirche toten Zuhörern predigt, daß Gott tot sei. Damit ist eine Dramatik angesprochen, die in Friedrich Nietzsche ihren stärksten Repräsentanten gefunden hat. Nietzsche läßt sich ohne das elterliche Pfarrhaus schwer denken, aber ihn trieb es unaufhaltsam über diese scheinbare Idylle hinaus in eine Wirklichkeit, in welcher verkündet wird, daß Gott tot ist und nun unabsehbare Konsequenzen anstehen. Wie die losgerissene Welt ins Taumeln und Kreisen gerät, mußte van Gogh, der Pfarrerssohn, in seinen späten Bildern malen.

Das Aufdecken der verborgenen Abgründe, über die die bürgerliche Verharmlosung des Pfarrhausmilieus hinweggeht, gelang in beißender Schärfe dem Heinrich Heine, der dem französischen Publikum Luther als den Befreier des Wortes und des Geistes und das Pfarrhaus als Vermittler der gewaltigen Impulse des Deutschen Idealismus nahegebracht hat. Kierkegaard schildert die Versuchungen des verbürgerlichten Pastors unter den reichen Honoratioren Kopenhagens, dem die Leidenschaft christlicher Existenz entschwunden ist, während er um seiner religiösen Rolle willen in der Predigt verbal und emotional die Solidarität mit den Armen beschwört. »Wenn man Geistlicher ist eine Ehre darein setzen zu wollen kompletter Weltmann zu sein, in allem Weltlichen dabei sein zu wollen, kann die raffinierteste Genußsucht sein.« Kierkegaards Geißelung billiger Christlichkeit ist in Bonhoeffers Buch »Nachfolge« (1937) eingegangen, dessen Kern aus einer Bergpredigtauslegung besteht.

Die Bergpredigt mit ihrer Seligpreisung der »Friedensmacher« steckte auch in den Jahrzehnten vor dem Ersten Weltkrieg als beunruhigender Pfahl im Fleische der Bürgerlichkeit des Pfarrhauses. Die Hochschätzung des Reserveoffiziers auch hier, der auf Weltgeltung drängende Nationalismus des Kaiserreichs, die Abwehr des politisch immer mächtiger aufkommenden Sozialismus forderten ihren Tribut. Doch die Stimmen des radikalen christlichen

Pazifismus, weltweit repräsentiert durch Tolstoi, konnten nicht völlig verdrängt werden und provozierten viele Apologien in dem Sinne, daß die Bergpredigt nun eben nicht zu realem oder gar politischem Friedenshandeln auffordere, sondern individuell-innerlich anzueignen sei, nicht aber im Bereich der von Gott gewollten weltlichen Ordnungen gelte. Insofern blieb bis zum Ersten Weltkrieg – unbeschadet des Widerspruchs einiger Theologen, meist aufgrund religiös-sozialer Orientierung – der religiöse Patriotismus, angereichert mit nationalistischen Elementen, im Pfarrhaus dominant. Die »Kriegsbriefe gefallener Studenten«, die in vielen Auflagen nach dem Kriege verbreitet wurden, bekunden das.

VII. Ernüchterung

Während im 19. Jahrhundert von Pfarrerdichtern und Konsistorialräten das Milieu des Pfarrhauses auf literarischem oder trivialem Niveau geschildert wurde, behandelte Werner Elert in seiner »Morphologie des Luthertums« (1931, zwei Bände) dieses Thema auch kirchenhistorisch. Dieses sein bedeutendes Werk enthält einen Abschnitt mit dem erstaunlichen Titel: »Deutschtum als säkularisiertes Luthertum«. Waren etwa Menschen katholischer und reformierter Prägung keine vollgültigen Deutschen? Ein Unterabschnitt rühmt die Bedeutung des Pfarrhauses für die Entstehung der deutschen Nationalliteratur. Viele Züge der Dichtkunst seien in der »Erdverbundenheit« des alten Luthertums und der frohen Weltlichkeit des Pfarrhauses vorgebildet gewesen. Die Darstellung wirkt apologetisch, weil sie die Konflikte bei dem Verlassen von Pfarrhaus und Theologie zugunsten der Literatur nicht beachtet, Säkularisierung also nur als Akt des harmonischen Weiterwirkens des christlichen Ethos in der literarischen Sphäre schildert. Das ist insofern erstaunlich, als Elert selbst in seinem Lebensgefühl ein nahezu tragisches, oft nihilistisches Schicksalsbewußtsein umtrieb, mit dem er in seiner Theologie fertig zu werden suchte.

Überwiegend war das evangelische Pfarrhaus zwischen den Kriegen deutschnational orientiert, eine Orientierung, die man den Gefallenen des Krieges schuldig zu sein glaubte. Der Verbreitung pazifistischer Gedanken oder auch nur der Ausarbeitung einer christlich begründeten Friedensethik stand diese Einstellung hemmend entgegen. Dietrich Bonhoeffer schildert in einem persönlichen Rückblick aus dem Jahre 1936, wie er in den letzten Jahren der Weimarer Republik die befreiende Kraft der Bibel und der Bergpredigt überhaupt erst entdeckte. »Der christliche Pazifismus, den ich noch kurz vorher... leidenschaftlich bekämpft hatte, ging mir auf einmal als Selbstverständlichkeit auf.« Aber diese Wendung zur Bergpredigt und zum konkreten Gehorsam eines von ihr geleiteten Friedenshandelns erschreckte seine Freunde und Pfarrkollegen als ein doch wohl unmöglich mitzuvollziehender Radikalismus.

Krieg und Frieden im Milieu des evangelischen Pfarrhauses

Die Weimarer Republik beließ trotz vieler unvermeidlicher Wandlungen doch das evangelische Pfarrhaus in herkömmlichen Bahnen, erschütterte freilich die Sicherheit, in der man sich vor 1914 darin bewegt hatte. Einschneidende Veränderungen setzten mit der nationalsozialistischen Machteroberung im Jahre 1933 ein. Was in dieser Situation zu tun war, ließ sich schwer erkennen, weil Hitlers Partei mit großem Geschick an die nationalen Traditionen anknüpfte, die auch im Pfarrhaus lebendig waren. Das Bekenntnis der Partei zum »positiven Christentum«, der großartig, zynisch inszenierte Staatsakt in der Garnisonkirche von Potsdam am 21. März 1933 und viele andere symbolkräftige Handlungen verschleierten auf Jahre den christentumsfeindlichen Charakter »der Bewegung«. Durch ihre raffinierte Gleichschaltungspolitik, die von den Deutschen Christen als Vorhut in die evangelischen Kirchen hineingetragen wurde, gelang es, die Administration und das Finanzwesen des größeren Teils der Kirchen unter nationalsozialistische Kontrolle zu bringen. Damit waren die Pfarrhäuser ökonomisch in hohem Grade von den neuen Machthabern indirekt abhängig. Die treuherzig weltfremde Erwartung, Kirchen und Pfarrhäuser könnten durch nationales, opferbereites, wehrwilliges Wohlverhalten die Gunst oder doch die Duldung des Regimes erlangen, sollte sich erst langsam, aber sehr umfassend als Trug erweisen. Mit einem derartigen Staat umzugehen war etwas völlig Neues. Fast vierhundert Jahre lang hatten die protestantischen Kirchen Deutschlands ihre äußere Ordnung weitgehend dem ganz überwiegend wohlwollenden, wenn auch stets die Obrigkeitsloyalität fördernden landesherrlichen Kirchenregiment anvertrauen können, und auch nach der formalen Trennung von Staat und Kirche in der Weimarer Verfassung war vieles von der Kirchenfreundlichkeit der Staatsorgane erhalten geblieben. Es war nicht leicht, sich plötzlich auf eine völlig andere Lage der Dinge einzustellen, in welcher die alten Verhaltensmuster nur zu Fehlverhalten führen konnten. Mit lutherischer Innerlichkeit und pietistischer Ergriffenheit kam man nicht hinter die trügerischen Machenschaften der Nazis. Ein dunkel-verschwommener Begriff von Volk und Volkstum hatte sich in Theologie und Predigt eingenistet; er vermittelte nun den Eindruck, daß Christen mit der völkischen Ideologie doch einiges gemeinsam hätten. Dietrich Bonhoeffer, der nüchtern und genau denkend an die Dinge heranging, bemerkte: »Wer wollte dem Deutschen bestreiten, daß er im Gehorsam, im Auftrag, im Beruf immer wieder das Äußerste an Tapferkeit und Lebenseinsatz vollbracht hat? ... Aber damit hat er die Welt verkannt; er hatte nicht damit gerechnet, daß seine Bereitschaft zur Unterordnung, zum Lebenseinsatz für den Auftrag zum Bösen mißbraucht werden könnte« – und das von den Trägern der Staatsgewalt.

Der kirchliche (Teil-)Widerstand begann meist nicht in den Gemeinden, sondern bei den Pfarrern. Am 12. September 1933 wurde ein Pfarrernotbund gegründet, der bis Jahresende rund 6000 Mitglieder hatte. Jeder übernahm vier

373

Verpflichtungen: klare Bindung an Schrift und Bekenntnis; Widerstand gegen jede Verletzung derselben; Ablehnung des »Arierparagraphen«, durch den judenstämmige Personen aus dem Kirchendienst ausgeschlossen wurden; schließlich finanzielle Hilfe für die, die durch Gewalt oder mit Hilfe von Gesetzen und Verordnungen aus dem Amt verdrängt wurden. Solches Hilfsversprechen überforderte bei weitem den durchschnittlichen Familienetat des Pfarrhauses. Für seine Person war mancher Pfarrer bereit, ein erhebliches Risiko im Kirchenkampf auf sich zu nehmen: Versetzungen, Verdrängungen, Verhöre, Verhaftungen, Gefängnis und Konzentrationslager. Aber die Rücksicht auf Frau und Kinder war eine große Hemmschwelle. Bei Urteilen über den Kirchenkampf wird häufig nicht beachtet, wie hart für viele das Dilemma zwischen Familienverantwortung und Überzeugungstat war. Dennoch haben viele Pfarrerfamilien insgesamt große Lasten in diesen gefährlichen Auseinandersetzungen getragen.

Das Pfarrhaus wurde für viele zum Asyl, zum Ort, wo man letzte Hilfe suchte. Ungezählte Male haben verfolgte Juden hier Rückhalt und manchmal auch ein Versteck über die Gefahrenzeit der Deportationen hinweg gefunden. Auf dem Pfarrer lastete der schwere Gang zu den Angehörigen der Gefallenen und Vermißten, um sie zu benachrichtigen, wobei er um dieser Menschen willen nur wünschen konnte, daß es der Partei nicht gelang, auch diese Aufgabe an sich zu ziehen und die Schreckensnachrichten auf ihre Weise zu überbringen. Dazu kamen die Fürbitte für Verhaftete und Verfolgte, die Kanzelabkündigungen von Worten der Bruderräte der Bekennenden Kirche, bei denen der Pfarrer oft das Risiko eigener Verhaftung lief, und die offene oder in Andeutungen sich vollziehende Mitteilung an den Gräbern und an anderen Orten, daß Gemeindeglieder im Zuge der Aktionen zur Liquidierung von »lebensunwertem Leben« vernichtet worden waren. Schließlich versuchten Sicherheitsdienst und Gestapo immer wieder, gerade Pfarrer als Vertrauensleute zu gewinnen, das heißt, sie als gutinformierte Mitbürger mit allen möglichen Erpressungen zu Spitzeln zu machen. Das Pfarrhaus war in diesen zwölf Jahren einem Druck wie kaum je zuvor ausgesetzt. Ein dieser neuen Situation angemessenes Ethos auszubilden war in der kurzen Zeit nur in Ansätzen, die wir zum Beispiel bei Dietrich Bonhoeffer finden, möglich. Das Ende des bürgerlichen und auch des ländlichen Pfarrhauses schien nahe. Als der Krieg zu Ende ging und die chaotischen Nachkriegsjahre begannen, waren die Pfarrhäuser oft bis unters Dach vollgestopft mit Ausgebombten und Vertriebenen, gegen deren Einquartierung sich kaum jemand wehren konnte, geschweige denn die Pfarrersfamilie.

VIII. Nachkriegsprozesse

Erzählungen aus der »heroischen« Zeit der Bekennenden Kirche, mit den naheliegenden legendären Übertreibungen ausgeschmückt, erweckten bald den Überdruß der Nachwachsenden. Der Kirchenkampf war ja nicht von Mehrheiten getragen gewesen; nun aber sollte es so erscheinen, als hätten viele Großes in ihm getan. Aber im Vergleich mit anderen gesellschaftlichen Institutionen – Universitäten, Schulen, Justiz, Wehrmacht – hatte die Kirche durch ihren öffentlichen Widerstand doch etwas Ungewöhnliches geleistet. Die Besatzungsmächte vertrauten daraufhin besonders der Kirche, und zwar meist ohne genau zu differenzieren. Die Achtung vor den Taten einiger warf nun Glanz auf alle. In den ersten Jahren nach 1945 bekam die Kirche als Institution praktisch die Verantwortung für viele gesellschaftliche Funktionen. Die Pfarrhäuser waren Verteilungsstellen für die unentbehrlichen Lebensmittelspenden aus dem Ausland. Hier stellte man Anträge auf Leumundszeugnisse für die Entnazifizierung, und manches andere lief über den Schreibtisch des Pfarrers. Bis das Leben in den Besatzungszonen administrativ, wirtschaftlich und politisch eine neue Gestalt gefunden hatte, fiel dem Pfarrhaus eine eminente öffentliche Bedeutung zu. Es war ein geschäftiger Ort. Aber war es auch in gleicher Weise ein Ort der Besinnung, von dem Schuldeinsicht, Vergebung und Umkehr ausging?

In der Haft schrieb Dietrich Bonhoeffer in strenger Unbestechlichkeit im Mai 1944: »Unsere Kirche, die in diesen Jahren nur um ihre Selbsterhaltung gekämpft hat, als wäre sie Selbstzweck, ist unfähig, Träger des versöhnenden und erlösenden Wortes für die Menschen und für die Welt zu sein. Darum müssen die früheren Worte kraftlos werden und verstummen...« Von Kirche und Pfarrhaus ging nach 1945 nicht die Erneuerungsbewegung aus, die viele erhofft hatten. Die Art, wie Entnazifizierung und Reeducation der Bevölkerung auferlegt wurden, begünstigte wohl auch eher das Verdrängen als das Bekennen von Schuld. Offizielle kirchliche Schuldbekenntnisse verhallten ohne breites Echo oder riefen halblautes Murren hervor. Hatten denn nicht auch die Alliierten unbestreitbare Kriegsverbrechen begangen? Bei diesen Reaktionen, so verständlich sie waren, wurde nicht klar, daß man auf dem damit eingeschlagenen Wege aus den Schuldverstrickungen nicht herauskam. Man faßte Schuld am falschen Platz ins Auge – bei den anderen.

Und sehr bald schlug das Nachkriegsklima um. Die Schwüre von Politikern, daß niemals wieder ein Deutscher das Gewehr in die Hand nehmen werde, wichen nach Ausbruch des Kalten Krieges einer neuen Wehrbereitschaft innerhalb des westlichen Bündnisses. Qualifizierte Minderheiten in der Pfarrerschaft um Männer wie Karl Barth, Gustav Heinemann und Martin Niemöller widersprachen mit theologischen Argumenten. Seit den fünfziger Jahren sind Wiederaufrüstung, Wehrdienstverweigerung, Atombewaffnung und

Rüstungsdynamik periodisch wiederkehrende Themen in evangelischen Pfarrhäusern. Die Traditionen christlich-patriotischer Wehr- und Opferbereitschaft sind weitgehend gebrochen. Der Nationalprotestantismus ist zusammengeschrumpft auf wenige evangelikale Gruppen.

Auch sonst ist die Stellung des Pfarrhauses tief verändert. Den Nationalsozialisten gelang die weitgehende Entkirchlichung der ländlichen Bevölkerung. Die verlorene ehemals bedeutende Stellung im Dorf konnten die Pfarrhäuser nicht wieder zurückgewinnen. Theologischer Nachwuchs aus Bauernfamilien ist sehr selten geworden. Im übrigen folgte das Pfarrhaus offenbar ziemlich vorbehaltlos den Trends, die sich seit dem sogenannten Wirtschaftswunder in der Bundesrepublik durchsetzten. Kirchliche Verordnungen haben den Pfarrerfamilien die Lebensausstattung der Beamtenfamilien garantiert und sie so an den profan-bürgerlichen Zuschnitt angepaßt. Dabei ist ein Prozeß voll zum Zuge gekommen, der Ende des vorigen Jahrhunderts in städtischen Gemeinden begann. Die Gemeindeaktivitäten lösten sich vom Pfarrhaus. In Gemeindesälen und anderen Räumen, nicht mehr unter demselben Dach mit der Pfarrerswohnung, fanden die Andachten, kirchlicher Unterricht oder gesellige Veranstaltungen statt. Ehrenamtliche Helfer aus der Gemeinde übernahmen die Leitung der Kreise, die früher an der Pfarrfamilie orientiert waren. Die Professionalisierung von Gemeindehelferinnen, Diakonen, Angestellten der Sozialstationen und dergleichen kam hinzu. Insbesondere die Pfarrersfrau ist nicht mehr selbstverständlich in die Gemeindetätigkeiten verflochten; es steht ihr frei, sich nach eigenem Wunsch zu beteiligen oder einen Beruf außerhalb des Hauses auszuüben. Im Pfarrhaus hat sich eine viel abgeschlossenere Privatsphäre herausgebildet; es ist nicht mehr von besonderem Interesse als Vorbild für andere Häuser. Damit vermindern sich auch die Chancen, daß der Pfarrer gewissermaßen unterhalb der offiziellen Gemeindeebene, auf der er als Amtsperson wirkt, das Vertrauen gewinnen kann, das ihm früher als Hausvater eines »offenen« Pfarrhauses entgegengebracht wurde. Das Leben in der Pfarrersfamilie, die inzwischen meist eine Kleinfamilie ist, geht die Glieder der Gemeinde kaum noch etwas an. Die Kirchengemeinde und das privat gewordene Pfarrhaus treten also tendenziell ganz auseinander. Grund genug, Greiffenhagens Urteil (Pfarrerskinder, 1982) zuzustimmen: »Das alte Pfarrhaus ist unwiederbringlich dahin und mit ihm seine Erziehungswirkung. Bald wird es keine Pfarrerskinder mehr geben, die anders sind als andere.« »Das Pfarrhaus verliert seine gläsernen Wände, rückt aus dem Zentrum der Gemeinde und wird eine normale Wohnung.«

Und doch zögere ich, dem Urteil in seiner Allgemeinheit recht zu geben. Meine vielfältigen Erfahrungen mit Studenten, besonders seit der sogenannten Jugendrevolte der sechziger Jahre, lassen mich zweifeln, ob Pfarrerskinder nicht weiterhin unter besonderen Bedingungen und mit sehr spezifischen Problemen aufwachsen. Denn auch heute wirkt der väterliche (oder mütterliche) Beruf durchweg noch kräftig in das Familienleben ein und provoziert Reaktionen. Viele Pfarrerskinder setzen sich nach wie vor mit der Frage auseinander, ob denn in dem, was der Vater (oder die Mutter) in der Gemeinde verkündigt, für sie selbst ein Angebot steckt, oder ob sie eigene Wege gehen müssen. Diese Klärungsprozesse vollziehen sich nicht ohne eine den Altersstufen entsprechende emotionale Dramatik, mag sie nun sichtbar in Erscheinung treten oder verborgen bleiben. Pfarrerskinder können nicht umhin, den Amtsträger in der Familie als engagierten oder resignierten, als um Glauben ringenden oder routiniert-gleichgültigen Ausrichter der Botschaft zu erleben und dazu Stellung zu beziehen. Unter den Bedingungen der Kleinfamilie und einer relativ geschlossenen Privatsphäre werden Konflikte zwischen den Generationen vielleicht anders ablaufen als unter den früheren Bedingungen. Daß sie weniger heftig und folgenreich geworden seien, wage ich nicht zu behaupten. Aber diejenigen, welche unter den neuen Bedingungen heranwachsen, werden wohl erst viel später davon sprechen können, wie ihr Leben durch das Pfarr-Elternhaus geprägt wurde, was sie in ihm vom Krieg erfahren haben und ob sie erahnen lernten, wann wirklich der Frieden gewahrt wird, dessen Zuspruch von der Kanzel sie hörten.

Literatur

WERNER ELERT: Morphologie des Luthertums, II. Bd. München 1931, 1958²
CARL HINRICHS: Pietismus und Militarismus im alten Preußen. In: ders., Preußentum und Pietismus. Der Pietismus in Brandenburg/Preußen als religiös-soziale Reformbewegung, Göttingen 1971, S. 126–173
KARL HOLL: Die Bedeutung der großen Kriege für das religiöse und kirchliche Leben innerhalb des deutschen Protestantismus 1917, in: ders., Gesammelte Aufsätze zur Kirchengeschichte, Band III, Tübingen/Darmstadt 1928/1965
ROBERT MINDER: Das Bild des Pfarrhauses in der deutschen Literatur von Jean Paul bis Gottfried Benn. In: ders., Kultur und Literatur in Deutschland und Frankreich, Frankfurt 1962/1977
GERHARD KAISER: Pietismus und Patriotismus im literarischen Deutschland. Ein Beitrag zum Problem der Säkularisation, Frankfurt 1973²
ALBRECHT SCHÖNE: Säkularisation als sprachbildende Kraft. Studien zur Dichtung deutscher Pfarrerssöhne, Göttingen 1958
HEINZ EDUARD TÖDT: Art. Säkularisierung. In: Evangelisches Staatslexikon, Stuttgart/Berlin 1975² Sp. 2234–2238

Theodor Schober

Das Pfarrhaus als Sozialstation

Zwischen dem ersten lutherischen Pfarrhaus – im »Schwarzen Kloster« zu Wittenberg unter der tatkräftigen Leitung der Katharina Luther geborene von Bora – und den Worten, die Reiner Kunze einem Pfarrer widmet: »Wer da bedrängt ist, findet Mauern, ein Dach und muß nicht beten«, scheint eine Welt zu liegen. Aber der Grundton ist damals und heute der gleiche. Es geht um ein offenes Haus, das sich als Zuflucht für Gestrandete erweist, wie es auch Wilhelm Raabe in seinem »Horacker« eindrucksvoll beschrieben hat. Das Pfarrhaus ist also nicht die heile Welt, die unangefochten von den Entwicklungen seiner Umwelt ein Inseldasein ermöglicht. Hier geht es nicht darum, an der überkommenen Agrarstruktur um jeden Preis festzuhalten und die heraufziehende Industriegesellschaft abzublocken. Das Pfarrhaus ist auch kein Refugium, in dem überzogene Rollenvorstellungen weiter tradiert werden können und unerfüllbare Erwartungshaltungen zur Enttäuschung auf vielen Seiten führen müssen.

Solange es evangelische Pfarrhäuser gab, waren sie immer offen für neue Aufgaben. Das gilt von den Pfarrhäusern Siebenbürgens nicht weniger als von denen im Ruhrgebiet mitten in der Kohlenkrise oder im Kreuzberger Milieu der Berliner Türkenviertel. Man muß nur ein Gespür haben für die jeweiligen sozialen Herausforderungen, die manches Pfarrhaus ins Beben bringen. Es gibt Zeiten, wo dieses Beben lebensgefährlich werden kann. Das niederländische Pressebüro in Berlin berichtet am 1. Februar 1939 von dem Pfarrer Heinrich Grüber in Kaulsdorf bei Berlin: »Als seine niederländischen Beziehungen bekanntgeworden waren, baten ihn alle möglichen nichtarischen Protestanten um Rat, die nach den Niederlanden auswandern wollten. Er gab ihnen den Rat, und im Mai 1938 wurde die Zahl der Ratsuchenden so groß, daß er zuerst wöchentliche und dann tägliche Sprechstunden festsetzen und schließlich eine Sekretärin einstellen mußte.« Das später berühmtgewordene »Büro Grüber« als oft lebensrettende Anlaufstelle für jüdische Mitbürger wurde zum Gütezeichen des »anderen Deutschlands«. Aber in Wirklichkeit war es eben auch nur ein Pfarrhaus als Sozialstation, freilich von Menschen erfüllt, die in dieser Aufgabe weder der Angst noch der Drohung Raum gaben, sondern das Christuszeugnis mit allen Konsequenzen zu leben bereit waren.

Das erste evangelische Pfarrhaus

Doch schauen wir zunächst auf das erste Pfarrhaus, das Martin Luther mit Katharina von Bora gründete. Der Diakoniewissenschaftler Heinz Wagner aus Leipzig hat das als ein Lehrer der »Kirche im Sozialismus« inmitten der historischen Lutherstätten deutlich dargestellt: »Das ›Schwarze Kloster‹ zu Wittenberg war Zuflucht für entflohene Nonnen, darunter Katharina von Bora. Es war äußerst schwierig, diesen ehemaligen Ordensschwestern eine neue Versorgung zu schaffen, denn die Angehörigen versagten jegliche Hilfe. Das Kloster war ja für viele adelige Familien die Versorgungsanstalt für ihre unverheirateten Töchter. Der Eintritt ins Kloster hatte eben nicht nur religiöse Motive, sondern weithin auch ökonomische Zweckmäßigkeiten. Von ihren Angehörigen im Stich gelassen, suchten die neun Nonnen bei Luther um Rat und Hilfe nach, und Luther hielt es für seine Pflicht, ihnen in ihrer Not beizustehen. Eine solche Hilfeleistung war nicht ungefährlich, denn auf Fluchthilfe für Mönche und Nonnen stand die Todesstrafe. Diese Fluchthilfe wurde als Landfriedensbruch eingestuft.

Die Aktion des Ausbruchs der Nonnen aus dem Kloster Nimbschen hatte einen redlichen und getreuen Helfer: Leonhard Koppe. Koppe hatte geschäftliche Verbindungen zum Kloster, deshalb blieb es unauffällig, wenn er in der Nacht vom Ostersonnabend zum Ostersonntag 1523 mit seinem Planwagen die Nonnen aus dem Kloster brachte. In diesem Zusammenhang ist eine Notiz überliefert, die besagt, er habe ›mit sonderlicher List und Behendigkeit (sie) aus dem Kloster entführt, als führete er Härings Tonnen‹. Daraus ist die Version entstanden, die Nonnen hätten sich in Heringsfässern versteckt. Es heißt aber nur ›als führe er Härings Tonnen‹. Leonhard Koppe fuhr mit seinem Planwagen die Mulde abwärts, bog dann östlich nach Torgau ab, wo die erste Übernachtung stattfand. Die Stadt Torgau war die Wiege des Klosters, jetzt wird sie Raststätte auf dem Weg, und einmal wird sie der Sterbeort Käthes werden.

Dienstag nach Ostern wurde die Fahrt nach Wittenberg fortgesetzt. Die Ankunft der Planwagen erregte großes Aufsehen. Was nun? Sofort stellte sich die Assoziation der beiden Worte ›Freiheit und Freier‹ ein. Luther bekannte sich zur Tat in einem offenen Brief ›Ursach und Antwort, daß Jungfrauen Klöster göttlich verlassen mögen‹. Er konnte sogar diesen Vorgang als ›ein neu Werk‹ beschreiben und nennt Koppe einen ›seligen Räuber‹. ›Arm, elend und verlassen von ihren Angehörigen‹ nennt er die Flüchtlinge, ›aber in ihrer großen Armut und Angst ganz geduldig und fröhlich‹. ›Mich erbarmt der Mädchen‹, fügt er hinzu, ›sie haben weder Schuh noch Kleider.‹ Mit der Bitte um Kleidung wendet er sich an den Kurfürsten, an Edelleute und an Spalatin.

Von seinem Gehalt (9 Gulden) konnte er die Flüchtlinge nicht ernähren. Für die Sicherung der Zukunft wird ein Stufenplan aufgestellt.
1. Sollen Verwandte bewegt werden, sie aufzunehmen,
2. sollen sie Aufnahme in befreundeten Häusern in Wittenberg finden und erst
3. soll eine Gattensuche beginnen.

An den Kurfürsten schreibt er, wohl um ihm keine Unhelligkeiten zu bereiten: ›O, ich will's gern heimlich halten und niemand sagen.‹

Es war für Luther kein leichter Entschluß zu heiraten, und es war auch keine Handlung aus Leidenschaft, sondern das Ergebnis reiflicher Überlegungen und schwerer seelischer Kämpfe. Er wollte mit diesem Akt ein Zeichen aufrichten, ein Zeichen der Hoffnung und Zuversicht. 1525 tobte der Bauernkrieg, er schien die Reformation im Blut zu ertränken. In diesem Jahr war auch die Türkengefahr außerordentlich gewachsen. Die Türken standen vor Wien. So ist diese Heirat nicht eine private Liebesangelegenheit Luthers, sondern einbezogen in seinen reformatorischen Auftrag.

Luthers Pfarrhaus Zuflucht in Pestzeiten und Herberge für jedermann

Während des Pestjahres 1527 wohnte der Hausarzt Augustinus Schurf bei Luther. Man kann sich unschwer vorstellen, wie viele Besucher bei diesem Arzt um Hilfe vorsprachen. Seine Frau Hanna war eine der drei Pestkranken, die in Luthers Haus gepflegt wurden und wieder genasen.

Inzwischen war das Einkommen Luthers beachtlich gestiegen; nach seiner Verheiratung hatte es der Kurfürst verdoppelt. Dazu kamen regelmäßige Lieferungen von Korn, Malz, Holz und Heu.

Luther erhob nicht, wie das üblich war, Kollegiengeld, er las also ohne Honorar. Er erhielt auch keine Pauschalentschädigung vom Buchdrucker für seine Schriften. Ihm wurden allerdings Gaben der Verehrung zugedacht, zum

Beispiel Wein und Wild. In einem Brief an den Kurfürsten wehrte er diese materiellen Vergünstigungen ab: ›Ich hab leider mehr, sonderlich von eurer kurfürstlichen Gnaden, denn ich im Gewissen vertragen kann. Mir gebührt auch, als einem Prediger, nicht Überfluß zu haben, begehr's auch nicht.‹ Bekam er Geschenke, so setzte er sie häufig für Notleidende ein, für die er sich verantwortlich wußte: zum Beispiel für landflüchtige Geistliche, ehemalige Nonnen und arme Verwandte.

Bei den gestiegenen Einkünften hätte Frau Käthe es sicherlich leicht gehabt, zu wirtschaften, wäre nicht die schrankenlose Freigebigkeit ihres Gatten gewesen. Für ihn hatte der Spruch volle Geltung, daß beim ›Wohltun die linke Hand nicht wissen soll, was die rechte tut‹. Er war mildtätig bis zur Selbstaufopferung. Sein Lieblingswort lautete: ›Gebet, so wird euch gegeben.‹ In der Zeit der Not griff er sogar das Patengeld seiner Kinder an, um Armen zu helfen. Mit dem Wittenberger Rat handelte er förmlich um 30 Gulden, die er für einen armen Gesellen, einen frommen, gelehrten Mann, brauchte.

Als er selbst, während der Pest, kein Geld hatte, Getreide zu kaufen, borgte er sich einige Scheffel Korn und schenkte es den Armen. Sicherlich ist mit seiner fast unbegrenzten Gutmütigkeit auch mancher Mißbrauch getrieben worden. Ein Zeitgenosse urteilt: ›Herr Käth hielt zusammen, wo er mit offener Hand ausstreute.‹ Im Hause gingen Hunderte von Kostgängern aus und ein. Um die Mahlzeiten zu sichern, mußten Tiere gehalten werden (Schweine, Geflügel), außerdem betrieb Frau Käthe unter Berufung auf altes Klosterrecht eine umfangreiche Bierbrauerei, deren Bier außerordentlich beliebt war, besonders bei Gästen, die nicht bezahlen wollten. Wiederum hören wir eine Charakteristik aus der damaligen Zeit: Luthers Haus wurde zur ›Herberge einer bunt gemischten Schar von jungen Leuten, Studenten, Mädchen, Witwen, alten Frauen, ganz jungen Knaben‹. Dieses Haus gleicht einer ›Bursa‹, jener mittelalterlichen Studenteneinrichtung, in der Wohnung, Verpflegung und Nachhilfe geboten wurden. Allerdings bestand ein grundlegender Unterschied: Frau Käthe durfte trotz hartnäckiger Bitten kein Kostgeld erheben. Einmal faßt Luther seine materielle Situation folgendermaßen zusammen: ›Ich bin billig in den Registern der Armen, denn ich habe zu groß Gesinde.‹ Natürlich gehörte zu Käthes Hausgenossen ein zahlreiches Gesinde (Köchin, Kutscher, Schweinehirte, Knechte, Tagelöhner). Luther übersieht aber, daß dieses Gesinde um seiner großzügigen Gastfreundlichkeit willen nötig ist.

In diesen Kreis der Bittgänger schlossen sich auch Abenteurer ein. So wird von einer Hochstaplerin berichtet, die sich Rosina von Truchseß nannte und sich als arme, entlaufene Nonne ausgab. Auf sie ist Luther gleich zweimal hereingefallen und hat sie längere Zeit unterstützt, ohne sie zu durchschauen.

Sozialanwaltschaft für Bedrängte

Wiederholt hat sich Luther als Bittsteller für Arme an die Obrigkeit, vor allem an den Kurfürsten gewandt. Er tat dies meist – unter Umgehung des langen, unsicheren Dienstweges – über seinen Freund, den Hofprediger Spalatin.

So tritt er zum Beispiel für Matthis Buchbinder ein, der Brückenmeister in Wittenberg werden wollte, aber für die freie Stelle keine Chancen hatte, weil er zu arm war. Luthers Fürsprache schafft es, daß dieser Mann zu einer ordentlichen Existenz kommt. Kurz danach setzt sich Luther für einen Waldhüter ein, der auf der Jagd verwundet und dadurch arbeitsunfähig geworden ist. ›So sei die Bitte des Verletzten um Getreide für das tägliche Brot nicht nur eine Frage der Liebe, sondern auch des Rechts.‹ Auch mit dieser Intervention hat er Erfolg, wir kennen eine dementsprechende Anweisung des Hofs.

Luther wird auch zum Anwalt eines Fischers, der kurfürstliche Fischereirechte verletzt hat, und erbittet eine Milderung der Strafe: ›Nicht daß er ohne Strafe bleiben solle – auff daß eyn exempel der Furcht vnd regiments bleibe‹ – aber sie müsse zur ›besserung und nicht verderbung dienen‹. Die Reichen soll man ›am Beutel zupfen‹, nicht die Armen.

Alle diese genannten Fälle – viele ähnliche ließen sich anführen – kann man in die Kategorie sozialer Fürsorge einreihen. Luther greift in staatliche Bereiche ein, und zwar unter bewußter Umgehung der vorgeschriebenen Instanzen. Anscheinend hat er damit viel Erfolg gehabt. Er appelliert an Gnade auch bei offensichtlich Schuldigen (Totschlag) und dringt darauf, daß einmal gewährtes Asylrecht auch durchgehalten werde. In einigen Fällen schreibt Luther gleich dreimal an den Kurfürsten, auch bei scheinbar aussichtloser Sachlage läßt er nicht locker. Selbst in einen Kriminalfall schaltet er sich ein. Dabei überschreitet er zahlreiche Male die Grenze, die nach landläufiger Meinung der sozialen und seelsorgerlichen Fürsorge des Theologen gezogen ist. Luther wird zu einem engagierten ›Anwalt der Stummen‹.«

Luthers Beispiel macht Schule

Wollte man die evangelischen Pfarrhäuser seit damals nach den bedeutenden Persönlichkeiten auflisten, die aus ihnen hervorgegangen sind, würde das eine Enzyklopädie der deutschen Geistesgeschichte, aber auch ihrer Sozialgeschichte werden. Denn die soziale Aufgeschlossenheit vieler Pfarrhäuser wirkte prägend und ansteckend. Schon im Dreißigjährigen Krieg waren die Pfarrhäuser Stätten der Diakonie im täglichen Elend geworden, Mittel- und Anhaltspunkte der Gemeinde, Sammelplätze für Vertriebene und Zerschlagene. Lange bevor es eine berufliche weibliche Diakonie in den Gemeinden gab, war das evangelische Pfarrhaus eine Stätte der Liebestätigkeit in der Gemeinde, von wo aus Armen- und Krankenpflege und der Dienst an irgendwie hilfesuchenden Menschen geschah. Ehe es Gemeindeschwestern gab, war die Pfarrfrau die geborene Gemeindeschwester ohne Tracht. Das Beispiel Luthers wirkte lange nach. In der Pestnot hatte er nicht nur einmal kranke oder mutterlos gewordene Kinder bei sich aufgenommen. 1527 weilte die ganze Familie Bugenhagen in seinem Hause, aber auch die Frau seines Kollegen Schurf sowie Diakonus Rörer mit seinem kleinen Sohn, dessen Mutter an der Pest gestorben war.

Zeitgenössischer Kupferstich von Johann Valentin Andreä (1586–1654)

Aus der Geschichte des Dreißigjährigen Krieges leuchtet der Name des *Johann Valentin Andreä* auf, der als Dekan von Calw die Schrecknisse des Krieges durchlebte. Als die Kaiserlichen 1634 in die Stadt einrückten, mußte er mit seiner Gemeinde fliehen. Bei seiner Rückkehr war die Stadt ein rauchender Trümmerhaufen. Auch der Pfarrer Andreä war fast an den Bettelstab gebracht. Sein Haus mit einer auserlesenen Bibliothek, mit seltenen Handschriften und wertvollsten Kunstwerken – er besaß unter anderem eine Maria von Albrecht Dürer und die Bekehrung Pauli von Holbein – lag in Asche. Aber er vergaß den eigenen Verlust unter der Arbeit, die er nun in seiner Gemeinde tat: »In einem elenden Hause der Vorstadt, ohne alles Einkommen, unter drückendem Mangel, ohne Zuspruch von seinen Freunden, von feindlicher Einquartierung geplagt, von nichtswürdigen Menschen aus seiner eigenen Gemeinde verfolgt, von Sterbenden und Toten umgeben, welche die Pest haufenweise dahinraffte, war er dennoch unermüdet geschäftig, das vielgestaltige Elend zu mindern; er flehte mündlich und schriftlich bei den feindlichen Befehlshabern um Schonung der unglücklichen Stadt, schaffte den Kranken und Durstigen Nahrung, Arznei und Betten, sorgte für das Unterkommen so vieler verwaister Kinder, ließ auch jetzt die Kirchenzucht nicht sinken, erinnerte die Obrigkeit mit nachdrücklichem Ernst an ihre Pflicht, wehrte dem in so großer Verwirrung unter den Bürgern wieder einreißenden sittlichen Verderben, erfüllte die Sterbenden mit dem Troste des göttlichen Wortes und hatte endlich die Freude, Ruhe, Ordnung und Zucht wenigstens einigermaßen wiederherzustellen. Es ist eine bis dahin nicht dagewesene Liebestätigkeit, zu der dieser Mann, von tausend Schmerzen gequält, sich gedrängt sah. Er sammelte Beiträge unter den Bürgern und unter den auswärtigen Freunden; mit diesen Geldern half er den Kranken, ließ er zweimal täglich die armen Kinder im Krankenhaus speisen, tat sie in Schulen und brachte einige bei Handwerkern unter. Nicht weniger als 110000 Bedürftige sollen, so hat man berechnet, während der Jahre von 1626 bis 1631 seine Unterstützung genossen haben, und 10000 Gulden sollen aus einer bereits früher von ihm gestifteten Wohltätigkeitsanstalt durch ihn zur Verwendung gekommen sein« (Paul Drews).

Das Werk *August Hermann Franckes* ist ein weiteres Beispiel für eine Pfarrfamilie als sozialer Sammelpunkt. Er eröffnete seinen Gemeindegliedern einen freien Zugang ins Pfarrhaus. »...Seine Gegner spotten über ihn, sein Pfarrhaus gleiche einem Taubenschlag, in dem die Menschen pausenlos ein- und ausfliegen. In seinem Glauchaer Gedenkbüchlein bittet er darum, sein Haus nicht als ein Richthaus anzusehen, sondern als Zuflucht der Witwen und Waisen, der Verlassenen, der Zweifelnden, der Leidtragenden, als Zuflucht aller, die Trost und Erweckung aus Gottes Wort und Hilfe in ihren Zweifeln suchen... Genau einen Monat nach seiner Vermählung, am 2. Juli 1694, beginnt August Hermann Francke die ersten Maßnahmen gegen die größte Not in seiner Gemeinde, gegen das Elend der bettelnden und vernachlässigten Kinder zu ergreifen. Er ist sich darüber im klaren, daß er mit den Kinderkatechesen im Gotteshaus der Not allein nicht beizukommen vermag; es muß mehr geschehen. Anna Magdalena, die ihn schon in einem ihrer ersten Briefe als Zweiundzwanzigjährige gebeten hat, einem armen Knaben um Jesu willen zum Besuch des Gymnasiums zu verhelfen, steht ganz auf seiner Seite. Ob sie mit ihrem warmen Herzen den praktischen Rat erteilt hat, die Bettelnden, die Alten und die Jungen nicht vor der Tür abzuspeisen, sondern ins Haus hereinzuholen, und damit das ausgesprochen hat, was Francke selbst suchte? Die Vermutung liegt nahe.

Jedenfalls sind aus diesem ersten Schritt, vier Wochen nachdem die Pfarrfrau im Pfarrhaus eingezogen ist, die Werke der Liebe erwachsen, die vielen Tausenden zum äußeren und inneren Segen geworden sind ... Die tätige Nächstenliebe ist ihm Erweis des wahren Glaubens. Er fragt die Christen in Erfurt: ›Ist man gesund am Glauben? Und, welches das Vornehmste ist, wie beweiset man sein Christentum? In der Liebe, in der Liebe, sage ich – hört ihrs wohl? – gegen den Nächsten, gegen Freunde und Feinde, vornehmlich gegen die notdürftigen Glieder Christi.‹

Das soziale Elend war damals in Deutschland unvorstellbar groß. In Bayern liegt zu dieser Zeit noch ein Drittel des Landes wüst. Man schätzt, daß zehn bis zwanzig Prozent der Bevölkerung überwiegend vom Betteln gelebt haben. Die Einwohnerzahl in den alten Reichsstädten sinkt in der zweiten Hälfte des 17. Jahrhunderts noch unablässig.

Der Pietismus hat in Deutschland eine soziale Bewegung entwickelt. Leider ist es nur der Pietismus gewesen, der sie getragen hat, nicht die Kirche als Ganzes.

Die stärksten Antriebe gehen von Francke aus. Doch bescheiden sind die ersten Ansätze, die zu seinem weltberühmten Werk führen. Durch die Straßen und Gassen der kleinen Amtsstadt Glaucha ziehen täglich die Scharen der Bettler und der armen Kinder. Die Ortsarmen ziehen in Gruppen – vor allem sind es Alte und Kinder – gemeinsam von Haus zu Haus. Mit der Zeit hat sich eine bestimmte Ordnung eingespielt. Die Bürger haben einen gewissen Wochentag bestimmt, an dem die Armen vor ihre Tür kommen und die Gaben abfordern dürfen.

Hören wir August Hermann Francke selbst, der in seinen 1701 erschienenen ›Fußstapfen des noch lebenden und waltenden, liebreichen und getreuen Gottes...‹ rückblickend ausführlich davon erzählt: ›Weil nun solches in meiner, als Pastoris zu Glaucha, Nachbarschaft des Donnerstags geschah, so kamen die armen Leute von sich selbst darauf, daß sie eben an dem Tage vor meiner Tür zu gleichem Ende sich häufig versammelten. Ich ließ ihnen eine Zeitlang vor der Tür Brot austeilen, bedachte aber bald dabei, daß dies eine erwünschte Gelegenheit sei, den armen Leuten auch an ihrer Seele durch Gottes Wort zu helfen.‹ Anfang Juli 1694 gibt Francke das Brot nicht mehr an der Haustür aus, sondern lädt die Bittenden ein, ins Haus zu kommen. Auf die eine Seite läßt er die Alten, auf die andere das junge Volk treten. Dann fragt er die Jüngsten freundlich nach dem Katechismus und den Grundwahrheiten des

Christentums, während die Alten still zuhören. Nur eine Viertelstunde dauert alles, dann schließt Francke mit einem Gebet und läßt nunmehr das Brot ausgeben. Den Auseinandergehenden sagt er noch, daß er nach dieser Ordnung jeden Donnerstag verfahren werde...« (nach Erich Beyreuther). Damit begann das später aufblühende Werk der Franckeschen Anstalten in Halle.

Der junge August Hermann Francke

Aus der Fülle weiterer Pfarrhäuser seien wenigstens noch einige genannt. Im Lebensbild *Theodor Fliedners* zeichnet Martin Gerhardt die soziale Linie nach: »Wo Not und Elend, Krankheit und Sorge herrschten, war er immer mit Trost und Rat zur Stelle und handelte als ein rechter Vater seiner Gemeinde nach dem gesunden Grundsatz, daß wirtschaftliche und seelsorgerliche Hilfe Hand in Hand zu gehen hätten. Aus den kleinen Einnahmen bei Taufen und Trauungen hatte er immer einige Mittel für die Aufgaben der Armenpflege flüssig. Bald bezahlte er die rückständige Miete eines in Not geratenen Hausstandes, bald gab er ein kleines Darlehen zur Begründung eines Geschäftes oder half sonst mit Barvorschüssen, auch aus seiner eigenen Tasche. Durch die trübe Erfahrung, daß seine Gutmütigkeit bisweilen ausgenutzt wurde, ließ er sich nicht abschrecken. Niemand sollte vergeblich an seine Tür klopfen, der irgendwie in Not geraten war. So mancher durchreisende arme Handwerksbursche hat aus dem Kaiserswerther Pfarrhaus eine gute Wegzehrung mitnehmen dürfen. Fliedner fragte auch nicht nach der ›Würdigkeit‹ des Hilfebedürftigen. Wiederholt hat er gerade gescheiterten Existenzen durch Fürsprache bei einflußreichen Stellen und durch Darlehen zu einer neuen Lebensgrundlage verholfen. Hier handelte er einfach nach dem Gebot der Barmherzigkeit. Aber er hielt dann darauf, soweit es in seiner Macht stand, daß die neue Lebensbahn auch wirklich mit ernstem, gutem Willen beschritten wurde. In anderen Fällen verwandte er sich bei Wuppertaler Fabrikanten für die Gestellung von Webstühlen und für Arbeitsaufträge an brotlos gewordene Weber, um so die Armut durch das wirksamste Mittel, die Arbeitsbeschaffung, zu bekämpfen. Kranken verhalf er zu den nötigen Heilmitteln oder zu Kurkostenbeiträgen und setzte manches Unterstützungsgesuch an Behörden auf, wo die Hilfsbedürftigen zu ungewandt waren, um das selbst tun zu können. Der Schriftwechsel, der über viele solche kleinen Vorkommnisse noch erhalten ist, und sein selbst zusammengeheftetes Rechnungsbuch über die kirchliche Armenkasse legen ein beredtes Zeugnis ab für die vorbildliche Treue, die Fliedner auf diese Seite seiner seelsorgerlichen Wirksamkeit verwandte.« Diese Gemeindearbeit im sozialen Elend war für Theodor Fliedner und seine Frau das Lernbild für die von ihnen ausgehende Erneuerung des Diakonissenamtes.

Vor allem im Ausland sind die Häuser deutscher Pfarrer bis heute unübersehbare Sozialstationen geblieben. *Friedrich von Bodelschwinghs* Wirken in Paris als Pfarrer für die deutschen Straßenkehrer dort legt dafür ein beredtes Zeugnis ab. Lange bevor er der Vater Bethels wurde, fanden in der Giebelstube seines Pariser Pfarrhauses immer wieder am Leben gescheiterte junge Deutsche Zuflucht, die durch Schuld und Schicksal nach Paris verschlagen waren.

»Die Harmlosesten waren die ›professionellen Bettler‹, die alle vorhandenen ›Wohltätigkeitsvereine‹ und ›gutmütigen Leute‹ aufsuchten, um auf bequeme Weise zu Geld zu kommen. Mit diesen Leuten gab es bisweilen Begegnungen, die der Komik nicht entbehrten. Das Oberhaupt einer ganzen Bettlerfamilie, die ständig zwischen Havre, Paris und Marseille hin- und herpendelte, rechnete Bodelschwingh eines Tages vor, ›daß er 10 Franken haben müsse‹. Als er nur einen geschenkt erhielt, erklärte er seelenruhig: ›Es ist mir leid, daß ich Ihnen kennengelernt habe, nun habe ich 9 Franken Schaden an Ihnen gehabt.‹ Bei anderen Besuchern seiner Herberge blickte Bodelschwingh ›in unbeschreiblich tiefen Jammer von Sünde und Not und Verirrung‹. Aber auch in den hoffnungslosesten Fällen gab er niemanden auf, sondern ging dem Betreffenden helfend nach, solange er eine Möglichkeit dazu hatte, bisweilen weit über seine Pariser Amtszeit hinaus« (nach Martin Gerhardt).

Friedrich von Bodelschwingh, der Ältere (1831-1910)

Auswirkungen auf die Universitäten

Manche Professoren der praktischen Theologie jener Jahre widmen dem evangelischen Pfarrhaus eigene Kapitel. So lehrt zum Beispiel der berühmte Professor Friedrich Niebergall in Leipzig: »Allgemein gilt das Pfarrhaus für etwas ganz anderes als etwa die Wohnung des Bürgermeisters oder des Richters: es gehört viel mehr zur Person des Pfarrers und zu seinem Amt und wird darum für viel unentbehrlicher gehalten. Das hängt nicht nur mit Gründen der Zweckmäßigkeit zusammen, da sonst der Pfarrer oft einfach keine Wohnung bekäme; es sind auch viele unwägbare Dinge mit im Spiel, die nach unserer Voraussetzung die größte Macht über die Menschen haben. Zumeist umwittert für die Gemeinde etwas wie ein Hauch der Ehrwürdigkeit und heiliger Achtung das alte Pfarrhaus zumal, wie es sich so leicht nicht an eine wandelbare Wohnung in einem Stockwerk mit vierteljährlicher Kündigung heften kann. Hier spielt alles, was Überlieferung und Gemeinschaft mit früheren

Geschlechtern, sowie was sinnliche Verkörperung geistlicher Kräfte heißt, seine mehr gefühlte als erkannte Rolle. Denn zwar auch noch lange nicht ein jedes Pfarrhaus, aber viele sind das gewesen, als was man sie so oft gepriesen hat: Wohnstätten eines tüchtigen Geschlechtes von Menschen, die immer fröhlich und wacker den Kampf mit Gemeinde und Leben durchgeführt und der Welt Kinder, zumal Söhne geschenkt haben, die – in der Regel bis auf den einen – mehr in anderen Berufen als im väterlichen etwas leisten konnten; Kastelle Gottes, oft einsam und eine Stätte des Martyriums in geistlicher Wildnis, aber auch oft Mittel- und Ausgangspunkt frischen Wassers in der Wüste; manchem ist die Erinnerung an irgend ein ›tröstliches Pfarrhaus‹ (Oeser) oder, humorvoller ausgedrückt, ›eine Retirade in allen Nöten‹ neben dem Eindruck des Geheimnisvollen sein Leben lang nachgegangen. Pfarrhäuser sind auch Pflegestätten für alle idealen oder gemeinnützigen Bestrebungen gewesen; nach Bismarcks Zeugnis der Herd vaterländischer Begeisterung in schweren Jahren, Stätten der Musterwirtschaft für ungelehrige Bauernweiber, eine Art von Settlement, wo nicht ohne viel Martyrium ein gebildeter Mann mit seiner Familie unter ungebildetem Volk wohnt, bereit ein sonst nirgend vorhandenes Zwischenglied zwischen den Ständen zu bilden (Marie Martin). Das Pfarrhaus sollte sein die Zuflucht für viele alleinstehende Lehrer, Junggesellen, Studentinnen und anderes heimatloses Volk, das sich für das Wirtshaus und den Verein zu gut ist, auch am arbeitsreichen Sonntag; dazu für viele der Ort, an dem der Eindruck haftet, du fändest Ruhe dort, oder der als mahnende Erinnerung an Reinheit und Zucht noch lange Zeit ins Leben die Dankbarkeit verfolgt. Als übler Schatten an diesem Ideal muß es ertragen, aber auch langsam geändert werden, daß allerlei fahrendes Volk auf die als Dummheit eingeschätzte Gutmütigkeit des Pfarrerstandes spekuliert und jungen und unverbesserlichen alten Idealisten mit glaubhaften Flunkereien immer wieder Geld aus der Tasche schwindelt; den immer neuen Ärger darüber mag man sich mit dem sauren Trost vertreiben, daß sich doch auch darin das Vertrauen des Volkes zum Pfarrhaus offenbare.«

Ähnlich lehrt A.F.C. Vilmar seine Studenten: »Es ist die Pflicht des Pfarrers, sich zu den Armen in seiner Gemeinde zu halten; sie müssen in ihm allmählich ihren Freund und Vertreter, ja ihres Gleichen sehen. Sie haben ja sonst Niemand in der Welt, der für sie eintritt.«

Der Dorfpfarrer von Langenberg *Friedrich Naumann*, der Vater der Inneren Mission, *Johann Hinrich Wichern*, der freilich in den späteren Jahren kein Pfarrhaus im engeren Sinn führte, der Reformer im elsässischen Steintal und Begründer einer evangelischen Sozialpädagogik, *Johann Friedrich Oberlin*, sind weitere folgenreiche Gestalten von Pfarrhäusern als Sozialstationen. Ihr Einfluß auf die Theologie und auf die Sozialwissenschaften ist unbestritten. Darüber sind viele Bücher geschrieben worden, die jedem Interessenten zur Lektüre offenstehen.

Das Pfarrhaus als Sozialstation

Bericht aus einem baltischen Pfarrhaus

Das deutsch-baltische Pfarrhaus droht der Vergessenheit anheimzufallen. Es war auf dem Lande dadurch gekennzeichnet, daß es neben den Abgaben an Naturalien, die die deutschen Gutsbesitzer und estnischen Bauern der Region zu liefern hatten, in starkem Maß auch auf Selbstversorgung eingestellt war, also eine eigene je nach Lage kleinere oder größere Landwirtschaft und einen großen Nutzgarten besaß.

So hatte der Pfarrer nicht nur sein geistliches Amt zu versehen, sondern mußte zugleich im praktischen Leben seinen Mann stehen, mit Ackerbau und Viehzucht vertraut sein, mit Knechten und Mägden umzugehen wissen. Freilich lief der Betrieb nur dann reibungslos und erfolgreich, wenn die Pfarrfrau an diesen Aufgaben mit Lust und Geschick beteiligt war und darum im Obst- und Gemüsegarten ein gerüttelt Maß an Arbeit leistete. So ergab sich ein vielfältiges Bezugsfeld in das große Kirchspiel des reinen Agrarlandes hinein. So kamen die Bauern und ließen sich auch in praktischen Fragen von ihrem Pastor beraten, ob es sich dabei um den Befall des Getreides durch Mutterkorn oder sonstige Schädlinge oder um Viehkrankheiten handelte, für die der Pastor Hilfsmittel kennen und beschaffen sollte.

Natürlich ließen sich die Bauern des Kirchspiels auch beraten, wenn in der Familie jemand krank war. So waren im Pastorat immer allerlei Hausmittel zur Verfügung, die selbst gesammelt und zubereitet waren wie Lindenblüten-, Kamillen- und Salbeitee oder Arnika. Häufig wurde die Pfarrfrau zur erfahrungsreichen »Hausärztin«. Durch alle diese Kontakte, in denen natürlich die Seelsorge die wichtigste Rolle spielte, kannten der Pfarrer und seine Frau die Nöte, Versuchungen, Hoffnungen und Erfolge der estnischen Bauern genau und konnten mit Rat und Tat helfen.

Für die Pfarrfrau ergaben sich weitere Betätigungsfelder bei der Betreuung der Mädchen und jungen Frauen der Gemeinde. Dazu gehörte vor allem das Nähen und Stricken. Diese Anleitung zu Handarbeiten spielte in der Zeitspanne eine besondere Rolle, in der der Konfirmandenunterricht stattfand. Bei den weiten Entfernungen innerhalb des Kirchspiels war es im Baltikum üblich, daß die angehenden Konfirmanden – sie waren ca. 17 Jahre alt – für die Zeit eines täglichen intensiven Unterrichts etwa für sechs Wochen ins Pastorat zogen, in das sogenannte »Lehrhaus«, in dem sie unterrichtet wurden und auch wohnten und verköstigt wurden. Dieses enge Zusammenleben mit der Pfarrfamilie, auch mit den Pfarrerskindern, schuf enge Beziehungen und oft lebenslange Freundschaften. Denn nach dem Unterricht kam die Geselligkeit zu ihrem Recht, es wurde viel gemeinsam gesungen und gespielt. Was die Mädchen in dieser Zeit bei der Unterweisung im Nähen und Stricken produzierten, vor allem Unterwäsche, Handschuhe und warme Tücher, wurde zu Weihnachten an die Armen im Kirchspiel verteilt: Am Morgen des 24. Dezember wurde der große Arbeitsschlitten angespannt und mit den Geschenken beladen, mit Speck, Kartoffeln, Grütze, Mehl und Wäsche sowie mit selbstgebackenen Süßigkeiten, vor allem dem besonderen Festtagsbrot und Pfefferkuchen. Die Pfarrerskinder unter Fühung des ältesten durften die Gaben in die Häuser der Armen bringen, wobei die lustige Schlittenfahrt oft über weite Strecken ging. Die Versorgung der Armen war in der ländlichen Abgeschiedenheit überhaupt eine wichtige Aufgabe. Der Pfarrer führte in seinem Kirchspiel eine Witwenkasse, die zu genauem Vertrautsein mit der sozialen Lage der einzelnen Familien beitrug.

Ein für das baltische Pastorat typisches Kennzeichen war das »offene Haus« für alle, für alleinstehende Verwandte, Durchreisende, Dauergäste, Ratsuchende – immer gab es eine große Mittagstafel. Oft waren bis zu 20 Personen satt zu machen, was bei den knappen Geldmitteln bisweilen eine kaum zu bewältigende Aufgabe bedeutete und eine sehr bescheidene und einfache Lebensführung bedingte. Das Pastorat war durch seine Offenheit eine vielfältige Anlaufstelle auch für soziale Probleme aller Art, die freilich unmittelbar zwischenmenschlich blieb und keine feste Organisationsform hatte. Diese Sozialbeziehungen waren in ihrer lebendigen Wirkung von den Persönlichkeiten des Pfarrers und der Pfarrfrau, aber auch der ganzen Familie geformt.

Wie diese Einbindung in ein vertrautes Sozialgefüge mit großzügiger Ausstrahlungsmöglichkeit durch die Verbannung baltischer Pfarrfamilien nach Sibirien (1915) zwar gestört, aber nicht völlig zum Erliegen gebracht wurde, berichtet eine Augenzeugin jener schweren Jahre: »Als meine Eltern nach sechsjähriger Wirkungszeit in ihrem schönen Pastorat mit der ganzen Familie nach Sibirien verbannt wurden und sich in einem völlig veränderten schweren Leben einrichten mußten, wo es kein Pastorat mehr gab und es unendlicher Mühe und Phantasie bedurfte, um das Existenzminimum zu sichern, erwies sich unsere Blockhütte bald als Anziehungspunkt für Menschen in äußerer und seelischer Notlage. Vor allem galt dies für die in der Steppe verstreuten Kolonien anderer Verbannter, Deutsche und Esten, manche schon seit Generationen dort angesiedelt, aber noch mit fester Bindung an ihre evangelische Kirche und voll Dankbarkeit, endlich wieder einen Pastor in der Nähe (in Sibirien waren 100 km schon ›Nähe‹!) zu haben, der ihre Kinder taufen und konfirmieren und ihnen selbst Rat und Trost spenden konnte. Der Konfirmandenunterricht mußte unter den primitivsten äußeren Verhältnissen erteilt werden, oft konnten die Kinder kaum lesen und schreiben, und meine damals 7–8 Jahre alte Schwester war dabei fest eingespannt: sie paukte mit den Konfirmanden den Katechismus, oft unter Seufzen und Stöhnen, denn in den ungeschulten Köpfen blieben die schwierigen Erklärungen nur schwer haften.

Ein rührendes Zeugnis alter Verbundenheit zum Pastorat in der Heimat erlebten wir als ›Weihnachtsgeschenk‹ am ersten schweren sibirischen Heiligen Abend. Als es dunkelte, hielt plötzlich vor unserem Haus ein Schlitten, und der leibhaftige Nikolaus stieg aus mit langem Bart, in dem die Eiszapfen glitzerten, und mit einem Sack auf dem Rücken: es war ein ebenfalls verbannter estnischer Bauer aus dem Kirchspiel meines Großvaters, der von der Ankunft meines Vaters gehört hatte und von seinem Wohnort über 50 km weit entfernt gekommen war, um uns alle die Dinge zu bringen, die es, wie er noch wußte, bei meinen Großeltern am Weihnachtsabend zu essen gab, voran einen gekochten Schweinskopf und Kartoffeln – eine besondere Kostbarkeit in der eisigen Kälte, er hatte sie mit heißen Ziegelsteinen umgeben, damit sie nicht erfrören. So strahlte die menschliche Beziehung zwischen dem estländischen Pastorat und seiner Gemeinde zurück in die Dunkelheit der Verbannung. Wenn in Sibirien auch die Möglichkeiten zur Gastlichkeit sehr reduziert waren – ein offenes Haus und eine Anlaufstelle für Menschen in Not wurde unsere einfache Behausung auch dort. So verbrachten einmal drei aus dem Lager geflohene Kriegsgefangene den langen sibirischen Winter bei uns, ehe sie ihre Flucht über China fortsetzen konnten.«

Die Zeiten sind anders geworden

Die veränderte Situation heute läßt keine Nostalgie zu. Das Pfarrhaus von damals als ein rund um die Uhr geöffnetes sozialaktives Haus mitten in der Gemeinde, wo ein Mann und eine Frau für jedermann ansprechbar waren, läßt sich als allgemeine Norm nicht wiederherstellen. Daß damit ein Verlust eingetreten ist, darf nicht verschwiegen werden. Die Entstehung der Sozialstationen neben dem Pfarrhaus kann dieses Haus aber aus seiner sozialen Verantwortung nicht entlassen. Es ist eben mehr als ein Privathaus, auch wenn es zur Wohnstatt oft zweier berufstätiger Menschen und ihrer meist nicht konfliktarmen Kinder geworden ist. Die soziale Sensibilisierung muß auch in Zukunft aus diesen Häusern in die Gemeinden hinein strahlen. Auch heute und morgen sollen die Pfarrhäuser seismographische Bedeutung haben zur Feststellung ungerechter Verhältnisse in der nahen und weiten Welt. Der Asylcharakter für Menschen, die sonst nirgends eine offene Tür erhoffen dürfen, darf nicht verlorengehen. Das Urteil eines Großstadtpfarrers am Beginn der siebziger Jahre behält Gültigkeit: »Die kleine Welt des Pfarrhauses unterliegt gewiß dem Wandel der Zeit, sie hat aber stets die Möglichkeit, Gutes zu bergen und zu entfalten. Bei allen menschlichen Unzulänglichkeiten und Schwächen erweist die göttliche Wahrheit im Pfarrhaus ihre Durchsetzungskraft, weil notwendig nach dieser Wahrheit gefragt werden muß, weil niemand im Pfarrhaus ohne diese Wahrheit bestehen kann. Da alle Pfarrhäuser neben anderem immer auch Sammelbecken für Not, Leid und Sünde sind, mit denen die Menschen freiwillig und unfreiwillig kommen, schwindet bald die Illusion, man könne dem allem mit eigenem Seelenvermögen standhalten oder gar hilfreich begegnen« (Hans Büscher).

Heinz Flügel widmet dem evangelischen Pfarrhaus in der neueren Literatur eine kenntnisreiche Darstellung unter dem vielsagenden Titel »Salon oder Asyl«. Die Glaubwürdigkeit der Kirche wird sich nicht zuletzt daran messen lassen, daß das evangelische Pfarrhaus nicht zum Salon wird, sondern sich dem evangeliumsgemäßen Auftrag nicht entzieht, für viele geschundene, rat- und heimatlos gewordene Menschen Asyl zu bieten.

Literatur

ERICH BEYREUTHER: August Hermann Francke, Marburg 1956
HANS BÜSCHER: Mein Stadtpfarramt, Gütersloh 1969
PAUL DREWS: Der evangelische Geistliche, Jena 1905
HEINZ FLÜGEL: Salon oder Asyl, in: Haus in der Zeit, Herausgeber: Richard Riess, München 1979
MARTIN GERHARDT: Friedrich von Bodelschwingh, Bethel 1950
MARTIN GERHARDT: Theodor Fliedner, Düsseldorf 1933
FRIEDRICH NIEBERGALL: Praktische Theologie, Tübingen 1918
PAUL SCHEURLEN: Luther, Stuttgart 1947
A.F.C. VILMAR: Lehrbuch der Pastoraltheologie, Gütersloh 1872

DIETRICH STOLLBERG

Das Pfarrhaus als psychotherapeutische Ambulanz und als Psychopatient

I. »Pfarrhaus« ... Was ist ein Pfarrhaus?

Ich soll hier, das ist meine »Hausaufgabe«, über »das Pfarrhaus« schreiben und entdecke, daß mir dies besondere Mühe macht. Selber Kantorensohn, aber Pfarrersenkel, Pfarrersneffe und Pfarrersvetter, Pfarrersschwager und Pfarrersfreund, wurde auch ich Pfarrer und bin es immer noch. In Pfarrhäusern habe ich freilich nur besuchsweise gewohnt, und ob mein eigenes Haus ein Pfarrhaus ist – auch wenn ich es mit meiner Familie bewohne, auch wenn ich Ratsuchende, einzeln und in Gruppen, darin »verarzte«, auch wenn ich meinen Garten liebe und pflege, auch wenn wir intensiv Hausmusik machen –, das bezweifle ich: Denn ich wohne nicht in »meiner« Gemeinde. Ich wohne in der Gemeinde, die ein Kollege betreut, als ganz normales Gemeindeglied, während meine eigene Gemeinde, eine Art Personalgemeinde an der Universitätskirche, mir nur aus Anlaß der sog. akademischen Gottesdienste begegnet und im engeren Sinne gar keine Gemeinde darstellt. Ich habe also den Nachteil, der aus wissenschaftlicher Perspektive zugleich ein Vorteil ist, ein

Pfarrer ohne Gemeinde zu sein, der in einer Gemeinde wohnt, sich aber in gewisser Weise für eine andere Gemeinde besonders beauftragt versteht. Das könnte man mit Stillschweigen übergehen, wenn sich aus dieser kleinen Skizze nicht das Dilemma und die Schwierigkeiten oder doch jedenfalls der Wandel im Selbstverständnis vieler zeitgenössischer Pfarrer ablesen und analysieren ließe. Unter anderem erklärt sich daraus auch, warum mir in meinem eigenen Haus absolut das »Pfarrhausgefühl« fehlt, das ich sofort bekomme, wenn ich ein »echtes« Pfarrhaus betrete, welches mitten in der Gemeinde oder im Sprengel steht, in dem nicht nur der Pfarrer wohnt, sondern auch das Pfarramt zu finden ist, in dem es einen Raum für Konfirmandenunterricht und Mitarbeiterbesprechungen gibt – ein Haus, das dem Pfarrer weder gehört noch von ihm nach eigener Wahl gemietet, sondern das ihm quasi als Amtshaus nur für die Zeit aktiven Dienstes in dieser Gemeinde zur Verfügung gestellt wurde. Dieses Haus ist oft ein historisches Gebäude, der Garten beherbergt entsprechend alte Bäume, die Einfahrt hat vielleicht ein Tor und manchmal sogar ein Wappen zur Zierde. Es gibt noch solche Häuser, und sie werden auch noch von Pfarrfamilien genutzt. Ich glaube sogar, daß sie im Prinzip noch die alten Funktionen wahrnehmen. Aber sie werden seltener, mehr und mehr Pfarrer wohnen und arbeiten anders.

Wer hat nun recht? M. Greiffenhagen mit seiner Feststellung: »Das alte Pfarrhaus ist unwiederbringlich dahin...«[1], R. Friedenthal, der beobachtet: »... manches Pfarrhaus ist eine Arbeitsstätte geworden mit allem modernen Apparat an Maschinerie und Unruhe, ein Büro, eine Redaktion... Luthers zur Legende gewordene Wittenberger Arbeitsstube war nicht viel anders unter damaligen Bedingungen... der Pfarrer muß motorisiert sein... er hat den Alltag vor Augen.«[2] Oder W. Steck, der im Luther-Jahr 1983 noch ganz unbefangen schreiben kann: »Das Pfarrhaus darf nicht sterben.«[3]?

Sind, wie Steck vermutet, die Analysen über das evangelische Pfarrhaus eher von Ängsten und Wünschen bestimmt als von sachgemäßen Beobachtungen? »Viele wünschen sich sein Ende. Soziologen schreiben ihnen den Text.«[4] Steck fährt freilich fort – und das klingt dann doch nach sachlich-beobachtender Begründung: »Denn auch für den Pfarrer treten Beruf und Haus immer weiter auseinander. Die Arbeit des Pfarrers wurde vom Amt zum Beruf... Trennung von beruflicher und privater Lebenssphäre...«[5] Dann wieder beschreibt Steck einen heutigen (!) Pfarrer, der im Pfarrgarten zu sich selber findet: »Er denkt unter dem großen Kastanienbaum über sich selbst nach und spricht in der Laube mit sich selbst.«[6] Demgegenüber erinnere ich mich an einen Cafébesuch mit englischen Theologen-Kollegen im »Old Rectory«, einem verkauften

---

[1] Greiffenhagen, a.a.O. (s. Literaturhinweise am Schluß dieses Beitrags), S. 14
[2] Friedenthal, S. 15
[3] Steck, S. 394 ff.
[4] Ebd., S. 395
[5] Ebd.
[6] Ebd., S. 396

ehemaligen Pfarrhaus, das zum Gasthaus gemacht worden war. Davon gibt es in England einige: Der Pfarrer aber wohnt in einer kleinen Mietswohnung.

Natürlich kann man wie in alten Zeiten »Haus« und »Familie« identifizieren, um damit anzudeuten, daß auch heute die Einheit von Beruf und Leben, Amt und Existenz wünschenswert und sogar, einschließlich der damit verbundenen Probleme, beobachtbar sei. Aber diese Identifikation bei tatsächlichem Unterschied von Arbeitsplatz und Privatwohnung macht die Sache nicht eben einfacher.

Unter diesen Umständen weiß ich wirklich nicht, ob es noch möglich ist, von »Ambulanz« – also einer Art Poliklinik – und von »Patient« zu reden: Ist der Patient nicht längst gestorben, die Ambulanz nicht längst verkauft? Offenbar läßt sich diesbezüglich noch nichts verallgemeinern: Es gibt Pfarrhausleichen (in des Wortes doppelter Bedeutung), es gibt Pfarrhauspatienten, und es gibt, wer weiß, vielleicht noch kerngesunde Pfarrhaus-Ambulanzen.

II. Simul aegrotus simul sanus

Daß das Pfarrhaus einst, verwendet man den mir vom Herausgeber vorgeschlagenen Jargon, psychotherapeutische Ambulanz und Psychopatient in einem war, scheint mir keine Frage. Darüber steht in einschlägigen Monographien und Sammelbänden genügend zu lesen[7]. Wenn ich das Thema aber nicht historisch, sondern gegenwartsbezogen anwenden will, kämpfe ich mit Schwierigkeiten der Wahrnehmung: Ein rechtes Durcheinander bietet sich meiner Beobachtung, und ich bin mitten drin. »Teilnehmende Beobachtung« gilt zwar im Sinne zeitgerechter Hermeneutik als durchaus sachgemäßes heuristisches Prinzip, dennoch finde ich sie im gegebenen Kontext schwierig und will diese Schwierigkeit auch ausdrücklich benannt haben.

Ist »Durcheinander« ein Krankheitssymptom? Nicht unbedingt – und überhaupt: Was heißt Krankheit? Wer ist Patient? Wenn »Patient« der »Leidende« ist, vielleicht auch der »Duldende«, dann freilich wimmelt es von Patienten, und das finde ich noch nicht einmal schlecht; denn Leiden kann auch Arbeiten bedeuten[8], und das Herumlaborieren an unbefriedigenden Zuständen ist eine wichtige Quelle der Weiterentwicklung, die gerade heute nicht zugeschüttet werden darf, etwa durch vorschnelles Therapieren im Dienste der Abwehr[9]. So kann ein unbefangener wie teilnehmender Beobachter auf die Idee kommen, das Pfarrhaus, was immer es auch sei, leide und sei daher als »krank« zu bezeichnen; aber auch der gegenteilige Schluß ist zulässig, nämlich daß es gerade deshalb »gesund« sei. Vielleicht ist es gar nicht so abwegig, Luthers

---

[7] Vgl. u. a. Greiffenhagen (Hg.) u. Riess (Hg.), a.a.O.
[8] Vgl. im Lateinischen die Bedeutungen von laborare und pati!
[9] Zum Abwehr-Charakter der Seelsorge vgl. WzM 34, 1982, H. 1; dazu K. Winkler, Formen der Abwehr, in: Lebendige Seelsorge 34, 1983, H. 2/3, S. 128–132

anthropologische Grundaussage »simul iustus et peccator« auf den Zustand des Pfarrhauses heute anzuwenden: »Simul aegrotus simul sanus.« Von dieser Hypothese ausgehend, lassen sich einige Beobachtungen über das Pfarrhaus als Psychopatient und als psychotherapeutische Ambulanz nacheinander darstellen, obwohl die Realität die scheinbar mögliche Trennung von Arzt und Patient, Gesundheit und Krankheit überholt.

III. Der Psychopatient

Da ich den »Psychopatienten« interessanter finde als die »Ambulanz«, beginne ich bei ihm. Ist echte Gemeinde eine solidarische Gruppe Leidender, dürfte die Reihenfolge ohnedies unwichtig sein.

Man kann heute im Hinblick auf die Pfarrfamilie einige berufsspezifische Grundkonflikte feststellen[10]. Sie hängen mit der teilweise schon lokal, teilweise aber stärker moralisch gegebenen Ausnahmesituation, in der die Pfarrfamilie lebt, zusammen. Angstgeborene Rückfragen, psychoanalytisch als Abwehrverhalten gedeutet, werden dabei bereits als Indikatoren spezifischer Probleme betrachtet. Man könnte zum Beispiel fragen,
– ob hier aufgedeckt werden solle, was in Pfarrhaus und Pfarrfamilie etwa »nicht in Ordnung« sei,
– ob das Interesse am Patienten Pfarrhaus nicht dessen Besonderheit zementiere, statt den Unterschied zwischen Pfarr- und Bürgerhaus einzuebnen,
– ob es nicht völlig unangemessen sei, das Spezifische des Pfarrhauses, das ja in der Glaubensdimension liege, empirisch zu beobachten.

Angst vor Schande, Angst vor Isolierung und Angst vor Identitätsverlust wären die drei psychodynamischen Kräfte, die jeweils einer der gestellten Fragen entsprächen. Bürgerliches Ordnungsdenken und die Idee vom Vorbildcharakter des Pfarrhauses wären beim ersten Typus zu konfliktträchtigen Faktoren des Familienlebens geworden: Der Gemeinde soll eine heile Welt vorgelebt werden, die Realität sieht freilich anders aus und muß dann folglich verdeckt werden. »Um der Gemeinde willen« wird diese pathogene Unredlichkeit häufig genug von Pfarrern wie von Kirchenleitungen zur Norm erhoben.

Demgegenüber realisiert der zweite Typus so etwas wie das »Ja zur säkularen Existenz«: Kirche und Welt gehören nach dieser Auffassung zusammen, der Beruf dient der Selbstverwirklichung des Pfarrers (die freilich nicht im Gegensatz zum Aufbau der Gemeinde gesehen wird), die Familie muß sich damit nicht identifizieren. Die Pfarrfrau geht in dieser Konstellation häufig einer anderen beruflichen Tätigkeit, etwa als Studienrätin für Deutsch und Sozialkunde, nach, und die Kinder interessieren sich für Autobastelei oder Ballett und sind statt im Jugendkreis in einer Werkstatt oder im Studio zu finden. Frau Dr. C. stellt fest: »Ich habe nicht den Pastor, sondern Manfred C.

---

[10] Winkler, Fixierung, a.a.O., S. 341 ff.

geheiratet.«[11] Der Streß, den die Berufstätigkeit beider Ehepartner, noch dazu in verschiedenen Arbeitsbereichen, und die damit gegebene starke Differenzierung der Beziehungsfelder (zwei professionelle Kontexte, ein gemeinsamer Familienzusammenhang, weitere davon zu unterscheidende Erlebnisbereiche der Kinder) auslöst, ist enorm, der negative Einfluß auf die Familienatmosphäre und von dort auch auf die Art und Weise, wie der Pfarrer in seiner Gemeinde wirkt (selbstverständlich auch auf die Praxis der Pfarrfrau und der Kinder), kann erheblich sein. Gegenüber Modell 1 ist freilich auch der Vorteil unverkennbar, der darin liegt, daß alle Familienmitglieder viel individuelle Freiheit haben, vom Druck der Vorbild-Ideologie befreit sind und daß die Kinder etwa vom Zugriff einer fast nur auf sie angewiesenen frustrierten Mutter und vom erstickenden Klima einer bürgerlichen Kleinfamilie mit althergebrachter Rollenverteilung entlastet sind. K. Winkler weist aber darauf hin, daß auch in dieser sich so progressiv gebenden Familie ein destruktives Ideal am Werk sein kann, welches pfarramtliche Funktionen und emanzipatorisch-individualistisches Lebensgefühl miteinander zu verbinden trachtet – ein schier unerreichbares Ideal[12]. Kommt dann noch ein Vita-communis-Ideal von Gemeindeaufbau hinzu, wie es oft gerade von scheinbar modernen Pfarrern vertreten wird (vielleicht gerade, weil der berufliche und familiäre Alltag so wenig Vita communis verwirklicht), wird der Konflikt in und zwischen den Beteiligten unter Umständen zur Zerreißprobe. Für die Kinder können daraus massive Insuffizienzgefühle entstehen: Sich so verschiedenen Dingen erfolgreich zu widmen und trotzdem die Hauptaufgabe nicht zu vernachlässigen, wie das den Eltern zu gelingen scheint, das schafft man doch nie[13]!

Die Angst vor dem Identitätsverlust (Modell 3) bringt andere Konflikte hervor: Winkler illustriert sie an Sonderpfarrern, die keine Gemeinde mehr betreuen, sondern in Landeskirchenämtern und anderen »Werken« (!) als Manager eingesetzt sind[14]. Auch an Theologieprofessoren und Religionslehrer ist zu denken (s. o.). Beruf und Familie sind nun im Unterschied zur früheren Gemeindetätigkeit funktional und räumlich extrem getrennt. Der Vater geht wie jeder Angestellte und Beamte früh zum Dienst und kommt nachmittags oder abends nach Hause, manchmal ist er auch tagelang verreist. Frau und Kinder haben mit seiner Arbeit nichts zu schaffen, außer daß er oft noch zu Hause am Schreibtisch sitzt und nicht gestört werden will oder daß er mehr oder weniger aufregende Erlebnisse vom Dienst berichtet. Man gehört zu irgendeiner Kirchengemeinde oder einem Sprengel davon, ist irgendeinem Pfarrer-Kollegen zugewiesen und findet es unter Umständen schwer, sich mit dieser Gemeinde zu identifizieren. Gleichwohl versteht man sich als Verkündiger des Evangeliums, will auch als Verwaltungsmann Theologe bleiben und

---

[11] Ebd., S. 346
[12] Ebd., S. 347
[13] Ebd., S. 348
[14] Ebd., S. 348 ff.

stellt daher die Grundsatzfrage nach dem Verhältnis von Theologie und Empirie. Verständlich, daß nun die empirische Frage nach dem Pfarrhaus problematisch erscheint; denn das Pfarrhaus ist für diesen Mann/diese Frau dahin, er lebt als Privatmann und Bürger wie jeder andere sein 0815-Freizeit-Leben, verwaltet aber Gemeinden und deren »Pfarrhäuser« alten Stils und muß schließlich sich selbst und anderen immer wieder seine Identität als Pfarrer glaubhaft machen. Christliches Leben und bürgerliche Wochenendexistenz am Rande der Gemeinde, in der man zufällig wohnt, fallen auseinander. Dieser Pfarrer kann plötzlich die sogenannten Karfreitagschristen verstehen.

Was läßt sich diesem Psychopatienten »Pfarrhaus-Erinnerung« oder »Pfarrhaus-Beobachtung«, also dem Theologen, der kein Gemeindepfarrer mehr ist, empfehlen?

– Es kann »nicht um die bloße Vermeidung von Fehlern gehen«[15],
– Bewußtmachung und Wahrnehmung von Grundspannungen und Grundängsten in der eigenen Familie, die »nicht als moralische Niederlage, sondern als Notwendigkeit« empfunden werden dürfen, sind zu fördern[16],
– »immer geht es dabei um Trennung von dem, was einem ganz besonders lieb geworden ist«[17]: von Gefühlen, Verhaltensweisen, Lieblingsvorstellungen, Idealen, Glaubensvorstellungen und Glaubenspraxis,
– es geht, so können wir zusammenfassen, um Trauerarbeit, die es ermöglicht, sich selbst, die eigenen Familienangehörigen und andere in die Freiheit zu entlassen, von der das Evangelium spricht und die wir aus der »Noch-Pfarrhaus-Perspektive« den säkularen Bürgern so schwer zuzugestehen vermögen.

Trauerarbeit und Glauben fallen in diesem Kontext zusammen. Therapeutische Seelsorge, gerade auch an der Pfarrfamilie, bedeutet Einübung ins Abschiednehmen, ins Loslassen, ins Trauern:

– Abschiednehmen von Personen, zum Beispiel denen, die einen einst geliebt und gelehrt haben und die uns noch immer in nunmehr überholten theologischen und gemeindebezogenen Idealen begleiten;
– Abschiednehmen von der deprimierenden Suche nach Sinn, die letzten Endes eine Suche nach dem Deus absolutus, dem Deus absconditus, dem Deus ipse ist und als solche dem Wunsch nach dem »Schauen« und nicht der Möglichkeit des »Glaubens« (2. Korinther 5,7) entspringt;
– Abschiednehmen von der krankmachenden Sehnsucht nach dem Paradies.

Die Begleitung bei dieser harten Arbeit ist eine theologische und psychologische Aufgabe. Sie führt, wenn alles gutgeht, zu einer neuen Hinwendung zur Welt, zum Mitmenschen, zum Deus revelatus, der uns in so menschlicher und sterblicher Gestalt begegnet; sie führt zu dem, was ist, statt zu dem, was sein soll, und von da zur Demut und zur Dankbarkeit. Sie führt heraus aus der

---

[15] Ebd., S. 351 [16] Ebd. [17] Ebd.

Depression, aus dem Nein zum Ja – bezogen auf die Realität, bezogen auf die Endlichkeit, bezogen auf den Alltag, bezogen auf das Leben. Der innere Weg zur »Stadt ohne Gott«, in der dann auf ganz neue Weise ein Gott, der freilich nicht mehr mit den Penaten des Pfarrhauses identisch ist, begegnen könnte, ist gerade für den Pfarrer und seine Familie oft äußerst schmerzlich[18].

Allerlei Pfarrhausleiden

Was zunächst eher grundsätzlich festgestellt wurde, läßt sich an konkreten Beispielen verdeutlichen, die teils nur benannt, teils wenigstens skizziert werden sollen. Gedacht ist hier

1. an »*Beziehungszwänge*«: unter anderem Eheprobleme, freie Partnerschaften und homosexuelle Beziehungen, Verhältnis Eltern-Kinder (und umgekehrt), Beziehungen zu Mitarbeitern;

2. an »*Sachzwänge*«: unter anderem die Aufgabe der authentischen und schöpferischen Rede, die gleichzeitig treue Auslegung der Tradition sein soll, die Doppelrolle des Sprechers der Gemeinde und des Sprechers Gottes, die Doppelrolle des Anwaltes der individuellen Freiheit und des Vertreters der Institution, die Doppelaufgabe, aktiv auf Menschen zuzugehen und sie doch auch wiederum frei gewähren zu lassen, die Doppelfunktion der entschlossenen und tatkräftigen Führung und der bescheidenen Zurückhaltung, die als Ziel ansteuert, daß der Führer allmählich überflüssig wird und andere im Sinne partnerschaftlicher Kooperation an seine Stelle treten läßt;

3. an »*Situationszwänge*«: unter anderem die miteinander konfligierenden Impulse zur Wanderschaft und zur Seßhaftigkeit, zur realisierten Armut und zum dankbar ergriffenen Reichtum (also um Verzicht und Gewinn im weitesten Sinne und in den verschiedensten Lebensbereichen: konkret etwa als Frage nach Zölibat versus Pfarrfamilie).

4. Ein Problem, das sowohl die Beziehungs- als auch die Sachebene und die jeweilige Situation betrifft, ist die fatale *Glaubwürdigkeits-Ideologie*[19], deren Folgen von R. Leuenberger »Vorbildneurose« und »Opferneurose« genannt werden[20]. Daß die Verkündigung erst dann bei der Gemeinde angekommen ist, wenn diese ihren Seelsorger auch als den Seelsorgebedürftigen, ihren Prediger der Vergebung auch als Vergebungsbedürftigen sehen *und akzeptieren* kann, scheint weithin noch gar nicht verstanden zu werden[21]. Es ist eine falsche und hybride Vorstellung, eine Hierarchie zwischen Gott, Pfarrer und Gemeinde zu konstruieren, dergestalt, daß der Pfarrer direkt von Gott die Vergebung

---

[18] Vgl. H. Cox, Stadt ohne Gott, Stuttgart 1966
[19] Siehe dazu D. Stollberg, Von der Glaubwürdigkeit des Predigers, in: Predigt praktisch, Göttingen 1979, S. 39–55
[20] Leuenberger, in: Riess (Hg.), a.a.O., S. 219
[21] Ebd., S. 223

erhielte, die er an die Gemeinde weiterzugeben und mit ihr zu teilen hätte. Auch die Pfarrfrau, gelegentlich als Beichtigerin des Pfarrers mißbraucht[22], wäre als absolvierende Instanz für den Pfarrer völlig überfordert. Die Gemeinde selbst kann hier nicht aus der Verantwortung entlassen, sie muß erneut in Pflicht genommen werden. Der Pfarrer als überlegen phantasierter Gemeindevater, von dem man allerlei Rechte einklagen und alles, was man für sein Seelenheil braucht, bekommen könnte, dem gegenüber man aber kaum Pflichten wahrzunehmen und nichts zu geben hätte, ist vielleicht der ärmste Patient der Gemeinde, die sich zuweilen ihm und Gott gegenüber wie eine verwöhnte Horde pubertierender Stipendienempfänger benimmt.

5. Schuld daran ist das berüchtigte *Helfersyndrom*[23], das oft für eine mit dem, gesetzlich verstandenen, Evangelium notwendig verbundene soziale Einstellung gehalten wird, in Wirklichkeit aber eine pathologische Erscheinung darstellt. Das Pfarrhaus als Psychopatient muß es lernen, eindeutig ja und ebenso eindeutig nein zu sagen[24], zu fordern, was es braucht, und sich abzugrenzen, zu geben und zu nehmen – und in alledem eine authentische und situationsgerechte Balance herzustellen. Vermutlich bedarf es dazu auch des *theologischen* Umdenkens, insofern ein einseitig verlieblichtes Gottesbild (vergleiche die Rede vom »lieben Gott«), von dem der Schatten abgespalten, dem »Teufel« zugeschrieben und nicht mehr als eine Seite des ernstzunehmenden einen Gottes wahrgenommen ist, die realistische Ambivalenz der Beziehung zwischen Gott und Mensch verschleiert[25]. Ein nur »lieber« Gott bringt scheinheilige und unredlich-freundliche Pfarrer hervor, die nicht imstande sind, sich selbst und das, was sie zu vertreten haben, den Gemeinden zuzumuten. Pfarrer, die ihren Gemeinden nachlaufen und sich ihnen förmlich anbiedern, werden verständlicherweise krank. Mit »Mission« hat eine solche Einstellung übrigens nichts zu tun, eher schon mit einer falsch verstandenen antiautoritären Pädagogik, die Realitäten verleugnet, Aggression zwischen Menschen einseitig negativ bewertet und ganze Seiten zwischenmenschlicher Realität zugunsten eines destruktiven Ideals unterminiert.

In diesem Zusammenhang wäre auch eine zeitgerechte Form der *Kirchenzucht* neu zu erwägen. Nur wer sich selbst nicht ernst nimmt, kann anderen immer freundlich, stets gewährend, heiter und hilfreich begegnen. Er wird in dieser Rolle des »guten Onkels von der Religion«, der in der Schule nur Einser verteilt und sich in der Gemeinde jegliche Frechheit der Kirchensteuerzahler bieten läßt, freilich letzten Endes nicht ernst genommen und bleibt sich

---

[22] Vgl. Girgensohn, Fragen, a.a.O., S. 457
[23] Siehe dazu u. a. W. Schmidbauer, Die hilflosen Helfer, Reinbek 1977; ders., Helfen als Beruf, ebd. 1982; D. Stollberg, Wahrnehmen und Annehmen, Gütersloh 1978, bes. S. 23–27; ders., Art. Seelsorge, in: D. v. Heymann, Handwörterbuch des Pfarramts, München 1978 ff.
[24] Vgl. Mt 5,37; Jak 5,12
[25] Vgl. dazu P. Schellenbaum, Stichwort: Gottesbild, Stuttgart 1981

selbst, seiner Kirche und vor allem auch seinen Gemeindegliedern die personale Wahrhaftigkeit seines Zeugnisses vom »*ganzen* Gott« schuldig.

6. Damit es an dieser Stelle wachsen kann, braucht das Pfarrhaus die *Solidarität* der Schwestern und Brüder. Doch der Psychopatient, um den es hier geht, gehört, was diese lebensnotwendige Tugend betrifft, auf die therapeutische Intensivstation. Pfarrer und Bürger sind vom »Lernziel Solidarität«[26] gleich weit entfernt. Die oft beklagte politische Naivität des Pfarrhauses[27] dürfte auch damit zusammenhängen. Jahrzehntelang in Schulen sozialisiert, ist gerade der Pfarrer/die Pfarrerin als »gebildeter« Mensch in sozialer Hinsicht wie alle Akademiker mehr oder weniger verbildet: Konkurrenz statt Kooperation, Musterschülerallüren statt mitmenschlicher Offenheit beherrschen auch die Pfarrerschaft. Es geht um die Note 1 oder 2, wenn man nicht ohnedies schon resigniert hat und es um überhaupt nichts mehr geht. Gemeinsame Zielorientierung, vertrauensvoller Austausch im Interesse dieses Ziels, Konfliktfähigkeit und flexibles Ausbalancieren der jeweils nötigen Führungsfunktionen innerhalb der Gruppe – das sind Eigenschaften, die weder trainiert noch überhaupt als notwendig erkannt werden. Das Studium ist einseitig inhaltsorientiert, soziales Lernen kommt nur als exotisches Hobby einiger psychologisch angebrüteter Dozenten und ihrer Fans vor. In den Examina kann es, so wie diese derzeit angelegt sind, nur um stoffliche Kenntnisse, ein paar ahnungsweise vorhandene kognitive Fähigkeiten und, wenn auch unbewußt, um den persönlichen Eindruck, den man den Prüfern zu hinterlassen vermag (übrigens eine äußerst wichtige soziale Fähigkeit, die ins Bewußtsein gehoben, wahrgenommen und verantwortet werden sollte), gehen. In dem verschulten Klima unserer Gesellschaft[28] kann der Psychopatient Pfarrhaus, gerade wenn er besonders sensibel ist, vielleicht schon des Klimas wegen nicht wieder gesund werden.

7. Ein weiterer unerkannter Krankheitsfaktor ist das, was I. Illich »*Genus-Verlust*« genannt hat[29]. Auch wenn Genus, das heißt eine geschlechtsspezifische Bezogenheit und Realitätswahrnehmung der Menschen in jeder Hinsicht, mitsamt dem Pfarrhaus alten Stiles »unwiederbringlich dahin« sein sollte, so wird die Verleugnung entscheidender Wesensmerkmale von Mann und Frau in ganz konkreten Beziehungen und Situationen auch in der Kirche Schaden stiften. Man mag die Auseinandersetzung um »die Frau im Amt« für, Gott sei Dank, überholt halten – und der Verfasser teilt diese Auffassung –, man wird aber nicht darum herumkommen, die Unterschiedlichkeit von Wahrnehmung

---

[26] H. E. Richter, Lernziel Solidarität, Reinbek 1974
[27] Vgl. u. a. Greiffenhagen, Pfarrerskinder, S. 21
[28] Siehe dazu die Veröffentlichungen von I. Illich, alle erschienen bei Rowohlt, Reinbek 1972 ff.; D. Stollberg, Die konfliktscheue und die verwöhnte Generation, in: WzM 34, 1982, H. 8/9, S. 370–382
[29] I. Illich, Genus, Reinbek 1983

und Umgang zwischen Mann und Frau in ihrer theologischen und kirchenpraktischen Relevanz genauer zu erfassen und zu berücksichtigen. Damit, daß Frauen in Männerkleider schlüpfen, ist es ebensowenig getan wie damit, daß Männer plötzlich massenweise »ihre Weiblichkeit entdecken« und – vordergründig zweifellos mit einem gewissen Recht – alte moralische Tabus brechen. Das Problem kann hier auch nicht ansatzweise gelöst, sollte aber in seiner Brisanz wenigstens angedeutet werden. Vielleicht sind die Akzentuierungen »weiblicher Spiritualität« und »feministischer Theologie«, die zur Zeit noch an Interesse gewinnen, als ein Hinweis auf eine Wiedergewinnung von Genus zu betrachten[30]. Es wäre dann zu fragen, was mit der männlichen, nichtpatriarchalischen, Theologie und Spiritualität geschehen und wo sie geblieben ist. Die Provokation durch die Frauen scheint an dieser Stelle immer noch nicht stark genug (oder schon zu intensiv) zu sein, um die Männer aus ihrer Genus-Verleugnung und der in ihr gebundenen Angst herauszulocken.

Man wird also die derzeitige Homosexualitätswelle im Zusammenhang mit dem, was Illich »Genus-Verlust« genannt hat, sehen dürfen[31]. Mann und Frau müssen sich selbst in ihrer jeweiligen geschlechtsspezifischen Identität erst wieder neu finden, um einander begegnen zu können.

In den Zusammenhang der Genus-Problematik gehört ferner ohne Frage die Tatsache, daß auch im Pfarrhaus heute oft Vater und Mutter berufstätig sind und ihre Kinder eher als Belastung denn als Segen empfinden (s. o.). Während die Mutter als Pfarrerin die »Kinder Gottes« in der Gemeinde »bemuttert«, fehlt es zu Hause an Ruhe und Gemütlichkeit. Während das Kindermädchen nach Hause und die Mutter in ihre Arbeitskreise geht, übernimmt der heimkommende Vater das Zubettbringen der Kinder.

8. Ein vielleicht berufsspezifischer pathologischer Aspekt der Pfarrhaus-Sozialisation ist das *Geborgenheits-Syndrom*. Greiffenhagen[32] beschreibt eine für Pfarrerskinder (und vermutlich auch andere kirchlich Sozialisierte) typische Ambivalenz zwischen der Sehnsucht nach Freiheit von der Kirche und dem Bedürfnis nach Geborgenheit in der Institution. Der Mutterschoß der Kirche hält die Leute fest; haben sie sich befreit, suchen oder bilden sie gar »Ersatzkirchen«. Sie scheinen von der alles verschlingenden Mutter Kirche oder vom alles bestimmenden Vaterhaus nicht loszukommen. Man mag freilich auch fragen, ob sich hier nicht nur eine gesteigerte Sensibilität für ein allgemeinmenschliches Bedürfnis nach Eingebundensein und Zugehörigkeit, nach Identität, die ganz wesentlich zum einen aus der individuellen Biographie, zum anderen aber (und beides hängt natürlich eng zusammen) aus der Zugehörigkeit zu einer bestimmten Gruppe resultiert, ausdrückt.

---

[30] Vgl. u. a. C. Halkes, Gott hat nicht nur starke Söhne, Gütersloh 1982; U. Krattiger, Die perlmutterne Mönchin, Stuttgart 1983
[31] Vgl. u. a. H. G. Wiedemann, Homosexuelle Liebe, Stuttgart 1982
[32] Pfarrerskinder, S. 33

9. Man kann gewiß das ganze Spektrum dessen, was man heute unter »Neurosen« zusammenfaßt, auch als Ergebnis einer Pfarrhaussozialisation beobachten. Mir scheint es jedoch angemessener, im übrigen auch wahrscheinlicher, daß diese nur eine besondere Ausprägung allgemeinbürgerlicher, also schichtspezifischer Sozialisation darstellt. Unter dieser Voraussetzung müßte dann der Psychopatient Pfarrhaus im Vergleich mit dem »Psychopatienten Bürgertum« untersucht werden – eine Arbeit, die im vorgegebenen Rahmen nicht geleistet werden kann. Innerhalb des »bürgerlichen Patientengutes« wäre dann vermutlich noch einmal grob zwischen dem für kirchliche Verhältnisse wohl besonders maßgeblichen Kleinbürgertum und seiner Moral einerseits und dem durch Wohlstand und/oder Bildung davon unterschiedenen Großbürgertum, das ganz andere Verhaltensweisen an den Tag legt, zu unterscheiden.

10. Ein Konflikt, der pfarrhausspezifisch zu sein scheint, läßt sich freilich schon bei dieser hypothetischen und groben Perspektive erkennen: Von seiner *Bildung* her gehört der Pfarrer mit seiner Familie zur Oberschicht, von seinem *Einkommen* her zur unteren Mittelschicht, von seinem beruflichen *Selbstverständnis* her meint er oft genug, er müsse sich mit den Armen solidarisieren. Er leidet an seinem großen Haus, das er doch andererseits gerne für seine Familie und eine Arbeit, die Ruhe und Konzentration erfordert, in Anspruch nimmt, auf dessen Renovierung er gedrängt hat und dessen großen Garten er genießt. Ich kannte einen stark sozialethisch geprägten Kollegen, der sich ein Schwimmbad gebaut hatte und seither unter einem solchen schlechten Gewissen litt, daß er sich veranlaßt sah, sein Schwimmbad für die Allgemeinheit zu öffnen. Dadurch kamen seine Kinder mit der Drogenszene in Kontakt, es gab katastrophale Situationen, und der Vater sah sich in seiner Meinung bestätigt, daß »ein Reicher nicht ins Reich Gottes kommen könne« (Matthäus 19,23 f.). Ein verbeamteter Bürger mit Familie, der einen Beruf hat, der von seiner ganzen Unbürgerlichkeit her eigentlich nur von einem armen und ledigen Wanderprediger angemessen wahrgenommen werden kann[33], weil er nur dann wirklich frei von allen Rücksichten der Predigt des Evangeliums und dem damit verbundenen Kreuz dienen kann – das muß geradezu zu innerseelischen und vermutlich auch in innerfamiliären Zerreißproben führen.

11. Abschließend sei noch einmal die *Glaubwürdigkeits-Ideologie* angesprochen, die als Folge eines moralistisch-bürgerlichen Mißverständnisses von Wahrhaftigkeit auch im Pfarrerberuf ganz gegen das Zeugnis der Bekenntnis-

---

[33] Vgl. das Festhalten Roms am Zölibat. Man wird sich dabei freilich fragen, wie gerade eine dermaßen festgefügte und »seßhafte« hierarchische Institution an dieser Stelle etwas von der Freiheit des Evangeliums energisch bewahren konnte. Die Antwort mag evtl. desillusionierend ausfallen: Denn vielleicht geht es gar nicht um die »Weisheit des ungesicherten Lebens« (A. Watts), sondern um die Verfügbarkeit des recht gut abgesicherten Junggesellen (oder auch der Nonne) für eine autoritäre Institution.

schriften weit verbreitet ist[34]. Sie verlangt vom Pfarrer, daß er die Wahrheit des Evangeliums durch sein Verhalten und seinen Lebensstil bezeuge. Ganzheitliches Zeugnis muß demgegenüber als Zeugnis begnadeter Sünder, die es nach Luther lebenslang nötig haben, »aus der Taufe zu kriechen«, verstanden werden. Das führt zu der harten Notwendigkeit, die Gemeinde zu lehren, ihr Pfarrhaus als Patienten zu akzeptieren, wie sie auch lernen muß, daß Ärzte selber erkranken und Lehrer keineswegs alles wissen. Ein recht gepredigtes Evangelium hätte die Gemeinden eigentlich schon längst zum Abschied von ihren Omnipotenz-Projektionen und entsprechenden Riesenerwartungen gegenüber ihren Führungskräften bringen müssen. Daß dies keineswegs geschehen, sondern daß die Riesenerwartungen und entsprechende Enttäuschungen eher verstärkt worden sind, läßt darauf schließen, daß die gesetzliche Predigt immer wieder in erschreckendem Maße die evangelische überlagert hat. Der Pfarrer und seine Familie als Patienten der mündigen und auch mit der Gabe der Heilung gesegneten Gemeinde[35] – dies müßte keine eschatologische Vision bleiben, sondern könnte eine Frucht der reinen Lehre des Evangeliums und der stiftungsgemäßen Verwaltung der Sakramente sein, an denen es offenbar mangelt, schon weil der Pfarrer glaubt, im Sinne der Glaubwürdigkeits-Ideologie ein Leben heucheln zu müssen, das kein Mensch zu leben imstande ist und das sich mit dem lutherischen »Simul« (s. o.) nicht vereinbaren läßt.

IV. Die psychotherapeutische Ambulanz

Das zuletzt Gesagte, nämlich, daß Gemeinden lernen müssen, ihre Riesenansprüche an die als Helfer und Führer betrachteten Persönlichkeiten und entsprechende Institutionen abzubauen und selbst Verantwortung zu übernehmen, ist ein Ziel aller klassischen Psychotherapie. Wenn der Patient so weit ist, daß er den Therapeuten nicht länger als bloßen Zauberer, der ihm alles Gute herbeischaffen, ihn von allem Bösen befreien und ihm in jeder Lebenslage zur Zufriedenheit helfen kann, sehen muß, dann kann eine Partnerschaft zwischen Patient und Therapeut beginnen; die Therapie im eigentlichen Sinne ist am Ziel und am Ende. Der ehemalige Patient kann seinem früheren Therapeuten verzeihen, daß dieser kein Supermann/keine Superfrau ist, ja er hat dieses unmenschliche Ansinnen aufgegeben und ist sogar imstande, seinerseits ohne Hintergedanken Hilfe anzubieten, wenn der Extherapeut diese braucht und der Expatient diesbezüglich etwas anzubieten hat.

Doch bis zu diesem Ziel ist ein sehr weiter Weg. Von einzelnen ist er immer wieder »erfolgreich« beschritten worden; daß ganze Gruppen oder Gemeinden diesen harten Pfad der Mündigkeit, als den wir evangelische Seelsorge auch

---

[34] Dazu u. a. Leuenberger, a.a.O., S. 219; Seidelin, a.a.O., S. 554 u. ö.; Stollberg (vgl. Anm. 19)
[35] Vgl. Leuenberger, a.a.O., S. 223

bezeichnen können, jemals längere Zeit gegangen wären, sehe ich nicht, es sei denn, man betrachtet Ereignisse wie die Reformation als kollektiv-emanzipatorische Frucht seelsorgerlicher Verkündigung. Trotzdem dürfen individueller und kollektiver Aspekt therapeutischer Seelsorge nicht auseinanderdividiert werden, wenngleich man sie in der Praxis unterscheiden muß. Wenn im folgenden vom »Pfarrhaus als psychotherapeutischer Ambulanz« die Rede ist, dann ist aber wohl schon von der Formulierung her an den einzelnen gedacht, der diese Ambulanz zum Zwecke der Diagnose und der Heilung wie eine Poliklinik vorübergehend aufsucht. Alles, was wir heute unter »therapeutischer Seelsorge« verstehen[36], kann sich dort ereignen. Es ist in der Fachliteratur der letzten Jahre so ausführlich beschrieben, daß wir uns hier relativ kurz fassen können[37].

Im einzelnen sind aber folgende seelsorgerische Funktionen des Pfarrhauses zu benennen:

1. Die *Asylfunktion:* Schon in heidnischen Zeiten waren Wohnstätten der Priester und heilige Orte der Anbetung tabu, die Priester und ähnliche Funktionsträger immun, und wer bei ihnen Schutz suchte, hatte daran teil, fand also Asyl. Das Pfarrhaus und die Kirche übernahmen diese Funktionen ganz selbstverständlich. Nicht nur in Verfolgungszeiten fanden Menschen dort stets Unterschlupf, wurden betreut und erfuhren dabei oft erfreulicherweise den Zusammenbruch ihrer Vorurteile[38].

2. Freilich appelliert das Vorhandensein solcher Asyle und Sozialhilfestellen auch an die Unmündigkeit vieler Menschen, an regressive Impulse, die sie zu fordernden Kindern werden lassen. Der Pfarrer oder die Pfarrerin sind ihrer Ansicht nach verpflichtet, ihnen etwas zu geben, sie zu unterstützen, ihnen in jedem Falle zu helfen, sie sind Mutter- und Vaterersatz von Amts wegen. Auch wenn es im Einzelfalle außerordentlich schwierig ist, herauszufinden, wie dem einzelnen am besten geholfen werden kann, bleibt doch festzustellen, daß oft genug ein klares Nein die beste Nächstenhilfe ist, die es gibt. Das Pfarrhaus als »Psychopatient« hat damit nicht selten Schwierigkeiten, als »Psychotherapeut« jedoch muß es sich oft »versagen« (S. Freud). Die Funktion der klaren *Abgrenzung* im eigenen und im fremden Interesse kann nicht deutlich genug herausgestellt und muß von der Kirche gründlicher bedacht und sorgfältiger praktiziert werden, als das bisher geschehen ist.

3. Man wird sie als Verwandte der althergebrachten und keineswegs nur sinnlosen und schrecklichen *Kirchenzucht* (s. o.) verstehen dürfen, wenngleich die letztere gelegentlich zu plattem Moralismus und gesetzlichem

---

[36] Zum Begriff vgl. D. Stollberg, Therapeutische Seelsorge, München 1969; ders., Wenn Gott menschlich wäre, Stuttgart 1978, S. 41–44
[37] Vgl. u. a. die Veröffentlichungen von H. J. Clinebell, H. Frör, H. Harsch, H. Chr. Piper, R. Riess, J. Scharfenberg, H. J. Thilo; dazu das neue Handbuch der Seelsorge, Ost-Berlin (EVA) 1983
[38] Dazu K. Scharf, in: Riess (Hg.), a.a.O., S. 198–210

Rigorismus bürgerlicher Kleinkariertheit und theologischer Kurzsichtigkeit verkommen ist.

4. Gerade wenn vom Pfarr*haus* die Rede ist, wird man den Aspekt des *Familienersatzes* nicht übersehen dürfen, den das Pfarrhaus für viele Menschen bedeutet. Ich denke dabei nicht nur an J. Chr. Blumhardts Aufnahme der Gottliebin Dittus in sein Haus, sondern an zahlreiche Haustöchter, Studenten, Emigranten, Waisenkinder, Arbeitslose und Kranke, die entscheidende Monate oder gar Jahre ihres Lebens in Pfarrhäusern verbracht haben und davon geprägt wurden. Zu denken ist auch an – keineswegs immer kirchliche! – »Freunde« des Pfarrhauses, die regelmäßig zum Helfen, Spielen, Teetrinken und nicht zuletzt zum Gespräch ins Pfarrhaus kamen und kommen.

5. Im Zusammenhang damit ist der bewußte Einfluß des Pfarrhauses oder eines bzw. einiger seiner Mitglieder auf andere *Familien* zu nennen, der teilweise moderne Einsichten der Familientherapie vorausgenommen und praktiziert hat[39].

6. Häufig wird die Studierstube des Pfarrers/der Pfarrerin als Nachfolgeinstitution des *Beichtstuhls* verstanden[40]. Zweifellos wurden und werden unzählige Einzelgespräche über alle nur erdenklichen Probleme der Menschheit dort unter vier Augen geführt, gerade wenn es sich herumgesprochen hat, daß dieser Pfarrer gut zuhören kann. Alle Funktionen zeitgerechter Lebensberatung kommen hier im Kontext christlicher Verkündigung zur Geltung. Daß nicht nur aus theologischen, sondern auch aus pastoralpsychologischen Gründen vor einer Privatisierung der Seelsorge im Pfarrhaus zu warnen und eine strenge Unterscheidung zwischen dem Seelsorger als Amts- und als Privatperson dringend erforderlich ist, kann hier nur angemerkt werden[41].

7. Relativ leicht fällt diese Unterscheidung im Zusammenhang mit den *Kasualien* (Taufe, Trauung, Beerdigung; evtl. auch Konfirmation), die im Pfarrhaus gemeldet werden und Anlaß zu Gesprächen im Pfarramt oder bei einem folgenden Hausbesuch bieten[42].

8. Eine Besonderheit unserer Zeit ist die Telefonseelsorge geworden, eine anerkannte öffentliche Institution. Daß auch das Pfarrhaus von zahlreichen Anrufern in Anspruch genommen wird – es liegt in der Natur der Sache, daß davon das gesamte »Haus« betroffen ist –, kann nicht übersehen werden.

9. Nicht nur im Zusammenhang damit kommt der psychotherapeutischen Ambulanz des Pfarrhauses die Funktion zu, Hilfesuchende an Fachleute (Ärzte, Juristen, Psychotherapeuten, Pädagogen usw.) zu *überweisen*. Es wäre

---

[39] Vgl. u. a. H. Stierlin, Von der Psychoanalyse zur Familientherapie, Stuttgart 1975; ders. u. a., Das erste Familiengespräch, Stuttgart 1976; K. Winkler, Emanzipation in der Familie, München/Mainz 1976

[40] So zuletzt Leuenberger, a.a.O., S. 211

[41] Ders., a.a.O., S. 212 f.

[42] Vgl. H. J. Thilo, Beratende Seelsorge, Göttingen 1971

Anmaßung und Aberglaube, sich für jede Notlage kompetent und zur Hilfe in der Lage zu fühlen oder zu meinen, man müsse als Christ womöglich unbegrenzt zur Verfügung stehen. Gewiß gilt unter Christen wie unter Menschen überhaupt, daß jeder jedem in Not Solidarität und im Rahmen seiner Möglichkeiten auch konkrete Hilfe erweisen solle; das ändert aber nichts an der Tatsache, daß in einer komplizierten Zivilisation wie der unseren es auch helfende Berufe mit unterschiedlicher Zuständigkeit und fachlicher Qualifikation geben muß. Hier ein humanistisches und theologisches Prinzip, nämlich das der allgemeinen Geschwisterlichkeit, einseitig zur »Anti-Expertokratie« hochzustilisieren, wie das in der neueren Seelsorgediskussion gelegentlich geschieht, ist absurd.

10. Eine »psychotherapeutische Ambulanz« ist das Pfarrhaus stets in besonderer Weise für *Jugendliche* gewesen. Nicht nur die Pfarrerskinder brachten Freunde mit, die mit der Zeit dort ein zweites Zuhause, die Möglichkeit geistiger Auseinandersetzung, die oft genug in der eigenen Familie vermißt wurde, und auch kritische Korrektur erfuhren, sondern durch Konfirmandenunterricht und Jugendkreis, Kirchen- und Posaunenchor kamen junge Menschen mit dem Pfarrhaus und seiner spezifischen Familiendynamik in Kontakt. Ein modernes Problem stellt die Drogenszene dar, der viele Pfarrhäuser relativ hilflos gegenüberstehen – nicht nur, daß sie sich moralisch distanzierten und mit Angst reagierten, sondern (fast noch schlimmer) daß sie sich im Bereich der Suchtkrankheiten vorzeitig engagieren und hoffnungslos überfordern, weil sie ohne ausreichende Erfahrung sind. Eine Perversion der Pfarrhausmoral (»Man muß doch ... helfen«) führt zu dem, was man in der Psychoanalyse »Agieren« nennt. Die Fähigkeit zu klarer Abgrenzung und zielsicherer Begleitung, die hier gefordert ist, mag zuweilen vorhanden sein; wenn aber in einem heutigen Pfarrhaus beide Ehepartner berufstätig sind, reichen weder Zeit noch Kraft aus, um solche schwierigen Fälle langfristig und kompetent zu begleiten, ganz abgesehen von der oft bis an die Grenze des Erträglichen gespannten Dynamik der Pfarrfamilie selbst (s. o.).

V. Jenseits von Therapeut und Patient

Damit sind wir wieder beim Grundsätzlichen, was die Ambulanz-Funktion eines modernen Pfarrhauses angeht. Ich bezweifle, daß sie in größerem Stile heute überhaupt möglich ist. Das alte Pfarrhaus mag ein großes soziales Familienunternehmen gewesen sein, wie uns gelegentlich Luthers umfunktioniertes Augustiner-Kloster geschildert wird. Das neue Pfarrhaus ist als »Haus in der Zeit«[43] eher ein Zelt, das von Menschen im Exodus einmal hier und einmal dort aufgeschlagen wird, ein unsicherer Ort unsicherer Menschen,

---

[43] R. Riess (Hg.), s. u. Literaturhinweise

deren Chance nicht länger in der Hospiz-Idee besteht, sondern in der Solidarität gemeinsam Wandernder, die nicht im Schauen und auch nicht im Haben, sondern im Glauben und im Sein leben.

Vielleicht kommt diese Mentalität jener näher, die Nomadenpriester – etwa im alten Israel vor seiner endgültigen Seßhaftwerdung – praktizierten. Jedenfalls fordert sie Abschied von der Vorstellung, das Pfarrhaus sei eine Art Silo, in dem geistliche Vorräte für seelische Hungerleider gespeichert und je nach Bedarf verteilt werden könnten. »Schätze im Himmel« (Matthäus 19,21) werden nicht verwaltet und nicht verteilt, *obwohl* sie hier und jetzt therapeutisch wirken können. »Therapie« in diesem Sinne ist dann in gar keiner Weise zu verwechseln mit dem, was man heute noch im sogenannten Gesundheitswesen darunter versteht, nämlich Reparatur kaputtgegangener Bestandteile oder Funktionen des Menschen als Maschine, auch nicht Ausschaltung von Leiden, sondern Anerkennung von Schmerz und Leid als einer Arbeit, die zu einem sinnvollen Leben gehört. Dabei wird unter »Sinn« nicht die inhaltliche Definition einsehbarer Zwecke (als Antwort auf die Frage »Wozu soll das gut sein?«) verstanden, sondern das Pfarrhaus als leidende und als helfende Institution ist dann ein Ort, wo es um die Integration von Leiden und Glauben im Interesse eines *leidenschaftlichen Lebens* geht. Therapeutische Seelsorge in diesem Sinne führt weg von einer Art Versicherungsdenken (securitas) – für alle Fälle muß es Hilfe geben – und hin zu einer Glaubenshaltung, die E. Fromm als »Seinsmodus« vom »Habenmodus« unterschieden hat (certitudo)[44]. Diese Einstellung braucht keineswegs eine immer differenziertere Expertokratie, sondern setzt an die Stelle von »Kriegen-Wollen« den Verzicht. Das Pfarrhaus kann deshalb heute auf neue/alte Weise als asketische Institution, als Nein-danke-Agentur verstanden werden. Es gilt dann vom Standpunkt einer wachstumsideologisch verseuchten Gesellschaft aus gesehen als subversiv und gefährlich. Verwaltung liegt nicht im Interesse dieses subversiven »Hauses«. Kirchenleitung, an der das Pfarrhaus ja immer partizipiert hat, muß dann von Kirchenverwaltung strikt unterschieden werden. Denn Kirchenleitung hat mehr mit Seelsorge als mit Paragraphen und Statistiken zu tun, mehr mit persönlichen Beziehungen als mit formalen Korrektheiten (in deren Schatten sich auf korrekte Weise Inkorrektheiten realisieren lassen), mehr mit offen ausgetragenen Konflikten als mit Verfügungen über Nichtanwesende.

In diesem Kontext werden die Begriffe »Patient« und »Therapeut« relativ, wenn schon nicht irrelevant. Man begibt sich aus den gesicherten Zwängen in die Freiheit ungesicherten Lebens. Eine unrealistische Utopie? Pfarrer, die Frau und Kinder haben, wissen den Beamtenstatus zu schätzen. Ich nehme mich nicht aus. Pfarrerinnen, und hätten sie Kinder, sehen die Sache manch-

---

[44] E. Fromm, Haben oder Sein, Stuttgart 1976

mal schon anders. Sie haben zum Beispiel um ihrer Kinder und zugleich ihrer Freiheit willen den Wechsel der Landeskirche in Kauf genommen, sie mußten moralische Disqualifikationen ertragen und waren auf die Toleranz von Gemeinden angewiesen, die sie »gnädigerweise« aufnahmen. Ihr Leidensweg weist prinzipiell in die richtige Richtung, auch wenn man keines der jeweils konkreten Details zum Gesetz erheben darf.

Wenn das Pfarrhaus nicht zu einem Hort des Spießbürgertums verkommen soll, werden wir umlernen müssen. »Ambulanz« wird uns dann künftig in diesem Zusammenhang weniger an eine Klinik als an ein Krankenhaus auf vier Rädern, wie es in Missionsgebieten benützt wird, denken lassen. Aber auch der ganze Vorstellungskomplex von gesund versus krank, die damit zusammenhängende Versorgungsmentalität unserer Gemeinden und die entsprechende professionelle Gebe-Einstellung der Pfarrer erweisen sich als fragwürdig, wenn nicht gar als überholt.

Das Pfarrhaus als Patient wird nur überleben, wenn die Gemeinde erkennt, daß sie es pflegen muß. Die Gemeinde als Patient wird ihrerseits nur überleben, wenn sie lernt, ihre psychotherapeutische Ambulanz nicht länger als Obrigkeit zu betrachten, sondern geschwisterlich zur eigenen Sache zu machen, die ganz bestimmte Funktionen innerhalb der gemeinsamen Zielsetzung erfüllen kann. Freilich, könnte es nicht sein, daß der »Psychopatient Pfarrhaus« seine »Pfleger«, für die er im Sinne der »Ambulanz« dasein sollte, längst, wenn auch siech, überlebt hat?

Literatur

ANGERMANN, A.: Was für Männer gab das evangelische Pfarrhaus dem deutschen Volke? Essen 1940

BAUR, W.: Das deutsche evangelische Pfarrhaus, Bremen 1884

BOLEWSKI, H.: Pfarrhaus und Politik, in: EvKomm 4, 1982, S. 215

BRUNNER, H. H.: Das Pfarrhaus im heutigen kirchlichen Leben – Relikt oder Hilfe? in: DtPfrBl 1970, 23, S. 790–791

DAHM, K.W.: Beruf: Pfarrer, München 1971

FABER, H.: Konfliktfeld Pfarrhaus, DtPfrBl 1979, 22, S. 703 ff.

DERS.: Pfarrhaus – Standhalten oder Flüchten, in: DtPfrBl 1980, 10, S. 479 ff.

DERS.: Profil eines Bettlers? Göttingen 1976

FRIEDENTHAL, R.: Das evangelische Pfarrhaus im deutschen Kulturleben, in: Luther 1971, 1, S. 1–15

GIRGENSOHN, H.: Fragen des evangelischen Pfarrhauses heute, in: MPTh 52, 1963, S. 453–462

GREIFFENHAGEN, M. (HG.): Pfarrerskinder, Stuttgart 1982

DERS.: Anders als die anderen. Das Pfarrhaus und seine Kinder, in: EvKomm 1982, 2, S. 68–71

HARMS, K.: Das Pfarrhaus, in: Pastoralblätter 104, 1964, S. 14–19

ILLICH, I.: Die Nemesis der Medizin. Von den Grenzen des Gesundheitswesens, Reinbek 1981

JOSUTTIS, M.: Der Pfarrer ist anders, München 1982

MEUSS, E.: Lebensbild des evangelischen Pfarrhauses, Bielefeld/Leipzig 1884

RIESS, R. (HG.): Haus in der Zeit. Das evangelische Pfarrhaus heute, München 1980

SCHMIDT, H.-D.: Das Amt des Pfarrers als Vermittlung von Glauben in die Gemeinde, Diss. Marburg 1980

SCHULZE, H.: Zu Struktur und Funktion der Pfarrerfamilie, in: WzM 30, 1978, S. 306–316

SEIDELIN, A. S.: Zum Amt der Pfarrfamilie, in: Lutherische Rundschau 14, 1964, 4, S. 550–562

STECK, W.: Das Pfarrhaus darf nicht sterben, in: PTh 72, 1983, 9, S. 394–397

STOLLBERG, D.: Wahrnehmen und Annehmen, Gütersloh 1978

THILO, H.-J.: Heilige in einem Glashaus? in: LMh 19, 1980, 11, S. 587–590

TROEBST, CHR.: Es kriselt im Pfarrhaus. Über das Zusammenspiel von Mann und Frau, in: EvKomm 13, 1980, 4, S. 210–212

WERDERMANN, H.: Der evangelische Pfarrer in Geschichte und Gegenwart, Leipzig 1925

WINKLER, K.: Seelsorge an Seelsorgern, in: P. C. Bloth u.a. (Hg.), Handbuch der Praktischen Theologie Bd. 3, Gütersloh 1983, S. 521–531

DERS.: Fixierung und Freigabe. Von Grundkonflikten in der Familie des Pfarrers, in: WzM 30, 1978, S. 341–351

ZERFASS, R.: Der Seelsorger – ein verwundeter Arzt, in: Lebendige Seelsorge 34, 1983, 2/3, S. 77–82

Hans Norbert Janowski

Bürge, Bote und Begleiter

Pfarramt und Pfarrhaus im Rollenwechsel

I.

Reiner Kunzes Gedicht über das Pfarrhaus: »Wer da bedrängt ist findet / mauern ein / dach und / muß nicht beten«[1] kennzeichnet das zeitgenössische Pfarrhaus mit knapper Klarheit als Asyl: Schutz gewährend die Mauern, das Dach, in gewisser Weise exterritorial; ebenso fremd wie einladend, von gastlicher Toleranz, die jeden aufnimmt, wie er ist: Er braucht nicht zu beten. Dieses eindringliche Bild wirft ein aktuelles Licht auf die Lage in der DDR, aber nicht nur das: Asyl sollte das Pfarrhaus immer gewähren; und nicht selten hat es sich in dieser zuweilen lebensrettenden Rolle auch bewährt, ob es sich um das Calwer Pfarrhaus des Johann Valentin Andreä handelt, das im Elend des Dreißigjährigen Krieges Hungernde, Gejagte und Versprengte aufnahm, oder ob es um verfolgte Christen, Juden oder Deserteure unter der Naziherrschaft in der Bekennenden Kirche ging, ob schließlich sogar Ausbrecher oder Terroristen in den siebziger Jahren an Pfarrhaustüren klopften. In Pfarr- und Gemeindehäusern in der DDR hatten eine Zeitlang aufmüpfige

---

[1] in: Zimmerlautstärke, Fischer TB 1977, S. 41

Liedermacher und Poeten, denen der Staat durch Auftrittsverbote oder andere Schikanen das Leben schwermachte, Raum für ihre Veranstaltungen.

Schon hier zeigt sich: Auch wenn das Pfarramt in seinen Grundelementen – und die Asylgewährung gehört zu diesen wesentlichen Elementen seines Mandats – konstante Züge hat, so verändert sich das Profil und sein Charakter mit der geistigen und sozialen Situation der Gesellschaft, in der es wirkt. In der Spannung zwischen dem apostolischen Auftrag und den religiösen Erwartungen der jeweiligen Umwelt verändern sich die Rollen und Funktionen, in denen der Pfarrer auftritt und agiert. Dabei wandelt sich freilich nicht nur das Selbstverständnis des Pfarrers im Blick auf seine Amtsfunktionen und sein Rollenverständnis; besonders nachhaltigen Veränderungen war in unserem Jahrhundert auch die 450 Jahre alte Tradition des evangelischen Pfarrhauses ausgesetzt.

Die Resultate der unter dem Titel »Wie stabil ist die Kirche?«[1a] 1974 von der Evangelischen Kirche in Deutschland veröffentlichten Umfrage laufen auf die Einsicht hinaus, daß die Person des Pfarrers heute ins Zentrum der Wahrnehmung von Kirche gerückt ist: der Pfarrer als »Bürge« des von der Kirche vertretenen Wert- und Religionssystems, als Bürge für das, was in den Krisen des Glaubens und den Krisen des Lebens wirklich helfen kann. Der Pfarrer erscheint als eine zentrale Bezugsperson für das, was die Kirche in der heutigen Gesellschaft präsentiert; vor diesem Hintergrund fächert sich die pastorale Berufsrolle dann in eine Vielfalt vor allem kommunikativer Funktionen auf: Der Pfarrer als Darsteller und Funktionär der religiösen Institution und Organisation, als Vermittler von Werten und Garant für sinnvolle Tradition, aber auch als akzeptierte Kontaktfigur, Gesprächspartner, Begleiter und Berater sowie Zeremonienmeister. Dabei spielt eine besondere Rolle die Erwartung, daß er auch eine religiöse Akzentuierung und Gestaltung, Orientierung und Begleitung des Lebenszyklus, in dem der einzelne mit seinen Bezugsgruppen verbunden ist, gewährleistet. An den Wendepunkten des Lebens: Geburt, Initiation, Hochzeit, Jubiläen und Tod wird vom Pfarrer Präsenz durch Amtshandlung und seelsorgerliche Begleitung erwartet.

Im ganzen zeichnet sich eine Schwerpunktverlagerung in der Berufsrolle des Pfarrers ab: »Aus der distanzierten Position des ›Gegenübers‹ in den Vollzügen von Verkündigung und Lehre in die kommunikative ›Proexistenz‹ des Helfens und seelsorgerlichen Begleitens.«[2] Hand in Hand mit dieser Entwicklung hat das Pfarrhaus als ein Lebenszentrum der Gemeinde neben der Kirche, das es im ländlichen Milieu noch lange Zeit geblieben ist, an Stellenwert verloren; viele Funktionen sind aus der Amtsstube und Familie des Pfarrers ausgezogen

---

[1a] H. Hild (Hg.): Wie stabil ist die Kirche? Bestand und Erneuerung. Ergebnisse einer Umfrage, 1973

[2] W. Krusche: Der Pfarrer in der Schlüsselrolle; in: J. Matthes (Hg.): Erneuerung der Kirche. Stabilität als Chance, 1975, S. 166

und bei Fachstellen angesiedelt worden. Zudem holt man sich heute weniger einen Rat oder hört das Wort Gottes im Sonntagsgottesdienst; das Evangelium ist zu einer Bringschuld geworden. Die für den Protestantismus charakteristische Symbiose zwischen Pfarrberuf und Pfarrhaus löst sich tendenziell auf: »Der Pfarrer als Person« – so resümiert Karl Wilhelm Dahm[3] – »tritt mehr und mehr an jene Stellen, die der Protestantismus traditionell seinem ›Pfarrhaus‹ zugeordnet hatte.«

II.

Das Pfarramt wird nicht erst heute als ein spannungsreiches Konfliktfeld erlebt: Richtet der Pfarrer sich vor allem an seinem Auftrag aus, so fühlt er sich als Wahrer der Tradition, als Wächter der reinen Lehre oder Lehrer seiner Gemeinde, jedenfalls als theologischer Experte, der den Normen von Bibel und Tradition folgt. Versteht er sich eher als Anwalt der Gemeinde, so gerät er mit seinen Amtshandlungen in die Rolle eines Zeremonienmeisters lebenszyklischer Bedürfnisse und Passageriten. Die von der gelebten Volksreligiosität ausgehenden Erwartungen stellen ihn in das Weichbild elementarer Formen des Lebens und Erlebens, wie Liebe und Trauer, Angst und Ohnmacht, Rausch und Ekstase. Und er fungiert in einer säkularisierten, arbeitsteilig organisierten technischen Gesellschaft, in der nicht so sehr Bedarf nach einem Funktionär des Religionssystems besteht, sondern das Bedürfnis nach einer Repräsentanz der Religion in personalen Symbolen zu wachsen scheint, an denen man sich orientieren, denen man sich anvertrauen kann, von denen man Andersartigkeit aber nicht erwartet. Er arbeitet überdies in einer volkskirchlichen Institution, die einerseits den Menschen gegenübertritt und ihn für die Erfüllung des Auftrags, im Namen Gottes zu reden, bezahlt, die andererseits aber nicht nur Kirche *für* das Volk, sondern auch *des* Volkes sein will. »Der Pfarrer, der sich in der Spannung zwischen Auftrag und Erwartung arbeiten sieht« – so schildert Manfred Josuttis[4] diesen Konflikt – »will Prophet sein, obwohl er als Priester lebt.«

Die Kollision zwischen diesen Dimensionen des Pfarramts hat ihre Wurzeln in der Struktur von Selbstverständnis und Auffassung der Kirche; sie verschärft sich, je mehr theologische Norm und volkskirchliche Erwartung auseinandertreten, wie etwa im Falle des Konflikts zwischen dem sozialkritischen oder politischen Engagement jüngerer Theologen und der volkskirchlichen Vorstellung von einem unpolitischen Versöhnungsauftrag der Kirche. Trost und Herausforderung, priesterliches und prophetisches Element sind

---

[3] K.-W. Dahm: Wird das evangelische Pfarrhaus ›katholisch‹? in: Richard Rieß (Hg.): Haus in der Zeit, 1979, S. 226
[4] M. Josuttis: Der Pfarrer ist anders. Aspekte einer zeitgenössischen Pastoraltheologie, 1983², S. 38

dann kaum noch miteinander zu vermitteln. Diese Charakterisierung der Mandate des Pfarramtes orientiert sich an der kirchlichen Tradition, die Christus das dreifache Amt des Priesters, Propheten und Königs zuspricht. Diese Orientierung im Selbstverständnis des kirchlichen Amts hat sich bis in die Gegenwart durchgehalten und findet sich in einer Amtslehre von 1958 noch in einer selbstbewußten Charakterisierung: »Als Bevollmächtigte Christi des Propheten sind wir beauftragt, zu predigen, zu lehren und den Menschen und die Geschichte vom Ostersieg her zu begreifen und zu erklären. Als Bevollmächtigte Christi des Priesters sind wir beauftragt, zu taufen, durch die eucharistischen Elemente Christus und seine Kirche zu vereinen, Fürbitte zu leisten, anzubeten und zu leiden. Als Bevollmächtigte Christi des Königs sind wir beauftragt, den Teil seines Volkes zu regieren, den er uns anvertraut, in ihm der Liebe, der Ordnung, der Freiheit und der Vergebung zur Herrschaft zu verhelfen und den Teufel zu bekämpfen.«[5]

Der Pfarrer hat demnach das Verhältnis zwischen Gott und Menschen zu verwalten, zu gestalten und über seine Reinheit zu wachen. Er hat das Wort Gottes den Menschen zu verkündigen, zugleich aber auch die Stellvertretung der Menschen vor Gott zu übernehmen, in der Fürbitte, im Extremfall auch in der Leidensbereitschaft. Damit verbindet sich zugleich das »Amt der Schlüssel«, die Kompetenz, zu binden und zu lösen, zu einer christlichen Lebensführung zu verpflichten und Sünden zu vergeben, Menschen von Schuld freizusprechen.

Das hat freilich auch Konsequenzen für die Gestaltung der Lebensordnung. Auf diesem Feld ist die Lage im Protestantismus von den reformatorischen Ursprüngen an kontrovers: Wo sind hier die Grenzen zwischen staatlicher und kirchlicher Kompetenz zu ziehen? Die lutherische Tradition hat die Gestaltung der Lebensordnung und ihrer institutionellen Bezüge im wesentlichen dem Staat, das heißt dem Fürsten, überlassen. Sie hat die kirchliche Kompetenz weitgehend auf den Bereich der persönlichen Moral und Lebensführung, der Familie und des Berufs, also auch des Wirtschaftens beschränkt; dies jedenfalls so lange, bis sich die Ökonomie durch industrielle Arbeitsteilung und kapitalistische Wirtschaftsethik ideologisch verselbständigte. Dabei ist zu berücksichtigen, daß sich die Emanzipation der industriellen Arbeit und der kapitalistischen Wirtschaftsethik zum großen Teil der Schubkraft und Formierung durch die religiösen Impulse der protestantischen Berufsethik und ihrer »innerweltlichen Askese«[6] verdankt. Die neulutherische Zwei-Reiche-Lehre, die erst in unserem Jahrhundert – also erst in einer Zeit, als sich die Trennung von Thron und Altar vollzogen hatte – formuliert wurde, hat diese Tradition

---

[5] J. J. von Allmen: Diener sind wir. Auftrag und Existenz des Pfarrers, 1958, S. 27f.
[6] M. Weber: Die protestantische Ethik und der Geist des Kapitalismus, in: Gesammelte Aufsätze zur Religionssoziologie I, 1947, S. 17ff.

theologisch sanktioniert. Demgegenüber haben die reformierten Kirchen in weit stärkerem Maß an dem Anspruch festgehalten, daß der christliche Glaube die sozialen und politischen Lebensordnungen prägt und zu formieren habe. Das hat während des Kirchenkampfs im Dritten Reich zu der Formulierung eines Konzepts der »Königsherrschaft Christi« geführt und nach dem Zweiten Weltkrieg in der Inanspruchnahme eines »Wächteramtes« der Kirche gegenüber dem Staat sich niedergeschlagen.

Die konfessionell verschiedene Ausprägung im Selbstverständnis des kirchlichen Amtes hat schon früh in verschiedenartigen theologischen Bestimmungen Ausdruck gefunden. Nach der lutherischen Auffassung vom kirchlichen Amt, wie sie durch Theologen wie Wilhelm Löhe und Hermann Bezzel vertreten worden ist, liegt der zentrale Auftrag des Pfarrers in der Verkündigung des Evangeliums und der Verwaltung der Sakramente – so hat es auch die Augsburgische Konfession (Artikel VII) formuliert. Die reformierte Lehre spricht demgegenüber in der Tradition von Martin Bucer und Johannes Calvin von mehreren Ämtern; dabei kommt auch hier dem Prediger eine Vorrangstellung zu, doch übt er das Amt der Verkündigung nur zusammen mit dem Lehrer, dem Doktor, und die Kirchenzucht nur zusammen mit den Ältesten aus. Die Armenpflege kommt dem Diakon zu[7]. Insbesondere die Kirchenzucht ist ein Element, mit dem das Pfarramt tief in die Lebensordnung der mit der Gemeinde identischen Gesellschaft eingreift und die soziale Kontrolle verschärft.

III.

Luthers Prinzip des allgemeinen Priestertums der Glaubenden, die lutherische Konzentration der Ethik auf Familie und Beruf und nicht zuletzt die Lehre von den drei Ämtern: dem Predigeramt, dem obrigkeitlichen Amt und dem Hausvateramt, haben den Charakter des geistlichen Amts verändert. Anstelle des Priesters rückte fast zwangsläufig das Pfarrhaus und die Pfarrfamilie ins Zentrum der Gemeinde, eine Entwicklung, welche das kirchliche Selbstverständnis des Protestantismus bis zur Gegenwart nachhaltig geprägt hat. Wilhelm Baur, einer der einflußreichen Chronisten des »Deutschen Evangelischen Pfarrhauses«, hat diesen Zusammenhang auf die bezeichnende Formel gebracht: »Der geistliche Stand muß in gleiche Tiefe mit der Laienwelt hinab steigen, die Obrigkeit und der Hausvater in gleiche Höhe mit dem geistlichen Stand sich empor heben. Davon predigt am kräftigsten das neue Pfarrhaus, in welchem der geistliche Stand ehelich und die Ehe geistlich geworden... Und will man das eine Verweltlichung des Priesterstandes nennen, so darf man andererseits ein Geistlichwerden des Ehestandes und der

---

[7] vgl. Y. Spiegel: Art. »Pfarrer«, in: Praktisch-Theologisches Handbuch (Hg. G. Otto), 1970, S. 372ff.

Obrigkeit rühmen.«[8] Diese doppelte Bewegung einer Heiligung der Welt, des Laien und der Obrigkeit, sowie einer Säkularisierung des geistlichen Amts haben Pfarrer und Gemeinde, Kirche und Gesellschaft zweifellos einander nähergebracht; sie hat andererseits das Pfarrhaus einem hohen Erwartungsdruck ausgesetzt, denn die Familie des Pfarrers und sein Hausstand gerieten nun in die Rolle des Vorbilds und Modells bürgerlicher Lebensführung und Lebensordnung. Noch einmal Wilhelm Baur: »Die evangelische Stellung des Pfarrhauses im christlichen Volksleben sollte zunächst keine andere sein als die des Christenhauses überhaupt, nur daß der Pfarrer als Verkündiger des Wortes eine besonders starke Aufforderung hatte, die neu gewonnene Stellung des Hauses durch sein Hauspriestertum, durch die Füllung des Pfarrhauses mit evangelischem Leben zu bewahren... Denn nach dem Worte Gottes wächst das Reich Gottes aus dem Haus... Protestantisch nennen wir es, daß jedes Christenhaus nun eine Kirche sein und seinen Hauspriester, seine Hausbibel, seine Hauspostille, seinen Hausgesang, seine Hausgemeinde haben soll.«[9]

Das Reich Gottes wächst aus dem Haus. Dieser Maxime folgend haben unzählige Pfarrer und ihre Familien zu leben versucht. Die Ausstrahlungskraft, die vom Pfarrhaus ausging und die Entfaltung einer bürgerlich-christlichen Familienkultur beeinflußte, bezog ihre Energie aber nicht nur aus dem christlichen Lebensstil des Pfarrhauses, der praxis pietatis in Gebet und Hausandacht, in tätiger Nächstenliebe und der Pflege allgemeiner Bildung. Die Familie erweiterte auch die Kompetenz des Pfarrers in sozialer und pädagogischer Hinsicht. Man wird überhaupt sagen können, daß sich »der Dienst des Pfarrhauses an der Gesellschaft durch Übertragung familienkonformer Gesinnungen und Verhaltensweisen auf das Verhältnis zur Gemeinde vollzog«[10]. Auf diesem Wege haben sich Merkmale wie patriarchalische Ordnungsvorstellungen, der Leistungsdruck, der einer auf die Berufsarbeit ausgerichteten Weltfrömmigkeit entspringt, aber auch das Ideal einer die ganze Person umfassenden Bildung besonders wirksam und gesellschaftsrelevant durchgesetzt. Ein prägender Einfluß ging von da auf die Einrichtungen der Erziehung und Bildung, insbesondere auf die Volksschulen aus.

Der Funktionswandel des Pfarramts vollzog sich drei Jahrhunderte lang im wesentlichen unter der Voraussetzung dieser Konstellation: Diese Voraussetzung galt so lange, bis das Pfarrhaus selbst in den Prozeß des gesellschaftlichen Wandels einbezogen wurde und viele seiner traditionellen Funktionen verlor. Die lutherische Orthodoxie, der Pietismus und die Aufklärung sowie der Rationalismus, die »liberale« oder »positive« bürgerlich-christliche Welt im 19. Jahrhundert bildeten verschiedene Rollenverständnisse und Typen aus, die

---

[8] W. Baur: Das deutsche evangelische Pfarrhaus, 1902⁵, S. 74
[9] W. Baur: a.a.O., S. 82 und 97
[10] R. Köster: Art. »Pfarrhaus«, in: RGG³, Band V, Sp. 303 f.

das Pfarramt im angestammten Dreiklang seiner Funktionen von Verkündigung und Apologie, Sakramentsverwaltung und Liturgie, von Seelsorge und Erziehung jeweils mit einem besonderen Akzent versahen.

Die Gegenreformation, das spannungsreiche Amalgam von dynastischem Prinzip und Konfessionshoheit, wie es sich in der Kompromißformel »cuius regio, eius religio« niederschlug, und die Konfessionskriege des 17. Jahrhunderts machten die Verteidigung des konfessionellen Wahrheitsanspruchs und der Reinheit der Lehre, die Scheidung der Geister, zu einer zentralen pastoralen Aufgabe. Der Bewahrung von Lehre und Erkenntnis entsprach die Figur des Pfarrers als Lehrer und Beichtvater, der nicht selten die Mittel der Kirchenzucht und der Exkommunikation einsetzte. Die Aufgabe, die Identität der Konfession zu sichern, verschärfte sich noch dadurch gravierend, daß der konfessionelle Wahrheitsanspruch mit dem Machtanspruch des Landesherrn, den er auch durch das Kirchenregiment durchsetzen konnte, aufs engste verbunden war.

Eine der markantesten, aber auch eigenwilligsten Ausprägungen erfuhr die Gestalt eines Hüters des Dogmas und der lehrhaften Glaubensgewißheit durch den Mittenwalder und Berliner Pfarrer und Liederdichter Paul Gerhardt (1607-1676)[11]. Gerhardts Lieder sind zu einem unverbrüchlichen Schatz der Christenheit geworden; es gibt nur wenige andere Zeugnisse der christlichen Dichtung, die mit einer solchen Schlichtheit und Tiefe Gottvertrauen und Glaubensfreude trotz aller Not zum Ausdruck bringen wie diese Texte und Melodien. Vom Elend des Dreißigjährigen Krieges, von Hunger und Pestilenz, Mord und Verfolgung ist kaum die Rede, und doch sind die düsteren Realitäten – Gerhardt selbst verlor seine Frau und vier Kinder – als Horizont einer ungezierten Fröhlichkeit – »Geh aus, mein Herz, und suche Freud« – stets gegenwärtig. Die gefestigte Frömmigkeit wurzelt in einem doppelten Motiv der lutherischen Reformation: »Weltskribenten und Poeten«, so heißt es in einer Ode von 1650, mögen »wohl zu lesen sein, wenn wir leben außer Nöten; in dem Unglück, Kreuz und Übel, ist nichts Bessers als die Bibel«. Diese ausschließliche Berufung auf die Heilige Schrift hat ihre Substanz in einem ausschließlichen Vertrauen auf Gott und seine Heilskraft: »Alles vergehet, Gott aber stehet ohn alles Wanken; seine Gedanken, sein Wort und Willen hat ewigen Grund, sein Heil und Gnaden, die nehmen nicht Schaden, heilen im Herzen die tödlichen Schmerzen, halten uns zeitlich und ewig gesund.« In beiden Texten wird gegen menschliche Selbstgewißheit, den Fortschrittsglauben und die Hybris des modernen Geistes protestiert: Das Heil geschieht *extra nos*; die Subjektivität und ihre noch so frommen oder progressiven Werke richten dagegen nichts aus. Das gesungene Dogma ist der Wurzelboden für

---

[11] vgl. W. Emrich: Paul Gerhardt; in: K. Scholder/D. Kleinmann: Protestantische Profile, 1983, S. 130ff.

eine Verkündigung, die sich direkt als Seelsorge versteht: Der Mensch muß sich selbst loslassen und von seinen Egoismen befreien, um »zeitlich und ewig gesund« werden zu können.

Ausgerechnet dieser gottergebene und – wie seine Zeitgenossen bekunden – ausgesprochen friedliebende, bescheidene und staatsfromme Mann wurde als Gottesstreiter im Namen des rechten Glaubens zum Rebell gegen seinen Fürsten. Gerhardt lehnte sich gegen das Toleranzedikt Friedrich Wilhelms von 1662 auf, in dem der Große Kurfürst erreichen wollte, daß »aller unzeitiger, unchristlicher Haß und Verbitterung eingestellet bleiben, der so hochnötige Kirchenfriede, oder bis derselbe erlangt, eine christliche Toleranz und evangelische Bescheidenheit mit besserem Ernst und Eifer gesucht und gefördert« werden. Das preußische Fürstenhaus, dessen Vertreter selbst mit der Konkordienformel von 1577 und ihrer Polemik gegen die Reformierten den Streit zwischen der lutherischen und reformierten Konfession zementiert hatten und das dann 1613 (Kurfürst Johann Sigismund) zum reformierten Bekenntnis übergetreten war, wollte Frieden zwischen den zerstrittenen Konfessionen stiften – dem Geist der Zeit entsprechend und der Not der Stunde gehorchend. Paul Gerhardt hat bis zur endgültigen Amtsenthebung seine Unterschrift verweigert und noch in seinem Todesjahr dem einzig verbliebenen Sohn ins Testament geschrieben, er möge Theologie »in reinen Schulen und auf unverfälschten Universitäten« studieren und sich ja vor Synkretisten hüten, »denn sie suchen das Zeitliche und sind weder Gott noch Menschen treu«.

Hier stehen sich zwei alternative, einander ausschließende Positionen gegenüber, und beide Kontrahenten waren offenbar völlig unfähig, jedenfalls nicht Willens, einander zu verstehen: Hier die Forderung, Friedfertigkeit, Versöhnungsbereitschaft und Brüderlichkeit zum Kriterium der Echtheit von Wahrheitsansprüchen zu machen – eine Haltung, die ein Jahrhundert später in Lessings Ringparabel klassisch formuliert wird: Die Wahrheit des Glaubens zeigt sich im Erweis des Geistes und der Kraft, wird also von ihrer sittlichen Wirkung abhängig gemacht. Gegen diesen Zeitgeist der Toleranz unversöhnlich die Ansicht, daß das Heil allein in Gottes Hand liegt und Wahrheit und Irrtum nicht versöhnt werden können. Die konfessionellen Kontrahenten sind für Gerhardt zwar keine Gegner, aber Irrende; und es kommt darauf an, sie in die Wahrheit zu führen.

Selbst seine Freunde haben den scheinbaren inneren Widerspruch dieses Theologen und Seelsorgers kaum verstanden: ein friedliebender Eiferer, ein staatsfrommer Rebell, ein frohgemuter Sänger der Gottesliebe und zugleich der Parteigänger der starrsten Orthodoxie, wie sie in der Lehre des Wittenberger Theologen Abraham Calov, mit dem Gerhardt befreundet war, und in der Konkordienformel auftrat. Gerhardt hatte diesen Widerspruch in seiner rigiden theologischen Existenz und seiner intensiven Seelsorge versöhnt; anderen gelang das je länger, desto weniger: Die verkopfte Frömmigkeit der Orthodoxie geriet in eine Sackgasse der Erstarrung und der aggressiven Ängstlichkeit.

Gegen die erstarrte »Reformation der Lehre« stellten die Pietisten die Forderung nach einer »Reformation des Lebens«. Man setzte weniger auf die Doktrin, auf Beichte, Absolution und Kirchenzucht als auf eine authentische christliche Lebensführung, auf Bußpredigt und Bekehrung, eine glaubwürdige praxis pietatis: die Veränderung des Menschen, um die Welt zu verändern. Der Elsässer Philip Jakob Spener (1635-1705) nahm Anregungen von Johann Valentin Andreäs Christentum der Tat, von Johann Arnds »Wahrem Christentum« sowie reformierte Einflüsse des Genfer Gründers einer pietistischen Freikirche Jean Labadie auf und wurde selbst zum Promotor einer nachhaltig wirksamen Frömmigkeitsbewegung[12]. Das Pfarrhaus des späteren Frankfurter Seniors wurde zum Ausgangspunkt der »Collegia pietatis«, jener pietistischen Gruppenbewegung, die auf dem Fundament des reformatorischen allgemeinen Priestertums der Glaubenden auf eine Verlebendigung und Vergewisserung des Glaubens und seiner Praxis im täglichen Leben zielte. Nicht nur der Praxisbezug unterschied diese Laienbewegung von der lutherischen Orthodoxie, sondern auch das chiliastische Element einer aktiven Erwartung des Reiches Gottes auf Erden, an dessen Kommen und Errichtung der Christ mitbauen, auf das hin er arbeiten muß.

Die Bildung von Laiengruppen in der Gemeinde (ecclesiola in ecclesia) und Speners »Pia Desideria«, die auch ein Kirchenreformprogramm enthielten, lösten nach schwierigen Anfängen Impulse für eine bis in die Gegenwart wirksame Bewegung der praktischen Frömmigkeit aus. Insbesondere der Hallische Pietismus August Hermann Franckes[13] vertiefte und verstärkte diese Impulse durch pädagogische und insbesondere ökumenisch-missionarische Akzente. Das Waisenhaus der »Franckeschen Stiftungen« und die von Francke geprägte theologische Fakultät haben ganze Pfarrergenerationen und den Lebensstil ihrer Pfarrhäuser wirksam beeinflußt. Der Einfluß dieses praktischen Christentums, das die wohl originärste Reformbewegung des deutschen Protestantismus darstellt, kann nicht hoch genug eingeschätzt werden: Der späteren geistlichen und sozialen Selbstghettoisierung ging eine Laienbewegung mit starken missionarischen Energien und pädagogischer Phantasie voran; der geistigen Enge ihrer asketischen Frömmigkeit und Bekehrungstheologie trat die ökumenische Weite ihrer sozialpädagogischen Glaubenspraxis und Reich-Gottes-Erwartung gegenüber. Im frühen 19. Jahrhundert sind pietistische Gruppen aus Hessen und Württemberg nach Amerika und Rußland ausgewandert, um dort auf das Kommen des Reiches Gottes zu warten. Zinzendorfs Herrnhuter Brüdergemeine hat ebenso Impulse dieser Bewegung

---

[12] vgl. J. Wallmann: Philip Jakob Spener und die Anfänge des Pietismus, 1970
[13] vgl. E. Beyreuther: August Hermann Francke und die Anfänge der ökumenischen Bewegung, 1957

aufgenommen wie die württembergischen Blumhardts, deren Reich-Gottes-Erwartung bis in den »Religiösen Sozialismus« hinein wirksam gewesen ist.

Das Pfarrhaus hat je nach Prägung in einem ambivalenten Verhältnis zu dieser kirchenkritischen Laienbewegung gestanden: Entweder empfand es sich als Konkurrent und Wächter dieser »ecclesiola in ecclesia«, oder es wurde zu einem geistlichen Zentrum, Impulsgeber und Vorbild der pietistischen Gemeinde, die als Gruppe hin und wieder auch paragemeindliche und sektiererische Züge mit den prekären Folgen einer Doppelmoral annahm. Der pietistische Pfarrer hatte dementsprechend zumeist die Funktion des erweckenden Bußpredigers, des Seelenführers und Impulsgebers, aber auch des kritischen Begleiters für Gefühls- und Erfahrungsreligiosität, als ein selbst »Erfahrener«, wenn er nicht einer sektiererischen Selbstgerechtigkeit verfiel. Bemerkenswert, daß der zeitgenössische »evangelikale« Pietismus im Gegensatz zu seiner Tradition wieder doktrinäre, an Rechtgläubigkeit und Bekenntnis orientierte Züge angenommen hat. Die ursprünglichen Impulse leben im politischen und sozialen Pietismus der Kirchentagslaienbewegung, in der Ökumene und in evangelischen Kommunitäten von heute fort.

Im Chiliasmus der Reich-Gottes-Erwartungen waren Speners und Franckes Pietismus dem Fortschrittsglauben der Aufklärung verwandt. Auch im Subjektivismus und in der Erfahrungsorientierung zeigen die fromme Aufklärung und der Pietismus gemeinsame Züge. Sie sind nicht nur Zeitgenossen, sondern ihr praktischer Sinn macht sie geradezu zu Geschwistern im Erbe der doktrinären Orthodoxie. Der jüngere Rationalismus bringt dennoch einen eigenen Typ des Pfarrers und eine besondere Gestalt des Pfarrhauses hervor: den aufgeklärten Tugendlehrer, auf Nützlichkeit bedacht, an Maß, Fortschritt und Effektivität orientiert. Die praktische Vernunft mißt die Tiefe des religiösen Glaubens an seiner moralischen Wirksamkeit und der persönlichen Lebensführung wie der die gesellschaftliche Gestaltung formierenden Kraft. Ist der Pietismus eher als eine Reaktion auf die Orthodoxie zu interpretieren, so der theologische Rationalismus und die fromme Aufklärung als Reaktion auf den Siegeszug der autonom gewordenen Vernunft, wie sie sich in der Rationalität des absolutistischen Staatswesens, im gesellschaftlichen System für Bedürfnisse, in Wirtschaft und Wissenschaft niederschlägt. Hat sich dort das Bedürfnis nach Reform und Widerspruch gemeldet, so hier dasjenige nach Anpassung und Apologie des religiösen Glaubens gegenüber der Vernunft.

Widerspruch artikuliert sich freilich auch hier, und zwar gegenüber dem alternden Pietismus. In einer klassisch gewordenen Polemik hat der Vorgänger Herders am Bückeburger Hof, Thomas Abbt (1733–1766), in einer Schrift »Vom Verdienst« seinem rationalistischen Protest Luft gemacht: »Nicht das unsinnige, wiedergekäute und ekelhaft ineinander gedrehte Geschwätz über den sogenannten Durchbruch der Gnade; nicht das alberne Zeug von den Erfahrungen, die man dabei will gemacht haben; nicht die heuchlerischen

Schmeicheleien, die man selbst sich dabei gesagt, und der ganze Unrat, der von Dummheit ausgebrütet, von Stolz vermehrt und vom Neid herausgestoßen wird; nicht dieses macht die Erbauung aus... Treu und fleißig in seinem Berufe wandeln; seinen Obern gehorchen; seinen Lüsten und Begierden nicht frönen; auf Gott vertrauen; in ihm seine Freude und Beruhigung suchen; einer fröhlichen Zukunft des Herrn in einem ehrbaren Wandel der Seinigen warten mit gutem Gewissen! Dies muß er lernen, dies muß ihm erklärt werden; davon überzeuge man ihn; darin wird seine Erbauung bestehen, die seinem Nebenmenschen und seiner eigenen Seele nützlich ist. Keine Sänger anstatt der Arbeiter; keine Besuche, um Gewissensfragen sich auflösen zu lassen, anstatt der Berufsgeschäfte; keine eingebildeten Anfechtungen anstatt des Schweißes im Angesichte; keine Selbsterfahrer anstatt der Bürger, die der Obrigkeit ihre Abgaben richtig geben; kurz, kein seufzendes Gesindel anstatt rechtschaffener Untertanen, die sich und anderen zu gut leben. Wandel! Wandel! Christliche Bürger und bürgerliche Christen!«[14]

Der Christ als Bürger und der bürgerliche Christ – die protestantische Realität wird nun zum Ideal. Keine Rede mehr von den Bußkämpfen des Pietismus, vom Streit um die Wahrheit im konfessionellen Bürgerkrieg; ging es im Pietismus noch darum, von der Position einer Minderheit aus die Kirche zu reformieren, so geht es hier um eine volkskirchliche Predigt der Bürgertugend. Man ist bei seinem Streben nach der Aufklärung des Volkes der Überzeugung, daß hier die Kirche gerettet, das Christentum gereinigt, die Nachfolge Jesu ermöglicht werde. Freilich wird dabei die Strebsamkeit des Bürgers mit der Nachfolgeethik der Bergpredigt gleichgesetzt, die paulinische und reformatorische Glaubensgerechtigkeit als eine Gewißheit beschrieben, die das Resultat eines »immer strebend Sich-Bemühens« ist. Otto Riehl hat diesen Zusammenhang mit seltener Deutlichkeit beschrieben: »Jener oberste sittliche Grundsatz des Protestantismus, der den Kampf um die Gottseligkeit von dem Felde der äußeren Werke in die Tiefen des inwendigen Menschen zurückversetzt, entspricht dem Geiste des Bürgertums, welchem das Ringen nach Erwerb höhere Kraft und mächtigeren Reiz birgt als der Besitz des Erworbenen selber. Die katholische Kirche besitzt – aristokratisch – ein liegendes, in seinem Grundstock unveräußerliches Kapital von Gnadenmitteln, der Protestantismus kennt – bürgerlich – nur das Ringen nach dem Erwerb der Gnade durch den Glauben, und seine Dogmatik gibt der Kirche nirgend einen rechtlichen Besitztitel für das feste, ruhende Kapital eines eigentlichen Gnadenschatzes... Darin zeigt sich eine der entscheidenden sozialen Folgen der Reformation.«[15]

---

[14] zitiert nach W. Baur: Das deutsche evangelische Pfarrhaus, 1902⁵, S. 237
[15] zitiert nach W. Baur, a.a.O., S. 124

IV.

An der Schwelle zum Jahrhundert der christlichen Welt des Bürgertums ist sich der Pfarrerstand seiner gesellschaftlichen Rolle als Stand, seiner soziologischen Herkunft und seiner kirchlichen Funktion selbst bewußt geworden. Die Genealogien der Pfarrerdynastien und berühmt gewordener Pfarrerskinder zeigen, in wie starkem Maße das evangelische Pfarrhaus den Mittelstand repräsentierte; die Söhne des Adels und der Bauern sind nur selten den Weg ins geistliche Amt gegangen. Freilich hielt man sich etwas darauf zugute, daß über die Standesgrenzen hinweg geheiratet wurde. Diese Durchlässigkeit wurde dann gern für ein Zeugnis der Gleichheit der Kinder Gottes in der Kirche gehalten[16].

Von der zweiten Hälfte des 18. Jahrhunderts ab tritt der Pfarrer auch als literarische Figur in Erscheinung; das kinderreiche Pfarrhaus auf dem Lande, die Figur des geistlichen Hausvaters werden zu Themen der Romanliteratur, oft sogar in einer tragenden Rolle. Verräterisch nur, daß das Pfarrhaus zum Ort des Idylls wurde: die kinderreiche Familie mit dem Patriarchen im Zentrum; der Pfarrer als Gärtner, Bienenzüchter, Sammler und Forscher; Pfarrhaus, Kirche und Friedhof als kulturelles Zentrum und ruhender Pol inmitten der bürgerlichen Arbeitsgesellschaft, als Kommunikationsbrücke zwischen den Ständen, in anregender Konversation mit dem Adel, in belehrendem Umgang mit den Bauern.

»Es begann dann das Leben des Pfarrhauses in dem anmutigen, friedlichen, idyllischen Stil, der fortan als der eigentliche Stil des evangelischen Pfarrhauses galt: häusliches Glück durch die Liebe des Ehepaares und die Geburt und das Heranwachsen der Kinder, der Pfarrer, die besten Stunden des Tags mit der Gemeinde und mit seiner geistigen Fortbildung beschäftigt, die Pfarrerin, eine treue Pflegerin des Hauses, die dem Gemahl in der Studierstube Ruhe gönnt, abends die Freude behaglichen Zusammensitzens im Garten oder eines ruhigen Gangs durch die Flur nach dem Wasser, mit Verwandten und Freunden soviel Verkehr als möglich, und wenn sich Menschen höherer Stellung und geistiger Richtung in der Nachbarschaft finden, eine wechselseitige Anziehung, die dem adeligen Haus Anregung, dem Pfarrhaus die Ermunterung gibt, nicht zu verbauern«, so erzählt Wilhelm Baur die Erinnerungen des späteren Berliner Propstes von St. Nicolai, Johann Joachim Spalding (1714–1803), nach. Im Leben und in der Theologie dieses frommen Aufklärers verband sich die Nüchternheit eines auf Nützlichkeitserwägungen ausgehenden, gesunden Menschenverstandes mit dem Hang zum bürgerlichen Idyll zu einer die Zeitgenossen beeindruckenden Harmonie.

Von Oliver Goldsmith' »Landprediger von Wakefield« schwärmte nicht nur der junge Straßburger Student Johann Wolfgang Goethe, der das Buch unter

---

[16] W. Baur: a.a.O., S. 118ff.

Herders Einfluß las und wohl auch auf das Bild des Sesenheimer Idylls übertrug. Noch in »Dichtung und Wahrheit« dringt der Originalton dieser Idyllik durch: »Ein protestantischer Landgeistlicher ist vielleicht der schönste Gegenstand einer modernen Idylle; er erscheint, wie Melchisedek, als Priester und König in einer Person. An den unschuldigsten Zustand, der sich auf Erden denken läßt, an den des Ackermanns, ist er meistens durch gleiche Beschäftigung, sowie durch gleiche Familienverhältnisse geknüpft; er ist Vater, Hausherr, Landmann, und so vollkommen ein Glied der Gemeine. Auf diesem reinen, schönen, irdischen Grunde ruht sein höherer Beruf; ihm ist übergeben, die Menschen ins Leben zu führen, für ihre geistige Erziehung zu sorgen, sie bei allen Hauptepochen ihres Daseins zu segnen, sie zu belehren, zu kräftigen, zu trösten, und wenn der Trost für die Gegenwart nicht ausreicht, die Hoffnung einer glücklicheren Zukunft heranzurufen und zu verbürgen.«[17]

Johann Heinrich Voß hat in seiner »Luise« von 1783 das Idyll des wohlhabenden Pfarrers, Johann Georg von Zimmermann in der »Einsamkeit« von 1784 das Idyll des dürftigen Lebens in einem Landpfarrhaus gezeichnet: »Der Pastor lehrt Tugend auf der Kanzel und durch sein Leben. Alle seine moralischen Handlungen sind immerwährende Richtungen zu Gott« – der Tugendlehrer ist zum Repräsentanten geworden; Pfarrhaus und Pfarrer stehen ein für die Sittlichkeit der christlichen Welt. Zeigte der orthodoxe Verkündiger und Beichtvater ein prophetisches Gesicht, der pietistische Pfarrer das priesterliche Profil des Hirten, Seelenführers und Stellvertreters im Bußkampf, so hat das bürgerliche Pfarrhaus Anteil am »königlichen Amt« des Einflusses auf die Lebensordnung von Familie, Beruf und ländlich-handwerklicher Arbeitswelt: Der Pfarrer und sein Haus werden zum Garanten der bürgerlichen Moral.

Friedrich Daniel Schleiermacher, der »Kirchenvater des 19. Jahrhunderts«, hat für diese Entwicklung theologisch die Signale gesetzt. Seiner Theologie ging es darum, das moderne Bewußtsein mit dem religiösen zu versöhnen. Er wollte zugleich moderner Mensch und glaubender Christ sein und als christlicher Theologe die Einsichten und das Ethos der Moderne bejahen können. Dieses apologetische Interesse spitzte er in seinem »Sendschreiben an Lücke« zu der berühmten Frage zu: »Soll der Knoten der Geschichte so auseinandergehen: das Christentum mit der Barbarei und die Wissenschaft mit dem Unglauben?« Das konnte nach seiner Überzeugung nicht das Geschick der modernen Kultur sein, und er sah bereits in der Reformation den Grundstein dafür gelegt, die alte Frömmigkeit und die moderne Kultur, Glauben und Wissenschaft miteinander zu versöhnen.

Auf diesem Boden hat Schleiermacher eine im Kern apologetische Theologie der Kultur errichtet, hat er den Versuch gemacht, den von der Zeitkultur

---

[17] J. W. von Goethe: Aus meinem Leben. Dichtung und Wahrheit; in: Hamburger Ausgabe, Band 9, München 1974, S. 427

Gebildeten in den Prozeß einer religiösen Bildung hineinzuziehen. Karl Barth hat ihm deswegen vorgehalten[18], er habe als Apologet des Christentums nicht substantiell Theologe und Prediger sein können, sondern gleichsam die Weiße Fahne in die Hand genommen und als Parlamentär zwischen den Fronten vermittelt. Gewiß: Wer versucht, den Glauben vor den Schranken eines nicht glaubenden, wissenschaftlichen Bewußtseins zu rechtfertigen, kann nicht als Prediger auftreten, sondern muß sich in eine dritte Rolle hineinbegeben, die der des Ethikers oder des Religionsphilosophen zu vergleichen wäre. Schleiermacher selbst war sich dessen bewußt und hat diese Rolle des Vermittelns, in der man auch zum Vertrauensmann der Gegenpartei wird, die Rolle eines »religiösen Virtuosen« genannt. Hier zeigt sich die Ambivalenz des bürgerlichen Pfarrhauses: Der Tugendlehrer wird zum Repräsentanten, der Prediger zum Virtuosen. Die ebenso wehmütigen wie anklagenden Äußerungen vieler Kinder aus diesem Pfarrhaus spiegeln dessen Zwittergesicht. Gottfried Benns Bewunderung für seinen Vater, dessen Haus er im Gedicht ein »amusisches Gedankenleben« bescheinigt[19], Wilhelm Raabes und Ina Seidels Darstellungen des Pfarrhauses zwischen Salon und Gefängnis, kleinbürgerlicher Gesetzlichkeit und toleranter Skepsis zeigen diese janusköpfige Signatur. Pastor Lorenzen in Fontanes »Stechlin«[20] ist mit seinem hellen Verstand ein an Adolf Stoecker orientierter, aber skeptischer Christsozialer, den Dubslav von Stechlin für einen Sozialdemokraten hält. Und Ina Seidels orthodoxer Kirchenmann Johann Friedrich Lennacker[21] regiert als gottähnlicher Patriarch, dessen autoritärer Natur sein Sohn zum Opfer fällt, unerschütterlich seinen bürgerlichen Salon, ohne sich des inneren Widerspruchs seiner Pfarrerexistenz bewußt zu werden. Gegen Liberale und Linke schmettert er das unverfälschte Wort vom Kreuz, und in der Gesellschaft von Kommerzienräten läßt er sich bei Taufen und Hochzeiten Sekt und Pastete schmecken. Wäre es nicht auch unevangelisch, die Einladung zur Tischgemeinschaft auszuschlagen?

Gewiß, die Erweckungspredigt der Blumhardts[22] in Bad Boll und ihre durchaus auf weltliche Gerechtigkeit ausgerichtete Reich-Gottes-Erwartung und Johann Hinrich Wicherns[23] diakonische Tatkraft und seine scharfe Zeitanalyse in der Auseinandersetzung mit den sozialistischen Bewegungen zeigen auch einen anderen, neuen Typ pfarramtlicher Existenz. Bevor aber dieses Krisenbewußtsein seine tiefen Spuren auch im Pfarrhaus hinterließ, haben idealistische Philosophie, Aufklärung und Freiheitsbewegung sowie Pietismus den Repräsentanten des bürgerlichen Persönlichkeitsideals geprägt. Ein kämpferi-

---

[18] K. Barth: Die protestantische Theologie im 19. Jahrhundert, 1960³, S. 395
[19] Teils-Teils; in: G. Benn: Gedichte, Wiesbaden/Zürich 1956, S. 355
[20] Th. Fontane: Der Stechlin. Mit einem Nachwort von W. Müller-Seidel. Insel TB 152, 1975
[21] I. Seidel: Lennacker: Das Buch einer Heimkehr. Ullstein TB 20176, 1982, S. 538 ff.
[22] J. Chr. Blumhardt: Seelsorge (hg. von Otto Bruder). Siebenstern TB 118, 1968
[23] G. Brakelmann: Kirche und Sozialismus im 19. Jahrhundert, 1966, S. 7 ff.

scher Patriotismus gehörte spätestens seit den Freiheitskriegen dazu und nahm zwischen Reichsgründung und Erstem Weltkrieg zunehmend nationalistische Züge an. Zu den Voraussetzungen dieser bürgerlichen Zwitterexistenz gehörte das staatliche Kirchenregiment, die Ehe von Thron und Altar, die eine Identifizierung von religiösen und politischen Sehnsüchten, von Kaiser und Summepiscopus zuließ.

V.

»Ein Pfarrhaus ist entweder ein Bethaus, oder es wird zu einer Mördergrube. Die Dichter lieben es, die Pfarrhäuser ganz besonders als die Hütten des Friedens zu besingen. So schön auch alle Ideale sind, so sind es doch eben nur Ideale. Der Bauer aber und der Tagelöhner betritt das Pfarrhaus immer mit einem gewissen Respekt und legt gern ein besseres Kleid an, als er bei der Arbeit trägt; er erwartet auch, daß er bei den gewöhnlichen Anmeldungen oder Bestellungen irgendein Wort hören wird, das nach dem Salz schmeckt, welches die Jünger immer bei sich haben sollen. Das Pfarrhaus ist das Siegel auf die Predigt oder es ist die praktisch gewordene Verkündigung des Evangeliums ... Es ist das öffentlichste Haus im ganzen Dorfe.«[24] So beschrieb der preußische Generalsuperintendent Carl Büchsel in seinen »Erinnerungen aus dem Leben eines Landgeistlichen« 1861 das Pfarrhaus des erweckten und neukonfessionellen Milieus, das sich auch im 19. Jahrhundert als konservativer Hort des »positiven« Luthertums erhalten hat. Auch wenn diese heile ländliche Welt versunken schien, so werden hier doch Akzente gesetzt, die auch das neulutherische Pfarrhaus nach dem Ersten Weltkrieg hätten kennzeichnen können.

Als die Stützen der christlichen Welt gefallen waren, drangen die Erschütterungen der bürgerlichen Revolutionen von 1789, 1830 und 1848 und selbst die der im Nachbarland sich vollziehenden proletarischen Revolution von 1917 endgültig auch ins evangelische Pfarrhaus vor und veränderten die Randbedingungen der pfarramtlichen Existenz: Die Trennung von Kirche und Staat, Säkularisierung und Urbanisierung der Gesellschaft, der Verlust der Arbeiterschaft für die Kirche, die hohe Mobilität der Gesellschaft und die Ausdifferenzierung der volkskirchlichen Situation zwischen Kerngemeinde und Randsiedlern, nicht zuletzt der Kirchenkampf in der Auseinandersetzung mit dem ideologischen Herrschaftsanspruch des Nazi-Regimes und seiner deutschchristlichen Parteigänger; der zweifache Umbruch der Staatsordnung: Kaiserreich – Republik – Drittes Reich und der rasche soziale Wandel haben neue Bedingungen geschaffen und die Rolle des Pfarramts wie die Lebensbedingungen für das Pfarrhaus verändert.

---

[24] Carl Büchsel: Erinnerungen aus dem Leben eines Landgeistlichen, 1861

Das Neu-Luthertum und die dialektische Theologie, die »Zwei-Reiche-Lehre« und die Theologie von der »Königsherrschaft Christi« haben das Pfarramt an den Kern seines Mandats, die Verkündigung des Gotteswortes, erinnert, zugleich aber auch eine formierende Wirkung auf die sozialethische Praxis, auf Diakonie und Seelsorge ausgeübt. Das Idyll war verflogen. Der Übergang von der Staatskirche zur »Volkskirche« machte klar, daß die Volkskirche Kirche des Volkes und für das Volk sein wollte; der traditionelle Rollenkonflikt des Pfarramtes zwischen Auftrag und Erwartung verschärfte sich. Hinzu kam ein weiteres Konfliktfeld: Der Pfarrer hatte sein Amt im Gegenüber der Christengemeinde zur Bürgergemeinde zu verstehen, und diese Bürgergemeinde stellte sich dar in einem säkular sich verstehenden Staat und einer säkularisierten Gesellschaft. In dieser Umwelt nahm die Volkskirche zunehmend den Charakter einer Volkskirche in der Diaspora an.

Der Kirchenkampf warf andererseits das Problem auf: Wie kann eine Volkskirche zur bekennenden Kirche werden, welche als »Gemeinde von Brüdern« »mit ihrem Glauben, mit ihrem Gehorsam, mit ihrer Botschaft wie mit ihrer Ordnung mitten in der Welt der Sünde als die Kirche der begnadeten Sünder bezeugt, daß sie allein sein Eigentum ist, allein von seinem Trost und von seiner Weisung in Erwartung seiner Erscheinung lebt und leben möchte«, die andererseits den Staat an seine Aufgabe erinnert, »in der noch nicht erlösten Welt, in der auch die Kirche steht, nach dem Maß menschlicher Einsicht und menschlichen Vermögens unter Androhung und Ausübung von Gewalt für Recht und Frieden zu sorgen«, wie es im Barmer Bekenntnis von 1934 heißt[25].

Fünfzig Jahre nach der Barmer Bekenntnissynode bricht diese Problematik erneut auf und berührt auch das Selbstverständnis des Pfarramts: der Pfarrer als Zeremonienmeister, Krisen- und Sozialisationsagent an den Wendepunkten des Lebens, als Bürge für eine Tradition von Wertvorstellungen, welche die Sinndefizite der technischen Zivilisation und der unüberschaubar komplexen Arbeitsgesellschaft auszugleichen vermag – ein Anwalt der Gemeinde, insbesondere der an den Rand gedrängten Mühseligen und Beladenen, ein Stellvertreter, Hirte und Sozialtherapeut; der Pfarrer andererseits als Verkünder von Gottes Gerechtigkeit und Versöhnung, eines Friedens, der »höher ist als die Vernunft«, als Repräsentant einer Vernunft der Mitmenschlichkeit, die anders ist als die wissenschaftlich-technische Rationalität – ein Zeuge, der im Namen Gottes redet, Sünden vergibt und Lebensverhältnisse kritisiert, ein moralisches Vorbild, aber auch ein Sachwalter jener Andersartigkeit, die mit dem Namen Gottes und der Berufung auf seine Gerechtigkeit und seinen Frieden signalisiert ist. In dieser Konstellation kann »die Andersartigkeit, die er in den gesellschaftlichen Kämpfen repräsentieren soll, immer eine doppelte

---

[25] A. Burgsmüller/R. Weth: Die Barmer Theologische Erklärung. Einführung und Dokumentation, 1984², S. 30ff.

sein. Er kann die Andersartigkeit der Befreiung vertreten und den Aufbruch der Unterdrückten, der Unterprivilegierten und der Deklassierten in ein besseres Leben begleiten. Und er kann die Andersartigkeit der Versöhnung darstellen wollen, die zwischen den streitenden Parteien vermitteln und auf der höheren Ebene zum Frieden anstiften will«[26], wie es in einer neueren Pastoraltheologie heißt.

Das Pfarramt hat in weit größerem Maße als in der Tradition gesellschaftliche und politische Funktionen gewonnen. Es hat sich zugleich im Blick auf die traditionellen Funktionen weiter ausdifferenziert; dem Pluralismus und der Arbeitsteilung der Gesellschaft entspricht eine arbeitsteilige Wahrnehmung der Amtsfunktionen des Pfarrers, die hier und da auch auf ein Pfarrerteam aufgeteilt oder überparochial wirkenden Sonderpfarrern übertragen werden. Andererseits hat das Amt und das Pfarrhaus Funktionen an andere Institutionen und ihre entsprechenden Fachkompetenzen abgegeben, an den Arzt und Psychotherapeuten, an die sozialen Einrichtungen des Staates, an die staatlich organisierte Bildung und Ausbildung, nicht zuletzt an die Medien. Schließlich fallen traditionelle Funktionen des Pfarrhauses – die Berufstätigkeit der Pfarrfrau ist hier weniger ein auslösender Faktor als eine Folge – auf die Person des Amtsträgers selbst zurück. Und die Person des Pfarrers sieht sich obendrein mit der Frage nach der Glaubwürdigkeit seines Handelns, Predigens und Betens konfrontiert. Die in einer säkularisierten Welt entstehende Frage nach der Glaubwürdigkeit des Glaubens setzt den Pfarrer in seinem alltäglichen beruflichen Handeln unter einen stetigen Legitimationszwang, und er hat einen wesentlichen Teil seiner persönlichen und beruflichen Energien zu investieren in die »Rechenschaft von der Hoffnung, die in ihm ist«, wie es in einer hilfreichen Studie des Ökumenischen Rates heißt[27]. Die Klage und die Anklage im Blick auf Streß, moralische Überforderung und Versagen haben hier ihren substantiellen Grund. Aber auch die Neigung zur Radikalisierung angesichts der irritierenden Rollenvielfalt des Pfarramts, wie sie sich etwa in der Figur des Pfarrers im Talar bei Demonstrationen zeigt, hat oft genug ihre Wurzeln im Legitimationszwang.

An den Heiligen und Märtyrern unserer Tage läßt sich mit besonderer Klarheit ablesen, an welchen Gestalten und Maßstäben Glaubwürdigkeit orientiert und Versagen erkannt wird. Leitgestalten wie Albert Schweitzer und Dietrich Bonhoeffer oder Maximilian Kolbe, Martin Luther King und Mutter Teresa sagen über die Freiheit und das Dilemma der pastoralen Existenz in der

---

[26] M. Josuttis: Der Pfarrer ist anders. Aspekte einer zeitgenössischen Pastoraltheologie, 1983, S. 48

[27] Eine gemeinsame Rechenschaft von der Hoffnung. Kommission für Glauben und Kirchenverfassung des Ökumenischen Rats der Kirchen. Bangalore 1978; in: Beiheft zur Ökumenischen Rundschau Nr. 35, Frankfurt 1978, und A Common Account of Hope; in: the ecumenical review 31/1 1979, S. 5 ff.

Volkskirche mehr aus als soziographische Erhebungen. Aber auch in der zeitgenössischen Literatur, nicht zuletzt auch in der heute blühenden lebensgeschichtlich bezogenen »narrativen Theologie« werden die Grundprobleme und Konflikte von Pfarrer und Pfarrhaus, Gottesmann und Weltpriester scharf formuliert.

Die Schriftstellerin Ruth Rehmann hat 1979 in der autobiographischen Geschichte »Der Mann auf der Kanzel«[28] Fragen an den eigenen Vater gerichtet, der als Pfarrer in einer Kleinstadt im Dritten Reich nach ihrem Urteil versagt hat. Ihre Erinnerungen an das Elternhaus geben das Bild einer »intakten, in inniger Liebe verbundenen« Pastorenfamilie, ihre genauen und redlichen Nachforschungen stoßen sie aber auf das Phänomen einer »besonderen Art der Einsamkeit«, die den Pfarrer wie das Pfarrhaus trotz aller Loyalität der Gemeinde von einer vorurteilsfreien und konfliktbereiten Wahrnehmung der Realitäten fernhielt. Der bürgerlich-konservative und deutschnational denkende Vater gab in seiner Kommunistenangst den Nazis loyal eine Chance und räumte im Kirchenkampf der Einheit der Gemeinde und der intakten Institution Priorität vor der Auseinandersetzung um Wahrheit und menschliche Integrität ein. Paul Gerhardt hatte – gut lutherisch – seinen leidenden Gehorsam in der Verweigerung bekundet, bei dem einsamen Mann auf der Aueler Kanzel vollzog sich der leidende Gehorsam um Christi willen nicht im Widerstand, sondern in der bedrückten Anpassung.

Der Politiker und Pfarrer Heinrich Albertz hat in den autobiographischen Gesprächen »Dagegen gelebt« von den Schwierigkeiten gesprochen, ein politischer Christ zu sein. Albertz hatte als Regierender Bürgermeister von Berlin die prägende Erfahrung eines Christen in der Politik gemacht: »Wenn andere nach Nützlichkeit und Opportunität entschieden, wurde einem hier zugemutet, Maßstäbe zu haben und sich an sie zu halten. Auch deshalb, weil man dem Anspruch standhalten sollte und doch weiß, daß man in Situationen kommen kann, wo einem auch das Fünfte Gebot ›Du sollst nicht töten‹ nicht mehr sehr viel hilft. Ich habe die Erfahrung gemacht, daß das Gesetz und die Gesetze niemanden so schinden können wie einen, der Politik nach Normen zu machen versucht und der außerdem von Mehrheiten abhängig ist.« Als Pfarrer und Seelsorger kam Albertz in die Situation, fünf Häftlinge, die von den Entführern des Berliner Politikers Peter Lorenz freigepreßt worden sind, als Garant und Geisel auf ihrem Flug nach Aden zu begleiten. In seiner Rede beim Empfang des Ossietzky-Preises legte er Rechenschaft über die Erfahrung ab, die er in seinem Leben als politisch engagierter Seelsorger gemacht hat, und forderte seine Hörer auf: »Geben Sie niemanden auf. Ich habe in den vergangenen Jahren die unvergeßliche Erfahrung gemacht, was es bedeuten kann, wenn man in jedem, auch im fernsten Partner, auch dem Feinde den Menschen

---

[28] Ruth Rehmann: Der Mann auf der Kanzel: Fragen an einen Vater. dtv TB 1726, 1981

sucht. Man findet ihn. Im Flugzeug nach Aden in 36 Stunden. In einem Polizeibeamten, der mich zu beschützen hatte, mit dem man vier Monate zusammenlebt. Die Hoffnung, die in mir ist, lebt von ihnen, mit ihnen allen... Wir sollen wissen, daß die vielstrapazierte freiheitlich demokratische Grundordnung genau an unserem Verhalten, an dem Maß unserer Hoffnung hängt, daß sie uns weder durch ängstliche Metternich-Methoden noch durch Gewalt und Gegengewalt ausgehöhlt und schließlich ganz kaputt gemacht wird.«[29]

Die Funktionsfähigkeit des multifunktional gewordenen geistlichen Amtes dürfte weder von der Stabilität der volkskirchlichen Institutionen noch von der Überlebensfähigkeit des Pfarrhauses als geistlicher und kultureller Zelle der Gemeinde abhängen. Sie ist aber eng verbunden mit der Glaubwürdigkeit der pastoralen Existenz. Die weitere Entwicklung dürfte in eine Richtung weisen, wie sie im freikirchlichen Milieu der Vereinigten Staaten seit Jahren eingeschlagen wird. Von dort kommen auch Signale, die ein sich veränderndes Kirchenverständnis artikulieren, das sich nicht an der Vision von einem Vaterhaus, sondern am Exodus, am Auszug Israels aus Ägypten und von seinen Fleischtöpfen orientiert. Christliche Basisgruppen in den Gemeinden und Kommunitäten verlagern den Schwerpunkt des Gemeindelebens aus den parochialen Strukturen und dem Kirchenraum in andere Lebensformen, und dementsprechend verändert sich auch das Selbstverständnis der pastoralen Existenz. Jim Wallis, eine der jungen Leitfiguren und ein Sprecher der amerikanischen Friedensbewegung, verkörpert die Gestalt eines evangelikal geprägten politischen Christen. Seine Erfahrung, die er in der evangelikalen Kommunität »Sojourners«, einer Familienwohngemeinschaft im schwarzen Viertel der Hauptstadt Washington, gemacht hat, drückt er in einem zwar bekannten pietistischen Vokabular, jedoch in einer ungewöhnlichen Konstellation traditioneller Faktoren aus: »Die Zeit, in der wir leben, schreit nach Bekehrung. Der Preis unseres Lebensstandards ist höher, als man je gedacht hätte... Bekehrung markiert den Anfang einer Bewegung heraus aus einer rein privaten Existenz hin zu öffentlicher Verantwortung, die inhaltlich vom Reich Gottes und nicht vom Staat bestimmt wird. Unsere Herausforderung besteht darin, nach der Bekehrung der Kirche inmitten eines untergehenden Herrschaftssystems zu fragen.«[30]

Das geistliche Amt nimmt in diesen Zusammenhängen den Charakter einer »prophetischen Barmherzigkeit« an. Das Tun des Pfarrers besteht im Informieren, Erhellen, Wege-Zeigen und Konfrontieren: Der Pfarrer als Pastoraltherapeut, als »change-agent« und »enabler« – ein Helfer, Berater, Begleiter und

---

[29] Heinrich Albertz: Dagegen gelebt – von den Schwierigkeiten, ein politischer Christ zu sein... rororo aktuell 4001, 1976, S. 14
[30] Jim Wallis: Bekehrung zum Leben. Nachfolge im Atomzeitalter, 1983, S. 19f.

Kommunikator, der den Menschen hilft, die Wahrheit zu entdecken und aus ihr zu leben. »In der modernen Arbeit des Pfarrers liegt der Akzent vor allen Dingen auf der Kommunikation« – so faßt Heije Faber, ein in den Vereinigten Staaten ausgebildeter holländischer Gesprächstherapeut und Vertreter des CPT, des Clinical Pastoral Training, zusammen. »Der Pfarrer ist gemeinsam mit den Menschen zur Wahrheit des Evangeliums unterwegs, und auf diesem gemeinsamen Weg entdecken sie das Evangelium und lassen es in ihrem gemeinsamen Tun zur Wirkung kommen. Die Offenbarung, die hierbei geschieht, weist Aspekte auf wie Begegnung, Entscheidung und Lebenserhellung, die zur Veränderung führt... Die Theologie wird hier zur Reflexion ihrer und unserer Nachfolge Christi; sie wird zur Reflexion dessen, was wir von ihnen und ihrer Situation für uns heute lernen können, und der Pfarrer ist derjenige, der in seiner Arbeit zu dieser Reflexion motiviert wird. Früher war die Theologie oft defensiv eingestellt, ihr Ziel war, die offenbarte Wahrheit rein zu erhalten und zu bewahren. Jetzt sehen wir die Theologie aggressiver werden. Sie will Einsicht in die jetzige Situation und die Haltung und Aktivität, die von uns erwartet wird, wecken – was wir heutzutage politische Theologie nennen, scheint mir dafür ein gutes Beispiel zu sein.«[31]

Der Pfarrer, »der Prophet sein will, aber als Priester lebt« (M. Josuttis) wird da nicht mehr vorwiegend als Funktionär einer Institution gesehen, sondern als ein Begleiter, der mit Menschen unterwegs ist. Auf diesem Wege könnte die Situation einer schrumpfenden Volkskirche, deren Erosion besonders in der DDR weit vorangeschritten ist, sogar zur Chance werden und dem Pfarrer die Möglichkeit bieten, die beiden im Konflikt miteinander liegenden Dimensionen seines Mandats neu zu verbinden: Ihm wachsen über den privaten Bereich Aufgaben einer sozialen Seelsorge zu, die mit dem Schlagwort »prophetische Barmherzigkeit« im Spannungsfeld zwischen »comfort« und »challenge«, zwischen Trost und Herausforderung, bündig gekennzeichnet werden können. In dieser Funktion und Gestalt werden gewisse Züge der alten Figur des Evangelisten wieder lebendig; und es ist vielleicht kein Zufall, daß ein kommunitär lebender Christ wie Jim Wallis im »Evangelisten« das Sinnbild einer zeitgenössischen pastoralen Existenz erkennt. Die Existenz und das Wachstum von Kommunitäten und Basisgemeinden deuten auch darauf hin, daß die traditionelle Betreuungspastoral von anderen Lebensformen, die eher den Charakter einer partnerschaftlichen Kommunikation haben, tendenziell abgelöst werden kann.

---

[31] Heije Faber: Profil eines Bettlers? Der Pfarrer im Wandel der modernen Gesellschaft, 1976, S. 108f.

Literatur

HEINRICH ALBERTZ: Dagegen gelebt – Von den Schwierigkeiten, ein politischer Christ zu sein. rororo aktuell 4001, Reinbek 1976

J. J. VON ALLMEN: Diener sind wir. Auftrag und Existenz des Pfarrers, Stuttgart 1958

KARL BARTH: Die protestantische Theologie im 19. Jahrhundert, Zürich 1946, 1960³

WILHELM BAUR: Das deutsche evangelische Pfarrhaus. Seine Gründung, seine Entfaltung und sein Bestand, Halle und Bremen 1877, 1902⁵

HERMANN BEZZEL: Der Dienst des Pfarrers, 1916²

ERICH BEYREUTHER: August Hermann Francke und die Anfänge der ökumenischen Bewegung, Leipzig 1957

JOHANN CHRISTOPH BLUMHARDT: Seelsorge. Siebenstern TB, Hamburg/München 1968

HANS HEINRICH BRUNNER: Kirche ohne Illusionen. Experimenteller Report aus der Zeit nach dem 7. Juli 1983, Zürich 1968

ALFRED BURGSMÜLLER/RUDOLF WETH: Die Barmer Theologische Erklärung. Einführung und Dokumentation, Neukirchen 1983

CARL BÜCHSEL: Erinnerungen aus dem Leben eines Landgeistlichen, 5 Bände, 1861 ff.

KARL-WILHELM DAHM: Beruf: Pfarrer. Empirische Aspekte, München 1971

HERMANN DIETZFELBINGER: Zum Selbstverständnis des Pfarrers heute, Gütersloh 1965

PAUL DREWS: Der evangelische Geistliche in der deutschen Vergangenheit, Jena 1905

HEIJE FABER: Profil eines Bettlers? Der Pfarrer im Wandel der modernen Gesellschaft, Göttingen 1976

WOLFRAM FISCHER: Legitimationsprobleme und Identitätsbildungsprozesse bei evangelischen Theologen, Dissertation Münster 1976

DIETRICH GOLDSCHMIDT/YORICK SPIEGEL: Pfarrer in der Großstadt, 5 Bände, München 1969 ff.

MARTIN GREIFFENHAGEN (HG.): Pfarrerskinder, Stuttgart 1982

HELMUTH HILD (Hg.): Wie stabil ist die Kirche? Bestand und Erneuerung. Ergebnisse einer Umfrage, Gelnhausen–Berlin 1973

G. HOLTZ/K. W. DAHM: Art. »Pfarrer« in RGG³ Bd. V, 1961, Sp. 273 ff.

MANFRED JOSUTTIS: Der Pfarrer ist anders. Aspekte einer zeitgenössischen Pastoraltheologie, München 1983

REINHARD KÖSTER: Artikel »Pfarrhaus« in RGG³ Bd. V, 1961, Sp. 303 f.

ERNST LANGE: Die Schwierigkeit, Pfarrer zu sein, in: Predigen als Beruf, Stuttgart 1976

ROBERT LEUENBERGER: Berufung und Dienst. Beitrag zu einer Theologie des evangelischen Pfarrberufs, Zürich 1966

JOACHIM MATTHES (Hg.): Erneuerung der Kirche. Stabilität als Chance? Gelnhausen/Berlin 1975

ROBERT MINDER: Kunst und Literatur in Deutschland und Frankreich, Frankfurt/Main 1962

RUDOLF MOHR: Vierhundertfünfzig Jahre deutsches evangelisches Pfarrhaus. Zeitschrift für Religions- und Geistesgeschichte, 1976, S. 16 ff.

RUTH REHMANN: Der Mann auf der Kanzel, München 1979; dtv-TB 1726, 1981

RICHARD RIESS (Hg.): Haus in der Zeit, München 1979

MICHAEL SCHIBILSKY: Pfarrhaus und Lebensstil. Zwischen meditativem Streß und hastig gepredigtem Evangelium, WPKG 69, 1980, S. 210 ff.

KLAUS SCHOLDER/DIETER KLEINMANN (Hg.): Protestantische Profile. Lebensbilder aus fünf Jahrhunderten, Königstein 1983

MANFRED SEITZ: Der Beruf des Pfarrers und die Praxis des Glaubens. Zur Frage nach einer neuen pastoralen Spiritualität, in: Praxis des Glaubens, Göttingen 1978

YORICK SPIEGEL: Artikel »Pfarrer«, in: Praktisch-Theologisches Handbuch (hg. von Gert Otto), Hamburg 1970, S. 372 ff.

SIEGBERT STEHMANN: Der Pfarrerspiegel, Berlin 1940

JOHANNES WALEMANN: Philip Jakob Spener und die Anfänge des Pietismus, Tübingen 1970
H. WERDERMANN: Der evangelische Pfarrer in Geschichte und Gegenwart, 1925
GERHARD WURZBACHER: Der Pfarrer und die moderne Gesellschaft, 1960
JIM WALLIS: Bekehrung zum Leben. Nachfolge im Atomzeitalter, Moers 1983

Mitarbeiterverzeichnis

MARTIN GREIFFENHAGEN, der Herausgeber des vorliegenden Buches, wurde 1928 in Bremervörde geboren und ist in Bremen aufgewachsen. Nach dem Abitur machte er zunächst eine Buchhandelslehre. Von 1950 bis 1956 studierte er Philosophie, Theologie, Literaturwissenschaft, Wirtschafts- und Sozialwissenschaften in Heidelberg, Göttingen, Birmingham und Oxford. Bei Karl Löwith promovierte er in Philosophie. Von 1956 bis 1958 war er Geschäftsführer eines Berufsverbandes, danach bis 1962 Wissenschaftlicher Assistent an der Hochschule für Sozialwissenschaft Wilhelmshaven-Rüstersiel. Von 1962 bis 1965 lehrte er als Professor für Politikwissenschaft an der Pädagogischen Hochschule Lüneburg. Seit 1965 ist er Direktor des Instituts für Politikwissenschaft der Universität Stuttgart. Zu seinen wichtigsten Veröffentlichungen gehören die Bücher: »Das Dilemma des Konservatismus in Deutschland«; »Freiheit gegen Gleichheit?«; »Die Aktualität Preußens«; zusammen mit Sylvia Greiffenhagen: »Ein schwieriges Vaterland. Zur politischen Kultur Deutschlands«. Greiffenhagen ist Herausgeber des 1982 im Kreuz Verlag erschienenen Sammelbandes »Pfarrerskinder – Autobiographisches zu einem protestantischen Thema«.

BARBARA BEUYS wurde im Jahre 1943 geboren. Sie studierte Geschichte, Philosophie und Soziologie. Sie arbeitet als Journalistin und Autorin und lebt in Reinbek bei Hamburg. Zu ihren wichtigsten Veröffentlichungen zählen die Bücher: »Der Große Kurfürst. Der Mann, der Preußen schuf«; »Familienleben in Deutschland. Neue Bilder aus der deutschen Vergangenheit«; »Und wenn die Welt voll Teufel wär. Luthers Glaube und seine Erben«.

SIGRID BORMANN-HEISCHKEIL wurde 1936 in Essen an der Ruhr geboren. Von 1956 bis 1962 studierte sie Germanistik, Philosophie und Theologie in Tübingen, Heidelberg und Bonn. In Konstanz studierte sie von 1973 bis 1976 Soziologie und Literaturwissenschaft. 1977 bis 1978 arbeitete sie als Redakteurin der Veröffentlichungen der Rheinisch-Westfälischen Akademie der Wissenschaften im Westdeutschen Verlag Opladen. Seit 1979 ist sie Mitarbeiterin an einem bildungsgeschichtlichen Forschungsprojekt innerhalb des Sonderforschungsbereichs 119 »Wissen und Gesellschaft im 19. Jahrhundert« an der Ruhr-Universität in Bochum.

LUDWIG FERTIG wurde im Jahre 1937 geboren. Er studierte in Frankfurt/M. und Heidelberg, legte das 1.und 2. Staatsexamen für das höhere Lehramt ab und promovierte mit einer literaturhistorischen Arbeit. Nach dem Schuldienst war er wissenschaftlicher Assistent und Studienrat im Hochschuldienst am Erziehungswissenschaftlichen Seminar in Frankfurt/M. Schwerpunkt seiner Forschungs- und Lehrtätigkeit ist die Kulturgeschichte der Erziehung. Zu seinen wichtigsten Publikationen zählen: »Campes politische Erziehung. Eine Einführung in die Pädagogik der Aufklärung«; »Die Hofmeister. Ein Beitrag zur Geschichte des Lehrerstandes und der bürgerlichen Intelligenz«; »Zeitgeist und Erziehungskunst. Eine Einführung in die Kulturgeschichte der Erziehung in Deutschland von 1600 bis 1900«.

GÜNTHER FRANZ wurde 1902 in Hamburg geboren und ist aufgewachsen in Greiz. Privatdozent der Geschichte 1930 in Marburg, Professor der Geschichte in Heidelberg, Jena und Straßburg 1935–1945. 1957 Professor der Geschichte und Agrargeschichte in Hohenheim (Stuttgart) bis zur Emeritierung 1970. Mitglied der Akademie für Raumforschung und Landesplanung in Hannover und der Österreichischen Akademie der Wissenschaften. Ehrenmitglied der Ranke-Gesellschaft und der Gesellschaft für Agrargeschichte. Herausgeber der »Zeitschrift für Agrargeschichte« (1953–1975) und der Zeitschrift »Das historisch-politische Buch« (seit 1953). Mitherausgeber eines Biographischen und eines Sachwörterbuches zur deutschen Geschichte. Hauptwerke: »Der deutsche Bauernkrieg« (1933, 11. Aufl. 1977); »Der Dreißigjährige Krieg und das deutsche Volk« (1939, 4. Aufl. 1979); »Geschichte des deutschen Bauernstandes« (1970, 2. Aufl. 1976). Herausgabe der »Urkundlichen Quellen zur hessischen Reformationsgeschichte« in 4 Bänden (1951–1954) und der Schriften und Briefe Thomas Müntzers (1968).

ANDREAS GESTRICH wurde im Jahre 1952 als fünftes Kind eines Pfarrers und einer Ärztin geboren. Von 1973 bis 1979 studierte er Klassische Philologie und Geschichte in Berlin und Tübingen; danach war er bis 1983 wissenschaftlicher Angestellter an einem DFG-Projekt zur Historischen Sozialisationsforschung. 1983 promovierte er zum Dr. phil. und ist seither Wissenschaftlicher Assistent der Abteilung für Neuere Geschichte an der Universität Stuttgart.

J. CHRISTINE JANOWSKI wurde im Jahre 1945 geboren. Sie studierte Musik noch während der Gymnasialzeit, danach Germanistik, Philosophie und Theologie. Von 1972 bis 1979 war sie Wissenschaftliche Assistentin am Fachbereich Evangelische Theologie (Abteilung Systematik) der Universität Tübingen. Sie promovierte zum Dr. theol. mit einer Arbeit über die Religionskritik Ludwig Feuerbachs; anschließend absolvierte sie ihr Vikariat und wurde als Pfarrerin ordiniert. Zur Zeit ist sie beurlaubt für weitere wissenschaftliche Arbeit. Sie ist verheiratet mit dem Alttestamentler Bernd Janowski.

HANS NORBERT JANOWSKI wurde im Jahre 1938 geboren. Er studierte Theologie und Philosophie in Bonn, Göttingen, Heidelberg und Tübingen. Janowski ist evangelischer Pfarrer und Chefredakteur der in Stuttgart erscheinenden Zeitschrift »Evangelische Kommentare – Monatsschrift zum Zeitgeschehen in Kirche und Gesellschaft«. Seine zahlreichen Veröffentlichungen behandeln vor allem theologische, kirchliche und sozialethische Probleme.

FRIEDRICH WILHELM KANTZENBACH wurde im Jahre 1932 geboren. Er ist seit 1958 Professor für Kirchengeschichte, 1965 für Ökumenische Forschung in Straßburg und seit 1982 Ordinarius für Evangelische Theologie (Kirchengeschichte) in der Philosophischen Fakultät der Universität des Saarlandes. Seit 1968 ist er Mitglied der Kommission für bayerische Landesgeschichte bei der Bayerischen Akademie der Wissenschaften. Zu seinen wichtigsten Veröffentlichungen zählen: »Programme der Theologie« 1978; »Einheitsbestrebungen im Wandel der Kirchengeschichte« 1979; »Evangelischer Geist und Glaube im neuzeitlichen Bayern« 1980; »Die Bergpredigt« 1982. Kantzenbach ist Herausgeber der Zeitschrift für Religions- und Geistesgeschichte.

CHRISTEL KÖHLE-HEZINGER wurde im Jahre 1945 geboren. Sie studierte Deutsche Volkskunde (seit 1971 »Empirische Kulturwissenschaft«), Landesgeschichte und Germanistik in Tübingen, Bonn und Zürich. 1976 promovierte sie an der Universität Tübingen zum Dr. phil. mit der Dissertation »Evangelisch – Katholisch. Untersuchungen zu konfessionellem Vorurteil und Konflikt im 19. und 20. Jahrhundert vornehmlich am Beispiel Württembergs«. Seither ist sie freiberuflich wissenschaftlich tätig: Arbeit an Museen und Ausstellungen, Lehraufträge an den Universitäten Tübingen und Stuttgart. Ihre Publikationen behandeln vor allem Themen der Kultur- und Frömmigkeitsgeschichte, den Wandel der sogenannten Volkskultur und die Industrialisierung.

KARL-SIGISMUND KRAMER wurde 1916 in Halle an der Saale geboren. Er studierte Germanistik und Volkskunde, 1939 erfolgte seine Promotion. Nach dem Zweiten Weltkrieg, an dem er über fünf Jahre als Soldat teilnahm, wurde er zunächst Wissenschaftlicher Angestellter in der Bayerischen Landesstelle für Volkskunde in München. 1961 habilitierte er sich im Fach Volkskunde, und seit 1966 ist er Ordinarius für Volkskunde an der Universität Kiel. Von seinen zahlreichen Veröffentlichungen seien genannt: »Bauern und Bürger im nachmittelalterlichen Unterfranken« 1957; »Volksleben im Fürstentum Ansbach und seinen Nachbargebieten« 1961; »Grundriß einer rechtlichen Volkskunde« 1974. Kramer ist Ehrenmitglied der Deutschen Gesellschaft für Volkskunde.

CHRISTIAN GRAF VON KROCKOW wurde 1927 in Ostpommern geboren. Ab 1947 studierte er Soziologie, Philosophie und Staatsrecht in Göttingen und Durham/England. 1954 promovierte er zum Dr. phil., und 1961 wurde er Professor für Politikwissenschaft an der Pädagogischen Hochschule Göttingen. Seit 1965 lehrte er als Ordinarius für Politikwissenschaft in Saarbrücken, 1968 in Frankfurt am Main. Seit 1969 lebt er als freier Wissenschaftler und Publizist in Göttingen. Von seinen zahlreichen Veröffentlichungen seien aus den letzten Jahren genannt: »Sport, Gesellschaft, Politik – Eine Einführung« 1981; »Warnung vor Preußen« 1981; »Scheiterhaufen – Größe und Elend des deutschen Geistes« 1983; »Gewalt für den Frieden? Die politische Kultur des Konflikts« 1983; »Der Wandel der Zeiten – Wegweiser durch das moderne Leben« 1984.

WOLFGANG MARHOLD wurde 1941 in Frankfurt/M. als achtes von neun Pfarrerskindern geboren. Er studierte Theologie und Sozialwissenschaften in Frankfurt, Marburg, Tübingen und Mainz. 1970 promovierte er zum Dr. theol.

und 1971 erfolgte seine Ordination als Pfarrer der Hessen-Nassauischen Landeskirche. 1970 wurde er Assistent, dann Akademischer Rat und Oberrat am Institut für Christliche Gesellschaftswissenschaften der Westfälischen Wilhelms-Universität zu Münster. Von 1974 bis 1976 hatte er zusätzlich einen Lehrauftrag an der Universität Gießen, 1978 einen Lehr- und Forschungsaufenthalt an der Pacific School of Religion in Berkeley, California. Er veröffentlichte u. a.: »Fragende Kirche. Über Methode und Funktion kirchlicher Meinungsumfragen« 1971; gemeinsam mit Mitarbeitern des Instituts für Christliche Gesellschaftswissenschaften das zweibändige Werk »Religion als Beruf« 1977.

FRITZ MARTINI wurde 1909 in Magdeburg geboren. Seit 1950 lehrte er als ordentlicher Professor Deutsche Literaturwissenschaft in Stuttgart. Als Gastprofessor lehrte er 1958 an der Columbia University New York, 1959 in Liverpool, 1962 an der Kansas University. Er ist Mitglied der Deutschen Akademie für Sprache und Dichtung. Von seinen zahlreichen Veröffentlichungen wurden besonders bekannt die Bücher: »Deutsche Literaturgeschichte von den Anfängen bis zur Gegenwart«; »Das Wagnis der Sprache. Interpretationen deutscher Prosa von Nietzsche bis Benn«; »Deutsche Literatur im bürgerlichen Realismus 1848–1898«. Martini ist u. a. Mitherausgeber des Jahrbuchs der Deutschen Schillergesellschaft und einer fünfbändigen Wieland-Ausgabe.

KLAUS PODAK wurde im Jahre 1943 geboren. In Tübingen studierte er Geschichte der Philosophie. Er lebt in Frankfurt am Main und arbeitet als Redakteur beim ARD-Kulturmagazin »Titel, Thesen, Temperamente«. Es gibt von ihm zahlreiche Fernsehbeiträge zu Themen aus Literatur, Wissenschaft und Philosophie, außerdem Veröffentlichungen in Sammelbänden und Lexika sowie in Zeitschriften und Zeitungen, vor allem in der »Süddeutschen Zeitung«.

DIETRICH RÖSSLER wurde im Jahre 1927 geboren. Er studierte Medizin und Theologie in Kiel und Heidelberg. 1951 promovierte er zum Dr. med. und war danach mehrere Jahre als Nervenarzt tätig. 1957 promovierte er zum Dr. theol.; seit 1960 war er Pastor in Reiffenhausen und Privatdozent für Praktische Theologie in Tübingen. Seit 1965 ist er Professor für Praktische Theologie an der Universität Tübingen. Er ist Mitherausgeber der »Predigtstudien«. Von seinen Buchveröffentlichungen seien genannt: »Der Arzt zwischen Technik und Humanität. Religiöse und ethische Aspekte der Krise im Gesundheitswesen« 1977; »Vergewisserung. 22 Beispiele christlicher Rede« 1979.

THEODOR SCHOBER – Professor Dr. theol. Dr. phil. h.c. – wurde 1918 in Zirndorf bei Fürth geboren. Er studierte Theologie in Tübingen und Erlangen und war acht Jahre Gemeindepfarrer in Erlangen. Acht Jahre war er Rektor des Evangelisch-lutherischen Diakoniewerks Neuendettelsau mit Lehrauftrag an der Augustana-Hochschule. Von 1963 bis 1984 war er Präsident des Diakonischen Werkes der Evangelischen Kirche in Deutschland. Neben zahlreichen Veröffentlichungen zu Grundsatzfragen der Diakonie ist er u.a. Herausgeber der Reihe »Handbücher für Zeugnis und Dienst der Kirche« und der 7. völlig neu bearbeiteten und erweiterten Auflage des »Evangelischen Soziallexikons«.

OSKAR SÖHNGEN (geboren am 5. 12. 1900, gestorben am 28. 8. 1983) war Theologe und Musikwissenschaftler. Er lehrte als Professor an der Staatlichen Hochschule für Musik in Berlin und hat das Evangelische Kirchengesangbuch mitgestaltet. Als Vizepräsident ihrer Kirchenkanzlei hatte er wesentlichen Anteil an der Neuordnung der Evangelischen Kirche der Union nach dem Zweiten Weltkrieg. Söhngen war auch Präsident der von Cansteinschen Bibelanstalt und Mitbegründer der Deutschen Bibelgesellschaft. Von seinen zahlreichen Veröffentlichungen seien genannt: »Theologie der Musik« 1967 und »Musica sacra zwischen gestern und morgen« 1981². Das Manuskript seines Beitrages zu dem vorliegenden Band hat Oskar Söhngen kurz vor seinem Tode abgeschlossen.

WOLFGANG STECK wurde 1940 in Stuttgart geboren. In Tübingen, Marburg und Zürich studierte er Theologie. 1968 erfolgte seine Promotion, 1972 habilitierte er sich in Tübingen. Am Institut für Praktische Theologie der Universität Tübingen war er von 1965 bis 1974 Assistent. Von 1974 bis 1978 war er Pfarrer der Gemeinde Aistaig in Württemberg. Seit 1978 ist er Professor für Praktische Theologie an der Universität Kiel. Seine Veröffentlichungen behandeln vor allem Fragen der Homiletik und Pastoraltheologie.

DIETRICH STOLLBERG wurde 1937 in Nürnberg geboren. Er studierte Theologie, erhielt 1965 die Ordination zum geistlichen Amt und promovierte 1968. Seine Habilitation erfolgte 1971 in Erlangen. Von 1971 bis 1979 war er Professor für Praktische Theologie und Direktor des Seelsorge-Instituts an der Kirchlichen Hochschule Bethel bei Bielefeld. Seit 1979 ist er Professor für Praktische Theologie und Universitätsprediger in Marburg an der Lahn. Nebenberuflich ist er als Konzert- und Oratoriensänger tätig. Seine zahlreichen Veröffentlichungen gelten vor allem den Themenbereichen Seelsorge und Pastoralpsychologie.

THEODOR STROHM wurde 1933 in Nürnberg geboren. Er studierte Theologie und Sozialwissenschaften und promovierte zum Dr. phil. und zum Dr. theol. Von 1970 bis 1977 war er Professor für Sozialethik und Religionssoziologie an der Kirchlichen Hochschule Berlin. Von 1977 bis 1982 war er Professor für Systematische Theologie und Direktor des Instituts für Sozialethik an der Universität Zürich. Neuerdings lehrt er als Professor für Praktische Theologie und Sozialethik an der Universität Heidelberg. Seine Veröffentlichungen behandeln Themen der systematischen und praktischen Theologie, der politischen Ethik und der Wirtschaftsethik.

HEINZ EDUARD TÖDT wurde 1918 in Wester-Bordelum in Nordfriesland geboren. Nach fünf Jahren Fronteinsatz und fünf Jahren russischer Kriegsgefangenschaft studierte er evangelische Theologie u.a. in Heidelberg und Basel. 1957 promovierte er mit einer neutestamentlichen Untersuchung. Von 1963 bis zu seiner Emeritierung im Jahre 1983 war er Professor für Systematische Theologie, Ethik und Sozialethik an der Universität Heidelberg. Seine Publikationen umfassen theologische Themen verschiedener Disziplinen sowie der Friedensforschung und der Menschenrechte.

Martin Greiffenhagen (Hrsg.) · Pfarrerskinder
Autobiographisches zu einem protestantischen Thema
244 Seiten mit zahlreichen Abbildungen, gebunden

Das Pfarrhaus alter Art verschwindet heute mehr und mehr. Dieser Sammelband soll, sozusagen in letzter Stunde, noch einmal Stimmen von Pfarrerskindern sammeln, die jene typische Pfarrhauserziehung erfahren haben. In fünfzehn autobiographischen Beiträgen schildern bekannte und unbekannte Autorinnen und Autoren aus den verschiedensten Berufen, wie sie selbst das elterliche Pfarrhaus erfahren haben. Unter ihnen sind: Elke Heidenreich, Volker Hochgrebe, Johannes Rau, Heinz Eduard Tödt, Gabriele Wohmann.

»Nicht die Prominenz der Autoren ist es, die überzeugt, sondern die geradezu naive Unmittelbarkeit und Direktheit der Darstellung, in der sich die Autoren präsentieren, sich als Kinder begreifen und die Geschichte ihres Lebens aus dem Umstand zu verstehen suchen, daß sie Pfarrerskinder waren und sind, geblieben sind.« Wege zum Menschen

Norbert Sommer (Hrsg.) · Zorn aus Liebe
Die zornigen alten Männer der Kirche
317 Seiten mit 43 Autorenfotos, kartoniert

Ein brisanter Sammelband, in dem sich über vierzig zornige alte Männer zu Wort melden, um gegen Anpassung und Resignation der Kirche zu streiten für die Laien, für die Jugend, für die Arbeiter, für den Frieden, für die Ökumene, für die Dritte Welt. Unter ihnen sind: Heinrich Albertz, Heinrich Böll, Helmut Gollwitzer, Herbert Haag, Rudolf Hagelstange, Ernst Käsemann, Oswald von Nell-Breuning, Martin Niemöller, Karl Rahner, Heinz Zahrnt.

»Jedes uns bewegende Thema im kirchlichen, menschlichen, gesellschaftlichen und politischen Bereich wird angesprochen. Wer dies sucht, der gehe in diese ›Versammlung zorniger alter Männer der Kirche‹, die in kritischer, selbstkritischer Weise Stellung nehmen, Bilanz ziehen, Denkanstöße geben, Richtung weisen und Hoffnung erwecken. Alle Beiträge haben den Charakter eines Vermächtnisses mit dem Ruf zu Umkehr und Veränderung.« Die Diakonieschwester

Kreuz Verlag

Evangelisches Soziallexikon

Begründet von Friedrich Karrenberg
Herausgegeben von Theodor Schober, Martin Honecker
und Horst Dahlhaus

7., vollständig überarbeitete und erweiterte Auflage 1980
750 Stichworte, 1560 Spalten, Stichwortregister,
Literaturangaben, Leinen mit Schutzumschlag

Das »Standardwerk der evangelischen Soziallehre«, wie es von Professor Oswald von Nell-Breuning bezeichnet wurde, erschien erstmals bereits 1954. Die von einem neuen Herausgeberkreis vorgelegte 7. Auflage ist eine von Grund auf erneuerte und erweiterte Ausgabe. Die Mitarbeit von rund 400 namhaften Fachleuten ermöglichte die sachkundige und objektive Darstellung der Fakten und Daten unserer gegenwärtigen sozialen, wirtschaftlichen und kirchlichen Wirklichkeit. Ein unentbehrliches Nachschlagewerk für Theologen, Pfarrer, Kirchenräte, Lehrer, Institute, Bibliotheken, Seminare, Akademien, für jeden, der in Staat, Kirche und Gesellschaft verantwortlich mitreden und mitarbeiten will.

»Das Soziallexikon wird allen denen gute Dienste tun, die aus persönlicher Verantwortung, aber auch aus den Bedürfnissen ihrer Berufsarbeit, sich mit sozialethischen Fragen befassen.«   Deutsches Allgemeines Sonntagsblatt

»Wer nach Antworten sucht auf die wirtschaftlichen, politischen, gesellschaftlichen und ethischen Fragen unserer Zeit, dem kann man das Evangelische Soziallexikon als Hilfe zur Unterstützung und Urteilsbildung mit gutem Gewissen in die Hand geben.«   Hessischer Rundfunk

»Ein umfassendes Sammelwerk, das dem Sozialpolitiker jeder Richtung wertvolle Aufschlüsse zu geben vermag.«   Frankfurter Allgemeine Zeitung

Kreuz Verlag